종업원의 헌법

취업규칙

노사협정

노사간의 서면합의문

근로계약

직장생활의 법적기반

(주)중앙경제

취업규칙 · 노사협정 · 근로계약의 작성과 운용

초 판 발 행 | 2008년 9월 8일
개정4판 발행 | 2013년 8월 19일

지은이 | 김 수 복
펴낸이 | 김 희 성
펴낸곳 | (주)중앙경제
주 소 | 서울시 중구 신당2동 355-8 백석빌딩 신관 4층
출판등록 | 80. 6. 21 제 2-66호
전 화 | 02-2231-7293
팩 스 | 02-2235-5344
홈페이지 | www.elabor.co.kr
편집 · 디자인 | 한지희

ISBN 978-89-7017-293-4 (93330)
정가 35,000원

취업규칙·노사협정·근로계약의 작성과 운용

김 수 복

(주)중앙경제

개정4판을 내면서

최근 국내외 경영환경의 악화가 지속되는 가운데 기업은 산업사회의 냉혹한 현실에 직면하면서 인사 · 노무관리의 혁신적인 전환없이는 기업의 존립이 기대될 수 없다는 사실을 통감하게 되었고 이러한 변혁은 직장생활의 법적 기반인 근로계약, 종업원의 헌법인 취업규칙과 노사간의 서면합의를 전제로 한 노사협정에 당연히 반영되지 않으면 안되게 되었다. 노사관계를 규율하는 자치규범으로 근로계약, 취업규칙, 단체협약이 있으나 근로계약의 적용범위는 개별근로자와 사용자이며 취업규칙의 적용범위는 전체 근로자라는 점에 그 중요성이 있고 단체협약은 노사관계의 헌법이라고 할 정도로 비중이 크지만 적용범위는 원칙적으로 조합원에게 한정하게 되므로 그 한계가 있다. 그러므로 근로조건의 통일적 적용이라는 측면에서 취업규칙이 보다 중요하게 되었다.

또한 최근 고용형태의 다양화, 근로자 권리의식의 증대, 노동조합 조직률의 지속적 저하 등으로 노사관계 관리의 무게중심이 점차 집단적 노사관계 관리에서 개별적 근로관계 관리로 옮겨가고 있다. 우리 사회의 최대과제인 집단적 노사관계의 안정은 개별적 근로관계의 합리적 관리를 그 바탕에 두고 있다는 사실이며 노사분쟁 중에도 이익분쟁 못지 않게 권리분쟁의 비율이 점차 높아가고 있다는 점에서 향후 근로계약과 취업규칙 및 노사협정의 기능과 역할이 더욱 증대될 것으로 예상된다.

최근 노동관계법의 대폭적인 개정에 따라 새로 도입되거나 개정된 각종 근로시간제도와 남녀고용평등과 일 · 가정양립지원에관한법률, 기간제및단시간근로자보호등에관한법률, 근로자퇴직급여보장법 · 고용상연령차별금지및고령자고용촉진에관한법률상의 각종 제도 등과 고용노동부 행정지침, 예규, 판례 등의 최근 동향을 포착하여 이를 근로계약서 및 노사협정서 작성시 빠짐없이 포함하고 취업규칙 작성 · 변경시 반영하는데 노력을 기울인 점이다.

본서의 집필에 있어서 특별히 유의한 것은 구성체계에서 근로계약 · 취업규칙 · 노사협정 및 임금규정을 함께 장(章)별로 분류한 다음 모범사례 조문을 게기(偈記)하고 제도마다 취지, 「규정작성방법」과 「운용상 주의사항」을 나누어 해설하면서 다음 사항을 특히 유의하였다.

첫째, 모범사례 규정은 대부분의 기업에 통용될 수 있는 규정으로 하였고 구체적인 기업현실에 필요한 사례별 규정례와 운용상 주의사항, 참고례 등을 소개하였다.

둘째, 사회일반적인 수준, 관습은 규정작성에 있어서 전체적으로 파악해 두어야 할 사항이므로 최근의 각종 실태조사 등에서 이용가치가 높은 자료를 인용, 소개하여 규정 작성에 활용될 수 있도록 하였다.

셋째, 근로계약서 작성과 취업규칙 및 노사협정서의 규정 작성과 운용방법에 관련되는 법규사항에 대하여는 고용노동부의 해석, 예규와 각급 법원의 판례를 인용하였다.

넷째, 제3편에 노사협정(서면합의)의 작성과 운용방법을 마련하여 2010.12. 고용노동부의 「유연한 근로시간도입매뉴얼」을 기초로 각 제도의 표준모델을 제시했다.

다섯째, 고용노동부가 2012년 12월에 발표한 일반근로자 및 단시간근로자용 취업규칙 표준모델안과 연봉계약서 모델은 본서 집필에 있어서 상당부분 인용하였다.

본서가 기업체 인사 · 노무관리자 및 근로자의 요구에 부응하여 널리 활용될 수 있기를 바란다. 본서 발간을 위해 노력하신 (주)중앙경제 김희성 회장님과 편집부 직원 여러분께 감사드리며, 원고정리와 교정에 힘써주신 사단법인 한국노동연구소 임승현 공인노무사, 이상익 공인노무사와 임지현님의 노고에 감사드립니다.

2013.7

金洙福

목 차

제1편 취업규칙의 이해

제1장 취업규칙개설 / 29

제2장 유연한 근로시간제 도입의 작성 · 운용방법 / 419

제4편 임금규정의 작성 · 운용방법

제4장 승급의 작성 · 운용방법 / 505

제5장 상여의 작성 · 운용방법 / 510

제6장 불취업과 임금취급의 작성 · 운용방법 / 514

제7장 경조위문금의 작성 · 운용방법 / 523

제8장 연봉제의 작성 · 운용방법 / 525

제9장 임금피크제의 작성 · 운용방법 / 542

제5편 임시근로자 · 촉탁 단시간근로자 · 취업규칙의 작성 · 운용방법

제6편 근로계약서의 작성 · 운용방법

규정모델일람표

제1편

취업규칙의 이해

제1장 취업규칙 개설

1 취업규칙의 의의와 법적 성질

1. 취업규칙의 의의

취업규칙이란 사용자가 복무규율과 임금 등 당해 사업의 근로자 전체에 적용될 근로조건에 관한 준칙을 통일적으로 규정한 것으로 그 명칭을 불문하는 것이다(대법 2005.5.12, 2003다52456 ; 대법 2007.11.30, 2005두13247). 취업규칙이란 기업질서의 유지와 효율적인 업무수행, 사업장 내 근로조건의 통일적 적용을 위하여, 사용자가 사업장에서의 근로자의 복무규율 및 근로조건에 관하여 정한 준칙을 말한다. 인사규정, 운영규정, 복무규정, 상여금규정 등 명칭에 관계없이 사업장의 전근로자에게 적용되는 근로조건 등을 포함하고 있다면 취업규칙에 해당되며(2006.9.5, 근로기준팀-4711), 인사고과(근무평정)에 관한 사항은 원칙적으로 사용자의 고유권한에 속하는 사항으로서 특별한 사정이 없는 한 취업규칙으로 볼 수 없다(2003.3.26, 근기 68207-352).

예컨대 '전임교원업적평가규정'이 전임교원에 대하여 단순히 업적평가의 기준만을 제시할 뿐 근로조건에 관한 사항을 포함하고 있지 않다면 취업규칙으로 볼 수 없으나, 이와 달리 동 평가규정이 근로자에게 일정한 복무를 부과하고 있거나 근로자가 제공하는 근로의 양과 질을 평가하여 계약갱신 및 승급 등의 판단자료를 삼는 데 필요한 일정한 기준을 정하고 있는 경우라면 취업규칙에 해당된다(2010.8.18, 근로기준과-545).

2. 취업규칙의 규제 필요성

취업규칙은 근로관계의 주된 내용을 정하는 것임에도 사용자에 의하여 일방적으로 작성된다는 점에서 근로자의 권리가 침해될 수 있다. 따라서 근로기준법은 취업규칙 작성 · 변경과정과 내용에 대하여 법적 규제를 가하고 있으며 사용자의 신고의무, 근로감독관의 심사, 고용노동부장관의 취업규칙 변경명령권을 인정하고 있다.

3. 취업규칙 기능의 변화

최근 노동조합 조직률의 지속적인 저하, 고용관계의 다양화, 근로자들의 권리의식의 증대 등으로 인하여 집단적 노사관계의 역할이 약화되면서 취업규칙의 중요성이 더욱 부각되고 있다. 한편, 글로벌 경쟁 심화, 기술발전과 생산방식의 합리화 · 자동화, 경영환경의 불확실성 증대 등으로 인하여 노동시장 유연화 및 고용형태 다양화 요구가 커지고 있다. 이에 따라 기업이 대내외 여건 변화에 신속하게 대응하여 근로조건 및 복무규율 등을 탄력적으로 운영할 수 있도록 함으로써 기업의 경쟁력을 제고하고 고용을 유지 · 확대할 수 있도록 취업규칙 제도를 해석 · 운용할 필요가 있다. 판례도 이미 위와 같은 취지에서 취업규칙 변경제도를 유연하게 해석하고 있으며, 일본도 최근 취업규칙의 유연한 변경 등을 주요 내용으로 하는 「노동계약법」을 제정하였다(2007.11.28 제정, 2008.3.1 시행).

4. 취업규칙 해석상의 유의사항

개별근로계약에서 근로조건에 관한 준칙의 내용을 담고 있으면 이 또한 취업규칙에 해당한다. 취업규칙은 노사간의 집단적인 법률관계를 규정하는 법규범의 성질을 갖는 것이므로 명확한 증거가 없는 한 그 문언의 객관적인 의미를 무시하는 해석이나 사실 인정은 신중하고 엄격하여야 한다. 예컨대 취업규칙의 문언상 「만 61세가 종료되는 날의 그 해의 말일」의 의미를 「만 61세가 되는 날의 그 해 말일」로 인정할 수 없다(대법 2003.3.14, 2002다69631). 그리고 취업규칙은 사용자가 당해 사업의 근로자 전체에 통일적으로 적용될 근로자의 복무규율과 임금 등 근로조건에 관한 준칙을 규정한 것으로서 사용자 및 근로자 등 관계당사자들에게 보편타당하고 합리적인 해석을 하여야 하며, 근로자들의 공통적인 의사도 그 일반적인 해석기준의 하나로 된다(대법 1999.5.12, 97다5015).

5. 취업규칙의 중요성

① 기업은 기업시설 및 기업조직과 근로자로부터 제공되는 노동력을 유기적으로 결부시켜 통일적으로 관리하며 합리적 · 능률적으로 운영하기 위하여 근로자의 근로조건과 직장규율을 통일적 · 획일적으로 규정한 명확한 기준과 규율이 있어야 한다. 이를 위해 근로자의 근로조건과 직장규율을 통일적 · 획일적으로 규정하는 성문의 규범이 노사 쌍방을 위해 필요하다. 노사간의 권리의무 관계를 명확히 할 수 있다는 것이 취업규칙의 존재의의인 것이다.

② 취업규칙이 정하는 근로조건 기준은 당해 사업에 적용되는 근로조건의 최저기준을 설정하는 기능을 가지고 있다(최저기준 설정기능). 또한 최저기준에 머물지 아니하고 일정한 조건에서는 근로자가 체결하는 근로계약의 내용을 결정 · 구속하는 기능을 가지고 있다(근로조건 설정기능).

③ 취업규칙은 인사의 기본방침이나 기업이념을 명확히 함에 따라 「직장의 헌법」으로서의 기능을 가지고 있다. 취업규칙은 오늘날 근로조건을 결정함에 있어서 단체협약과 함께 중요한 역할을 담당하고 있으며, 특히 노동조합의 조직률이 저조하고 교섭력이 약한 우리나라 중소기업에서는 근로조건에 있어서 결정적 역할을 수행하고 있으므로 근로기준법이 취업규칙에 관하여 상세히 규율하고 있다.

④ 사용자는 경영질서를 조직하고 이를 유지하기 위하여 노동력을 집단적 ·

획일적으로 통제하려는 것인데 그 요청은,

㈎ 직무질서의 확립

㈏ 직무질서 유지를 위한 제도

㈐ 직장에서의 근로설비의 관리

㈑ 임금, 근로시간 등 근로조건의 획일적 결정이라는 데 있는 것이며, 이들 사항을 규정하기 위하여 사용자가 그 지배적 · 조직적 기능에 의거하여 제정한 것이 취업규칙이다.

⑤ 사용자가 준수해야 할 취업규칙을 작성하고 당해 기업에 적합한 근로계약을 체결하기 위해서는 각 기업의 경영내용, 기업규모, 기업실태, 그 밖에 특수성을 충분히 반영하여 노사이익의 균형을 이룰 수 있는 취업규칙 내용을 책정하는 것이 중요한 것이다. 노사 당사자 간에는 계약에 의한 권리의무관계에 따라 행동할 것이 요구되는 현실에서 이러한 취업규칙을 작성하고 근로계약의 내용을 명확히 하여 이것을 준수함으로써 노사의 건전한 신뢰관계를 구축하는 것이 가능하다. 이에 따라 노동효율 향상이 시장에 있어서의 당해 기업의 지위를 확고히 하고 경영적 측면에서 크나큰 이익이 될 수 있다. 노동효율에 따라 기업이 발전되면 이것은 최종적으로 근로자의 임금 등 근로조건 개선에 반영되어 결과적으로 노사쌍방의 이익이 될 것이다.

6. 취업규칙의 법적 성질

취업규칙의 법적 성질에 관한 논쟁은 현행의 취업규칙제도가 안고 있는 모순과 결함을 합리적이고 통일적으로 설명 · 보완하기 위해서 필요하다 할 것이다. 특히 ① 근로기준법상의 의견청취의무 · 신고의무 · 주지의무를 위반하여 작성된 취업규칙의 효력, ② 근로자집단의 동의없이 일방적으로 불이익하게 변경된 취업규칙의 효력 및 ③ 취업규칙에 위반한 징계의 효력 등에 구체적인 실익이 있다. 취업규칙의 법적 성질에 관한 학설은 계약설과 법규범설이 있으나 통설 · 판례는 법규범설에 입각하고 있다.

2 취업규칙의 작성 · 변경권한

관련조항

법 제93조【취업규칙의 작성 · 신고】

상시 10명 이상의 근로자를 사용하는 사용자는 다음 각 호의 사항에 관한 취업규칙을 작성하여 고용노동부장관에게 신고하여야 한다. 이를 변경하는 경우에도 또한 같다.

1. 업무의 시작과 종료 시각, 휴게시간, 휴일 · 휴가 및 교대 근로에 관한 사항
2. 임금의 결정 · 계산 · 지급 방법, 임금의 산정기간 · 지급시기 및 승급에 관한 사항
3. 가족수당의 계산 · 지급방법에 관한 사항
4. 퇴직에 관한 사항
5. 근로자퇴직급여보장법 제4조에 따라 설정된 퇴직급여, 상여 및 최저임금에 관한 사항
6. 근로자의 식비, 작업용품 등 부담에 관한 사항
7. 출산전후휴가 · 육아휴직 등 근로자의 모성보호 및 일 · 가정양립지원에 관한 사항
8. 근로자를 위한 교육시설에 관한 사항
9. 안전과 보건에 관한 사항

9의2. 근로자의 성별 · 연령 또는 신체적 조건 등의 특성에 따른 사업장 환경의 개선에 관한 사항

10. 업무상과 업무외의 재해부조에 관한 사항
11. 표창과 제재에 관한 사항
12. 그 밖에 해당 사업 또는 사업장의 근로자 전체에 적용될 사항

1. 관련규정

근로기준법 제93조는 「상시 10명 이상의 근로자를 사용하는 사용자는 다음 각 호의 사항에 관한 취업규칙을 작성하여 고용노동부장관에게 신고하여야 한다. 이를 변경하는 경우도 또한 같다」라고 규정하고 있다.

근로기준법 제94조는 사용자는 취업규칙의 작성 · 변경에 관하여 해당 사업장에 근로자의 과반수로 조직된 노동조합이 있는 경우에는 그 노동조합, 근로자의 과반수로 조직된 노동조합이 없는 경우에는 근로자의 과반수의 의견을

듣도록 명하고 있지만, 노동조합이나 근로자 과반수의 의견에 구속되는 것은 아니다.

2. 취업규칙의 작성 · 변경 권한

근로기준법 제93조의 규정에 의하여 취업규칙을 작성하고 또는 이를 변경하는 권한은 사용자에게 있다.

취업규칙 작성 의무자는 상시 10명 이상의 근로자를 사용하는 사용자이다(근로기준법 제93조). 여기에서 상시라고 하는 것은 정상적인 상태라는 의미이다. 따라서 예를 들면 임시적으로 근로자가 10명 미만이 되는 일이 있다고 해도 정상적인 상태로서 10명 이상의 근로자를 쓰고 있는 사용자는 취업규칙 작성 의무가 있다. 이때 임시직에 관해서는 그것이 상태화하고 있으면 상시 사용되는 근로자로 해석되는 것으로, 고용의 형식은 문제되지 않는다고 해야 할 것이다.

3. 「상시 10명 이상」의 근로자 수 산정방법

취업규칙 작성의무자는 상시 10명 이상의 근로자를 사용하는 사용자이다(근로기준법 제93조). 근로기준법을 적용하는 경우에 상시 사용하는 근로자 수를 산정하는 방법은 대통령령으로 정한다(동법 제11조제3항).

이때 상시 10명 이상의 근로자를 사용하는 사업 또는 사업장에서 취업규칙을 제정 또는 변경할 때 "상시 사용하는 근로자 수"의 산정방법은 동 사유발생일 전 1개월 동안 사용한 근로자의 연인원을 같은 기간 중의 가동 일수로 나누어 산정한다(동법시행령 제7조의2제1항). 이 경우 근로자의 연인원에는 「근로자파견법」 제2조제5호에 따른 파견근로자를 제외한 다음 근로자 모두를 포함한다(근로기준법시행령 제7조의2제4항).

① 해당 사업 또는 사업장에서 사용하는 통상근로자. 「기간제법」 제2조제1호에 따른 기간제근로자, 근로기준법 제2조제8호에 따른 단시간근로자 등 고용형태를 불문하고 하나의 사업 또는 하나의 사업장에 근로하는 모든 근로자

② 해당 사업 또는 사업장에서 동거하는 친족과 함께 통상근로자, 기간제근

로자, 단시간근로자가 1명이라도 있으면 동거하는 친족인 근로자

4. 기업 단위인가, 사업장 단위인가

그런데, 10명 이상의 근로자 수를 산정할 경우, 그 기준에 대해서는 견해가 나누어지고 있다. 예를 들어 한 기업에 복수 사업장이 있고 개개의 사업장별로 보면 어느 쪽이나 10명 미만의 근로자를 고용하고 있으나 기업 전체로 10명 이상의 근로자가 되는 경우, 과연 그 사용자는 취업규칙 작성의무를 지는가. 부정설에 의하면 근로기준법은 사업장마다 적용되며(제11조), 근로기준법 제94조에서 「취업규칙의 작성(변경) 절차로서의 근로자의 단체적 의견청취를 사업장 단위로 하고 있는 점을 생각해 보면 사업장 단위로 판단해야 할 것」이므로 「2 이상의 사업장을 합하여 10명 이상이 되어도 사업장에서 상시 사용근로자가 10명 미만인 경우에는 취업규칙 작성의무는 없다」라고 한다. 이에 대하여 긍정설은, 취업규칙이 한 사업장마다 작성되는 것은 그 성질상 당연하지만 10명 미만의 영업소나 매점이 전국적으로 분산되어 있는 총 수백 명의 근로자를 사용하는 기업의 경우를 생각하면 반드시 적절하지는 않으므로 사업장 전체 내지 기업경영의 규모를 기준으로 하여 근로자 수를 산정하여야 한다고 한다. 행정해석(1980.3.14, 법무 811-6228)은 「회사에 두고 있는 각 사업장의 상시 고용근로자 수가 각각 10명 이상이라면 그 소재지를 관할하는 고용노동부 지방고용노동관서에 취업규칙의 신고를 하여야 한다」고 하였다.

5. 본사와 사업장이 있을 경우에 본사에서 일괄하여 신고할 수 있는가

취업규칙의 신고에 있어서 각 사업장별로 하지 않고 본사에서 일괄 작성하여 신고할 수 있는가의 문제이다. 이 경우에 일정한 요건을 갖춘다면 본사의 취업규칙이 신고되면 다른 소속 사업장의 취업규칙도 신고된 것으로 보고 있다. 고용노동부훈령 제77호(2012.7.31) 「근로감독관집무규정」 제74조(취업규칙의 신고) 제3항과 제4항의 내용은 다음과 같다.

제74조【취업규칙의 신고】

③ 지방관서의 관할지역내에 본사와 지점, 영업소 등 동일사업의 수개 사업장이 소재하고 각 사업장에 동일한 취업규칙이 적용되는 때에는 본사의 취업규칙이 신고되면 다른 소속 사업장의 취업규칙도 신고된 것으로 본다.

④ 동일기업에 소속되어 있는 수 개의 사업 또는 사업장(본사, 지점, 출장소 등)이 2 이상의 지방관서 관할 내에 소재하고 있는 경우로서 다음 각 호의 어느 하나에 해당하는 때에는 당해 기업의 모든 사업 또는 사업장에 대한 취업규칙이 신고된 것으로 본다.

1. 본사 또는 주된 사업장에서 근로조건을 일괄하여 결정하고 소속지점 · 출장소 등이 동일한 취업규칙의 적용을 받는 경우
2. 본사 또는 주된 사업장에서 동일한 취업규칙의 적용을 받는 소속지점 · 출장소 등 소속사업장의 명칭과 소재지 현황을 첨부하여 취업규칙을 신고하는 경우

6. 「상시 10명 이상의 근로자」의 계산에 포함되는 근로자의 범위

근로기준법 제93조는 「상시 10명 이상의 근로자를 사용하는 사용자는 다음 각 호의 사항에 관한 취업규칙을 작성하여 고용노동부장관에게 신고하여야 한다. 이를 변경하는 경우에도 또한 같다」고 규정하고 있다. 여기서 말하는 근로자란 근로기준법 제2조제1항제1호에서 정의하고 있는 근로자로서 사원 · 상용공 · 준사원 · 임시공 · 기간제근로자 · 단시간근로자 등 당해 사용자에게 사용되는 자로서 그 명칭이나 노무공급계약의 형식을 불문하고 포함된다. 사용사업주 회사에서 파견근로자를 사용할 경우 상시 근로자 수 산정시에는 이를 제외한다(근로기준법시행령 제7조의2제4항). 근로자들의 합계가 상태적으로 10명 이상인 경우에는 취업규칙을 작성해야 하며 이를 고용노동부 관할 지방고용노동관서에 신고해야 한다. 예컨대 상시 사용되는 무기계약의 정규직근로자 6명, 유기계약의 단시간근로자 3명, 유기계약의 아르바이트 2명 등 11명의 사업장인 경우 고용형태가 다르더라도 합계한다면 상시 사용하는 근로자 수가 10명을 초과하므로 취업규칙을 작성하여 신고할 필요가 있다.

7. 사립학교도 취업규칙을 작성 · 신고해야 하는가

한편 사립학교 교직원의 근무 관계는 "본질적으로 사법상의 고용계약 관계라고 할 것이므로 사립학교 사무직원의 보수 · 복무 등 근로조건에 관한 사항

중 사립학교교직원연금법에서 정하고 있는 퇴직시의 급여 등을 제외한 사항은 근로기준법의 적용을 받는다(대법 1997.7.22, 96다38995)."고 할 것이다. 따라서 학교법인이 사립학교법 및 사립학교교직원연금법을 적용받고 있는 교직원 등을 포함하여 상시 10명 이상의 근로자를 사용하는 경우에는 취업규칙 신고를 해야 하며 또한 사립학교법 등 관련 법률에서 특별한 규정을 둔 경우에는 그에 따라야 할 것이나 그 이외의 사항에 대하여는 근로기준법이 적용되어야 할 것이다(2007.7.27, 근로기준팀-5649).

3 취업규칙의 기재사항

1. 근로기준법 제93조의 내용

근로기준법 제93조제1호 내지 제12호에 기재된 사항은 반드시 취업규칙에 포함하여야 한다. 이것을 필요적 기재사항이라고 하고 이 밖에 사용자가 임의로 기재할 수 있는 임의적 기재사항을 규정할 수 있다. 취업규칙을 제정한 취지, 훈시적 선언규정 등은 임의로 기재할 수 있는 사항이다.

근로기준법 제93조의 필요적 기재사항의 내용은 다음과 같다.

① 업무의 시작과 종료의 시각, 휴게시간 · 휴일 · 휴가 및 교대근무에 관한 사항

② 임금의 결정 · 계산과 지급방법, 임금의 산정기간 · 지급시기 및 승급에 관한 사항

③ 가족수당의 계산 · 지급방법에 관한 사항

④ 퇴직에 관한 사항

⑤ 근로자퇴직급여보장법 제4조에 따라 설정된 퇴직급여, 상여 및 최저임금에 관한 사항

⑥ 근로자의 식비, 작업용품 등 부담에 관한 사항

⑦ 출산전후휴가 · 육아휴직 등 근로자의 모성보호 및 일 · 가정 양립 지원에

관한 사항

⑧ 근로자를 위한 교육시설에 관한 사항

⑨ 안전과 보건에 관한 사항

⑩ 근로자의 성별 · 연령 또는 신체적 조건 등의 특성에 따른 사업장 환경의 개선에 관한 사항

⑪ 업무상과 업무외의 재해 부조에 관한 사항

⑫ 표창과 제재에 관한 사항

⑬ 그 밖에 해당 사업 또는 사업장의 근로자 전체에 적용될 사항 등이다.

위 사항 중에서 법정근로조건은 반드시 기재하여야 하지만, 가족수당과 같은 사항은 임의적 근로조건으로서 당해 사업장과 무관한 사항은 기재할 필요가 없을 것이다. 다만, 근로기준법 제93조에 정한 기재사항 중 누락되거나 흠결이 있는 취업규칙에 대하여 그 효력요건을 갖추는 한 취업규칙 자체가 무효로 되는 것은 아니다.

2. 기재사항 작성시 제93조 각 호의 내용을 반드시 포함하여야 하는가

근로기준법 제93조는 위 각 호의 사항들 모두가 취업규칙에 반드시 기재되어야 하는 것처럼 규정하고 있으나(다음 각 호의 사항에 관한 취업규칙을 작성하여 고용노동부장관에게 신고하여야 한다), 위 각 호에는 근로자 보호를 위하여 반드시 정해지고 시행되어야 할 법정근로조건에 관한 사항뿐만 아니라 사용자의 경영판단이나 사업장의 특성, 또는 노사합의에 의하여 시행 여부가 결정되는 임의적 근로조건에 관한 사항도 다수 포함되어 있다. 그러나 임의적 근로조건에 관한 사항이 근로기준법 제93조의 취업규칙 기재사항으로 규정되어 있다고 하여 사용자에게 그 시행을 강제할 수 없고, 시행되고 있지 않은 임의적 근로조건에 대하여 형식적으로 취업규칙에 기재할 것을 요구하는 것도 타당하지 않으므로(예 : 가족수당은 지급하지 않는다), 근로기준법 제93조 각 호 중 임의적 근로조건에 관한 사항은 해당 사업장에서 이를 시행하고 있을 경우에만 취업규칙의 필요적 기재사항으로 볼 수 있다. 근로기준법 제93조 각 호 중 임금, 근로시간, 휴게시간, 휴일 등 법정근로조건에 관한 사항은 취업규칙에 반드시 기

재하여야 하지만(절대적 · 필요적 기재사항), 교대근로, 가족수당, 식비 등 임의적 근로조건은 해당 사업(장)에서 이를 시행하는 경우에만 기재할 필요가 있다고(상대적 · 필요적 기재사항) 보고 있다. 예컨대 교대근로에 관한 사항(제1호), 승급에 관한 사항(제2호), 가족수당에 관한 사항(제3호), 근로자의 식비 · 작업 용품에 관한 사항(제6호), 상여금에 관한 사항(제5호), 근로자의 교육시설에 관한 사항(제7호), 근로자의 성별 · 연령 또는 신체적 조건 등의 특성에 따른 사업장 환경 개선에 관한 사항(제9의2호), 업무외의 재해부조에 관한 사항(제10호), 표창에 관한 사항(제11호) 등이다.

따라서 근로감독관은 취업규칙 심사시 사용자가 근로기준법 제93조 각 호의 사항 중 당해 사업장에서 시행되지 않고 있는 임의적 근로조건에 관한 사항을 취업규칙에 기재하지 않았다고 하여 사용자의 취업규칙 작성 · 신고가 미이행되었다고 보지 않도록 하여야 한다.

4 취업규칙 작성 · 변경의 법적 절차

관련조항

법 제94조【규칙의 작성, 변경의 절차】

① 사용자는 취업규칙의 작성 또는 변경에 관하여 해당 사업 또는 사업장에 근로자의 과반수로 조직된 노동조합이 있는 경우에는 그 노동조합, 근로자의 과반수로 조직된 노동조합이 없는 경우에는 근로자의 과반수의 의견을 들어야 한다. 다만, 취업규칙을 근로자에게 불리하게 변경하는 경우에는 그 동의를 받아야 한다.

② 사용자는 제93조에 따라 취업규칙을 신고할 때에는 제1항의 의견을 적은 서면을 첨부하여야 한다.

1. 취업규칙의 작성 · 변경에 관한 내용

취업규칙의 작성 · 변경에 즈음하여 근로자측의 의견을 듣고, 그 의견서를 첨부하여 관할 지방고용노동관서장에 취업규칙을 신고하고, 또한 근로자에게 주지시키는 방법을 강구하는 의무를 부과하고 제재규정의 내용에 관하여서도 일정한 제한을 설정한다. 특히 취업규칙은 법령이나 해당 사업 또는 해당 사업장에 대하여 적용되는 단체협약과 어긋나서는 아니되며, 고용노동부장관은 법령이나 단체협약에 어긋나는 취업규칙의 변경을 명할 수 있다고 규정하고 있다(근로기준법 제96조).

이와 같은 절차와 법적 규제를 근로기준법이 규정한 의의는 이들의 규정은 다같이 사회적 규범임에 그치지 않고 법적 규범으로서 구속력을 가지고 있는 취업규칙의 실태에 비추어 그 내용을 합리적인 것으로 하기 위하여 필요한 감독적 규제를 하기 위한 것이다. 이와 같이 취업규칙의 합리성을 보장하기 위한 조치를 강구하고 있으며, 근로기준법은 나아가 「취업규칙에서 정한 기준에 미달하는 근로조건을 정한 근로계약은 그 부분에 관하여는 무효로 한다. 이 경우 무효로 된 부분은 취업규칙에 정한 기준에 따른다」(근로기준법 제97조)라고 규정하고 취업규칙의 이른바 직률적 효력까지 인정하고 있는 것이다.

2. 취업규칙안의 작성

근로기준법 제93조에서 명백히 규정한 바와 같이 취업규칙의 제정 · 변경 권한은 사용자에게 있다.

취업규칙은 경영권의 작용으로서 사용자가 작성하는 것이므로 취업규칙을 작성할 경우나 변경할 경우에는 우선 사용자측에서 안을 만들어야 한다. 안으로 하지 않고 처음부터 확정적인 취업규칙으로서 근로자측에서 제시하여도 무방하지만 노무관리의 실정에서 본다면 안으로서 제시하는 편이 타당할 것이다.

3. 근로자측의 의견 청취 방법

사용자는 취업규칙의 작성 · 변경에 관하여 근로자의 과반수로 조직된 노동조합이 있는 경우에는 그 노동조합, 근로자의 과반수로 조직된 노동조합이 없는 경우에는 근로자의 과반수의 의견을 들어야 한다.

(1) 근로자의 과반수의 의미

① 취업규칙 작성·변경시 동의 또는 의견청취의 주체가 되는 '당해 사업 또는 사업장에 근로자의 과반수로 조직된 노동조합' 인지 여부 판단을 위한 '근로자의 과반수' 란 '근로기준법 제2조제1항제1호에 의한 근로자에 해당하는 자 중에서 동법 제2조제1항제2호의 사용자에 해당하는 자를 제외한 자의 과반수' 를 의미한다고 볼 수 있을 것이다. 이때 '사용자에 해당하는 자' 인지 여부는 근로기준법 제2조제1항제2호의 취지에 따라 판단되어야 하는 것으로서, 노동조합및노동관계조정법 제2조제2호 및 제4호가목 소정의 사용자 또는 그의 이익대표자에 해당하는지 여부와 직접적인 관계가 없을 뿐 아니라, 노동조합의 규약 등에 의거 노동조합 가입대상자인지 여부와도 관계가 없다(2004.12.10, 근로기준과-6634).

② 노동조합이 없는 경우에는 근로자 과반수의 동의를 얻거나 의견을 청취하도록 규정하고 있는 바, 여기서 "근로자 과반수"란 근로기준법 제2조제1항제1호에 의한 근로자에 해당하는 자 중에서 동법 제2조제1항제2호에 의한 사용자에 해당하는 자를 제외한 자의 과반수를 의미한다. 한편, 동법 제2조제1항제2호에 따라 사용자의 지위를 갖는 「근로자에 관한 사항에 대하여 사업주를 위하여 행위하는 자」는 근로자에 관한 사항에 대하여 사업주나 사업경영담당자로부터 일정한 권한과 책임을 부여받은 자로서 직급이나 명칭을 가지고 일률적으로 판단할 수는 없다(대법 2008.4.10, 2007도1199 ; 2004.9.3, 근로기준과-1105).

(2) 의견청취란

의견청취란 취업규칙 작성·변경에 관한 근로자측의 의견을 듣고 그 의견을 기입한 서면을 신고시에 첨부하는 것으로 충분한 것이다. 사용자는 그 의견에 구속되지 않으므로 근로자측의 반대의견이 있어도 사용자가 그 의견대로 수정할 의무를 지는 것은 아니다. 현행법의 운용상 예컨대 근로자대표는 당해 취업규칙의 작성 · 변경 내용에 반대하는 의견을 표명하지 아니한 경우 또는 의견서에 서명 또는 날인하지 아니한 경우에도 의견을 청취하였다는 것이 「객관적으로 증명되는 한」 지방고용노동관서의 장은 이것을 수리하여야 한다.

4. 의견청취의무를 위반하였을 경우의 효력

취업규칙 변경의 요건이 근로자 과반수의 의견청취를 거치지 않았을 경우 그 변경을 유효한 것으로 인정할 것인가에 관하여 견해가 대립된다.

① 판례는 「근로기준법 제93조는 취업규칙의 작성 및 변경에 관하여 행정관청에의 신고의무를 법 제94조 본문은 노동조합 또는 근로자대표자의 의견청취의무를 동법 제14조제1항은 취업규칙의 게시 또는 비치에 의한 주지의무를 정하고 있지만 이러한 규정들은 단속법규에 불과할 뿐 효력규정이라고는 볼 수 없으므로 사용자가 이러한 규정들을 준수하지 않았다고 하더라도 그로 인하여 바로 취업규칙의 작성 또는 변경이 무효로 되는 것은 아니다」(대법 2004.2.12, 2001다63599)」라고 판시하고 있으며 행정해석(1982.2.1, 근기 1455-2895)도 판례와 같은 입장이다.

② 근로기준법 제94조는 당해 취업규칙에 관한 노동조합의 의견을 들으면 충분하다는 취지로 해석해야 하므로 단체협약과 같이 합의를 요건으로 하지 않는다. 그러므로 본래 취업규칙은 사용자가 일방적으로 작성하며 변경하는 권한을 가지고 있기 때문에, 설사 노동조합 등의 의견청취절차를 취하지 아니하였다 하여도 근로자에게 취업규칙으로서 주지되고 운용되고 있는 이상 근로기준법의 의견청취 절차 위반문제는 별도로 하고 취업규칙으로서의 효력이 부정되지는 아니한다.

즉, 일정(예컨대 5일)한 회답 기한을 두고 노동조합과의 협의를 거치지 아니하였고 근로기준법상 취업규칙 변경에 관하여 노동조합이 반대의견을 붙인 경우일지라도 그 의견이 구속력을 가지는 것이 아니며, 따라서 협의를 거치지 아니하였다고 하더라도 취업규칙 변경이 무효가 되는 것은 아니다.

5. 취업규칙에 첨부하는 의견서를 서면 대신에 컴팩트디스크 등의 전자 매체를 첨부할 수 있는가

(1) 의견의 서면 첨부

사용자가 작성한 취업규칙 또는 취업규칙안을 그 사업장의 근로자측에 제시하여 그에 대한 근로자의 의견을 들어야 한다.

이 점에 관하여 근로기준법 제94조는 「① 사용자는 취업규칙의 작성 또는 변경에 관하여 해당 사업 또는 사업장에 근로자의 과반수로 조직된 노동조합이 있는 경우에는 그 노동조합, 근로자의 과반수로 조직된 노동조합이 없는 경우에는 근로자의 과반수의 의견을 들어야 한다. 다만, 취업규칙을 근로자에게 불리하게 변경하는 경우에는 그 동의를 받아야 한다. ② 사용자는 제93조에 따라 취업규칙을 신고할 때에는 제1항의 의견을 적은 서면을 첨부하여야 한다」고 규정한다.

근로자 과반수의 의견은 '서면에 기입한 것' 이어야 한다. 근로기준법 제94조 제2항의 규정에 의하여 취업규칙 신고에 첨부하여야 할 의견을 기입한 서면은 근로자를 대표하는 자의 서명 또는 날인이 있어야 한다. 요컨대 근로자 과반수의 의견서가 첨부되어 있으면, 의견이 반대일지라도 취업규칙 자체의 효력에는 영향이 없다. 취업규칙 신고시에 첨부하는 의견서를 서면이 아닌 컴퓨터디스크 등의 전자매체를 첨부해서는 안된다.

(2) 취업규칙 변경시 전자게시판(또는 E-mail)을 이용하여 근로자 과반수의 의견청취를 할 수 있는가

의견청취 방식이 사업장의 실정에 맞지 아니하는 경우 그에 맞는 적절한 방법을 활용할 수 있을 것이나 이 경우에도 근로자 과반수의 의견을 들었음을 객관적으로 입증할 수 있어야 할 것이다. 따라서 사내 전산망을 통하여 취업규칙의 내용을 게시하고 의견을 들을 경우에도 근로자 과반수의 의견을 청취하였다는 것을 입증할 수 있도록 서면으로 작성(또는 출력) 하여 근로기준법 제94조제2항의 규정에 따라 취업규칙을 신고할 때 첨부하여야 할 것이다 (2003.9.25, 근기 68207-1213).

(3) 청취의견의 구속 여부

취업규칙에 첨부한 의견서의 내용이 당해 규칙에 전면적으로 반대하는 것이든 특정부분에 관하여 반대하는 것임을 불문하고, 또 그 반대사유의 여하를 불문하고, 그 효력발생에 관하여 다른 요건을 구비하는 한 취업규칙의 효력에는 영향이 없는 것이다.

따라서 찬성이든 반대이든, 요컨대 근로자 과반수의 의견서가 첨부되어 있으면, 관할 지방고용노동관서장은 수리하고, 또 의견이 반대일지라도 취업규칙 자체의 효력에는 영향이 없는 것이다.

의 견 서

회 사 명 : 주식회사 강남화학
대 표 자 : 대표이사 강 철 중

2013년 12월 16일부로 의견을 요청하신 취업규칙안에 대하여 다음과 같이 의견을 제출합니다.

이의 있습니다. 토요일을 유급휴일로 하여 완전주휴2일제를 요망합니다.
※ 이의가 없을 경우에는 「이의없습니다」 라고 쓴다.

2013년 12월 31일

주식회사 강남화학
근로자대표 강 철 중 (인)

(4) 근로자대표 또는 노동조합이 의견서를 제출하지 않은 경우

근로자대표 또는 노동조합이 반대하여 취업규칙에 관한 의견서를 제출하지 아니하는 경우는 어떻게 되는 것일까. 근로자대표 또는 노동조합의 의견서에 근로자 과반수의 서명 · 날인이 없다는 것을 이유로 관할 지방고용노동관서에서 수리하지 않는 경향도 가끔 있다. 그러나 근로자대표 또는 노동조합이 고의로 의견을 표명하지 아니하는 경우 또는 의견서에 서명 · 날인하지 아니하는 경우에도 의견을 청취하였음이 객관적으로 증명할 수 있는 한 이를 수리하는 것이 타당한 것이다. 근로자대표 또는 노동조합의 의견서의 제출이 없는 경우일지라도 의견을 청취하였음이 분명하다면 그것을 소명하는 서류를 첨부하여 신고하면 관할 지방고용노동관서장은 수리하게 된다.

6. 취업규칙의 확정신고

(1) 취업규칙의 확정

취업규칙의 변경 · 개정 등이 필요하다고 사용자가 판단하였을 경우에는 적정수정을 행하는 등 의견을 반영시켜(의견을 반영시키지 않더라도 근로기준법 위반이 되지 아니하지만) 취업규칙으로서 확정하여, 근로자대표의 의견서를 첨부하여 확정취업규칙으로서 관할 지방고용노동관서장에게 신고하는 것이다.

(2) 신 고

① 사용자의 취업규칙 작성 · 변경 · 신고의무

사용자는 취업규칙을 작성하거나 변경하려면 근로자의 과반수를 대표하는 노동조합 또는 근로자 과반수의 의견을 청취(불이익변경시에는 동의)하였음을 증명하는 서면을 첨부하여 「취업규칙 작성 · 변경신고서」(근로기준법시행규칙 별지 제15호 서식)에 다음 서류를 첨부하여 고용노동부장관에게 신고하여야 하고, 이를 이행하지 아니할 경우 500만원 이하의 과태료가 부과된다(근로기준법 제93조, 제116조제1항제2호).

㈎ 취업규칙(변경신고하는 경우에는 변경 전과 변경 후의 내용을 비교한 서류)

㈏ 근로자의 과반수를 대표하는 노동조합 또는 근로자 과반수의 의견을 들었음을 증명하는 자료

㈐ 근로자의 과반수를 대표하는 노동조합 또는 근로자 과반수의 동의를 받았음을 증명하는 자료(근로자에게 불리하게 변경하는 경우에만 첨부한다)

② 취업규칙을 신고하여야 할 기간

사용자가 취업규칙을 신고하여야 할 기간에 관하여는 근로기준법상 특별한 규정이 없기는 하나, 사용자는 상시 10명 이상의 근로자를 사용할 때로부터

취업규칙을 작성하고 근로자들의 의견을 청취하는 절차를 거치기 위하여 소요되는 최소한의 기간 내에 신고를 마쳐야 하고, 이러한 법리는 사용자가 기숙사규칙을 작성하여야 할 기간에도 마찬가지로 적용한다(전주지법 2005.6.14, 2005노117).

③ 신고기관

사용자는 취업규칙을 작성 · 변경하는 경우에는 근로자측의 의견서를 첨부하여 고용노동부장관에게 신고하여야 한다(근로기준법 제94조제2항). 신고처리 업무가 지방고용노동관서장에게 위임되어 있으므로 관할 지방고용노동관서에 신고하여야 한다.

④ 신고의 효력

사용자의 취업규칙 작성 · 변경에 대한 신고의무를 유효요건으로 볼 것인가에 관하여, 의견청취에서와 마찬가지로 훈시규정설과 효력규정설이 대립하고 있다. 취업규칙 신고의무규정은 취업규칙에 대한 감독 행정상 필요에 의한 단속규정이므로 당해 취업규칙이 실제로 근로자들의 근로조건을 규율하여 왔다면, 사용자에 대한 과태료 부과(법 제116조제1항제2호)는 별론으로 하고, 법령, 단체협약에 위배되지 않는 범위에서 위 취업규칙의 효력은 인정된다. 동법의 신고의무규정은 일반적으로 취업규칙에 대한 감독 행정상 필요에 의한 것이며 효력요건이 아닌 것으로 해석하고 있으므로 「징수업무처리규정」의 내용이 법령 또는 단체협약에 위반되지 않는 경우에는 비록 신고절차를 이행치 아니하였더라도 형사상의 책임은 별론으로 하고 취업규칙으로서의 효력을 부인하여서는 아니될 것이다(1991.6.21, 근기 01254-8835). 판례(대법 2004.2.12, 2001다63599)는 근로기준법 제93조는 취업규칙의 작성 및 변경에 관하여 행정관청에의 신고의무를 같은법 제94조 본문은 노동조합 또는 근로자 대표자의 의견청취의무를 같은법 제14조제1항은 취업규칙의 게시 또는 비치에 의한 주지의무를 정하고 있지만 이러한 규정들은 단속법규에 불과할 뿐 효력규정이라고는 볼 수 없으므로 사용자가 이러한 규정들을 준수하지 않았다고 하더라도 그로 인하여 바로 취업규칙의 작성 또는 변경이 무효로 되는 것은 아니라고 보고 있다.

5 직종별 등으로 취업규칙을 복수로 할 수 있는가

'직원취업규칙' 과 '작업원취업규칙' 등과 같이 직종별로, 또는 '사원취업규칙' 과 '단시간근로자취업규칙' 등과 같이 고용형태별로 각각 별개의 취업규칙 작성도 허용된다. 즉, 사용자는 단시간근로자에게 적용되는 취업규칙을 통상근로자에게 적용되는 취업규칙과 별도로 작성할 수 있다(근로기준법시행령 「별표 2」 제5호가목). 취업규칙은 같은 사업장에 소속된 모든 근로자에 대하여 일률적으로 적용되는 하나의 취업규칙만을 작성하여야 하는 것이 아니고, 사용자는 근로자의 근로조건, 근로형태, 직종 등의 특수성에 따라 근로자 일부에 적용되는 별도의 취업규칙을 작성할 수 있으며, 이 경우 여러개의 취업규칙을 합한것이 1개의 취업규칙으로 된다(대법 2007.9.6, 2006다83246 ; 2008.4.21, 근로조건지도과-997).

예컨대 근로자의 업무특성 등 직종의 특수성에 따른 합리적인 이유로 일반 · 기능직과 상근직에게 적용되는 취업규칙을 달리 정한 경우라면 일반 · 기능직에 대하여 취업규칙 등에 따라 병가기간을 유급으로 적용하고, 상근직에 대해서는 상근인력관리규정을 적용하여 병가기간을 무급으로 적용하더라도 동법 제6조에서 규정한 균등처우 위반으로는 볼 수 없다(2009.7.9, 근로기준과-2366). 이 경우 여러 개의 취업규칙을 합한 것이 근로기준법 제93조 소정의 1개의 취업규칙으로 된다(대법 2000.2.25, 98다11628 ; 1996.2.27, 95누15698).

판례(대법 1992.2.28, 91다30328)는 「근로기준법 제6조와 제34조에 저촉되지 않는 범위 안에서 근무형태나 직종에 따라 복수의 취업규칙을 정하는 것은 허용된다」라고 하였다.

동일 사업장의 일부 근로자에 대한 별도의 취업규칙을 작성 · 적용하는 것은 위법이 아니며, 취업규칙에 일부 근로자에 대한 예외규정 또는 특별규정을 두는 것도 무방하다. 이에 대한 학설 · 판례의 입장은 근로자의 종류에 따라서 개별적으로 다수의 취업규칙이 있을 수 있으며, 별도로 작성된 취업규칙도 사업장 전체에서 본다면 취업규칙의 일부에 불과하므로 각각 별개의 취업규칙을 합체한 것이 그 '사업장의 취업규칙' 이 된다는 것이다(대법 1996.2.27, 95누15698 ; 2006.8.3, 근로기준팀-3989).

즉, 정규직근로자에게 적용되는 '일반근로자취업규칙' 및 일용근로자 및 감시직근로자에게 적용되는 '특수근로자취업규칙'을 구분하여 작성하는 것은 무방하며, 위의 두 취업규칙을 합친 것이 근로기준법 제93조에서 규정하는 취업규칙이 된다.

6 취업규칙의 불리한 변경과 근로자대표의 동의

1. 불리한 변경의 의의

취업규칙에 근로조건에 관한 사항에 관하여 근로자에게 불리한 조항을 신설하거나 기존의 조항을 불리하게 변경하는 경우를 특히 불리한 변경이라 한다. 즉, 퇴직금에 관한 규정을 변경하여 지급기준을 낮추거나 정년퇴직제를 신설하는 경우 등이 이에 해당된다. 취업규칙의 변경에 관하여는 근로자대표의 의견을 들어야 하지만 사용자가 취업규칙을 근로자에게 불리하게 변경하는 경우에는 의견청취가 아닌 동의를 얻어야 하며, 이러한 동의를 얻지 못한 취업규칙의 불리한 변경은 기존 취업규칙의 적용을 받던 근로자에 대하여 아무런 효력이 없다(근로기준법 제94조제1항 단서). 취업규칙의 불이익변경 판단의 기준시점은 "취업규칙의 변경이 이루어진 시점"이다(대법 1996.8.26, 96다1726).

2. 동의방식

(1) 회의방식

취업규칙의 변경에 의하여 기존 근로조건의 내용을 일방적으로 근로자에게 불리하게 변경하려면 종전 취업규칙의 적용을 받고 있던 근로자 집단의 집단적 의사결정방법에 의한 동의를 요하고 그 동의방법은 근로자 과반수로 조직된 노동조합이 있는 경우에는 그 노동조합의 그와 같은 노동조합이 없는 경우에는 근로자들의 회의방식에 의한 과반수의 동의가 있어야 하며 위와 같은 방법에 의한 동의가 없는 한 취업규칙의 변경으로서의 효력을 가질 수 없다(대법

2007.6.28, 2007도1539).

판례가 줄곧 취업규칙의 불이익변경을 위해 회의방식에 의한 동의를 요구하는 것은 근로자들의 자유로운 의사에 기하여 동의를 하여야 적법 유효한 취업규칙의 불이익변경으로 인정된다는 것이고 이러한 자유로운 의사의 형성을 위해 회의방식이 필요하다는 것이다.

(2) 회의방식에 대한 판례의 변화

① 당초 대법원판례는 취업규칙의 불이익한 변경을 위해서 이에 관해 논의하는 근로자의 회합이 있어야 하고 근로자대표의 동의나 근로자들의 개별적 동의로 근로자들의 회의방식에 의한 동의를 대신할 수 없음을 분명히 한 바 있다(대법 1994.4.12, 92다20309).

② 이와 같은 견지에서 이후 대법원판례는, "사용자 법인은 회람이나 개별적 통지의 방법으로 소속 직원들에게 급여규정의 개정사실을 알린 바는 있으나, 전 직원들을 한 장소에 모이게 하거나 사업장 별로 모이게 한 후 규정의 개정내용을 설명하고 직원들의 동의 여부를 묻는 절차를 취한 바 없었던 사실"에 기하여 회의방식에 의한 동의가 없어 취업규칙의 변경이 적법하지 않다고 판시하고 있다(대법 2001.6.26, 2000다65239).

③ 그러나 이후 취업규칙의 불이익변경에 관해 근로자들의 회합이 없었고 단지 근로자들에게 동의서면을 회람한 경우에도 근로자들 상호간 의견의 교환과 취합이 가능하였다든지 사용자의 개입이나 간섭이 없었다는 점을 이유로 들어 회의방식에 해당되어 취업규칙 변경이 적법하다는 견해를 보이는 대법원판례들이 다수 나오고 있다. 이러한 판례(대법 2003.11.14, 2001다18322)로서 「사용자 회사가 취업규칙의 변경을 위하여 그 변경의 취지와 필요성을 서면으로 설명하고 근로자들로 하여금 그 취업규칙 변경에 동의하는 결의문에 서명하게 한 것에 불과한 경우에도 그 과정에서 부서별로 부서장이 그 소속 직원들이 서명할 때 자리를 비켜주거나 부서 직원들의 서명 장소에 계속 남아있기도 한 사실에 기하여 사용자측의 간섭이나 개입이 있었다고 볼 수 없다면 적법한 회의방식에 의한 동의가 있었다고 보고 있는 것이다.」

④ 위 대법원판례 이후 다시 유사한 견해를 나타내는 판례가 나왔는데, 판례(대법 2004.5.14, 2002다23185 · 23192)는 취업규칙 개정안에 대한 서면 동의서를 직원들에게 회람하게 하여 서명을 받은 것에 불과하였음에도 그 과정에서 일부 직원들이 기권하거나 반대한 사실에 입각하여 회사측의 부당한 개입은 없었다고 하면서 각 팀별 현장별로 의견의 집약을 한 후 자유로운 의사에 따라 동의하였다고 인정하고 있다. 이 판례 역시 사용자가 취업규칙의 변경에 관해 자신이 작성한 동의서 양식을 회람하여 서명을 받은 것에 그쳤지만 회의방식에 의한 취업규칙의 불이익변경으로 인정하여 유효하다고 판시하고 있다.

⑤ 판례(대법 2010.1.28, 2009다32362)는 “IMF 금융위기사태를 맞아 정부 주도로 공기업 구조조정이 진행되었는데, 관련 사업의 통폐합, 정년 단축, 퇴직금지급률 조정이 공기업 구조조정의 핵심사항이었으므로, 당시 예인사업 포괄승계 및 방제조합의 구조조정 사실이 해당 근로자들에게도 모두 알려졌을 것으로 보이는 점, 예인사업이나 방제조합의 업무는 그 사업소 또는 지부가 전국 해안에 걸쳐 소규모로 산재해 있어 근로자 전체가 한 자리에 모이는 것이 곤란하였던 점, 이에 각 부서별, 사업소 · 지부별로 설명회를 개최하여 1998.7.31자 포괄승계에 따른 근로조건의 변경 및 1999.12.31자 퇴직금지급률 변경 사항을 설명하였고, 근로자들은 각 부서별, 사업소 · 지부별로 설명회에 참석함으로써 상호간에 의견을 교환할 수 있는 기회가 주어진 것으로 보이는 점, 이러한 과정을 거쳐 해당 근로자들을 포함한 근로자들은 공기업 구조조정의 일환으로 진행된 정년 단축 및 퇴직금지급률 변경의 필요성을 인식하고 이를 감수하는 입장에서 위 각서와 동의서에 서명하였고, 일부 근로자는 각서를 제출하지 않거나 반대의사를 명백히 표시한 점 등을 종합하면, 1998.7.31자 포괄승계에 따른 근로조건의 변경 및 1999.12.31자 퇴직금지급률 변경 당시 사용자측이 변경될 내용을 근로자들에게 설명하고 홍보하는데 그치지 않고 나아가 근로자들의 동의를 강요하는 등 부당하게 개입하거나 간섭한 것으로는 보이지 아니한다. 따라서 예선사업 및 방제조합의 각 부서별, 사업소 · 지부별로 근로자들의 협의 및 의견 집약이 근로자들의 자유로운 의사에 따라 이루어진 것으로 보아야 하므로, 1998.7.31자 포괄승계에 따른

근로조건의 변경 및 1999.12.31자 퇴직금지급률 변경에 근로자의 집단적 의사결정방법에 의한 동의가 있었다고 봄이 상당하다"라고 하고 있다.

위와 같은 논리에 따라 이 사건에서 대법원은 1998.7.31자 동의와 1999.12.31자 동의가 모두 유효하다고 판단하였다.

(3) 동의방식

불리한 변경시의 근로자의 동의의 방식은 근로자대표의 동의를 의미한다. 그 동의는 해당 근로자 개개인의 동의가 아니라, 근로자대표의 동의를 의미한다. 근로자 과반수로 조직된 노동조합이 있는 회사에서 취업규칙을 근로자에게 불리하게 개정하는 경우에는 그에 대한 노동조합의 동의를 얻어야 하고, 이 경우 노동조합의 동의는 법령이나 단체협약 또는 노동조합의 규약 등에 의하여 조합장의 대표권이 제한되었다고 볼 특별한 사정이 없는 한 조합장이 노동조합을 대표하여 하면 되는 것이지 노동조합 소속 근로자의 과반수의 동의를 얻어서 해야 하는 것은 아니다(대법 2003.6.13, 2002다65097). 따라서 집단적 방식에 의한 유효한 변경이 아닌 한 특정 근로자가 개별적으로 그 변경에 동의하였다 하더라도 이를 이유로 그 근로자에게 변경된 내용의 취업규칙을 주장할 수 없다.

(4) 회의 및 동의방식과 관련한 문제점

① 사업장의 기구별 · 단위부서별 찬반의견 집약후 취합결정의 허용 여부

취업규칙에 규정된 근로조건의 내용을 근로자에게 불리하게 변경하는 경우에 근로자 과반수로 구성된 노동조합이 없는 때에는 근로자들의 회의방식에 의한 과반수 동의가 필요하다. 그 회의방식은 반드시 한 사업 또는 사업장의 전 근로자가 일시에 한 자리에 집합하여 회의를 개최하는 방식만이 아니라(큰 사업 또는 사업장에 있어서는 이러한 회의방식은 사실상 불가능한 경우가 많을 것이다) 한 사업 또는 사업장의 기구별 또는 단위부서별로 사용자측의 개입이나 간섭이 배제된 상태에서 근로자 상호간에 의견을 교환하여 찬반의견을 집약한 후 이를 전체적으로 취합하는 방식도 허용된다고 보아야 할 것이다(대법 2010.1.28, 2009다32362 ; 대법 2003.11.14, 2001다18322).

② **사용자측의 개입과 간섭금지**

여기서 사용자측의 개입이나 간섭이란 사용자측이 근로자들의 자율적이고 집단적인 의사결정을 저해할 정도로 명시 또는 묵시적인 방법으로 동의를 강요하는 경우를 의미하고 사용자측이 단지 변경될 취업규칙의 내용을 근로자들에게 설명하고 홍보하는 데 그친 경우에는 사용자측의 부당한 개입이나 간섭이 있었다고 볼 수 없다(대법 2010.1.28, 2009다32362 ; 대법 2003.11.14, 2001다18322). 예컨대 공기업 구조조정을 진행하면서 각 부서별, 사업소 · 지부별로 설명회를 개최하여 관련 사업의 포괄승계에 따른 근로조건의 변경 및 퇴직금 지급률 변경 사항을 설명하고 근로자들의 동의를 받은 경우, 사용자측이 변경될 내용을 근로자들에게 설명하고 홍보하는 것을 넘어 사용자측의 부당한 개입이나 간섭이 있었다고 볼 수 없으므로, 근로자의 집단적 의사결정방법에 의한 동의가 인정된다(대법 2010.1.28, 2009다32362).

③ **회람형식의 동의서에 개별적으로 동의한 경우**

근로자 상호간의 아무런 의견교환의 과정없이 회사와 근로자들간에 개별적으로 논의를 한 후 회람형식의 동의서에 근로자들이 개별적으로 동의한다는 취지로서 날인한 경우에는 집단적인 의사결정방법에 의한 동의라고 볼 수 없다(서울민사지법 1994.12.22, 94가합65189).

④ **노사협의회 근로자위원들의 동의를 얻는 것이 근로자들 과반수의 동의를 얻은 것과 동일시할 수 있는지 여부**

근로자들이 노사협의회를 구성하는 근로자위원들을 선출함에 있어서 그들에게 근로조건을 변경함에 있어 근로자들을 대신하여 동의를 할 권한까지 포괄적으로 위임한 것이라고 볼 수 없으며 그 근로자들이 퇴직금규정의 개정에 동의를 함에 있어서 사전에 그들이 대표하는 각 부서별로 근로자들의 의견을 집약 및 취합하여 그들의 의사표시를 대리하여 동의권을 행사하였다고 볼 만한 자료도 없다면 근로자위원들의 동의를 얻은 것을 근로자들 과반수의 동의를 얻은 것과 동일시할 수 없다(대법 1994.6.24, 92다28556).

⑤ **개정내용을 배포 · 열람한 경우의 동의방식의 적법 여부**

보수규정의 개정내용이 일간신문지상에 보도되고 회사가 개정 후 그 내용을 임직원들에게 배포 · 열람케 하였으며 일부 퇴직한 직원들이 개정 후의 보수규정에 따른 퇴직금을 수령한 사정만으로 보수규정의 개정에 대하여 회사 소속 직원들의 묵시적 동의를 얻었다고 할 수 없다(대법 1993.1.26, 92다49304).

3. 불리한 변경 여부와 판단기준

(1) 종합적 기준

① 근로자에게 불리한 취업규칙이 어떤 것인지에 대한 판단기준은 그 변경이 사회통념상 합리성이 있느냐의 여부와 그 변경의 취지와 경위, 해당 사업체의 업무의 성질, 취업규칙 각 규정의 전체적인 체계 등 제반사정을 종합하여 판단하여야 한다(대법 2000.9.29, 99다45376 ; 2001.4.24, 99다9370 ; 2011.3.18, 근로개선정책과-369).

② 대법원 판례는 취업규칙의 불리한 변경에 관하여 변경된 사항 전부에 관하여 유리하느냐 불리하느냐를 판단하여야 한다는 논리를 전개하고 있다. 퇴직금의 인하와 함께 임금인상, 근로시간 단축 등이 포함되어 있다면 불이익변경이 아니라고 한다.

판례는 「누진제 퇴직금지급규정이 법정률을 기준으로 변경되었으나 그 취업규칙 변경에 임금인상, 근로시간의 단축 등 근로자에게 유리한 부분도 포함되어 있어 근로조건의 내용이 근로자에게 일방적으로 불이익하게 변경되었다고 단정할 수 없으므로 이는 유효하다」는 입장을 취하고 있다(대법 1984.11.13, 84다카414).

③ 취업규칙의 변경이 근로자에게 불리한 것인가 여부를 판단함에 있어서는 근로조건을 결정짓는 여러 요소가 있는 경우 그 중 한 요소가 불이익하게 변경되더라도 그와 대가관계나 연계성이 있는 다른 요소가 유리하게 변경되는 경우 이를 종합적으로 고려하여야 하는 것이므로(대법 1995.3.10, 94다18072), 명예퇴직수당의 지급률이 낮아져 그 자체로는 불리하여졌다고 하더라도 기초임금이

인상된 경우 반드시 불리한 변경이라고 단정할 수는 없다(대법 2004.1.27, 2001다42301). 그 판단의 기준시점은 퇴직금규정의 개정이 이루어진 시점이다.

(2) 개별적 기준

유·불리가 충돌하는 취업규칙의 변경시 근로자 동의 여부의 문제가 있다. 취업규칙상 급여규정의 변경이 일부 근로자에게는 유리하고 일부 근로자에는 불리한 경우 이 같은 급여규정 변경에 있어서는 근로자집단의 동의가 근로자 전체에 대해 획일적으로 적용되어야 한다. 특히 이 경우 취업규칙의 변경이 근로자에게 전체적으로 유리한지 불리한지 객관적으로 평가하기 어렵거나 이러한 변경 개정에 의해 근로자 상호간의 유·불리에 따른 이익충돌이 되는 때는 사용자측의 급여규정 개정은 근로자에게 불이익한 것으로 취급하여 근로자들 전체의 의사에 따라 결정하게 하는 것이 타당하다.(대법 1997.8.26, 96다1726)

따라서「근속기간에 따라 유·불리를 달리하게 된 퇴직금규정의 변경개정은 근로자집단의 규모를 비교할 것도 없이 근로자에 불리한 변경으로 근로자집단의 동의를 요한다고 할 것이고 동의절차를 밟지 않고 이루어진 급여규정의 개정은 당연히 무효이다」(대법 1993.5.13, 93다18963).

(3) 합리적 기준

① 합리성의 의의

사용자가 일방적으로 새로운 취업규칙의 작성·변경을 통하여 근로자가 가지고 있는 기득의 권리나 이익을 박탈하여 불이익한 근로조건을 부과하는 것은 원칙적으로 허용되지 아니한다고 할 것이나, 당해 취업규칙의 작성 또는 변경이 그 필요성 및 내용의 양면에서 보아 그에 의하여 근로자가 입게 될 불이익의 정도를 고려하더라도 여전히 당해 조항의 법적 규범성을 시인할 수 있을 정도로 사회통념상 합리성이 있다고 인정되는 경우에는 종전 근로조건 또는 취업규칙의 적용을 받고 있던 근로자의 집단적 의사결정방법에 의한 동의가 없다는 이유만으로 그 적용을 부정할 수는 없다고 할 것이다(대법 2009.6.11, 2007도3037).

② **사회통념상 합리성 유무의 판단기준**

사회통념상 합리성의 유무는 ㈎ 취업규칙의 변경에 의하여 근로자가 입게되는 불이익의 정도, ㈏ 사용자측의 변경 필요성의 내용과 정도, ㈐ 변경 후의 취업규칙 내용의 상당성, ㈑ 대상조치 등을 포함한 다른 근로조건의 개선상황, ㈒ 노동조합 등과의 교섭경위, ㈓ 노동조합이나 다른 근로자의 대응, ㈔ 동종상황에 관한 국내의 일반적인 상황 등을 종합적으로 고려하여 판단하여야 한다(대법 2010.1.28, 2009다32522).

취업규칙의 변경이 근로자집단의 동의를 대신할 만한 사회통념상 합리성이 있는지를 판단함에 있어서는 개정 당시의 상황을 근거로 해야 할 것인바 취업규칙 변경의 결과 정년을 2년씩 일률적으로 단축한 때로부터 얼마 지나지 않아 정년에 도달하여 퇴직하게 될 원고들에 대한 관계에서 아무런 대상조치나 경과규정을 두지 않는 등 취업규칙의 개정동기, 변경의 필요성, 내용 등을 고려하더라도 여전히 당해 조항의 법적규범성을 시인할 수 있을 정도로 사회통념상 합리성이 있다고 보기 어렵다(대법 2010.1.28, 2009다32522 ; 2004.7.22, 2002다57362).

③ **사회통념상 합리성 적용상의 유의사항**

근로기준법 제94조제1항 단서가 신설(1989.3.23, 법률 제4099호로 개정)되기 전에는 취업규칙의 변경시 근로자들의 의견청취만을 규정하였기 때문에 사용자의 일방적인 취업규칙의 불리한 변경을 억제하기 위해서 근로조건의 변경이 사회통념상 합리성이 있다고 인정된다면 근로자의 집단적 동의를 얻지 않아도 유효하다는 "사회통념상 합리성 여부" 판단이 큰 의미가 있었다. 근로기준법 제94조제1항 단서가 신설된 이후에는 취업규칙의 불리한 변경의 문제는 근로자들의 집단적 동의 유무에 따라 판단되어야 하므로 원칙적으로 근로자의 동의를 얻지 못한 경우는 취업규칙의 변경은 무효이다. 다만 구체적인 상황에 따라 "사회통념상 합리성 여부" 판단을 해야 할 경우를 완전히 배제할 수는 없으므로 예외적인 경우 사회통념상 합리성이 인정되는 경우에는 근로자의 집단적 동의를 얻지 않아도 유효하게 될 수 있다(2006.12.1, 법제처 법령해석지원팀-1868).

④ 합리적 이유가 있는 경우

㈎ 인사제도의 개선

회사의 인사규정 등 취업규칙에 그 사업장에서 취급되는 업무의 성격이나 취업규칙의 규정체계 등을 감안하여 처음부터 면직사유에 당연히 포함될 만한 정당성이 있는 사유임에도 불구하고 종래 그것이 누락되어 있어 이를 보충하는 의미에서 그와 같은 면직사유를 추가하기 위하여 취업규칙을 변경하는 것은 사회통념상 합리성이 있는 변경에 해당된다(대법 1988.5.10, 87다카2853).

㈏ 정년제도의 신설

정년에 관한 제한규정이 없는 종전의 취업규칙을 변경함에 있어서 「근로자 집단의 동의없이 정년을 만 55세로 정하는 규정을 새로이 둔 경우에 동규정이 사회의 일반 통례에서 벗어난 불합리한 제도라고 볼 수 없으므로 위법이 아니다」(대법 1978.9.12, 78다1046).

⑤ 합리적 사유가 없는 경우

㈎ 보수규정의 하향조정

「보수규정의 개정이 정부 산하의 투자기관 소속임직원들의 급여수준이 너무 높은 탓으로 인한 정부투자기관의 경영과 수익활동에 대한 재정압박과 일반공무원의 급여수준과의 형평 등을 이유로 정부의 조정방침에 따라 이루어졌다 하더라도 이에 근로자집단의 동의를 받지 않아도 될 만한 사회통념상의 합리성이 있다고 볼 수 없다」(대법 1993.1.26, 92다49324 ; 1993.5.14, 93다1893).

㈏ 결근비율에 따른 상여금 삭감지급규정 신설 · 변경

취업규칙상 보수규정과 관련한 변경내용 중 상여금 산정기준의 소정 근무일수의 결근일수에 대한 결근일수비율에 따라 상여금액을 삭감하는 것은 사회통념상 합리적이라 할 것이나, 「분기 중 근무일수가 1월 미만인 경우 상여금을 전혀 지급하지 아니한다는 부분은 위 합리적인 범위를 벗어나는 것이므로 그 한도에서는 그와 같은 변경 내지 신설에는 노동조합의 사전동의를 얻어야 그 효력이 발생한다」(대법 1991.8.13, 91다3642).

(다) 자의적인 징계규정 신설

무계출 또는 "부득이한 사유가 없는 결근이 7일을 초과한 경우"를 자연면직 사유로 하는 조항은 무계출인지 여부와 부득이한 사유가 있는지 여부 등에 관하여 사용자와 근로자 사이에 의견대립이 있을 수 있을 뿐만 아니라, 사용자의 일방적인 사실인정만으로 자연면직된다는 것은 불합리하고 근로자에게 불이익한 근로조건이므로, 「이러한 조항을 근로자측의 동의도 없이 새로이 취업규칙에 규정하는 것은 사회통념상 합리성이 있는 것으로 보기 어렵다」(대법 1989.5.9, 85다카4277).

(라) 정년단축에 있어서 대상조치나 경과규정을 두지 아니한 경우

취업규칙의 변경이 근로자집단의 동의를 대신할 만한 사회통념상 합리성이 있는지를 판단함에 있어서는 개정 당시의 상황을 근거로 해야 할 것인 바, 취업규칙 변경의 결과 정년을 2년씩 일률적으로 단축한 때로부터 얼마 지나지 않아 정년에 도달하여 퇴직하게 될 원고들에 대한 관계에서 아무런 대상조치나 경과규정을 두지 않는 등 취업규칙의 개정동기, 변경의 필요성을 고려하더라도 사회통념상 합리성이 있다고 보기 어렵다(대법 2004.7.22, 2002다57362).

4. 동의를 하지 않은 불리한 변경의 효력

근로자에게 불리하게 취업규칙을 변경하는 경우 근로자집단의 동의가 없으면 변경된 부분은 전체근로자에게 효력이 없다.

(1) 개별적으로 찬성한 근로자에 대한 효력

취업규칙을 불리하게 변경함에 있어 근로자집단의 동의를 받지 못한 이상 개인적으로 동의한 근로자에게도 취업규칙 변경의 효력이 발생하지 아니한다(대법 1991.3.27, 91다3031).

(2) 동의를 얻지 못한 불리하게 변경된 취업규칙의 효력

사용자가 일방적으로 취업규칙 내용을 근로자에게 불리하게 변경한 경우 변경 이후에 입사한 근로자에 대하여 효력이 있는가 하는 문제가 발생한다. 이에 대하여는 절대적 무효설과 상대적 무효설로 견해가 나뉘고 있다.

- 절대적 무효설 : 취업규칙의 변경이 무효라면 모든 근로자에 대해서 그 취업규칙 자체가 무효이다(종전판례 ; 대법 1990.4.17, 89다카7754).
- 상대적 무효설 : 취업규칙의 변경은 기득권이 침해되는 기존 근로자에 대해서만 무효이고 신규 입사자에 대해서는 유효이다(대법[전원합의체] 1992.12.22, 92다45165 등).

판례(대법[전원합의체] 1992.12.22, 91다45164)는 「사용자가 취업규칙에서 정한 근로조건을 근로자에게 불리하게 변경함에 있어서 근로자의 동의를 얻지 않는 경우에는 그 변경으로 기득이익이 침해되는 기존의 근로자에 대한 관계에서는 그 변경의 효력이 미치지 않게 되어 종전 취업규칙의 효력이 그대로 유지되지만, 그 변경 후에 변경된 취업규칙에 따른 근로조건을 수용하고 근로관계를 갖게 된 근로자에 대한 관계에서는 당연히 변경된 취업규칙이 적용되어야 하고, 기득이익의 침해라는 효력배제사유가 없는 변경 후의 취업근로자에 대해서까지 그 변경의 효력을 부인하여 종전 취업규칙이 적용되어야 한다고 볼 근거가 없다」고 하여 대법원 전원합의체 판결로서 종전의 견해를 변경하였다. 근로기준법 제94조에서 사용자는 취업규칙의 작성 또는 변경에 관하여 당해 사업장 근로자의 과반수(근로자 과반수로 조직된 노동조합이 있는 경우에는 그 노동조합)의 의견을 들어야 하고, 근로자에게 불리하게 변경하는 경우에는 그 동의를 얻도록 규정하고 있다. 이 경우 적법한 동의 절차없이 불리하게 변경된 취업규칙은 원칙적으로 효력이 없으나(불리하게 변경된 부분에 한함) 신규 입사자에 대해서는 효력이 있다. 따라서 사용자가 취업규칙에서 정한 근로조건을 근로자에게 불리하게 변경함에 있어서 근로자의 동의를 얻지 않은 경우에 그 변경으로 기득 이익이 침해되는 기존의 근로자에 대하여는 변경의 효력이 미치지 않으나, 변경된 취업규칙에 따른 근로조건을 수용하고 새롭게 근로계약을 체결하여 근로관계를 갖게 된 근로자에 대하여는 변경된 취업규칙이 적용되는 것이다(2007.8.1, 근로기준팀-5727).

한편, 퇴직금 누진제를 불리하게 변경하는 경우에 상대적 무효설을 따를 경우 하나의 사업장에 두 개의 퇴직금제도가 존재하게 되어 근로기준법 제34조 및 근로자퇴직급여보장법 제4조제2항에서 규정하고 있는 퇴직금차등제도 금지규정에 위반하지 않는가 하는 의문이 생길 수 있다. 이에 대하여 대법원은 변경된 퇴직금제도와 별개의 퇴직금제도를 적용하는 결과가 되었다 하여도 이는 퇴직금차등제도를 설정한 경우에 해당되지 아니한다고 보고 있다. 판례(대법[전원합의체] 1992.12.22, 92다45165)는 근로기준법 제34조(근로자퇴직급여보장법 제4조제2항)는 하나의 사업 내에 차등 있는 퇴직금제도의 설정을 금하고 있으나, 변경된 취업규칙의 퇴직금제도가 기존근로자의 기득이익을 침해하는 것이어서 이들에게는 그 효력이 미치지 않고 부득이 종전제도의 적용을 받게 됨으로써 이러한 기득이익이 없는 취업규칙변경 후의 취업근로자에게 적용되는 퇴직금제도와 별개의 퇴직금제도를 적용하는 결과가 되었다하여도, 이러한 경우까지 위 법조에서 금지하는 차등 있는 퇴직금을 설정한 경우에 해당한다고 볼 수는 없는 것이다(같은 취지 ; 대법 1993.6.11, 93다11876).

5. 취업규칙의 불리한 변경과 이의제기의 시효

(1) 시효의 유무

취업규칙의 불리한 변경에 대한 이의제기는 시효의 적용을 받지 않는 것으로 해석된다.

「근로자집단의 동의를 거치지 않은 취업규칙의 변경에 대하여 사용자가 그 변경내용을 주지시켰음에도 근로자가 그 내용에 대하여 이의를 제기하지 않다가 10여년이 경과한 현재에 이르러 그 개정의 부당함을 다툰다 할지라도 금반언의 법리에 비추어 허용될 수 없는 것은 아니다」(대법 1991.9.24, 91다17542).

(2) 소급추인

① 근로자집단의 동의없이 불리하게 변경된 취업규칙이 장기간 이의없이 시행되어 왔고 그 후 노동조합으로부터 소급해 추인을 받은 경우에는 유효하다는 판례가 있다.

「단체협약에서 특별히 퇴직금지급률의 변경을 위한 취업규칙의 개정에 관한 사항을 배제하는 내용의 규정을 두지 않았으므로 노동조합은 위 단체협약에 의하여 퇴직금지급률의 변경에 관하여도 소급적으로 동의한 것이라고 해석하여야 할 것이고, 이와 달리 위 단체협약 부칙의 의미를 장래에 향하여 효력을 승인한 것이라고 볼 것은 아니다」(대법 1992.7.24, 91다34073)라고 한다.

② 또 다른 사례에서 판례는 근로자들의 단체적 의사에 의한 동의없이 퇴직금지급률을 하향 개정한 직원보수 및 퇴직금규정을 인용하여 단체협약에 정한 규정이 단체협약을 통하여 노동조합의 사후추인을 얻음으로써 유효하게 되었다고 한 원심의 조치를 수긍하고 있다(대법 1993.5.11, 92다49294).

「위 개정된 직원보수 및 퇴직금규정은 1981년도 단체협약에 인용되는 형식으로 포함되고 피고회사 노동조합규약에 의하여 단체협약의 최종 체결권자로 규정된 위 노조의 위원장과 피고 사이에 체결된 위 단체협약을 통하여 위 노동조합의 사후추인을 얻음으로써 유효하게 되었다고 판단한 조치 또한 그대로 수긍이 되고(대법 1992.7.24, 91다34073) 거기에 소론과 같은 취업규칙 변경의 요건이 무효인 법률행위의 추인에 관한 법리오해의 위법이 있다고 할 수 없다」고 한다.

③ 노동조합이 근로자들을 대표하는 수익자의 지위에 있다고 하더라도 근로자들의 기득권을 침해할 수 있는 권한까지를 보유하고 있지 않으므로 노동조합은 근로자들에게 불리한 퇴직금규정을 소급해서 동의할 수는 없으며 그러한 취지의 단체협약조항은 아무 효력이 없다는 유력한 견해를 주목할 필요가 있다.

7 취업규칙의 주지

관련조항

법 제14조【법령요지 등의 게시】

① 사용자는 이 법과 이 법에 따른 대통령령의 요지와 취업규칙을 근로자가 자유롭게 열람할 수 있는 장소에 항상 게시하거나 갖추어 두어 널리 알려야 한다.

② 사용자는 제1항에 따른 대통령령 중 제99조제1항에 따른 기숙사규칙을 기숙사에 게시하거나 갖추어 두어 기숙하는 근로자에게 널리 알려야 한다.

1. 주지시키는 방법

취업규칙은 관할 고용노동부 지방고용노동관서장에게 신고하여야 하지만 신고 여부와 관계없이 확정취업규칙의 내용을 근로자에게 주지시켜야 한다. 즉, 근로기준법 제14조는 취업규칙의 주지에 관하여 「사용자는 취업규칙을 근로자가 자유롭게 열람할 수 있는 장소에 항상 게시하거나 갖추어 두어 근로자에게 널리 알려야한다」라고 규정하고 있다.

이것은 사용자에게 근로자에게 취업규칙을 자유롭게 열람할 수 있는 장소에 항상 게시 하거나 갖추어 두어 근로자에게 널리 알려야 할 근로의무가 있음을 규정한 것으로 취업규칙을 근로자에게 주지시킴으로써 비로소 근로조건의 확보와 취업질서의 유지를 도모할 수 있음을 명백히 하고 있는 것이다. 게시나 비치는 취업규칙을 주지시킬 수 있는 방법으로 예시된 것이므로 반드시 이러한 방법이 아니더라도 취업규칙의 내용이 무엇인지 근로자들이 알 수 있는 상태로 두는 것이면 그 방법에 특별한 제한이 있는 것은 아니라고 할 것이다.

사용자로 하여금 취업규칙에 대하여 주지 및 게시토록 한 취지는 근로자에게 근로조건과 복무규율이 규정되어 있는 취업규칙을 열람할 수 있는 기회를 보장하려는 것으로 근로자에게 취업규칙의 열람권이 보장된다면 전자메일을 통해 전 근로자에게 통보하거나, 홈페이지에 게시하거나, 회사 인트라넷에 게시한 후 근로자에게 사용권한을 주더라도 무방할 것이다. 다만, 인터넷 사용에 익숙하지 아니한 근로자도 있으므로 근로자가 자유롭게 열람할 수 있는 장소에 서면의 취업규칙을 게시하거나 갖추어 두는 것이 바람직할 것이다 (2007.10.11, 근로기준팀-140).

2. 게시 · 비치하여야 할 장소

종전규정에는 취업규칙을 상시 각 사업장에 게시 또는 비치하여 근로자에게 주지시키도록 하고는 있으나, 그 게시 또는 비치 장소가 특정되어 있지 않아 현실적으로 근로자들이 취업규칙을 인식할 수 있는 여건이 제대로 이루어지지 않고 있는 실정이므로 취업규칙의 게시 또는 비치장소를 근로자가 자유로이 열람할 수 있는 장소로 명시하려는 것이다.

3. 주지의무 위반의 취업규칙의 효력

근로기준법 제14조는 「사용자는 취업규칙을 자유롭게 열람할 수 있는 장소에 항상 게시하거나 갖추어 두어 근로자에게 널리 알려야 한다」라고 규정하고 있는데, 이 방법에 의한 주지를 결하는 취업규칙은 유효한 것인가의 문제가 있다.

취업규칙은 사용자가 정하는 기업 내의 규범이기 때문에 사용자가 취업규칙을 신설 또는 변경하기 위한 조항을 정하였다고 하여도 그로 인하여 바로 효력이 생기는 것이라고는 할 수 없고 신설 또는 변경된 취업규칙의 효력이 생기기 위하여 반드시 근로기준법 제14조제1항에서 정한 방법에 의할 필요는 없지만, 적어도 법령의 공포에 준하는 절차로서 그것이 새로운 기업 내 규범인 것을 널리 근로자 일반으로 하여금 알게 하는 절차, 즉 어떠한 방법이든지 적당한 방법에 의한 주지가 필요하다(대법 2004.2.12, 2001다63599).

4. 취업규칙 게시 · 비치 의무 위반죄에 있어서 공소사실의 특정 여부

판례(대법 2006.5.11 2004도5972)는 「사용자가 2000.9.1부터 자신이 대표이사로 있는 회사의 각 사업장에 회사 취업규칙을 게시 또는 비치하지 아니하였다는 취업규칙 게시 · 비치 의무 위반의 공소사실은 회사의 15개 사업장 전부에 각각 취업규칙을 게시 또는 비치하지 아니하였다는 취지로 해석할 여지가 충분하고, 그렇게 해석한다고 하여 법원의 심판대상이 불명확해지거나 피고인의 방어권 행사에 지장이 있다고는 보기 어려울 뿐만 아니라, 설령 그렇지 않다 하더라도 공소장의 기재가 불명확한 경우 법원은 형사소송규칙 제141조의 규정에 의하여 검사에게 석명을 구한 다음, 그래도 검사가 이를 명확하게 하지 않은 때에야 공소사실의 불특정을 이유로 공소를 기각함이 상당하다」고 한다. 이 사건은 어느 사업장에 취업규칙이 게시 또는 비치되지 아니하였는지 여부 및 몇 개의 근로기준법위반죄가 기소되었는지 알 수 없다는 이유로 공소사실 특정에 관한 석명에 이르지 아니한 채 곧바로 공소기각의 판결을 한 원심이 위법하다고 한 사례이다.

8 취업규칙과 근로계약 · 단체협약 · 법령과의 관계

1. 취업규칙과 근로계약과의 관계

(1) 취업규칙의 우선

취업규칙은 본래 근로계약의 불명확한 상태를 배제하기 위하여 통일적인 근로조건 등의 기준을 명문화시켜 사실상의 근로자 보호를 도모하려는 것이기 때문에, 근로계약에 관하여 취업규칙을 상회하는 특약이 없는 한 취업규칙의 기준이 근로계약의 내용이 된다.

따라서 취업규칙은 이를 하회하는 근로조건을 규정하는 근로계약을 무효로 하여 취업규칙의 기준까지 끌어올리는 효력을 가지고 있다.

| 근로계약과 근로기준법 취업규칙, 단체협약과의 관계

효력의 순서: 헌법 → 법령 → 단체협약 → 취업규칙 → 근로계약 → 업무명령

※ 업무명령은 법령 · 협약 · 취업규칙 · 근로계약의 내용에 위반할 수 없다.

(예) 근로시간을 정한 경우

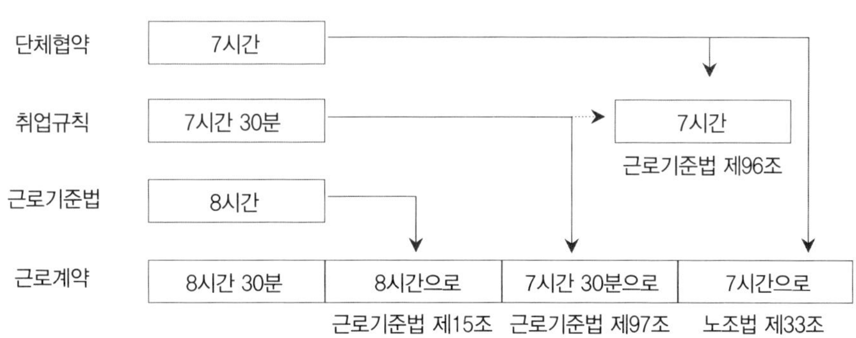

※ 결국 8시간 30분으로 결정한 근로계약의 내용은 7시간으로 단축해야 한다.

① 근로기준법 제97조의 규정내용

근로기준법 제97조는 「취업규칙에서 정한 기준에 미달하는 근로조건을 정한 근로계약은 그 부분에 관하여는 무효로 한다. 이 경우 무효로 된 부분은 취업규칙에 정한 기준에 따른다」라고 규정하고 있다.

이 규정 내용은 근로기준법과 근로계약과의 관계 즉, 근로기준법의 근로계약에 대한 효력을 정한 근로기준법 제15조의 규정과 꼭 같으며, 이 점에 있어서 취업규칙의 법적 성질에 관한 법규범설의 유력한 근거가 되고 있다.

「근로기준법에 정한 기준에 미치지 못하는 근로조건을 정한 근로계약은 그 부분에 한하여 무효이므로 그것이 단체협약에 의한 것이라거나 근로자들의 승인을 받은 것이라고 하여 유효로 볼 수 없다」(대법 1990.12.21, 90다카24496).

② 「취업규칙에서 정한 기준에 미달하는 근로조건을 정한 근로계약」의 의미

취업규칙에서 정한 근로시간보다 연장된 근로시간 또는 취업규칙에서 정한 임금보다 낮은 임금 등 취업규칙에서 정한 기준보다 불리한 근로조건을 내용으로 하는 근로계약을 말한다.

예를 들면, 취업규칙에서는 1일 7시간의 근로에 40,000원의 임금으로 정해져 있음에도 불구하고 개개의 근로계약에서는 1일 8시간의 근로에 28,000원으로 정하는 경우를 말한다.

③ 취업규칙에서 정한 「기준에 미달」하는 근로조건을 정한 근로계약은 「그 부분에 관하여는 무효로 한다」는 의미

그 부분에 관하여는 무효로 한다는 것은 취업규칙에서 정한 근로조건의 기준에 미달하는 「부분만」을 무효로 한다는 것이며, 근로계약의 다른 부분은 유효하다는 뜻이다. 예를 들면, 취업규칙에서 1일 7시간의 40,000원의 임금을 정하고 있음에도 불구하고 근로계약에서 1일 8시간의 근로에 40,000원으로 정한 경우, 1일 8시간의 부분만 무효가 된다는 뜻이다.

(2) 취업규칙의 보충 적용

• 무효로 된 부분은 취업규칙에 정한 기준에 따른다는 의미

취업규칙에서 정한 기준에 미달되는 근로조건을 정한 근로계약은 그 부분에

한하여 무효가 되고, 「무효로 된 부분은 취업규칙에 정한 기준」에 의하는데, 「무효로 된 부분은 취업규칙에 정한 기준에 따른다」는 것은 근로계약이 무효가 된 부분에 대해서는 취업규칙의 규정에 따라 노사간의 권리의무관계가 정해진다는 것을 말한다. 위의 예로 본다면 근로계약상의 1일 8시간의 부분은 무효가 되고 취업규칙에서 정한 1일 7시간이 된다는 뜻이다.

2. 취업규칙과 단체협약과의 관계

(1) 관련규정

근로기준법 제96조에서 취업규칙과 법령 및 단체협약과의 관계에 대하여 규정하고 있다. 즉, 「취업규칙은 법령이나 해당 사업 또는 사업장에 대하여 적용되는 단체협약과 어긋나서는 안된다」고 함과 동시에 「고용노동부장관은 법령이나 단체협약에 어긋나는 취업규칙의 변경을 명할 수 있다」고 함으로써 법령 또는 단체협약에 저촉되는 취업규칙에 대한 고용노동부장관의 변경명령권까지도 규정하고 있다.

(2) 취업규칙이 단체협약에 어긋난 경우

근로기준법 제96조제1항에서는 취업규칙은 법령 또는 단체협약에 「어긋나서는 안된다」고 규정하고 있을 뿐, 「어긋난 경우」의 그 취업규칙의 효력에 대해서는 명문의 규정을 두고 있지 않다.

「단체협약에 어긋날 수 없다」고 하는 것은, 「취업규칙의 내용이 단체협약 중에 규정된 근로조건 그 밖의 근로자의 대우에 관한 기준 즉, 이른바 규범적 부분에 위반하여서는 아니된다」라는 뜻이다.

또 위의 「어긋나서는 안된다」고 하는 것은 통상은 단체협약을 하회하여서는 아니된다고 하는 의미로 해석되는데, 「단체협약의 규정에 해석상, 그것이 그 이상의 것을 금지한다는 뜻으로 규정되어 있다면 단체협약의 규정을 상회함도 허용되지 않는다」고 말하여야 할 것이다.

단체협약에 반하는 취업규칙의 변경은 변경절차의 적법 여부에 관계없이 그 효력이 없다할 것이어서 결국 무효인 취업규칙에서 정한 정년에 근거하여 근로자에 대하여 한 퇴직통보는 사실상 부당한 해고에 해당한다 할 것이다(서울행법 2003.3.18, 2002구합31671).

(3) 법령 또는 단체협약에 어긋난 경우의 효력

취업규칙의 법적 성질에 관한 어느 입장에 따르더라도 법령 또는 단체협약에 반한 취업규칙은 그 효력을 인정할 수 없을 것이다. 이 경우 무효가 된 부분에 대하여 법령 또는 단체협약에 정한 바에 의하여 보충되느냐 하는 문제에 대해 의견이 대립이 있는데, 고용노동부장관이 변경명령권을 행사하지 않는 경우에는 근로기준법 제96조와 노동조합및노동관계조정법 제33조를 원용하여 이를 긍정적으로 해석하여야 할 것이다.

노동조합및노동관계조정법 제33조는「① 단체협약에 정한 근로조건 기타 근로자의 대우에 관한 기준에 위반하는 취업규칙 또는 근로계약의 부분은 무효로 한다. ② 근로계약에 규정되지 아니한 사항 또는 제1항의 규정에 의하여 무효로 된 부분은 단체협약에 정한 기준에 의한다」고 규정하고 있다.

단체협약에 정한 근로조건 기타 근로자의 대우에 관한 기준에 위반하는 취업규칙 부분은 무효이며, 근로기준법 제96조제1항에 의하여 취업규칙은 법령 또는 당해 사업장에 대해 적용되는 단체협약에 어긋날 수 없다는 규정에 의해 취업규칙은 당해 사업장에 대해 적용되는 단체협약에 어긋날 수 없음은 당연하다.「반면 단체협약에 어긋나지 않는 한 사용자는 취업규칙에서 새로운 징계사유를 정할 수 있고 그 징계사유에 터잡아 징계할 수도 있으나 노사가 합의된 단체협약에 취업규칙에 의하여는 해고할 수 없고 단체협약에 의해서만 해고할 수 있다고 규정하고 있다면 취업규칙상의 해고사유를 적용하여 근로자를 해고할 수는 없는 것이다」라고 한다(대법 1993.4.27, 92다8697).

(4) 단체협약이 취업규칙보다 불리하게 개정된 경우 유리한 조건이 우선 적용되는가

협약자치의 원칙상 노동조합은 사용자와의 사이에 근로조건을 유리하게 변경하는 내용의 단체협약뿐만 아니라 근로조건은 불리하게 변경하는 내용의 단체협약도 체결할 수 있으므로, 근로조건을 불리하게 변경하는 내용의 단체협약이 현저히 합리성을 결하여 노동조합의 목적을 벗어난 것으로 볼 수 있는 것과 같은 특별한 사정이 없는 한 그러한 노사간의 합의를 무효라고 볼 수는 없다. 단체협약의 개정에도 불구하고 종전의 단체협약과 동일한 내용의 취업규칙이 그대로 적용된다면 단체협약의 개정은 그 목적을 달성할 수 없으므로, 개정된 단체협약에는 당연히 취업규칙상의 유리한 조건의 적용을 배제하고 개정된 단체협약이 우선적으로 적용된다는 내용의 합의가 포함된 것이라고 봄이 당사자의 의사에 합치한다고 할 것이고, 따라서 개정된 후의 단체협약에 의하여 취업규칙상의 면직기준에 관한 규정의 적용은 배제된다고 보아야 한다(대법 2002.12.27, 2002두9063). 또한 단체협약에 반하는 취업규칙의 변경은 변경절차의 적법 여부에 관계없이 그 효력이 없다(서울행법 2003.3.18, 2002구합31671).

3. 취업규칙과 법령과의 관계

법령과 취업규칙의 관계에 관하여서는 취업규칙도 법규범으로서 성격이 있는 것인데 그것은 강행법규에 저촉되지 않는 범위에서 효력이 있다.

근로기준법 제96조에서 「취업규칙은 법령이나 해당 사업 또는 사업장에 대하여 적용되는 단체협약과 어긋나서는 안된다」고 규정하고 있다. 법령(예 ; 근로기준법)에 위반되는 취업규칙은 그 부분이 무효로 되고 무효로 된 부분은 법령이 정한 바에 따른다고 해석된다.

취업규칙은 근로기준법 등의 최저기준의 이행을 확보하기 위한 기업에서의 구체적 수단이기 때문에 법령에 저촉하지 않는 범위에서 규정할 필요가 있다. 그리고 만일 법령에 저촉하는 규정이 있다면 당연히 무효가 되는데 그것이 사실상 행하여지는 일이 없도록 관할 지방고용노동관서장은 법령에 저촉하는 부분의 변경을 명할 수 있다.

9 이원화된 취업규칙이 있는 경우의 의견청취 또는 동의의 주체

1. 복수취업규칙의 허용

「직원취업규칙」과 「작업원취업규칙」 등의 직종별로, 또 「사원취업규칙」과 「파트타이머취업규칙」 등과 같이 고용형태별로 각각 별개의 취업규칙 작성이 허용될 수 있는가 하는 문제가 있다. 「근로기준법 제6조와 근로자퇴직급여보장법 제8조에 저촉되지 않는 범위 안에서 근무형태나 직종에 따라 복수의 취업규칙을 정하는 것은 허용된다」(대법 1992.2.28, 91다30828).

취업규칙 제도의 목적에서 본다면, 사업장의 일부 근로자의 근로조건 그 밖의 사항이 현저하게 다르다면 이들 근로조건이나 고용형태가 다른 근로자마다 취업규율과 근로조건을 망라하여 통일적으로 규정된 그 근로자의 직종이나 고용형태에 따른 취업규칙을 작성하는 편이 오히려 바람직하게 된다. 그리하여 이러한 사항을 명확하게 하기 위하여 근로기준법 제6조에 저촉하지 아니하는 한 근로자의 사업장에서의 지위, 신분, 종사하는 업무 등에 따라 각기 다른 근로조건을 규정하는 취업규칙을 작성하는 것은 무방하다.

이 때문에 종업원에게만 적용되는 「일반사원취업규칙」 및 일용근로자 및 감시적근로자에게만 적용되는 「특수근로자취업규칙」을 작성하는 것은 무방하지만, 위의 별개로 된 두가지 취업규칙을 합친 것이 근로기준법 제93조에서 규정하는 취업규칙이 되는 것이다. 명칭은 중요하지 않다.

「당해 사업장에서 근로자의 직종의 특수성에 따라 근로자일부에 적용되는 별도의 취업규칙을 정할 수 있는 것이고, 이 경우 2개의 취업규칙을 합한 것이 근로기준법 제93조 소정의 1개의 취업규칙으로 되는 것이다」(대법 1992.2.28, 91다30828).

2. 복수의 취업규칙이 있는 경우의 개정방법

① 취업규칙은 반드시 사업장의 모든 근로자에 대하여 일제히 적용되도록

작성되어야 하는 것은 아니고 당해 사업장에서 근로자 직종의 특수성에 따라 근로자 일부에 적용되는 별도의 취업규칙을 정할 수 있으며, 이 경우 서로 다른 2개의 취업규칙을 합한 것을 근로기준법 제93조 소정의 1개의 취업규칙으로 보아야 한다(대법 1992.2.28, 91다30828).

복수의 취업규칙이 있는 경우에는 전체근로자의 과반수를 대표하는 노동조합 또는 전체 근로자의 과반수와 함께 해당 취업규칙을 적용받는 근로자 과반수도 의견청취 등의 대상이 된다(대법 1990.12.7, 90다카19647).

② 그러나 단시간근로자 취업규칙을 작성하거나 변경하고자 할 경우에는 적용대상이 되는 단시간근로자 과반수의 의견을 들어야 한다. 다만, 취업규칙을 단시간근로자에게 불이익하게 변경하는 경우에는 그 동의를 받아야 한다(동법 시행령 별표2 제5항 나목).

③ 취업규칙의 변경이 불이익하지 않은 경우에는 권한 있는 노동조합 또는 전체 근로자 과반수와 함께 해당 근로자 과반수도 의견청취 등의 대상이 된다. 취업규칙의 변경이 불이익한 경우에는 "해당 근로자집단 동의필요설", "전체 근로자집단 동의필요설"이 있으나, 아직 명확한 판례가 없다. 판례(대법 1997.2.11, 93다55009)는 보수규정의 추인에 있어서 「퇴직금을 하향 변경하는 보수규정의 개정 후 추인을 받는 경우에 있어서 추인 당시에는 근로자 과반수로 조직된 노동조합이 있으면 그 노동조합의 동의를 얻어야 하고 이해관계 있는 개정 당시의 근로자가 동 노동조합에 1명도 가입하지 않은 경우라 하더라도 마찬가지이다」라고 한다.

④ 행정해석(1998.8.31, 근기 68207-2117)은 「연봉제급여규정의 제정에 있어서 노동조합 가입자격이 없는 일정직급 이상 직원에 대해 연봉제 도입을 하는 경우에 있어서 '연봉제급여규정'의 제정이 기존의 근로조건과 비교하여 불리하지 아니한 취업규칙의 변경에 해당하는 경우에는 동 규정의 적용을 받는 차장급이상 간부직원의 과반수 및 회사의 노동조합의 의견청취가 필요하고, 불리하게 변경하는 경우라면 동 취업규칙의 적용을 받는 차장급이상 직원 과반수 이상으로부터 동의를 받는 외에 노동조합에 대해서는 의견청취를 하여야 한다」고 한다.

그런데 취업규칙의 불이익변경시 근로자 과반수로 조직된 노동조합 또는 근로자 과반수의 집단적 동의를 얻는 것은 ㈎ 기존 근로조건의 보호 즉, 기득권의 보호와 ㈏ 그 동의 여부를 결정함에 있어서 근로자 개별적 동의보다 집단적 동의가 사용자와의 관계에 있어서 교섭력이 있을 것이라는 전제에 의한 것이다. 즉, 집단법의 원리를 감안한 것이다. 이러한 차원에서 불이익변경의 대상이 되지 않는 근로자로 구성된 노동조합 또는 근로자 과반수의 동의는 기득권 보호측면에서 의미를 부여하기 어려울 것이다. 따라서 불이익변경의 대상이 되는 근로자들이 과반수 노동조합 또는 근로자 과반수에 한명도 포함되지 않으며, 기존에 단체협약 체결 또는 취업규칙 변경 등의 과정에서 불이익변경의 대상이 되는 근로자들의 이익을 전혀 대변한 바가 없다면 당해 불이익변경의 대상이 되는 근로자의 과반수의 동의와 근로자 과반수의 노조 또는 근로자 과반수의 의견을 청취하면 될 것이다.

불리한 변경의 대상이 되는 근로자들이 적용받는 취업규칙에 동의권을 행사하여 왔거나, 그들의 근로조건이 노동조합의 단체교섭을 통해 결정되는 등 사실상 대표권을 행사해온 경우라면 불리한 변경의 대상이 되는 근로자들의 과반수 동의없이 통상의 변경절차로도 가능할 것이다(동일한 취지의 행정해석 2006.1.18, 근로기준팀-300).

⑤ 판례는 정리해고시 근로기준법 제24조제3항에 따라 사용자가 성실하게 협의해야 할 상대방인 "근로자대표"를 선정하는 근로자의 범위에 대하여 해고대상자가 특정한 직종 또는 직급으로 한정되는 경우에는 '근로자들의 이해관계를 대변할 수 있는 조직'과 협의를 통하여 이해관계를 조정함이 바람직하다는 점을 인정하여 근로자의 기득의 권리가 침해되는 것을 방지하기 위한 근로자의 의견을 대표하는 문제에 있어 기존의 행정해석과 동일한 입장을 취하고 있으나, 단, '노동조합이 종전에도 사용자와 임금협상 등 단체교섭을 함에 있어 해당 특정직급 이상 직원들에 대한 부분까지 포함시켜 함께 협약을 해 왔고, 정리해고에 있어서도 노동조합이 협의에 나서 격렬한 투쟁 끝에 대상자 수를 줄이기로 합의하는데 성공한 점' 등을 들어 근로자의 과반수로 조직된 노동조합의 대표권을 인정한 사례가 있다(대법 2002.7.9, 2001다29452).

3. 여러 근로자집단이 하나의 근로조건 체계 내에 있는 경우의 동의방법

① 여러 근로자집단이 하나의 근로조건 체계 내에 있어 비록 취업규칙의 불이익변경시점에는 어느 근로자집단만이 직접적인 불이익을 받더라도 다른 근로자집단에게도 변경된 취업규칙의 적용이 예상되는 경우에는 일부 근로자집단은 물론 장래 변경된 취업규칙 규정의 적용이 예상되는 근로자집단을 포함한 근로자집단이 동의주체가 되고, 그렇지 않고 이원화되어 있어 변경된 취업규칙이 적용되어 직접적으로 불이익을 받게 되는 근로자집단 이외에 변경된 취업규칙의 적용이 예상되는 근로자집단이 없는 경우에는 변경된 취업규칙이 적용되어 불이익을 받는 근로자집단만이 동의 주체가 된다. 「일반직 직원의 정년을 55세에서 58세로, 관리직 직원의 정년을 60세에서 58세로 변경하는 내용으로 취업규칙의 정년규정을 개정하고 노동조합의 동의를 얻은 경우, 정년규정의 개정은 관리직 직원뿐만 아니라 일반직 직원들을 포함한 전체 직원들이 동의의 주체이므로, 근로자의 집단적 의사결정방법에 의한 동의가 있었다고 인정된다」고 한다(대법 2009.5.28, 2009두2238).

② 조합원자격이 인정되지 않는 연구직 책임급만이 정년단축의 직접적인 불이익을 받더라도, 다른 근로자집단이 연구직 책임급의 근로자집단과 동일한 근로조건 체계 내에 있고, 그 다른 근로자집단에게도 정년단축규정의 적용이 예상되면 연구직 책임급의 근로자집단뿐 아니라 장래 단축된 정년의 적용이 예상되는 다른 근로자집단을 포함한 근로자집단이 동의주체가 된다(대법 2009.11.12, 2009다49377).

10 10명 미만 사업장 취업규칙의 효력

상시 10명 미만의 근로자를 사용하는 사용자는 취업규칙의 작성 · 신고의무가 없으나 실제로 취업규칙을 통하여 근로조건의 전부 또는 일부를 규율하고 있다면, 근로조건의 저하를 초래하는 취업규칙의 불이익변경시 근로기준법 제

94조의 규정에 의한 근로자의 동의를 얻어야 효력이 있는 것이다. 다만, 상시 4명 이하의 근로자를 사용하는 사업(장)은 동법 제9장의 취업규칙에 관한 규정이 적용되지 않으므로 사용자가 임의로 취업규칙을 작성·운영하더라도 동법 제97조의 효력을 인정하기 어렵다(2005.12.28, 근로기준팀-2046).

제2장 취업규칙 점검 · 진단

1 취업규칙 점검 · 개정의 필요성

1. 취업규칙은 왜 작성하는가

취업규칙이란 사업 또는 사업장에서 종업원이 취업상 지켜야 할 규율이라든가 또는 임금 · 근로시간 등의 근로조건에 관한 구체적인 세목을 정한 규칙을 총칭하는 말이다.

취업규칙은 왜 작성하는가, 그것은 다수의 종업원 집단을 통일적으로 질서 있게 관리하기 위해서이다. 근로조건 · 대우를 비롯하여 채용절치, 직장규율, 배치, 이동, 해고 등 인사 · 노무관리에 관하여는 일정한 기준 · 준칙을 두어 제도적으로 운영하지 않으면 매우 곤란하기 때문이다. 따라서 「회사가 있는 곳에 취업규칙이 있다」고 생각하여야 하며, 근로자 관리의 획일성 · 공평성을 실현하기 위해서도 불가결한 것이어서 감독관청에서 「만들라」고 하지 않아도 회사 자신이 능동적으로 만들지 않고는 회사의 운영이 어렵게 될 수밖에 없다. 여기에 취업규칙 작성의 필요성이 있는 것이다.

2. 취업규칙의 점검 · 개정의 필요성

상시 근로자가 10명 이상인 사업장은 취업규칙을 작성하여 관할 지방고용노동관서에 신고할 의무가 있다(근로기준법 제93조). 그럼에도 노동관계법령에 대한 지식이 부족한 일부 사업장에서는 취업규칙의 필수적 기재사항도 누락하여 신고하는 등 취업규칙 작성에 어려움을 호소하고 있다. 한편, 2012년 및 2013년에 주요 노동관계법이 개정되었는바, 취업규칙에 반영하고 종전 취업규칙의 미비점을 보완한 새로운 취업규칙을 마련하여 운용할 필요가 있다.

새로운 취업규칙에 포함하여야 할 주요 내용은 근로계약 서면 명시 및 교부의무(근로기준법 제17조), 80% 미만 출근한 근로자에 대한 연차유급휴가 부여, 연차유급휴가사용촉진조치(연차유급휴가 미사용 일수 고지 및 사용예정일 통보요청 시기) 변경(근로기준법 제60조, 제61조), 근로자퇴직급여보장법 제4조에 따른 퇴직급여에 관한 사항 명시(근로기준법 제93조제5호), 퇴직금 중간정산 요건(근로자퇴직급여보장법 제8조제2항), 육아기 근로시간 단축에 관한 사항(남녀고용평등법 제19조의2), 가족돌봄휴직에 관한 사항(남녀고용평등법 제22조의2), 유산 · 사산 위험이 있는 근로자에 대한 출산전후휴가 분할 사용, 유산 · 사산 근로자에 대한 보호휴가 부여확대(근로기준법 제74조), 태아검진시간의 허용(근로기준법 제74조의2), 배우자출산휴가(남녀고용평등법제18조의2) 등이 있다.

회사 취업규칙 개정을 통해 효율적인 취업규칙 관리가 이루어져야 할 것이다. 취업규칙은 직장에서 일하는 근로자에게 있어서는 인생의 설계나 하루하루의 생활 토대이고 보장인데도 불구하고 평소에는 무관심 속에서 잊고 있는 경우가 많다. 일반근로자는 물론 인사나 노무를 담당하는 사람도 눈앞에 쌓인 일에 쫓겨 취업규칙을 점검하고 개정하여 직장 실정에 맞는 최선의 취업규칙을 정립하는 일에 태만하는 경우가 많다.

정보화로 급속하게 변해가는 기업이나 고령화 · 저성장 시대의 근로자의 생활환경을 반영하는 노무관리체제를 갖추기 위한 취업규칙의 개정이 필요하며, 취업규칙이 대단히 중요한 기능과 역할을 가지고 있는 만큼 본래의 기능과 역할을 다하도록 하는 것이 중요한 일이다.

3. 변하는 직장과 낡은 취업규칙

현대의 직장은 옛날과는 달리 컴퓨터가 상용됨에 따라 여러 가지 관리가 전산화되고 온라인으로 본사의 사무센터로 연결되어 출 · 퇴근, 결근관리나 임금계산은 물론 세금계산에서 임금의 지급까지 컴퓨터로 처리하도록 되어 있으며 「출근부날인」의 시대는 점차 사라지고 있다. 그런데도 취업규칙만이 구태의연한 모습으로 남아있을 수는 없다.

이러한 직장의 변화에 맞추어서 취업규칙에 반영시켜야 할 사항을 구체적으로 살펴보면 다음과 같다.

① 근로시간의 단축과 소정근로시간의 정립
② 탄력적근로시간제의 도입과 2주 단위 및 3개월 단위의 병행채택
③ 고정근무제에서 선택적근로시간제(flexible time) 근무제도로의 이행
④ 인정(간주 · 외근)근로시간제
⑤ 사업장 밖 근로의 간주근로시간제
⑥ 재량근로제
⑦ 시간외근로시간의 규제와 잔업관리
⑧ 계획휴가 · 휴가대체제의 도입
⑨ 연차유급휴가촉진조치
⑩ 연차유급휴가의 대체제도
⑪ 휴일대체
⑫ 보상휴가제도입
⑬ 법정정년 연장에 의한 고령화 대책
⑭ 정년 후의 재고용제도
⑮ 연봉제의 도입
⑯ 임금피크제의 도입
⑰ 연공임금에서 능력급체계 · 직능급체계로의 전환
⑱ 인사고과제도의 대폭적인 수용과 능력주의 인사관리로의 이행
⑲ 퇴직금중간정산제도의 개편

⑳ 퇴직연금 등 퇴직금의 연금화 촉진
㉑ 선택정년 등과 연장된 정년 전 퇴직, 재취업을 위한 제도
㉒ 사무자동화에 따른 직무내용의 변화
㉓ 컴퓨터의 보급에 따른 노무관리체제의 변경
㉔ 로봇 도입에 따른 직장의 변혁
㉕ 대폭 기계화에 따른 파견 · 배치전환의 증가
㉖ 고령화와 정년연장 대책으로서의 파견, 배치전환의 확대
㉗ 감시근로 및 단속근로의 증가와 근로기준법상 근로시간 · 휴일 · 휴게의 적용제외
㉘ 교대제 등 신근무형태의 확대와 야간근로문제
㉙ 영업강화를 위한 공장으로부터의 영업 배치전환의 확대
㉚ 세일즈 엔지니어의 증가
㉛ 고정부과제에서 프로젝트팀 방식으로의 직제의 변화
㉜ 직계제도의 변화와 보직 · 관리직 개념의 변화
㉝ 자격제도의 도입과 고령화 처우대책으로서의 스태프직의 증가
㉞ 소집단활동 등 자주활동제도의 활성화
㉟ 자기계발 연수와 여가시간의 다방면의 활성화
㊱ 교육 · 연수 · 훈련체계의 변화
㊲ 교육연수에 있어서의 남녀차별 금지규정과 교육제도의 재검토와 조정
㊳ 새 연수기법의 도입
㊴ 정신위생관리의 필요와 안전배려의무
㊵ 성인병의 조기도래 방지 등 건강관리의 충실
㊶ 출산전후휴가와 출산 전 분할 사용
㊷ 유 · 사산휴가
㊸ 태아검진시간의 허용
㊹ 근로자의 성별 · 연령 또는 신체적조건 등의 특성에 따른 사업장환경의 개선에 간한 사항
㊺ 정보의 다양성 증대와 기업비밀의 방위

㊻ 배우자 출산휴가, 남녀고용평등의 추진과 여성사원의 등용 활성화
㊼ 채용에서 퇴직까지의 남녀차별금지와 사내규정의 개정
㊽ 모성보호와 핵가족화에 따른 남성근로자의 육아문제
㊾ 육아휴직, 육아휴직의 분할 사용 등의 여성근로자에 대한 배려
㊿ 육아기 근로시간의 단축
51 가족돌봄휴직의 부여
52 성희롱예방교육 및 노무관리상의 대책
53 단시간근로자 · 촉탁 · 임시직 등 기간계약근로자의 증가
54 계약사원, 위탁사원, 도급 등 작업형태상의 다양화와 사용자성의 문제
55 전출근로자의 확대와 이용증대
56 기업내 파견에서 기업간 파견제도의 확대와 파견근로자의 취급문제
57 파견근로자의 노무관리상의 취급문제와 관계규정의 정비
58 파견제도의 확대와 재고용자 파견의 출현, 임원파견의 노동법과 상법상의 문제
59 배치전환의 확대와 임원 배치전환 등의 고용계약상의 문제
60 중고령자 건강계획 등 고령화에 수반하는 건강관리와 복리후생의 다양화 및 그 확대 실시
61 신제품 · 신기술 · 신제법 등의 도입에 따른 안전보건관리와 직업병의 문제
62 기업의 사회적 책임 등의 확대와 그에 따른 근로자관리와 풍기상의 문제
63 근로자의 재산형성 · 자기주택마련제도와 사용자의 대부보증에 수반하는 각종 법률관계
64 산업재해보상보험법상의 법정보상 외의 추가보상제도의 도입과 확충, 사원의 U턴 현상과 한정사원제도의 증가
65 포괄고용사원과 특약고용사원의 구분 필요성의 발생
66 자택근무제의 도입과 고용관리상의 제문제
67 정리해고제도의 도입에 따른 구체적인 기준 · 사유의 설정
68 평균임금 산정시 제외기간 및 제외임금의 명시
69 토요격주휴무제의 실시 주 · 월의 통상임금 산정기준시간수의 산정방법

⑳ 단시간근로자 채용시의 근로기준법 적용조항의 명시

㉑ 기간제근로자 채용시의 근로조건의 서면명시

㉒ 전문직근로자의 근로계약 · 노무관리방식

위와 같이 많은 새로운 문제의 발생에 대처하기 위한 기업내 제도와 관리기구 등이 채택되어 직장은 크게 변하고 있는데도 불구하고 근로자와 회사간의 법률관계의 기초가 되는 취업규칙이 시대에 뒤진 낡은 것이면 노사간의 문제에 있어서 오히려 분쟁만 조장시키는 결과가 된다.

취업규칙의 개정 필요성은 남녀고용평등및일 · 가정양립지원에관한법률(이하 '남녀고용평등법' 이라 한다) 적용상의 문제에도 발생하게 된다.

이른바 남녀고용평등법은 채용에서 퇴직까지 고용관리의 모든 단계에 있어서 남녀평등의 실현을 촉진하기 위하여 제정된 것이며 그 법률의 제정은 종래의 정년퇴직제, 연공서열제 등에 중대한 영향을 미치는 것이고 이에 대응하여 기업에 있어서는 기업 내의 채용 · 인사 · 임금 · 배치 · 승진 · 승격 등의 노무관리 · 교육연수 · 복리후생 · 정년 · 퇴직 등 취업규칙을 비롯한 각종 제도의 재검토와 개정이 필연적인 상황으로 되고 있다.

남녀고용평등법은 근로기준법 제96조에서 정하고 있는 「법령」에 해당되기 때문이다.

4. 취업규칙 역할의 재인식

최근 가치관이 다양해지고 상하관계가 점차 줄어들고 있는 풍조에서는 경영자 자신이 우선적으로 취업규칙의 의의와 역할을 재인식할 필요가 있다.

취업규칙이란 전술한 바와 같이 사업 또는 사업장에서 근로자가 지켜야 하는 취업상의 규율과 직장질서 및 근로조건에 관한 구체적 내용을 정한 것으로 기업 운영상의 기업시설 · 조직(자본)과 노동력을 어떻게 결부시켜 조직적 · 통일적으로 운영할 것인가에 대한 기준과 규율이다.

이를 위하여 근로기준법 제93조에서는 상시 10명 이상의 근로자를 사용하는 사업장에서는 반드시 근로조건과 직장규율을 명문화한 취업규칙을 작성하여 고용노동부장관에게 신고할 것을 요청하고 이를 위반한 경우에는 벌칙을 과함으로써 근로자의 보호와 사업의 원활한 운영을 기하도록 하고 있다.

이와 같은 의의를 지니는 취업규칙의 역할에 관하여 살펴본다.

먼저 근로자를 위하여는,

① 직장의 근로조건이 명확하게 되어야 안심하고 일할 수 있다.

② 직장에서 지켜야 할 「룰」이 명확하게 된다.

③ 사용자에게 요구할 수 있는 권리가 명백하게 되고 생활설계를 수립할 수 있다.

④ 자의적 징계처분 등 부당한 처분을 받는 일이 없이 업무명령 등에 관한 보호가 분명하게 되고, 근로자의 입장이 명백하게 되어 보장이 강화된다.

그리고 사용자를 위하여는,

① 근로자를 조직화하고 직장질서를 확립하며, 다수의 근로자를 효율적으로 연관시키는 규율의 확립으로 통합된 기업 운영을 할 수 있다.

② 다수 근로자의 근로조건을 통일적으로 처리할 수 있고, 근로조건의 안정과 경영전망에 대하여도 계획성을 가질 수 있다.

③ 노사간 권리와 의무의 불명확성에 기인하는 분쟁을 방지하고 원활 · 원만한 직장과 업무의 운영을 기할 수 있다.

④ 근로자의 교육지도적 기능을 수행함으로써 근로자는 무엇을 할 것인가 등이 명백하게 되어 행동규범을 확립할 수 있으며 자기개발 등 능력개발에도 도움이 된다.

취업규칙이 이러한 기능과 역할을 수행하고 있음에도 불구하고 중소기업의 경우에는 노사 모두 이 점에 대한 인식이 매우 희박해서 오히려 이와 같은 권리의무의 명확화를 싫어하는 낡은 체제가 아직도 잔존하고 있는 것 같다. 오늘날 취업규칙은 노사 쌍방을 위하여 극히 중요한 의미가 있고 기업의 조직통일규범인 동시에 근로조건의 보장기능을 가지는 기업경영상 불가결의 중요역할을 수행하고 있다는 사실을 경영자는 이해하지 않으면 안된다.

2 취업규칙의 재진단

1. 재진단의 필요성

(1) 서류철에 철해 놓은 채로 방치해 두고 있지 않은가

상시 10명 이상의 근로자가 있는 사업 또는 사업장에서는 먼저 취업규칙을 작성하여 비치하고 있는지 확인하는 것에서부터 시작하는 것이 좋다. 또한 취업규칙을 서류철에 철해 놓은 채 방치하고 있는 것은 아닌지, 회사의 취업규칙이 언제 작성되고 언제 어떤 부분이 변경되었는가를 확인할 필요가 있다.

(2) 내부지침을 방치해 두고 있지 않은가

오늘날 근로조건이 현저하게 변화하고 있으나 많은 사업장에서는 그때마다 서무 · 인사 등의 담당과에서 내부지침이나 사무연락의 형식으로 문서를 발하고, 그 정리가 되지 않은 채로 방치해 두고 있을 뿐, 변화에 맞춰 취업규칙을 변경하고 있는 곳은 별로 없을 것으로 생각된다.

이러한 문서를 다시 한번 정리해서 취업규칙을 변경할 것, 취업규칙을 보충하는 절차로서 종합할 것, 불필요한 것 등으로 구분할 필요가 있다.

(3) 고도성장기에 급성장한 회사일수록 재검토가 필요하다

고도성장기에 급성장한 회사에서는 취업규칙을 재조정할 필요는 없는가, 담당자가 법률을 잘 모르기 때문에 전혀 생각지도 못하고 작성을 못했다든가, 작성하였지만 작성 당시의 업적이 언제까지 계속된다고 생각하여 모범적인 회사의 근로조건을 모방하거나 주로 이를 기초로 작성한 경우도 있을 수 있으므로 이러한 곳에서는 새로이 작성한다든가, 재조정한다든가 하여야 할 것이다.

(4) 모방한 취업규칙은 재검토할 필요가 있다

30~50명 정도의 소규모 기업에서 동일한 업종의 대기업 취업규칙 중 필요한 부분을 옮겨 규정하는 경우도 종종 있다.

이는 관할 지방고용노동관서에 신고해 두면 사용자책임을 면한다든가, 작성에 있어서 모범적인 것을 참고로 하고 싶다는 의향인 것은 이해가 가나 근로조건은 산업, 회사의 규모, 방침, 영업성적, 노사관계 등에 따라 각기 상이한 것 이외에도 각각의 회사특유의 노동관행에 따라서도 좌우되는 것이다.

그러므로 모방한 것으로는 실정에 맞지 않는 것이 당연하다. 빌린 옷은 어디까지나 빌린 옷에 불과할 뿐 신체에 꼭 맞을 수는 없는 것이다.

현재 취업규칙에 규정하고 있는 근로조건이 현실적으로 이행할 수 있는 것이 되고 있는가, 검토의 여지가 있는 곳이 많을 것이다.

(5) 근로조건의 변화에 맞춰 변경하는 것이 중요하다

정년연장, 남녀고용평등법 등의 시행에 따라 임금제도, 퇴직금제도, 인사제도의 재검토가 필요하게 되었다. 또 근로시간단축, 주휴2일제, 황금주(Golden Week)의 연속휴가, 하기휴가를 선행실시하였으나 취업규칙의 수정이 이루어지지 못한 사업장도 많은 것 같다.

법 개정으로 당연히 변경해야 하는 것도 있다. 남녀고용평등법, 근로기준법의 개정으로 채용, 배치, 승진, 교육훈련, 복리후생, 정년, 퇴직, 해고, 근로시간, 휴일, 출산전후휴가, 생리휴가를 청구한 여성에 대한 조치 등에 관하여 새로이 규정되거나, 규정내용이 변경되기도 하였으므로 그 부분의 변경이 필요하게 되었다.

행정지도에 대하여 배려해야 할 것도 있다. 모집 · 채용상의 남녀고용평등업무처리규정(고용노동부예규제622호, 2010.6.22).은 여성근로자의 보호를 배경으로 나온 것인 만큼 무시할 수 없는 것이다. 근로조건은 경제동향에 따라 점차 변화해 가는 것이다. 근로조건이 변화하면 그에 따라 실정에 맞도록 취업규칙을 변경해 가야 한다.

(6) 진단이 필요하다

이러한 제반증상을 정확하게 볼 수 있기 위해서는 잘못된 점을 올바로 판단하고 처방하기 위하여 진단이 필요하게 된다.

2. 진단절차

(1) 최고경영자에게 이해를 받는 것이 가장 중요하다

진단이 필요한 사유의 개요를 종합해서 최고경영자에게 설명하고 사전에 양해를 받는 것이 중요하다. 어떤 문제가 있는가, 그것이 어떤 영향을 주는가 등에 관하여 최고 경영층이 이해할 수 있도록 하는 것이 필요하다.

(2) 각 부서장의 협력이 필요하다

어떤 노동관행이 있는가는 각 부서장의 협력이 없으면 조사가 곤란하다. 간부회의시에 최고경영자로부터 진단할 때에 각 부서장이 적극 협력하도록 지시하게 하는 것이 진단을 용이하게 한다.

(3) 조사의 방침, 계획의 책정

스탭을 인선하여 일정, 조사방법, 조사내용, 담당부문 등을 정하고 앞으로의 추진방법에 대해 충분히 검토한다.

(4) 진단착안사항

① 조사방법으로서는 조사표와 청취조사를 병행하는 것이 좋다고 생각한다. 조사표에는 포인트가 되는 조사사항 외에 이해 관계가 있을 만한 사항을 기입할 수 있도록 한다.

② 청취조사에서는 노동관행이 이루어진 배경, 그 시점과 이유 등 변경하는 경우의 조치를 취함에 있어 참고가 되는 사항을 청취한다.

③ 각 부서의 담당자에게 알기 쉽게 설명해서 협력을 구한다.

(5) 조사 등의 구체적 추진방법

① 인사부서의 조사사항

㈎ 법령에 저촉되는 부분이나 취업규칙심사요령(고용노동부훈령제48호. 2012.9.25)에 따라 변경하는 것이 좋다고 생각되는 부분을 고른다. 이 경우 근거를 명확히 하여 두는 것도 잊어서는 안된다.

㈏ 단체협약과 취업규칙의 규정에 저촉되는 부분을 찾아낸다.

㈐ 취업규칙 작성 후 또는 지난번의 변경 후에 실시한 노무관리제도나 인사부서에서 내놓은 절차 등에 관한 문서 등을 취합하여 취업규칙의 규정과 다른 부분을 체크한다. 또 절차 등과 같이 인사부서에서 준수상황을 파악할 수 있는 것에 대하여 계수적으로 파악해 둘 필요도 있다.

② 각 부서의 조사사항

본사, 공장, 지점, 영업소 등에서 현실적으로 행해지고 있는 근로시간, 휴게, 휴일, 휴가, 퇴직, 징계 등의 취급에 대하여 취업규칙의 규정과 상이한 부분이 없는지를 조사한다.

특히 공장의 각 현장에서 행해지고 있는 관행을 빠뜨리기 쉽다. 이러한 관행 중에는 공장으로서 또는 하나의 공장 내의 직장에 따라 취급이 다른 경우가 간혹 발견된다. 취업규칙에 규정되어 있지 아니한 부분에 대하여는 취급방법을 통일하는 것도 필요하므로 이러한 관점에서도 빠뜨리지 않도록 주의할 필요가 있다.

③ ①, ② 모두 각 항목(근로시간, 휴게, 휴일, 휴가, 배치, 승진, 교육훈련, 복리후생, 퇴직, 징계 등)별로 정리한다.

다음에 청취조사의 결과를 참고하면서 각 항목별로 경과, 원인 등을 검토하여 취업규칙에 규정할 수 있는 것, 할 수 없는 것을 구분한다.

④ 새로운 제도를 도입하는 것이라면 그 골자를 정리한다.

⑤ 종래의 제도로서 개선하고자 생각하는 부분, 취업규칙에서 불비하다고 생각하는 부분, 중복 · 불명확 등으로 삭제 등을 할 필요를 느끼고 있는 부분 등도 가려낸다.

⑥ ③~⑤ 를 정리하여 요강을 만든다. 이들 변경부분과 잔존부분의 규정을 일괄해서 근로기준법, 산업안전보건법, 산업재해보상보험법, 남녀고용평등법, 「남녀고용평등업무처리지침」 등과 비추어 법 위반이 되지 않는가, 지도기준에 반하지 않는가를 체크한다.

⑦ 처음으로 취업규칙을 작성하는 경우에는 물론 취업규칙을 변경하는 경우에는 후술하는 필요적 기재사항이 누락되지 않았는지 체크한다.

⑧ 새로운 제도를 도입할 때에는 이미 실시하고 있는 회사의 사례입수에 힘쓰며, 먼저 실시한 경우에 법률상 · 제도상 어떤 문제가 생기는지를 잘 조사하는 것이 중요하다. 다음에 채택한다고 하면 회사에서 의도하는 제도를 만들 때 어떤 점이 문제가 되는가, 그 해결방법은 어떻게 하는가, 실시할 때에 단계적으로 추진할 것인가 등을 충분히 검토할 필요가 있다.

⑨ 특히 규모가 작은 기업이 법에서 정하고 있는 이상의 근로조건을 정하려고 할 때에는 장래에도 그 조건으로 가능한가를 현실적으로 판단해서 일시적인 생각이나 다른 회사에서 시행하고 있기 때문에 우리도 한다는 식으로 채택하지 않는 것이 중요하다. 퇴직금제도에는 특히 그 경향이 강한 것 같다. 즉, 기존의 퇴직금지급률이나 산정기초액을 임의대로 변경할 수 없는 것은 전술한 바와 같다.

최초에 너무 좋은 조건(예 : 누진률제)의 퇴직금제도를 채택하게 되면 훗날 후회하게 될 수 있으므로 장기적인 안목에서 동 제도의 지급률이나 산정기초액을 산출해야 한다. 이에는 아무래도 제도화하지 않으면 안되는 경우도 있을 것이고, 이미 제도화하고 있어도 앞날이 불안한 경우도 있을 것이다.

이런 경우에는 퇴직연금제도를 이용하는 것을 검토해 볼 만하다.

이 제도는 퇴직금제도와의 병용도 가능하다.

⑩ ⑥~⑨의 검토가 끝나면 성문화하는 작업에 들어간다. 성문화에 있어서는 조문의 배열, 용어 등의 기술적 문제가 있다. 평소 법률에 접할 기회가 적은 사람이 성문화하려는 것이므로 어렵다고 생각할 것이다. 이럴 때 ⑧에서 수집해 둔 취업규칙의 사례집 등이 필요하게 될 것이다.

3. 성문화 할 때의 주의사항

(1) 조문은 정확하고 알기 쉽게 한다

조문은 누구에게도 알기 쉽고 명료하게, 그리고 정확하게 표현할 것과 간결하고 평이하게 규정하는 것이 중요하다.

명료하고 정확하게 표현하는 것은 취업규칙을 작성하였을 때 예상하지 못한 방향으로 운용되어 그 때문에 생기는 불필요한 분쟁을 예방하기 위해서이다. 그러므로 용어의 정의를 확실히 정해서 여러 가지로 사용되는 일이 없도록 할 것이 필요하다.

다음에 동일한 의미 · 내용의 것은 전부 동일한 용어를 사용하도록 주의하여야 한다. 흔히 눈에 띄는 것은 「종업원」 · 「사원」 · 「근로자」가 혼용되어 있거나, 「임금」 · 「급여」가 혼용되고 있는 취업규칙이다. 이런 것은 한 가지 용어로 통일해서 사용하는 것이 바람직하다.

「해고」와 「퇴직」도 정확하게 사용되지 않는 용어의 하나이다. 예컨대 해고사유로서 사망과 의원퇴직을 열거한다든가 휴직기간 만료시에는 퇴직한다고 규정하면서 다른 한편에서 휴직기간 만료를 해고사유로서 열거하고 있다든가 하는 것을 자주 볼 수 있다.

징계규정에 있어서도 매우 애매한 표현을 볼 수 있다. 알기 쉽게 규정하기 위하여는 ① 보통 사용하는 관행의 용어를 쓸 것, ② 조문을 짧게 잘라 간결하게 할 것, ③ 잘못 읽지 않도록 구두점, 괄호 등을 되도록 많이 또한 바르게 사용할 것, ④ 표나 산식을 쓰는 것이 알기 쉬운 경우도 있다는 것(예컨대, 가산임금의 계산방법), ⑤ 긴 어구나 중복되는 어구의 반복을 피해 준용규정을 적당히 두어 조문의 간략화에 힘써야 한다.

(2) 한자는 「상용한자표」를 원칙으로

취업규칙에서 사용하는 한자는 "상용한자표"에 의하는 것이 원칙이다.

또한 한자의 음훈은 "상용한자 음훈표"에 의하는 것이 원칙이며 한자의 자체는 「상용한자 자체표」에 의하는 것이 원칙이나 간이자체가 있는 것은 간이자체를 사용한다.

(3) 한글은 표준어를 사용한다

국한문 혼용의 취업규칙으로 작성할 때 한글은 표준어로 정확하게 표기한다.

(4) 용어법

① 「경우」, 「때」의 용법

「경우」는 가정적 조건 또는 이미 규정된 사례를 인용하는 포괄적 조건을 나타내는 말로 사용된다.

「때」는 어떤 시점을 순간적으로 포착하여 표현하는 경우에 사용된다.

② 「간주한다」, 「본다」의 용법

「간주한다」, 「본다」는 본래 상이한 것을 법령상 인정해 버린다는 것이다.

③ 「이하」와 「미만」, 「이상」과 「초과하는」의 차이

「이상」, 「이하」와 같이 「이」자를 붙여서 표현하면 기산점이 되는 수량이나 일시를 포함하게 된다. 예컨대, 「14일 이상」은 14일을 포함하게 된다.

「미만」, 「초과한다」라고 표현하면, 기산점이 되는 수량이나 일시를 포함하지 않게 된다. 예컨대, 「14일을 초과하는」이란 15일부터라는 의미가 된다.

(5) 색인(목차)을 붙인다

조문에 표제를 붙이도록 한다. 「표제」는 조문에서 규정하고 있는 내용을 간결하게 나타내며, 이해와 인용의 편의를 도모하기 위한 것이다.

「표제」는 각 조마다 붙이는 것이 보통이지만 연속하는 2 이상의 조문이 동일한 범주에 속하는 사항을 규정하고 있는 때에는 앞의 조문에 종합시켜 「표제」를 붙일 수 있다.

끝으로 다시 한번 읽어서 오자, 탈자가 없도록 확인한다.

3 취업규칙 내용의 체크와 실례

1. 취업규칙의 기재사항

(1) 기재사항

근로기준법 제93조에서는 다음 ①에서 ⑬까지의 항목에 대하여 취업규칙을 작성해야 한다고 규정하고 있다.

① 업무의 시작과 종료 시각, 휴게시간, 휴일, 휴가 및 교대 근로에 관한 사항

② 임금의 결정 · 계산 · 지급 방법, 임금의 산정기간 · 지급시기 및 승급(昇給)에 관한 사항

③ 가족수당의 계산 · 지급 방법에 관한 사항

④ 퇴직에 관한 사항

⑤ 「근로자퇴직급여보장법」 제4조에 따라 설정된 퇴직급여, 상여 및 최저임금에 관한 사항

⑥ 근로자의 식비, 작업 용품 등의 부담에 관한 사항

⑦ 근로자를 위한 교육시설에 관한 사항

⑧ 출산전후휴가 · 육아휴직 등 근로자의 모성 보호 및 일 · 가정 양립지원에 관한 사항

⑨ 안전과 보건에 관한 사항

⑩ 근로자의 성별 · 연령 또는 신체적 조건 등의 특성에 따른 사업장 환경의 개선에 관한 사항

⑪ 업무상과 업무외의 재해부조(災害扶助)에 관한 사항

⑫ 표창과 제재에 관한 사항

⑬ 그 밖에 해당 사업 또는 사업장의 근로자 전체에 적용될 사항

사용자는 필요가 있는 때에는 임금 · 안전 및 보건과 재해보상 및 업무외의 상병부조에 관한 사항에 대하여 각각 별도로 규칙을 정할 수 있다. 전기한 ① 에서 ⑬까지의 사항은 취업규칙에 반드시 기재해 두어야 하는 것으로서「필요적 기재사항」이라 부르고 있다. 또 그 이외의 사항은 이에 관한 관행이나 정함이 있을 때에는 취업규칙에 정하여 두는 것이 바람직하다.

그러나 그러한 관행이나 결정이 없을 때에는 정하지 아니해도 되는 바 이러한 사항을「임의적 기재사항」이라고 부르고 있다.

즉, ① 에서 ⑬까지에 포함되지 않는 사항, 예컨대 전문, 목적, 규칙준수의무, 직장규율, 복무규정, 이동, 보증인, 손해배상, 교통사고처리, 고충처리 등과 같은 사항을「임의적 기재사항」이라고 부르며 취업규칙에 규정해도 되고 아니하여도 되는 사항이다.

(2) 취업규칙 기재사항 미비의 경우

취업규칙에 반드시 기재되어야 할 사항 중 일부가 기재되어 있지 아니하더라도 취업규칙으로서의 효력이 있다고 보아야 할 것이며, 기재되지 않은 부분에 대해서는 근로기준법, 단체협약, 근로계약 등의 정함에 따라야 할 것이다.

2. 취업규칙의 구성

취업규칙의 구성을 보면 정밀성의 차이는 있어도, 일정체계에 따라서 장별

로 구성되고 있다. 즉, 일반의 취업규칙에는 전문, 총칙, 인사, 복무규율, 근무, 임금, 안전보건, 교육훈련, 복리후생, 재해보상, 표창, 징계, 부칙 등의 규정이 있고 그 내용은 대략 다음과 같다.

① 전 문 : 취업규칙의 취지, 기본이념, 사훈

② 총 칙 : 취업규칙의 목적, 용어의 정의, 적용범위, 규칙준수의무, 운용 등

③ 인 사 : 채용절차, 인사이동, 휴직, 퇴직, 해고 등

④ 복무규율 : 업무명령의 준수의무, 신용유지, 기밀유지, 시설물품의 관리, 직장내 규율, 출퇴근 등

⑤ 근 무 : 근로시간, 휴게, 휴일, 휴가, 시간외 · 휴일근무 등

⑥ 임 금 : 임금체계, 임금 산정기간 · 지급일, 가산임금의 계산방법, 상여 등

⑦ 안전보건 : 근로자의 주의사항, 건강진단 등

⑧ 교육훈련 : 사내교육, 유학제도, 직업훈련 등

⑨ 복리후생 : 사택 등의 복리시설 자기주택조성 등의 제제도

⑩ 재해보상 : 특별급부 등(기타 법에 의한 보상내용을 기재하는 것이 많다)

⑪ 표창, 징계 : 표창, 징계사유, 징계의 종류 · 정도 등

⑫ 부 칙 : 시행기일, 개폐절차 등

〈참 고〉

① 취업규칙을 점검하여 용어의 정의를 명확히 하여 혼란이 있는가를 살펴보고 이어서 중복규정이 있는지 유의할 필요가 있다. 규칙이 많으면 많을수록 되도록 중복을 피하도록 주의해야 할 것이다.

② 작성 또는 변경 후 5~6년 이상된 취업규칙은 재검토가 필요하다. 새로운 노동관행이 되어 있다거나 시작한 때에 필요했던 노동관행이 그 후의 환경변화로 부적당하게 되었는데도 불구하고 막연하게 실시되고 있다든지 하는 것이 그것인데, 이러한 노동관행은 규정되고 있지 않는 것이 보통이다. 노동조합이 있는 사업장에서는 그때마다 노동조합과 단체협약을 체결하여 취업규칙에 첨부하고 있는 곳도 볼 수 있다. 어느 경우도 정리하여 부적당하게 된 노동관행을 폐지하는 방향에서 그 밖의 사항은 취업규칙을 개정하는 방향에서 검토하여야 한다.

③ 이미 만들어진 것을 경솔하게 이용한 취업규칙이나 노동관행과 다른 점을 체크하여 관행에 합치시켜야 한다.

제3장 취업규칙심사요령

[고용노동부예규 제48호 2012.9.25]

1 목 적

이 예규는 근로기준법 제93조부터 제97조까지와 같은법 시행규칙 제15조에 따라 사업장에서 작성 · 변경 · 신고된 취업규칙의 심사 및 심사결과의 처리와 관련된 업무를 수행할 때 통일성과 일관성을 확보하기 위하여 업무처리의 기준을 제시하기 위한 것이다.

2 적용범위

① 상시 10명 이상의 근로자를 사용하는 사업 또는 사업장. 다만, 다음 각 호의 어느 하나에 해당하는 사업이나 사업장 또는 근로자에 대해서는 근로시간, 휴게 · 휴일에 관한 사항의 적용이 배제된다(근로기준법 제63조 참조, 이하 "법"이라 한다).

㈎ 토지의 경작 · 개간, 식물의 재식(栽植) · 재배 · 채취사업, 그 밖의 농림사업

㈏ 동물의 사육, 수산 동식물의 채포(採捕) · 양식사업, 그 밖의 축산, 양잠, 수산사업

㈐ 감시(監視) 또는 단속적(斷續的)으로 근로에 종사하는 자로서 사용자가 고용노동부장관의 승인을 얻은 자

㈑ 사업의 종류에 불구하고 관리 · 감독업무 또는 기밀을 취급하는 업무에

종사하는 자

② 산업안전보건법시행령 별표 1에 해당하는 사업은 산업안전보건법령이 정하는 바에 따라 산업안전보건에 관한 사항 중 일부사항의 적용이 배제된다.

3 취업규칙의 심사

(1) 요건심사

① 취업규칙의 신고 또는 변경신고가 근로기준법시행규칙 제15조에 따른 별지 제15호 서식에 따라 작성되어 있는지 여부

② 법 제93조 각 호에 열거된 취업규칙의 필요적 기재사항이 빠짐없이 기재되어 있는지 여부

- 법 제93조 각 호 중 임의적 근로조건에 관한 사항은 해당 사업장에서 이를 이행하고 있을 경우에만 필요적 기재사항으로 볼 수 있다.

교대근로에 관한 사항(제1호), 승급에 관한 사항(제2호), 가족수당에 관한 사항(제3호), 상여금에 관한 사항(제5호), 근로자의 식비 · 작업용품에 관한 사항(제6호), 근로자의 교육시설에 관한 사항(제7호), 근로자의 성별 · 연령 또는 신체적 조건 등의 특성에 따른 사업장 환경 개선에 관한 사항(제9호의2), 업무외의 재해부조에 관한 사항(제10호), 표창에 관한 사항(제11호)

③ 근로자의 과반수를 대표하는 노동조합 또는 근로자 과반수의 의견을 들었거나 동의(근로자에게 불이익하게 변경되는 경우에 한함)를 얻었음을 입증하는 자료가 첨부되어 있는지 여부

사용자가 취업규칙의 불이익한 변경에 사회통념상 합리성이 있고, 근로자의 동의를 받기 위하여 최선의 노력을 다한 사실을 입증한 경우 노동조합 또는 근로자 과반수의 동의를 받지 못하였다고 하더라도 취업규칙 변경의 효력이 인정되므로 이 경우에는 사용자의 위 사실에 관한 입증자료를 첨부하는 것으로 갈음할 것

④ 취업규칙에 인사 · 승급 · 급여 · 징계규정이나 호봉표 등을 별도로 정하도록 규정한 경우에는 그 규정 등이 첨부되어 있는지 여부를 심사하고, 별도

로 정한 규정이 있음에도 불구하고 첨부되지 않은 경우에는 취업규칙 미신고에 준하여 처리한다(법 제93조, 제116조제2항제2호).

(2) 내용심사

① 취업규칙의 내용이 관련법령에 저촉되는지 여부

② 취업규칙의 내용이 해당 회사의 단체협약의 규정에 저촉되는지 여부

③ 취업규칙의 내용이 행정지도 사항에 배치되거나 사회통념상 극히 부당하다고 판단되는지 여부

④ 법 제93조 각 호에 열거된 취업규칙의 필요적 기재사항의 내용 또는 기준이 불명확하여 노사간 다툼의 소지가 있는지 여부

⑤ 변경된 취업규칙이 전반적으로 근로자에게 불리한지 여부

(3) 심사결과 후 조치사항

① 접수 후 20일 이내에 심사하고 그 결과를 「근로감독관집무규정」 별지 제34호 서식의 취업규칙심사보고서에 따라 과장의 결재를 얻을 것

② 심사결과는 다음과 같이 구분하여 조치할 것.

㈎ 법 제93조 각 호에 열거된 취업규칙의 필요적 기재사항이 빠졌거나, 법령 또는 단체협약에 저촉되는 사항이 있을 때에는 취업규칙의 심사종료 후 3일 이내에 근로기준법시행규칙 별지 제20호 서식의 취업규칙 변경명령서에 따라 변경을 명하여야 한다.

㈏ 취업규칙의 내용이 행정지도 사항에 배치되거나 사회통념상 극히 부당하다고 판단되는 사항 또는 다툼의 소지가 있는 불명확한 사항은 이를 개선하도록 지도하여야 한다.

㈐ 개정된 취업규칙이 근로자에게 전반적으로 불리하다고 판단되는 경우에는 노동조합 또는 근로자 과반수의 동의를 입증하는 자료를 제출토록 명령하여야 한다.

③ 변경명령에 따라 기한 내에 변경 신고한 취업규칙은 위의 요령에 따라 재심사하고, 다시 변경명령 사유에 해당되는 경우에는 기한을 정하여 재변경을 명령하여야 한다(다만, 재변경 명령의 기한은 변경명령에 의한 기한보다 단축하여 부여).

④ 재변경 명령에 불구하고 기한 내에 시정되지 않은 경우에는 「근로감독관 집무규정」 제12조 및 제56조제3항에 따라 별지 제8호 서식의 보고요구서에 따라 보고를 촉구하고, 이에 불응하는 경우 법 제96조제2항, 제114조제2호에 따라 조치하여야 한다.

4 구체적인 심사요령

심사항목	중점착안사항	심사기준 및 지도방향	조치기준
1. 총 칙			
가. 적용 범위	전근로자를 적용대상으로 하고 있는지 여부	• 단시간근로자 등을 포함하여 전근로자를 적용대상으로 하는 경우에는 대상 근로자별 적용조항, 차등조항 및 적용배제 조항 간에 혼선이 없도록 명확히 규정하도록 한다.	개선지도
		• 단시간근로자 등에 대하여 합리적 이유없이 차등조항 및 적용배제조항을 설정하지 않도록 한다.	변경명령
	단시간근로자 등에 대한 별도의 취업규칙이 존재하는 경우	• 단시간근로자에게 적용되는 취업규칙을 별도로 작성 · 변경하는 경우 적용 대상이 되는 단시간근로자의 과반수의 의견을 들어야 하며, 불이익변경의 경우에는 단시간근로자의 동의를 받아야 한다(영[별표 2] 제5호나목 참조).	개선지도
		• 단시간근로자의 근로조건은 그 사업장의 같은 종류의 업무에 종사하는 통상근로자의 근로시간을 기준으로 산정한 비율에 따라 결정되어야 한다(법 제18조제1항 참조).	개선지도
나. 근로자의 정의	근로자의 정의와 취업규칙 적용범위의 일치 여부	• 취업규칙의 적용범위에서는 전근로자를 적용대상으로 규정하면서 근로자의 정의에서는 단시간근로자 등을 배제하는 등 적용대상과 근로자의 정의가 일치하지 않은 경우는 이를 일치시키도록 한다.	개선지도
2. 채 용			
가. 채용 기회	남녀차별 규정의 유무(「남녀고용평등과 일 · 가정양립지원에 관한법률」 제7조 참조, 이하 "고평법"이라 한다)	• 합리적 이유없이 모집 · 채용에 있어서 남녀를 차별하여서는 아니된다.	변경명령
		• 직종별로 남녀를 분리모집하거나 성별로 채용인원을 배정하는 등 어느 한 성의 채용기회를 제한하거나, 동일학력 · 경력에도 불구하고 어느 한 성을 낮은 직급 또는 직위에 채용할 수 없다.	변경명령
		• 여성근로자의 모집 · 채용시 직무의 수행에 필요로 하지 아니하는 용모 · 키 · 체중 등의 신체적 조건, 미혼조건 등을 제시 · 요구할 수 없다.	변경명령
나. 채용 서류	채용에 필요한 서류의 과다 여부	• 전형에 필요한 서류를 최소한으로 하고, 채용에만 필요한 구비서류는 합격자에 한하여 제출하도록 한다.	개선지도

심사항목	중점착안사항	심사기준 및 지도방향	조치기준
다. 수습기간	수습기간의 적정 여부	• 수습기간을 두는 경우 직무의 성질 등을 감안하여 사회통념상 인정되는 범위 내에서 지나치게 장기간이 되지 않도록 한다(제16조에 의한 "수습 사용한 날부터 3개월 이내인 근로자"는 해고예고의 적용제외 대상자임).	개선지도
	수습기간의 근속기간 포함 여부	• 수습기간을 근속연수에서 제외하고 있는 경우는 이를 포함하도록 한다.	변경명령
라. 근로계약	근로조건의 명시	• 근로계약 체결시 임금, 소정근로시간, 법 제55조에 따른 휴일, 법 제60조에 따른 연차유급휴가, 취업의 장소와 종사하여야 할 업무에 관한 사항, 법 제93조제1호부터 제12호까지의 규정에서 정한 사항, 사업장의 부속 기숙사에 근로자를 기숙하게 하는 경우에는 기숙사규칙에서 정한 사항을 명시하도록 하고 이 중 임금의 구성항목, 계산방법 및 지급방법, 소정근로시간, 법 제55조에 따른 휴일 및 법 제60조에 따른 연차유급휴가에 관한 사항은 반드시 서면으로 명시하고 교부하도록 한다(법 제17조, 영 제8조제1항 참조). • 특히, 기간제 · 단시간근로자의 경우에는 아래 사항을 서면 명시하도록 한다(기간제법 제17조 참조). – 근로시간 · 휴게에 관한 사항 – 임금의 구성항목 · 계산방법 및 지불방법에 관한 사항 – 휴일 · 휴가에 관한 사항 – 취업의 장소와 종사하여야 할 업무에 관한 사항 – 근로일 및 근로일별 근로시간(단시간근로자에 한함)	개선지도
	근로계약 불이행에 대한 위약금 또는 손해배상액 예정 규정의 유무	• 규정이 있는 경우 이를 삭제하도록 한다(법 제20조 참조).	변경명령
	전차금이나 그 밖에 근로할 것을 조건으로 하는 전대채권과 임금을 상계하는 규정의 유무	• 규정이 있는 경우 이를 삭제하도록 한다(법 제21조 참조).	변경명령
	강제저축 규정의 유무	• 규정이 있는 경우 이를 삭제하거나 법이 허용하는 형태로 변경하도록 한다(법 제22조 참조).	변경명령
3. 복 무			
가. 복무의무	복무의무 규정의 명확성 여부	• 복무의무규정의 준수 여부는 징계와 연계될 수 있으므로 각 사업장의 실정에 맞게 구체적으로 명기하도록 한다.	개선지도
	복무의무규정의 불법 · 부당 여부	• 근로자의 기본권 그밖의 법령에 따른 권익을 침해하는 규정은 이를 삭제하도록 한다.	변경명령
		• 복무의무로서의 각종 금지규정은 경영 · 인사상 필요한 최소한의 범위에서 규정하도록 한다.	개선지도
나. 출근 및 근무	출근시간의 적정 여부	• 업무의 시작 시각에 비하여 합리적 이유없이 지나치게 일찍 출근하게 하지 않도록 한다.	개선지도

심사항목	중점착안사항	심사기준 및 지도방향	조치기준
	지각 · 조퇴 · 외출 등에 대한 제재의 적정 여부	• 지각 · 조퇴 · 외출 등에 대한 제재가 불합리하거나 지나치게 과도하지 않도록 한다.	개선지도
		• 일정횟수 이상의 지각 · 조퇴 · 외출을 결근으로 보아 연차유급휴가일수의 산정에 영향을 미치게 할 수 없다. – 다만, 일정횟수 이상의 지각 · 조퇴 · 외출시 연가1일을 사용한 것으로 정하는 경우는 반드시 법에 위반된다고 볼 수 없다.	변경명령
	공민권 행사의 보장 여부	• 근로시간 중이라도 공민권 행사 또는 공의 직무를 집행하기 위하여 필요한 시간을 청구하는 경우 이를 거부할 수 없도록 한다(법 제10조 참조).	변경명령
다. 결 근	결근계 제출절차의 타당성 및 사유별 결근 인정일수의 명시 여부	• 결근계의 사전제출을 원칙으로 하더라도, 긴급을 요하는 등 부득이한 사유가 있는 때에는 먼저 유선으로 신고하고 사후에 서면 신고하는 것을 허용하도록 한다.	개선지도
		• 결근계를 제출하도록 할 경우 결근의 인정범위를 사유별로 명시(예 : 질병시 3개월 등)하되, 과다한 입증자료(예 : 7일 미만의 병가에 대하여 진단서 첨부를 요구하는 등)를 요구하지 않도록 한다.	개선지도
	결근자에 대한 제재규정의 적정 여부	• 결근 특히 무단결근을 이유로 벌과금을 과하거나 상습적이 아닌 단 2~3일의 결근을 해고 사유로 하는 등의 과도한 제재를 하지 않도록 한다.	변경명령
라. 출 장	출장 근무자의 근무요령	• 출장 근무자의 근무요령이 명확히 규정되도록 한다.	개선지도
		• 출장근무에 부당하게 불이익을 주는 규정은 이를 개선하도록 한다.	개선지도
	근무시간 인정 여부	• 출장근무 또는 사업장 밖 근로시 근로시간을 계산하기 어려운 경우는 소정근로시간을 근로한 것으로 인정하도록 하되, 업무수행에 통상 필요한 시간이 있으면 그 시간을 근로시간으로 간주하도록 한다(법 제58조제1항 참조). – 다만, 이 경우 노사가 서면합의로 정한 시간이 있으면 그 시간을 근로시간으로 보도록 한다(법 제58조제2항 참조).	변경명령
	출장경비의 실비변상 충족 여부	• 출장지의 행선지별 여비, 숙박비, 현지교통비 등의 실비에 충당될 수 있는 금품지급 규정이 명시되도록 한다.	개선지도
마. 배치 · 전직 및 승진	부당전직의 가능성 여부	• 전보권의 범위, 직종이나 근무지 변경의 요건 등을 명확히 규정하도록 하여 시비나 사용자의 악용의 소지를 없애도록 한다(법 제23조제1항 참조).	개선지도
	남녀에 대한 차별 여부(고평법 제10조 참조)	• 합리적 이유 없이 직무 또는 직종의 배치 대상에 특정성의 근로자를 배제하거나 제한하지 않도록 한다. – 혼인 · 임신 · 출산이나 일정한 연령에 달한 것을 이유로 여성근로자에게 대해서만 불이익하게 배치하지 않도록 한다.	변경명령

심사항목	중점착안사항	심사기준 및 지도방향	조치기준
	남녀에 대한 차별 여부(고평법 제10조 참조)	• 합리적인 이유 없이 전직 또는 승진의 규정을 특정 성에 불리하게 적용할 수 없다. – 특히, 입사전 군경력을 이유로 경력기간에 상응하는 호봉인정 이외에 승진에 있어서도 여성에게 불이익을 줄 수 없다.	변경명령
바. 휴 직	휴직 인정사유 및 휴직 허용기간의 명확성 여부	• 병역의무, 업무외의 질병, 일신상 사유, 영아양육 등 휴직인정 사유와 사유별 휴직 허용기간을 명확히 하도록 한다.	개선지도
	휴직기간의 근속연수 포함 여부	• 휴직기간은 근로관계가 정지될 뿐 근로관계가 소멸되는 것은 아니므로 근속연수에 포함시켜야 하며 이를 배제할 수 없다. – 다만, 병역법에 따른 병역의무기간과 근로자 개인사유로 인한 휴직기간을 퇴직금 산정을 위한 계속 근속연수에 포함시키지 않을 수 있다.	변경명령
	육아휴직 등의 보장(고평법 제19조의6 및 같은법시행령 제10조부터 제15조까지 참조)	• 법령에서 부여한 육아휴직기간을 보장하여야 하며, 법령에 정하여 있지 않은 제한조건을 부과할 수 없다. • 육아기 근로시간 단축 근로자에 대하여 근로시간 단축을 이유로 근로 조건을 불리하게 하여서는 아니 된다. – 육아기근로시간단축시 근로조건은 사업주와 근로자간 서면으로 정하도록 한다.(고평법 제19조의3제2항) • 연차유급휴가 부여방법을 명확히 하여야 한다. – 근로기준법시행령 벌표 2 '단시간 근로자의 근로조건 결정기준에 관한 사항' 제4호 "나"목에 따라 부여한다.상여금 또는 성과급의 경우 취업규칙 또는 단체협약 등에서 정한 기준을 따르도록 하고 있으므로 이에 대한 명확한 기준을 명확히 하여야 한다. – 적어도 근무시간에 비례한 급여액 이상 지급한다.	변경명령
		• 육아휴직 종료 후에는 휴직 전과 동일한 업무 또는 동등한 수준의 임금을 지급하는 직무에 복귀시켜야 하며, 육아휴직 등을 이유로 해고 그 밖의 불리한 처우를 하여서는 아니 된다.	변경명령
	휴직기간 중의 임금지급 여부	• 휴직기간 중 임금은 관계법률에 명시된 경우를 제외하고는 휴직사유별로 단체협약 또는 취업규칙에 정하는 바에 따라야 하므로 그 지급 여부와 지급율을 명확히 하도록 한다.	개선지도
		• 업무상 질병으로 인한 휴업의 경우는 지급율이 근로기준법, 산재보상보험법의 기준보다 낮지 않도록 한다(법 제79조 참조).	변경명령
	복직의 조건 및 복직의 시기와 절차규정 유무	• 휴직기간의 만료 이외의 복직사유 인정 여부 및 복직절차의 복직시기 등을 명확히 규정하도록 한다.	개선지도

심사항목	중점착안사항	심사기준 및 지도방향	조치기준
사. 당 직	당직근무자의 업무한계 및 근무요령의 명확성 여부	• 근무시간, 근무 중의 취급업무, 순찰범위, 비상시의 조치요령 등을 명확히 하여 책임의 한계를 명백히 하도록 한다.	개선지도
	당직수당의 실비변상 충당 여부	• 당직 근무시는 일 · 숙직별로 실비변상에 충당할 수 있는 수당을 지급하도록 한다.	개선지도
4. 근로시간 및 휴게			
가. 근로시간	1일 · 1주일의 소정 근로시간과 업무의 시작과 종료시각이 명확히 규정되어 있는지 여부	• 1일 · 1주의 소정근로시간과 업무의 시작과 종료 시각은 해석상 혼선이 없도록 명확히 규정하도록 한다.	변경명령
		• 1일 · 1주일 소정근로시간의 법정 허용한도를 초과하는 경우는 이를 변경하도록 한다(법 제50조 참조). – 특히, 18세 미만자의 근로시간은 법적 허용한도(1일 7시간, 1주 40시간)이내에 정해지도록 한다(법 제69조 참조).	변경명령
	근로시간 및 근무형태를 달리하는 특수업종 종사자에 대한 규정 여부	• 경비원, 보일러공 등 감시 · 단속적근로에 종사하는 자로서 지방고용노동관서장의 승인을 얻은 사람이 있는 경우 근로시간 적용제외 여부를 명확히 규정하도록 한다(법 제63조 및 같은법시행규칙 제10조 참조).	개선지도
	2주단위 탄력적근로시간제를 도입하는 경우(법 제51조 참조)	• 해당 근로자의 범위를 명백히 하도록 한다.(연소자, 임산부 적용 제외)	변경명령
		• 각 주 · 각 일의 근로시간 및 근로일별 근로시간이 반드시 포함되도록 한다.	변경명령
		• 근로시간은 단위기간을 평균한 1주간의 근로시간이 40시간을 넘지 않도록 한다.	변경명령
		• 단위기간의 기산일을 명시하도록 한다.	변경명령
		• 이 제도의 도입으로 휴무일이 발생한 경우에 여타 주휴, 유급휴일 등과 구분하여 명시하도록 한다.	개선지도
	3개월단위 탄력적근로시간제를 도입하는 경우(법 제51조 및 영 제28조 참조)	• 근로자 대표와의 서면합의를 요건으로 하고 2주 단위의 경우와 같이 각 주 · 각 일의 근로시간 및 근로일별 근로시간을 명기하도록 한다.	변경명령
		• 특정 일 12시간, 특정 주 52시간 한도를 넘지 않도록 한다.	변경명령
		• 그 밖의 사항은 2주 단위의 경우에 준하여 이루어지도록 한다.	
	선택적근로시간제를 도입하는 경우(법 제52조 및 영 제29조 참조)	• 대상 근로자에 대하여는 업무의 시작과 종료 시각을 근로자의 결정에 맡긴다는 규정을 두도록 한다.	변경명령
		• 대상 근로자의 범위를 명확히 하도록 한다.(연소자 적용 제외)	변경명령
		• 정산기간을 평균한 1주간의 근로시간이 40시간 이내 이도록 한다.	변경명령
		• 선택적 근로시간대와 반드시 근로하여야 할 시간대를 정한 경우에는 그 시작 및 종료 시각을 정하도록 한다.	변경명령

심사항목	중점착안사항	심사기준 및 지도방향	조치기준
가. 근로시간	재량근로에 대한 근로시간간주제도를 도입하는 경우(법 제58조 및 영 제31조 참조)	• 재량근로의 대상을 명시하되, 법령의 범위를 넘지 않도록 한다.	변경명령
		• 대상 근로자의 근로시간은 노사 서면합의로 정한다는 근거규정을 두도록 한다.	변경명령
나. 연장근로	연장근로의 법정기준 위반 여부	• 연장근로가 법정기준을 초과하지 않도록 한다(법 제53조 참조).	변경명령
	연장근로 실시절차의 명시 여부	• 연장근로는 당사자간 합의가 있어야 가능하다. – 이 경우 구체적인 사유와 일정한 시기를 확정하여 미리 연장근로일정을 제시하는 경우는 당사자간 합의가 있는 것으로 볼 수 있다(법 제53조 참조). – 다만, '1일에 2시간씩 또는 1주에 12시간씩 연장근로할 수 있다'와 같이 포괄적으로 규정할 경우 당사자간 합의가 있다고 볼 수 없다.	변경명령
	임산부에 대한 시간외 근로제한	• 산후 1년이 경과되지 아니한 여성의 시간외 근로시간은 법적 허용한도(1일 2시간, 1주 6시간, 1년 150시간)에서 정해지도록 한다(법 제71조 참조).	변경명령
		• 임신 중인 여성은 시간외 근로를 금지토록 한다(법 제74조제4항 참조).	변경명령
	탄력적 근로시간제 등을 도입하는 경우	• 탄력적 근로시간제, 선택적 근로시간제 등을 도입하는 경우는 연장근로의 계산방법을 보다 구체적으로 명시하도록 한다.	변경명령
다. 교대제 근무	교대제 근무시 각 작업반별 근무시간 및 교대방법의 명시 여부	• 교대제 근무시 각 작업반별 업무의 시작과 종료 시각을 명확히 규정하고, 각 근무의 시간간격이 충분하여 근로자가 충분한 휴식을 가질 수 있도록 근로시간을 안배하도록 한다(4조3교대제가 바람직).	개선지도
		• 교대제 근무시 특정인을 특정시간대에 계속 근무하도록 하지 말고, 합리적인 방법으로 순환 근무하도록 교대방법을 명시한다.	개선지도
라. 휴 게	법정기준 이상의 휴게시간의 부여	• 휴게시간의 시작과 종료시각을 명시하도록 하고, 법정기준(4시간 근무시 30분 이상, 8시간 근무시 1시간 이상) 이상의 시간이 확보되도록 한다(법 제54조 참조).	변경명령
		• 기계가동을 중지할 수 없는 경우에도 교대로 휴게시간을 부여하도록 한다.	개선지도
	휴게시간의 자유이용 보장 여부	• 휴게시간은 근로자가 자유롭게 이용할 수 있도록 한다(법 제54조제2항 참조).	변경명령
	수유시간 부여	• 생후 1년 미만의 유아를 가진 여성 근로자에게 1일 2회 각각 30분 이상의 유급 수유시간을 주도록 한다(법 제75조 참조).	변경명령

심사항목	중점착안사항	심사기준 및 지도방향	조치기준
5. 휴일 및 휴가			
가. 주휴일	주휴일은 명확하게 규정되어 있는지 여부	• 유급 주휴일은 특정 일을 지정하여 명시하도록 한다(법 제55조 참조). – 특정 일이 반드시 일요일일 필요가 없고, 업무의 특성상 근로자 그룹별로 다른 요일을 정할 수도 있다. – 교대제 근로에 있어서는 휴일이 근로자가 미리 예측할 수 있도록 규칙적으로 주어진다면 특정 일이 휴일로 정하여진 것으로 볼 수 있다.	변경명령
나. 기타휴일	국경일, 신정, 추석, 회사 창립기념일 등을 별도휴일로 정하였는지 여부	• 국경일 등을 반드시 휴일로 정해야 할 법상의 의무는 없으나 사업 또는 사업장에서 별도휴일로 정하였을 경우는 이를 규정하도록 한다.	변경명령
	사업 또는 사업장에서 지정한 휴일을 유급으로 할 것인가 무급으로 할 것인가의 여부	• 당사자의 합의를 존중하여 유급 또는 무급으로 정할 것이나, 무급휴일은 유급휴일과 분명히 구분하여 규정하도록 한다.	변경명령
	휴일대체의 조건 및 절차규정 유무	• 주휴와 사업 또는 사업장에서 정한 그 밖의 휴일을 업무형태상 변경(대체)실시할 때는 당사자의 합의하에 행하도록 하여야 한다.	변경명령
다. 보상휴가	근로자대표와의 서면합의 절차 준수 여부	• 연장근로 · 야간근로 및 휴일근로에 대하여 임금을 지급하는 것을 갈음하여 휴가를 주는 경우는 근로자대표와의 서면합의에 의하여야 한다(법 제57조 참조).	변경명령
라. 연차유급휴가	휴가조건 및 일수의 법정기준 충족 여부(법 제60조 참조)	• 1년간 80퍼센트 이상 출근한 근로자에게 15일 이상의 유급휴가를 주어야 하며, 3년 이상 근속자에게는 위 휴가에 최초 1년을 도과하는 계속 근로 연수 매 2년에 대하여 1일을 가산한 유급휴가를 주되, 총 휴가 일수는 25일을 한도로 한다. • 계속근로 1년 미만 근로자 또는 8할 미만 출근한 근로자에 대하여는 1개월간 개근시 1일의 유급휴가를 주어야한다. • 근로자에게 최초 1년간의 유급휴가를 주는 경우에는 1년 미만 근속기간 중에 발생한 휴가를 이미 사용한 경우에는 그 사용한 일수를 15일에서 뺀다.	변경명령
	휴가 산출기간의 명확성 여부	• 연차유급휴가 산정을 위한 근무기간을 개별 근로자의 입사일로부터 1년으로 하는지 아니면 역년(曆年)상의 1년(예 : 1월 1일부터 12월 31일까지)으로 하는지를 명백히 하여야 하며, – 회사의 사정에 의하여 역년상으로 연차유급휴가 근무기간을 계산하더라도 연도 중 입사자의 휴가일 산정에 있어 불이익이 있어서는 아니된다.	변경명령

심사항목	중점착안사항	심사기준 및 지도방향	조치기준
	지각, 조퇴와의 연계 여부	• 지각, 조퇴 몇 회 이상을 결근으로 간주하는 등의 방법으로 연차 휴가일수 산정에 영향을 주도록 할 수 없다.	변경명령
	근로자의 의견에 따라 자유로이 사용할 수 있는지 여부	• 근로자의 자유의사에 따라 사용할 수 있도록 휴가 청구 방법과 절차 등을 명시하되, 휴가시기를 변경해야 할 예외규정도 명확히 하도록 한다(법 제60조제5항 참조).	변경명령
	연차유급휴가의 사용촉진 절차 등 준수 여부	• 사용촉진이 가능한 연차유급휴가인지 여부, 사용촉진의 절차 등을 명확히 하도록 한다(법 제61조 참조).	개선지도
	휴가기간에대한 임금지급기준	• 연차유급휴가 기간에 대하여 통상임금으로 지급할 것인지 평균임금으로 지급할 것인지 명시하도록 한다(법 제60조제5항 참조).	개선지도
	미사용 휴가일수에 대한 정산방법 유무	• 휴가 청구권은 1년간 행사하지 않으면 소멸하나(사업주의 귀책사유인 경우는 예외), 미사용 휴가일수에 대하여는 통상임금 또는 평균임금으로 수당을 지급하여야 하며, 동 수당의 소멸시효는 휴가사용권이 소멸한 때로부터 3년이다(법 제60조제7항 참조) – 단, 사용자가 연차유급휴가의 사용 촉진을 위한 조치를 하였음에도 근로자가 사용하지 아니하여 휴가가 소멸된 경우에는 사용자의 보상의무가 없다 (법 제61조 참조).	변경명령
마. 생리 및 출산전후 휴가 (유 · 사산 포함)및 배우자 출산휴가	생리휴가 · 출산전후(유 · 사산 포함)휴가 및 배우자출산휴가제도의 규정 여부	• 여성 근로자에 대한 생리휴가와 임신 중인 여성에 대한 출산전후(유 · 사산포함) 휴가제도 및 근로자의 배우자 출산을 이유로 하는 배우자 출산휴가는 이를 명백히 규정하도록 한다(법 제73조 및 제74조 및 고평법 제18조의2참조).	변경명령
	휴가의 청구절차 및 기간의 적정 여부	• 청구방법, 절차 등을 분명히 하고 특히, 출산전후휴가는 유 · 사산의 위험이 있는 경우 출산전후휴가 90일 중 일부를 미리 사용할 수 있도록 하여 이 경우에도 출산 후에 45일 이상이 확보 되도록 하며(법 제74조 참조), 배우자 출산휴가가 원칙적으로 5일 중 3일은 유급이나 단체협약 또는 취업규칙에 정하는 바에 따라 다를 수 있으므로 이에 대하여 명확히 하도록 한다.	변경명령
바. 기타 휴가	휴가의 종류와 사유 및 기간의 명시 여부	• 경 · 조사 등 특별한 사유가 있을 때 특별휴가를 주어야 할 법상의 의무는 없으나, 사업 또는 사업장에서 휴가제도를 채택하는 경우는 종류별로 사유와 휴가기간, 청구절차 등을 명시하도록 한다.	개선지도
	휴가기간 중의 임금지급 여부	• 특별휴가에 대한 종류별로 휴가기간에 대하여 유급으로 할 것인지와 유급일로 할 경우는 지급기준(통상임금 또는 평균임금)을 명시하도록 한다.	개선지도
	휴가대체에 관한 규정의 유무	• 근로자 대표와의 서면합의로 특정 근무일을 연차유급휴가와 대체하기로 한 경우에는 그 내용을 명확히 규정하도록 한다(법 제62조 참조).	변경명령

심사항목	중점착안사항	심사기준 및 지도방향	조치기준
6. 임 금 가. 임금관련 규정	임금관련 규정의 적정성 여부	법정 각종 수당의 지급율, 통상임금의 산정방법 등 보수규정 전반에 대하여 확인하여야 한다.	변경명령
		• 임금조정은 당사자 간의 교섭 또는 협의 하에 결정되도록 하고, 임금조정시기도 명시하여 다툼의 소지가 없도록 한다.	개선지도
		• 임금계산기간(기산일과 마감일)과 계산방법 등을 구체적으로 명시토록 하여 임금 산정에 따른 분쟁의 소지를 줄일 수 있도록 한다.	변경명령
	남녀에 대한 차별 여부(고평법 제8조 참조)	• 학력과 직종, 직급, 경력 등 임금결정요인이 같음에도 어느 한 성의 임금을 다른 성의 임금보다 적게 지급할 수 없다.	변경명령
		• 합리적 이유없이 성별에 따라 서로 다른 호봉표를 적용하도록 하여 임금을 차별할 수 없다.	변경명령
나. 임금지불	임금지불 방법의 타당성 여부	• 임금은 통화로 직접 근로자에게 그 전액이 지급되어야 하므로 법령이나 단체협약상 특별히 정하는 방식 외에 임금의 일부를 공제하는 규정을 두지 않도록 한다(법 제43조제1항 참조).	변경명령
		• 임금은 매월 1회 이상 일정한 기일을 정하여 지급하도록 하고 정기지급일은 마감일로부터 10일이 넘지 않도록 한다(법 제43조제2항 참조).	개선지도
	월급근로자의 임금지급규정의 적정성 여부	• 월급근로자에 대하여는 법정수당 및 근무일수에 대해 다툼의 소지가 많으므로 각종 수당의 산정과 근무일수 등에 대해 명확히 정하도록 한다.	개선지도
다. 제수당	연장근로수당의 적법성 여부	• 특히 탄력적 근로시간제를 도입한 사업장의 경우 연장근로수당의 지급방법이 적법한지 확인하여야 한다(법 제56조 참조).	변경명령
	휴일근로수당 계산방법의 적정성 여부	• 주휴일 및 근로자의 날은 유급휴일로 하여야 하며, 그 밖에 사업 또는 사업장에서 정한 휴일에 대하여는 유 · 무급 여부를 명확하게 규정하여야 한다. – 유급휴일에 근무시는 100분의 250을, 무급휴일에 근무시는 100분의 150을 지급하여야 한다.	변경명령
	휴업수당 지급율의 적법성 여부	• 사용자의 귀책사유로 휴업하는 경우 휴업수당이 법정기준에 미달되지 않도록 한다(법 제46조 참조).	변경명령
		• 사용자의 귀책사유로 인한 휴업수당이 법정기준 이상인 경우에는 그 산정방법을 명확히 규정하도록 한다.	개선지도
	임의로 지급하는 각종 수당들에 대한 지급기준 및 지급방법의 명확성 여부	• 사업 또는 사업장에서 법정수당 이외에 각종 수당을 지급하는 경우에는 각종수당의 임금성 여부가 명확히 판단될 수 있도록 지급대상, 지급방법 등을 명확히 규정하도록 한다.	개선지도

심사항목	중점착안사항	심사기준 및 지도방향	조치기준
	상여금 지급규정의 적정성 여부	• 상여금 지급규정을 두고 있는 경우 지급대상자와 지급시기, 지급요건, 지급방법, 지급액(률)등을 명확히 규정하도록 한다.	변경명령
	복리후생에 관한 남녀의 차별 여부	• 가족수당, 복리후생수당, 주택자금 융자, 학자금 융자 등 복리후생을 위한 수당의 지급이나 자금의 융자에 관하여 불리한 조건을 부과하거나 차등 지급하는 등의 방법으로 어느 한 성의 근로자를 차별 할 수 없다(고평법 제9조 참조).	변경명령
7. 퇴직과 해고			
가. 퇴직사유와 절차	퇴직사유와 사유별 퇴직시점 명확 여부	• 근로계약관계의 여러 가지 구체적인 종료사유(의원사직, 사망, 해고, 정년도래, 계약기간의 만료 등)들과 그 사유별 효력발생(퇴직)시기를 명확히 하여 근속기간의 산정 등에 다툼이 없도록 한다.	변경명령
	퇴직예고제의 채택 여부	• 퇴직예고제를 두는 것 자체는 법 위반이 아니나, 이 경우라도 예고기간을 지나치게 장기화하거나 예고 불이행을 이유로 불이익 처분을 할 수 없도록 한다.	변경명령
	의원면직의 경우 사표수리의 부당한 지연 여부	• 사표수리를 부당하게 지연시켜 근로자에게 불이익을 주어서는 아니되며, 근로자가 당사자간의 합의하에 실시하는 퇴직예고 의무를 불이행하였을 경우라도 민법 제660조 및 제661조에서 정한 기간을 초과하여 사표를 수리하는 규정을 두어서는 아니된다.	변경명령
	여성에 대한 차별 여부	• 여성근로자의 혼인 · 임신 · 출산 등을 퇴직사유로 할 수 없다(고평법 제11조 참조).	변경명령
나. 정 년	정년이 되는 연령의 명확 여부	• 정년은 직위 · 직종 · 직급 등 근로의 질과 내용에 따라 구분하여 정할 수 있으나, 구분할 경우 그 직무에 필요한 기술, 체력 및 노동 강도 등을 고려하여 그 기준을 명확히 하도록 힌다.	개선지도
	성별, 국적, 신앙, 사회적 신분 등을 이유로 한 차등정년 여부	• 사회통념상 합리성이 없이 성별, 국적, 신앙, 사회적 신분 등을 이유로 차별적으로 정년을 정할 수 없다(법 제6조, 고평법 제11조 참조).	변경명령
다. 해 고	해고의 사유를 구체적으로 명시하였는지 여부	• 해고사유를 구체적으로 명시(열거주의 원칙)하도록 하여 해고권의 남용방지와 근로자의 생활안정에 기여하도록 한다.	변경명령
	해고 사유별 기준의 타당성 여부	• 해고는 근로자의 생계와 직접 관련되므로 근로자의 귀책사유가 정직, 감봉 등의 징계로는 적절치 아니할 정도로 과도하거나 긴박한 경영상의 이유가 있을 때에 한해서 정당한 해고사유로 인정하여야 한다(법 제23조 및 「근로기준법상 해고에 관한 규정과 관련한 업무지침」참조).	변경명령

심사항목	중점착안사항	심사기준 및 지도방향	조치기준
다. 해 고	해고의 방법 및 절차의 명확성 여부	• 근로자의 귀책사유로 인한 해고의 경우 징계절차를 두도록 지도하되, 징계절차를 두는 경우에는 반드시 징계절차를 거쳐서 행하도록 하고, 별도의 징계규정이 있는 경우에는 심사하여야 한다.	개선지도
		• 경영상 이유로 인한 해고의 경우 해고회피를 위한 조치, 해고 대상자 선정기준, 해고일 50일전까지 근로자 대표와의 협의 절차 등을 명확히 하도록 한다.	변경명령
		• 근로자에게 해고통보를 할 때에는 해고사유와 시기를 서면으로 통지하여야 한다(법 제27조 참조).	개선지도
	해고예고 절차의 적법 여부	• 정당한 이유가 있어 해고하는 경우라도 30일전에 예고하거나 30일분 이상의 통상임금을 지급하도록 규정해야 한다(법 제26조 본문 참조). – 다만, 해고가 천재 · 사변 기타 부득이한 사유로 사업계속이 불가능하거나 근로자의 귀책사유로 사업에 막대한 지장이 초래되거나 재산상 손해를 끼친 경우로서 고용노동부령이 정하는 사유에 해당하는 경우에는 예외이다(「근로기준 법시행규칙」 제4조 〈별표〉 참조).	변경명령
라. 퇴직금	퇴직금 제도의 설정 여부	• 법정퇴직금제도를 설정하고 있는지 확인하고 퇴직금이 법정기준보다 미달되게 규정하고 있는 경우에는 변경하도록 한다(「근로자퇴직급여보장법」 제8조 참조, 이하 "근퇴법"이라 한다).	변경명령
	퇴직금 제도의 차등설정 확인	• 하나의 사업 내에서 직종, 직위, 직급 등에 따라 퇴직급여의 지급기준이나 지급률을 달리할 수 없다(근퇴법 제4조제2항 참조).	변경명령
	퇴직금의 중간정산 (근퇴법 제8조제2항 참조)	• 퇴직금의 중간정산은 근퇴법 시행령 제3조에서 정하는 사유에 해당하는 경우에만 가능하도록 하며 취업규칙으로 그 요건과 절차를 명확히 정하도록 한다.	개선지도
		• 특히, 누진제 퇴직금 제도를 규정하고 있는 사업체의 경우에는 중간정산 이후의 퇴직금 산정방법을 명확히 정하도록 한다.	개선지도
		• 퇴직금 중간정산 이후의 퇴직금 산정을 위한 계속 근로년수는 정산시점부터 새로이 기산되나, 근로년수와 관련 있는 다른 근로조건(승진, 승급, 호봉, 상여금, 연차유급휴가 등)에서는 변동이 없어야 하므로 취업규칙으로 여타 근로조건을 제한할 수 없다.	변경명령
	퇴직금 청산의 적법성 여부	• 퇴직금의 청산기일이 법정기일을 초과하지 않도록 한다.	변경명령

심사항목	중점착안사항	심사기준 및 지도방향	조치기준
8. 상 벌			
가. 포 상	포상의 종류, 절차, 방법 등의 명확 · 공정 여부	• 포상의 종류, 내용, 절차 등을 구체적으로 명시하여 공정성이 확보되도록 한다.	개선지도
나. 징 계	징계의 사유 및 종류의 구체성 여부	• 징계권의 남용을 방지하기 위하여 징계사유 및 종류를 구체적으로 명시하도록 한다.	변경명령
	징계절차와 방법의 합리성 여부	• 징계결정시는 변명의 기회를 부여하여 공정성을 확보하도록 하고 처분결과를 반드시 서면 통보토록 하는 동시에 징계의결 절차 등을 명시하도록 한다.	변경명령
	징계양정의 적정 여부	• 징계의 양정은 귀책의 정도에 상응해야 하며, 법에 의한 감급 제한에 저촉되어서도 아니 된다(법 제95조 참조). – 1회의 감액은 평균임금의 1일분의 2분의 1 초과불가 – 총액이 1임금지급기의 임금총액의 10분의 1 초과불가	변경명령
		• 직장 내 성희롱을 한 자에 대한 징계의 양정은 직장 내 성희롱의 정도와 지속성 등을 고려하여 적정하게 정하도록 한다(고평법 시행규칙 제9조 참조).	개선지도
9. 교 육	어느 한 성에 대한 차별 여부	• 해외연수, 장학금 지급 등 각종 교육대상자 선정 및 지원에 있어 어느 한 성을 제외하거나 다른 한 성에 비해 불리한 조건을 부과할 수 없다(고평법 제10조 참조).	변경명령
	직장 내 성희롱 예방교육	• 성별로 교육과정을 편성하고 교과의 선택에 있어서 어느 한 성에게 기회를 제한하거나 선발에 있어 불리한 기준을 적용하지 않도록 한다.	변경명령
		• 직장 내 성희롱 예방교육의 내용 및 방법이 법령에 부합되게 정하도록 한다 (고평법 시행령 제3조 참조).	개선지도
	장학금 제도	• 사업 또는 사업장에서 장학금 제도를 적용할 때에는 기금의 적립 및 운용방법과 지급대상, 지급율, 지급시기, 지급방법 등을 명확히 하여 다툼의 소지가 없도록 한다.	개선지도
10. 안전보건			
가. 근로자 교육	근로자의 안전보건교육에 관한 규정 유무	• 근로자에 대하여는 정기교육, 채용시 및 작업전환시 교육, 유해 · 위험작업종사자에 대한 특별안전보건교육 등을 실시하도록 한다(「산업안전보건법」 제31조 및 같은 법 시행규칙 제33조 참조, 이하 "산안법"이라 한다).	변경명령
나. 위험기계 · 기구의 방호조치 등	기계 · 기구에 대한 방호장치 관련 규정 유무(산안법 제33조 및 같은법 시행규칙 제48조 참조)	• 방호장치가 설치되어 있지 않은 프레스 등 위험기계 · 기구는 양도, 대여, 설치 및 사용을 금지하도록 한다.	변경명령
		• 방호장치를 근로자 임의로 제거하고 작업을 하는 일이 없어야 하며, 사업주도 방호장치를 제거하고 작업하도록 지시할 수 없도록 한다.	변경명령
다. 보호구	보호구의 종류, 착용의무 관련규정 유무	• 사업주는 보호구를 착용해야 할 작업장에는 보호구를 비치하여 이를 사용토록 관리하고 근로자는 이를 착용하도록 한다(「산업안전보건기준에 관한 규칙」 참조).	변경명령

심사항목	중점착안사항	심사기준 및 지도방향	조치기준
라. 물질안전보건자료(MSDS)	작성대상 및 비치(게시)장소에 대한 규정 유무	• 산안법 제41조, 같은법 시행규칙 제92조의2 및 제92조의4까지의 규정에 따르도록 한다.	변경명령
	경고표지의 부착 및 근로자 교육실시에 대한 내용 유무	• 산안법 제41조, 동법시행규칙 제92조의5 및 제92조의6의 규정에 따르도록 한다.	변경명령
마. 작업환경 측정	작업환경 측정을 하여야 할 작업장 및 유해인자의 명시 여부	• 측정대상작업장 및 유해인자를 명시하도록 한다(산안법 시행규칙 제93조 참조).	변경명령
	작업환경 측정 횟수의 규정 유무	• 측정대상 작업장이 있는 경우 작업환경 측정주기 및 횟수를 정하도록 한다(산안법 제42조 및 같은법 시행규칙 제93조의4 참조).	변경명령
	작업환경 측정 결과에 대한 조치 규정 여부	• 작업환경 측정결과에 따른 시설의 개선 등 근로자의 건강보호에 만전을 기하도록 한다(산안법 제42조제3항 및 「산업안전보건기준에 관한 규칙」참조).	변경명령
	작업환경 측정시 근로자 대표의 입회에 관한 규정 유무	• 측정시 근로자대표의 요구가 있는 경우 입회할 수 있도록 지도한다.	변경명령
바. 건강진단	근로자 건강진단의 실시대상 · 횟수 및 특수건강진단대상 부서에 대한 규정 유무(산안법 제43조 및 같은법 시행규칙 제98조부터 제99조의4까지 참조)	• 일반정기건강진단은 모든 근로자에게 1회 이상(다만, 사무직은 2년에 1회 이상), 특수건강진단은 유해인자별로 실시하도록 한다.	변경명령
		• 특수검진대상 작업부서를 명시하도록 한다.	변경명령
		• 건강진단시 근로자 대표의 요구가 있을 때 근로자 대표를 입회할 수 있도록 지도한다.	변경명령
	건강진단의 실시시기에 관한 규정 유무	• 건강진단의 실시시기를 정하되 최소한 월단위까지는 명시하여야 한다.	변경명령
	건강진단결과 질병자에 대한 관리규정 유무	• 사업주는 근로자 건강관리를 위해 의사의 소견에 따라 작업장소 변경 · 작업전환 · 근로시간 단축 및 근로금지 등 조치를 하도록 한다(산안법 제43제5항).	변경명령
사. 무자격자 취업제한	유해 · 위험작업에 무자격자의 취업을 제한하는 규정이 있는지 여부	• 사업주는 유해 또는 위험한 작업으로서 규칙에서 정하는 작업에 있어서는 그 작업에 필요한 자격 · 면허 · 경험 또는 기능을 가진 근로자 이외의 자를 해당 작업에 임하게 하지 않도록 한다(산안법 제47조 및 「유해위험작업의 취업제한에 관한 규칙」참조).	변경명령

심사항목	중점착안사항	심사기준 및 지도방향	조치기준
11. 재해보상	재해보상기준의 법령저촉 여부	• 재해보상규정을 두는 경우 그 수준이 법 제8장의 기준에 미달되어서는 아니된다.	변경명령
		• 근로자 중과실을 이유로 재해보상을 배제하는 규정을 두는 경우 법 제81조에 의한 요건을 명시되도록 한다.	변경명령
	업무상 또는 업무외의 재해부조에 관한 사항 유무	• 업무상 재해에 대하여 법기준 이상의 별도보상을 실시하거나 업무외의 재해에 대하여 별도의 부조를 실행하는 제도가 있을 때에는 그 내용을 명시하도록 한다.	개선지도
	산재보험법에 의한 사업주의 조력의무 여부	• 업무상 재해에 대한 사업주 확인 및 각종 증명서발급 등 「산업재해보상보험법」 제116조에 의한 사업주 조력의무를 부당하게 면책하는 규정을 두지 않도록 한다.	변경명령
	산재보험급여청구권 제한금지 규정 유무	• 경미한 재해 등에 있어서 근로자의 산재보험급여 청구를 제한하고 공상처리토록 하는 규정을 두지 않도록 한다.	변경명령

부 칙

이 예규는 발령한 날부터 시행한다.(2012.9.25.)

공인노무사 심사확인시 사업장 취업규칙 심사 면제에 관한 지침

1. 근로기준법 제9장에 의거 상시 10명 이상의 근로자를 사용하는 사업주가 취업규칙 작성 또는 변경하여 신고함에 있어 개업노무사의 확인을 받으면 지방고용노동관서장은 동 규칙의 심사를 면제할 수 있다.

2. 개업노무사는 공인노무사법 제2조제1항제1호에 의거 사업주를 대리 또는 대행하여 취업규칙을 신고할 수 있으며, 신고시에는 별첨 서식에 의한 「취업규칙 작성(변경)신고 확인보고서」를 맨 앞에 붙여야 한다.

3. 개업노무사의 「취업규칙작성(변경) 신고 확인보고서」와 함께 신고된 취업규칙에 대해서 심사를 면제하고자 할 경우 근로감독관은 다음과 같이 처리한다.

   ○ 근로감독관 집무규정 제33호 서식에 의거하여 심사일자란에 접수일자를 기재하고 적정여부란에 「○○○노무사확인필」이라고 기록한 다음 확인란에 과장의 결재를 득하여 심사를 면제한다.

   이 때 근로감독관은 근로감독집무규정 제34호에 의한 「취업규칙심사보고서」를 작성하지 아니한다.

4. 지방관서장은 신고사건처리, 근로감독 등을 통해 개업노무사가 「취업규칙작성(변경)신고 확인보고서」상 확인내용을 고의 또는 중대한 과실로 확인하지 아니한 사실을 발견할 경우에는 공인노무사법 제13조 위반혐의로 고발 또는 등록의 취소나 동법 제12조 위반으로 직무정지 처분 등의 조치를 할 수 있다.

5. 개업노무사 「취업규칙작성(변경)신고 확인보고서」 및 「취업규칙」 사본을 3년 이상 보존하여야 하며 고용노동부장관이 공인노무사법 제18조에 의한 자료제출 등의 명령시 반드시 이에 응하여야 한다.

[별 첨]

취업규칙 작성(변경) 신고 확인보고서

<table>
<tr><td colspan="2">사 업 체 명</td><td colspan="3"></td></tr>
<tr><td colspan="2">소 재 지</td><td colspan="3"></td></tr>
<tr><td colspan="2">근 로 자 수</td><td>명(여 명)</td><td>신 고 일 자</td><td></td></tr>
<tr><td colspan="2">대 표 자</td><td></td><td>사 업 종 류</td><td></td></tr>
<tr><td>확
인
내
용</td><td colspan="4">1. 근로기준법 제96조의 필요적 기재사항이 기재 여부 및 취업규칙 부속서류(인사, 급여, 승급, 징계규정 등)의 첨부 여부
2. 근로자 과반수로 조직된 노동조합 또는 근로자 과반수의 의견서 첨부 여부
3. 규칙의 내용이 관계법령 또는 단체협약에 저촉되는지 여부
4. 불이익조항 변경절차의 적법 여부
5. 해고 등의 사유 및 절차 등을 규정한 조항이 적법한지 여부
6. 규칙의 내용 또는 용어의 불명확으로 노사간 다툼의 소지가 없는지 여부
7. 기타 사회통념상 심히 부당한 규정은 없는지 여부</td></tr>
</table>

상기 확인 내용을 분명히 확인하고 위 사업체의 취업규칙 작성(변경) 신고를 대리(대행) 합니다.

확인보고자 : 공인노무사 (서명 또는 날인)

제2편

취업규칙의 작성 · 운용방법

제1장 총칙의 작성 · 운용방법

일반적으로 취업규칙에는 제1장에 「총칙」을 설정하는 것이 많다. 총칙부분을 어떻게 정하는가는 자유이지만 취업규칙 전체에 걸친 기본적 사항이거나 공통적인 사항을 설정하고 있다.

취업규칙의 「총칙」부분에 설정하는 것에는 다음과 같은 사항이 있다.

① 취업규칙의 목적 : 목적과 목적을 규정하고 있지 않는 경우의 해결방법 등

② 취업규칙에 사용되는 용어의 정의 : 사원, 종업원, 소속장 등

③ 취업규칙의 적용범위 : 사원이 아닌 자에 대한 적용방법, 관리 · 감독자의 범위와 그 자에 대한 적용방법

④ 취업규칙의 준수의무

⑤ 취업규칙의 준용 : 법령, 단체협약과의 관계, 취업규칙 적용에 관한 의의, 그 해결방법 등이다.

1 취업규칙의 목적

취업규칙을 작성하는 이상 그 목적을 명시할 필요가 있다. 여기서는 상세하게 서술할 필요는 없고 간결하게 그 목적 · 취지를 표현하는 것이 좋다. 경우에 따라서는 총칙에서 이념적인 내용을 포함하는 수도 있다.

규 정 례 1

> **제○조【목 적】**
> 이 규칙은 ○○주식회사의 취업에 관한 사항을 규정하여 회사업무의 원활한 수행을 도모하는 데 그 목적이 있다.

규 정 례 2

> **제○조【목 적】**
> ① 이 규칙은 근로자의 취업에 관한 사항을 정한다.
> ② 이 규칙에서 정한 사항 외의 근로자의 취업에 관한 사항은 근로기준법 기타 법령이 정한 바에 따른다.

규 정 례 3

> **제○조【목 적】**
> 이 규칙은 ○○주식회사의 근로자의 채용, 해고 및 근로조건 등의 기준을 정한 것이다.

2 취업규칙의 준수의무

이 규정은 정신적 · 훈시적 규정으로 취업규칙의 의의, 준수의식을 강조하는 경우에는 취업규칙 전문에 규정하는 예가 있다.

규 정 례 1

> 이 규칙 및 부속 제규칙은 근로기준법 및 단체협약에 기하여 근로자의 근로조건과 취업에 관한 사항을 정함으로써 회사와 근로자의 성의를 바탕으로 이 규칙을 준수하여 명랑하고 질서 있는 직장을 확보하고 원활하게 업무를 수행하도록 하여야 한다.

규 정 례 2

> 이 취업규칙은 근로기준법에 따라 회사의 발전과 근로자의 복지증진을 기하기 위하여 근로자가 성의로서 준수, 실행하여야 할 사항을 정한 것이다. 이 취업규칙 운용에 있어서 회사는 근로자의 인격을 존중하고 근로자는 그 본분을 다할 것을 각각 근본이념으로 한다.

규 정 례 3

> 근로자는 성의를 다하여 이 규칙 및 그 부속 제규정을 지키며 소속 상사의 지시에 따라 직장질서를 유지하는 동시에 상사는 소속원의 인격을 존중하고 서로 회사의 사회적 사명을 자각하여 회사발전을 위해 그 직책을 수행하여야 한다.

3 취업규칙의 적용범위

취업규칙은 대표이사, 감사, 이사 등 법인의 임원에는 적용되지 않으나 그 이외의 회사의 종업원에게 적용된다. 그러므로 취업규칙의 적용범위는 대단히 중요하다. 적용대상자의 범위를 명확히 하여 적용에 있어 의문의 여지가 없도록 규정하여야 한다.

일반근로자 외에 계약조건이 상이한 직종의 근로자가 존재하는 기업에 있어서는 취업규칙에 그러한 자를 적용대상에 포함하는지의 여부를 확정하여 둠으로써 후일 적용상의 분쟁이 발생하지 않도록 배려하여야 한다.

힘들여 만든 규정이 누구에게 적용되는지가 불명확하면 소용이 없다. 고용관계에 있는 근로자는 이른바 정규종업원인 자 외에 임시공, 계절적 업무 종사자 또는 최근에는 단시간근로자, 아르바이트 또는 촉탁(정년 후의 재고용 촉탁 포함) 등 계약조건이 상이한 자도 포함된다. 따라서 적용 대상자를 명확히 하여 장래에 의문이 생기지 않도록 규정할 필요가 있다. 취업규칙의 적용범위는 전 종업원으로 되어 있으나 종업원의 정의에서는 임시직, 일용직, 촉탁 등을 제외하거나 또는 정의에서는 임시직 등에 대해 별다른 언급이 없으면서 적용범위에서는 임시직 등을 제외하는 사례가 있을 수 있다. 그러나 임시직 등을 제외하는 경우에는 기간제법 등에서 규정하고 있는 차별적 처우 등의 금지에 해당될 수도 있다. 따라서 기간제법에서 정하고 있는 금지되는 차별적 처우에 해당되지 않기 위해서는 ① 임시직, 파트타임, 파견근로 등 일정기간을 정하여 채용된 자에 대해 별도의 취업규칙을 작성하는 방법, ② 취업규칙의 상당부분이 임시직 등에게 적용되는 경우 종업원의 정의에서는 이들을 포함시키고 별도 적용에 대해서는 취업규칙의 각 조문에서 그 취지를 명확하게 하는 방법 등이 있을 수 있다. 그러나 이 때에도 정규직과 비정규직간의 차이가 존재하는 이유를 명확히 하여 불합리한 차별이 되지 않도록 하여야 할 것이다.(김정한 등 공저, 「취업규칙(Ⅱ)」, 한국노동연구원, p.32)

(1) 정규 근로자에게만 적용하는 경우

이 경우에는 적용대상인 근로자의 정의를 명확하게 한다. 그렇게 하면 이에 해당되지 않는 자는 당연히 적용대상에서 제외된다.

규 정 례

> **제○조【적용방법】**
> 이 규칙에서 근로자란 제○조(채용절차)의 절차를 거쳐 채용된 자를 말한다.

취업규칙은 특별한 규정이 없는 한 사업장의 모든 근로자에 적용되는 것이 원칙이다. 따라서 예를 들면 임시공, 단시간근로자와 같이 일반종업원과 조업조건이 현저하게 다른 경우라 할지라도 당연히 적용되지 않는다고 말할 수는 없다.

한 걸음 나아가 임시공, 아르바이트, 단시간근로자 등에는 적용되지 않음을 명확하게 하기 위해서는 이어서 「임시공, 단시간근로자에게는 적용하지 아니한다」라든가, 「임시공, 단시간근로자에 대하여는 별도로 정한다」등의 명문으로 제외 취지를 규정하는 것이 바람직하다.

물론 모든 근로자의 근로조건이 동일해야 하는 것은 아니므로 그 특수성에 따라서 특별히 따로 규정을 만들 수 있다.

따라서 이 규칙을 적용받는 근로자의 정의를 명확히 해둘 필요가 있다.

(2) 촉탁, 단시간근로자 등에도 부분적으로 적용하는 경우

원칙적으로 정규근로자에게 적용하나 비정규근로자에게도 부분적으로 적용할 때에는 이를 명시한다.

규 정 례

> **제○조【근로자의 정의】**
> 이 규칙을 적용하는 종업원이란 제○조(채용절차)의 규정에 의거 임용된 자를 말한다. 다만, 촉탁 및 일용직 종업원에 대하여는 별도 계약이 있는 사항은 그 계약에 정하는 바에 의하고, 그 외에는 이 규칙을 준용한다.

종업원의 정의규정을 두고 있는 것은 취업규칙을 적용할 근로자의 범위를 정함에 있어 보다 명확하게 하기 위한 목적이 있다. 결국 비정규직근로자의 사용이 빈번해지고 규모가 확대되어 감에 따라 비정규직근로자에 대한 별도의 근로조건의 규율이 필요하기 때문이다.

또는 이와 정반대의 표현이 되는 다음과 같은 예도 있다.

규정례

> **제○조【적용범위】**
> ① 이 규칙은 제○조의 규정에 의거 채용된 자에게 적용된다. 다만, 임시공과 촉탁에 대하여는 이 규칙 제○조, 제○조를 준용한다.
> ② 과장급 이상 관리직의 지위에 있는 자와 비서 등 기밀사무 종사자는 그 자체로서, 감시적 업무에 종사하는 자 및 단속적인 근로에 종사하는 자로서 고용노동부장관의 승인을 받은 자는 이 규칙 중 근로시간, 휴일, 휴게에 관한 규정은 적용하지 아니한다.

취업규칙은 누구에게 적용할 것인가 하는 것을 명확히 하여야 한다.

임시공, 단시간근로자, 주부사원 등에 적용되는 취업규칙을 별도로 작성하더라도 이 모든 취업규칙을 합해서 해당 사업 또는 사업장의 하나의 취업규칙이 되는 것이다.

그러나 이와 같은 부분적 적용형식은 바람직하지 않다고 생각한다. 그것은 비정규근로자에게 적용하는 규정내용을 그 해당자들이 알 수가 없고 운용상의 불편이 생기기 때문이다. 따라서 부분적 적용은 일체 없애고 그들에게만 적용하는 완전한 규칙을 별도로 작성하기를 권장한다.

단시간근로자에게 적용할 취업규칙도 동일하다. 「○○사항에 대하여는 사원 취업규칙 제○조를 준용한다」라고 하여 기술을 생략하는 것은 찬성할 수 없다. 왜냐하면 단시간근로자는 사원취업규칙을 볼 기회가 별로 없고 따라서 그 내용을 모르기 때문이다.

근로기준법 제63조에는 「감시 또는 단속적으로 근로에 종사하는 자로서 사용자가 고용노동부장관의 승인을 받은 자」는 제4장과 제5장에 정한 근로시간, 휴게, 휴일에 관한 규정을 적용하지 아니한다고 규정되어 있다.

그러나 고용노동부장관의 승인뿐만 아니라 취업규칙에도 이에 관한 규정을 명확히 해 두어야 할 것이다.

제2장 채용에 관한 사항의 작성 · 운용방법

1 채용에 관하여 규정되는 사항

근로자의 채용에 대하여는 채용절차(선발방법), 채용시의 결격사유, 채용시의 제출서류(근로계약서, 서약서 기타 필요한 서류) 및 본채용까지의 시용기간, 신원보증인, 본채용절차 등을 정한다.

2 채용절차

취업규칙은 채용된 후의 근로자에 적용되므로 채용절차에 대하여는 특별히 규정하여 둘 필요는 없다. 그러나 회사에 따라서는 채용대상자의 최저연령이나 자격을 정하거나 취직희망자의 제출서류를 정한다든지, 선발시험의 내용을 구체적으로 정하는 경우도 있다.

1. 규정작성방법

제출서류는 실질적으로 기업이 필요로 하는 서류에 한정할 것이며, 특별히 필요로 하지 않는 서류까지도 형식적으로 정비할 필요는 없을 것이다.

서약서 · 신원보증서는 피채용자가 번거롭기에 소홀히 하기 쉬우나, 장래에 문제발생시 처리상의 실익 외에 본인에게 경각심을 주기 위하여 제출시켜야 한다.

또 주민등록표 기재사항 증명서에 대하여는 반드시 범죄와 관련되지 아니하더라도 거소가 일정치 않은 자가 있고 그러한 자는 입사 후의 근무태도, 정착 등에 문제가 생기는 경우가 있으므로 이를 예방하기 위하여 제출을 요구해야 할 것이다.

물론 주민등록증 · 초본 취득의 번잡성을 피하기 위해 채용통지서를 송부하여 확인하는 편법수단을 취하는 사례도 있으나 되도록 제출시키도록 한다.

학업성적표는 직종, 연령 기타의 관계에서 특히 필요가 없으면 생략해도 될 것이다. 의사의 건강진단을 제출시키는 기업도 있으나 그보다도 실제로 촉탁의에 의뢰하여 진단시켜 그 결과에 따라 채용 여부를 결정하는 조치를 취하는 것이 만전의 방책이다. 채용단계에서 응모자가 이를 번거로워 하는 경우도 있다고 한다면 최초로 출근한 날에 진단을 시켜 취업 부적격의 결과가 생긴 경우에는 취소하는 조건을 붙여 시용채용하는 방법도 생각할 수 있다.

2. 운용상 주의사항

(1) 유기계약

채용시의 근로계약 체결에 있어서 고용기간을 정하는 경우, 즉 유기의 계약으로 하는 경우에는 2년을 초과하는 기간을 정하는 것은 법률에서 금지하고 있다. 그 취지는 장기의 계약기간을 인정하게 되면 인신구속이나 강제노동이 될 우려가 있으므로 근로자의 자유가 부당하게 구속되는 것을 방지하기 위한 것이다.

통상의 계약은 기간의 정함이 없는 계약으로서 이것은 언제까지나 고용관계가 계속될 가능성을 가지는 동시에 언제라도 단절할 수 있는 가능성을 갖는 계약이다. 또 고용기간을 정하지 않은 경우는 촉탁, 임시고용, 단시간근로자 등이 있지만 이에 대하여는 물론 「기간의 정함이 없는 계약」으로 할 수 있으나 정하는 경우에는 원칙적으로 2년을 초과하는 것은 허용되지 않는다.

(2) 전직금지

다음에 노동이동을 방지하기 위해 일정기간 전직을 금지하고 이에 위반한 경우에 위약금을 지급시키는 계약을 하는 것 역시 법률에 위반된다. 이는 장기구속의 폐해를 방지하기 위해 또 직업선택의 자유를 보장하기 위해서이다.

(3) 채용조건으로서의 성별

채용조건 중에 성별을 기재한 규정이 있을 때에는 삭제하여야 한다. 남녀고용평등법 제7조제1항에서는 「사업주는 근로자를 모집하거나 채용할 때 남녀를 차별하여서는 아니된다」고 규정하고 있다.

모집요강이나 광고에는 업무의 내용을 구체적으로 명시하여야 한다.

채용할 때에는 사전에 업무내용을 충분히 설명하여야 하며 설명을 하였는데도 그 업무를 하고 싶다는 여성이 있다면 이를 거부할 수 없다.

남녀는 동일한 채용기준에 의하여 채용의 가부를 결정하여야 한다.

취업의식이나 근로의욕이 높은 여성을 환영한다는 발상의 전환이 필요하다.

〈참 고〉 남녀고용평등업무처리규정(제4조)

제4조 【모집 · 채용】 ① 법 제7조에서 정한 "모집 · 채용"이란 신문 · 방송 등을 통한 광고모집이나 직접모집 뿐 아니라, 직업안정기관에의 구인신청 · 위탁모집 · 연고채용 등 명칭이나 방법에 관계없이 사업주가 불특정인에게 임금 · 근로시간 등 근로조건을 제시하고 근로를 권유한 후(모집), 이들을 대상으로 시험 등을 거쳐 특정인을 선정하여 근로계약을 체결하는 행위(채용)를 말한다.

② 법 제7조에서 정한 근로자의 모집 및 채용에 있어서 여성에게 남성과 평등한 기회를 주지 아니하는 행위는 다음과 같다.

1. 여성에게는 전적으로 모집 · 채용의 기회를 주지 아니하는 경우
2. 직종별로 남녀를 분리모집하거나 성별로 채용예정인원을 배정함으로써 특정 직종에 여성의 채용기회를 제한하는 경우
3. 배우자나 보호자의 취업동의서 또는 여성에 대하여만 보증 등을 요구하는 경우
4. 모집 · 채용에 있어 남성만을 가리키는 직종의 명칭을 사용하는 경우(단, 여성을 배제하는 것이 아님이 분명한 경우는 제외)
5. 학력, 경력 등 자격이 같음에도 불구하고 여성을 남성보다 낮은 직급 또는 직위에 모집 · 채용하는 경우

6. 남녀가 동일자격임에도 여성을 남성보다 불리한 고용형태로 채용하는 경우
7. 여성의 채용기회를 제한할 목적으로 직무수행상 반드시 필요하지 아니한 채용조건을 부과하는 경우
8. 면접 · 구술시험의 경우 객관적인 기준에 의하지 아니하고 여성을 불리하게 대우함으로써 여성의 채용기회를 제한하는 경우
9. 기타 근로자의 모집 및 채용에 있어서 남녀에게 평등한 기회를 주지 아니하는 것으로 인정되는 경우

③ 제2항의 규정에도 불구하고 법 제7조에 의한 모집 · 채용에 있어서의 성차별행위로 보지 아니하는 행위는 다음과 같다.

1. 직무의 성질상 남성근로자가 아니면 업무의 정상적인 수행이 곤란하여 당해 직종에 남성만을 채용하는 경우로서 다음 각목의 직업
   가. 예술, 예능분야에서 신체적 특성에 따른 표현의 진실성이 요청되어 남성을 고용하는 것이 당연한 직업
   나. 근로의 중요한 부분이 특정 성(性)에 대한 배려를 필요로 하는 직업
   다. 기타 운동경기상의 필요 등 남성으로 하는 것이 불가피하다고 인정되는 직업
2. 근로기준법 제65조, 제72조 및 동법시행령 제40조에 의거 2-브로모프로판을 취급하거나 노출될 수 있는 업무(다만, 의학적으로 임신할 가능성이 전혀 없는 여성의 경우는 제외)와 고용노동부장관이 산업재해보상보험및예방심의위원회의 심의를 거쳐 지정 · 고시하는 업무에 남성만을 채용하는 경우
3. 야간 또는 시간외근로가 불가피한 직종으로서 여성을 과다하게 고용할 경우 근로기준법 제70조, 제71조의 규정과 관련하여 당해 사업의 정상적인 운영에 지장을 가져 올 우려가 있어 여성채용 예정인원을 제한하여 모집 · 채용하는 경우

규 정 례

제○조 【채 용】
회사는 취직을 희망하는 자 중에서 선발시험을 합격하고 소정의 절차를 거친 자를 종업원으로서 채용한다.

제○조 【응모서류】
근로자로서 채용을 희망하는 자는 다음 서류를 제출하여야 한다. 다만 회사가 특히 인정한 자에 대하여는 일부를 생략할 수 있다.
① 본인 자필이력서(사진첨부), 자기소개서
② 졸업증명서 또는 졸업예정증명서(졸업 후에는 신속히 졸업증명서)
③ 최종학교 성적증명서
④ 건강진단서(필요에 따라 회사가 지정하는 의사의 건강진단서)
⑤ 추천장(졸업예정자만)

3. 채용결격사유

채용결격사유를 취업규칙에 규정하는 이유는 결격사유를 명시하여 채용되지 않은 경우에 오해의 소지를 줄이고, 사용자의 자의적 판단이 아닌 객관적 사유를 보여줄 수 있기 때문이다. 이러한 측면에서 채용결격사유를 명시하면 채용과 관련한 인사관리가 나름대로 객관화 · 투명화하게 될 것이다.

규 정 례

제○조【채용결격】다음 각 호의 1에 해당하는 사람은 종업원으로 채용하지 아니한다. 1. 금치산자 및 한정치산자 2. 파산자로서 복권되지 아니한 자 3. 금고 이상의 형을 받고 그 집행이 종료되거나 또는 그 집행을 받지 아니하기로 확정된 후 3년을 경과하지 아니한 자 4. 법률에 의하여 공민권이 정지 또는 박탈된 자 5. 병역 기피 중인 자 또는 병역법상의 죄책을 면하지 아니한 자 6. 제○조의 규정에 따른 제출 서류에 허위사실이 발견된 자 7. 신체검사 결과 불합격으로 판정된 자 8. 그 밖에 직원으로 채용하기에 적당하지 않다고 인정되는 자

3 채용시의 제출서류

채용을 결정한 자에게는 채용 후의 노무관리의 참고자료로 하기 위하여 종업원의 자질, 능력 등을 판정하는 데 필요한 서류를 제출시키는 것이 통례이다.

제출시키는 서류의 범위는 각 회사에 따라 다소 차이가 있으나 대체로 다음과 같다. 또 입사 후 변경이 있으면 신속히 이를 신고하도록 종업원에게 의무화하여 두는 것도 필요하다. 종업원의 학력, 직력, 지식, 기능, 취득자격 등에 관한 과거 상황을 파악, 확인하고 장래 인사관리의 참고자료로 하며, 종업원으로서의 책무를 자각시키고 또 책무수행상의 법률적 효과를 기대하기 위해 또는 채용시에 필요한 사무적 절차를 이행하기 위하여 소정의 서류를 제출시킨다.

종업원 채용에 있어서 제출되는 서류에는 응모시 채용 여부결정의 전형자료로서 필요한 서류와 채용 후의 여러 가지 목적상 필요한 서류가 있다.

취업규칙 중에는 다음과 같은 것을 정해 두는 것이 좋다.

① 제출서류의 명칭

② 제출기한

③ 제출서류의 내용이 변경된 경우의 신고의무

1. 응모시와 채용 후의 제출서류를 구분하는 경우

응모시와 채용 후에 제출케 하는 서류는 그 목적이 다르기 때문에 나름대로 시기를 구분해서 제출케 해야 한다. 그렇지 않으면 전형 결과 채용하지 않는 경우, 후자의 서류는 못쓰게 되며 불필요하게 응모자에게 폐를 끼치기 때문이다. 그러므로 고용노동부가 작성 · 제시한 표준이력서 (p.399)를 참고할 필요가 있다.

전형용 서류로는 응모자의 신상, 직력, 학력 또는 면허 · 자격을 증명하는 서류 등을 들 수 있다.

채용 후 서류로는 근로계약 체결에 관한 것, 급여계산(소득세, 수당지급 등) · 건강보험 · 고용보험 · 국민연금 등 사회보험 가입의 사무처리절차에 필요한 서류, 복지시설 이용에 필요한 서류 등을 들 수 있다.

규 정 례 1

제○조【취직을 희망하는 자의 제출서류】

회사에 취직을 희망하는 자는 다음 서류를 제출하여야 한다.

① 자필이력서 및 사진(3개월 이내 촬영)

② 신원증명서 및 주민등록등본

③ 최종학교 졸업(예정)증명서 및 성적증명서

④ 건강진단서

⑤ 각종 자격증명서

⑥ 그 밖에 회사가 필요로 하는 서류

제○조【취직을 희망하고 선발에 합격한 자의 제출서류】

회사에 취직을 희망하고 선발에 합격한 자는 다음 서류를 제출하여야 한다.

① 이력서(사진첨부)

② 신원보증서

③ 최종학교의 졸업증명서, 성적증명서

④ 주민등록표 등본 또는 초본, 원천징수서(전력있는 자만)

⑤ 면허 자격증명서(사본)

⑥ 그 밖에 회사가 제출을 요구한 서류

제○조【선발시험에 합격한 자의 제출서류】
① 선발시험에 합격한 자는 다음 서류를 제출한 후 채용이 결정된다.
1. 서약보증서(신원보증인 2명의 인감증명서 1통 첨부)
2. 그 밖에 회사가 지정하는 서류
② 제1항의 제출서류의 기재사항에 변경이 있는 때에는 그 즉시 소속장을 거쳐 인사과에 신고하여야 한다.

규 정 례 2

제○조【채용시의 제출서류】
근로자로서 채용된 자는 다음 서류를 제출하여야 한다.
① 이력서
② 신상조서
③ 서약서
④ 졸업증명서 및 성적증명서
⑤ 사 진(3개월 이내에 촬영한 것)
⑥ 신원보증서
⑦ 그 밖에 회사가 필요로 할 때 제시하는 서류

2. 내용변경에 신고의무를 과하는 경우

제출서류의 내용에 변경이 생긴 경우(예컨대 주소, 가족상황, 통근상황 등) 부주의·태만으로 신고를 하지 아니하여 사무처리상 곤란한 사태가 일어나는 일이 있다.

이러한 사태를 방지하고 주의를 환기시키기 위하여 신고의무를 정한 명문의 규정을 두는 것이 좋다. 특히 가족상황에 대하여는 가족수당의 수급자격의 발생 또는 상실 등이 관련되므로 지체없이 신고하도록 하는 것이 필요하다.

규 정 례

제○조【변경신고】
종업원은 전조의 제출서류의 기재내용, 그 밖에 신상에 변경이 있는 때에는 지체없이 소정의 양식으로 신속히 신고하여야 한다.

4 서약서 · 신원보증서

1. 서약서

서약서의 형식은 각 회사마다 다르지만 채용된 후 근로자가 취업규칙을 준수한다든가 상사의 지휘 · 명령에 따를 것 등을 서약시키는 일이 많다. 따라서 서약서를 받는 것은 근로자에게 근로자로서 지는 당연한 의무를 확인시키는데 불과하다.

그러나 서약서로서 종업원에게 새로운 의무를 과할 수 없는 것은 아니다. 예컨대, 기술자를 고용함에 있어서 퇴사 후 일정기간 기술상의 지식을 제3자에게 누설 금지하는 의무를 지게 한다든가 겸업금지의무를 과하는 경우와 같다. 그러나 여성근로자에 대하여 결혼하면 퇴직한다든가, 노동조합에 가입하지 않는다든가, 조합활동을 하지 않을 것을 서약시키더라도 법원에 제소된 때에는 무효로 판단되게 된다. 전자는 여성근로자가 결혼한 것을 퇴직이유로서 예정하는 것을 금지하고 있는 남녀고용평등법에 위반되고 있으며 후자는 노동조합및노동관계조정법에 의하여 사용자의 부당노동행위로서 금지하고 있기 때문이다.

2. 신원보증서

서약서에는 그 기본적 사항으로서는 다음과 같은 것이 포함되어 있다.

(1) 성실근무의무

취업규칙 등의 준수의무이며 당연한 의무이다.

(2) 능력향상 · 개발의무

OA시대, 컴퓨터시대라고 일컬어지는 오늘날 기업에서의 교육연수는 물론 그 외에 근로자측 당사자의 능력향상을 위한 노력이 없다면 시대에 대응할 수 없게 된다고 생각된다.

(3) 근로자로서의 품위유지의무

사용자의 징계처분 권한은 업무수행에 한하지 않고 경우에 따라서는 사생활상의 비행까지 미치게 되는데 사회적 평가 · 이미지가 기업의 중요한 요소인 이상 이를 확인하여 둘 필요가 있다.

(4) 협력 · 협조의무

기업운영에서는 종적관계 뿐만 아니라 횡적관계에서도 팀워크가 요구되며, 종업원간의 협조 · 신뢰 · 상조의 정신을 파괴하는 언동은 삼가야 한다.

(5) 비밀준수의무

담당부서에 따라서는 기업의 사활을 좌우하는 기밀을 처리하는 근로자도 있으며, 담당부서의 변경 · 승격 등 경우에 따라서는 재직 중은 물론 퇴직 후에도 기업비밀의 누설 · 이용에 대한 합리적인 법적 의미를 갖는 제한을 서약서에 반영하여야 할 필요가 있다.

(6) 자기안전 · 건강의무

경견완증후군, 요통 등의 직업병이 문제가 되고 있는 오늘날 원칙적으로 건강관리책임은 자신에게 있다고 명시하는 것도 의의가 있다.

(7) 시간외근로의무

사용자의 시간외근로 명령권한에 관해서는 근로자의 개별적이고 구체적인 동의가 필요하다고 하는 견해도 있는데 적어도 포괄적인 시간외근로에 관해 동의를 받는 것은 의의가 있다.

(8) 신원보증

신원보증서는 신원보증법으로 규제되고 있는 것에 주의할 필요가 있다. 특히 그 유효기간은 2년간이다.

신원보증계약은 근로자의 행위로 사용자가 받은 손해를 연대하여 배상시키는 것을 목적으로 하고 있으므로 신원보증인의 자격으로서 보상능력을 정하는 일도 있다. 그러나 신원보증서라 하지만 근로자의 취업규칙을 준수하여 업무를 수행하는 것을 신원보증인이 보증하고 그 이외에 금전적 배상의무를 부담하지 않을 것을 정하는 경우도 있다.

회사는 근로자의 「업무」, 「업무수행의 임지」가 변경된 경우에는 신원보증인에 대하여 그때마다 이를 통지하지 않으면 안된다(신원보증법 제4조).

규 정 례

제○조【신원보증인의 자격】 신원보증인은 독립적 생계를 영위하는 성인으로서 회사가 적당하다고 인정하는 자 2명으로 하고 그 중 1명은 당 사업장과 동일 지역 내에 거주하는 자이어야 한다. **제○조【신원보증인에게 결격사유가 있는 경우】** 신원보증인이 다음 각 호의 1에 해당하게 되었을 경우에는 지체없이 이를 변경하여 보충하고 새로운 보증서를 제출하여야 한다. ① 사망 또는 실종선고를 받았을 때 ② 금치산 · 한정치산 또는 파산선고를 받았을 때 ③ 회사가 부적당하다고 인정하는 때 ④ 주소를 변경하였을 때

서 약 서

○○주식회사 대표이사 귀하

금번 본인이 귀사에 채용되었습니다.

이에 다음 사항을 승낙하고 근로자로서 성실하게 근무하여 회사의 발전에 최선을 다할 것을 서약합니다.

서 약 사 항

1. 취업규칙, 제규정 기타 회사의 규정이나 지시를 준수하고 상사의 지휘 명령에 따라 성실하게 근무한다.
2. 동료와 협동하고 융화를 도모하며 원활한 업무수행을 기한다.
3. 전근, 전보, 전직 배치전환, 파견명령 등의 인사이동명령에 복종한다.
4. 관계회사, 제휴회사, 다른 회사나 단체 등으로의 전출명령을 받은 경우에는 이에 이의없이 따른다.
5. 재직 중이나 퇴직 후에도 업무상 지득한 비밀을 지킨다.
6. 자기 능력의 개발향상에 힘쓰고 창의 연구하여 유능한 근로자로서 회사에 공헌한다.
7. 본인의 건강관리에 유의하고 항상 심신 공히 양호한 노무제공에 최선을 다한다.
8. 회사 제공의 각종 전자단말기나 본인 소유 각종 전자단말기의 열람 · 검색을 요구받을 때 이에 이의없이 따른다.

년 월 일

성명 (인)

5 시용기간의 규정

1. 시용기간의 의의

신규채용 근로자에 대하여는 필기시험이나 면접을 한 것만으로는 과연 그 자가 회사의 근로자로서 적합한 자질과 능력을 가졌는가에 대하여 충분한 자료를 얻을 수 없다.

그러므로 취업규칙에서 일정기간 시용해서 적격성을 평가하여 그 자를 해고할 권리를 유보하는 기간을 정하게 되는데 그것이 시용기간(또는 수습기간)이다. 또 시용기간은 그 자를 회사의 근로자로서 적합한 자질, 능력을 갖도록 훈련시키는 기간이기도 하다.

수습기간(시용기간이라고도 함)중의 근로자란 사용자가 근로자를 정식으로 고용하기에 앞서 일정한 적격성 평가를 함으로써 고용관계를 수립할 것인지 여부를 결정하기 위한 기간을 지칭한다. 한편, 이와 유사한 것으로서 채용내정의 경우가 있는데 이는 이미 당사자에게 채용내정의 통지를 하였다는 점에서 단순한 수습기간 중의 근로자와는 구별되고 있다.

이와 같은 수습기간 중 혹은 채용내정된 근로자에 대하여 본채용의 거절이나 채용내정의 취소를 하는 경우에 어느 범위까지 이를 허용할 것인지 하는 점이 문제라 할 것이다. 시용제도를 두는가 안 두는가 하는 것은 기업의 임의로서 법률상 반드시 두어야 하는 것은 아니다.

우리나라에서는 정년퇴직제가 관습으로 정착되고 있어 일단 채용하면 고용관계를 계속하는 것이 사회통념상 무리라고 생각되는 특별한 사유가 없는 한 해고되지 않는 것이 원칙으로 되어 있어 그와 같이 확고한 고용보장관계를 유지하여도 좋은가 아닌가를 이 기간 중에 판정할 필요가 있으며 이 점이 시용제도의 주안점인 것이다.

시용기간을 두는 것은 그 기간에 인물, 근무능력, 근무태도, 건강상태 등을 검증하여 기업의 구성원으로서 장래에 적격성을 가지는가 어떤가를 판단하는 것이 목적이다. 또 부수적으로 그 기간에 장래 그 자에게 어떤 직무, 역할을 주면 되는가, 관리상 어떤 점에 유의하면 좋은가, 채용시에 정한 임금이 적당하였는가 등에 관해 참고자료를 얻기 위한 목적도 있다.

2. 시용기간의 규정작성방법

시용기간을 정하는 경우에 유의할 사항은 다음과 같다.

① 적격성의 판정기준

다음에 근로자로서의 적격성을 심사하는 기준을 명기하는 것이 필요하다. 막연히 「근로자로서 부적격이라고 인정한 때」라고 하여 기준을 명시하지 않는 것은 사용자의 자의가 가하여져 불공정하게 될 염려가 있고 설득력이 적다. 판단기준으로서는 일반적으로 「시용기간 중 기능, 근무태도, 근무성적, 인품 및 건강상태 등」을 제시할 수 있다.

② 시용기간의 길이

특히 시용기간의 길이는 통상 2~3개월이다. 6개월인 사례도 없는 것은 아니나 시용기간은 이른바 그 기간 신분이 불안정한 상태에 있는 기간이므로 특별한 사정이 없는 한 장기간에 걸치는 것은 바람직하지 않다. 시용기간을 3개월 이상으로 한 경우는 해고예고의 규정을 적용받으므로 이를 적용받지 않으려면 3개월 이내로 한다(근로기준법시행령 제16조).

③ 시용기간 중의 대우(근로시간, 임금은 일반근로자와 같은가 다른가)

④ 시용기간 중의 해고(본채용이 된 근로자와 같은 해고기준으로 해고하는가 어떤가, 일반적으로는 시용기간 중에 사용자는 해고에 대해 넓은 재량권을 갖는다고 해석되고 있다)

⑤ 시용기간 경과 후의 취급(당연히 본채용이 되는가 또는 시용기간을 연장할 수 있는가)

⑥ 본채용에 있어서의 시용기간의 취급(본채용이 된 후에 시용기간을 근속연수에 통산하는가 여부) 시용기간을 근속연수에서 제외하고 있는 경우는 이를 포함하도록 한다.

3. 시용기간의 규정례

(1) 적격성의 판정기준을 두는 경우와 두지 않는 경우

시용기간을 통해서 근로자로서 적격성을 판정하는 것이기 때문에 어떠한 기준에 따르는가를 명기하는 것이 바람직하다.

다음 예는 그 기준이 명확하게 되어 있지 않다. 이렇게 불명확한 규정을 두는 기업이 오히려 많은 것 같은데 그렇더라도 위법 · 부당하다고 할 것은 아니다.

규 정 례 〈적격성 판정기준이 불명확한 경우〉

제○조【적격성 판정】
① 새로 채용한 자에 대해서는 채용한 날로부터 3개월간은 시용기간으로 하고 근로자로서 부적격하다고 인정할 때에는 해고한다.
② 시용기간은 근속연수에 통산한다.

위 예와 같이 단지 「부적격하다고 인정할 때」라고만 쓰여 있으면 판정기준이 분명하지 않아서 재량의 폭이 넓어 남용의 위험이 생기는 외에 또 「부적격」으로 된 시용자에 대한 설득력을 잃는다. 따라서 가능하면 적격요건을 명문화하는 것이 바람직하다.

적격성의 요건으로서 일반적인 것은 능력, 인물, 성격, 적성, 근태, 건강 상태 등이다.

규 정 례 〈적격성의 요건을 명시한 경우〉

제○조【적격성 판정기준】
시용기간 중 다음 각 호의 1에 해당하는 경우에는 해고할 수 있다.
1. 필요한 사무 또는 기능을 습득할 능력이 없다고 인정되는 경우
2. 근무태도가 열악한 경우
3. 회사에 제출한 서류의 기재사항 또는 면접시에 진술한 사항이 사실과 상위하다는 것이 판명된 경우
4. 업무수행에 지장을 줄 위험이 있는 기왕증을 은폐하고 있다는 사실이 판명된 경우
5. 무신고 결근이 7일 이상에 걸치는 경우 또는 기간 중 4분의 1 이상을 결근한 경우

(2) 시용기간의 길이를 정하는 경우

시용기간의 길이에 대한 법률상의 제한은 없으나 장기간에 걸쳐 시용자의 신분이 불안정한 것은 바람직하지 않다. 시용기간을 몇 개월로 하느냐에 대해서 근로기준법은 특별히 제한을 두지 않고 있다. 근로기준법상 특별한 취급을

하고 있는 것은 「해고의 예고」에 관하여 수습사용한 날로부터 3개월 이내인 자는 해고예고 적용을 제외한다는 것뿐이다. 그러나 시용기간을 3개월 이내로 정하는 것이 바람직하다.

✎ 규 정 례

> **제○조【시용기간】**
> ① 회사가 새로 채용한 근로자에 대하여는 3개월을 시용기간으로 한다.
> ② 제1항의 시용기간을 거쳐 계속 채용된 때에는 채용당시부터 채용된 것으로 한다.
> ③ 회사는 시용기간 중의 근로자를 이 규칙에 정하는 해고사유에 불구하고 해고할 수 있다. 다만, 채용 후 3개월을 지난 시용기간 중인 자를 해고할 때에는 30일분의 통상임금을 지급하든가 또는 30일 전에 예고한다.
> **제○조【시용기간과 시용채용취소】**
> ① 전조에 의하여 채용된 자는 시용채용으로 하고 그 기간은 6개월로 한다.
> ② 제1항의 시용기간 중에 근로자로서 부적당하다고 인정된 때에는 시용채용을 취소한다.

(3) 채용 여부 판정의 시기를 정하는 경우

본채용을 할 것인지의 여부를 언제 판정할 것인가, 즉 판정시기에 대해서는 시용기간 만료시로 하는 것이 통례이지만 시용기간 중에 하여도 상관없다. 시용기간 중 확실하게 부적격하다고 판정한 자의 해고를 기간만료시까지 기다려야 할 필요까지는 없다.

✎ 규 정 례

> **제○조【채용 여부 판정】**
> ① 근로자로 채용된 날로부터 3개월간을 시용기간으로 하고 인물, 기능, 성적, 적성, 건강 등을 심사한다.
> ② 시용기간 중도에도 근로자로서의 적격성이 없다고 인정되는 사실이 있을 때에는 언제라도 해고할 수 있다.

(4) 해고절차의 규정작성방법

시용기간 중인 자를 해고하는 경우도 원칙적으로 해고예고의 절차를 취하지 않으면 안된다. 다만, 채용 후 3개월 이내에 해고하는 경우는 이 절차를 취하지 않아도 된다.

규 정 례

> **제○조【해고절차를 정하는 경우】**
> 시용기간 중인 자를 해고할 때는 제○조에 따라 해고예고의 절차를 밟아야 한다. 다만, 채용 후 3개월 이내에 해고할 때에는 그러하지 아니하다.

(5) 신규졸업자와 중도채용자를 구분하는 경우

신규졸업자와 중도채용자의 시용기간을 구분하고 후자를 보다 장기간 심사하고 싶은 경우에는 그 뜻을 정해도 된다.

규 정 례

> **제○조【시용기간의 구분】**
> 회사는 정기채용자는 2개월, 중도채용자는 3개월의 시용기간을 설정하되 근로자로서 부적격하다고 인정한 경우에는 채용을 취소할 수 있다.

(6) 시용기간을 연장하려는 경우

소정시용기간은 가능한 한 연기하지 않는 것이 바람직하다. 연기한 기간만큼 시용자가 불안정 상태에 놓이기 때문이다. 시용자에게 유리하게 취급하기 위하여 연장하는 경우에는 이유를 말하고 시용자의 동의를 받은 후 연장해도 된다. 그러나 이러한 경우도 연장규정을 두고 시행하는 것이 바람직하다.

또한 연장하는 경우에도 1개월이라는 식으로 한도를 두어 기업재량에 한계를 설정해 두는 것이 바람직하다.

규 정 례

> **제○조【시용기간의 연장】**
> 시용기간은 필요가 있을 때에는 미리 단축, 연장 또는 갱신할 수 있다. 다만, 연장 또는 갱신에 있어서는 시용자의 동의를 받아야 하며 1개월을 초과할 수 없다.

(7) 근속통산을 정하는 경우

시용기간을 근속으로 통산하는가 여부를 명확히 할 필요가 있다.

근속기간은 ① 승급 · 상여 · 퇴직금산정, ② 연차유급휴가의 산정, ③ 승급요건으로서의 근속산정, ④ 경조급부금의 산정 등에 관계가 있기 때문이다.

규 정 례

> **제○조【시용기간의 근속통산】**
> 시용기간은 근속연수에 통산한다.

(8) 본채용을 발령하는 경우

시용기간을 경과한 자는 본채용 거부 즉, 해고를 통고하지 않는 한 자동적으로 본채용된 것으로 본다. 기업으로부터 「본채용으로 한다」는 특별한 의사표시가 없어도 법률상 의사표시가 있는 것으로 취급된다.

따라서 법률상 본채용의 의사표시를 할 필요는 없지만 사령장을 교부해서 시용기간과 구별함으로써 새로운 기분으로 근무에 임해 주기를 바라는 행사를 하는 것은 유익하다고 생각된다.

규 정 례

> **제○조【본채용】**
> ① 시용기간을 경과한 때에는 적격성을 평가하여 본채용의 가부를 결정한다.
> ② 본채용을 할 경우에는 사령장을 교부한다.

4. 운용상 주의사항

(1) 시용자의 해고

① 시용기간이 경과하여 근로자로서의 적격성이 있다고 인정한 경우에는 본채용한다.

적격성이 없다고 인정한 경우에는 본채용하지 않는다. 즉, 그 시점에 해고한다. 해고의 시기는 시용기간 만료시 또는 중도 어느쪽도 좋다.

신입사원을 채용하는 과정에 있어서 일단 수습사원으로 발령한 후 일정한 연수기간을 거치도록 하고 그 연수기간 중의 평가에 의하여 합격기준 이상의 점수를 얻은 경우에만 신입사원으로 채용하는 방식을 채택하고 있는 경우, 연수기간 중에 있는 자의 지위는 이른바 「시용기간 중의 근로관계」에 해당한다고 볼 것이다.

「시용기간 중의 근로관계」는 수습사원으로 발령한 후 일정기간 동안 당해 근로자가 앞으로 담당하게 될 업무를 수행할 수 있는가에 관하여 그 인품 및 능력 등을 평가하여 정식사원으로서의 본채용 여부를 결정하는 것이다.

② 시용기간부 근로계약의 법적 성격을 어떻게 판단하는가는 취업규칙의 규정의 운용뿐만 아니라 그 기업에 있어서 시용계약하에 고용된 자에 대한 처우의 실정, 특히 본채용과의 관계에서의 취급에 관한 사실상의 관행 여하도 중시하여야 하나 일반적으로는 해약권 유보부의 근로계약일종이라 할 것이다. 「시용(試用)기간 중에 있는 근로자를 해고하거나 시용기간 만료시 본계약(本契約)의 체결을 거부하는 것은 사용자에게 유보된 해약권의 행사로서, 당해 근로자의 업무능력, 자질, 인품, 성실성 등 업무적격성을 관찰 · 판단하려는 시용제도의 취지 · 목적에 비추어 볼 때 보통의 해고보다는 넓게 인정되나, 이 경우에도 객관적으로 합리적인 이유가 존재하여 사회통념상 상당하다고 인정되어야 한다」(대법 2006.2.24, 2002다62432).

이 경우의 해고는 징계해고와 상이하므로 징계해고 사유에 해당하는 사실이 없어도 되며 근로자로서의 객관적 · 합리적인 적격성을 결한다는 사유로 족하다. 즉, 통상의 해고에 비하여 보다 넓은 범위에서 그 자유가 인정되는 것이나 (취업규칙이 정하여진 해고사유에 반드시 구속되지는 않는다) 사용자의 재량, 판단으로 자유로 해고할 수 있는 것은 아니고 시용기간의 취지에 비추어 객관적으로 합리적 이유가 존재하고 사회통념상 타당하다고 인정되는 경우에 해고가 허용된다고 생각한다.

③ 시용기간 중의 해고 및 본채용 거부는 유보해약권의 행사라 할 것인데 이와 같은 해약권의 행사는 「시용」이라는 것 자체가 당해 근로자의 자질, 성격, 능력 등 그 일에 대한 적격성 여부를 결정하는 단계이므로 통상의 해고보다는 광범위하게 인정될 수 있는 것이지만, 시용기간 중에 있어서의 근무태도, 능력 등의 관찰에 의한 앞으로 맡게 될 임무에의 적격성 판단에 기초하여 행하여야 하고 또한 객관적으로 합리적인 이유가 존재하여 사회통념상 상당하다고 인정되어야 할 것이다.

예컨대, 영업소장의 명령 · 지시의 무시, 그 발언의 방법 · 태도의 열악성, 동료와의 비협조성을 이유로 하는 해고, 대학졸업 견습사원에 대하여 리포트에 오자나 탈자 등이 많은 것 등을 이유로 하였던 해고, 시용자에 적용이 없는 자택대기를 상사에 요구한 태도가 불온하고 또 전원참가의 라디오 체조에 불참하거나 직장청소 중의 여성에게 청소는 불필요하다고 한 것 등을 이유로 한 해고, 자기가 주장하는 판매방법 내지 이론이 가장 옳다고 하여 고집하고 회사의 지시 · 명령에 따르려 하지 않은 것을 이유로 한 해고, 운전기사로서의 기본적 주의를 태만히 한(담당차량에서 하차할 때 잘못하여 스위치를 끊어 생콘크리트가 들어 있는 드럼 내의 날개회전을 그치게 하여 1시간 이상 방치하므로서 생콘크리트를 굳어지게 한 후 동료의 주의로 이 사실을 안 후에도 적절한 조치를 취하지 않는 자에 대한 해고), 회사의 지시없이 차량을 노상에 방치한 채 회사에 돌아온 시용기간 중의 운전기사에 대한 해고(서울민사지법 1991.1.17, 90가합44757) 등은 정당하다고 하고 있다. 또 시용기간의 연장은 그러한 규정이 있으면 물론 가능하나 규정이 없어도 합리적 이유가 있으면 연장할 수 있다. 예컨대, 시용기간의 만료시에 이미 종업원으로서 부적격하다고 인정되지만 아직 본인의 사후의 태도(반성) 여하에 따라서는 등용해도 된다고 하여 즉시 불채용으로 하지 않고 시용상태를 계속해 갈 때, 또는 즉시 부적격이라고 판정하여 기업에서 배제할 수는 없지만 타방 적격성에 의문이 있어 본채용하여 기업내에 수용하는 것이 주저되는 상당한 이유가 인정되어 아직 선발에 기간이 필요한 때에는 합리성이 있다고 할 수 있을 것이다.

수습사원이 대학재학시 교내시위와 관련 유기정학을 받은 사실을 「학외활동사항란」에 기재하지 않았다는 이유로 연수시 품성평가의 성실성을 0점 처리해 해고한 것은 그 평가의 재량범위를 넘어 무효이다(서울민사지법 1991.5.31, 90가합18673).

판례는 「사용자가 근로자를 채용하면서 근로의 특성에 따라 근로자를 정식으로 고용하기 전에 그 업무수행능력 및 적성을 파악 · 평가하기 위하여 일정기간을 두고 그 기간 중에 있는 근로자에 대하여는 적성평가의 기준을 보다 엄격히 하여 해고 및 채용 여부에 관한 재량권을 갖는 것은 사회통념상 합리성을 심히 일탈하지 않는 한 허용된다고 할 것이다. 택시회사가 운전업무의 특수성을 감안하여 운전기사에 대하여 3개월의 수습기간을 두도록 하고, 그 기간 중의 사고에 대하여는 과실의 경중과는 관계없이 운전기사로서의 적성이나 능력이 부족하다하여 수습기사의 자격을 상실시킬 수 있도록 규정한 취업규칙은 근로기준법 제23조제1항의 규정에 위배되지 않는다」(서울고법 1986.6.2, 86나516)고 판시하였다. 또한 판례는 「시용기간 중에 근로자의 학생운동경력이 밝혀져 사용자로부터 본채용을 거부당한 경우에 사용자는 채용의 자유가 있고 근로자의 채용결정에 있어 근로자의 사상, 신조를 조사하고 이에 관련한 사항을 신고하도록 할 수 있으며 사상, 신조를 이유로 고용을 거부할 수 있으므로 학생운동경력을 은폐하였다면 본채용을 거부할 수 있다」(일본최고재 1973.12.12).

(2) 해고예고

시용자를 해고할 때에는 채용 후 3개월을 초과했으면 해고예고절차를 취하여야 한다(근로기준법 제35조 및 동법시행령 제16조).

시용기간이 3개월 이내라면 예고절차를 취하지 아니해도 되나 3개월 이후에는 이 절차를 취하여야 한다. 이것은 시용기간 중인 자라도 어느 정도의 기간 근무하고 있는 경우, 예고도 하지 않고 예고수당도 지급하지 않으면 생계가 곤란하게 되기 때문이다.

(3) 본채용절차

다음에 시용기간이 만료하고 근로자로서의 적격성이 인정된 때에는 본채용이 되는 바, 이 경우 다시금 본채용의 의사표시를 하지 않아도 기간만료시에 부적격해고의 의사표시를 하지 않으면 자동적으로 본채용된 것으로 간주된다.

중소기업에서는 어느새 시용기간이 경과하고 있었다는 사례가 특히 많은데, 이는 시용기간의 제도가 형식화되어 실제적인 효용에 관한 인식부족을 나타내는 것으로 바람직하지 않다.

시용기간의 만료시에는 본채용의 사령교부 또는 구두에 의하는 등 어떤 의사표시를 하여 신분의 안정을 보장하는 동시에 앞으로 근무에의 정진을 기대하고 의욕을 증진시키는 것이 요망된다.

(4) 근속통산

시용기간은 근속에 통산하고 임금(퇴직금 포함), 연차유급휴가 등 근속기간을 요소로 하는 것에 대하여는 시용채용의 개시시점부터 기산하는 것이 일반적이다.

제3장 인사이동의 작성 · 운용방법

1 인사이동

1. 인사이동의 의의

인사이동이란 배치전환, 직무(직종)변경, 전근, 파견 등 근로자의 근무장소, 직무의 종류, 직위에 변동이 생기는 것을 말한다. 이 경우 근로계약의 요소의 변경에 이르지 아니하는 일상의 업무명령의 범위 내에 그치는 것이 출장이다.

일반적으로 사용자는 근로자의 직무내용이나 근무장소 등을 명시 또는 묵시의 합의가 없는 한 근로계약에 의거, 근로자가 제공하는 노동력을 업무활동상의 필요에 따라 계획적으로 이용할 수 있는 권한을 포괄적으로 위탁받은 것이라고 생각할 수 있다. 사용자는 업무활동상의 필요가 있는 때에는 단체협약 또는 취업규칙 등에 저촉된다든가 권리남용, 신의칙 위반에 해당하는 등의 특별한 사정이 없는 한 근로자의 동의를 얻지 않아도 직무내용이나 근무장소 등을 일방적으로 변경하는 인사이동명령을 할 수 있다.

근로자를 적재적소에 배치하는 것은 기업경영상 당연히 필요한 것이다.

인사이동은 근로계약상 사용자가 가지는 인사권에 속하는 것이지만 근로자의 건강, 생활조건도 생각하여야 할 것이다. 취업규칙상 사용자의 인사권 및 근로자의 의무에 대하여 근거규정을 둘 필요가 있다.

2. 인사이동에 관한 규정례

규 정 례

제○조【이 동】
① 회사는 종업원의 기능, 경험, 근무성적 등을 감안하여 적정한 배치를 행한다.
② 종업원은 회사가 업무의 사정으로 직장 및 직종의 변경, 전근을 명한 때에는 정당한 이유가 없는 한 이에 따라야 한다.

규 정 례

제○조【이 동】
① 회사는 업무사정으로 배치전환, 전근 또는 파견을 명할 수 있다.
② 제1항의 규정에 의거, 배치전환, 전근 또는 파견을 명한 때에는 발령일로부터 3일 이내에 부임하여야 한다. 다만, 특히 부임기일을 지정한 경우 또는 부득이한 사유가 있어 회사의 허가를 받은 때에는 그러하지 아니하다.

3. 운용상 주의사항

인사이동 그 자체는 어느 회사도 거의 동일하며 이러한 조항이 있으면 근로자는 정당한 이유없이 그 명령을 거부할 수는 없다. 그러나 인사이동, 특히 주거의 이동을 수반하는 인사이동은 근로자의 사생활에 현저한 영향을 주는 일도 있으므로 인사이동명령을 할 때에는 근로자의 생활이나 희망에 대하여 배려하는 동시에 노사간에 충돌이 일어나지 않도록 다음과 같은 사항을 주의하여야 한다.

(1) 업무상의 필요성을 명확하게 하여야 한다

정기이동의 경우에는 일단 업무상의 필요성이 추정되나, 임시로 이동시키는 경우에는 업무상의 필요성이나 이동처의 직무에 대한 적격성을 명확하게 하는 것이 필요하다.

그러나 근거가 박약하고 인사이동이 주로 근로자의 사상 · 신조를 혐오해서 행하여졌다든가 정당한 노동조합활동을 혐오하고 직장에서의 조합활동을 약체화시킬 목적으로 행하든가 여성근로자에 대하여 남성근로자에 비해 불이익한 배치전환을 하였다고 볼 수 있는 경우에는 그 인사이동은 무효로 판단된다.

(2) 근로자의 기능이나 경력을 무시하는 인사이동을 하여서는 안된다

이것은 일반종업원에 관해서 문제되는 일은 없으나 특수기능, 경력을 가진 근로자에 대하여는 본인의 동의를 얻지 않고 이를 살릴 수 없는 직장에 이동시켜서는 안된다. 그러나 이들 기능이나 경력을 요하는 직장이 없어져 버린 경우에는 그러하지 아니한다.

(3) 인사이동에 있어서 근로자의 사생활에 대하여도 배려하여야 한다

인사이동은 개개 근로자의 사생활에 대하여 현저하게 영향을 주는 일이 많다. 물론 인사이동에 따라 근로자가 입는 통상 불이익은 무시하여도 좋고 또 그렇게 하지 않으면 공평한 인사이동을 하는 것은 어렵기 때문이다. 따라서 전근으로 통근시간이 다소 길어진다든가 남편의 전근으로 아내와 일시 별거하지 않으면 안되게 된다든가, 전근으로 자기 집을 떠나 있지 않으면 안된다고 하는 사정은 무시해도 상관없다. 그러나 본인이 이동하지 않음으로써 입은 회사의 손해와 본인이 이동함으로써 입은 손해와를 비교해서 후자 쪽이 현저하게 크다고 할 수 있는 경우에는 이동시킬 수 없는 때도 있다. 예컨대, 근로자 가족 중에 중환자가 있고 본인이 간호하고 있으므로 본인이 이동하면 그 후에 간호할 자가 없어지는 경우이다.

(4) 인사협의약관이 있으면 협의의무를 하여야 한다

회사와 노동조합간에 조합임원이나 조합원의 이동에 관하여 조합과 협의한다는 단체협약이 있으면 이들을 이동시키기 전에 조합과 협의하여야 한다. 물론 회사측에서 업무상 이동의 필요성이 있으면 조합과 협의하여야 하며 이러한 노력을 하지 않고 이동시키면 이동 그 자체의 효력이 부정될 수 있다. 단체협약의 인사협의(합의)조항에 노동조합간부의 인사에 대하여는 사전 '합의'를, 조합원의 인사에 대하여는 사전 '협의'를 하도록 용어를 구분하여 사용하고 있다면, 교섭 당시 사용자의 인사권에 대하여 노동조합간부와 조합원을 구분하여 제한의 정도를 달리 정한 것으로 보아야 하고, 그 정도는 노동조합간부에 대하여는 조합원에 대한 사전 협의의 경우보다 더 신중하게 노동조합측의 의견을 참작하여야 한다는 정도의 차이만 있는 것으로 볼 수는 없는 것이므로, 조합원에 대한 인사권의 신중한 행사를 위하여 단순히 의견수렴절차를 거치라는 뜻의 사전 '협의' 와는 달리, 노동조합간부의 인사에 대하여는 노동조합과 의견을 성실하게 교환하여 노사간에 '의견의 합치' 를 보아 인사권을 행사하여야 한다는 뜻에서 사전 '합의' 를 하도록 규정한 것이라고 해석하는 것이 타당하다(대법 2012.6.28, 2010다38007). 이 사건 판결은 단체협약상의 인사조항에서 노동조합간부의 인사에 대하여는 노동조합과 '합의' 를, 조합원의 인사에 대하여는 '협의' 를 하도록 구분하고 있다면 이는 문자 그대로 노동조합과 사전 '합의' 할 것을 요구하는 것으로 보아야 한다는 기존 판례(대법 1993.7.13, 92다50236)의 연장선상에 있다.

2 전 출

1. 전출의 의의

전출이란 당초 전출회사의 근로자의 신분을 보유하면서 전출처 회사의 노무지휘권하에서 노무를 제공시키는 특수한 인사이동이다. 근로자의 직무내용이나 근로장소의 변경을 통상 「인사이동」이라 한다면 이를 다시 기업 내의 인사이동과 기업 외의 인사이동으로 나눌 수 있는데, 이 때 전자를 배치전환이라 하고 후자를 전출과 전적이라 한다. 전출(전직이라고도 한다)이란 근로자가 자기의 당초 고용기업에 재적한 채 타기업의 사업장에서 상당히 장기간 당해 파견 등으로 부른다. 전적이란 근로자가 자기 고용처의 기업에서 타기업에 적을 옮겨서 당해 타기업의 업무에 종사하는 것을 말한다(이적 등으로 부른다).

2. 전출과 전적의 구별

법률적으로 전출과 전적은 다음과 같이 분석할 수 있다.

전적은 현존하는 A기업과의 근로계약관계를 종료시키고 새로이 B기업과 근로계약관계를 성립시키는 인사이동이다. 이를 실현시키는 제1의 법률수단은 현 근로계약의 합의해약과 신근로계약의 체결로 이때 근로자의 동의를 필요로 한다. 또 제2의 수단으로서 근로계약상 사용자의 지위의 양도(채권채무의 포괄적 양도)도 있으나 이 경우에도 양도에 대해서 근로자의 동의를 필요로 한다(민법 제657조에서 사용자는 노무자의 동의없이 그 권리를 제3자에게 양도하지 못한다고 규정하고 있다).

이에 대하여 전출은 A기업에서의 근로자지위를 유지한 채 B기업에서 같은 노무에 종사시키는 인사이동이다. 이 경우 전출자는 A기업에 있어서는 휴직이 되는 것이다. 그리고 근로시간 · 휴일 · 휴가 등의 근무형태는 B기업의 취업규칙에 따라서 정하여지고 노무수행의 지휘 · 명령권도 B기업이 가진다.

전출 · 전적의 어느 것이든 이를 실현시키기 위하여는 먼저, A기업과 B기업 간에 있어서 A기업의 근로자의 전출 · 전적을 B기업이 받아들이는 것(및 받아들이는 방법)에 관한 합의(수용계약의 체결)를 필요로 한다. 이러한 A · B간의 관계를 전제로 한다. 민법에 의하면 「사용자는 노무자의 승낙의 동의없이 그 권리를 제3자에게 양도하지 못한다(민법 제657조제1항)고 규정하고 있으므로, 전출에 있어서는 원칙적으로 전출대상자의 동의를 얻어야 한다.

3. 전출조항의 규정작성방법

그러나 취업규칙에 전출에 관한 근거규정이 있으면 근로자는 정당한 전출명령에는 응할 의무가 있다. 전출의무를 정한 명백한 규정이 없는 경우, 지금까지 전출명령 거부를 이유로 하는 징계처분의 효력이 부정된 예가 많다(같은 취지 ; 대법 1993.1.26, 92다11695).

물론 회사간의 전출은 통상의 인사이동과는 달라 근무하는 회사가 변경되는 것이므로 전출을 원활하게 운용하기 위하여는 전출규정을 두어 전출기간, 전출 후의 근로조건(특히, 전출처 회사의 임금이 당초 전출회사보다 낮은 경우의 조치, 전출 후의 당초 전출회사의 복리후생시설의 이용 등)에 관하여 정하여 두는 것이 바람직하다. 최근 그룹계열회사간의 전출(원칙적으로 전환형 전출을 의미하는 것이지 이적형 전출을 포함하는 것은 아니다. 중노위(1991.3.27, 90부해139)이 활발하게 행하여지고 있으므로 이 점에 대한 배려가 필요하다.

〈전출규정모델〉

제1조【목 적】

취업규칙 제○조에 의한 전출을 명령받은 당사 근로자(이하 "전출자"라 한다)의 인사취급은 이 규정에 의한다.

제2조【소 속】

근로자에게 전출을 명령할 때에는 원칙적으로 본사 인사부에 소속시켜 휴직으로 한다.

제3조【근로조건, 직무의 명시】

회사는 전출처에서의 근로조건, 직무에 관하여 전출자에게 미리 명시한다.

제4조【전출기간】

전출기간은 원칙적으로 3년 이내로 한다. 다만, 필요에 따라 기간을 연장할 수 있다. 이 경우에는 전출기간은 근속연수에 산입한다.

제5조【임금의 차액지급】

전출처에서의 임금이 당사에서의 기준내임금, 임시임금보다 하회하는 경우에는 그 차액(세금포함)에 해당하는 액을 지급한다.

제6조【시간외근로수당】

소정근무시간인 8시간을 초과하는 근무에 대하여는 시간외근무로서 시간외근무수당을 지급한다.

제7조【전출근로수당】

회사가 필요하다고 인정하는 때에는 전출기간 중 다음의 전출특별수당을 지급한다.

월 액 : ○○○○원

제8조【승 급】

전출자의 승급은 사내근무자와 동일취급한다.

제9조【복 무】

전출자의 복무는 전출처의 근로자 일반에 적용되는 취업규칙 기타의 규정에 의한다.

제10조【유급휴가】

전출자의 연차유급휴가 취급은 다음과 같이 한다.

① 전출자가 전출될 때에 그 자의 청구잔여일수가 있을 때에는 그 휴가의 유효기간 중에는 전출처에서 청구할 수 있도록 한다.

② 전출자가 당사에 복귀한 때에 그 자의 청구잔여일수가 있는 때에는 그 휴가의 유효기간 중에는 당사에서 청구할 수 있다.

제11조【사내예금】

전출자는 회사의 사내예금관리규정에 기한 예금을 계속 이용할 수 있다. 다만, 전출처에 저축조합이 설립되고 있는 때에는 탈퇴한다.

제12조【사회보험】

회사간 전출 중에도 건강보험, 고용보험, 국민연금 및 산재보험에 대하여는 원칙적으로 당사의 각각의 피보험자격을 상실하지 않는다.

제13조【후생자금대부】

주택융자, 육영자금은 그 취급을 계속한다. 일반융자에 대하여는 전출처에 동종의 시설이 없는 경우에는 그 취급을 계속한다.

제14조【후생시설】

전출자는 전출기간 중 원칙적으로 회사의 후생시설을 이용할 수 있다.

제15조【부임여비】

전출자가 전출처에 부임할 때에는 부임여비를 지급한다. 전출자가 복귀할 경우 전출처에서 부임여비를 지급하지 않을 때에는 당사가 이를 부담한다.

제16조【복 직】

전출자가 다음 각 호의 1에 해당할 때에는 복직시킨다.

① 전출처에서 전출의 목적업무를 종료한 때

② 전출자가 전출기간 중 업무외의 상병에 걸려 전출처에서 정하는 휴직기간을 만료할 때

③ 그 밖에 회사가 복직의 필요가 있다고 인정한 때

제17조【전출 중의 표창 및 징계】

진출 중에 당사 취업규칙 기타로 정하는 표창 빛 싱계에 해당하는 사유가 발생한 때에는 전출처의 조치와는 별도로 당사기준에 의한 표창 및 징계를 한다.

제18조【퇴 직】

① 전출 중에 당사 소정의 정년퇴직일에 도달한 때에는 그 날로서 퇴직하는 것으로 한다.

② 전출 중에 퇴직할 때의 퇴직금은 전출 중의 근속기간을 통산하여 당사 규정에 의거, 산정한 액으로 한다.

제19조【기 타】

본 규정에 별단의 규정이 없는 사항은 원칙적으로 전출처의 규칙에 의한다.

부 칙

이 규칙은 공포할 때부터 시행한다.

제4장 복무규율의 작성 · 운용방법

1 복무규율의 의의와 개념

1. 복무규율의 의의

대부분의 기업에서는 「복무규율」이라고 부르는 근로자의 행위규범이 취업규칙에 정하여 있다. 복무규율은 일상의 실체적인 업무수행 등 노무제공의 과정에서 준수하여야 할 사항을 정한 것이나 기업에 따라서는 「제재」사항으로서 게기하는 부정, 불성실행위, 물적손괴행위, 부당한 단체관련행동 등을 포함해서 규정하는 일도 있다.

여기에서는 전자인 이른바 협의의 복무규율사항을 주제로 하고 약간 후자의 사항을 가하여 규정하는 형태에 따랐다.

복무규율의 내용으로는 법령 · 취업규칙의 준수의무나 근로자의 마음가짐을 제시한 일반적 규정을 별도로 한다면 대략 다음과 같이 분류할 수 있다.

(1) 협의의 복무규율

기업의 광범한 복무규율의 중심적 내용은 근로자의 복무상의 규율, 즉 근로자의 취업(노무제공) 및 직장에 관한 규율이다.

여기에서는 ① 출근 · 퇴근에 관한 규율, 즉 출근 · 퇴근의 장소(통용문)의 지정, 그 절차(출근카드의 타각, 신분증명서의 제시, 소지품검사), 사용물품지참의 규제 등, ② 지각, 조퇴, 결근, 휴가의 절차(신고, 허가 등), ③ 이석, 외출, 면회의 규제(신고, 허가, 대행자 등), ④ 복장규정(제복, 제모, 기장, 보기 흉한 복장의 금지 등), ⑤ 직무전념규정(근로시간 중에는 직무에 전념하여야 한다 등), ⑥ 상사의 지시 · 명령의 복종의무, ⑦ 직장질서의 유지(회사의 제규칙, 상사의 지시, 명령에 따라 상호협력하여 직장의 질서유지에 힘쓴다 등), ⑧ 직무상 금품수수의 금지, ⑨ 안전보건유지를 위한 규정(흡연장소의 지정, 화기의 제한, 안전보건규정의 준수 등), ⑩ 풍기유지를 위한 규정(싸움 · 폭행 · 음주 · 도박금지 등), ⑪ 직장정리 · 정돈 등이 이에 속한다.

(2) 기업재산의 관리 · 보전규율

그 밖에 복무규율의 주요 내용은 회사의 시설 내지 물품의 관리 · 보전규율이다.

여기에는 ① 회사재산의 보전(회사재산의 보호, 소모품의 절약, 물품의 유출금지, 화기단속 등), ② 회사시설이용의 제한, 즉 종업 후의 직장체류제한, 회사시설을 이용한 회합 · 선전활동(집회, 연설, 방송, 문서의 게시, 배포)의 허가제, 사업장 내의 정치활동 · 종교활동의 금지(이것은 취업상의 규율분야에도 속하는 규율이다) 등이 속한다.

(3) 근로자로서의 지위 · 신분에 관한 규율

대부분의 기업에서 설정되고 있는 것이 근로자로서의 지위 · 신분에 따른 규율이다.

① 신용의 유지

기업의 명예 · 신용을 훼손해서는 안된다든가 사원으로서의 품위를 손상해서는 안된다 등이다.

② 겸직 · 겸업의 금지

사원은 회사의 승인없이 재직 중 다른 직업에 종사할 수 없다 등이다.

③ 공직입후보 · 공직취임의 취급(신고 · 승인 등)

④ 비밀유지의무

사원은 회사의 업무상 지득한 비밀을 누설하여서는 안된다.

⑤ 신상이동 등의 신고

2. 복무규율의 개념

「복무규율」이란 개개 근로자의 복무(근로의무 이행)에 관한 취업규칙상의 행위규범(협의의 복무규율)을 중심적 내용으로 하고, 여기에 동 규칙상의 회사재산보전을 위한 규율 및 근로자의 지위에 수반하는 규율을 부가한 것이다. 요컨대(광의의) 복무규율이란 복무에 관한 규범을 중심으로 하여 기업이 근로자에게 설정하는 취업규칙상의 행위규범이라고 파악할 수 있다. 그 내용에 있어서는 광범한 분야에 미치고 있으나 존재형태가 명확하며 인식이 비교적 용이하다.

2 복무규율에 관한 규정례

복무규율의 대상이 되는 사항은 얼마든지 있으나 너무 대폭으로 또한 세밀하게 빠짐없이 기재하면 근로자에게 구속감, 압박감을 준다. 그렇다고 해서 중요한 사항에만 국한하면 규정되지 않는 사항에 관한 문제가 생길 경우 규율해야 할 준칙이 없으므로 교정조치를 취할 수 없게 되는 경우가 있다. 따라서 그 적절한 한도가 어렵지만 약간 광의로 게시하는 것이 무난할 것이다.

또 복무규율사항의 큰 줄거리는 어느 기업이나 비슷하지만 업종, 업태와 노동양태에 따라 반드시 동일하지는 않다. 그 기업에 특이한 규율사항이 필요하다고 하는 경우에는 일반적이고 추상적인 표현이 아니고 구체적으로 표현하는 쪽이 근로자에게는 알기 쉽게 효과를 올릴 수도 있다.

1. 규칙 · 명령준수

근로계약을 체결함으로써 근로자는 규칙, 규정, 지침, 명령, 지시를 준수해야 할 의무를 가지게 되므로 새삼스럽게 규칙, 명령 등의 준수의무에 관한 규정을 마련하지 않아도 상관없으나 근로자의 인식을 깊게 하기 위하여 훈시적인 규정으로서 명문화하는 것은 유익할 것이다.

규 정 례

제○조【규칙 · 명령의 준수】
근로자는 회사의 규칙, 규정, 지침, 지시 등을 성실하게 이행하고, 상사의 명령 · 지시에 따라야 한다.
제○조【성실근무의무】
근로자는 상사의 직무상의 명령 · 지시에 따라 성실하게 근무하여야 한다.

2. 근무 중의 유의사항

근로자는 근무에 전념해야 할 의무를 지고 있으므로 근무 중에는 정당한 이유없이 직장을 이탈하는 것은 허용되지 않는다. 또 정당한 이유가 있는 경우에도 신고, 허가 등의 절차를 밟아야 한다.

규 정 례

제○조【이석시의 유의사항】
근로자는 업무상 자기의 자리를 떠날 때에는 소속 상사에게 신고하고 행선지를 밝혀야 한다.
제○조【직무이탈시의 신고】
근로자는 사용으로 부득이 자기 직무를 이탈하는 경우에는 소속 상사에게 신고하여 그의 허가를 얻어야 한다.
제○조【사적용무의 취급】
근로자는 개인적인 일로 인한 외래자와의 면회 및 외부에 대한 전화는 휴게시간에 하여야 한다.
취업시간 중의 긴급용무를 위한 외부에서의 사용전화는 업무에 지장이 없도록 통화해야 한다.
제○조【업무방해행위금지】
근무 중 소란 그 밖에 타인의 업무를 방해하는 행위는 이를 삼가해야 한다.

3. 복장의 정비

직장질서를 유지하기 위하여 또는 접객업에서 고객에게 좋은 인상을 주기 위하여 통일된 제복(작업복), 사원장을 착용시킨다. 또 업태에 따라서는 업무상의 안전확보, 재해방지를 위하여 모자 · 안전화 등을 착용시킨다. 이는 복장상태를 경시할 수 없는 업종, 업태에 있어서는 중요한 준수사항인 것이다.

✎ 규정례

제○조【제복의 착용】
근로자는 근무시간 중에는 소정의 사원장 또는 제복, 제모를 착용하여야 한다.
제○조【사원장의 착용】
근로자는 근무 중 및 출 · 퇴근할 때는 사원장을 착용해야 한다. 다만, 회사가 인정한 경우에는 그러하지 아니하다.

4. 회사물품의 보전 · 절약

회사의 설비, 기계, 원재료품, 집기, 비품, 소모품 등의 물품을 보전하고, 절약해서 사용하는 것은 경비절감으로 연결된다. 전기, 가스, 수도 등의 사용에 대해서도 마찬가지이다.

✎ 규정례

제○조【회사물품의 취급】
근로자는 회사의 집기비품 등을 소중하게 취급하고 소모품, 전기, 가스, 수도 등의 사용을 절약하도록 노력하지 않으면 안된다.
제○조【회사물품의 반출금지】
근로자는 회사의 물품을 사적으로 다른 사람에게 제공하거나 허가없이 가지고 나가서는 안된다.
제○조【회사물품 분실시의 보고요령】
회사물품을 분실한 경우에는 즉시 소속 상사 및 관계 담당자에게 보고하여야 한다.
제○조【회사물품 취급시의 유의사항】
근로자는 다음 각 호에 관한 사항을 준수하여 항상 회사의 물품을 소중하게 취급함으로써 그 보전에 만전을 기하여야 한다.
1. 차량, 연료, 소모품 등을 합리적으로 사용하여 절약에 노력할 것
2. 회사의 일체의 금품을 개인 용도로 사용하지 말 것
3. 회사의 물품, 특히 차량을 소속 상사의 승인없이 운행하지 말 것
4. 회사가 명하는 경우 외에는 회사의 건물 또는 기물을 파괴하거나 소각하지 말 것
5. 기계, 기구, 공구, 상품, 집기 등을 소중하게 취급하고 항상 정리 · 정돈할 것
6. 회사의 자재 · 설비를 이용해서 사물을 만들거나 수리하지 말 것이며, 타인에게도 그렇게 시키지 말 것
7. 차량, 기타에 대해서 수리할 필요가 생겼을 때에는 속히 해당부서에 신고할 것

5. 풍기의 유지

사업장에서의 풍기의 개념은 반드시 명확하지 않지만 난폭한 행위 · 태도,

음주, 도박, 복장의 흐트러짐, 난잡한 남녀관계 등이 이 개념에 포함된다. 위의 사항 외에도 여러 가지 양상이 있을 수 있는데 「… 그 밖에 풍기질서를 문란케 하는 행위」라는 식으로 포괄적으로 표현하는 것이 좋다.

규 정 례

제○조【질서문란행위의 금지】
근로자는 회사의 풍기질서를 문란케 하는 행위를 하지 못한다.
제○조【풍기질서의 유지】
근로자는 직장내에서 도박, 싸움, 유언비어, 낙서, 그 밖에 풍기질서를 해치는 행위를 하지 못한다.
제○조【도박행위의 금지】
종업원은 사업장 구내에서 음주 · 도박행위, 영리를 목적으로 하는 금품의 대차, 물품의 매매, 기부의 강요 그 밖에 이와 유사한 행위를 하지 못한다.
제○조【폭행의 금지】
근로자는 직장 내에서 폭행, 협박, 상해 등의 불법행위를 하거나 타인의 업무를 방해하지 못한다.
제○조【화기의 취급】
근로자는 직장내에서는 화기에 주의하고, 허가없이 불을 피우거나 지정장소 이외에서 흡연하지 못한다.

6. 집회 · 문서활동의 제한

회사의 시설은 회사의 시설관리권 아래 있는 것이므로 업무외의 일로 마음대로 이용하거나 질서를 문란케 하는 행위를 할 수 없다. 따라서 판례(대법 1991.4.12, 90다8084)는 「징계사유에 관하여 취업규칙에는 "회사의 승인없이 집회 또는 유인물을 배포하였을 때"로 규정하고 있고, 징계규정에는 "회사의 허가없이 사내에서 집회, 연설 또는 유인물을 배포하였을 때"로 규정되어 있는 경우, 이 두 규정은 동일한 징계사유를 규정한 것이어서 위 취업규칙의 규정에도 "사내에서"라는 제한이 있다고 볼 것이지만, 회사의 근무질서를 유지하기 위한 위 규정의 목적에 비추어 볼 때 사내에서의 행위인지의 여부는 단순히 장소적인 면만으로 판단할 것이 아니라 회사의 노무지휘권이 미치는 범위 내인지에 따라 판단해야 하는 바, 해당 근로자가 출근시각에 회사의 제1공장 정문 앞에서 출근하는 근로자들을 상대로 구호를 외치고 유인물을 배포한 행위는 회사의 노무지휘권이 미치는 사내에서의 유인물 배포행위라고 보지 못할 바 아니다」라고 하였다.

예외적으로 이러한 행위를 인정하는 경우에는 그 절차들을 명확히 규정해 둘 필요가 있다.

규 정 례

> **제○조【집회의 금지】**
> 근로자는 회사의 허가없이 업무외의 집회, 연설, 방송, 문서의 게시 · 배포를 하지 못한다.
> **제○조【집회, 연설 등의 금지】**
> 근로자가 회사시설 및 구내에서 업무외의 집회, 연설, 방송, 선전, 혹은 문서의 배포, 첩부, 게시 그 밖에 이에 유사한 행위를 할 때에는 책임자는 해당 일시, 장소, 목적, 내용, 참가자 그 밖에 필요한 사항을 사전에 신고하여 공장장의 허가를 받아야 한다.
> **제○조【인쇄물의 배포】**
> 근로자가 본인이 거주하는 사택의 주거 내 및 기숙사의 거실 이외의 회사시설(공장시설, 사업장시설, 기숙사 기타 회사가 소유 또는 관리하는 시설 및 토지 등) 내에서 인쇄물의 배포, 게시 또는 집회를 하려고 할 때에는 미리 회사의 허가를 받아야 한다.

7. 정치활동의 제한

기업내 정치활동은 원칙적으로 금지하고, 허가제도로 하는 예가 많다. 기업내의 정치활동은 특정한 정치적 사상, 신조에 따르는 연설, 방송, 선전, 권유, 서명운동 등의 행위이지만, 법률상 무제한 허용되는 것도 아니고, 그렇다고 무제한 금할 수도 없는 것이므로 그 판단은 미묘하고 곤란한 논점을 포함하고 있다. 종래의 판례는 기업의 허가를 받지 않고 정치활동을 하는 것에 대하여는 부정적이었다.

판례(일본동경고재 1973.9.27)는 「회사의 시설 또는 구내에서 정당의 기관지를 배포하거나 기타의 정치활동을 금지하는 취업규칙은 유효하고 이에 위반하면 징계사유에 해당한다」고 하였으며, 또한 판례(일본최고재 1971.12.13)는 「미국이 수행하고 있는 월남전쟁에 반대하고 위 전쟁수행의 거점역할을 하고 있는 일본내 미군기지확장저지를 호소하는 내용의 명찰(Plate)을 근무시간 중에 착용하는 행위는… 직장내의 질서문란행위로서 취업규칙상의 징계사유에 해당한다. 따라서 위 착용을 금지하는 상사의 명령은 적법하고, 위 명령에 항의하면서 위 명찰착용을 정당화하는 내용의 전단을 휴식시간을 이용하여 직장내의 휴게실, 식당에서 배포하는 행위는 해고사유에 해당한다」고 하였다.

규 정 례

제○조【정치활동의 금지】
근로자는 공장구내 및 부속시설(사택, APT를 제외한다)내에서는 정치활동을 하지 못한다.
제○조【정치활동의 금지】
근로자는 사업장 내에서 허가없이 정치활동, 종교활동을 하지 못한다.
제○조【정치활동의 제한】
① 근로자는 사업장 내에서 정치적 활동을 해서는 안된다.
② 제1항의 정치적 활동이란 정당의 이름으로 하는 선전, 선거운동, 입당권유, 기금모집, 집회, 게시 및 각종 유인물의 배포 등의 활동과 정당의 이름으로 하지 않더라도 분명히 특정 정당에 편중된 활동을 말한다.

8. 명예 · 신용의 유지

근로자로서의 신분을 취득한 이상 기업의 명예 · 신용을 손상시켜서는 안된다는 의무를 지고 있다. 때와 장소가 취업시간 외이며, 기업시설 밖이라 하더라도 즉, 사적인 행동영역일지라도 이 의무에는 변함이 없다. 근로자가 대출자격이 되지 않음에도 자신의 지위를 이용해 회사의 회원사로부터 부당하게 대출을 받고 변제하지 못함으로써 업무감독기관의 종사자로서 의무를 다하지 못하여 회사의 명예를 훼손했다고 할 것이므로 근로자의 위와 같은 비위행위는 복무규정 제3조의2제2항에 위반된 것으로서 인사규정 제28조제3호, 제4호의 징계사유에 해당한다. 또한 근로자가 자신의 채무가 과다하여 신○○, 김○○으로부터 금원을 차용하거나 이들을 연대보증인으로 세워 대출을 받더라도 정상적으로 위 채무를 갚을 수 없는 상황에서도 그러한 사정을 정확히 알리지 않은 채 동료 직원들로부터 금원을 차용하거나 연대보증을 부탁한 후 그 채무를 변재하지 아니함으로써 회사직원들 사이의 불신과 갈등을 조장하고 근무분위기를 해쳤다고 할 것이므로 이는 복무규정 제3조의2제1항의 위반에 해당되고 인사규정 제28조제2호, 제3호의 징계사유에 해당한다(서울행법 2007.2.1, 2006구합23764).

회사에 대한 허위비방에 대하여 판례(일본동경고재 1974.7.30)는 「근로자가 직업병에 관한 TV프로그램에 출연하여 수은중독 환자에 대하여 회사가 취하고 있는 조치에 반하여 진실과 다른 내용의 진술을 하고, 그 표현에 있어서도 「결탁」, 「위협 · 협박」 등의 과장된 표현으로 회사를 비난한 경우 해고사유가 된다」고 하였다.

규 정 례

> **제○조【품위유지】**
> 근로자는 회사의 신용, 체면을 손상시키는 행위를 하여서는 안된다.
> **제○조【품위손상행위 금지】**
> 근로자는 회사 내외를 불문하고 회사의 체면을 더럽히고 신용을 해치는 행위를 하여서는 안된다.

9. 금품수수 · 향응의 금지

특히 상행위를 업무로 하는 업종에 있어서 부정한 금품수수, 향응 등을 금지할 필요가 있다.

규 정 례

> **제○조【금품수수의 금지】**
> 근로자는 그 직무에 관하여 회사와 거래하는 자로부터 금품의 수수 또는 향응을 받을 수 없다.
> **제○조【금품대차 · 거래의 금지】**
> 근로자는 회사와 관계가 있는 자와 금품의 대차, 거래를 하거나 이를 알선하지 못하며, 업무와 관련해서 금품을 수령하거나 식사 등을 대접받지 못한다.

10. 영리행위의 금지

금융 · 증권 · 보험회사의 근로자는 상거래를 업무로 하므로 금전을 수수하게 되는데 그 때문에 부정한 상행위의 유혹에 걸려들 위험이 있다. 따라서 영리행위의 금지를 명확히 규정할 필요가 있다.

규 정 례

> **제○조【영리행위의 금지】**
> 근로자는 자기계산으로 주식을 거래하거나 그 밖에 투기를 하여 사리를 꾀하여서는 아니된다.

이와 같은 규정은 특히 상사회사의 경우에는 특별한 의미가 있다. 추상적으로 「업무에 관련하여 부정한 행위를 하지 말 것」이라는 포괄적인 규정보다는 구체적인 규정을 두는 것이 효과적이다.

11. 회사의 기밀유지

기업의 기밀사항을 외부에 누설하는 것을 금하는 규정은 일반적으로 널리 마련되고 있다. 단순히 기밀사항에 한하지 않고 회사의 불이익사항에까지 폭을 넓히는 예도 있다.

문제는 보호대상이 되어야 할 기밀사항의 대상인데, 취업규칙 중에 구체적으로 명기하는 예는 그다지 볼 수가 없다. 「직무상 지득」한 기밀사항이라는 투로 막연하게 정하는 것이 일반 예이다. 기밀유지를 요구하는 데는 막연하게 취업규칙에 규정할 것이 아니다. 어떠한 사항이 그에 해당하는가를 미리 근로자에게 분명히 해야 한다는 견해도 있다. 그러나 그렇게까지 엄격할 필요는 없다는 것이 일반적이며, 근로자가 상식적으로 판단할 수 있을 정도의 명시로 족하다고 생각한다. 예컨대 회사의 보안관리규정 등을 위반하여 타사원의 ID를 도용하여 회사의 사내전산망을 침입하는 방법으로 전자문서를 취득하여 유출함으로써 회사의 보안관리규정을 위반하였다는 행위태양의 위험성에 있음을 고려할 때 비록 그 불법취득한 이 사건 전자문서가 근로자 자신에 관한 문서라 하더라도 근로자 이러한 행위는 징계관리규정의 징계사유에 해당하는 행위라 할 것이다(서울행법 2004.9.9, 2003구합27013).

규 정 례

제○조【기밀누설의 금지】

근로자는 업무상 지득하게 된 회사 또는 다른 종업원의 기밀을 다른 사람에게 누설하여서는 안된다.

제○조【기밀 기타 사항의 누설금지】

근로자는 업무상의 기밀사항 및 회사에 불이익이 되는 사항을 다른 사람에게 누설해서는 안된다.

제○조【도서 · 장부 · 도면 등의 유출금지】

근로자는 상사의 허가가 없으면 회사의 도서 · 장부 · 도면 등을 사외로 가지고 나가거나 사외의 자에게 보여서는 안된다.

제○조【기밀사항의 열람금지】

① 근로자는 회사의 기밀사항을 다른 사람에게 누설하거나 상사의 허가를 받지 않고 문서 기밀사항들을 근로자 이외의 자에게는 물론 그 사항에 관계없는 근로자에게도 보여서는 안된다.

② 근로자는 퇴직 후라도 회사의 기밀사항을 다른 사람에게 누설해서는 안된다.

제○조【업무관련문서의 취급】

근로자가 업무와 관련하여 관공서 등에서 증서 또는 문서의 제출을 요청받은 때에는 사전에 그 내용을 상사에게 보고하고 그 지시를 받아 처리하여야 한다.

제○조【외부누설금지사항】

근로자는 허가없이 다음 각 호의 1에 해당하는 사항을 외부에 누설해서는 안된다.

1. 회사의 경영내용 및 영업방침, 제도
2. 매출액, 수입액, 이익액, 재고액
3. 수입처, 거래처의 실명과 내용
4. 그 밖에 회사의 기밀이 될 사항
5. 업무상 지득한 개인의 비밀

12. 비밀유지에 관한 서약서(입사시 및 퇴직시) 모델

(1) 입사시규정 모델

주식회사 한국 귀중

본인은 귀사 종업원으로 입사하면서 다음 사항을 준수할 것을 서약한다.

제1조【재직시의 비밀유지】

귀사 취업규칙 및 귀사 영업비밀관리규정을 준수하고 다음 각 호에 게시된 귀사의 영업비밀을 귀사의 허가없이 부정으로 공개 또는 부정하게 사용하지 않을 것을 약속한다.

1. 제품개발에 관한 기술자료, 제조원가 및 판매가 결정 등의 귀사 제품에 관한 정보
2. 귀사의 재무, 총무, 인사, 사원 등에 관한 정보
3. 관련 회사의 정보 또는 고객, 거래처에 관한 정보
4. 귀사에서 보유한 개인정보
5. 전 각호에 부대한 관련 내부 정보
6. 그 밖에 귀사가 비밀정보로 정한 정보

제2조【퇴직 후의 비밀유지】

제1조 각 호의 영업비밀은 귀사를 퇴직한 후에도 부정하게 공개 또는 부정하게 사용하지 않을 것을 약속한다.

제3조【손해배상】

제1조 및 제2조에 위반하여 제1조 각 호의 영업비밀을 부정하게 공개하거나 부정하게 사용할 경우 법적 책임을 질 것을 확인하며 이에 따라 귀사가 입게 되는 일체의 피해를 배상할 것을 약속한다.

년 월 일

주 소 :

성 명 : (인)

① 서약서 작성시 유의사항

정보관리를 위해서 서약서는 불가결하다. 특히 연구개발에 집중하고 있는 회사로서는 비밀유지에 관한 서약서를 별도 체결할 것이 필요하다. 입사시에는 노사 쌍방이 양호한 관계에 있는 것이 많으므로 절차를 간소화하는 경향이 있으나 회사 정보관리를 철저히 한다는 의미에서 서약서를 작성 보관하는 것이 좋을 것이다.

② 제1조는 구체적인 비밀 내용 게시

제1조는 종업원이 입사시에 제시하는 「서약서」의 하나이다. 제1조에 유지되어야 할 비밀 내용을 구체적으로 명시하고 있다.

③ 퇴직 후의 비밀 유지

제2조에는 퇴직 후의 비밀정보관리 방법을 정하고 있다. 「귀사를 퇴직한 후 영업비밀을 부정하게 공개하거나 사용하지 않을 것을 약속한다」고 규정하는 것이 퇴직시의 의사 확인을 위해 서약서를 작성하는 것이 좋을 것이다.

④ 손해배상 금액을 기재하지 아니한다

비밀유지계약서도 종업원과의 계약인 이상 근로기준법의 적용 대상이다. 그러므로 서약서에 「비밀유지계약에 위반하는 경우 5,000만원 외에 회사가 요구하는 비용을 배상한다」는 등 「손해배상액의 예정」을 기재하여서는 아니된다.

(2) 퇴직시규정 모델

주식회사 한국 귀중

본인은 2013년 10월 30일자로 일신상의 사유로 귀사를 퇴직함에 따라 귀사 영업비밀에 관하여 아래 사항을 준수할 것을 서약한다.

제1조【비밀유지의 확인】

본인은 귀사를 퇴직함에 따라 다음에 게시하는 귀사의 영업비밀에 관한 자료 일체(도표, 설계도, 명세서, 기술 관련 보고서, 기술 개발 회의록, 기술 노트, 디스켓을 포함한 전산 자료, 홍보, 영업계획, 업무일지 등), 원본은 물론 그 복사본 및 관계자료 등을 귀사에 반환한다.

1. 제품에 관한 기술자료, 제조원가 그 밖의 귀사 제품에 관한 정보
2. 귀사의 재무, 총무, 인사, 사원 등에 관한 정보

3. 관련 회사의 정보 또는 고객, 거래처에 관한 정보
4. 귀사 또는 귀사의 종업원이 보유한 개인정보
5. 귀사가 보유 중인 내부 정보
6. 그 밖에 귀사가 비밀정보로 정한 정보

제2조【퇴직 후의 비밀유지의 서약】
제1조 각 호의 영업비밀은 귀사를 퇴직함에 있어서도 부정하게 공개 또는 부정하게 사용하지 않을 것을 약속한다.

제3조【경업금지의무의 확인】
귀사 퇴직 후 2년간 다음 각 호에 해당하는 행위를 하지 않을 것을 약속한다.
1. 귀사와 경합관계에 있는 회사에 취직하거나 임원으로 취임하는 일
2. 귀사와 경합관계에 있는 사업을 개업하거나 설립하는 일 및 회사 임직원의 이직 권유·주선 행위

제4조【손해배상】
본 서약서를 위반하여 제1조 각 호의 영업비밀을 부정하게 공개 또는 부정하게 사용하는 경우 법적인 책임을 질 것을 확인하며 이에 따라 귀사가 입게 되는 일체의 피해를 배상할 것을 약속한다.

제5조【지적재산권】
본인은 재직 중 독자적으로 또는 공동으로 이룬 발명, 개발품과 관련한 특허권, 실용신안권, 의장권, 저작권, 프로그램제작권 등의 지적재산권의 소유, 사용, 처분권리가 회사에 있음을 인정한다.

년 월 일

주 소 :

성 명 : (인)

① 퇴직 후의 경업금지 업무

제3조는 경업금지의무에 관한 조항이 설정되어 있다. 퇴직 후의 경업금지의무에 관하여 그 유효성을 인정받기 위해서는 다음과 같은 점에서 구체적 사정하에서 합리성을 고려할 필요가 있다.

㈎ 제한기간

㈏ 장소적 범위

㈐ 제한 대상이 되는 직종의 범위

㈑ 대상의 유무

※ 이규정 모델은 첫째 회사와 경합 관계에 있는 회사에 취직하거나 임원으로 취임하는 일, 둘째 회사와 경합 관계에 있는 사업을 개업 또는 설립하는 일을 금지하는 데 있다.

② 보상수당

보상수당은 다음과 같이 규정을 설정하는 예도 있다.

본인은 본 서약서 각 조항을 준수하기 위해 귀사 급여 및 퇴직금 이외에 보상수당 5,000만원을 수령하였음을 확인한다.

③ 영업비밀의 귀속에 관한 서약사항

영업비밀의 귀속에 관하여 다음과 같이 서약사항을 설정한 예도 있다.

제○조 각 호의 영업비밀은 귀사에 귀속하고 있는 사실을 확인한다. 또한 해당 영업비밀에 관하여 본인에게 귀속되는 일체의 권리를 귀사에 양도하며 귀사에 대하여 해당 영업비밀이 본인에게 귀속한다는 취지의 주장을 하지 아니한다.

④ 서약서는 가능한 한 입사시에 제출하도록 하여야 한다.

퇴직시에는 사용자와 근로자의 관계가 악화되고 서약서를 받기가 곤란한 경우가 많다. 가능하면 입사시에 제출하도록 하거나 퇴직시에 서명 또는 날인하여 비치하는 것이 좋을 것이다.

13. 전자단말기의 이용

① 대여 전자단말기의 사적 이용의 금지

사용자가 업무수행을 위하여 대여한 물품으로서 업무수행에 필요한 범위 이외의 사적 목적으로 이용하는 것은 전자단말기만 있는 것은 아니다. 오늘날 업무수행에 있어서의 전자단말기의 이용은 필수적인 상황이다. 전자단말기는 그 성질상 인터넷이나 e-mail 이용은 사적으로 이용되기 쉬운 것이 오늘의 실태이다. 그러므로 대여 전자단말기의 사적 이용의 금지를 명확히 할 필요가 있다.

② 모니터링 권한의 취득규정

대여 전자단말기의 축적된 데이터 등을 사용자가 확인할 수 있는 적법한 근거조항을 정하여 이른바 모니터링의 규정을 두어야 한다. 모니터링에 있어서도 근로자의 프라이버시와의 관계에서 문제가 발생할 수 있으므로 취업규칙에서 그 근거규정을 정하여 근로계약의 내용이 될 수 있도록 할 필요가 있다.

규 정 례

제○조【전자단말기의 이용】

1. 종업원은 회사가 대여한 전자단말기를 업무수행에 필요한 범위에서 사용하여야 하며 사적으로 이용하지 못한다.
2. 회사는 필요하다고 인정할 경우에는 종업원에 대여한 전자단말기 내에 축적된 데이터 등을 검색하거나 열람할 수 있다.

14. 이중취업의 제한

취업규칙상에는 「회사의 허가없이 타인에 고용되는 것」을 금지하고, 그 금지사항의 위반을 징계사유로 하고 있는 것이 상당수 있다. 판례는 이러한 겸직(이중취업) 허가제 위반에 대하여 회사의 직장질서에 영향이 없고 또한 회사에 대한 노무제공에 각별한 지장이 생기지 않을 정도의 이중취업형태는 금지위반이 되지 않는다고 하는 동시에 그러한 영향으로 지장이 있는 것은 금지위반이 되어 징계처분의 대상이 된다고 해석하고 있다.

예컨대, 노무제공에 지장을 줄 정도의 장시간 이중취업이나 겸업회사의 이사 취임, 사용자가 근로자에게 특별가산금을 지급하면서 잔업을 폐지하고 피로회복, 능률향상에 힘쓰고 있던 기간 중의 다른 사업 또는 사업장에서의 근로 등은 금지에 해당하는 이중취업이라고 하고 있다. 이중취업도 기본적으로는 사용자의 근로계약상 권한이 미칠 수 없는 근로자의 사생활에 관한 행위이므로 그 허가제의 규정을 위와 같이 한정 해석하는 것은 정당하다. 근로자가 회사 재직 중임에도 불구하고 사적으로 다방영업을 수행하였다는 것을 징계사유로 들고 있으나 근로자가 다른 사업을 겸직하는 것은 근로자 개인능력에 따라 사생활의 범주에 속하는 것이므로 기업질서나 노무제공에 지장이 없는 겸직까지 전면적, 포괄적으로 금지하는 것은 부당하다 할 것인 바, 해당근로자가 사적으로 다방 영업을 행한 사실이 있다 하더라도 그로 인하여 회사의 기업질서나 노무제공에 지장이 초래되었다고 인정할 아무런 증거가 없으므로 이는 징계사유가 될 수 없는 것이다(서울행법 2001.7.24, 2001구7965).

근로자가 타사에 고용되어 자기 회사와 양 다리를 걸치고 근무하면

① 회사의 업무상 기밀이 누설될 위험이 있다는 것

② 타사 근무에 따른 심신피로로 자사근무에 지장이 생길 염려가 있다는 것

③ 잔업을 시키기 어렵다는 것

④ 자기 회사에 대한 귀속의식이 희박해진다는 것 등의 이유로 이중취업을 허가제로 하는 것이 일반적이다.

또 타사에 고용되는 것이 아니고 자영업을 하는 경우도 그와 같은 장해가 예상되므로 이것 또한 마찬가지로 취급된다.

규 정 례

> **제○조【이중취업시의 승인】**
> 근로자는 회사에 재직하면서 다른 회사에 고용되거나 다른 법인의 임원에 취임할 때는 사전에 회사의 승인을 받아야 한다.
>
> **제○조【자영업의 신고】**
> 근로자는 회사에 재직하면서 자영업(본인이 사실상 중심이 되는 경우에 한한다)을 하려고 할 때는 사전에 이를 신고해야 한다.

15. 경력사칭의 금지

경력은 그것으로 회사가 근로자의 능력, 기술, 인물, 건강상태 또는 가정환경 등을 파악하고 채용 여부의 결정, 직무, 배치, 급여의 결정에 중요한 참고자료로 하는 것이기 때문에 이것을 거짓으로 하거나 은폐하면, 판단을 잘못하게 할 위험이 크다. 따라서 경력사칭은 징계의 대상이 되는 것이 통례이다.

규 정 례

> **제○조【경력사칭의 금지】**
> 근로자가 허위로 경력을 제출하거나 기타 부정한 방법으로 고용되었을 때에는 즉시 이를 해고할 수 있다.

16. 직장 내 성희롱의 금지

(1) 직장 내 성희롱의 개념과 판단기준

직장 내 성희롱이란 고용이나 업무와 관련하여 사업장 내외에서 사용자나 근로자가 다른 근로자에게 상대방이 원하지 않는 성적인 언동을 함으로써 상대방에게 성적 굴욕감이나 혐오감을 느끼게 하거나 성적 언동 기타 요구 등에 대한 불응을 이유로 고용상의 불이익을 주는 것이다(남녀고용평등법 제2조 제2호).

직장 내 성희롱 여부를 판단하는 결정적인 요소인 성적 굴욕감과 혐오감 유발 여부는 사회통념상 합리적인 사람으로서 느꼈을 감정을 고려하되, 행위자의 의도와는 상관없이 피해자의 주관적인 사정을 중심으로 판단한다.

(2) 규정작성방법

직장 내 성희롱 금지 및 예방을 위해 규정 작성시 사업주의 의무와 근로자의 의무를 명확히 할 필요가 있다.

① 직장 내 성희롱 금지의무

사업주, 상급자 또는 근로자는 직장 내 성희롱을 하여서는 아니된다. 만일 사업주가 이 규정을 위반하여 직장 내 성희롱을 한 경우에는 1천만원 이하의 과태료에 처한다(남녀고용평등법 제12조).

② 직장 내 성희롱 예방교육 실시의무

사업주는 직장 내 성희롱을 예방하고 근로자가 안전한 근로환경에서 일할 수 있는 여건 조성을 위하여 직장 내 성희롱의 예방을 위한 교육을 매년 1월 1일부터 12월 31일 사이에 1회 이상 실시하여야 하며, 이를 이행하지 않을 경우에는 300만 원 이하의 과태료에 처한다(남녀고용평등법 제13조).

③ 직장 내 성희롱 행위자 조치의무

사업주는 직장 내 발생이 확인된 경우 지체없이 행위자에 대하여 징계 등의 조치를 취하여야 하며, 이를 이행하지 않을 경우에는 400만 원 이하의 과태료에 처한다(남녀고용평등법 제14조제1항).

④ **성희롱 피해자 등에 대한 불이익 조치 금지**

사업주는 피해자나 피해주장을 제기한 근로자가 관계기관에 진정, 고소 등을 한 것을 이유로 그 피해근로자에게 고용상의 불이익 조치를 하여서는 아니되고, 이를 위반한 경우에는 3년 이하의 징역 또는 2천만원 이하의 벌금에 처해진다(남녀고용평등법 제14조제2항).

⑤ **고객 등에 의한 성희롱 방지 의무**

사업주는 고객 등 업무와 밀접한 관련이 있는 자의 성희롱 행위로 인하여 근로자가 고충 해소를 요청할 경우 근무 장소 변경, 배치전환 등 가능한 조치를 취하도록 노력하여야 한다(남녀고용평등법 제14조의2제1항). 고객 등 업무와 밀접한 관련이 있는 자란 해당 사업장과 납품, 구매, 용역 등 어떠한 명칭으로든지 업무나 영업과 관련하여 지속적 또는 일시적으로 거래관계에 있는 자와 해당 사업장에서 제공하는 서비스를 지속적 또는 일시적으로 이용하는 자를 말한다.

사업주는 성희롱 피해를 주장하거나 고객 등으로 성적 요구 등에 불응을 이유로 근로자를 해고 그 밖의 불이익한 조치를 하지 못하며 이를 위반한 사업주에 대해서는 500만 원 이하의 과태료를 부과한다(남녀고용평등법 제14조의2제2항).

⑥ **기타 성희롱 예방을 위한 사업주의 조치사항**

㈎ **직장 내 성희롱 처리방침 명문화**

직장 내 성희롱의 예방에 대한 의지와 향후 처리방침을 명확히 하기 위해서는 직장 내 성희롱 예방교육, 행위자에 대한 벌칙, 피해자의 권리구제 등에 대한 회사방침을 인사규정 · 취업규칙 등에 명문화하는 노력이 필요하다.

㈏ **자율적 해결을 위한 장치 마련**

사업주는 성희롱과 관련된 근로자의 고충을 상담 · 처리할 수 있는 기구와 절차를 마련하여야 한다.

사업주는 근로자참여및협력증진에관한법률에 의하여 당해 사업장에 설치된 노사협의회에 고충의 처리를 위임하는 등 자율적인 해결을 위하여 노력하여야 한다.

(3) 운용상 주의사항

성희롱 금자와 관련하여 가해자에 대한 징계수준 결정시 주의사항에는 다음과 같은 사항이 있다.

① 성희롱의 정도는 어떠했는가?

② 성희롱이 지속적으로 이루어졌는가?

③ 피해자의 범위 및 피해의 정도는 어느 정도인가?

④ 성희롱 행위자는 피해자가 그 행동을 원치 않았다는 사실을 알았는가?

⑤ 성희롱 행위자와 피해자 사이에 지위 면에서 차이가 존재하는가? 를 종합적으로 고려하여야 한다.

규 정 례

제○○조(성희롱의 금지와 인사 및 징계처분) ① 회사의 모든 임직원은 남녀고용평등법, 회사 내 성희롱 예방지침 등에서 금지한 성희롱에 해당하는 행위를 하여서는 아니 된다. ② 직장 내 성희롱으로 물의를 일으킨 임직원에 대해서는 해고, 권고사직, 감봉, 정직, 휴직, 배치전환, 견책이나 경고, 그 밖에 이에 준하는 조치 등 징계조치를 취할 수 있다. ③ 징계의 종류와 양형은 징계위원회(인사위원회)의 결정에 따른다. ④ 부서장은 업무와 관련해 직장 내 성희롱이 일어나지 않도록 지휘감독하고 예방할 책임이 있으며, 이를 소홀히 한 경우 부서전환, 징계 등 이에 준하는 조치를 취한다. ⑤ 사건관련자에 대한 관리책임자는 사건을 알았거나 알 수 있었을 경우에는 직장 내 성희롱과 관련하여 고충처리기관이나 대표이사 및 관련부서에 이를 즉시 보고하는 등의 적절한 조치를 통하여 사건이 신속히 해결되도록 노력해야 한다.

3 복무조항의 규정작성방법

1. 복무규정조항의 필요성

업무를 조직적 · 효율적으로 수행하기 위해서는 직장질서를 유지, 확립하는 일이 중요하다. 복무규정은 종업원의 노무제공과정에 있어서 준수해야 할 사항을 명확히 하는 것은 직장질서를 유지하기 위해 필요불가결하다. 복무규율, 복무규정은 그 성격상 모든 종업원에게 적용된다. 근로기준법 제93조제12호는「해당 사업 또는 사업장의 근로자 전체에 적용될 사항」에 해당된다. 그러므로 취업규칙에 반드시 기재하여야 한다.

복무규율은 일상의 실제적인 업무수행 등 노무제공의 과정에서 준수하여야 할 사항을 정한 것이나 기업에 따라서는 후기「제재」사항으로서 게기하는 부정, 불성실행위, 물적 손괴행위, 부당한 단체관련행동 등을 포함해서 규정하는 일도 있다.

일반적으로는 전자인 이른바 협의의 복무규율사항을 주체로 하고 후자의 사항을 약간 가미하여 규정하는 형태에 따른다. 따라서 복무규율에 관한 규정으로서는 모델례에 게기한 바와 같이 명령 · 지시의 준수의무, 근면의무(직장이탈금지), 풍기질서준수의무, 청결의무(정리정돈), 복장규율의무, 물품안전의무 등을 들 수 있다.

근로자로서 준수할 사항은 상술한 사항에 그치지 않으며 후기(제재)사항은 모두 준수의무를 지는 사항인 것은 말할 나위 없다.

2. 기업실정의 필요에 맞는 규정

복무규율사항을 정할 경우에는 일반모형적인 규정례를 참고로 하는 것은 좋으나, 개별기업의 특수성과 필요에 적응하는 사항을 생각하여야 한다. 예시하면 다음과 같은 방식이다.

① 도매업, 소매업 등에서는 상거래를 통상의 업무로 하는 자에 대해, 부정행위를 범할 위험이 있으므로「직무에 관하여 정당한 사유없는 금품, 접대를 받지 않을 것」등의 규정은 반드시 두어야 할 것이다.

- 고객에 대하여 친절, 명랑한 모습으로 대할 것
- 고객에 대하여 거칠거나 난폭한 언행을 하지 않을 것
- 상품을 정리 · 정돈하여 질서 있게 취급할 것
- 금전취급을 정확하게 할 것 등이다.

② 제조업에서는 소정 작업의 작업모의 착용이나 화기, 끽연 등의 단속규정이 필요할 것이나 사무 · 영업업무만을 하는 회사 등에서는 반드시 필요하지는 않을 것이다. 예컨대

- 기계, 설비의 취급시 청결을 유지할 것
- 안전관리자, 보건관리자의 지시 · 명령에 따를 것 등이다.

③ 건설업의 경우에는

- 작업안전에 충분히 유의할 것
- 작업 중에는 안전모를 착용할 것
- 하청업자와 협력 · 협조하여 작업을 진행할 것 등이다.

④ 서비스업(호텔, 레스토랑) 등에서는 복장 여하가 서비스의 내용이 되므로 이는 불가결의 사항이 될 것이다.

⑤ 전차, 버스, 택시의 근로자로서 현금을 취급하는 자에 대하여는 부정방지를 위하여 소지품검사가 필요한 때가 있다.

이 경우에는 검사를 받을 의무를 명기한다.

⑥ 운수업의 경우에는 다음과 같은 사항을 준수하여야 한다.

- 교통법규, 교통매너를 지켜 안전운전에 노력할 것
- 화물을 싣거나 내릴 때에는 각별히 주의할 것
- 자동차운전 중에는 휴대전화를 사용하지 않을 것

3. 운용준칙의 설정

모든 규정은 되도록 구체적으로 하고 해석, 적용상의 의문을 적게 하는 것이 좋다. 그러나 장래 발생할 수 있는 모든 경우를 상정하는 것은 불가능하므로 어느 정도 추상적 · 포괄적으로 문장화하지 않을 수 없는 경우도 있을 것이다. 따라서 별도로 운용상의 기준을 두어 규정의 보충적 역할을 하게 하는 것이 필요할 때도 있다.

예시하면, 제조현장 등에서는 작업능률 또는 안전 · 화재예방 등의 관점에서 금연하는 것이 요망되나 전면적 금지를 강제하는 것은 오히려 문제이다. 따라서 끽연을 인정하는 방향에서 생각한다면

① 흡연 · 휴게시간을 오전, 오후 각 1회씩 두고 그 시간 이외에는 금연시킨다.

② 특별히 휴게시간을 두지 않고 자유로 흡연해도 되나 특정의 흡연장소를

정해서 지정장소에서만 흡연시킨다.

어느 쪽으로든 정하여 운용을 명확히 한다.

4 복무규율의 운용상 주의사항

1. 복무규율의 고지

복무규율이란 복무에 관한 규범을 중심으로 하여 기업이 근로자에게 설정하는 취업규칙상의 행위규범이라고 파악할 수 있다.

이러한 복무규율은 취업규칙 관리상의 핵심적인 사항이므로 근로자에 대하여 그것이 마련된 필요성과 개개의 복무규율은 그것이 마련된 이유를 항상 이해할 수 있도록 노력하여야 한다.

일반적으로 복무규율이 지켜지지 않는 원인으로서는 그것을 근로자가 모른다든가 그것을 알고 있어도 그 목적이나 필요성을 모른다는 것을 들고 있다. 그저 단순히 취업규칙에 복무규율을 정하여 두는 것만으로 근로자가 이를 준수한다고 생각하는 것은 잘못이다.

2. 복무규율 위반행위에 대하여는 주의를 잘 시켜둘 것

관리 · 감독자가 복무규율을 잘 알고 그 위반이 있는 경우에는 사소한 것이라도 지적하고 주의시켜 근로자가 이것을 시정해 가도록 지도해 가는 것이 필요하다. 만약, 관리 · 감독자가 복무규율 위반행위를 하더라도 이를 일상 방치하는 일이 있다면, 복무규율을 정하는 의의는 상실된다고 해도 될 것이다.

따라서 관리 · 감독자에게는 복무규율의 중요성을 인식시켜 그 준수상황을 충분히 감독하도록 지도해 나가야 한다.

3. 복무규율의 의의나 적용한계에 관한 법원판례에 유의할 것

여기에서는 복무규율에 관해 판단한 주요 판례를 제기하여 두기로 한다.

(1) 소지품검사조항

취업규칙상의 「사원은 업무의 정상한 질서유지를 위하여 그 소지품의 검사를 요구받은 때에는 이를 거부하여서는 안된다」라는 조항이 헌법에 위반된다고 하여 쟁송된 사건이 있다.

판례는 「생각건대 사용자가 그 기업의 근로자에 대해 금품의 부정은닉의 적발 · 방지를 위하여 행하는 이른바 소지품검사는 피검사자의 기본적 인권에 관한 문제로서 그 성질상 항상 인권침해의 우려가 수반되는 것이므로 설사 그것이 기업의 경영유지를 위하여 필요하고 또 효과적인 조치이며, 다른 동종의 기업에서 많이 행하여지고 있는 것이라고 할지라도 또 그것이 근로기준법 소정의 절차를 거쳐 작성 · 변경된 취업규칙조항에 근거하여 행하여지고 이에 대해 노동조합 또는 당해 직장근로자의 과반수의 동의를 얻었다 하더라도 그것을 이유로 하여 당연히 적법시 될 수 있는 것은 아니다. 문제는 검사의 방법 내지 정도의 문제로서 소지품검사는 이를 합리적 이유에 기하여 일반적으로 타당한 방법과 정도로 더구나 제도로서 직장 근로자에 대하여 획일적으로 실시되는 것이 아니면 안된다. 그리고 그러한 소지품검사가 취업규칙 기타 명시된 근거에 의하여 행하여질 때에도 근로자는 개별적인 경우에 그 방법 정도가 타당성을 결하는 등 특단의 사정이 없는 한 검사를 수인할 의무가 있으며 또 이렇게 해석하더라도 전시한 헌법조항에 위반되는 것이 아니다」라고 판시하고 있다(일본최고재2소판결 1968.8.2).

또 근로자가 회사시설 출입시에 수위가 취업규칙에 따라 사유품을 점검할 수 있는 한계는 수위는 근로자가 휴대하는 물품의 수량, 형상 기타의 제반상황에서 보아 휴대가 허용되지 않는 물품을 소지하고 있다는 것을 의심하기에 족한 상당한 사유가 있지 아니하면 설사 구두질문이나 임의제시를 요구하는 방법에 의하는 것이라도 사유품의 점검을 할 수 없다고 하는 판결도 있다.

(2) 정치활동의 금지조항

취업규칙에서 회사 구내에서의 정치활동을 금지할 수 있는가에 대해서 다음 판결은 이를 정당하다고 인정하고 있다. 즉, 「일반 사기업에서는 원래 직장은 업무수행을 위한 장으로서 정치활동 기타 근로자의 사적활동의 장소는 아니므로 근로자는 직장내에서 당연히 정치활동을 할 권리가 있다고 할 수 있는 것은 아닐뿐더러 직장내에서의 근로자의 정치활동은 근로자 상호간의 정치적 대립 내지는 항쟁을 생기게 할 염려가 있고, 또 그것이 사용자가 관리하는 시설을 이용해서 행하여지는 것인 이상 그 관리를 방해할 염려가 있으며 더구나 그것을 취업시간 중에 행하는 근로자가 있는 경우에는 그 노무제공의무에 위반하는데 그치지 않고 다른 근로자의 업무수행도 방해할 염려가 있으며, 또 취업시간 외라 할지라도 휴식시간 중에 행하여지는 경우에는 다른 근로자의 휴식시간의 자유이용을 방해하고, 나아가서는 그 후의 작업능률을 저하시킬 우려가 있는 등 기업질서유지에 지장을 줄 염려가 강하다고 하지 않으면 안된다. 따라서 일반사기업의 사용자가 기업질서유지라는 차원에서 취업규칙에 의하여 직장내에서의 정치활동을 금지하는 것은 합리적인 규정으로서 허용되어야 한다」(일본최고재3소판결 1977.12.13)고 판시하고 있다.

또 여기서 금지의 대상이 되는 정치활동을 무엇인지가 문제가 되는데 사회통념상으로 결정되어야 할 것이다. 예컨대 투표의 의뢰, 정당의 기관지, 특정의 정치적 이데올로기를 가진 문서의 배포 등이 정치활동에 포함된다고 생각된다.

(3) 회사의 명예 · 신용유지조항

근로자가 직무상 알게 된 비밀을 누설하는 행위 등은 근로계약상의 부수적 의무인 성실의무에 위배된 것이지 징계사유가 아니라는 견해가 있지만, 법원의 일관된 입장은 근로자의 지위와 관련한 비위는 근로계약상의 문제일 뿐만 아니라 직장의 품위 · 신뢰 · 대외적 관계와 관련되는 공동질서를 위반하는 행위라고 평가하고 있다(서울행법 1999.4.5, 98구20376).

진실과 다른 내용이나 과장된 내용으로 회사를 공개석상에서 비방한 경우에는 정당한 해고사유가 된다(대법 1995.3.3, 94누11767). 또한 명백하게 사실과 다르거나(서울행법 2003.9.30, 2003구합8494), 인사권의 행사 또는 고도의 경영정책적 판단이거나(서울행법 2001.2.2, 2000구14466), 뚜렷한 자료없이(대법 1995.3.3, 94누11767) 사용자를 관계기관에 진정 · 고소 · 고발한다면 징계사유가 될 수 있다.

또한 회사의 명예를 훼손하는 허위내용의 유인물 배포행위가 취업규칙 소정의 회사의 사전승인없이 이루어졌고 장기간 5차례에 걸쳐 배포되었으며, 배포수량, 배포대상 등에 비추어 근로자들로 하여금 사용자에 대하여 적개심을 유발시킬 염려가 있고 회사의 직장질서를 문란시킬 구체적 위험성이 있어 이를 이유로 한 해고가 사용자의 징계재량권을 일탈하지 아니한 것이라고 한다(대법 1994.5.27, 93다57551).

(4) 회사 구내에서의 유인물 배포금지

① 취업규칙에서 회사 구내에서의 연설, 집회, 전단부착, 배포를 근로시간 중이든 휴식시간 중이든 불문하고, 사용자의 허가를 받도록 하는 일이 많다. 취업규칙에서 사업장 내에서의 기업질서 유지를 위해 사업장 내에서의 유인물 배포에 관하여 사용자의 허가를 얻도록 한 허가규정이나 이를 위반한 근로자에 대하여 징계할 수 있도록 한 징계규정은 언론의 자유를 보장한 헌법조항에 위반한다고 볼 수 없으므로 이에 근거한 해고는 정당하다고 한다(대법 1994.9.30, 94다4042).

② 회사가 취업규칙에서 유인물의 배포에 관하여 회사의 사전 승인을 얻도록 하고 있다고 할지라도 노동조합의 정당한 업무를 위한 행위나 근로자들의 근로조건의 유지 · 향상이나 복지 증진을 위한 정당한 행위까지 금지할 수는 없는 것이므로 그 행위가 정당한가 아닌가는 회사의 승인 여부만을 가지고 판단할 것은 아니고, 그 유인물의 내용, 매수, 배포의 시기, 대상, 방법, 이로 인한 기업이나 업무에의 영향 등을 기준으로 하여야 한다(대법 2011.9.8, 2009두14682;1997.12.23, 96누1178). 이 사건은 유인물의 내용이 사회적 · 정치적 문제에 대한 의견을 표명하고 회사의 정문 또는 그 통근버스 내에서 회사 근로자들을 상대로 위와 같은 내용의 유인물을 배포하는 것은 근로자들의 정당한 활동범위에 속하지 않는다는 사례이다.

③ 이러한 사용자의 허가는 유효하지만 유인물 배포의 형태, 경위 및 목적이나 그 내용에서 보아 기업질서를 문란시킬 염려가 있는 특별한 사정이 인정되는 경우에 한하여 금지규정 위반이 된다는 것에 주의하여야 한다. 다만, 유인물 내용이 노동조합 운영상의 문제점을 지적하거나 근로기준법에 미달

하는 각종 수당의 산정방식 등 근로조건의 개선을 요구하는 것이라면 노동조합의 업무를 위한 정당한 활동범위에 속한다고 봄이 상당하다는 것이다(대법 2001.4.27, 99두11042).

④ 조합활동과 관련 있다 하더라도 복무규정상 품위유지 위반이 되고 조합활동의 정당한 범위를 넘어선 경우의 징계는 정당하며(서울고법 1993.1.29, 92구6411), 노조의 인터넷 게시판이라도 지나치게 원색적이고 사용자인 대표이사의 명예를 심하게 훼손하는 내용을 게시했다면 징계 해임은 정당하다(서울고법 2007.8.14, 2006누31770).

⑤ 또한 근로자가 배포한 유인물이 허위 사실을 적시하여 사용자에 대한 적개심을 유발시킬 염려가 있으며 이 유인물을 사용자의 공장내에 은밀히 뿌렸으므로 사용자의 시설관리권을 침해하고 직장질서를 문란시킬 구체적인 위험성이 있기 때문에 이를 이유로 한 징계해고는 정당하다(대법 1994.5.27, 93다57551).

⑥ 따라서 유인물 배포의 경우에는 그 유인물의 내용, 매수, 배포의 시기, 대상, 방법, 이로 인한 기업이나 업무에의 영향 등을 징계해고의 정당성 판단의 기준으로 삼아야 할 것이다(대법 1997.12.23, 96누11778;서울행법 2003.9.26, 2003구합4669).

⑦ 그리고 유인물로 배포된 문서에 타인의 인격, 신용, 명예를 훼손하는 내용이 있다 하더라도 그 문서를 배포한 목적이 조합원들의 단결이나 근로조건의 유지 개선과 근로자의 복지증진 기타 경제적, 사회적 지위의 향상을 도모하기 위한 것으로서 그 문서의 내용이 전체적으로 보아 진실한 것이라면 이는 노동조합의 정당한 활동범위에 속한다(대법 2011.2.24, 2008다29123;2001.4.27, 99두11042).

(5) 통근용 차량의 회사 구내에의 진입규제

회사 구내의 주차장 이용조건으로 일정액 이상의 임의대인배상보험가입을 규정하는 경우도 많다. 이러한 규정에 대하여 회사 구내의 주차장은 회사의 시설관리권이 미치며 사업 또는 사업장에서 근로자에게 회사 구내를 통근차량으로 통행시켜야 할 의무는 물론, 통근차량을 위하여 주차장을 설치할 의무도 근로계약 등으로 통근차량의 구내통행 주차장의 설치와 그 사용에 대해 특단의 규정을 하고 있지 않는 한 당연히 지지 않는다고 해석되므로 회사 구내에 설치한 주차장은 편의제공에 불과하며 제한하는 방법이 전혀 합리성을 결하는 경우를 제외하고 회사는 자유로이 그 사용에 제한을 가할 수 있다고 하는 판례가 있다.

(6) 직장규율 위반과 조사협력의무

이상과 같은 복무규율위반과 관련하여 사용자는 그 규율 위반의 조사에 협력하지 않는 근로자를 징계할 수 있는가라는 문제가 있다. 이에 대하여 판례는 근로자는 사용자가 행하는 다른 근로자의 기업질서위반사건의 조사에 관하여 협력의무를 지는 것은 다음 두 가지 경우에 국한한다고 판시하였다.

첫째는, 그러한 조사에 협력하는 것이 그 근로자의 직책에 비추어 그 직무내용이 되고 있다고 인정되는 경우이다.

둘째는, 조사대상인 위반행위의 성질, 내용, 위반행위 청문의 기회와 직무집행과의 관련성, 보다 적절한 조사방법의 유무 등의 제반사정에서 종합적으로 판단하여 그 조사에 협력하는 것이 노무제공의무를 이행하는데 있어 필요하고 또한 합리적이라고 인정되는 경우라고 한다.

(7) 형사사건으로 기소된 자가 금고 이상의 형의 판결을 받았을 때

단체협약에 해고사유로서 「형사사건으로 기소된 자가 금고 이상의 형의 판결을 받았을 때」라는 규정을 두고 있는 취지는 통상 그러한 유죄판결로 인하여 ① 근로자의 기본적인 의무인 근로제공의무를 이행할 수 없는 상태가 장기화되어 근로계약의 목적을 달성할 수 없게 되었기 때문일 뿐만 아니라, ② 기업 내의 다른 근로자와의 신뢰관계나 인간관계가 손상되어 직장질서의 유지를 저해하거나, ③ 당해 근로자의 지위나 범죄행위의 내용 여하에 따라서는 회사의 명예와 신용을 심히 훼손하거나 거래관계에까지 악영향을 미치게 되기 때문이라고 할 것이므로, 여기서의 「금고 이상의 형의 판결」이 반드시 실형판결만을 의미한다고 단정하여서는 아니된다(대법 1997.9.26, 97누1600).

제5장 출 · 퇴근규정의 작성 · 운용방법

1 출 · 퇴근규정의 필요성

근로자는 무엇보다도 소정의 취업일에 결근 · 지각하지 않고 종료시각까지 소정의 취업시간을 근무하여야 한다. 출 · 퇴근에 관한 규율은 이미 언급한 복무규율 중에서도 중요한 비중을 차지한다. 이것을 복무규율의 장에 포함시켜 규정해도 좋으나 그 중요한 의미를 근로자에게 인식시켜 주기 위하여 「출 · 퇴근규율」이라는 독립의 장을 마련해서 규정하는 것도 좋다.

출 · 퇴근규율 사항을 근로시간, 휴게 등의 근로조건 사항에 포함시켜 「근무」라는 장을 설치, 규정하여도 좋다. 오히려 실제의 예로는 이런 유형이 많다.

2 출 · 퇴근규율에 관한 규정례

1. 시업시각에 작업을 개시하고자 하는 경우

시업시각을 「오전 8시」라고 규정하고 있지만 그 시각이 구체적으로 어떠한 의미인지를 명확하게 하는 것이 바람직하다. 그것은 「오전 8시」까지 타임카드에 타각하면 되는 것인지 그렇지 않으면 「오전 8시」에는 작업을 개시해야 하는지가 분명히 되어 있어야 하기 때문이다.

만약 전자라고 하면 오전 8시에 타각하고 나서 입장하고 옷을 갈아입고 기타 준비를 하고 작업을 하는 것이 되므로 작업개시가 몇 분 늦어지게 된다. 또 후자라고 하면 오전 8시에 작업을 개시하기 위해서는 몇분 전에 입장하여 준비를 완료하지 않으면 안된다.

09:00 이전에 출근하여 업무준비를 한 후 09:00부터 근무하도록 되어있는 직원들에 대하여 집단적으로 09:00 정각에 출근하도록 시킨 행위는 업무방해죄를 구성한다(대법 1996.5.10, 96도419). 이 사건의 해당 회사 취업규칙 제32조(출근)에 의하면 「직원은 시업시간 전에 출근하여 근무준비를 완료하여야 한다」고 되어 있다.

출근절차를 마치는 장소(타임카드나 출근부를 놓아 둔 장소)와 가동하는 장소가 같든지 아주 근접해 있으면 그렇게 문제되지는 않지만 거리가 떨어져 있거나 옷을 갈아입고 안전화를 착용하는 것 등에 시간이 걸리는 때에는 어느 쪽인가를 분명히 밝혀 둘 필요가 있다. 어느 쪽으로 하는가는 업무형태, 거리관계, 근로자의 의향 등에 따라 판단해야 한다. 다음은 후자(작업개시형)의 예이다.

규 정 례

제○조【출근시간】
근로자는 시업시각까지 출근하여 작업개시시간과 동시에 업무를 시작할 수 있도록 준비하여야 한다.

출근할 때에는 비치한 출근부 또는 타임카드 그 밖에 이에 준하는 것에 날인하든가 또는 시각을 기록하여야 한다.

타임카드를 사용하는 직장에서는 퇴사시각을 기록하여야 한다.

규 정 례

제○조【작업준비 · 근로자의 정리】
① 근로자는 스스로 소정의 출근절차를 이행한 다음 시업시각에는 즉시 취업할 수 있도록 여유를 가지고 출근하여야 한다.
② 종료시에는 사용하는 기계, 기기 또는 서류 등을 정리정돈, 정비, 격납하고 화기점검 그 밖에 필요한 절차를 확실하게 이행한 다음 지체없이 퇴사하여야 한다.

2. 결근 · 지각의 신고절차를 정할 때

(1) 결근 · 지각조항의 필요성

회사는 종업원의 결근 · 지각이 바람직하지 아니하나 현실적으로 수시로 발생한다. 이를 위해 결근 · 지각의 취급을 명확히 규정할 필요가 있다. 취급이 명확하지 않으면 직장규율이 문란하게 될 가능성이 많다.

(2) 결근 · 지각조항의 작성방법

① 부득이 결근, 지각을 하는 경우 사전신청을 원칙으로 할 것이나 대개의 경우 당일이 되어서야 그러한 사태가 생기므로 사후신고절차 등을 정해 두어야 할 것이다. 결근할지가 사전에 명확하지 아니하면 일정한 대책을 강구할 수 없으므로 업무에의 영향이 최소한으로 그쳐야 할 것이다. 이를 위해 신청서 제출 등 소정의 절차에 따라 사전에 소속부서장에게 제출하도록 규정한다.

② 부득이한 사정으로 사전신고를 할 수 없는 관계로 사후신고의 경우는 당일 아침에 전화 등으로 통보하도록 한다. 이 경우 시업시각 시작 후 일정시간 이내로 신고시각의 한계를 마련해 두면 더욱 좋다.

규 정 례

제○조【지각 · 결근시의 신고】

근로자는 지각, 조퇴, 외출 혹은 결근을 하려고 하는 때에는 미리 그 사유 및 예정시간 또는 예정기간을 신고하여 소속 상사의 허가를 받아야 한다. 다만, 부득이한 사유로 인하여 사전신고가 불가능한 경우에는 사후에 지체없이 신고하여야 한다.

제○조【질병결근시의 신고】

근로자는 질병, 그 밖의 사유로 출근할 수 없을 때는 늦어도 당일 시업시각으로부터 1시간 이내에 소속 상사에게 구두 또는 전화로 신고하고, 또한 신속히 사유 및 기간을 명시한 결근신고를 하여야 한다.

제○조【상병결근시의 신고】

근로자는 상병 그 밖의 사유로 결근할 때, 근로자는 당일 시업시각까지 결근예정일수와 그 사유에 관하여 소정양식에 따라 상사에게 신고하여야 한다. 다만, 시업시각까지 신고할 수 없을 때에는 전언 또는 전화 등으로 신고하고, 사후 지체없이 소정양식에 따라 필요한 절차를 이행하여야 한다.

제○조【조퇴와 외출】

근로자가 조퇴 또는 외출하고자 할 때에는 근무상황부에 의하여 소속부서장의 사전승인을 받아야 한다.

3. 결근이 장기에 걸치는 경우

근로자가 질병으로 인하여 결근이 장기화될 경우 또는 일정기간을 예정하고 결근신고는 하였지만 이를 초과하는 경우에는 의사의 진단서를 제출하도록 하는 것이 기업사회의 실정이다.

규 정 례

> **제○조【장기결근시의 신고】**
> 근로자는 상병에 의한 결근이 계속하여 7일 이상에 걸칠 때에는 의사 진단서를 첨부하여 신고하여야 한다. 그러나 결근이 계속되어 2주간을 초과하는 때에는 회사가 지정하는 의사의 진단서를 첨부하여야 한다.

4. 출 · 퇴근시의 준수사항을 정하는 경우

사업장출입에 관하여 특히 준수해야 할 사항이 있는 경우(예컨대, 백화점에서의 근로자의 출입장소, 물품휴대의 제한) 그 취지를 정한다.

이에 관하여 경비계로부터 점검 또는 제한이 있을 때에는 이에 따른다는 의무를 규정하는 것도 필요하다.

규 정 례

> **제○조【직원 출입구】**
> 근로자는 소정 근로자 출입구로 출입하며, 원칙으로 고객용 출입구 또는 고객용 시설을 이용할 수 없다.
> **제○조【반입물품의 점검】**
> ① 근로자는 개인물품을 직장내로 반입하지 못한다. 만약, 부득이 반입하고자 할 때에는 미리 소정절차를 거쳤다는 증명을 부원에게 제시하여야 한다.
> ② 제1항에 따르지 않는 경우 휴대품에 대하여 부원으로부터 점검의 요청이 있을 때에는 정당한 이유없이 이를 거절하지 못한다.

5. 사업장 출입제한을 정하는 경우

직장질서를 유지하기 위하여 기업시설 내의 출입을 제한하든가 퇴장을 명하는 경우가 있다. 직장은 「직무장소」이므로 일정한 질서와 규율이 유지되어야 한다. 직장 질서와 규율을 문란하게 한 자의 출입을 금지 또는 제한하는 것은 당연하다. 그러나 이것은 근로자의 취업을 거부하는 것이기 때문에 그에 상응한 중대한 결격요건이 아니라면 피하는 것이 좋으므로 운용상의 특별한 주의를 요한다.

규 정 례

제○조【출입금지】

① 회사는 근로자가 다음 각 호의 하나에 해당하는 경우에는 출입을 금지시키거나 퇴장을 명할 수 있다.

1. 풍기를 문란케 하고 위생상 유해하다고 인정되는 경우
2. 흉기, 화기 그 밖에 위험한 물건을 가지고 있는 경우
3. 제○조에 정하는 정직 또는 출근정지 등의 징계처분에 해당한다고 인정되는 경우
4. 직장질서 문란의 위험이 있는 행동을 한 경우
5. 그 밖에 제1호 내지 제4호에 준하는 경우

② 사업장 출입제한 사항으로서 그 밖에 다음과 같은 경우가 있다.

1. 정당한 이유없이 2시간 이상 지각한 자
2. 질병이 있어 업무에 지장을 주거나 지장을 줄 위험이 있는 자
3. 타인을 교사, 선동함으로써 직장질서를 문란케 하거나 그 위험이 있는 자
4. 업무를 방해하고, 작업능률을 저하시키거나 저하시킬 위험이 있는 자
5. 범죄를 범했거나 범할 위험이 있기 때문에 출입을 금할 필요가 있는 자
6. 주기(酒氣)를 띠거나 난폭한 언동을 함으로써 종업원 또는 내방객에게 빈축을 살 위험이 있는 자

6. 퇴근요령을 정하는 경우

퇴근 무렵 종료시각이 되기도 전에 손을 씻거나, 화장실에 가거나, 옷을 갈아입고 돌아갈 준비를 하는 것 등은 바람직한 현상이 아니다. 따라서 이런 것을 규정으로 명확히 해둘 필요가 있는 경우에는 규정해도 좋으나, 운용상 특히 중요하다. 또 퇴근시에 업무상 하지 않으면 안 될 용무가 있는 경우에는 그런 것을 정한다. 운수사업 또는 사업장에서는 다음과 같은 예가 있다.

규 정 례

제○조【운행일지의 승인】

근로자는 퇴근시에는 차량 및 용구를 정리 격납하고, 운행일지 그 밖에 잔무를 정리해서 상사의 승인을 받아야 한다.

7. 종료 후의 직장잔류를 제한하는 경우

시설 · 기기 · 상품의 분실방지, 기업 기밀의 유지를 위하여 종료 후에 용무

를 보는 자 이외의 잔류를 제한할 필요가 있는 경우에는 그 뜻을 규정한다.

규 정 례

> **제○조【직장체류시간】**
> 근로자는 근무종료 후 회사가 허가한 경우 외에는 사업장 구내에 머무를 수 없다.
> **제○조【직장잔류의 제한】**
> 근로자는 근무개시 전 또는 종료 후에 정당한 이유없이 호텔 내에 머물러서는 안된다(호텔업).

8. 시업 · 종업시각의 일시적 변경

취업규칙에서 시업 · 종업시각을 정하더라도 업무 사정에 따라 일시적 · 임시적으로 그 시각을 변경하는 편이 편리할 때가 있다. 예컨대 「시업시각 오전 9시~종업시각 오후 6시」라고 정했다 하더라도 거래처나 소비자의 사정으로 오전 9시부터 10시까지 근무하지 아니하고 그 해당 시간만큼 오후 6시부터 7시까지 근무하는 일이 있을 수 있다. 이 경우 근무시간을 「시업시각 오전 9시~종업시각 오후 6시」로 되어 있다면 오전 9시부터 10시까지는 근무하지 않은 대신 오후 6시부터 7시까지는 시간외근로가 되어 시간외근로수당을 지급하여야 한다. 시간외근로수당을 지급하면 경비가 증가하게 된다. 그러나 일시적 · 임시적으로 근무시간을 「오전 10시~오후 7시」로 변경한다면 시간외근로수당은 발생하지 아니한다. 이를 위해 취업규칙에서 업무상 사정이 있을 때에는 시업 · 종업시각을 앞당기거나 늦출 수 있도록 그 내용을 정하는 것이 바람직하다.

9. 무사고취급을 정하는 경우

결근 · 조퇴 등에 의한 결무에 대해서 그 사유에 따라 이른바 「무사고취급」으로 하여 근태성적 또는 급여지급에 관한 불이익을 주지 않게 하는 취급을 하는 것이 일반적이다.

또 이것을 「휴가」의 개념으로 취급하는 예도 볼 수 있으나 그렇게 해도 지장은 없다.

규정례

제○조【무사고취급】

근로자가 다음 각 호의 1의 사유로 부득이 결근, 지각, 조퇴 또는 외출하는 경우에는 소정의 신고절차를 거쳐 회사의 승인을 받았을 때에는 무사고취급으로 한다.

1. 업무상 상병으로 요양을 요할 때
2. 선거권 기타 공민으로서의 권리를 행사할 때
3. 증인 · 감정인 · 참고인으로서 법정에 출석할 때 및 이에 준할 때(다만, 본인의 사사(私事)에 관한 사항인 때는 제외)
4. 전염병예방을 위하여 취업을 금지당했을 때(다만, 본인이 이병했을 때는 제외)
5. 천재지변 그 밖에 이에 준하는 재해로 특히 필요하다고 인정했을 때
6. 교통기관의 정지 또는 사고가 있을 때

10. 면회요령을 정하는 경우

업무외의 면회도 불취업과 같은 사유이므로 그 취급을 명확히 하여야 한다. 종업원은 근무시간 중에는 업무에 전념할 의무가 있다. 이를 위해 업무외의 사적인 면회는 원칙적으로 금지된다. 부득이한 사정으로 면회할 때에는 사전에 소속 부서장의 승인을 받도록 하여야 한다.

규정례

제○조【면회】

근무시간 중에는 원칙적으로 업무외의 방문객과 면회를 하지 못한다. 다만 소속 부서장의 승인을 받은 경우에는 그러하지 아니하다.

3 출 · 퇴근조항의 규정작성방법

출근 및 퇴근에 관하여 준수할 의무를 정하는 사항은 넓은 의미에서 복무규율에 해당하나 이들 사항이란 다음 세 가지이다.

① 시작 또는 종료시의 작업준비 또는 뒤처리

② 출근, 결근, 지각, 조퇴, 외출, 면회 등의 취급과 절차

③ 사업장 출입금지요건

이들 사항을 규정함에 있어서는 다음 사항을 유의하여야 한다.

1. 작업준비

출근은 시업시각 이전에 하고, 작업준비 등을 끝내 시업시각과 동시에 취업을 개시할 수 있도록 하여야 할 사항을 명확하게 한다.

시업시각에 입문하여 타임카드를 타각하고 그 다음에 갱의 그 밖의 작업준비를 하여서는 실제의 취업개시가 늦어지므로 이를 방지하기 위해서이다.

2. 결근절차

정당한 사유없는 결근은 징계할 수 있으나 미리 예정되는 결근에 대하여는 사전신고를 원칙으로 하고 돌발적 사유로 결근하는 경우에는 전화 그 밖의 방법으로 통보하도록 의무화한다. 이 경우 통보받은 상대방은 원칙적으로 소속상사로 한다. 회사의 취업규칙에 질병 또는 부득이한 사유가 있어 결근할 때에는 사전에 결근계를 제출하여 회사의 허가를 받도록 하고, 급작스런 사유로 사전허가를 받지 못한 경우에는 사후에라도 그 사유를 소명하도록 규정하고 있는 이상, 이에 따른 사전허가나 사후소명 등이 없는 결근은 실제로 질병 또는 부득이한 사유가 있었다거나 전화 또는 구두로 신고한 사실이 있다 하더라도 무단결근으로 취급된다 할 것이다(서울행법 2001.9.18, 2000구24395).

동료를 호출하여 상사에 연락을 의뢰하는 것은 바람직하지 않다. 또 통보의 시한은 시업 후 늦어지면 업무상 지장이 생기므로 되도록 신속하게 1~2시간 이내로 한정하고, 이 시간을 경과하였을 때에는 특별한 사유가 없는 한 “무단결근”으로 취급한다. 다소 지나칠지 모르나 이 정도의 규제는 근로자로서 수용해야 할 한도 내라고 생각한다. 또 결근에 관해 소정의 신고서류로 신고를 의무화하는 것은 사무관리상으로도 필요하므로 이행을 의무화한다.

3. 지각, 조퇴, 외출 등의 취급

지각 또는 부득이한 개인적 사정으로 조퇴, 외출하는 경우에도 상사의 허가 또는 승인과 소정의 신고를 의무화한다. 다만, 극히 단시간(10분이나 15분 이내)의 지각에 대해서까지 신고서를 제출시키는 것은 생략해도 될 것이다.

지각에 대하여는 너무 장시간에 걸친 경우에는 방치할 수 없을 것이다. 적어도 시업시각 후 3시간을 초과하는 경우에는 사유에 따라서는 사업장 출입을 거부하고 결근 취급하는 것도 생각할 수 있다.

외래자와의 사전면회는 원칙적으로 취업시간 중에는 금지한다. 또, 공장 등의 현업작업자는 취업시간 중 외부로부터의 사적 전화는 요건이 긴급하지 않는 한 사양케 하고, 휴게시간 중에 전화하도록 요청하는 사례가 많다.

4. 비사고 취급

사적 사유가 아닌 사유로 결근, 지각, 조퇴하는 경우에는 비사고 취급으로 한다.

제6장 징계조항의 작성 · 운용방법

1 징계조항의 규정작성방법

복무규율을 비롯한 기업질서유지를 위하여 이에 위반한 자를 제재(또는 징계) 하는 것이 일반적 관행이며, 이에 관한 사항을 취업규칙에 규정한다. 징계에 관한 규정은 정하건 아니하건 회사의 임의이지만, 국가의 죄형법정주의 원리에 준하여 기업으로서도 이를 설정하는 것이 근로자의 질서유지에 관한 정신자세를 확고히 하고 또 권리를 보호하기 위하여 유익하다.

징계에 관하여 규정할 주요사항은 다음과 같다. 제재에 관한 규정으로는 징계를 필요로 하는 행위형태(제재사유)와 징계의 종류를 정한다.

1. 징계사유

징계를 필요로 하는 질서위반행위로서 경미한 행위부터 중대한 행위까지 있다.

2. 징계종류

경미한 징계에서부터 징계해고까지 몇 단계로 구분된다. 일반적으로 견책, 감급, 출근정지, 강등, 강격, 징계해고 등의 단계로 구분된다.

3. 징계절차

징계절차로는 본인에 대한 의견청취, 조사, 심문 또는 위원회 등에 의한 심사절차 등이 있다. 처분의 통고, 공표의 방법에 관한 규정이 있으면 이에 따른다.

2 징계조항의 규정례

징계규정에 관하여는 징계사유와 징계종류와의 연관방법에 2가지 유형이 있다. 하나는 징계종류별로 그에 해당하는 사유를 게기하는 방식이고, 다른 하나는 사유를 망라하여 게기하고 실제의 케이스에 따라 어떤 징계종목을 선택하는 방식이 있다. 죄형법정주의의 원리에 따른다면 전자의 유형이 사용자의 자의적인 재량을 억제 함으로써 근로자의 보호를 두텁게 할 수 있으나, 그 반면 운영이 경직될 염려가 있다.

1. 징계종목을 전면적으로 선택할 때

규 정 례

제○조【징계사유 · 종류】

근로자가 다음 각 호의 1에 해당할 때에는 그 사안에 따라 견책, 감급, 출근정지, 강등 또는 징계해고에 처한다. 다만, 이 경우 조합의 의견을 청취한다(조합이 있을 경우)

1. 회사가 요구하는 절차 · 신고에 허위가 있을 때
2. 사업장 내의 풍기질서를 문란케 한 때
3. 업무상의 태만 또는 감독소홀로 화재, 상해 등의 중대사고가 발생하였을 때
4. 허가없이 회사의 물품을 반출하거나 반출하려고 한 때
5. 고의 또는 중대한 과실로 기계공작물 그 밖에 물품을 훼손하거나 분실한 때
6. 안전규칙 · 보건규칙을 위반하거나 안전 · 보건에 관한 지시에 따르지 아니한 때
7. 정당한 이유없이 이동을 거부한 때
8. 직무상의 지시명령에 부당하게 반항하거나 월권, 독단의 행위를 하여 직장질서를 문란케 한 때
9. 학력 · 경력을 허위로 보고하거나 부정한 수단으로 채용된 사실이 판명될 때
10. 회사의 승인없이 타사에 취직하거나 자기 사업을 영위함으로써 심히 부당하다고 인정된 때
11. 회사의 금품, 도면, 문서 등을 무단으로 반출하거나 반출하려고 한 때
12. 사업상의 중대한 비밀을 사외에 누설하거나 하려고 한 때
13. 타인에게 폭행 · 협박을 하거나 또는 그의 업무를 방해한 때

14. 직무와 관련하여 부당하게 금품 그 밖에 이익을 수수한 때
15. 형법법규에 위반하여 유죄판결(확정)을 받아, 이후 취업이 부적당하다고 인정된 때
16. 징계, 훈계를 여러 번 받고도 개전의 정이 인정되지 않은 때
17. 회사의 명예, 신용을 실추시키거나 직장규율을 문란케 한 때
18. 그 밖에 전 각 호에 준하는 부당한 행위가 있을 때

2. 징계의 종목을 부분적으로 선택하는 경우

징계해고와 그 이외의 것(견책, 감급, 출근정지 등)으로 구분하여 사유를 게기하고 후자에 대하여는 선택하는 방식이 있다. 이것은 같은 징계라 하더라도, 해고와 그렇지 않은 것과는 비중이 전혀 상이하므로 이 점을 고려한 것이다. 이러한 유형은 비교적 많다.

규 정 례

제○조【견책 · 감급 · 출근정지의 기준】
근로자가 다음 각 호의 1에 해당할 때에는 견책, 감급 또는 출근정지에 처한다.
1. 정당한 이유없이 5일 이상 무단결근한 때
2. 허가없이 회사물품을 가지고 반출하거나 또는 반출하려고 한 때
3. 품행이 불량하여 회사의 질서, 풍기를 문란케 한 때
4. 화기를 소홀히 취급하여 화재발생의 위험이 있었을 때
5. 고의 또는 중대한 과실로 기계공작물 그 밖에 물품을 훼손하거나 분실한 때
6. 재해예방, 보건관계규정이나 지시에 위반한 때
7. 업무상의 태만 또는 감독 불충분으로 화재, 상해 그 밖에 중대한 사고를 발생케 한 때
8. 그 밖에 전 각 호에 준하는 부당한 행위가 있을 때

제○조【징계해고의 기준】
근로자가 다음 각 호의 1에 해당할 때에는 징계해고한다. 다만, 정상에 따라 견책, 감급 또는 출근정지를 명할 수 있다.
1. 정당한 이유없이 7일 이상 무단결근한 때
2. 출근이 불규칙하고, 상습적으로 무단지각, 조퇴 등을 함으로써 근무에 성의가 없다고 인정된 때
3. 타인을 폭행 · 협박하여 현저히 업무를 방해한 때
4. 직무상의 지시명령에 부당하게 반항하고, 직장질서를 문란시키거나 시키려고 한 때
5. 주요 경력을 허위로 기재하였거나 그 밖에 사기, 착오로 고용된 때
6. 회사의 승인없이 다른 직장에 취직한 때
7. 회사의 중대 기밀을 사외에 누설한 때
8. 업무에 관하여 회사를 기만하거나 고의로 회사에 손해를 입힌 때
9. 형사사건으로 유죄판결이 확정된 때
10. 부정행위로 회사의 체면을 심히 손상시킨 때
11. 직무와 관련하여 부당하게 금품을 수수한 때
12. 전조 각 호의 1에 해당하는 행위가 2회 이상으로 개전의 정이 없다고 인정한 때
13. 그 밖에 전 각 호에 준하는 부당한 행위가 있을 때

3. 상사의 감독책임을 묻는 경우

상사의 감독 불이행에 따라 부하가 부정행위, 규율위반행위를 할 수 있다. 또한 금전의 착복 · 횡령, 정보누설, 여성 종업원에 대한 성희롱 등의 사안에서 감독을 적시 · 적정하게 행하였다면 부정에 따른 피해 · 손해를 최소한으로 줄일 수 있고 감독이 부적절하여 피해 · 손해가 확대되는 사례가 현실적으로 적지 않게 발생하고 있다. 상사는 부하를 적절하게 감독하여 부정이나 규율위반을 방지할 책임이 있다. 직장의 부정방지, 규율위반방지는 상사의 중요한 직무책임이다. 상사의 감독불이행에 따라 부하가 징계처분을 당할 때는 상사의 감독책임의 범위 내에 있다면 그 상사를 징계처분할 수 있다.

규 정 례

제○조【상사의 책임】
근로자가 징계처분을 받은 때에는 그 상사에게 책임을 물을 수 있다. 다만, 그 책임자가 방지에 필요한 조치를 강구하거나 또는 강구할 수 없었던 부득이한 때에는 그러하지 아니하다.
제○조【감독자의 책임】
직무상 감독지위에 있는 자가 필요한 주의를 게을리 함으로써 부하 중에 징계해고 해당자가 나오게 된 때(처분은 견책 또는 출근정지)
제○조【감독자의 부정행위묵인】
직무상 감독지위에 있는 자가 부하의 부정행위가 있음을 알고도 이를 은폐하거나 묵인한 때(처분은 해고)

4. 회사의 특성을 반영한 징계사유

징계사유는 반대로 말하면 근로자로서 준수할 의무이기도 하고, 그 의무는 업종, 직종에 따라 다를 수 있다. 따라서 업종, 직종에 따라 특별한 의무가 존재할 수 있는 것이다. 만약 그런 것이 있다면 이를 게기하는 것이 규율 유지상 유익하다.

규 정 례

제○조【징계사유】
징계사유는 다음 각 호와 같다.
1. 월권으로 중요 계약을 체결한 때
2. 신용한도를 초과하는 거래를 한 때
3. 연체불량채권의 발생보고를 고의로 태만히 하거나 허위보고를 한 때
4. 규칙을 위반하여 융자를 한 때

5. 장부정리 불충분 등으로 판매대금 회수누락이 있었을 때 6. 가장, 가공, 미기장의 거래를 한 때 7. 규정대로 경리처리를 하지 않거나 손익 등에 대한 허위보고를 한 때

5. 변명의 기회를 주는 경우

규 정 례

제○조【변명의 기회보장】 근로자가 징계처분에 해당되는 혐의가 있을 때에는 그 자에게 변명의 기회를 주어야 한다. 다만, 해당자가 회사의 출석통지에 불응한 때에는 그러하지 아니하다.

6. 처분결정시까지 취업정지 시킬 때

징계해고에 상당하는 중대한 위반행위를 행한 근로자에 관하여 징계처분결정까지의 기간 중 자택에서 대기시켜 출근을 정지하는 처분을 행하는 경우가 있다.

이와 같은 출근정지를 한 이후 징계해고 등의 처분을 행하는 일은 하나의 사안에 관하여 2회 처분하는 결과가 되므로 이중처분의 금지에 해당하지 아니하는지 문제가 된다.

이 점에 관하여서는 이 자택대기가 징계처분으로서의 출근정지처분이 아니라「처분결정까지의 기간 중 임금을 지급하는 전제하에 이루어진 것」이며 또한「자택대기의 처분 및 본건 해고처분이 극히 밀접한 기간 내에 이루어졌다」는 것이라면 징계처분에 해당되지 아니하며, 그 준비적인 행위로서 유효라고 해석되고 있다.

즉, 징계처분까지의 기간 중에 본인을 회사에 출근시키는 것이 부적당하다고 하는 합리적인 이유가 있다면 자택대기를 시켜도 무방하며, 그 합리적인 이유란 그 근로자가 취업함으로써 동종의 질서위반을 반복할 위험이 있다는 것, 증거를 인멸시키거나 조작할 우려가 있다는 것, 다른 근로자에게 악영향을 미치고 직장질서를 문란하게 하는 우려가 있다는 것, 또는 회사의 거래처에 대하여 나쁜 감정을 주어 회사의 신용을 떨어뜨리는 위험이 있다는 등 회사 경영에 방해가 되는 경우를 가리킨다고 해석하여야 한다.

규정례

제○조【자택대기】 회사는 징계처분에 해당되는 혐의를 받은 근로자에 대하여는 그 처분이 결정될 때까지 자택대기를 명할 수 있다. **제○조【취업정지】** 회사는 징계해당 행위가 있는 자에게 징계처분이 확정될 때까지 취업을 금지시킬 수 있다.

7. 처분결정 후의 절차를 정하는 경우

규정례

제○조【징계통고방식】 징계가 확정된 때에는 본인에게 통고하는 동시에 이를 사내에 고시한다.

3 징계조항의 운용상 주의사항

1. 조사협력의무의 한계

징계처분의 기초가 되는 복무규율 위반의 사실 유무 조사에 관하여 근로자에게 협력을 구할 수가 없는 경우도 있다는 것을 알고 있을 필요가 있다.

기업질서 위반의 행위가 있었을 경우에는 그 위반행위의 내용, 태도, 정도 등을 명확히 하여 문란된 기업질서 회복에 필요한 업무상의 지시, 명령을 발하고, 또는 위반자에 대하여 제재로서의 징계처분을 하기 위해 사실조사를 할 수 있음은 말할 것도 없다. 그러나 기업이 그와 같이 기업질서 위반사건에 관한 조사를 할 수 있다고 하여, 즉시 근로자는 이에 대응해서 언제 어떤 경우에도 당연히 기업이 행하는 그러한 조사에 협력하여야 할 의무를 지고 있다고는 할 수 없다. 그것은 근로자는 근로계약을 체결해서 기업에 고용됨으로써 기업에 대해 노무제공의 의무를 지는 동시에 이에 부수하여 기업질서 준수의무 기타의 의무를 지지만, 기업의 일반적인 지배에까지 따라야 될 의무는 없기 때문이다.

이렇게 생각할 때에 당해 근로자가 다른 근로자에 대한 지휘 · 감독 내지 기업질서의 유지 등을 그 직책으로 하는 자로서 조사에 협력하는 것이 그 직무내용으로 되고 있는 경우에는 그 조사에 협력하는 것이 근로계약상의 기본의무인 노무제공의무 그 자체의 이행이므로 그 조사에 협력할 의무를 가진다고 할 수 있으나, 그 이외의 자인 경우에는 조사대상인 위반행위의 성질, 내용, 당해 근로자의 위반행위 청문의 기회와 직무집행과의 관련성, 보다 적절한 조사방법의 유무 등 제반사정으로부터 종합판단하여 그 조사에 협력하는 것이 노무제공의무를 이행하는데 있어 필요하고 또한 합리적이라고 인정되지 않는 한, 그 조사협력의무를 지는 것이 아니라고 하는 것이 판례의 입장이다(일본최고재3소판결 1977.12.13).

따라서 복무규율 위반행위에 대하여 징계처분을 하려고 할 경우에는 원칙적으로 관리 · 감독자를 통하여 위반사실을 확고하게 하는 것이 필요하다.

2. 징계처분 종류의 선택

복무규율 위반의 정도에 따라 징계처분의 종류를 신중하게 선택할 것이 필요하다.

근로자에게 복무규율 위반의 행위가 있어 징계처분을 하는 경우에는 징계권자가 어떠한 처분을 선택하는가에 대하여 신중하게 판단하여야 한다.

이 경우의 판단기준은 징계사유에 해당한다고 인정되는 행위가 외부에 나타난 형태 외에 그 행위의 원인, 동기, 상황, 결과 등을 고려할 것임은 물론, 나아가 그 근로자의 전후의 태도, 징계처분 등의 처분전력, 사회적 환경, 선택하는 처분이 다른 근로자 및 사회에 주는 영향 등 제반사정도 참작하는 것이 필요하다.

어떤 처분을 선택하는가의 판단은 징계권자에게 재량이 인정되지만, 그 재량은 자의적이어서는 안되고, 그 행위와의 대비에 있어서 심히 균형을 상실하는 등 사회통념에 비추어 합리성을 결한다고 판단되면, 징계처분이 무효로 될 수 있다는 것에 주의하여야 한다(대법 2008.1.31, 2005두8269).

근로자에게 여러 가지 징계혐의사실이 있는 경우 이에 대한 징계해고처분이 적정한지의 여부는 그 사유 하나씩 또는 그 중 일부의 사유만 가지고 판단할 것이 아니고 전체의 사유에 비추어 사회통념상 근로계약을 계속시킬 수 없을 정도로 근로자에게 책임이 있는지 여부에 의하여야 한다(대법 2008.7.10, 2007두22498). 이 경우 징계사유의 내용과 성질은 물론이고 피징계자의 평소의 소행, 근무성적, 징계처분 전력 이외에도 당해 징계처분사유 전후에 저지른 징계사유로 되지 아니한 비위사실도 징계양정에 있어서의 참작자료가 될 수 있으며 다만, 징계권자가 재량권의 행사로서 한 징계처분이 사회통념상 현저하게 타당성을 잃어 징계권자에 맡겨진 재량권을 남용한 것이라고는 인정되는 경우에 한하여 위법한 것이다(대법 1997.11.14, 97누7325 ; 1998.5.22, 98다2365).

해고는 사회통념상 고용관계를 계속할 수 없을 정도로 근로자에게 책임있는 사유가 있는 경우에 행해져야 그 정당성이 인정되는 것이고, 사회통념상 당해 근로자와의 고용관계를 계속할 수 없을 정도인지의 여부는 당해 사용자의 사업의 목적과 성격, 사업장의 여건, 당해 근로자의 지위 및 담당직무의 내용, 비위행위의 동기와 경위, 이로 인하여 기업의 위계질서가 문란하게 될 위험성 등 기업질서에 미칠 영향, 과거의 근무태도 등 여러 가지 사정을 종합적으로 검토하여 판단해야 한다(대법 2011.3.24, 2010다21962 ; 2002.5.28, 2001두10455).

3. 징계해고의 정당성 관련규정

징계처분 중 가장 문제가 되는 것은 징계해고 중 즉시해고이므로 그 정당성을 판단한 규정을 살펴본다. 또한, 징계해고가 권리남용이라고 판단되어도 이것은 처분이 과중하다는 것을 의미하는 것이며 복무규율 위반이 없다는 것을 인정한 것이 아니라는 것을 주의할 필요가 있다. 근로기준법 제26조 단서 후단에 「근로자가 고의로 사업에 막대한 지장을 초래하거나 재산상 손해를 끼친 경우로서 고용노동부령으로 정하는 사유에 해당하는 경우에는 그러하지 아니하다」고 규정하여 고의가 있는 경우에 징계해고할 수 있음을 유의할 필요가 있다. 종전에는 근로자의 귀책사유라고 명시되어 있고 귀책사유의 범위에서는 고의뿐만 아니라 중대한 과실이 있는 경우를 포함한다고 해석하고 있었지만

「고의」가 있는 경우에 국한하고 있으므로 종전과는 달리 운용하여야 한다.

근로자의 귀책사유에 대하여는 근로기준법시행규칙 제4조에 의하여 동법시행규칙 별표에서 다음과 같이 규정하고 있다.

[별 표] 해고예고의 예외가 되는 근로자의 귀책사유(제4조 관련)

1. 납품업체로부터 금품이나 향응을 제공받고 불량품을 납품받아 생산에 차질을 가져온 경우
2. 영업용 차량을 임의로 타인에게 대리운전하게 하여 교통사고를 일으킨 경우
3. 사업의 기밀이나 그 밖의 정보를 경쟁관계에 있는 다른 사업자 등에 제공하여 사업에 지장을 가져온 경우
4. 허위사실을 날조하여 유포하거나 불법 집단행동을 주도하여 사업에 막대한 지장을 가져온 경우
5. 영업용차량 운송수입금을 부당하게 착복하는 등 직책을 이용하여 공금을 착복 · 장기유용 · 횡령 또는 배임한 경우
6. 제품 또는 원료 등을 몰래 훔치거나 불법반출한 경우
7. 인사 · 경리 · 회계담당 직원이 근로자의 근무상황 실적을 조작하거나 허위서류 등을 작성하여 사업에 손해를 끼친 경우
8. 사업장의 기물을 고의로 파손하여 생산에 막대한 지장을 가져온 경우
9. 그 밖에 사회통념상 고의로 사업에 막대한 지장을 가져오거나 재산상 손해를 끼쳤다고 인정되는 경우

4. 직장 외의 행위

직장 외에서 행해진 위법행위가 징계해고사유에 해당하는지 여부는 회사의 규모, 업종, 위반자의 사내에서의 지위 등에서 보아 그 위법행위로 기업질서가 어느 정도 문란하게 되었는가에 따라 판단하게 된다. 근로자가 사생활에 있어서 비행사실이 있거나 범죄행위로 인하여 처벌받은 것을 들어 "회사의 명예나 신용을 훼손"한 징계해고 사유에 해당한다고 해고처분을 하였을 때 그 정당성 여부가 문제될 수 있다.

우리나라 판례로서는 다음과 같은 것이 있다.

① 직장에서 상사와의 개인적 다툼과 외부단체에 진정한 경우

여성근로자가 남자상사로부터 폭행당하고 타부서로 인사이동한데 반발하여 이를 노동조합에 대한 탄압이라고 자의적으로 비약시켜 경영진과 노동조합원 사이를 분열시키고자 하고, 외부단체에 자신의 처지를 왜곡진정하여 이를 믿

은 위 단체들의 활동으로 결과적으로 회사의 업무가 방해되고 대외적 신뢰도 및 명성이 훼손되게 한 것은 근로계약상의 인적 신뢰관계를 깨뜨리고 공동체적 노사관계를 부인하는 행위이므로 그에 대한 징계해고조치가 정당하다(서울고법 1992.2.12, 91나12198).

② **풍기문란 행위**

형사상 친고죄인 강간죄의 고소기간이 경과되었더라도 동일직장내에서 업무상 자기의 감독하에 있는 미성년자인 여성 안내원을 강간하였다는 사실은 회사의 취업규칙의 규정 등에 비추어 보더라도 징계해고의 사유에 해당된다(대법 1987.5.26, 86구765).

③ **대학교수가 성적 비행을 저지른 경우**

대학교수 신분으로 시간강사인 미혼여성과 성적 비행을 저지른 것은 교원으로서 품위를 손상한 행위라고 인정하여 징계해임한 것은 정당하다(대법 1993.2.24, 92다24974).

④ **기숙사에서 여성과 동침행위를 묵인한 경우**

동료직원과 함께 술을 마신 후 그가 20세나 연상인 부녀자를 기숙사로 데려오기 위하여 거짓말을 하는 것을 제지하지 아니하고, 또 기숙사 같은 방에서 동침하는 것을 보면서 묵인한 행위가 풍기문란행위에 해당하므로 권고사직처분이 적법하다(대법 1993.4.13, 92다48208).

5. 취업규칙에 징계절차가 정하여져 있을 경우

취업규칙상의 「징계는 징계위원회의 의결을 거쳐 이를 행한다」 또는 「징계에 관한 규정의 적용에 있어서는 조합의 동의를 얻어 이를 행한다」라는 조항은 근로자의 신분에 중대한 영향을 미치는 징계권의 행사에 대하여 회사의 독단전행을 피하고 조합측과 협의해서 그 의견을 충분히 회사측에 반영케 함으로써, 조합측의 의사를 존중하는 동시에 회사의 취지를 조합측에도 양해시켜 가능한 한 양자간의 상호이해와 납득으로 일을 처리하려는 것이고, 따라서 취업규칙상의 그 제한 규정은 어떠한 경우에도 회사의 단독 결정을 허용치 않으며, 이에 따르지 않고 행한 징계권의 행사가 무효로 된다는 것은 아니다.

따라서 징계해고를 하는데 있어서 객관적이고 또한 합리적으로 상당한 이유가 있는 경우에, 사용자가 조합측에 징계위원회에의 출석, 그 심의에의 참가 및 조합의 동의를 얻기 위한 노력을 거듭하였음에도 불구하고, 조합측이 조사나 심의에 성의를 다하지 않았고, 조합측의 태도로 보아 동의를 얻는 것도, 그리고 협의를 계속하는 것도 기대할 수가 없는 경우에는 조합의 동의를 얻기 위해 납득하기에 족한 수단, 방법을 강구한 것이므로 조합의 동의없이 행하여진 해고도 유효하다(대법 2012.6.28, 2010다38007).

또한 노사 쌍방의 대표로 구성되는 징계위원회 또는 고충처리위원회에서 징계처분을 타당하다고 인정하더라도, 징계사유의 존부는 그 징계처분의 적부를 심사하는 법원의 판단에 따라야 할 문제이므로, 법원이 그 판결을 내림에 있어 위의 위원회의 판단은 하나의 자료로서 고려하는데 불과하며, 특별한 사정이 없는 한 이를 존중하지만 반드시 그 징계처분의 적부 판단을 좌우하는 것은 아니다.

제7장 근로시간규정의 작성 · 운용방법

1 근로시간규정

1. 근로시간조항의 필요성 및 근로시간규정의 주요사항

(1) 근로시간조항의 필요성

근로시간제는 근로조건의 핵심적인 사항이므로 채용시에 이를 근로자에게 명시하고(근로기준법 제17조), 취업규칙에 정할 것(동법 제93조제1호)이 법률상 의무로 되어 있다.

근로기준법 제50조제1항은 「1주간의 근로시간은 휴게시간을 제외하고 40시간을 초과할 수 없다」고 규정하고 있으며, 제2항은 「1일 근로시간은 휴게시간을 제외하고 8시간을 초과할 수 없다」고 규정하고 있다.

근로시간은 1일 실근로 8시간이 한도이므로 탄력적근로시간 등 변형근로시간을 제외하고는 소정근로시간을 정하는 경우에는 그 8시간 이내에서 정하지 않으면 안된다.

다음 휴게에 대해서는 사용자는 근로시간 4시간인 경우에는 30분 이상, 8시간인 경우에는 1시간 이상의 휴게시간을 근로시간 도중에 주어야 한다(근로기준법 제54조제1항).

휴게시간은 근로자가 자유롭게 이용할 수 있다(동조제2항).

(2) 근로시간규정의 주요사항

법정근로시간 한도 내에서 규정을 작성해야 하는데 규정해야 할 주요한 사항은 다음과 같다.

① 업무의 시작시각 · 종료시각, 휴게시간

② ① 을 변경하는 경우(앞당기는 경우, 늦추는 경우)의 규정

③ 탄력적근로시간제를 채택한 사업장은 그 취지, 요건

④ 선택적근로시간제를 채택한 사업장은 그 취지, 요건

⑤ 노사협정에 의한 간주근로시간제를 채택한 사업장은 그 취지, 요건

⑥ 재량근로를 채택한 사업장은 그 취지, 대상업무, 요건

⑦ 교대제를 취하는 경우 교대 당번마다의 업무시작시각 · 종료시각, 휴게시간

⑧ 휴게를 주는 방법

2. 근로시간에 관한 규정례

(1) 전사 일률적인 시간제를 취하는 경우

근로시간 및 휴게시간은 전사가 동일하지 않아도 상관이 없다. 전사 일률적인 시간제를 취하는 경우는 규정으로서는 매우 간단하며, 가장 표준적인 패턴이다.

게다가 1일 또는 1주, 1년의 근로시간수(예컨대, 1일 7시간 30분, 연간 1,950시간)는 취업규칙에 표시하든 안하든 상관없다.

기후조건의 영향, 교통사정, 계절, 업무사정 등 당연히 예상되는 사유에 의해서 시작시각, 종료시각, 휴게시간을 변경한다는 것을 명확히 기재해 두는 것이 좋을 것이다.

규 정 례

제○조【근로시간】

근로시간은 휴게시간을 제외하고 1일에 8시간, 1주일에 40시간을 기준으로 한다.
다만, 당사자간의 합의에 의하여 1주일에 12시간 한도로 연장할 수 있다.

제○조【토요일 휴무】

① 토요일은 휴무로 본다.
1. 직원의 근무시간은 1일 8시간, 주 40시간을 원칙으로 한다.
2. 근무시간에는 실제 근무시간 외에 조회시간, 교육훈련시간 및 각종 행사 등 일체의 시간을 포함한다.
3. 업무개시 및 종료시간은 연중 9시부터 18시까지로 한다. 다만, 공무원의 근무시간이 변경될 경우에는 공무원 근무시간에 따른다.
4. 제3호의 규정에 불구하고 사업추진상 필요하다고 인정되는 경우에는 제1호의 근무시간 범위 안에서 대표이사 또는 공장장이 따로 정할 수 있다.

제○조【근로시간 및 휴게시간】

① 근무시간 및 휴게시간은 다음과 같다.

구 분	생 산	영업 · 관리
월~금	08 : 30~17 : 30	09 : 00~18 : 00
휴게시간	12 : 00~13 : 00	12 : 00~13 : 00

② 근무시간은 휴게시간을 제외하고 1일 8시간, 1주 40시간을 기준으로 한다.
③ 휴게시간은 식사시간을 포함하여 1시간으로 하고, 직원이 자유롭게 사용할 수 있다.

제○조【근로시간】

① 직원의 근로시간은 휴게시간을 제외하고 1주 40시간, 1일 8시간을 원칙으로 한다.
② 업무시작 및 종료시각은 근무형태별로 별도로 정할 수 있다.
③ 회사는 직원과의 합의로 1주 12시간의 범위 내에서 연장근로를 명할 수 있다.
④ 업무성질상 또는 전력사정, 악천후 등에 의해 사전에 근무시간 및 휴게시간을 예고하고 이를 변경할 수 있다.
⑤ 업무시작과 종료 및 휴게시간은 회사의 형편에 의하여 조정할 수 있다. 다만, 감시 · 단속적 근로자는 적용제외 승인사항에 의거한다.

제○조【근로시간 및 휴게시간】

① 근로자의 1일 근무시간 및 휴게시간은 다음과 같이 한다.
업무시작 : 오전 9시
종료시각 : 오후 6시
휴게시간 : 정오부터 오후 1시까지 1시간
② 회사는 교통사정, 계절 그 밖에 업무의 사정에 의하여 전부 또는 일부의 자에 대하여 제1항의 업무시작시각, 종료시각, 휴게시간을 변경할 수 있다.

(2) 부문별로 다른 시간제를 취하는 경우

근로시간제(근로시간 수, 업무시작 · 종료시각, 휴게 등)는 전사, 전원이 동일하지 않더라도 법률상 관계가 없다. 사업장, 부서별, 직종 등의 업무양태에 따라 편의대로 정해도 좋다.

물론 이것은 법률상 관계가 없다는 것이며 실제 근로시간에 격차가 있어 근로자가 납득하지 않는다면 곤란하다. 그 격차에 합리적인 이유가 없으면 납득하지 않을 것이므로 유의하여야 한다.

규 정 례

제○조【근로시간】

근로자의 근무시간은 다음과 같다.

① 주간근무
  업무시작시각 : ○시 ○○분
  종료시각 : ○시 ○○분
  실근로시간 : ○시 ○○분
  실근로시간 개시시각 : ○시 ○○분
  휴게개시시간 : ○시 ○○분
  휴게종료시간 : ○시 ○○분

② 교대근무
  가. 주간근무
  나. 야간근무

③ 3교대근무
  가. 아침근무
  나. 주간근무
  다. 야간근무

(3) 사업장마다 별도규정으로 하는 경우

본사 및 사업장의 근무시간의 세목을 취업규칙에 모두 기재하는 유형과 달리 취업규칙 본문에는 사업장 전체에 적용되는 원칙만을 기재하고 세목은 사업장별로 따로 규정하는 유형이 있다.

규 정 례

제○조【시 · 종료시각】

시작 · 종료의 시각 및 휴게의 개시 · 종료의 시간은 각 사업장에서 별도로 정한다.

제○조【근로시간】

① 실근로시간은 1년에 1,960시간으로 한다.

② 1근로일의 근로시간은 공장 · 사업장마다 따로 정한다. 다만, 원칙적으로 휴게 1시간을 제외하고 8시간으로 한다.

3. 교대제를 정하는 경우

(1) 주40시간제 도입

교대제는 교대근무를 고정적으로 하는지 아니면 순환형으로 하는지 여부, 야간시간대 조업을 포함하는지 여부, 1일의 조업시간이 24시간 조업을 하는 전일제인지 여부 등에 따라 2조격일제, 2조1일2교대제, 3조1일2교대제, 3조1일3교대제, 4조1일3교대제 등 다양한 유형이 있다.

그런데 근로기준법 개정으로 인해 근로시간이 주40시간으로 단축되고, 연장근로한도가 12시간 이내로 적용되기 때문에 주당 근로시간 상한선 또한 주56시간에서 주52시간으로 변경되어, 2교대제나 3교대제를 새로운 형태로 변경하지 않으면 안된다.

(2) 교대근무제의 의의

교대근로제는 근로자를 2 이상의 그룹으로 나누어 근로시키는 제도를 말한다. 보통 교대근로제는 생산설비의 완전가동을 위해 도입되는 경우가 많다. 즉, 철강, 석유정제, 합성화학 등의 사업과 같이 공정이 연속되어 있어 이중 일부 또는 전부를 중단한 후 재가동하는 경우 매우 많은 비용이 들거나 과도한 시간이 걸리는 경우가 그러하다. 또한 전기, 가스, 운수, 수도, 통신, 병원과 같이 공익적 사업으로 그 운영을 중지할 수 없는 경우에도 교대제근로가 시행된다.

사업상의 필요성이 인정되는 경우라도 교대근로제는 근로자 건강상 해로운 영향을 초래할 우려가 많기 때문에 다음 사항에 대한 고려가 필요하다.

(3) 교대제 도입시의 고려사항

① 취업규칙 등에 명시

교대제를 운영하기 위해서는 근로계약을 체결할 때 근로조건으로 약정되어 있거나 취업규칙 등에 제도화 되어 있어야 한다. 당초에 교대근로제를 운영하지 않다가 교대근로제를 도입하는 경우 이는 취업규칙의 불리한 변경으로 보아 근로자 과반수의 동의가 있어야 한다.

② 교대조 편성의 예측가능성

교대근로제는 주휴일 및 교대조의 교대가 미리 예측가능 하도록 규칙적으로 정해져 있어야 한다. 근로기준법상 주휴일이란 반드시 7일 주기로 주어야 하는 것은 아니지만 1주일의 기간동안 평균 1일 이상 부여하여야 한다. 다만, 근로자가 휴일을 사전에 예측할 수 있도록 해야 하며, 가급적이면 규칙적으로 부여하는 것이 바람직하다.

③ 그 밖의 근로기준법상 근로시간과 관련된 조항의 적용

교대근로제를 시행한다고 해서 근로기준법상 근로시간과 관련된 조항에 대한 특례가 인정되는 것은 아니다. 따라서 교대근로제를 실시하는 기업이라면 근무시간을 설계하는데 있어서 교대근로제에 따른 연장 · 야간 · 휴일근로에 대한 수당을 예상하여 근로자에 대한 임금설계와 더불어 실시하는 것이 필요하다.

교대근로제의 경우에도 기준근로시간은 1일 8시간, 1주 40시간이다. 이 시간을 초과한 근로에 대해서는 연장근로로서 가산임금이 지급되어야 하며, 1주 12시간 연장근로 한도가 적용된다.

특히 연장근로의 경우 당사자간의 합의가 필요한 점을 유의하여야 한다. 현행법상 당사자간에 합의가 있을 때 연장근로할 수 있다고만 규정하고 있고 구체적인 합의 방법에 대하여 명시하고 있지만, 연장근로에 대한 당사자 합의란 원칙적으로 서면 또는 구두에 의한 개별적인 합의가 원칙이다. 따라서 단체협약 등 집단적인 합의를 하였다 하더라도 개별근로자가 이에 동의하지 않는다면 그 근로자에 대해서는 교대근로를 강제할 수 없을 것이다.

이러한 해석에도 불구하고 교대근로제와 같은 제도화된 연장근로에 대해서는 단체협약이나 취업규칙을 통한 합의가 가능하다고 인정한 경우가 많은데, 단체협약이나 취업규칙 등에 구체적인 사유와 기간을 정하여 연장근로를 하도록 정하는 것은 가능하다고 본다.

이밖에 휴게시간, 휴가 등은 비교대상 근로자와 동일하게 부여하여야 하며, 야간근로의 경우 가산임금은 당연히 적용된다.

④ **근로자의 건강보호**

근로자의 생체리듬과 건강을 고려할 때, 처음으로 교대제 근로에 투입되는 근로자에 대해서는 근무시간표를 이른바 전진근무방식인 「아침→낮→밤」식으로 순차적으로 편성하고 교대제 형태는 가능한 한 4조3교대제 또는 5조3교대제로 운영하는 것이 바람직하다.

또한 연소근로자와 여성에 대한 근로시간 제한에 대해서도 염두에 두어야 한다. 연장근로의 경우 당사자의 합의를 전제로 연소근로자의 경우 1일 1시간, 1주일에 6시간을 한도로 연장근로를 할 수 있으며, 산후 1년이 경과하지 않은 여성의 경우 1일 2시간, 1주일 6시간, 1년 150시간을 한도로 연장근로를 할 수 있으며, 임신 중인 여성은 원칙적으로 금지된다.

야간근로의 경우 임신 중인 여성에 대하여는 본인의 청구와 근로자대표와의 협의, 고용노동부장관의 인가가 있을 경우 허용되며, 연소근로자와 산후 1년이 경과하지 않은 여성의 경우 본인의 동의와 근로자대표와의 협의, 고용노동부장관의 인가가 있어야만 허용된다.

(4) 교대제 변경시 고려사항

① **임금보전수준과 인력충원수준 결정**

교대제 근무자의 실근로시간이 대폭 감소하여 연장근로수당이 대폭적으로 삭감되고, 교대당 인원 수를 그대로 유지하고 신설조 인원만큼 신규채용이 이루어질 경우 노동비용이 급상승하므로 노사간 협상을 통해 임금보전 수준과 인력충원 수준을 결정해야 한다. 인력충원 수준에 맞추어 교대조의 수와 근무조의 수 등을 결정할 수 있다.

② **근무주기는 조업을 24시간 연속할 것인가, 중단이 있는가,**

전혀 조업하지 않는 날이 있는가 등을 보면서 결정하여야 하고 휴일에는 전 근로자를 일제히 휴무토록 할 것인가를 결정하여야 한다. 그리고 야근 후 휴식시간, 근무시간대별 간격, 신체리듬, 휴일 수 등을 고려해 생산성과 근로자 휴식에 유리한 교대조 주기형태를 선택하여야 한다.

③ **대체인력의 확보**

휴가 등 결원 시 직무범위가 유사한 다른 부문에서 대체인력을 확보할 수 있도록 예비 근무조가 있는 근무편성, 다기능화 교육을 체계화 할 필요성이 있다.

④ **근로자의 건강진단 및 후속조치**

교대제 근무의 배치 전에 건강진단을 하거나 배치 후 정기건강진단을 충실히 함으로써 야간근로나 교대근로로 인한 근로자의 생체리듬의 혼란, 수면의 불완전 등의 부작용을 최소화하고 야간근로자의 수면시설 등 후속조치를 한다.

(5) 교대제의 유형별 검토

① **2조격일제**

하루씩 걸러 오전 8시부터 다음날 오전 8시까지 24시간을 연속적으로 근무하는 근무형태이다. 2조 24시간 격일근무는 야간근로를 포함하여 지나치게 긴 근로로 인해 근로자의 건강에 나쁜 영향을 미치므로 지양해야 할 제도이다.

② **2조2교대제**

2조2교대제는 2개의 근무조가 1일을 전반기 그리고 후반기로 나누어 근무 순번을 바꿔가면서 근로하는 제도를 말한다. 자동차, 비철금속 등의 제조부분에서 많이 활용하는 근무형태로 1주일에 6일 가동형태를 취한다. 이때 1일 가동시간은 휴게시간 포함하여 9시간 근로가 가능하므로 2조 모두 가동되는 시간은 1일 18시간이다. 그러나 노사가 연장근로를 하기로 합의하는 경우 2시간씩 연장을 하는 경우 1일 22시간 가동이 가능하며 야간 휴게시간을 연장하는 경우 24시간 가동도 가능하다. 주40시간제 하에서는 1주일에 5일 가동이 가능하다.

구분	1	2	3	4	5	6	7	8	9	10	11	12	13	14
제1조	0~11	0~11	0~11	0~11	0~11	휴무	휴무	12~22	12~22	12~22	12~22	12~22	휴무	휴무
제2조	12~22	12~22	12~22	12~22	12~22	휴무	휴무	0~11	0~11	0~11	0~11	0~11	휴무	휴무

탄력적근로시간제를 운용하는 경우 근로기준법에서는 3개월까지 단위기간의 설정이 가능하므로 당사자간 합의로 24시간 근무형태로 연장하여 운영할

수도 있다. 물론 이 경우 연장근로 한도에 유의해야 하며, 연장근로를 포함한다면 최대 64시간(탄력적근로시간제 허용 최대시간 52시간+연장근로 한도 12시간)까지 허용된다. 다만, 이는 지나치게 장시간 근로를 하게 되므로 근로자의 건강 보호, 이를 통한 기업의 경쟁력 확보라는 차원에서 바람직하지 않다.

③ 3조2교대제

1일 24시간, 1주 7일을 계속 가동하여야 하는 자동화된 제조업이나 공익성 기업의 경우 3교대조를 편성하고 1일 근로를 2개의 근무조가 교대하도록 하는 경우이다. 그리하여 1근무조는 08시부터 20시까지, 2근무조는 20시부터 다음날 08시까지로 운영하는 구체적인 근무표는 아래와 같다.

그리하여 제1교대조는 제1조→제2조→쉬는 조→제1조가 되고,

제2교대조는 제2조→쉬는 조→제1조→제2조,

제3교대조는 쉬는 조→제1조→제2조→쉬는 조의 형태로 운영된다.

▎근로형태 및 교대형태

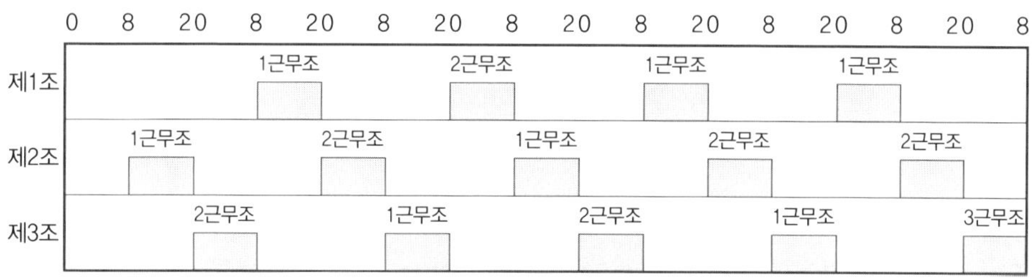

이렇게 운영하는 경우 각 근무조 별 연장근로시간을 살펴보면 주 40시간제하에서 연장근로시간을 초과하게 된다. 즉, 제1조는 주에 총 4일 근무하고 매일 12시간씩 일을 하므로 48시간이 된다. 그러나 제2조와 제3조는 매일 12시간씩 총 5일을 근무하므로 60시간을 일하고 연장근로시간이 15시간이 되어 근로기준법 위반이 된다.

다만, 제2조 및 제3조를 기준으로 하여 휴게시간을 1.6시간 이상을 부여하는 경우 연장근로시간은 1일 2.4시간, 1주 12시간이 되므로 연중 무휴가동이 가능하지만, 이 역시 장시간 근로를 초래하므로 바람직하지 않다.

④ **3조3교대제**

3조3교대제의 경우 1일 근로를 3조로 나누어 각 교대조 별로 근무조를 배치하여 운영하는 형태로 다음과 같은 근무표에 의해 소정근로시간이 정해지게 된다.

(단위 : 시)

구 분	1일	2일	3일	4일	5일	6일	7일
제1조 (정상/연장)	0~8 (8/0)	0~8 (8/0)	0~12 (8/4)	0~8 (8/0)	0~12 (8/4)	0~8 (8/0)	휴일
제2조 (정상/연장)	8~16 (8/0)	8~16 (8/0)	12~24 (8/4)	8~16 (8/0)	휴일	8~16 (8/0)	0~12 (8/4)
제3조 (정상/연장)	16~24 (8/0)	16~24 (8/0)	휴일	16~24 (8/0)	12~24 (8/4)	16~24 (8/0)	12~24 (8/4)

위 표를 근거로 교대제를 운용하는 경우에는 주 40시간제가 되면 소정근로시간이 변경되고 이에 따라 연장근로시간 수가 달라진다. 즉, 16시간의 연장근로가 발생한다. 이와 같은 근무형태는 주40시간제가 도입된 후 3년간은 허용되나 그 이후에는 연장근로 한도(1주 12시간)를 넘는 경우에는 법 위반상태가 되기 때문에 연장근로시간을 축소할 수 있도록 추가인력을 고용해야만 한다.

3조3교대의 경우에도 주말에 조업을 중단하는 경우에는 조금 다를 수 있다. 즉, 0~8시 근무 5일→휴일 2일→8~16시 근무 5일→휴일 2일→16~24시 근무 2일→휴일 2일(토, 일요일 조업중단)의 경우에는 주40시간제를 무리없이 진행할 수 있으며 일시적으로 주문량이 증가하는 경우에 토요일에 연장근로가 가능하다.

⑤ **4조3교대제**

4조3교대제를 실시하는 경우 근로기준법에 위반되지 않고 근로시간대간의 간격을 정상적으로 유지할 수 있으며 야간 근로 등으로 인한 피로를 풀 수 있도록 휴식시간을 많이 줄 수 있다. 일반적인 형태는 1일 8시간으로 연장근로가 없이 1일 24시간, 1주 7일 가동이 가능하다. 휴일이 1주일에 2번 이상 주어지는 경우 있는데, 이 중 1일은 반드시 유급휴일이나 나머지 1일은 무급휴일로 운용할 수 있다. 다만, 통상임금의 저하가 일어나지 않도록 고려하여야 한다.

구분	1일	2일	3일	4일	5일	6일	7일	8일	9일	10일	11일	12일	13일	14일
제1조	1근	1근	1근	휴	2근	2근	2근	휴	3근	3근	3근	야휴	1근	1근
제2조	휴	2근	2근	2근	휴	3근	3근	3근	야휴	1근	1근	1근	휴	2근
제3조	2근	휴	3근	3근	3근	야휴	1근	1근	1근	휴	2근	2근	2근	휴
제4조	3근	3근	야휴	1근	1근	1근	휴	2근	2근	2근	휴	3근	3근	3근

* 야휴는 야간근로후의 휴무

위 경우는 3일 근무하고 1일 쉬는 것을 반복하는 방식으로 근무순환표가 만들어진 것이다. 물론 3일 근무를 동일하게 1근무조로 할 수도 있고 1근무조→2근무조→3근무조로 다양하게 운용도 가능하다. 또한 16일을 주기로 4일 근로 후 1일 휴일, 또는 4일 근로 후 2일 휴일, 4일 근로 1일 휴일방식도 가능하다. 또는 20일 주기로 5일 근로 2일 휴일, 5일 근로 1일 휴일, 5일 근로 2일 휴일 등으로 운영할 수도 있다.

교대제에는 2교대제, 3교대제 등 여러 가지의 유형이 있으나 어느 당번이든 업무시작 · 종료시각과 휴게시간을 정하여야 한다.

규 정 례

제○조【교대제의 근무시간】

교대제를 행할 때의 근무시간은 원칙적으로 다음과 같이 한다.

① 1조
업무시작 : 오선 6시
종료시각 : 오후 2시
휴게시간 : 오전 10시부터 11시까지

② 2조
업무시작 : 오후 2시
종료시각 : 오후 10시
휴게시간 : 오후 6시부터 7시까지

③ 3조
업무시작 : 오후 10시
종료시각 : 오전 6시
휴게시간 : 오전 2시부터 3시까지

(6) 업무시작 · 종료시각을 변경하는 경우

업무시작 · 종료시각 및 휴게는 업무형편에 따라 앞당기거나 늦출 수 있도록 미리 다음과 같은 규정을 두는 예가 일반이다.

규 정 례

> **제○조【업무시작 · 종료시각의 변경】**
> 업무시작 · 종료시각은 업무형편에 따라 직종 또는 직장단위로 앞당기거나 늦출 수 있다.
> **제○조【업무시작 · 종료시각의 조정】**
> 풍수해 그 밖의 재해, 교통기관의 혼란 또는 공직선거 등 때문에 소정 업무시작의 운영이 곤란하게 된 때에는 당일의 소정 업무시작 · 종료시각을 변경하여 그 변경으로 당일의 소정근로시간이 단축되는 경우, 단축된 시간수를 일괄 또는 분할하여 4주간 이내에 다른 날 소정근로시간을 변경함으로써 이를 조정한다.

(7) 교대휴게제를 택하는 경우

휴게는 근로시간 도중에 주고 또 자유롭게 이용할 수 있도록 하여야 한다(근로기준법 제54조).

휴게시간을 주는 방법에 대하여 근로기준법에 명시규정은 없으나 휴게는 원칙적으로 일시에 주어야 할 것이다. 다만, 업무형편상 일제히 휴게 할 수 없는 업종(상점, 금융, 병원, 전신전화국 등)에서는 교대로 휴게토록 할 수 있을 것이다.

규 정 례

> **제○조【상점의 휴게시간】**
> 휴게시간은 원칙적으로 오전 11시부터 오후 3시까지 사이에 교대제로 각각 1시간(중식시간 포함)으로 한다.
> **제○조【병원의 휴게시간】**
> ① 휴게시간은 원칙적으로 정오부터 1시간으로 한다.
> ② 휴게는 일제히 준다. 그러나 업무형편상 일제히 줄 수 없는 부서는 부서장이 원장의 허가를 얻어 변경할 수 있다.

(8) 휴게시간 중의 외출을 제약하는 경우

휴게는 자유롭게 이용할 수 있어야 한다. 그러나 직장질서 유지를 위하여 사업장 밖으로 나갈 경우, 허가 또는 신고를 의무화하는 규정을 설정한 예는 그리 흔하지 않으나 때때로 발견된다.

✎ 규 정 례

> **제○조【휴게 외출 중의 신고】**
> 근로자는 휴게시간을 자유롭게 이용할 수 있다. 그러나 소정의 장소 밖에서 휴게할 때에는 상사에게 신고하여야 한다.

(9) 휴일대체 불응자의 취급

휴일대체를 명하였으나 이에 따르지 않고 대체된 근로일에 정당한 이유없이 출근하지 아니한 경우에는 통상의 근로일을 결근한 것과 동일하게 취급한다. 이 뜻을 명백하게 규정한 것이 다음 예이다.

✎ 규 정 례

> **제○조【휴일대체와 결근】**
> ① 회사는 업무형편 그 밖에 부득이한 때에는 사전에 예고하여 휴일을 다른 날로 대체할 수 있다.
> ② 제1항의 예고에 불구하고 근로자가 정당한 이유없이 취업하지 아니하면 결근으로 본다.

(10) 육아시간을 정한 경우

생후 1년 미만의 유아를 양육하기 위하여 여성근로자가 육아시간을 청구한 때에는 1일 2회, 매회마다 30분간의 육아시간을 주어야 한다. 근로기준법 제75조의 수유시간은 반드시 수유만의 시간을 의미하는 것이 아니라 여성근로자가 유아에 대한 수유 기타 유아를 보살피는데 필요한 시간을 말한다.

육아시간을 어느 시간대에 주어야 하느냐에 대해서는 명문의 규정이 없으므로 여성근로자가 청구하는 시간대에 주어야 하며 근로시간의 시작이나 종료시에 주어도 상관없다고 해석된다.

✎ 규 정 례

> **제○조【육아시간의 부여】**
> 회사는 생후 만 1세에 미달하는 유아를 양육하는 여성근로자에게 본인이 미리 신청한 때에 소정의 휴게시간 외에 1일 2회, 1회에 30분의 육아시간을 준다.

(11) 공민권을 행사하는 경우

근로기준법 제10조는 「사용자는 근로자가 근로시간 중에 선거권, 그 밖의 공민권의 행사 또는 공의 직무를 집행하기 위하여 필요한 시간을 청구하면 거부하지 못한다. 다만, 그 권리행사 또는 공의 직무를 집행함에 지장이 없으면 청구한 시간을 변경할 수 있다」고 규정하여 근로자의 공민권행사를 보장하고 있다. 근로자도 주권자인 국민의 지위를 갖기 때문에 국민으로서의 권리행사를 보장하기 위해서 마련된 것이다.

선거권이나 증인출석 등 공민으로서의 권리의무 참여관계로 휴무하는 때에는 이를 용인하여야 하므로 그 뜻을 규정한다.

또 이 휴무에 요하는 시간의 임금지급 여부는 기업의 임의이나 장기간 또는 장시간이 아닌 한 지급하는 것이 바람직하다.

다음 예는 장기간에 걸치는 때에는 예외적으로 급여를 지급하지 않는다고 규정한 것이다.

규 정 례

> **제○조【공민권행사의 보장】**
> ① 근로자가 근무시간 중 선거권 그 밖의 공민으로서의 권리를 행사하거나 공적인 임무를 수행하기 위하여 필요한 시간을 청구한 때에는 이를 부여하고 근무한 것으로 본다. 그러나 업무형편상 청구한 시간을 변경할 수 있다.
> ② 제1항의 경우 근무하지 않는 기간이 장기간에 이른 경우에는 휴직처리하거나 급여를 지급하지 않을 수 있다.

(12) 관리직 등의 적용제외를 정하는 경우

지위, 직무에 따라서 근로기준법에 정하는 근로시간, 휴게, 휴일의 규정을 적용하기 어려운 자가 있을 때에는 이들의 규정을 적용하지 않고 별개의 취급을 하여도 상관없다.

그 대상이 되는 자는 관리자, 기밀업무 종사자 및 감시 · 단속적 근로자 등이다. 적용제외가 되면 1일 8시간제나 주 1회의 휴일제 등의 규제를 받지 않으며 따라서 시간외 · 휴일근로의 문제도 생기지 않는다.

규 정 례

> **제○조【근무시간, 휴게시간, 휴일근로적용 제외】**
> ① 이 장에 정하는 근무시간, 휴게시간, 휴일근무에 관한 규정은 감독 또는 관리의 지위에 있는 자 또는 기밀사무를 취급하는 자에게는 적용하지 않는다.
> ② 제1항에서 감독 또는 관리의 지위에 있는 자란 관리직급의 자를 말하며 기밀사무를 취급하는 자란 업무의 내용에 따라 개별적으로 지정한 자를 말한다.

> **제○조【감시 또는 계속적 업무종사자】**
> 감시 또는 단속적 업무에 종사하는 자로서 회사가 고용노동부장관의 승인을 받은 자는 본장의 규정 중 근로시간, 휴게, 휴일에 관한 규정을 적용하지 아니한다.

4. 근로시간조항의 작성시 주의사항

(1) 근로시간

근로시간은 취업규칙에서 규정할 때 근무시간이라든가 취업시간이라는 용어가 사용되는 일이 있으나 이것은 근로시간과 동의어로 사용되는 일도 있고, 휴게시간을 포함하여 구속시간의 의미로 사용되는 일도 있어 일정치 않다. 의미내용이 취업규칙에서 확실하게 알 수 있도록 표현하여야 한다.

근로시간은 그 길이(장단) 뿐만 아니라 그 배치를 명확히 하는 것 또 직무나 사업장에 따라 근로시간이 상이한 때에는 그 뜻을 명확히 하는 것이 필요하다. 업무시작에 대해서는 확실하게 정하고 있으나 취업규칙에서 정하고 있는 업무시작에 근로자가 어디에서 어떤 행위를 하면 되는가는 임의적으로는 정해지지 않는다. 근로시간의 기산점을 어디로 정하는가에 따라 근로자가 사용자의 사업장 구내에 들어간 후의 갱의나 보행 등에 소용되는 시간이 소정근로시간 중에 포함되는가의 여부가 좌우되는 것이나, 이 점에 대하여는 강행법규에 반하지 않는 한 취업규칙이나 명시 또는 묵시의 근로계약에서 정하거나 그 해석으로 정하여지게 된다.

이 점이 명백하게 되어 있지 아니하면 시간관리가 소홀하게 되므로, 확실하게 정하여 두는 것이 좋을 것이다.

예컨대, 취업규칙에 「업무시작과 동시에 업무를 개시하고, 종료시각까지 업무에 종사할 것」이라고 규정하고 있으면 단순한 입문은 물론 작업을 위한 갱의나 보호구의 착용 등의 행위(그것이 작업 성질상, 근로자로서 불가결의 것인가 어떤가에 관계없이)는 근로시간 중에 포함되지 않는다고 보는 것이 상식일 것이다.

(2) 교대제

교대제를 택할 경우에는 반드시 취업규칙에 규정하여 두어야 한다. 시간단축, 주휴2일제가 확대되게 되면, 실근로일이 감소되므로 아무래도 교대제를 도입하지 않으면 안되게 된다. 교대제에는 2교대제, 격일교대제, 3교대제, 이것들을 혼합한 4조3교대제 등 여러 가지 방식을 택하고 있다.

(3) 휴게시간

휴게시간의 길이, 배치를 명확하게 하고 직종, 사업장에 따라 휴게시간을 상이하게 취급하는 경우에는 그것을 확실하게 정하여 두는 것이 필요하다. 또 휴게시간 중의 외출을 신고제로 하는 것은 휴게시간의 자유이용의 원칙에 위반되지 않는다.

(4) 시간외근로 · 휴일근로

시간외근로 또는 휴일근로의 업무명령을 하는 경우에는 취업규칙에 업무상의 필요에 따른 시간외근로 · 휴일근로를 명하는 일이 있다는 규정을 해둘 필요가 있으며, 이러한 규정이 있음으로써 비로소 근로자는 시간외근로 · 휴일근로명령에 응할 의무를 진다는 것에 주의하여야 한다.

또 전술한 바와 같이 근로기준법은 시간외(법정외)근로와 법정휴일의 근로를 규제하고 있으므로 법정외 시간외근로와 법정내 시간외근로, 법정휴일의 근로와 약정휴일의 근로에 대해, 상이한 취급을 하려고 할 경우에는, 그 뜻을 명확하게 하여 두는 것이 필요하다. 즉, 법정내 시간외근로(법내잔업 또는 법내초과근로), 법정외 휴일근로에 대해서는 근로기준법상 규제를 받지 아니하므로 이에 대하여는 취업규칙의 규정에 따라 업무상 필요가 있으면 업무명령을 할 수 있게 된다.

2 시간외근로

1. 시간외근로조항의 필요성

(1) 시간외근로의 의의

시간외근로란 근로기준법 소정의 최고법정근로시간을 초과하는 근로를 말한다. 시간외근로는 그 법률상의 원인이 적법이든 위법이든 이를 묻지 않는다.

① 만 18세 이상의 근로자의 경우 : 근로기준법 제50조의 기준근로시간을 초과하는 시간외근로

② 연소근로자의 경우 : 제69조 본문의 기준시간을 초과하는 1시간외근로

③ 제53조제1항에 의한 연장근로의 경우 : 당사자간의 합의가 있는 경우에는 1주 12시간을 한도로 연장

④ 제53조제3항에 의한 특별한 사정이 있는 경우의 연장근로 등이다.

(2) 시간외근로조항의 필요성

시간외근로를 제한하는 취지는 근로자의 건강과 최저한도의 문화생활을 확보하기 위하여 근로시간의 상한을 규제하려는데 있다. 따라서 시간외근로는 극히 예외적, 임시적인 조치로서 이용된다는 전제하에 허용되어야 한다. 회사는 소정의 근로시간 범위 내에서 업무를 완료하는 것이 이상이다. 그러나 업무량이 많거나, 납기가 짧은 업무를 수주한 때에는 소정 근로시간 범위 내에서 업무를 처리할 수 없을 때 종업원에게 소정근로시간을 초과한 근무를 할 것을 명령하여 업무를 처리한다. 소정근로시간을 초과하여 근무시킨 것을 「시간외근로」라고 한다. 경영상 시간외근로는 필요불가결하다. 사용자는 종업원에게 시간외근로를 명할 수 있는 권한은 근로자의 동의 또는 취업규칙에 기재하여야 발생한다. 그러므로 시간외근로를 행할 때는 취업규칙에 그 취급을 명확히 기재해야 한다.

(3) 법률상의 시간외근로

시간외근로란 법정근로시간을 초과하여 근무하는 것을 말한다. 근로기준법에서 정하는 「시간외근로」란 실근로시간인 8시간을 초과하는 근로를 말한다. 따라서 소정근로시간이 실근로시간 7시간 30분인 경우에 그 시간을 초과하여 30분을 초과근로 시켜도 법률상의 「시간외근로」는 아니다. 그 기업의 소정근로시간(7시간 30분)의 「시간외근로」이기는 하나 법률상의 「시간외근로」는 아니다. 가령 이 경우에 1시간의 잔업을 하게 하였다고 하면 앞의 30분은 그 기업의 「시간외」이고, 뒤의 30분은 법률상의 「시간외」이다.

| 시간외근로

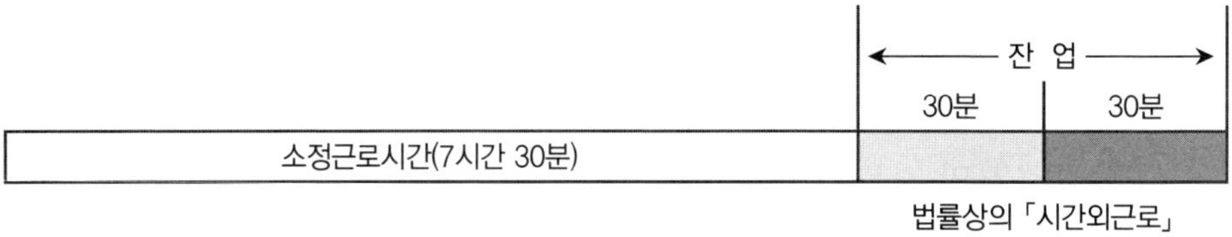

근로기준법에서는 시간외근로에는 엄격한 요건을 가하고 있다.

첫째, 1주 12시간을 한도로 당사자간의 합의가 필요하며,

둘째, 가산임금을 지급하는 것이다.

이 요건은 「시간외근로」에 관해서이므로 8시간에 달할 때까지의 그 기업의 「시간외」에 대해서는 위의 두 요건이 적용되지 아니한다.

그러나 실제상 양자를 구분하는 실익은 별로 없으며 그러한 사례도 거의 볼 수 없다. 불과 30분 정도로 가산임금을 지급하거나 지급하지 않거나하는 것은 관리상(계산사무 기타) 번잡하고, 근로자에게 주는 인상도 좋지 않다. 따라서 소정근로시간을 초과하는 근무에 대해서는 구분을 하지 않고 일률적으로 법률상의 「시간외근로」 취급을 하는 것이 바람직하다.

(4) 여성 · 연소자의 제한

시간외근로는 건강유지를 배려하여 연소자(18세 미만자)에게는 시켜서는 안된다. 즉, 근로시간은 1일에 7시간, 1주일에 40시간을 초과하지 못한다. 다만, 당사자간의 합의가 있더라도 1일에 1시간, 1주일에 6시간을 한도로 연장근로를 할 수 있다(근로기준법 제69조). 또 임산부와 18세 미만자는 그 근로자의 동의와 고용노동부장관의 인가를 얻어야만 야간근로를 시킬 수 있다(동법 제70조제2항).

또 사용자는 출산 후 1년이 지나지 아니한 여성에 대하여는 단체협약이 있는 경우라도 1일에 2시간, 1주일에 6시간, 1년에 150시간을 초과하는 시간외근로를 시키지 못하도록 제한(동법 제71조)하고 있다.

한편, 여성과 18세 미만자에 대하여 갱내근로의 금지(동법 제72조)와 사용금지직종을 규정(동법 제65조)하여, 그 체질상의 특수성 등을 감안해서 건강풍기유지를 도모하고 있다.

2. 시간외근로조항의 규정작성방법

시간외근로의 규정은 먼저 법정의 조건을 빠짐없이 기재한다.

시간외근로는 자칫 노사분규의 요인이 되기 쉬우므로 소속장의 지시에 따라서 행하게 하고 지시가 없는 경우에는 시간외근로로 취급하지 않도록 한다. 다만, 소속장이 지시하지 않더라도 근로자 본인이 잔업을 할 필요가 있다고 해서 신청하고 이를 승인한 경우에는 시간외근로로 본다.

시간외근로는 가산임금이 수반되므로 임금계산상 단수처리방법을 강구하여 최저단위를 1시간이나 2시간 정도로 하고 30분을 기준으로 하여 절상해서 계산한다.

이러한 조치는 단지 임금계산상의 편의성 뿐만 아니라 방만하게 근무하는 폐해를 방지하는 취지에서도 적합하다.

또한 장시간에 걸친 시간외근로의 경우 휴게규정을 두는 것도 잊지 말아야 한다.

3. 사례별 규정요령

(1) 일반적인 형

시간외근로에 관한 규정이 없이도 당연히 시킬 수 있다고 생각하기 쉬우나 그것은 잘못이다. 근로계약 · 취업규칙 등에 시간외근로를 시키는데 대한 근거(계약)가 있지 않으면 시킬 수 없는 것이다.

규 정 례

제○조【시간외근로】 업무상 부득이한 때에는 시간외근로를 시킬 수 있다.

(2) 명령하는 요령

시간외근로는 8시간근로제나 주 1회 휴일제의 예외조치이므로 근로자에게 납득시켜 협력을 받는다는 정신적인 배려를 나타내기 위하여「사전」에 명령, 지시하여야 한다고 규정하는 예도 있다.

규 정 례

> **제○조【시간외근로의 사전통지】**
> 시간외근로를 명할 때에는 근로자에게 미리 작업내용, 소요인원 등을 통지한다. 다만, 긴급할 때에는 그러하지 아니하다.
> **제○조【시간외근로의 지시권자】**
> 시간외근로에 대하여는 당해 부장 · 과장이 각각 사전에 명한다. 다만, 그 부 · 과장이 부재 중인 때에는 위임을 받은 자가 명한다.

결산경리에 종사할 때에는 「1주 12시간」의 원칙을 따르기에 곤란한 경우에는 탄력적근로시간제 또는 선택적근로시간제를 채택하여 다소 완화하고 있기는 하다. 그러나 야간근로는 연소자, 임산부에게는 시킬 수 없고 다만, 일부 특례가 인정될 뿐이다. 취업규칙에서는 이러한 것들을 규정할 필요가 있다.

(3) 임산부 · 연소자의 특례를 정하는 경우

연소자(18세 미만자)와 임산부(18세 이상)에 대하여는 시간외근로에 대한 법률상의 제한이 있다. 연소자(15세 이상 18세 미만인 자)는 당사자 사이의 합의에 따라 1일에 1시간, 1주일에 6시간을 한도로 연장할 수 있다(근로기준법 제69조). 사용자는 출산 후 1년이 지나지 아니한 여성에 대하여는 단체협약에 있는 경우라도 1일에 2시간, 1주일에 6시간, 1년에 150시간을 초과하는 시간외근로를 시키지 못한다(동법 제71조).

규 정 례

> **제○조【임산부 · 연소자의 근로시간】**
> 임산부와 18세 미만자의 근로시간은 근로기준법 제69조 및 제71조의 정하는 바에 의한다.
> **제○조【야간근로와 휴일근로의 제한】**
> 18세 이상의 여성을 오후 10시부터 오전 6시까지의 시간 및 휴일에 근로시키려면 그 근로자의 동의를 받아야 한다.

임산부의 「1일 2시간」의 시간외근로의 제한에 대하여 설명한다면, 이것은 실근로 8시간부터 기산하여 2시간까지라는 뜻이다. 다시 말하면 업무시작시간부터 합계 10시간까지라는 뜻이다. 각 기업의 종료시부터 2시간이라는 뜻이 아니다. 따라서 소정근로시간이 실근로 7시간 30분인 회사의 경우, 취업규칙에서 임산부는 「종료시각부터 2시간까지로 한다」로 규정하면 그 규정대로

하여야 한다. 즉, 이 사업 또는 사업장에서는 업무시작시간시부터 실근로 9시간 30분까지 밖에 근로를 시킬 수 없게 된다. 만약 이 회사가 제○조의 경우와 같이 「8시간을 초과하는 시간외근무는 2시간까지」라고 표현하게 되면 소정근로시간인 7시간 30분 이외에 2시간 30분(합계 10시간)의 잔업을 시키는 결과가 된다.

(4) 여성에게 시간외근로를 시키는 경우

여성의 야간근로에 대하여 그 여성근로자의 동의를 받아야 한다(근로기준법 제70조제1항).

다음은 임산부와 연소근로자에게 야간근로를 시키지 않는 경우의 예이다.

규 정 례

제○조【야간근로】

① 임산부와 18세 미만의 직원은 오후 10시부터 익일 오전 6시까지의 야간근무를 시키지 않는다. 다만, 다음의 어느 하나에 해당하는 경우로서
1. 18세 미만자의 동의가 있는 경우
2. 출산 후 1년이 지나지 아니한 여성의 동의가 있는 경우
3. 임신 중의 여성이 명시적으로 청구하는 경우

② 사용자는 고용노동부장관의 인가를 받기 전에 근로자의 건강 및 모성 보호를 위하여 그 시행 여부와 방법 등에 관하여 그 사업 또는 사업장의 근로자대표와 성실하게 협의하여야 한다.

〈참 고〉

근로기준법시행규칙 제12조【야간 또는 휴일근로의 인가】

① 사용자는 법 제70조제2항 단서에 따라 임산부나 18세 미만인 자에게 야간근로나 휴일근로를 시키려면 별지 제11호 서식의 야간 또는 휴일근로인가 신청서에 그 근로자의 동의서 또는 청구서와 법 제70조제3항에 따른 근로자대표와 협의한 결과를 기록한 사본을 첨부하여 관할 지방고용노동관서의 장에게 제출하여야 한다.

② 관할 지방고용노동관서의 장은 제1항에 따른 신청으로 인가를 할 경우에는 별지 제12호 서식의 야간 또는 휴일근로 인가서를 내주어야 한다.

(5) 비상재해시의 특례를 정하는 경우

근로시간에 관한 법률원칙에 의하면 시간외근로는 노 · 사 당사자간의 합의에 의하여 시킬 수 있다. 또 임산부와 연소자는 시간외근로가 제한된다. 그러

나 비상재해 등의 긴급사태가 발생한 때에는 이러한 원칙에 구애받지 않고 시간외근로를 시킬 수 있다. 물론 이에 대하여는 견해의 대립이 있다.

이 점을 취업규칙에서 분명하게 밝혀 두는 것도 좋다.

시간외근로를 시키기 위하여는 당사자간의 합의로 1주일에 12시간 한도로 연장근로를 할 수 있으나 특별한 경우에는 이에 불구하고 고용노동부장관의 인가와 본인의 동의를 얻어 근로시간을 연장할 수 있다. 그러나 사태가 급박하여 인가를 얻을 여가가 없을 때에는 사후 지체없이 승인을 얻어야 한다. 이 경우 근로시간의 연장이 부적당하다고 인정할 경우에는 사후 고용노동부장관은 그에 상당한 휴게 또는 휴일(대휴)을 줄 것을 명할 수 있다(근로기준법 제53조 제3항 · 제4항).

규 정 례

제○조【특별한 사유가 있는 경우】 재해 그 밖에 부득이한 사유에 의해 임시로 필요한 때에는 고용노동부장관의 인가와 본인의 동의를 얻어 그 필요한 한도 내에서 근로시간을 연장시킬 수 있다. **제○조【비상사태시의 출근】** 병원에 긴급한 업무 또는 비상재해사태가 발생한 때에는 근로자는 근무시간외라도 지체없이 출근하여 병원의 지시에 따라야 한다.

(6) 시간외근로의 휴게를 정하는 경우

소정근로시간 중에 근로기준법상의 규정대로 휴게를 주고 있다면 시간외근로에서는 주지 않아도 법률상 관계는 없으나, 주는 경우 시간대, 시간수를 기업이 임의로 정할 수 있다.

규 정 례

제○조【시간외근로의 휴게시간】 시간외근로를 시킬 때에는 2시간 30분 근무할 때마다 30분간의 휴게시간을 준다. **제○조【시간외근로의 휴게시간】** 시간외근로의 휴게시간은 다음과 같이 한다. ① 시간외근로가 1시간 이상 3시간까지 일 때……15분 ② 시간외근로가 3시간을 초과할 때……30분 ③ 시간외근로가 6시간을 초과할 때……45분 ④ 시간외근로가 1근로일 상당일 때……60분 ⑤ 시간외근로가 1근로일을 초과할 때……전 각 호에 준한다.

또한 실근로 8시간을 초과하여 근로할 때에는 도중에 적어도 1시간의 휴게를 주어야 한다. 가령, 「오전 9시 시작, 오후 5시 30분 종료, 낮 휴게 60분」(실근로 7시간 30분)의 기업에서 잔업을 시킨 때에는 종료시부터 기산하여 60분 경과하면 실근로 8시간에 이르게 되므로 다시 잔업을 계속 시킬 때에는 법률상 의무로서 30분의 휴게를 주어야 하는 것이다.

4. 운용상 주의사항

시간외근로에 대해서는 점차로 거부반응이 생기는 경향이 있다. 이것은 사생활의 향유를 추구하는 풍조가 있기 때문이며 그 자체 비난할 것은 아니다.

이러한 풍조가 있다는 것을 관리자는 잘 인식하고 함부로 강제적 명령을 시달하지 말고 본인에게 그 필요성을 설명해서 납득을 얻어 근무해 주도록 운용상 특별히 유의하여야 한다. 특히 최근에는 행정당국에 의한 서면협정의 체결이 강력히 요구되고 있다.

다음에 사무적인 사항이지만 시간외근로가 방만하게 되는 것을 방지하기 위하여 「시간외근무신고서」 양식을 작성해서 상사로부터의 지시에 의하는 경우 또는 승인을 얻은 경우 등 어느 경우를 불문하고 신고서를 제출하도록 지도하는 것이 필요할 것이다.

제8장

휴일 · 휴가규정의 작성 · 운용방법

1 휴 일

1. 휴일에 관한 규정

휴일에 관한 규정은 근로시간, 휴게와 함께 근로조건의 중요사항이므로 취업규칙상의 필요적 기재사항이다(근로기준법 제93조제1호).

산업사회의 발전에 따라 인간적 관점에서 여가의 증대를 꾀하는 경향이 있으며 종전부터 국제적으로 뒤지고 있다고 평가를 받고 있었으므로 이러한 격차를 축소해야 한다는 취지에 따라 최근 주휴2일제도 점차 보급되고 있다.

(1) 주1회의 원칙

근로기준법 제55조는 사용자는 근로자에게 1주일에 평균 1회 이상의 유급휴일을 주어야 한다고 규정하고 있다. 1회의 휴일은 24시간의 역일(오전 0시부터 오후 12시까지)을 의미하는 것이지만 3교대작업을 하는 경우에는 계속 24시간의 휴식을 주면 1일의 휴일이 된다.

휴일은 단체협약이나 취업규칙으로 특정되는 것이 일반적이며 반드시 일요일일 필요는 없다. 1주일에 1회 이상의 유급휴일을 청구할 수 있기 위하여는 주 중 소정근로일인 5일 또는 6일간 계속 근로해야 한다.

(2) 휴일 특정의 원칙

휴일에 대하여 근로기준법은 주휴제 원칙을 택하고 1주일에 평균 1회 이상의 유급휴일을 주어야 한다고 규정하고 있다. 그런데 이 주휴제에 있어서 어느 날을 휴일로 해야 되는가에 대하여는 법에 규정한 바 없고 당사자의 자유에 일임된다. 이때 어느 날이 휴일인가는 근로자로서는 그 생활설계상 중요한 문제인 동시에 근로의무를 이행할 당사자의 입장에서도 계약상 그 날을 특정한다는 것은 중대한 이해관계가 있는 것이다. 따라서 어느 날이 휴일인가는 미리 근로자에게 주지시켜야 하고 근로조건상으로도 당연히 그것이 요청되는 것이다.

그리하여 근로기준법 제17조, 제93조에서 근로계약 체결시 명시할 근로조건으로서 「휴일에 관한 사항」을 제시하였고 또 취업규칙의 필요적 기재사항(근로기준법 제93조제1호)으로서 역시 동일한 것을 규정하고 있다.

그러나 동조항 해석상으로는 단지 휴일일수만을 정하여 규정, 명시하면 된다고 보고 있다. 이 점에 관하여는 일수를 정하는 것만으로는 부족하고 구체적으로 어느 날이 휴일인가(예 ; 일요일, 수요일 등)를 특정하지 않으면 실제 휴일을 정한 것으로 되지 않을 뿐 아니라 이 특정이 없으면 법정 근로조건이 보장되는가 어떤가를 담보하는 취업규칙의 기능을 다할 수 없다는 유력한 반대의견도 있다.

그러나 동법 제93조제1호는 근로시간에 대하여는 단지 「근로시간」이라 하지 않고 특별히 「시작, 종료의 시각」 등 구체적인 표현을 하고 있는데 반하여 휴일에 대하여는 「휴일」이라고 하고 있을 뿐이므로 이것을 가지고 구체적인 특정을 하지 않으면 위법하다고 하는 것은 근거가 희박하다 할 것이다.

또, 동법 제55조의 해석으로도 휴일의 횟수(일수) 만을 정한다는 것일 뿐 휴일을 특정하라는 것으로는 해석되지 않는다. 따라서 법상으로는 취업규칙 등에 휴일을 특정하지 않더라도 위법이라고 할 수 없다.

그러나 휴일을 특정하지 않으면 그 본래의 목적인 피로의 회복, 법정근로조건 준수의 보장, 건전한 시민생활 확보 등의 취지에 위배될 것이므로 휴일의 적절한 배치 및 그 특정은 중요한 의의를 가진다. 그리하여 행정지도상에서도 법이 그 특정을 요구하고 있지 않으나 법의 취지에 따라 가능한 한 특정하도록 주의를 환기하고 있다.

(3) 일제휴일과 개인별 휴일

근로기준법은 휴게와 마찬가지로 휴일에 관하여도 어떠한 규제규정이 없다. 따라서 사업장 전체가 휴업하여 전 근로자가 일시에 휴일을 취하는 방법에 의하여도 좋은 것이고 또 근로자 개인별로 또는 각 부문별로 취하게 하여도 상관없다.

2. 휴일에 관한 조항의 규정작성방법

휴일은 주휴일(일반적으로는 일요일) 외에 어떠한 휴일을 어느 정도 주는가 즉, 주휴일을 제외한 휴일의 종류와 일수가 규정상의 포인트이다. 먼저 주휴일, 근로자의 날 이외의 휴일은 국경일, 연말연시, 주휴2일제에 의한 토요휴일 기업이 특별한 취지에서 주는 특별휴일(하계휴가, 회사창립기념일), 추석, 구정, 신정 등을 들 수 있다.

다음에 주휴일과 근로자의 날을 제외한 휴일에 대하여 개별적으로 그 취급방법과 결정방법을 설명한다.

(1) 국경일(3·1절, 제헌절, 광복절, 개천절, 한글날) 및 공휴일

통상적으로 국경일을 휴일로 하는 기업이 대부분이다. 국경일은 「국경일에 관한 법률」에서 정하고 있으며, 공휴일은 「관공서의 공휴일에 관한 규정」에서 정하고 있다. 이것은 원칙적으로 관공서 등의 휴일을 정한 것이며, 직접적으로 민간기업을 구속하는 법률은 아니다. 따라서 민간기업에서는 이를 준수하여야 할 법률상의 의무는 없다. 즉 국경일을 그 기업의 휴일로 할 것인지의 여부는 기업이 자유의사에 따르는 것이며 휴일로 하지 않는다고 하여 법 위반이 되지는 않는다. 단지 국가가 휴일로서 휴무하도록 하는 것을 장려한다고 할 것이므로 이 국경일을 휴일로 하는 것이 바람직하다. 국경일을 모두 휴일로 하는 경우 「국경일」이라고 포괄적으로 규정해도 되고 또 「3 · 1절, 광복절, 개천절」과 같이 개별적으로 국경일의 명칭을 기재하여 규정해도 된다. 후자의 규정방법에 의하게 되면, 장래 만약 국경일이 증가된 경우 새삼 그 시점에서 새 경축일을 휴일로 하는가 어떤가를 결정하지 않는 한 당연히 휴일로 되지는 않는다.

「관공서의 공휴일에 관한 규정」에 의한 국경일 중 공휴일은 3 · 1절, 광복절, 개천절, 한글날이다.

국경일이 일요일과 중복되는 경우 그날을 월요일로 이체시켜 휴일로 할 것인지 여부도 법적으로 의무화되어 있지 않으므로 기업에서 자유의사로 이를 결정하면 된다.

(2) 연말연시휴일

연말연시에 부여하는 휴일이다. 이를 휴가라고 하는 사례도 있는 듯하나, 휴일로서 근로일에서 제외시켜야 할 것이다(휴일과 휴가의 차이에 대해서는 뒤에 기술하였다).

연말연시휴일도 또한 법률상 부여하여야 할 의무는 없으나 국민적 관행으로서 부여하는 것이 일반적이다. 통상은 연말연시 약 2~3일일 것이다.

(3) 하계특별휴일

"하계휴가"라고 칭하는 휴업일을 두어, 휴무케 하는 제도를 취하는 기업이 많다. 하계휴가는 주휴일, 국경일 등과 특별휴가를 합해서 함께 묶어서 주는 예가 일반적이라고 할 수 있으나 하계휴가용으로 특별히 휴일을 주는 사례도 있다. 주휴일이나 국경일을 이체시켜서 충당하는 것은 근로자가 환영하지 아니하므로 특별히 휴일로서 부여하는 것이다.

이 경우의 취업규칙의 작성방법은 휴일일수만을 규정하고 매년 그때마다 언제 주는가를 결정하는 것이 운용상 편리하다.

(예) 하계특별휴가–8월에 3일 다만, 그 날짜는 그때마다 정한다.

(4) 근로자의 날

「근로자의날제정에관한법률」에 의거 매년 5월 1일은 근로자의 유급휴일로 규정하고 있어서 모든 기업이 근로자의 명절로 규정 시행하고 있다. 이것은 기업의 법적 의무로 되어 있다.

(5) 주휴2일제에 의한 휴일

주휴2일제는 통상 토요일과 일요일(또 소수 예이지만 일요일과 월요일)을 연휴로서 휴일로 하는 제도이다. 주휴2일제는 매주 실시하는 것이 이상이지만 업무상의 지장을 줄이기 위해 점진적 · 단계적으로 추진하는 경향도 있으며, 월 1회 또는 2회나 격주, 3회 등으로 늘려서, 매주 이른바 완전형 주휴2일제로 하는 사례도 많이 보인다. 이것을 취업규칙에 규정하는데 있어서는 예컨대, 월2회형 주휴2일제를 실시하여 제2, 제4 토요일을 휴일로 하는 형태일 때에는 그 뜻을 명기한다. 다만, 제2, 제4 토요일을 예외없이 휴일로 하는 경우는 문제가 없으나 월에 따라 제2 토요일만으로 한다든가 또는 연간 10개월만 실시하고 2개월은 실시하지 않는다든가, 나아가 변칙적으로 연간휴일 총틀 안에서 2주를 선정해서 적절히 실시하는 등, 이른바 변칙적인 주휴2일제의 형태를 취할 때에는 전기한 바와 같은 규정방법을 취할 수가 없다.

이러한 경우에는 포괄적으로 다음과 같이 규정한다.

(예) 그 밖에 회사가 정하는 휴일. 다만, 그 휴일은 전년도 12월말까지 지정한다.

이와 같이 자유재량에 따라 실시할 수 있는 여지를 두는 규정방법을 택하는 것도 바람직한 방법이다.

(6) 특별휴일

특별한 사유로 부여하는 휴일로서는 회사창립기념일, 추석, 구정 등이 많이 있다. 회사창립기념일에 기념식을 거행하는 경우에는 휴일이 아니고 출근일로 한다(기념식 행사에 불참하면 결근취급을 하는 경우). 추석, 구정 등은 민족적 축일이므로 예외없이 3일 내지 4일 등의 휴일을 주는 것이 통례이다.

3. 사례별 규정요령

(1) 기본적인 유형

휴일을 규정할 때 유의할 점은 휴일이 중복되는 경우의 취급방법을 정하여 둔다는 것이다. 중복가능성이 높은 것은 주휴일가 국경일의 중복이다. 이때 다시 휴일을 줄 것인가의 여부는 기업의 임의이다.

규 정 례

제○조【유급휴일】

① 회사는 다음에 해당하는 날을 유급휴일로 한다.
1. 일요일(주휴일)
2. 국경일
 ▪ 3 · 1절(3.1)
 ▪ 광복절(8.15)
 ▪ 개천절(10.3)
 ▪ 한글날(10.9)
3. 공휴일
 ▪ 신정(1.1~1.2)
 ▪ 설날 전날, 설날, 설날 다음날(음력 12월 말일~1월 1일, 1월 2일)
 ▪ 근로자의 날(5.1)
 ▪ 회사창립기념일(각 회사)
 ▪ 석가탄신일(음력 4.8)
 ▪ 어린이날(5.5)
 ▪ 추석 전날, 추석, 추석 다음날(음력 8.14~8.16)
 ▪ 기독탄신일(12.25)
 ▪ 그 밖에 정부 또는 사업 또는 사업장에서 임시로 지정한 날

② 제1항 각 호의 휴일 중 휴일이 겹칠 때에는 그 다음날로 이체하지 아니한다.

제○조【유급휴일】

회사는 직원에 대하여 다음 각 호의 유급휴일을 준다.
1. 주휴일(전 주에 개근한 경우)
2. 관공서 공휴일에 관한 규정에서 정한 공휴일(다만, 현장근무자는 제외)
3. 근로자의 날
4. 공민권행사를 위한 선거일

제○조【휴일의 산정】

① 주휴일과 기타 유급휴일이 겹칠 경우 1일의 유급휴일로 본다.
② 휴가기간 중 휴무일 및 유급휴일이 있으면 이를 휴가일수에 포함한다.
단, 연차유급휴가일수의 경우에는 이를 합산하지 아니한다.

제○조【휴 일】

① 주휴일(일요일). 다만, 그 주에 개근한 자에게 유급, 개근하지 아니한 자에게는 무급으로 한다.
② 국경일 : 3 · 1절, 광복절, 개천절, 한글날
③ 공휴일 : 설날, 추석 그 밖에 정부 또는 사업 또는 사업장에서 공휴일로 지정한 날
④ 근로자의 날
⑤ 회사창립기념일
⑥ 그 밖에 정부 또는 사업 또는 사업장에서 휴일로 지정한 날
⑦ 근로자의 날과 다른 휴일이 중복될 경우에는 익일을 유급휴무일로 한다.

제○조【유급휴일】

① 직원의 유급휴일은 다음과 같이 정한다. 다만, 주휴일은 소정의 근로일을 개근한 자에게 유급으로 하며 개근하지 않은 자는 무급으로 한다.

1. 매주 일요일(주휴일)
2. 근로자의날(매년 5월 1일)
② 주휴일과 유급휴일이 중복될 경우 하나의 휴일로 한다.
③ 근무현장별 근무형태 및 회사의 사정에 따라 주휴일은 다른 날로 대체할 수 있다.

(2) 주휴2일제를 실시하는 경우

휴일은 행정지도상으로 특정하도록 지도하고 있으나 법상으로는 특정치 아니하여도 상관없다.

주휴2일제를 택하였을 때 2일 중 어느 날이 법정휴일인가를 특정하지 않아도 위법은 아니다. 즉, 그 이틀은 법정 성격이 동일하므로 어느 날이 되든 결과적으로 1주일에 1회의 휴일이 주어진 것이므로 법상 위법이 아니다. 그러나 일요일을 법상의 주휴일로 특정하고 토요일을 기업이 정한 휴일로 특정하였을 때 일요일에 근로시키면 토요일에 휴일을 주었다 하더라도(오히려 특정한 것이 법 취지에 합치된다) 어느 것이나 모두 성격은 동일하므로 어느 날이든 1일의 휴일이 주어졌다면 법상의 주휴일은 부여한 것이 동일시할 수는 없다. 결근은 근로일에 쉬는 것이며 처음부터 근로일이 아닌 휴일과는 법적 성격이 다르다.

그러므로 사업 또는 사업장에서 정한 휴일과 법정 휴일과의 구별이 취업규칙상으로는 필요가 없고 2일 모두 단지 휴일로 하여 두면 그 이상 특정할 필요가 없다. 이러한 특정은 오히려 혼란만을 초래하기 쉬우므로 피하는 것이 좋을 것이다.

이와 같이 2일 모두 법정휴일과 동일하게 정하여 두면 그것은 선택채권이 되어 부여할 의무가 있는 사용자의 선택에 따라 그 중 하나가 법정 휴일로서 지정된다. 그러나 사용자가 그 중 하루를 근로시킨 때에는 결국 그날을 휴일로 하는 것은 법적으로 불가능하므로 다른 1일이 자동적으로 법정휴일로서 특정되게 된다.

주휴2일제에는 월1회형에서 완전형(매주)까지 있으나 휴일 수를 조정하기 위한 특례조치를 강구하는 경우가 있는데 그때에는 규정상태도 그 뜻을 명기하여야 한다.

예를 들면, 완전형(매주 토요일이 휴일)에 있어서 국경일이 일요일과 중복된 경우에만 다음 월요일을 휴일로 한다고 규정하면 국경일이 토요휴일인 때에는 중복되어도 다른 날의 휴일을 주지 않는다.

규 정 례

> **제○조【주휴2일제】**
> 근로자의 휴일은 다음과 같다.
> ① 일요일
> ② 토요일
> ③ 이하 생략

다음은 주휴2일제가 월2회형(제2, 제4 토요일 휴일제)의 경우이다. 국경일이 일요일과 중복된 경우에도 다음 월요일로 이체하지 아니하며, 토요휴일과 중복될 때에는 다른 날의 휴일을 주지 않거나 또, 토요휴일이 있는 주의 평일에 국경일이 있는 경우에는 국경일을 휴일로 하고 토요일은 휴일로 하지 않고 통상의 출근일로 한다.

규 정 례

> **제○조【격주2일휴일제】**
> 휴일은 다음과 같다.
> ① 일요일
> ② 제2, 제4 토요일
> ③ 이하 생략

(3) 사업장, 직종에 따라 상이하게 하는 경우

사업장 또는 직종에 따라 휴일을 달리하는 규정을 하는 것은 허용된다.

규 정 례

> **제○조【직종별 휴일】**
> 근로자의 휴일은 다음과 같이 정한다.
> ① 현업원……2주간을 통하여 3일로 하는데, 각각 직장에 따라 정한다. 다만, 자동차 노선버스 승무원은 4주간을 통하여 5일로 한다.
> ② 비현업원……일요일과 제1, 제3, 제5 토요일로 한다. 다만, 회사병원 간호사, 동일 주야교대 근무자는 2주간을 통하여 3일로 한다.
> ③ 감시 및 단속적 근로자……월 6일

(4) 연간휴일수를 정하여 운용하는 경우

연간 휴일수를 정한 다음 일요일, 국경일 등을 제외한 나머지 일수를 적당한 날(회사가 결정하거나 노사협의에 따라)에 휴일로 특정하는 방법이다.

규 정 례

제○조【연간휴일수】

근로자의 휴일은 다음과 같이 정한다.

① 일요일

② 국경일 중 3 · 1절, 광복절, 개천절, 한글날

③ ○○○

④ ○○○

⑤ 조정휴일(제1호부터 제4호까지의 휴일에 따라 연간 소정근무일수가 252일을 초과하는 때에는 그 초과하는 일수)

제○조【교대근로자의 휴일】

교대근무자는 연간휴일을 109일로 하고, 근무표에 따라 휴일을 지정한다.

(5) 상점, 음식점 등의 경우

소매점, 도매업, 음식점 등 접객업종에서도 원칙적으로 요일을 정하여 정휴일을 두지만 다음과 같은 때에는 정휴일을 변경하는 취급을 하는 경우가 만다.

① 추석, 연말 그 밖에 계절적으로 바쁠 때

② 국경일과 중복된 때

이 경우에는 휴일변경에 관한 규정을 두어야 한다.

또 주휴2일제 등 휴일을 늘리는 경우에는 일제휴일제가 아닌 교대휴일제(각 개별휴일제라고도 한다)가 일반적이며, 이 경우에는 휴일 수 및 휴일운영 요령을 정할 필요가 있다.

규 정 례

제○조【휴일 및 휴일대체】

근로자의 휴일은 다음과 같이 정한다.

① 매주 수요일

② 연초 2일간, 추석, 연말 그 밖에 업무형편에 따라 다른 날과 일제휴일 또는 개별휴일로 대체할 수 있다.

제○조【교대휴일, 연속교대휴일】

① 교대휴일(연속교대휴일 포함)은 바쁠 때를 제외하고 연간 52일로 한다. 다만, 부 · 차장 및 그 상당급 이상의 직무에 있는 자는 연간 40일로 한다.

② 연도의 기간은 1월 1일부터 12월 31일까지로 한다.

③ 교대휴일 실시방법의 세부사항은 별도로 정한다.

제○조【교대휴일의 실시방법】
① 교대휴일은 정하여진 방법에 따라 계획적으로 실시하기로 하고 원칙적으로 기일은 변경하지 아니한다.
② 교대휴일은 채용 후 1개월간은 주지 아니한다.
제○조【연속교대휴일의 실시방법】
① 연속교대휴일은 반기에 1회 6일의 일수로 계획적으로 실시하여 원칙적으로 기일은 변경하지 아니한다.
② 연속교대휴일은 채용일이 속하는 반기간에는 주지 아니한다.

4. 운용상 주의사항

(1) 휴일중복의 취급

소정휴일이 중복되는 경우의 이체실시 여부에 관해서 규정할 필요가 있다. 중복케이스로서는 국경일, 특별휴일이 주휴일인 일요일과 중복되거나 주휴2일제의 토요휴일과 중복되는 경우 또는 국경일이 특별휴일과 중복되는 경우 등이다. 최근 대체휴일에 관한 입법 여부에 관하여 논쟁이 뜨겁다.

중복된 경우에는 그 다음날 또는 다른 날을 휴일로 하는지 여부는 기업의 결정에 달려 있다. 따라서 미리 그 경우의 취급을 명시해 놓지 않으면 문제가 될 소지가 있다. 특히 주휴2일제를 실시하는 경우에 주의를 요한다.

일반적 경향을 보면, 일요일과 국경일 · 공휴일 등의 중복될 경우에는 이체휴일을 주지 않는 예가 많이 보인다.

규 정 례 〈휴일이 중복되더라도 일체 이체하지 아니하는 경우〉

제○조【휴일중복의 취급】
전항의 휴일이 중복된 경우에는 하나의 휴일로 한다.

규 정 례 〈일요일과 국경일이 중복되는 경우 이체휴일을 주는 경우〉

제○조【휴일중복의 취급】
일요일과 국경일이 중복되는 경우에는 익일의 월요일을 이체휴일로 한다. 다만, 이 경우를 제외한 중복에 대해서는 이체휴일을 주지 아니한다.

(2) 일제휴일과 교대휴일

휴일이 가장 잘 확보되고 또 외관상으로도 분명하게 되는 것은 역시 일제히 실시하는 휴일방법이다. 상가, 동업조합 등 한 업종만의 휴일이 사실상 곤란하며 근로면에서도 교대휴일이 어려운 경우에는 일제휴업 · 휴일제가 채택되고 있다. 이와는 달리 운수사업, 병원 등과 같이 사업을 1일 휴업하여 일제히 휴일을 주기가 곤란하거나 부적당한 때에는 근로자별로 교대로 휴일을 주고 있다. 어떻든 법상으로는 이 점에 대해 규정한바 없으므로 기업 자체에서 자유롭게 정할 수 있다.

5. 휴일대체를 정하는 경우

(1) 휴일대체의 의의

휴일의 대체란 미리 휴일로 특정되어 있는 날에 근로를 시키고 대신 근로가 예정된 다른 날을 휴일로 하는 것을 말한다. 근로기준법 第54조는 1주일에 평균 1회 이상의 유급휴일을 줄 것을 요구할 뿐이며 어느날에 주어야 하느냐에 대하여는 규정하고 있지 않다. 휴일대체는 갑작스러운 작업의 수주 또는 일시적인 업무상의 필요에 대비하여 휴일로 정해진 특정 일을 근로일로 바꾸고 다른 날을 휴일로 대체변경하는 것을 말한다. 따라서 원래의 휴일은 통상의 근로일이 되어 휴일근로로 인한 가산임금이 지급되지 않는다(대법 2008.11.13, 2007다590).

(2) 휴일대체조항의 필요성

휴일은 특정시켜서 주어야 한다. 그런데 휴일에 업무형편상 취업하지 않을 수 없는 필요가 생긴 때에는 휴일출근을 명하고 휴일근로로 취급하지 아니하며, 휴일 그 자체를 다른 날로 대체하는 조치가 취하여진다.

여기서 설명하는 휴일대체란 휴일이 중복된 경우의 이체의 뜻이 아니며 휴일 그 자체를 다른 날로 전환시키는 것을 말한다. 예컨대, 일요일의 휴일을 다음날인 월요일로 전환시키는 것이며, 이 경우에는 일요일이 통상의 근로일, 월요일이 휴일이 된다.

따라서 역일상의 일요일에 출근해도 통상의 근로일이므로 휴일근로에는 해당되지 아니한다. 휴일근로가 아니므로 근로기준법 第56조에 의한 휴일근로수당의 지급이 불필요하다. 그 대신 다음날 즉, 월요일이 휴일이 되므로 그날 취업시킨 때에는 휴일근로로서 소정의 수당을 지급할 의무가 생긴다.

그러므로 업무상 필요할 때에는 소정의 휴일을 다른 근로일과 대체하는 것이 인정되고 있다. 대체한 때에는 소정의 휴일이 근로일로 취급되고 대체일이 휴일이 된다. 따라서 휴일근로의 문제는 생기지 아니한다. 사용자는 휴일의 대체로 인한 근로에 대하여는 근로기준법 제56조의 가산임금을 지급할 필요가 없게 된다.

휴일대체는 이례적인 일이므로 부득이한 이유가 없으면 행하지 않도록 한다. 근로자가 좋아하지 아니하므로 그 실시에 신중을 기하여야 한다.

휴일의 대체는 사용자에 의하여 악용될 가능성이 많기 때문에 예정된 휴일을 변경하고자 할 때에는 취업규칙에 규정하거나 또는 근로자의 동의를 얻어 실시해야 한다. 어떠한 경우에 대체하는가의 요건은 되도록 구체적으로 기재한다.

(3) 휴일대체조항의 규정례

제○조【휴일의 대체】
회사는 전력사정, 교통사정 그 밖에 부득이한 업무상 사정에 따라 휴일을 다른 날로 대체할 수 있다.

휴일대체는 이례적인 사태이고 아무래도 근로자에게 희생을 강요하게 되므로 사전에 예고하여 두는 것이 바람직하다. 즉, 「다음 일요일은 대체 할 것이니 양지하도록」등의 형태로 미리 알려주는 것이 좋다.

규 정 례

제○조【휴일대체의 예고】
휴일을 대체할 때에는 1주일 전에 예고하여야 한다.

제○조【대체휴일의 사전지정】
업무상 부득이한 때에는 근로자가 전부 또는 일부에 대하여 사전에 예고하여 휴일을 1주간 이내의 다른 날로 대체할 수 있다.

제○조【휴일의 대체】
업무상 지장이 있거나 필요한 경우에는 전조의 휴일을 다른 날로 대체할 수 있다. 이 경우 최소한 24시간 이전에 근로자에게 알려야 한다.

제○조【유급휴일의 대체】
회사는 업무상 막대한 지장을 초래하거나, 필요한 경우에는 노사합의로 다른 날로 대체할 수 있다.

(4) 휴일대체의 규정작성방법

휴일대체는 사용자에게 편리한 제도이지만, 그 남용을 방지하기 위하여 몇 가지의 조건을 갖출 필요가 있다.

① 취업규칙에 휴일대체 규정 및 휴일대체사유 명시

단체협약이나 취업규칙 또는 근로자의 동의에 의하여 유급휴일에 근무하고 통상의 근로일을 휴일로 대체하는 이른바 휴일대체근무제를 정해 놓을 수 있다. 이 경우에도 사전에 휴일의 대체 여부를 결정하여 근로자가 휴일의 자유로운 사용에 지장을 받지 않도록 하여야 할 것이다. 「다만, 당일의 취업이 필요한 때에는 다른 날로 대체할 수 있다」라는 규정으로도 되지만 사용자의 사정으로 수시로 대체를 허용하면 휴일특정이라는 취지에 반하게 되며, 근로자에게 불이익이 되는 경우도 생긴다. 따라서 대체사유는 되도록 구체적으로 규정할 것이 요망된다.

「…다만, 교통파업 그 밖에 긴급 불가피한 사유로 휴일에 취업시킬 필요가 있는 때에는 다른 날과 대체할 수 있다」 등으로 표현하는 것이 좋을 것이다.

② 휴일대체 절차

휴일대체는 사용자가 일방적으로 아무 때나 행할 수 있는 것이 아니므로 취업규칙이나 단체협약에 대체사유와 방법을 정해 놓아야 할 것이다. 즉, 업무상의 필요성, 휴일대체에 대한 예고, 대체휴일의 사전적 특정을 통해서 사용자의 자의적 휴일대체의 결정을 방지하고 근로자의 생활리듬이 유지되도록 해야 할 것이다. 일단 확정된 대체휴일을 다시 변경할 때에는 근로자의 개별적 동의를 받아야 할 것이다. 대체하는 경우에는 직전이 아니고 어느 정도 기간을 두어서 근로자에게 통고할 것, 근로자는 휴일에 개인적인 일정이 있을 것이므로 그 직전에 대체시키면 곤란하기 때문이다. 적어도 「전날」이 아니고 2~3일 전에 대체를 통고하도록 주의할 것이다.

③ 통지시기

휴일대체근무제의 절차에 따르지 아니하고 특정된 주휴일에 근로를 하게 되면 휴일근로가 되어 가산임금을 지급해야 한다. 이 경우에 다른 날에 쉬도록 하더라도 그 날이 다시 휴일로 되지는 않으며 단지 근로의무가 면제되는 날이 될 뿐이다. 대체한 경우의 대체휴일을 주는 기간을 예컨대 「2주간 이내」라든가 「7일 이내」등으로 한정시켜 되도록 가까운 날에 부여하도록 한다.

(5) 휴일대체규정 운용상 주의사항

① 대체 후의 휴일

휴일대체는 근로와 휴일과의 리듬을 그르치게 되어 근로자들에게는 바람직하지 않은 조치이므로 부득이한 사유가 있는 경우에 한해서 실시하여야 한다. 휴일대체로 인하여 다른 날로 정해진 휴일에 근로자가 쉬지 못하고 근로를 하면 사용자는 주휴 1일의 규정(근로기준법 제55조)을 위반하는 것이 되어 벌칙(근로기준법 제110조제1항)이 적용되고 근로자는 당일분의 근로에 대하여 가산임금의 지급을 청구할 수 있다. 휴일대체근무제는 사전에 취업규칙과 단체협약으로 대체 여부를 정하여 근로자가 휴일의 자유로운 사용에 지장을 받지 않도록 하려는 취지의 절차로 이해해야 하며, 대체된 휴일에는 현실적으로 휴무하도록 해야 할 것이다.

최근 교통파업 등이 빈발하는 경향이 있으나 이것은 대체사유가 될 수 있다고 생각된다.

② 대상자의 범위

휴일대체의 실시에 있어서는 사업장 전체로 실시하는 경우, 특정 부문에 한하여 실시하는 경우, 특정 개인을 선정하여 실시하는 경우가 있다. 업무상의 필요성을 충분히 고려하여 대상자의 범위를 결정할 필요가 있다.

6. 대휴제를 정하는 경우

(1) 대휴제를 정하는 경우

대휴란 휴일에 출근하였다든지 잔업이 장시간에 걸쳐 철야근무한 때 심신의 피로를 회복하기 위해 그 익일 또는 근접한 날에 주는 것이 일반적이다. 대휴는 법률상 반드시 쉬게 해야만 되는 것은 아니므로 대휴제를 취하느냐의 여부는 기업의 임의로서 취업규칙에서 취급을 규정하는 것이 좋을 것이다.

대휴제를 취할 때에는 일정범위의 기간(예컨대, 2주간 이내)을 정하여 근로자의 청구에 따르도록 하는 예가 많다. 근로자 자신의 청구를 기다리는 것이므로 만약 근로자가 어떤 사정으로 청구하지 않으면 주지 않아도 된다.

대휴는 흔히 휴일대체와 혼동하기 쉽다. 휴일대체는 소정휴일을 전환시키는 것이지만, 대휴는 휴일근무라든가, 장시간의 시간외근무 또는 야간근무를 시킨 경우, 심신의 피로를 회복시키기 위하여 익일 또는 가까운 날에 휴무시켜서 근로를 면제하는 것을 말한다.

(2) 대휴제규정 모델

제○조【대휴일】

휴일에 출근한 자가 2주간 이내에 대휴를 청구한 때에는 회사는 이를 주어야 한다.

제○조【잔업시의 대휴일】

시간외근무가 취업시간과 동일한 시간에까지 이르게 된 때에는 1주간 이내에 대휴를 받을 수 있다.

제○조【휴일근무와 대휴】

① 휴일근무의 근로시간이 8시간 이상에 이를 때에는 업무에 지장이 없는 날을 택하여 2주간 이내에 대휴를 받을 수 있다.

② 제1항의 대휴를 받고자 할 때에는 미리 소속장의 승인을 얻어 인사부에 신고하여야 한다.

③ 출장 중 휴일근무에 대한 대휴청구는 귀사 후 7일 이내에 하여야 한다.

④ 제1항의 기간이 경과한 때에는 대휴를 청구할 수 없다.

⑤ 대휴를 받은 때에는 그때부터 1개월 이내에 사용하여야 한다. 그 기간 내에 사용하지 아니한 때에는 대휴를 청구하지 못한다.

제○조【휴일근무와 대휴】

회사는 휴일에 출근한 근로자에게 유급휴가의 행사에 우선하여 다음 기간내에 대휴를 준다.

① 보통근무

1. 일요일에 출근한 경우-당일로부터 기산하여 7일 이내
2. 국경일, 회사창립기념일, 제4주를 제외한 토요일, 특별지정휴일, 근로자의 날에 출근한 경우-당일로부터 기산하여 1개월 이내
3. 연말연시에 출근한 경우-당일로부터 기산하여 1년 이내

② 교대근무
지정휴일에 출근한 경우–당일로부터 기산하여 1개월 이내
제○조【철야근무와 대휴】
철야근무를 한 때에는 다음날을 대휴로 한다. 다만, 업무 그 밖의 사정으로 다음날 휴무할 수 없을 때에는 철야근무일로부터 7일 이내에 1일의 대휴를 부여한다.

(3) 대휴의 규정작성방법

① 대휴의 부여방법

대휴는 법률상 반드시 주어야 하는 것은 아니다. 그러므로 본인의 청구나 또는 고용노동부장관의 명령(근로기준법제53조제4항)으로 부여한다. 대휴로 휴무하게 하는 날은 그 익일이 가장 바람직하나 업무사정 또는 본인의 희망 등으로 반드시 그 익일이 아니고 되도록 가까운 날에 주어도 된다.

② 대휴의 부여시기

단지 1개월 또는 2개월 후라면 대휴를 주는 취지에 맞지 아니하므로 대휴일을 「1주일 이내」 또는 「3일 이내」 등으로 한정시켜 규정에 명시한다. 「시간외근로가 7시간 이상이 된 때에는 그 익일을 휴일로 한다. 다만, 업무사정상 부득이하여 그날 출근시킨 경우에는 휴일근로로 취급한다」.

「휴일에 근무한 근로자는 1주일 이내에 대휴를 받을 수 있다. 이 경우 대휴를 받으려고 하는 근로자는 소정양식에 의거 소속장의 확인을 거쳐 총무과에 청구하여야 한다」.

「시간외근무 또는 휴일근무가 7시간 이상이 된 경우 그 익일에 대휴를 준다. 그러나 부득이하여 그 익일도 근무시키는 경우에는 1주일 이내에 대휴를 준다. 이러한 대휴를 줄 수 없는 경우에는 휴일출근으로 취급한다」.

③ 대휴와 임금지급

대휴를 주는 경우의 임금취급은 대휴를 실시한 경우와 실시하지 아니한 경우에 상이한 취급을 하는 때도 있다. 이에 대해서는 임금규정의 항을 참조하기 바란다.

(4) 대휴규정운용상 주의사항

취업규칙에서는 대체휴일과 대휴를 확실히 구별해서 규정해 두어야 한다. 이것이 명확하게 구별되어 있지 아니하면 혼란을 초래하기 때문이다. 대체휴일은 이미 설명하였으므로 대휴에 대하여 보면 휴일근로나 장시간의 시간외 근로, 야간근로가 행하여진 경우에 그 대상조치로서 그 이후의 특정 근로일의 근로의무를 면제하는 것이며 이미 행하여진 근로자 대휴를 부여함으로써 휴일 근로가 아니게 되는 것이다.

2 휴일근로

1. 휴일근로조항의 필요성

휴일은 중요한 근로조건이다. 근로기준법은 취업규칙에 반드시 기재하도록 규정하고 있다(근로기준법 제93조제1호). 휴일근로에 대한 가산임금의 지급의무를 규정한 근로기준법 제56조는 휴일근로를 전제하고 있으므로 당사자간의 합의에 의하여(근로기준법 제53조제1항). 또는 고용노동부장관의 인가나 본인의 동의를 조건으로(동법 제53조제3항, 제69조) 사용자는 휴일근로를 시킬 수 있다고 보아야 할 것이다.

휴일근로에는 유급휴일과 무급휴일이 있다. 근로기준법 제55조에 규정된 법정유급휴일 이외의 공휴일, 국경일 또는 회사창립기념일 등은 취업규칙이나 단체협약이 정하는 바에 따라 유급휴일 또는 무급휴일이 될 수 있다.

유급휴일에 근로하는 경우에는 유급으로서 당연히 지급되는 임금(100%)과 당해 휴일에 근로한 임금(100%)에 가산임금(50%)을 합한 임금(250%)를 지급해야 한다.

무급휴일은 근로기준법 제56조의 휴일에 해당하므로 통상임금을 기준으로 하는 가산임금(150%)만 지급하면 된다.

휴일근로가 연장시간근로와 겹치는 경우에도 당해 휴일근무수당과 연장근로수당을 함께 지급해야 한다. 판례(대법 1991.3.22, 90다6545)는「휴일근로와 시간외근로가 중복되는 경우에는 휴일근로에 대한 가산임금과 시간외근로에 대한 가산임금을 각각 가산하여 산정하여야 한다」고 한다. 또한 휴일근로시간이 연장 또는 야간근로시간과 겹칠 때에는 연장 또는 야간근로시간에 해당하는 휴일근로수당과 연장 또는 야간근로수당을 지급하는 것이다.

예컨대, A화학주식회사는 단체협약에 규정되어 있는 유급휴일 중 주휴일, 근로자의 날에 근무시에는 통상임금의 100분의 150을, 기타 유급휴일에 근무시에는 통상임금의 100분의 100을 가산지급하기로 노사합의하여 단체협약에 규정하고 있는 경우, 가산임금의 지급방법에 대한 판례(대법 1991.5.14, 90다14089)에서「근로기준법 제56조의 휴일근로는 법 제55조에 의한 주휴일근로뿐만 아니라 단체협약이나 취업규칙에 의하여 휴일로 정하여진 법정공휴일 등의 근로를 가리키는 것이라고 보는 것이 상당하다」고 한다. 따라서 위의 경우에는 통상임금의 100분의 150을 지급한다는 것이다.

2. 휴일근로조항의 규정작성방법

(1) 주휴제의 원칙

근로기준법 제55조는「사용자는 근로자에게 1주일에 평균 1회 이상의 유급휴일을 주어야 한다」고 규정하고 있다. 휴일근로사유에 대해서 협정을 체결하는 것이 바람직하다. 휴일은 근로의무가 없는 날이므로 원칙적으로 휴일에 근무시켜서는 안되지만 업무사정으로 근무시킬 수 있다. 다만, 부득이한 경우 그 사유를 휴일근무규정 등에 미리 정하거나 협정한 바에 따라 실시하는 것이 바람직한 것이다. 휴일은 1주일에 평균 1회 이상 유급휴일로서 주어야 한다(근로기준법 제55조).

그러나 가령 같은 주에 2일의 휴일이 생긴 경우 등에는 그 1일에 근무시켜도 법 위반이 되지 않을 수 있다. 예컨대, 주휴2일제를 실시하여 토요일, 일요일 연휴제를 택하는 경우 그 중의 1일(토요일이나 일요일 중 어느 1일)을 근무시켜도 법 위반이 되지 않을 것이다.

그러나 만약 취업규칙에「휴일에는 근무시키지 아니한다」고 포괄적으로 규정하면 연간의 전휴일에 근무시키지 못한다. 즉, 근로기준법의 최저한을 상회하는 조건을 약속한 것이 될 수 있으므로 휴일에는 근무시키지 못하게 된다. 물론 그렇게 해도 문제될 것이 없으나 만약 여성이나 연소자를 법정기준을 상회하는 휴일에 대해서 근무시킬 필요가 있을 수 있다고 생각되면 다음 예와 같이 예외규정을 두면 된다.

규 정 례

제○조【연소자 · 임산부의 휴일근로】 18세 미만자 및 임산부에 대해서는 휴일근무를 시키지 아니한다. 다만, 법정기준(근로기준법 제55조)을 상회하는 부분에 대해서는 휴일근무를 시킬 수 있다.

휴일근무의 가산임금 계산기간은 근무한 실제근로시간(휴게시간 제외)이므로 「근무한 시간에 대해서」라고 명기한다.

3. 사례별 규정요령

규 정 례

제○조【휴일근로요령】 ① 업무상 필요가 있을 때에는 휴일근무협정에 의거해서 휴일에 근무시킬 수 있다. ② 휴일에 근무시킬 경우에는 상사의 지시에 의한다. 다만, 상사에 신청해서 시간외근로가 승인된 경우에는 근무할 수 있다. ③ 18세 미만자 및 임산부에 대해서는 휴일에 근무시키지 아니한다. 다만, 그 근로자의 동의와 고용노동부장관의 인가를 얻어야 한다. ④ 휴일근무에 대해서는 근무한 시간에 응하여 임금규정에 의한 가산임금을 지급한다.

3 휴 가

1. 휴가의 의의 및 종류

휴일은 근로자가 근로의무를 갖지 않는 날이며, 또 모든 근로자에게 일률적으로 적용되는 날인데 비하여, 휴가는 소정의 부여요건에 합치되는 경우에 근로의무를 면제하고 휴무시키는 날이다.

휴가는 그 부여목적에 따라 여러 가지 종류가 있으나 다음과 같이 법률상의 청구권에 의해 부여하는 것과 기업의 의사에 의해 부여하는 것이 있다.

(1) 법률상의 청구에 의한 휴가(법정휴가)

① 연차유급휴가

② 생리휴가

③ 출산전후유급휴가

④ 배우자출산휴가

(2) 기업의사에 의한 특별휴가(약정휴가)

① 결혼휴가

② 경조휴가

③ 이재휴가

④ 전근휴가

⑤ 기 타

전자에 대하여는 부여하여야 할 사유 및 일수가 근로기준법에서 정하고 있으며, 기업은 이를 하회하는 것이 금지되고 있으나, 후자는 법률상의 의무규정이 없고 기업이 독자적으로 자유롭게 처리할 수가 있다.

이하 각 휴가에 대해 설명한다.

2. 연차유급휴가

(1) 연차유급휴가의 의의

연차유급휴가는 1년간 계속 근로한 근로자가 유급으로 받는 휴가를 말한다. 휴가란 근로의무가 있는 근로일에 대하여 근로자가 사용자로부터의 취업의무의 면제를 얻은 날을 말한다. 휴가는 중요한 근로조건이므로 취업규칙에 반드시 기재하여야 한다(근로기준법 제93조제1호).

연차유급휴가는 1년간의 근로결과 생기는 신체적 · 정신적인 피로 · 스트레스를 풀고 노동력의 유지 · 향상을 위하여 근로자의 청구에 따라 부여하는 휴가로서, 근로기준법에서 근로자에게 인정한 청구권이며, 근로자가 청구하면 사용자는 부여하여야 할 법률상의 의무를 진다(근로기준법 제60조).

휴가의 이용은 근로자의 자유에 일임되며, 최근에는 사외의 강습참가, 그 밖에 자기개발 · 능력개발 등에 충당하는 경우도 많다.

근로기준법에는 부여하여야 할 최저한의 부여요건과 휴가일수가 규정되고 있다. 이에 의하면 근속 1년을 경과하고 그 기간동안 80퍼센트 이상 출근한 자에 대하여는 향후 1년간에 한하여 15일의 유급휴가가 각각 주어진다.

그 이후에는 2년이 증가할 때마다 1일씩을 증가시켜서 가산휴가가 10일이 되면 그 이상을 증가시킬 법률상의 의무는 없게 된다.

연차유급휴가는 근로자의 청구권이므로 청구만 하면 주어야 한다. 다만 청구한 날에 휴가를 주게 되면 「사업운영에 막대한 지장」이 있는 경우에는 사용자는 그 시기를 변경할 수 있다. 연차유급휴가를 취하지 아니한 일수는 다음 해까지 이용할 수 있다. 즉, 휴가청구권의 시효는 1년이다. 다만, 사용자의 귀책사유로 사용하지 못한 경우에는 예외가 된다.

(2) 연차유급휴가의 규정작성방법

출근율의 산정방식, 휴가의 수급자격에 필요한 출근율을 산정하는 방식을 명확하게 정한다. 출근율의 산정방식에 관하여 근로기준법 및 행정해석상 제시하는 선은 다음과 같다.

$$\text{출근율} = \frac{\text{② 연간출근일수}}{\text{① 연간소정근로일수}} \times 100\%$$

※ ① 연간의 소정근로일수(분모)=365−(소정휴일수+소정휴가일수+회사의 휴업일수+정당한 파업기간)
② 출근일수(분자)=실출근일수+업무상 상병에 의한 휴업일수+출산전후휴가일수

적어도 전술한 기준은 기본적으로 준수하여야 한다. 그 외의 생리휴가, 경조시에 취한 특별휴가 또는 교통차단(교통사고, 교통파업, 천재사변에 따른 불통 등) 기타의 비사고 취급사유에 의한 휴업일 등을 출근일수로 간주하는가 안하는가는 법률상 규정한 바 없으나 연차유급휴가 등 다른 휴가 등과 동일하게 법적으로 보장된 이상 이들 휴가, 휴업을 주는 취지에 비추어서 출근한 것으로 보는 것이 타당하다고 생각된다.

① **휴가일수의 표준**

1년간 근속해서 80퍼센트 이상을 출근하면 15일, 그리고 이후 2년이 경과할 때마다 각각 1일씩이 증가되는 것은 근로기준법상의 최소한의 일수이므로 기업에서 그 이상의 일수를 부여하는 것은 상관없다.

근속 1년 미만인 자에게는 1개월 개근시 1일의 유급휴가를 주어야 한다. 근속 1년 이상인 자에게 해당 년도의 출근율이 80퍼센트 미만일지라도 매월 개근할 경우에는 1일의 연차유급휴가를 취득한다.(근로기준법 제60조제2항)

② **휴가연도제**

연차유급휴가는 법률상으로는 만 1년이 경과하면 청구권이 생긴다. 이에 충실하게 따른다고 하면 채용일이 기산일이 되어 각자의 휴가청구권 발생일이 달라지게 된다. 이것은 휴가관리상 번잡스러우며 근로자로서도 자기가 언제부터 신규의 휴가청구권이 발생하고 언제까지 이용할 수 있는지가 애매하게 되는 일이 있다.

그러므로 채용일에 불구하고 기산일을 통일시켜 일률적으로 휴가를 운영하는 제도를 취하는 방법이 있다. 이것이 휴가연도제이다.

예시하면, 휴가연도를 1월 1일부터 12월 31일까지로 하고 그 기간 중 채용된 자는 채용일 여하에 불구하고, 1월 1일부터 휴가를 부여하기로 한다.

그 팀의 6월 20일에 채용된 자도 또 그 해 8월 10일에 채용된 자도 근속 1년 미만이지만 다 같이 익년도의 1월 1일부터 소정의 휴가가 이용될 수 있다. 1년 미만에서 휴가를 이용할 수 있다는 점에서 유리하게 취급되는 것은 휴가연도를 택하는 한 부득이하다. 또한 휴가연도는 어느 달부터 어느 날까지라도 상관없다.

신규 졸업자가 입사하는 달(3월)부터 출발하는 경우도 있으나 우리나라의 경우 대개 회계연도에 맞추어 1월 1일부터 12월 31일까지로 하는 사례가 많다.

▎법정대로의 휴가발생일

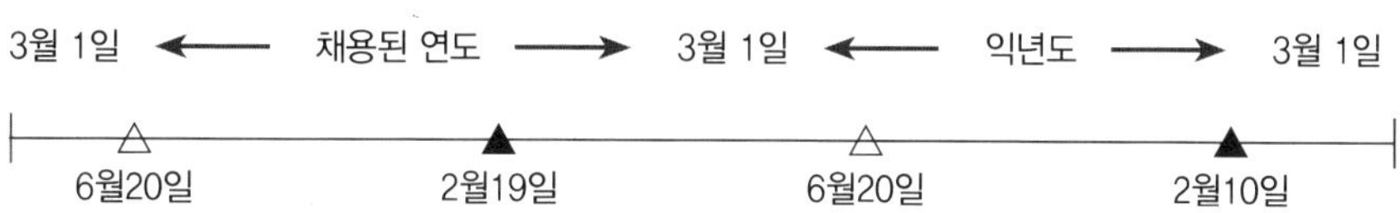

(3) 연차유급휴가의 대체

사용자는 근로자대표와의 서면합의에 따라 또는 제60조에 따른 연차유급휴가일을 갈음하여 특정한 근로일에 근로자를 휴무시킬 수 있다(근로기준법 제62조).

규 정 례

○○주식회사와 ○○노동조합과는 연차유급휴가의 대체에 관하여 다음과 같이 협정을 체결한다.
제1조 근로자가 가지는 각년도의 연차유급휴가 중 5일에 관하여는 근로자는 본 협정에 정하는 날에 대체 사용한다.
제2조 연차유급휴가의 대체취득의 기간 일수는 다음과 같다.

1기	4월 1일부터 9월 30일까지 3일간
2기	10월 1일부터 3월 31일까지 2일간

제3조 본 협정의 대상이 되는 근로자는 각기의 '연차유급휴가 취득계획희망서'를 각기의 휴가대상기간이 시작되는 2개월 전까지 소속과장에게 제출해야 한다.
제4조 ① 각 소속과장은 제3조에 의해 제출된 희망서를 참조하여 조정한 후에 각 개인별의 연차유급휴가 부여계획표를 작성하여 각기의 휴가대상기간이 시작되는 2주 전까지 총무부장에게 제출한다.
② 총무부장은 될 수 있는 대로 빠르게 제1항의 계획표를 노동조합 및 각 개인에게 배포한다.
제5조 각 소속과장은 제3조제1항을 조정함에 있어서 특정한 날에 휴가희망자가 집중될 때는 원칙적으로 근속연수가 장기간인 근로자에게 우선적으로 부여하는 방향으로 조정한다.
제6조 본 협정은 매년 기준일(4월 1일) 현재까지는 연차유급휴가가 15일이 되지 아니하는 자에게 적용하지 아니한다.
제7조 회사는 업무수행상 부득이한 사유가 생길 때는 노동조합의 동의를 얻은 후 발표한 휴가계획표를 변경할 수 있다.

(4) 운용상 주의사항

① 신청사유

연차유급휴가는 원칙적으로 근로자의 신청에 의해 부여하며(신청하지 않으면 주지 아니한다) 신청사유는 불문한다. 근로자가 어떤 목적으로 휴가를 이용하든 기업은 간섭할 수 없다. 따라서 신청사유 여하에 따라 휴가의 시기변경을 명하는 것은 법률상 허용되지 아니한다.

그러나 이른바 휴가투쟁이라고 하여 일제휴가를 취하는 것은 휴가의 취지에 반한다.

② 신청시기

연차유급휴가의 청구는 원칙적으로 사전에 행하도록 하는 것이 원칙이다.

후술하는 바와 같이 기업은 청구한 날을 다른 날로 변경할 수 있으므로 변경의 재량을 주지 않는 청구방법을 인정하는 것은 바람직하지 않다.

때때로 당일 전화에 의한 청구나 사후승인을 인정하는 사례를 볼 수 있다. 물론 위법은 아니지만 바람직한 것이 못된다. 사전에 청구하도록 하기 위해서는 청구의 기한을 명시하는 것이 좋다. 「전일의 종료시각까지」라든가 「2일 전까지」라든가 일자 및 시각을 정한다.

③ 시기변경

청구한 날이 「사업운영에 막대한 지장」이 있는 경우에는, 기업은 다른 날로 변경시킬 수 있다. 문제는 어떤 경우가 「사업운영에 막대한 지장이 있는 경우에 해당하는가」이다. 단순히 「업무가 바쁘기 때문에」라는 사유로는 충분하지 않고 본인이 휴가를 사용하면, 업무상 상당한 지장이 생길 정도일 것이 요구된다고 할 것이다. 그와 같이 변경사유를 엄격하게 제약하지 않으면 모처럼의 청구권이 공염불화 될 염려가 있기 때문이다.

④ 휴가의 분할부여

"반일휴가"라고 칭하여, 연차유급휴가를 반일단위로 분할해서 부여한다거나 극단적인 경우 시간단위로 분할해서 주는 것은 위법이다. 연차유급휴가는 완전 1일을 이용시키는 것이 법취지이므로 가령, 근로자의 희망 또는 요구에 의해서 분할부여를 하더라도 위법이 된다.

⑤ 휴가와 결근취급

연차유급휴가를 취한 자를 개근수당 또는 상여의 산정에 있어서 "결근취급"하는 문제에 관해서는 바람직한 방법이 아니므로 휴가사용을 결근취급해서는 안된다.

⑥ 휴가의 시효, 환가

휴가는 청구권 발생일부터 만 1년간에 청구, 이용할 수 있다. 1년이 경과하면 잔여일수의 청구권은 자동적으로 소멸한다(물론 기업이 그 이상 즉, 2년간 또는 3년간의 시효를 인정한다면 상관없으나 지나치게 장기에 이르는 것은 휴가관리상 지장이 생기는 경우도 있다). 시효에 의해서 소멸할 잔여일수에 대하여, 시효경과 전에 어떤 명목으로 금전상의 보상 즉, 환가 등을 하면 법 위반이 된다. 휴가는 실질적으로 근로자를 업무로부터 해방시켜, 노동력의 유지, 배양을 도모하게 하기 위하여 부여하는 것이므로, 금전으로 대체할 수 있는 성질의 것이 아니다.

설사 근로자가 스스로 희망하더라도 환가 또는 매상은 위반이 된다.

휴일 및 휴가제도규정 모델

제○조【연차유급휴가】

① 직원이 1년간 80퍼센트 이상 출근한 근로자에 대하여는 15일의 유급휴가를 준다. 다만, 1년 미만 근로한 자 또는 1년간 80퍼센트 미만 출근한 근로자에 대해서는 1월간 개근시 1일의 유급휴가를 준다.

② 직원이 최초로 제1항의 규정에 의해 연차유급휴가가 발생한 경우 이미 사용한 연차유급휴가일수를 공제하고 부여한다.

③ 3년 이상 계속 근무한 자에 대하여는 1년을 초과하는 매 2년에 대하여 제1항의 휴가에 1일을 가산한 유급휴가를 준다. 다만, 휴가일수는 최대 25일을 한도로 한다.

④ 년차 유급휴가의 계산기간은 당해 년도 1월 1일부터 당해 년도 12월 말일까지로하며 휴가실시기간은 다음년도 1월 1일부터 1년 이내로 한다. 다만, 기준일 현재 근속 1년 미만인 사원은 근무일수를 기준으로 월할 계산하여 휴가일수를 산정한다.

제○조【연차유급휴가】

① 1년간 80퍼센트 이상 출근한 직원에 대하여는 15일의 유급휴가를 준다.

② 근속연수가 1년 미만인 직원 또는 1년간 80퍼센트 미만 출근한 직원에 대하여는 1개월간 개근시 1일의 유급휴가를 준다.

③ 직원이 최초 1년간의 근무에 대하여 유급휴가를 주는 경우에는 제2항의 규정에 의한 휴가를 포함하여 15일로 하고, 직원이 제2항의 규정에 의한 휴가를 이미 사용한 경우에는 그 사용한 휴가일수를 15일에서 공제한다.

④ 3년 이상 근속한 직원에 대하여는 제1항의 규정에 의한 휴가에 최초 1년을 초과하는 계속 근무연수 매2년에 대하여 1일을 가산한 유급휴가를 준다. 이 경우 가산휴가를 포함한 총휴가일수는 25일을 초과하지 못한다.

⑤ 유급휴가 대상기간의 계산은 1월 1일부터 12월 말일까지로 한다.

⑥ 상기 규정에 의한 유급휴가는 직원의 신청이 있는 시기에 부여한다. 다만, 사업운영에 막대한 지장이 있다고 인정될 때에는 그 시기를 조정할 수 있다.

⑦ 유급휴가에 관한 세부사항은 인사규정이 정하는 바에 의한다.

제○조【연차유급휴가】

① 1년간 80퍼센트 이상 출근한 직원에 대하여는 15일의 유급휴가를 준다.

② 3년 이상 근속한 직원에 대하여는 제1항의 규정에 의한 휴가에 최초 1년을 초과하는 계속 근무연수 매2년에 대하여 1일을 가산한 유급휴가를 준다. 이 경우 가산휴가를 포함한 총휴가일수는 25일을 한도로 한다.

③ 계속 근로연수가 1년 미만인 직원 또는 1년간 80퍼센트 미만 출근한 직원에 대하여는 1월간 개근시 1일의 유급휴가를 준다.

④ 직원이 최초 1년간의 근무에 대하여 유급휴가를 주는 경우에는 제3항의 규정에 의한 휴가를 포함하여 15일로 하고, 직원이 제3항의 규정에 의한 휴가를 이미 사용한 경우에는 그 사용한 휴가일수를 15일에서 공제한다.

⑤ 제1항 및 제2항의 휴가는 직원의 자유의사로 당년도 12월 16일부터 익년도 12월 15일까지 기간에 사용할 수 있다.

⑥ 이 규정에 의한 출근율 계산시 직원이 업무상 상병으로 휴업한 기간과 출산전후의 여성이 휴업한 기간과 생리휴가 등은 출근한 것으로 계산한다.

제○조【휴가의 취급 및 시기변경】

① 연차유급휴가는 13 : 00를 기준으로 오전, 오후로 나누어 사용할 수 있으며, 이 경우 반일휴가로 처리한다. 다만, 반일휴가 관련 세부사항은 별도로 정한다.

② 이 규칙 제○○조에 의한 연차유급휴가는 업무형편상 부득이한 경우에는 그 시기를 변경할 수 있다.

(5) 연차유급휴가사용촉진제도

① 사용촉진제도의 의의와 내용

근로기준법 제61조에 의하면, 사용자가 연차유급휴가 촉진을 위한 적극적인 조치를 한 경우에 미사용한 연차유급휴가에 대하여 금전보상의무를 면제함으로써 근로자가 연차유급휴가를 적극적으로 사용하도록 하고 있다.

근로기준법 제61조는 사용자가 근로자별로 미사용 휴가일수를 알려주어, 근로자가 그 사용시기를 정하여 사용자에게 통보하도록 '서면' 으로 촉구토록 하고, 촉구를 받은 근로자가 미사용휴가의 사용시기를 정하여 사용자에게 통보하지 아니한 경우에는 사용자가 미사용휴가의 사용시기를 정하여 근로자에게 '서면' 으로 통보토록 규정하고 있다. 휴가사용촉진조치에도 불구하고 근로자가 휴가를 사용치 아니하여 휴가가 소멸되는 경우에는 사용자는 그 미사용휴가에 대한 보상을 할 의무가 없다고 규정하고 있다.

근로기준법 제61조는 사용자가 근로자별로 미사용 휴가일수를 알려주어, 근로자가 그 사용시기를 정하여 사용자에게 통보하도록 '서면'으로 촉구토록 하고, 촉구를 받은 근로자가 미사용휴가의 사용시기를 정하여 사용자에게 통보하지 아니한 경우에는 사용자가 미사용휴가의 사용시기를 정하여 근로자에게 '서면'으로 통보토록 규정하고 있고 휴가사용촉진 조치에도 불구하고 근로자가 휴가를 사용치 아니하여 휴가가 소멸되는 경우에는 사용자는 그 미사용휴가에 대한 보상을 할 필요가 없다고 규정하고 있다.

② 연차유급휴가사용촉진제도 내용

사용자가 휴가촉진을 위한 적극적인 조치를 취한 것으로 인정되기 위해서는 ㈎ 휴가사용기간 만료 6개월 전을 기준으로 10일 이내에 사용자가 근로자에게 미사용 휴가일을 알려주고, 근로자가 그 사용시기를 정하여 사용자에게 통보하도록 서면으로 촉구하고, ㈏ 이러한 촉구에도 불구하고 근로자가 촉구를 받은 때부터 10일 이내에 미사용 휴가의 전부 또는 일부의 사용시기를 정하여 사용자에게 통보하지 아니하는 경우에는 기간이 끝나기 2월 전까지 사용자가 미사용 휴가의 사용시기를 정하여 근로자에게 서면으로 통보하도록 하고 있다.

③ 근로자가 연차유급휴가사용계획서 상의 휴가 사용시기를 정한 경우

사용자의 연차유급휴가사용촉진조치에 의하여 근로자가 휴가사용시기를 정하여 사용자에게 휴가사용계획서를 제출하였다면 그 지정된 시기에 연차유급휴가의 사용하겠다는 의사표시로 볼 수 있다(2005.10.21, 임금근로시간정책팀-285).

④ 전자문서에 의한 서면통보방법

위와 같은 내용의 휴가사용촉진방안은 해당 근로자가 1년 이상 근속한 경우에 발생한 연차유급휴가에 대해서만 적용되고, 1년 미만 근속기간 중 발생한 연차유급휴가는 휴가사용촉진의 대상이 되지 않는다는 점에 특별히 유의해야 한다. 기존의 '종이로 된 문서' 외에 전자문서로서 연차유급휴가사용촉진이 가능하기 위해서는 회사가 전자결재체계를 완비하여 전자문서로 모든 업무의 기안, 결재, 시행과정이 이루어져 근로자 개인별로 명확하게 촉구 또는 통보되는 경우에 한하여 서면 촉구 또는 통보로 인정될 수 있다(2010.11.16, 근로기준과-1983).

⑤ 지정된 휴가일에 출근한 경우의 처리방법

그러나 휴가사용촉진을 위해 근로기준법에 명시된 절차를 지켰음에도 지정된 휴가일에 근로자가 출근한 경우 사용자는 "명확하게 노무수령 의사를 거부해야 하며" 사용자가 노무수령 거부의사를 명확히 표시하지 않았거나 근로자에 대하여 업무지시 등을 하여 근로자가 근로를 제공한 경우에는 휴가일 근로를 승낙한 것으로 보아야 하므로 연차유급휴가근로수당을 지급해야 한다.

노무수령 거부의사가 있었음에 대한 입증책임은 사용자와 근로자 중 어느 쪽에 있는지에 대하여 근로기준법은 직접 규정하고 있지 않으므로 그 판단기준은 다음과 같다.

㈎ 업무수행 및 근태관리에 대한 지시 및 통제

㈏ 노무수령 거부의사 방법의 명확성

㈐ 출근사유가 업무수행과 긴밀한 관련성이 있는지 등 구체적인 사실관계를 종합적으로 고려하여 명확한 노무수령 거부의사가 있었는지를 판단하여야 할 것이다. 연차유급휴가일에 해당 근로자의 책상위에 '노무수령 거부의사 통지서'를 올려놓거나, 컴퓨터를 켜면 '노무수령 거부의사 통지' 화면이 나타나도록 하여 해당 근로자가 사용자의 노무수령 거부의사를 인지할 수 있는 정도라면 달리 볼 사정이 없는 한 노무수령 거부의사를 표시한 것으로 볼 수 있다(2010.3.22, 근로기준과-351).

(6) 연차유급휴가 활용 방안

① 연차유급휴가사용촉진제도의 활용

연차유급휴가사용촉진제도를 활용하여 사용자의 금전보상의무가 면제된다고 하더라도 직종이나 업무의 성격에 따라서는 사용자가 지금처럼 수당을 지급하더라도 휴가사용을 원치 않을 수도 있을 것이다. 또한 다수 근로자의 휴가사용으로 인해 업무 공백이 발생하거나 생산에 차질이 있어 비용이 더 들어가는 경우도 생길 수 있다.

법정근로시간의 단축이 실근로시간을 줄이기 위한 것이라면 연차유급휴가를 적절하게 사용하게 하는 것은 실근로시간을 줄일 뿐만 아니라 휴식을 통한 근로자의 재충전, 기업의 비용부담도 감소시킬 수 있는 효과적인 수단이 될 수 있다.

근로기준법에 규정된 연차유급휴가 사용촉진방안과는 별도로 업무공백을 사전에 방지하고 계획적인 조직 운영을 위해 사전에 연차유급휴가에 대한 계획을 세우고 이를 사용하는 방안이 있을 수 있는데 이를 '계획연차유급휴가제' 라고 부른다.

② 계획연차유급휴가제

계획연차유급휴가제를 실시하기 위해서는 먼저 부서별로 부서직원의 휴가희망일을 신청받고 부서 책임자의 지도 아래 업무공백 등을 고려하여 휴가일을 개인별로 조정, 확정한다.

계획휴가는 국경일 전후, 여름휴가나 혹은 그 전후, 근로자 개인의 생일이나 가족친지의 생일, 결혼기념일 등에 이용할 수 있다. 다만, 계획휴가제를 근로자가 받아들이지 않을 경우 현행법상으로는 그 근로자에 대해 계획휴가제를 시행하는 것은 곤란하다.

③ 반일휴가제

반일휴가제는 유급휴가의 사용단위를 1일에서 반일로 변경하여 분할 사용할 수 있도록 하는 제도를 말한다. 반일휴가제의 경우는 근로기준법상 1일의 연차유급휴가를 분할하여 사용하는 것에 대한 근거는 없으나 근로기준법의 취지에 벗어나지 않는 범위 내에서 노사간 서면합의를 통해 실시할 수 있을 것이다.

이와 같은 반일휴가제는 자격증 시험, 자녀입학 · 졸업식, 자녀 대입시험, 증명서 발급, 친인척 병문안, 법원 · 관공서 출두, 금융기관 방문, 기타 반일의 범위 내에서 가능한 사적 사안 등에 활용될 수 있다.

계획연차유급휴가제 및 반일휴가제에 대한 노사합의서 모델

주식회사 ○○대표이사 와 ○○노동조합 위원장 와는 계획연차유급휴가제 및 반일휴가제 시행에 대해 다음과 같이 합의한다.

1. 노사는 연차유급휴가의 사용을 촉진하고 각 부서별 업무공백을 사정에 예방하기 위해 부서장을 책임자로 한 부서원들에 대한 '계획연차유급휴가제' 도입에 합의한다.
2. 계획연차유급휴가제는 먼저 부서원이 사용가능한 연차유급휴가에 대해 1월 10일까지 계획서를 제출하고 동 계획서에 근거하여 부서장이 이를 조정토록 한다. 다만, 희망일의 조정이 필요한 경우 부서장은 부서원에게 합리적 이유를 설명하여야 한다.
3. 부서원들의 연차유급휴가와 관련하여 다음의 경우는 반드시 연차유급휴가로 부여토록 한다.
   가. 근로자 본인의 생일
   나. 배우자와 자녀의 생일
   다. 결혼기념일
4. 노사는 반일휴가를 실시하는데 합의한다.
5. 근로자는 다음의 경우 반드시 반일휴가계를 제출하고 사용토록 한다.
   가. 자격증 시험
   나. 자녀입학 · 졸업식
   다. 자녀 대입시험
   라. 개인증명서 발급
   마. 친인척 병문안
   바. 법원 · 관공서 출두
   사. 금융기관 이용
   아. 그 밖에 반일의 범위내에서 가능한 사적 사안 등
6. 반일 휴가 2회 사용은 1일의 휴가를 사용한 것으로 본다.

년 월 일

주식회사 ○○대표이사 (인) ○○노동조합위원장 (인)

휴가사용촉진규정 모델

제○조【연차유급휴가의 사용】

① 직원이 연차유급휴가를 사용하고자 할 경우에는 미리 소속장을 경유, 신청하여 승인을 받아야 한다.

② 회사는 직원이 청구한 시기에 휴가를 주는 것이 업무상 지장이 있다고 인정할 경우에는 그 시기를 변경하거나 분할하여 줄 수 있다.

③ 연차유급휴가는 사용하는 것을 원칙으로 하며, 휴가 사용 만료기간 6개월 전까지 사용할 수 있는 휴가가 남은 경우 10일 이내에 직원은 연차 사용시기를 정하여 통보하며, 연차유급휴가 소멸 2개월 전까지 사용할 수 있는 휴가가 남아 있고, 직원이 연차유급휴가 사용계획서를 제출하지 않은 경우 회사는 연차유급휴가를 사용할 수 있는 시기를 지정할 수 있다.

④ 제3항에 의해 발생한 연차를 사용하지 않은 경우 연차수당은 발생하지 않는다.

제○조【연차유급휴가의 사용촉진】

회사가 본 규정에 의한 연차유급휴가의 사용을 촉진하기 위하여 다음 각 호의 조치를 취하였음에도 불구하고 직원이 휴가를 사용하지 아니하여 연차유급휴가가 소멸된 경우에는 회사는 그 미사용휴가에 대하여 보상할 의무가 없으며, 회사의 귀책사유로 연차유급휴가를 사용하지 못한 경우에 해당하지 않는 것으로 본다.

1. 연차유급휴가 사용기간이 끝나기 6개월 전을 기준으로 10일 이내에 회사가 직원별로 미사용휴가일수를 알려주고, 직원이 그 사용시기를 정하여 회사에 통보하도록 서면으로 촉구를 명한다.
2. 전항의 규정에 의한 촉구에도 불구하고 직원이 촉구를 받은 때부터 10일 이내에 미사용휴가의 전부 또는 일부의 사용시기를 정하여 회사에 통보하지 아니한 경우에는 연차유급휴가 사용기간이 끝나기 2개월 전까지 회사가 미사용휴가의 사용시기를 정하여 직원에게 서면으로 통보한다.

제○조【휴가사용촉진】

연차유급휴가의 사용을 촉진하기 위하여 법적 관련 조치를 취하였음에도 불구하고 근로자가 휴가를 사용치 않았을 경우 회사는 미사용휴가에 대하여 보상할 의무가 없다.

3. 약정휴가

(1) 약정휴가의 의의

연차유급휴가, 생리휴가, 출산전후휴가 등의 법정휴가외 휴가로서 기업은 다양한 휴가를 주어 근로자의 근로조건이나 복지의 개선 · 향상에 힘쓰고 있다.

근로자 또는 그 가족의 결혼, 사망 그 밖의 경조사가 생긴 경우에 주는 휴가를 약정휴가(또는 경조휴가)라고 한다. 약정휴가는 법률상 부여할 의무는 없지만 대부분의 기업이 휴가일수의 차이는 있으나 부여하고 있다.

(2) 약정휴가의 규정작성방법

약정휴가를 주는 요건과 일수의 두가지 점이 포인트이다. 이것들은 휴가종목에 따라서 취급이 달라야 하므로 각각의 휴가에 대해 설명한다.

① 결혼휴가

근로자 본인이 결혼한 경우에 부여한다. 휴가일수는 5일 정도가 일반적이다.

이것을 휴일과 연결시켜 연차유급휴가 등을 이용하면, 1주일 정도가 된다. 또 근로자 본인이 아니고 그의 자녀가 결혼할 경우 예식 당일 또는 그 전일 또는 그 익일까지 부여하는 예도 있으나, 그리 많지는 않은 것 같다.

다음에 초혼과 재혼으로 구분하여, 재혼에는 휴가일수를 감하는 예도 있으나, 자주 생기는 케이스가 아니므로 굳이 구분할 필요는 없다고 생각한다.

② 경조휴가

근로자의 친족이 사망하여 장례식을 하는 경우에 주는 휴가이다. 사망시 대상이 되는 친족의 범위는,

㈎ 본인의 배우자, 자녀, 부모, 형제자매, 조부모

㈏ 배우자의 부모, 형제자매, 조부모

이 중 본인의 배우자, 자녀 부모사망은 어느 기업에서도 예외없이 휴가부여대상이 되고, 휴가일수도 많으나 본인의 형제자매, 조부모, 배우자의 부모사망은 휴가일수가 다소 적고 또 대상에서 제외시키는 예도 있다.

대상에 백 · 숙부모까지 포함시키는 사례도 있으나 거기까지 범위를 확대할

필요가 있는지는 의문이다. 배우자의 형제자매는 대상에 포함시켜도 좋을 것이다.

경조휴가의 부여요건과 일수는 장제를 주재하는 상주인가 아닌가에 따라 구분된다. ㈎의 친족의 사망은 본인이 상주인 경우에는 5일 정도로 하는 사례가 일반적이다. ㈏의 친족의 경우에는 ㈎의 경우보다 짧은 것이 일반적이다. 또 상주가 아닌 경우에는 휴가일수가 적은 것이 통례이다.

그 외에 화재, 수해 그 밖의 천재지변에 준하는 재해의 경우에 "이재휴가"라고 칭하여 휴가를 주는 사례도 있다.

③ 약정휴가와 임금취급

약정휴가는 유급으로 하여야 할 법률상의 의무는 없으나 축 · 조의를 표명하여 휴가를 준다는 취지에 비추어 유급으로 하여 마음 놓고 쉬게 하는 것이 인정에 맞는다고 할 것이다. 개근수당 부여시에도 출근취급하는 것이 타당하다.

규 정 례

> **제○조【약정휴가】**
> ① 다음 각 호의 1에 해당할 때에는 소정의 절차에 의해 신고하면 약정휴가를 준다.
> 1. 결혼휴가 : 본인결혼 5일, 자녀결혼 1일
> 2. 처의 출산휴가 : 1일
> 3. 기복휴가
>   • 배우자, 자녀, 부모의 사망 ─ 상주일 때 5일 / 비상주일 때 3일
>   • 형제자매, 조부모, 배우자의 부모의 사망 ─ 상주일 때 5일 / 비상주일 때 3일
>
> ② 제1항의 휴가는 유급으로 한다.

4. 생리휴가

(1) 생리휴가의 보장

근로기준법 제73조에서 「사용자는 여성인 근로자가 청구하면 월 1일의 생리휴가를 주어야 한다」고 규정하고 있는데 이 규정은 여성근로자에 대하여 생리시의 취업을 제한한 규정으로서 여성의 특유한 생리시의 정신적 · 육체적인 영향을 고려한 특별보호규정이다.

① 생리휴가는 1월에 1일 주어야 한다. 단체협약 또는 취업규칙 등에서 1월에 2일 이상 주는 것도 무방하며 또한 2일 이상 주는 경우에 이를 모두 무급으로 하는 것도 무방하지만 1월에 1일은 반드시 무급으로 휴가를 주더라도 법정기준 이상이므로 법 위반의 문제는 없다.

② 생리휴가는 여성의 신체적 특성을 감안하여 그 날의 활동상의 영향을 고려해서 부여되는 것이므로 당해 월의 소정근로일수의 개근 여부와는 관계없이 주어야 한다.

또한 상용근로자 뿐만 아니라 일용근로자, 임시직 근로자에게도 적용되는 것은 물론이고 격일제 근로, 주 5일제 근로 등 근로일수와는 관계없이 적용된다.

(2) 규정작성방법

일반적으로 법문 그대로의 표현으로 규정하면 된다.

① 일수 : 휴가일수는 1일이며, 기업 자체에서 그 이상 2일 등으로 하는 것도 무방하다.

② 청구 : 본인의 청구를 요건으로 하고 있으나, 그것은 본인의 청구가 없으면 생리일인지 여부를 알 수가 없기 때문이다. 그렇다고 의사의 진단서 등을 요구할 것은 아니며 구두로서 족하다고 생각한다. 그렇지 않아도 본인이 생리일임을 알리기 회피하는 경우마저 흔히 있다.

③ 임금취급 : 무급이다.

규 정 례

제○조【생리휴가】 회사는 여성근로자가 청구하면 월 1회의 생리휴가를 준다.

(3) 운용상 주의사항

생리휴가를 개근수당 등의 산정상 결근취급하여도 되는가에 관해서는 법률상 규정한 바가 없으나, 연차유급휴가 등 다른 휴가 등과 동일하게 법적으로 보장된 이상 출근한 것으로 취급하는 것이 법취지에 합당하다.

5. 출산전후유급휴가

(1) 출산전후유급휴가의 보장

근로기준법 제74조제1항에서 「사용자는 임신 중의 여성에게 출산 전과 출산 후를 통하여 90일의 출산전후휴가를 주어야 한다. 이 경우, 휴가기간의 배정은 출산 후에 45일 이상이 되어야 한다」고 규정하고 있다.

여성에게는 모성보호를 위하여 출산 전후에 휴가를 주어야 한다.

휴가는 출산전 휴가와 출산후 휴가로 나누어지며, 법률상의 취급에 차이점이 있으므로 유의하여야 한다. 즉, 출산전 휴가는 만약 분만예정일보다 늦게 출산한 경우 45일을 넘을 수 있으나 이때에도 출산 후에 45일은 반드시 부여하여야 한다.

그러므로 출산 전후를 통하여 합계 90일이 넘을 수 있다. 따라서 90일이 넘는 일수에 대해서는 취업규칙, 단체협약에 유급으로 한다는 규정이 없다면 그 일수를 반드시 유급으로 할 의무는 없다.

분만 당일은 출산 전에 해당된다. 출산은 사산, 생산은 물론 유산, 조산을 불문한다. 다만, 인공임신중절 수술(모자보건법 제14조제1항에 따른 경우는 제외한다)에 따른 유산의 경우에는 그러하지 아니한다(근로기준법 제74조제3항 단서).

임신 중인 여성근로자가 청구하면 종래보다 경이한 노무(원칙적으로 본인이 청구한 노무)에 전환시켜야 하며, 한편 본인의 청구 여부를 불문하고 시간외 연장근로를 시킬 수 없다.

(2) 규정작성방법

출산전후휴가 일수는 근로기준법의 규정대로 하는 사례가 일반적이다. 또 규정방법으로서는 「출산 전후 90일간」이라고 통산규정할 것이 아니라, 출산 예정일이 늦어지는 경우도 예상되므로 출산후 휴가와 출산전 휴가를 구분해서 규정하고, 통산 90일을 초과하는 경우의 임금취급에 관해 명시하는 것이 바람직하다.

규 정 례

> **제○조【출산전후유급휴가】**
> ① 임신 중인 여성근로자가 출산을 위해 출산전후휴가를 청구하는 경우, 출산 전과 출산 후를 통하여 90일간의 출산전후휴가를 준다. 이 경우 휴가기간의 배정은 출산 후에 45일 이상이 확보되도록 한다.
> ② 회사는 임신 중인 여성근로자가 다음 각 호의 어느 하나에 해당하는 사유로 출산전후휴가를 청구하는 경우 출산 전 어느 때라도 휴가를 나누어 사용할 수 있도록 하여야 한다. 이 경우 출산 후의 휴가기간은 연속하여 45일 이상이 되어야 한다.
> 1. 임신한 근로자가 유산 · 사산의 경험이 있는 경우
> 2. 임신한 근로자가 출산전후휴가를 청구할 당시 연령이 만 40세 이상인 경우
> 3. 임신한 근로자에게 유산 · 사산의 위험이 있다는 의료기관의 진단서를 제출한 경우
>
> ③ 임신 중의 여성근로자에게 시간외근로를 하게 하여서는 아니되며, 근로자의 요구가 있는 경우에는 쉬운 종류의 근로로 전환하여야 한다.
> ④ 제1항에 따른 보호휴가 종료 후에는 휴가 전과 동일한 업무 또는 동등한 수준의 임금을 지급하는 직무에 복귀시켜야 한다.
> ⑤ 임신한 여성근로자가 임산부 정기건강진단을 받는데 필요한 시간을 청구하는 경우 이를 허용하여 주어야 하며 건강진단 시간을 이유로 그 근로자의 임금을 삭감하여서는 아니된다.

① 사용자는 임신 중인 여성이 임신 이후 유산 또는 사산한 경우로서 그 근로자가 유산 · 사산휴가를 청구하는 경우에는 휴가청구사유, 유산 · 사산 발생일 및 임신기간 등을 적은 유산 · 사산휴가 신청서에 의료기관의 진단서를 첨부하여 회사에 제출하여야 한다. 다만, 인공임신중절수술(모자보건법 제14조제1항에 따른 경우는 제외한다)에 따른 유산의 경우는 그러하지 아니하다.

② 유산 · 사산휴가를 청구한 근로자에게 다음의 기준에 따라 유산 · 사산휴가를 주어야 한다.

㈎ 유산 또는 사산한 근로자의 임신기간(이하 "임신기간"이라 한다)이 11주 이내인 경우 : 유산 또는 사산한 날부터 5일까지

㈏ 임신기간이 12주 이상 15주 이내인 경우 : 유산 또는 사산한 날로부터 10일까지

㈐ 임신기간이 16주 이상 21주 이내인 경우 : 유산 또는 사산한 날부터 30일까지

㈑ 임신기간이 22주 이상 27주 이내인 경우 : 유산 또는 사산한 날부터 60일까지

㈒ 임신기간이 28주 이상인 경우 : 유산 또는 사산한 날로부터 90일까지

③ 출산전후휴가 중 최초 60일은 유급으로 한다. 다만, 남녀고용평등법 제18조에 따라 출산전후휴가급여 등이 지급된 경우에는 그 금액의 한도에서 지급의 책임을 면한다. 회사는 임신 중의 여성근로자에게 시간외근로를 하게 하여서는 아니되며, 그 근로자의 요구가 있는 경우에는 쉬운 종류의 근로로 전환하여야 한다.

④ 임신한 여성근로자에게 태아와 자신의 건강검진을 위하여 필요한 태아검진시간을 허용하며 이 시간을 임금에서 삭감해서는 안된다(근로기준법 제74조의2).

6. 배우자 출산휴가

(1) 배우자 출산휴가의 보장

남녀고용평등법 제18조의2에서「① 사업주는 근로자가 배우자의 출산을 이유로 휴가를 청구하는 경우에 5일의 범위에서 근로자가 청구한 일수만큼 주어야 하며 휴가기간 중 최초 3일은 유급으로 한다. ② 제1항에 따른 휴가는 근로자의 배우자가 출산한 날부터 30일이 지나면 청구할 수 없다」고 규정하고 있다.

배우자 출산휴가제도의 취지는 배우자가 출산시 도움을 줄 수 있도록 3일 내지 5일간의 휴가를 부여하되, 그 대상은 출산한 여성의 배우자인 남성 근로자이다.

(2) 배우자 출산휴가 기간 및 사용방법

배우자 출산휴가기간은 3일 내지 5일이다. 휴가기간 중 최초 3일은 유급휴가이다. 배우자 출산휴가는 근로자가 배우자의 출산을 이유로 휴가를 청구하는 경우에는 5일의 휴가를 반드시 부여하는 것이 원칙이나 근로자가 5일 이하로 청구하는 것은 무방하다.

(3) 규정작성방법

배우자 출산휴가 일수는 남녀고용평등법의 규정대로 하는 사례가 일반적이다.

규 정 례

제○조【배우자출산휴가】
① 근로자가 배우자의 출산을 이유로 휴가를 청구하는 경우에 5일의 범위에서 근로자가 청구한 일수만큼 주어야 하며 휴가기간 중 최초 3일은 유급으로 한다. ② 배우자출산휴가는 배우자인 여성이 출산한 날로부터 30일이 지나면 청구할 수 없다.

(4) 운용상 주의사항

일반적으로 배우자 출산휴가는 출산일 이후에 사용한다. 그러나 출산을 위한 준비과정 등을 고려하여 휴가기간 안에 출산예정일이 포함되면 출산일 전에 휴가를 사용할 수 있다.

배우자 출산휴가는 출산 후 30일의 범위 내에서 남성근로자가 필요한 날을 정하여 신청하는 것이므로 특별한 사유가 없는 한 근로자가 지정한 날에 주는 것이 원칙이다. 휴가는 원칙적으로 연속하여 사용해야 한다. 다만 단체협약이나 취업규칙에 분할 사용이 가능하도록 규정되어 있거나, 사업주의 동의가 있다면 분할 사용이 가능하다.

4 육아휴직 · 가족돌봄휴직 · 태아검진시간

1. 육아휴직

(1) 육아휴직의 보장

육아휴직이란 사업주는 근로자가 만 6세 이하의 초등학교 취학 전 자녀(입양한 자녀를 포함한다)를 양육하기 위하여 휴직을 신청하는 경우에 이를 허용하는 휴직을 말한다(남녀고용평등법 제19조). 영유아란 6세 미만의 취학 전 아동을 말한다(영유아보육법 제2조제1호). 남녀고용평등법 제19조는 모성보호와 영유아의 양육을 위하여 출산전후휴가 이외에 육아휴직제도를 규정하고 있다.

육아휴직규정 모델

제1조【목적】

① 이 규정은 육아휴직의 취급에 관하여 정한다.

② 육아휴직에 관해서는 이 규정에서 징하지 아니한 시항은 남녀고용평등법이 정하는 바에 따른다.

제2조【정의】

이 규정에서 「육아휴직」이란 만 6세 이하의 취학 전 자녀의 양육을 위한 종업원의 휴직을 말한다.

제3조【대상 종업원의 범위】

종업원은 회사에 신청하는 바에 따라 육아휴직을 할 수 있다. 다만 다음 게기하는 자는 신청할 수 없다.

1. 육아휴직을 시작하려는 날의 전날까지 해당 사업에서 계속 근로한 기간이 1년 미만인 종업원
2. 같은 영유아에 대하여 배우자가 육아휴직(다른 법령에 따른 육아휴직을 포함한다)을 하고 있는 종업원

제4조【휴직기간】

육아휴직기간은 종업원의 자녀가 만6세 이하가 될 때까지 연속하는 기간으로 한다.

제5조【휴직회수】

육아휴직의 횟수는 자녀에 대하여 1회 또는 2회로 나누어 사용할 수 있다.

제6조【신청절차】

① 육아휴직 신청은 다음 사항을 기재한 육아휴직신청서를 회사에 신청하는 바에 따른다.

1. 신청연월일
2. 종업원의 성명
3. 신청에 관계되는 자녀의 성명 · 생년월일 및 종업원과의 관계
4. 휴직의 개시일 및 종료일
5. 그 밖에 필요한 사항

② 회사는 종업원에게 신청에 관계되는 자녀의 출생 등을 증명하는 서류의 제출을 요구할 수 있다.

제7조【신청기간】

① 육아휴직의 신청은 육아휴직개시예정일의 30일 전까지 하여야 한다.

② 신청일부터 개시일까지의 기간이 1개월이 되지 못할 때는 회사는 신청일의 익일부터 기산하여 1개월을 경과하는 날까지의 기간에서 개시일을 지정할 수 있다.

③ 제1항의 규정을 적용함에 있어 다음 각 호의 어느 하나에 해당하는 경우에는 육아휴직개시예정일 7일 전까지 신청할 수 있다.

1. 출산예정일 이전에 자녀가 출생한 경우
2. 배우자의 사망, 부상 또는 질병 또는 신체적 · 정신적 장애나 배우자의 이혼 등으로 해당 영유아를 양육하기 곤란한 경우

제8조 【휴직기간의 종료】

육아휴직의 기간은 다음 각 호의 하나에 해당할 경우에는 종업원의 의사에 따라 종료한다.

1. 자녀를 양육할 수 없을 때
2. 자녀가 만 6세가 될 때
3. 출산전후휴가, 가족돌봄휴직 또는 새롭게 육아휴직을 시작할 때

제9조 【신청의 철회】

① 종업원은 육아휴직 개시예정일의 7일 전까지 그 신청을 철회할 수 있다.

② 종업원이 육아휴직을 신청한 후 육아휴직개시예정일 전에 다음 각 호의 어느 하나에 해당하는 사유가 발생하면 그 육아휴직은 없었던 것으로 본다. 이 경우 종업원은 지체 없이 그 사실을 회사에 알려야 한다.

1. 해당 영유아의 사망
2. 양자인 영유아의 파양 또는 입양의 취소
3. 육아휴직을 신청한 근로자가 부상, 질병 또는 신체적 · 정신적 장애나 배우자와의 이혼 등으로 해당 영유아를 양육할 수 없게 된 경우

제10조 【육아휴직의 종료】

① 육아휴직 중인 종업원은 그 영유아가 사망하거나 영유아와 동거하지 아니하게 된 경우에는 그 사유가 발생한 날부터 7일 이내에 그 사실을 회사에 알려야 한다.

② 회사는 제1항에 따라 육아휴직 중인 종업원으로부터 영유아의 사망 등에 대한 사실을 통지받은 경우에는 통지받은 날부터 30일 이내로 근무개시일을 지정하여 그 종업원에게 알려야 한다.

③ 종업원은 다음 각 호의 어느 하나에 해당하는 날에 육아휴직이 끝난 것으로 본다.

1. 제1항에 따라 통지를 하고 제2항에 따른 근무개시일을 통지받은 경우에는 그 근무개시일의 전날
2. 제1항에 따라 통지를 하였으나 제2항에 따른 근무개시일을 통지받지 못한 경우에는 제1항의 통지를 한 날부터 30일이 되는 날
3. 제1항에 따른 통지를 하지 아니한 경우에는 영유아의 사망 등의 사유가 발생한 날부터 37일이 되는 날

④ 육아휴직 중인 종업원이 근로기준법 제74조에 따른 출산전후휴가를 시작하거나 새로운 육아휴직을 시작하는 경우에는 그 출산전후휴가 또는 육아휴직 개시일의 전날에 육아휴직이 끝난 것으로 본다.

제11조【해고 등 불리한 처우 금지】

① 회사는 육아휴직을 이유로 종업원에게 해고나 그 밖의 불리한 처우를 하여서는 아니되며 육아휴직기간에는 그 종업원을 해고하지 못한다. 다만, 사업을 계속할 수 없는 경우에는 그러하지 아니하다.

② 회사는 육아휴직을 마친 후에는 휴직 전과 같은 업무 또는 같은 수준의 임금을 지급하는 직무에 복귀시켜야 한다. 또한 제2항의 육아휴직기간은 근속기간에 포함한다.

③ 기간제근로자 또는 파견근로자의 육아휴직기간은 기간제법 제4조에 따른 사용기간 또는 근로자파견법 제6조에 따른 근로자파견기간에 산입하지 아니한다.

제12조【임금의 취급】

① 육아휴직기간 중에는 임금을 지급하지 아니한다. 다만 임금계산기간의 도중에 휴직하는 경우 또는 복직한 경우에는 일할 계산하여 지급한다.

② 종업원이 고용보험법 제70조에 따른 소정의 요건을 갖출 때에는 육아휴직급여를 지급받도록 지원한다.

제13조【상여의 취급】

육아휴직기간 중에는 상여를 지급하지 아니한다. 다만 상여계산기간의 도중에 휴직한 경우 또는 복직한 경우에는 근무기간에 상당하는 금액을 지급한다.

제14조【근속년수의 취급】

육아휴직기간은 퇴직급여 산정시 근속기간에 포함한다.

제15조【사회보험의 취급】

사회보험의 피보험자격은 육아휴직기간 중에도 계속된다.

(2) 규정작성방법

제○조【육아휴직】

① 회사는 생후 6세 이하된 영유아가 있는 근로자가 그 영유아의 양육을 위하여 휴직(이하 “육아휴직”이라 한다)을 신청하는 경우에 이를 허용하여야 한다. 다만, 대통령령으로 정하는 경우에는 그러하지 아니하다.

② 육아휴직의 기간은 1년 이내로 한다.

③ 회사는 근로자가 육아휴직을 마친 후에는 휴직 전과 같은 업무 또는 같은 수준의 임금을 지급하는 직무에 복귀시켜야 한다. 또한 육아휴직기간은 근속기간에 포함한다.

2. 육아기 근로시간 단축

(1) 육아기근로시간단축제도

현행 전일제 육아휴직은 근로자 소득감소(무급) 및 경력단절, 동료의 업무가중, 기업의 대체인력 비용부담 등 문제로 육아지원제도로서 활용도가 제한적이다. 따라서 육아휴직제와 함께 「육아를 위한 근로시간 단축제」를 도입하여 육아기 근로자들의 선택의 폭을 확대할 필요가 있다.

육아휴직으로 인한 근로자들의 경력단절 방지와 업무숙련도 마모 방지, 육아휴직보다 소득감소 완화, 고용 연속성 보장 등이 가능하여 육아기 근로시간 단축을 활용할 것으로 예상되며 이로 인하여 근로자들의 일과 가정생활의 양립지원이 가능하다.

전일제 육아휴직과 육아기 근로시간 단축 비교

구 분	전일제 육아휴직	육아기근로시간단축제
대 상	· 생후 만 6세 이하의 초등학교 취학 전 자녀를 가진 근로자가 신청	
제외대상	· 계속 근로기간 1년 미만인 근로자 · 배우자가 육아휴직 중인 근로자	
거부시	· 500만원 이하 벌금	· 500만원 이하 과태료
보호규정	· 불리한 처우 및 해고 금지(징역 3년, 2000만원 벌금) · 종료 후 원직복귀(500만원 벌금) · 평균임금 계산시 제외	· 불리한 처우 및 근로조건 저하 금지(징역 3년, 2000만원 벌금) · 종료 후 원직복귀(500만원 벌금) · 평균임금 계산시 제외 · 근로조건 서면규정(500만원 과태료) · 연장근로 제한(1000만원 벌금)

전일제 육아휴직과 보완적으로 활용 가능하도록 대상 자녀, 기간 등을 전일제 육아휴직과 동일하게 적용하고 있다.

전일제 육아휴직 대신 해당 근로자가 근로시간의 단축을 신청하는 경우 사업주가 이를 허용하도록 한 것이다.

생후 6세 이하의 영유아(입양아 포함)를 가진 근로자, 해당 사업장 계속 근로기간이 1년 이상인 근로자가 적용대상이다.

회사가 해당 근로자에게 육아기 근로시간 단축을 허용하는 경우 단축 후 근로시간은 주당 15시간 이상 30시간을 넘어서는 아니 되며 육아기 근로시간 단축의 기간은 1년 이내로 한다.

육아기 근로시간 단축을 이유로 해당 근로자에게 해고나 그 밖의 불리한 처우를 금지하고 있으며 사업주가 근로자의 근로시간 단축신청을 허용하지 않을 경우에는 서면으로 그 사유를 통보하고 육아휴직을 사용하게 하거나 그 밖의 조치를 통하여 지원할 수 있는지를 해당 근로자와 협의하여야 한다.

(2) 육아기 근로시간 단축 중 근로조건

① 사업주는 육아기 근로시간 단축을 하고 있는 근로자에 대하여 근로시간에 비례하여 적용하는 경우 외에는 육아기 근로시간 단축을 이유로 그 근로조건을 불리하게 하여서는 아니된다(남녀고용평등법 제19조의3).

② 육아기 근로시간 단축을 한 근로자의 근로조건(육아기 근로시간 단축 후 근로시간을 포함한다)은 사업주와 그 근로자 간에 서면으로 정한다.

③ 사업주는 육아기 근로시간 단축을 하고 있는 근로자에게 단축된 근로시간 외에 연장근로를 요구할 수 없다. 다만, 그 근로자가 명시적으로 청구하는 경우에는 사업주는 주 12시간 이내에서 연장근로를 시킬 수 있다.

④ 육아기 근로시간 단축을 한 근로자에 대하여 근로기준법 제2조제6호에 따른 평균임금을 산정하는 경우에는 그 근로자의 육아기 근로시간 단축 기간을 평균임금 산정기간에서 제외한다.

(3) 육아휴직 및 육아기 근로시간 단축의 분할사용형태

① 육아휴직을 1회 분할하여 사용하거나 또는 육아기 근로시간 단축을 1회 분할하여 사용할 수 있다. 즉, 두 제도를 혼합하여 사용하지 않고 어느 하나만을 사용할 경우 이를 1회 분할하여 두 번 사용할 수 있다.

② 한편, 육아기 근로시간 단축도 똑같이 분할이 가능하게 할 필요가 있고 두 가지를 선택적으로 활용할 수 있게 하려면 법에 사용형태에 대한 구체적인 규정이 있어야 법 해석상 혼동을 방지할 수 있으므로 육아휴직 또는 육아기 근로시간 단축기간을 합하여 1년 이내로 한 것이다. 육아휴직과 육아기 근로시간 단축기간을 합하여 1년을 초과할 수 없다.

〈사례〉 2012.1.1에 출생한 자녀를 가진 근로자가 육아휴직만을 사용할 경우

자녀가 만 1세 때인 2013.6.1~2013.10.31까지 5개월간 쓰고, 나머지 기간은 만 2세 때인 2014.3.1~2014.9.31까지 7개월을 사용(총 12개월)할 수 있다.

③ 육아휴직과 육아기 근로시간 단축제를 각각 분할하여 사용할 수 있도록 하되, 전일제 휴직과 육아기 근로시간 단축제를 모두 포함하여 1회 분할만 가능하도록 제한한 것이다. 예컨대, 전일제/전일제, 전일제/단축제, 단축제/전일제, 단축제/단축제의 4가지 유형으로 사용이 가능하다.

(4) 육아휴직과 육아기 근로시간 단축의 혼합사용

근로자는 총 1년의 범위 내에서 육아휴직을 1회 사용하고 육아기 근로시간 단축을 1회 사용할 수 있다. 즉, 두 제도를 혼합하여 사용할 경우 각 제도를 분할하여 사용할 수 없고 1회씩만 사용할 수 있다.

〈사례〉 2012.1.1에 출생한 자녀를 가진 근로자가 자녀를 만 1세 때인 2013.6.1~2013.10.31까지 5개월간 육아휴직을 쓰고 나머지 7개월간은 만 2세때인 2014.3.1~2014.9.31까지 육아기 근로시간 단축을 사용(총 12개월)할 수 있다.

(5) 규정작성방법

> **제○조【육아기 근로시간 단축】**
> ① 회사는 육아휴직을 신청할 수 있는 근로자가 육아휴직 대신 근로시간의 단축(이하 "육아기 근로시간 단축"이라 한다)을 신청하는 경우 이를 허용하여야 한다.
> ② 회사가 대통령령으로 정하는 사유로 인하여 육아기 근로시간 단축을 허용하지 아니하는 경우에는 해당 근로자에게 그 사유를 서면으로 통보하고 육아휴직을 사용하게 하거나 그 밖의 조치를 통하여 지원할 수 있는지를 해당 근로자와 협의하여야 한다.
> ③ 회사가 제1항에 따라 해당 근로자에게 육아기 근로시간 단축을 허용하는 경우 단축 후 근로시간은 주당 15시간 이상이어야 하고 30시간을 넘어서는 아니된다.
> ④ 육아기 근로시간 단축의 기간은 1년 이내로 된다.
> ⑤ 회사는 근로자의 육아기 근로시간 단축기간이 끝난 후에 그 근로자를 육아기 근로시간 단축 전과 같은 업무 또는 같은 수준의 임금을 지급하는 직무에 복귀시켜야 한다.

3. 가족돌봄휴직

(1) 가족돌봄휴직의 의의

가족돌봄휴직이란 근로자가 가족(부모, 배우자, 자녀 또는 배우자의 부모)의 질병, 사고, 노령으로 인하여 그 가족을 돌보기 위한 휴직을 신청하는 경우 이를 허용하는 휴직을 말한다(남녀고용평등법 제22조의2제1항). 가족돌봄휴직은 종전에는 사업주는 가족간호휴직을 위해 노력하도록 하였으나 2012년 2월 법 개정(2012.8.2 시행)을 통하여 의무화하도록 개선했다. 가족돌봄휴직제도는 장기적인 가족 간호가 필요한 경우에 근로자의 경력단절없이 가족간호휴직을 활용하게 함으로써 일 · 가족 양립을 지원할 수 있게 된 것이다.

(2) 가족돌봄과 가족의 범위

가족의 범위는 부모, 배우자, 자녀, 배우자의 부모이다. 국가공무원법 제71조제2항제5호(간호휴직)의 가족 범위와 동일하게 설정된 것이다.

(3) 가족돌봄휴직기간

가족돌봄휴직의 의미를 고려하고 비교적 장기간 간호를 필요로 하는 경우에 사용토록 하기 위하여 연간 최장 90일로 하며 최소기간을 30일로 한 것이다. 단기적인 가족간호를 위해서는 연차유급휴가 등을 사용하는 것이 바람직하다.

(4) 가족돌봄휴직기간 및 취급

가족돌봄휴직기간은 연간 최장 90일로 하며, 이를 나누어 사용할 수 있다. 이 경우 나누어 사용하는 1회의 기간은 30일 이상이 되어야 한다(동법 제22조의2 제3항).

(5) 가족돌봄휴직에 대한 거부

다만 대체인력 채용이 불가능한 경우, 정상적인 사업 운영에 중대한 지장을 초래하는 경우 등 대통령령으로 정하는 경우에는 사업주가 거부할 수 있다(남녀고용평등법시행령 제16조의3).

① 단축개시예정일의 전날까지 해당 사업에서 계속 근로한 기간이 1년 미만인 근로자가 신청한 경우

② 같은 영유아의 육아를 위하여 배우자가 육아휴직(다른 법령에 따른 육아휴직을 포함한다)을 하고 있는 근로자가 신청한 경우

③ 사업주가 「직업안정법」 제2조의2제1호에 따른 직업안정기관(이하 "직업안정기관"이라 한다)에 구인신청을 하고 14일 이상 대체인력을 채용하기 위하여 노력

하였으나 대체인력을 채용하지 못한 경우. 다만, 직업안정기관의 장의 직업소개에도 불구하고 정당한 이유 없이 2회 이상 채용을 거부한 경우는 제외한다.

④ 육아기 근로시간 단축을 신청한 근로자의 업무 성격상 근로시간을 분할하여 수행하기 곤란하거나 그 밖에 육아기 근로시간 단축이 정상적인 사업 운영에 중대한 지장을 초래하는 경우로서 사업주가 이를 증명하는 경우

⑤ 그 밖에 정상적인 사업 운영에 중대한 지장을 초래하는 경우 등으로서 동법시행령에서 규정할 예정이다.

(6) 가족돌봄휴직을 거부할 경우의 사업주의 조치

남녀고용평등법 제22조의2제1항 단서에 따라 사업주가 가족돌봄휴직을 허용하지 아니하는 경우에는 해당 근로자에게 그 사유를 서면으로 통보하고 다음의 어느 하나에 해당하는 조치를 하도록 노력하여야 한다(동법 제22조의2 제2항).

① 업무를 시작하고 마치는 시간 조정

② 연장근로의 제한

③ 근로시간의 단축, 탄력적 운영 등 근로시간의 조정

④ 그 밖에 사업장 사정에 맞는 지원조치

가족돌봄휴직기간은 원칙적으로 무급으로 한다. 사업주와 근로자가 합의하는 경우에는 유급도 가능하다. 가족돌봄휴직기간은 근속기간에 포함한다. 다만 근로기준법 제2조제1항제6호에 따른 평균임금 산정기간에서 제외한다(동법 제22조의2제5항).

(7) 해고 등 불리한 처우금지

사업주는 가족돌봄휴직 또는 가족돌봄휴직 신청을 이유로 해당 근로자를 해고하거나 근로조건을 악화시키는 등 불리한 처우를 하여서는 아니된다(동법 제22조의2제4항). 가족돌봄휴직이 끝난 후에는 휴직 전과 같은 업무 또는 같은 수준의 임금을 지급하는 직무에 복귀시켜야 한다. 남녀고용평등법 제22조의2제4항을 위반하여 가족돌봄휴직을 이유로 해당 근로자를 해고하거나 근로조건을 악화시키는 등 불리한 처우를 한 경우에는 3년 이하의 징역이나 또는 2천만원 이하의 벌금에 처한다(동법 제37조제2항제6호).

(8) 가족돌봄휴직규정 모델

제1조【목 적】

① 이 규정은 가족돌봄휴직의 취급에 관하여 정한다.

② 가족돌봄휴직에 관해서는 이 규정에서 정하지 아니한 사항은 남녀고용평등법이 정하는 바에 따른다.

제2조【정 의】

이 규정에서 「가족돌봄휴직」이란 종업원이 가족의 질병, 사고, 노령으로 인하여 그 가족을 돌보기 위한 휴직을 말한다.

제3조【대상 종업원의 범위】

종업원은 회사에 신청하는 바에 따라 가족돌봄휴직을 할 수 있다. 다만 다음 각 호에 게기하는 경우에는 신청할 수 없다.

1. 돌봄휴직개시예정일의 전날까지 해당 사업에서 계속 근로한 기간이 1년 미만인 근로자가 신청한 경우
2. 가족돌봄휴직을 신청한 근로자 외에 돌봄이 필요한 가족의 부모, 자녀, 배우자 등이 돌봄이 필요한 가족을 돌볼 수 있는 경우
3. 사업주가 직업안정기관에 구인신청을 하고 14일 이상 대체인력을 채용하기 위하여 노력하였으나 대체인력을 채용하지 못한 경우. 다만, 직업안정기관의 장의 직업소개에도 불구하고 정당한 이유 없이 2회 이상 채용을 거부한 경우는 제외한다.
4. 근로자의 가족돌봄휴직으로 인하여 정상적인 사업 운영에 중대한 지장이 초래되는 경우로서 사업주가 이를 증명하는 경우

제4조【대상가족의 범위】

적용대상이 되는 가족의 범위는 다음과 같다.

1. 부모
2. 배우자
3. 자녀
4. 배우자의 부모

제5조【휴직기간】

가족돌봄휴직기간은 연간 최장 90일로 한다.

제6조【휴직회수】

가족돌봄휴직 회수는 대상 가족 1인에 대하여 90일을 나누어 사용할 수 있다. 이 경우 나누어 사용하는 1회의 기간은 30일 이상이 되어야 한다.

제7조【신청절차】

① 가족돌봄휴직의 신청은 다음 사항을 기재한 가족돌봄휴직신청서를 회사에 제출하여야 한다.

1. 신청 연월일
2. 종업원 성명
3. 신청에 관계되는 대상 가족의 성명 및 종업원과의 관계
4. 신청에 관계되는 가족이 돌봄상태에 있다는 것
5. 휴직 개시일 및 종료일
6. 그 밖의 필요사항

② 회사는 종업원에게 신청에 관계되는 대상 가족이 돌봄상태에 있다는 것 등을 증명하는 서류의 제출을 요구할 수 있다.

제8조【신청기간】

① 가족돌봄휴직의 신청은 개시일의 2주 전까지 하여야 한다.

② 신청일부터 개시일까지의 기간이 2주간이 되지 못할 때는 회사는 신청일의 익일부터 기산하여 2주일을 경과하는 날까지의 기간에서 개시일을 지정할 수 있다.

제9조【휴직기간의 종료】

가족돌봄휴직기간은 다음 각 호의 하나에 해당할 경우에는 종업원의 의사에 따라 종료한다.

1. 대상가족을 돌봄이 필요없게 되었을 때
2. 본인이 출산전후휴가, 육아휴직 또는 새롭게 가족돌봄휴직을 시작할 때

제10조【신청의 철회】

① 종업원은 가족돌봄휴직 개시일의 전일까지 그 신청을 철회할 수 있다.

② 신청을 철회한 경우에도 그 신청대상인 가족에 있어서는 가족돌봄이 필요한 때에는 재차 가족돌봄휴직을 신청할 수 있다.

제11조【임금의 취급】

가족돌봄휴직기간 중에는 임금을 지급하지 아니한다. 다만 임금계산기간의 도중에 휴직하는 경우 또는 복직한 경우에는 일할 계산하여 지급한다.

제12조【상여의 취급】

가독졸봄휴직기간 중에는 상여를 지급하지 아니한다. 다만 상여계산기간의 도중에 휴직한 경우 또는 복직한 경우에는 근무기간에 상당하는 금액을 지급한다.

제13조【근속년수의 취급】

가족돌봄휴직기간은 퇴직급여 산정시 근속기간에 포함한다.

제14조【사회보험의 취급】

사회보험의 피보험자격은 가족돌봄휴직기간 중에도 계속된다.

4. 태아검진시간

(1) 태아검진시간 허용

태아검진시간이란 임신한 여성근로자가 「모자보건법」 제10조에 따른 임산부 정기건강진단을 받는데 필요한 시간을 말하고 회사는 임신한 여성근로자가 태아검진시간을 청구하는 경우 이를 허용해 주어야 한다(근로기준법 제74조의2제1항). 2008년 7월 1일부터 시행되고 있다. 이 제도의 도입취지는 임신한 여성근로자가 규칙적으로 태아의 건강상태를 확인하여 건강한 아이를 출산할 수 있도록 국가의 보호가 필요하다는데 있다. 또한 저출산 문제를 해결할 수 있고 태아와 모성의 건강보호와 임신한 여성에게 생리휴가가 주어지지 않는데 대한 형평성 문제를 해결하기 위하여 이 제도를 도입한 것이다.

(2) 규정작성방법

① 허용시간

모자보건법에 따른 임산부 정기건강진단 기준은 임신 7월까지는 매 2월에 1회, 임신 8월에서 9월까지는 매 1월에 1회, 임신 10월 이후에는 매 2주에 1회이다(모자보건법시행규칙 제5조제1항 「별표1」).

② 태아검진시간의 단위

태아검진시간의 청구 단위는 그 성격에서 판단하여 반일 또는 시간 단위로 하는 것이 현실적이다.

③ 임금취급

임신한 여성근로자가 태아검진을 위한 건강진단 시간을 이유로 그 근로자의 임금을 삭감하여서는 안된다. 유급으로 처리하여야 한다.

(3) 관련규정

제○조【태아검진시간】
① 회사는 임신한 여성 직원이 모자보건법 제10조에 따른 임산부 정기건강진단을 받는데 필요한 시간을 청구하는 경우 이를 허용한다.
② 태아검진시간은 시간 단위로 청구할 수 있다.
③ 태아검진시간은 유급으로 한다.

제9장 휴직규정의 작성 · 운용방법

1 휴직사유

1. 휴직제도의 의의

휴직이란 어떤 사유로 장기에 걸쳐 취업을 할 수 없게 된 경우에 취하는 인사조치이다. 휴직은 퇴직에 연결되는 조치이며, 또 그 기간 중의 임금은 부지급 또는 감액되는 경우가 있으므로 휴직 요건, 기간 등에 대해 신중히 고려하고 또 의문점이 남지 않도록 명확하게 규정하여야 한다.

휴직사유로서는 일반적으로

① 사상병에 의하는 경우

② 상병 이외의 사고에 의하는 경우

③ 국가 또는 지방자치단체 등의 의원이 된 경우

④ 형사사건에 관련된 경우 등

또한, 업무상 상병으로 결근하는 경우에는 본장의 적용은 없으며, 따라서 휴직취급이 되지 아니한다. 장기요양자로서 신분 및 임금에 관해서는 재해보상 등의 적용을 받게 된다.

2. 규정작성방법

휴직사유로서 가장 많은 것은 상병에 의한 경우이며, 생계상의 관점에서 보아 가능한 한 우대하여야 한다. 이에 비하여 상병 이외의 사고에 의한 경우에는 상병에 의하는 경우보다 엄격한 조치를 취하는 것이 대부분이고, 휴직에 이르는 장기결근기간은 1~12개월이 일반적이다.

(1) 결근기간의 요건

휴직을 실시하는 경우에는 결근이 선행하므로, 휴직요건으로는 결근기간을 기준으로 한다. 근속기간에 따라서 결근기간의 요건에 장단의 차이를 두는(즉, 근속기간이 길면 휴직발령하기까지의 결근기간을 길게 잡는다) 사례도 있다. 발령 후의 휴직기간은 근속기간에 따른 격차를 두는 것이 보통이다.

근속에 따라 장기결근기간을 구분하는 경우에는 근속 1년, 2년, 3년, 5년이 통례이다. 1년은 짧게 생각되고 3년 미만으로 해도 좋을 듯하나 1년 미만은 기능습득도 및 공헌도에 있어서, 1년 이상과 비교하여 실질적으로 적지 않은 격차가 인정되기 때문이다.

다만, 근속절차를 이 기간(장기결근기간)을 가지고 두지 않고, 즉 근속연수를 불문하고 일률적으로 하고 휴직기간 자체에 대해 격차를 두는 방식도 있다. 일률적으로 정하는 경우에는 장기결근기간은 3개월로 하는 것이 많은 듯 하다.

(2) 재발의 취급

다음에 장기결근한 자가 일단 출근하고 얼마 안되어 다시 장기결근한 경우에 결근기간이 중단되는지 여부(즉, 전의 결근기간은 말소되는가 아닌가)를 규정하여 두는 것도 필요하다. 이에 대하여는 출근기간이 단기간인 경우에는 통산취급이 보통이며, 모델례(제2항)에서는 1개월 미만으로 하였다.

규 정 례

> **제○조【휴직사유】**
> ① 종업원에게 다음 각 호의 1에 해당하는 사유가 발생한 경우에는 휴직을 명할 수 있다.
> 1. 업무 외의 상병으로 결근이 만 ( )개월에 이른 경우
> 2. 상병 이외의 사고로 만 ( )개월에 이른 경우
> 3. 국가 또는 지방자치단체의 의원이 되어 취업할 수 없게 된 경우
> 4. 형사사건에 관련되어 조사 또는 기소 등으로 상당기간 취업할 수 없게 된 경우
> 5. 전 각 호 외에 특별한 사유로 휴직이 필요하다고 인정한 경우
>
> ② 제1항제1호와 제2호의 사유로 연속해서 결근한 자가 출근한 후 재차 동일 또는 유사한 사유로 결근한 경우 그 출근이 1개월에 미달할 때에는 그 전후의 결근은 연속된 것으로 본다.

3. 운용상 주의사항

휴직발령일을 언제로 하는가의 휴직개시 시기의 결정방법과 그 취급을 명확하게 하여 둘 필요가 있다. 장기결근이 1임금계산기간의 중도에서 개시된 경우 제1호, 제2호에 대해서는 소정의 기간이 도래한 임금계산기간의 다음의 계산기간의 시기에 발령하게 하면 이후의 휴직기간 또는 임금의 계산이 명확하게 되어 관리사무가 간편하게 된다. 임금계산기간이 매월 21일부터 20일까지이며 그 중도에 사상병으로 장기결근이 개시된 경우, 만 2개월 경과한 날이 속하는 계산기간(10월 21일~11월 20일)의 다음의 계산기간의 시기 즉, 11월 21일부터 휴직은 개시된다.

따라서 설례의 경우의 실질적인 결근기간은 만 2개월과 18일이다. 이러한 것을 명문으로 정하는 경우의 규정은 다음과 같다.

규 정 례

> **제○조【휴직개시의 기일】**
> 전조의 사유로 인한 휴직개시의 기산일은 다음과 같다.
> ① 제1호, 제2호의 경우–소정의 결근기간이 경과한 이후의 직근 임금계산기간의 개시일
> ② 제3호, 제4호, 제5호의 경우–사유발생 이후의 직근 임금계산기간의 개시일

2 휴직기간

1. 휴직기간의 의의

휴직기간은 휴직사유, 근속기간과 상병의 종류 등에 따라 구분하는 것이 통례이다. 휴직사유에 의한 구분은 휴직하지 않을 수 없게 된 불가피성의 정도에 따르며 근속 구분은 근속의 길이에 의하고 또 상병의 종류에 의한 구분은 치유에 필요한 요양기간의 길이에 의한다.

2. 규정작성방법

휴직기간을 정하는데는 그간의 임금보장이 양태와 정도가 관련된다. 최장기간은 2년이 보통이지만 아무리 길어도 3년이 한도일 것이다.

(1) 근속이 짧은 자의 취급

흔히 문제가 되는 것은 채용 후 얼마되지 않은 자의 취급이다. 시용기간 중인 경우에는 건강도 적격성 판정의 요소가 되고 있으므로 본채용 심사의 단계에서 처리하기로 하고 채용 후 반년이 최단의 근속구분으로 생각된다.

근속구분으로서는 10년을 기준하여 두는 사례도 볼 수 있으나 3년 이상을 최장의 휴직기간으로 한다면 굳이 필요가 없을 것이다. 근속 구분으로서는 3년을 근속한 경우 최대 예우를 하였으면 한다.

(2) 장기질환의 취급

상병의 종류에 대해서는 의학적으로 치유에 필요한 요양기간이 긴 질환에는 휴직기간도 길게하여 복귀를 기다리도록 하는 것이 통례이다. 결핵성질환 외에 장기요양을 요하는 질병(예컨대, 뇌일혈 · 신경증 등)이 있고 또 휴직기간을 장기로 할 필요가 있다면 그것을 플러스하는 것이 바람직하다.

(3) 재발의 취급

휴직기간 만료 전에 출근하고, 단기간 내에 재차 장기결근한 경우에는 뒤의 기간을 휴직기간으로 통산하는 규정을 둔다.

(4) 휴직기간 중의 취급

임금청구권은 근로자에 의한 노무제공과 대가관계가 있으므로 노무제공이 근로자의 귀책사유로 발생한 경우에는 반대급부로서 해당 임금을 지급하지 않는 것이 원칙이다. 이것을 「노 워크 · 노 페이」라고 한다. 본인의 귀책사유로 휴직한 경우 「노 워크 · 노 페이」원칙에 따라 해당 휴직기간 중 무급으로 하는 것이 일반적 취급이다.

규 정 례

제○조【휴직기간】

① 휴직기간은 휴직사유 및 근속기간 등을 고려하여 그 기간을 회사가 정한다.

1. 제○조제1호의 경우 3개월
2. 제○조제2호의 경우 6개월
3. 제○조제3호, 제4호, 제5호의 경우 필요하다고 인정한 기간

② 제1항의 휴직기간 만료 전에 출근하고, 재차 동일 또는 유사한 사유로 결근한 경우에는 전조제2항에 준해서 취급한다.

상 병 / 근속기간	결핵 이외의 상병	결핵에 의한 상병
근속 6개월 미만	3개월	6개월
근속 6개월 이상 1년 미만	6개월	1년
1년 이상 3년 미만	1년	1년 6개월
3년 이상	2년	2년

제○조【휴직기간 중의 임금 취급】

휴직기간 중의 임금은 무급으로 한다.

3 근속통산

1. 근속통산의 의의

휴직기간은 실제로 취업하지 아니한 상태이지만 이것을 근속기간에 포함시킨다. 퇴직금의 계산상 휴직기간분은 근속기간에 포함시킨다(다만, 군복무기간은 제외한다).

2. 규정작성방법

규 정 례

> **제○조**
> 휴직기간은 근속기간에 포함된다(다만, 군복무기간은 제외한다).

4 복 직

1. 복직의 의의

휴직사유가 소멸한 경우의 복직요건으로서는 원직복귀가 원칙이지만 사업규모, 조직, 요원 등의 변화에 수반하여 그것이 곤란한 경우도 있으므로 다른 직무로 복귀시킬 수 있다는 것을 명시한다. 사상병휴직의 경우 휴직기간 만료일까지 치유되었는가에 따라 판단한다. 치유란 「출근할 수 있다」든가 「경미한 작업의 종사할 수 있다」는 의미가 아니다. 건강시에 하였던 업무를 건강시와 같이 업무수행을 할 수 있는 상태에 있는 것을 말한다(채무내용에 따른 계약내용의 이행이 된다). 휴직사유가 업무 외의 상병일 때에는 해당 휴직사유가 소멸되어 복직을 신청하는 경우에는 의사의 치유증명(진단서 또는 소견서)을 제출하게 하여야 한다. 비록 근로자가 진단서를 제출한 경우에도 회사가 지정하는 의사의 진단을 받도록 명할 수 있어야 한다. 그러므로 회사지정의사의 판단을 참고하여 복직가능한지 여부를 최종적으로 판단한다.

2. 규정작성방법

규 정 례

> **제○조【복 직】**
> ① 종업원이 휴직기간 만료 후 복직을 신청할 때는 원칙적으로 휴직 전의 직무에 복귀시킨다. 다만, 그 직무에 복귀시키는 것이 곤란한 경우에는 다른 직무로 복귀시킬 수 있다.
> ② 상병휴직의 경우에는 의사의 치유증명(진단서)을 제출하게 하여야 한다. 이 경우 의사의 진단서를 제출할 때는 회사는 진단서를 작성한 의사에 대하여 면담 등의 사정청취를 요구하는 당해 종업원은 그 실현에 협력하여야 한다.

③ 제2항에 따라 진단서가 제출된 경우에는 회사는 회사가 지정하는 의사의 검진을 명할 수 있다. 회사는 종업원이 정당한 이유없이 검진을 거부하는 경우 제2항의 진단서를 휴직사유가 소멸되는지의 여부의 판단자료로 채용하지 않을 수 있다.

5 무급휴직제도

1. 무급휴직제도 도입배경

최근 우리 경제는 외환위기, 글로벌 금융위기 등으로 인해 과거에 일찍이 겪어보지 못한 불황과 마이너스 성장시대에 직면해 있으며, 각 경제 주체는 현재의 불황을 극복하기 위해 최선의 노력을 다하고 있다. 특히, 기업은 경쟁력 제고를 위해 구조조정을 피할 수 없게 되었으며, 이에 각 사업부분에 대한 구조조정을 실시하고 있다. 그러나 다른 분야의 체질개선과는 달리 직접 근로조건과 관련된 사항에 대한 구조조정은 근로자와의 협의가 전제되어야 한다는 점에서 운용상 어려움이 많다. 따라서 근로자들의 설득은 물론 나아가 노동조합의 협력을 유도하는 구조조정 방안의 연구가 시급하다.

근로조건과 밀접한 구조조정 방안으로는 최근 논란이 되고 있는 정리해고와 임금삭감, 근로시간단축, 순환근무제, 무급휴직제 등이 있다.

이러한 방안 중에서 무급휴직제도는 근로자들의 고용불안을 해소시키고 생산성을 제고하면서 일시적 불황을 극복하는 제도라는 점에서 개별기업에서 검토하고 있는 제도이다.

2. 무급휴직제도의 법적 의미

'휴직'이란 근로자와 사용자 간의 근로관계가 일시 정지하는 상태를 말한다. 휴직의 원인이 근로자의 책임이거나, 사용자의 책임이거나 또는 업무상이거나 아니거나를 떠나 휴직 자체의 성격은 근로관계의 정지를 의미한다. 그러므로 휴직시 노사간의 특약이 없는 한 근로계약의 주된 의무는 정지된다고 해석된다. 즉, 근로자는 근로의무를 면하고, 사용자는 근로의 대가인 임금지급 의무를 면한다. 이는 노사관계의 기본 원칙인 무노동 · 무임금 원칙의 실현으로서 해석상 당연한 귀결이다. 다만, 사용자의 귀책사유로 인한 휴직, 즉 휴업에 있어서는 근로기준법 제46조에 따라 평균임금의 70%의 휴업수당을 지급토록 하고 있다. 또한 근로기준법 제79조와 산업재해보상보험법 제52조는 휴업의 원인이 '업무상 사유'에 의한 재해인 경우에는 일정한 휴업보상(급여)을 규정하고 있다. 따라서 무급휴직에서 검토되어야 하는 '휴직'이란 사용자에게 책임이 없고, 업무상 재해가 아닌 휴직으로 한정하여야 한다.

3. 무급휴직제도와 휴업수당 지급 여부

근로기준법 제46조는 '사용자의 귀책사유'로 휴업을 할 경우에는 평균임금의 70% 또는 통상임금 100% 중 적은 부분을 지급토록 하고 있으며, 이를 지급하지 않기 위해서는 부득이한 사유로 사업을 계속하는 것이 불가능하다는 노동위원회의 승인을 받아야 한다.

4. 무급휴직제도의 활용

(1) 실시 현황

긴박한 경영위기 속에서 고용규모를 유지하면서 인건비를 절약하기 위해 무급휴직제를 도입하고 있는 기업이 점차 증가하고 있다. 1998년 2월 3일 고용노동부에서 발표한 자료에 의하면 1월말 현재 104개 업체에서 무급휴직제를 활용하고 있다. 당시 운용 중인 무급휴직제도를 살펴보면 우선 완전한 무급으로 휴직을 하는 경우와 임금의 일부분을 지급하는 경우로 나누어 살펴볼 수 있다. 임금을 지급하는 회사의 경우에도 상여금에 한해 지급하는 경우가 있는 반면, 근로기준법상의 휴업수당(평균임금의 70%)을 지급하는 회사도 있는 등 양태가 다양하다.

(2) 희망퇴직과 무급휴직 중 근로자에게 선택권을 부여한 경우

사내협력업체가 원청업체의 공정하도급계약 해지에 따른 해고회피노력의 일환으로 노사협의회에서 희망퇴직과 무급휴직 실시를 합의하면서 개별근로자에게 그 중 하나에 대한 선택권을 부여한 경우이다. 이러한 경우, 개별근로자가 자진하여 무급휴직을 신청하고 사용자가 이를 승인했다면, 근로자의 근로 의사에 반해 근로제공이 거부되는 휴업과는 달리 근로자와 사용자 간의 근로관계가 일시 정지되는 것이므로 근로자는 근로제공의무를 면하게 되고 사용자는 특별한 규정이 없는 한 금품지급의무를 면하게 된다(2008.4.22, 근로조건지도과-1005).

(3) 무급휴직제도 도입상의 유의점

① 무급휴직제도의 실시에 있어서 가장 중요한 것은 근로자의 자발적 참여인 만큼 근로자에게 현재 회사의 현황을 설명하고 설득하는 작업이 중요하다. 단체협약이나 취업규칙으로 유급휴직제도가 명문화되어 있는 경우에는 경영악화로 인한 무급휴직제도를 신설하거나 유급휴직제를 무급으로 변경하는 단체협약 또는 취업규칙의 변경이 불가피한 것이다.

② 특히, 취업규칙을 통해 유급휴직제도를 무급으로 변경할 경우에는 근로기준법 제94조의 취업규칙 불이익변경에 해당되므로 근로자 과반수로 조직된 노동조합이 있는 경우에는 그 노동조합, 근로자 과반수로 조직된 노동조합이 없는 경우에는 근로자 과반수를 대표하는 자의 동의가 필요하다. 또한, 여기서 유의할 점은 단체협약과 취업규칙에 동시에 유급휴직제도가 설정된 경우이다. 이 경우에는 단체협약의 변경과 취업규칙을 모두 변경하여야 한다. 만일 단체협약만을 변경할 경우에는 “유리한 근로조건 우선적용의 원칙”에 의해 단체협약의 변경과 무관하게 취업규칙이 적용되어 무급휴직제도의 실효성이 상실되기 때문이다.

③ 무급휴직제도는 법정제도가 아닌 만큼 각 사업장에 따라 휴직기간 동안의 급여를 결정하면 될 것이나 이 경우에도 직급간, 부서간의 차별은 금지된다. 무급휴직제도의 활용에 있어서 기업은 근로자의 총임금을 월단위로 배분하여 휴직기간에도 일정액의 임금을 지급하거나, 일정부분의 가불임금지급 등의 방법이 강구될 수 있다.

5. 무급휴직제도 적용 사례(A사의 경우)

사원들의 자발적인 휴직신청과 회사측의 승낙으로서 무급휴직이 성립된다. 그러나 휴직자의 편중을 막기 위해 특정기간 동안 팀별로 20% 이내의 휴직을 원칙으로 하며 4개월 이상의 장기 휴직의 경우에는 5% 이내로 한정한다.

휴직기간의 연장은 본인의 희망이 있는 경우 가능하며 휴직기간은 원칙상 근속연수에 포함하나 휴직기간이 6개월 이상인 경우에는 승호, 연차유급휴가의 산정시 근속연수에서 제외한다. 휴직기간 중이라도 고정상여는 지급하며 사원은 휴직기간 중에도 품위를 유지할 의무가 있다.

무급휴직제규정 모델

제1조【휴직의 개시】

무급휴직은 근로자의 신청과 회사의 승인으로 개시한다.

제2조【휴직기간】

휴직기간은 최소 1개월부터 최장 12개월까지로 하되 근로자의 신청으로 연장할 수 있다.

제3조【휴직 중 근로자 처우】

① 휴직기간 중의 급여는 무급으로 하며, 상여는 연간 총 고정상여 중 휴직기간 부분을 제외한 상여만 지급한다.

② 연차유급휴가 산정 및 승급 · 승호시 계속근로기간 중 휴직기간은 제외된다.

③ 평균임금 산정시 휴직기간 동안의 급여와 기간은 포함되지 아니한다.

④ 휴직기간 중이라도 근퇴법 소정의 중간정산사유에 해당할 경우에는 이미 발생한 퇴직금 중 일부를 정산하거나 지급예정상여를 분할하여 지급할 수 있다.

제4조【휴직기간 중 근로자의 의무】

근로자는 휴직기간 중 품위유지의 의무를 진다.

6. 무급휴직제도의 효과

무급휴직제도는 일시적인 불황을 극복하는 업무공유제의 한 방편으로 사용될 수 있다. 특히, 동 제도는 다른 고용조정방안에 비해 노동조합의 저항이 비교적 적어 현장에서의 활용이 용이하다는 장점이 있다.

또한 동 제도를 활용할 경우 기업은 인건비 절약을 포함한 경비절감을 꾀할 수 있으며, 제조업의 경우 생산량을 줄이고 재고를 활용하는 등 기업운영에 효율성을 높일 수 있다. 근로자의 경우에도 장기간 노동으로 인한 피로누적을 해소할 수 있음은 물론 휴직기간을 자아개발의 시간으로 활용하여 인성 및 직무능력을 향상시킬 수 있으며, 업무공유를 통해 고용불안을 해소할 수 있다는 장점도 있다.

그러나 동 제도의 활용에 있어 주지하여야 할 것은 동 제도는 일시적인 불황을 극복함에 있어서는 활용가치가 높으나, 불황이 장기화될 경우에는 여전히 인건비 부담이 높은 제도임을 감안해야 한다.

7. 운용상 주의사항

복직할 수 있는 상태가 된 경우에는 본인의 희망을 중시하여 조속한 시기에 취업시켜야 하지만 만약 사정이 허용된다면 임금계산기간의 시기로부터 한다면 관리상 편리하리라 생각된다.

제10장 정년제 및 퇴직규정의 작성 · 운용방법

1 정년제

1. 정년제의 의의

정년이란 근로자의 계속 근로의사 및 능력에 관계없이 사업장의 단체협약, 취업규칙, 근로계약 등에서 근로관계가 종료되도록 정한 연령을 말한다. 정년은 근로계약의 자동적 해제를 의미하는데 정년연한은 평균수명의 신장, 중고령 고용량의 증대, 노동력 수요의 증가 등으로 연장되는 경향에 있다. 정년제에 관해서 법률상 문제가 되는 것은 종래 정년제를 실시하지 않고 있던 기업이 실시한 경우이다. 정년제를 실시하지 않는 경우에는 근로계약은 본인이 퇴직의 의사표시를 하지 않는 한, 무기한으로 계속될 것이므로 정년제의 실시는 바로 근로조건의 저하가 된다.

이와 같이 근로조건의 저하를 가져오는 조치를 취업규칙의 개정으로 사용자가 일방적으로 근로자의 동의없이 행하는 것이 가능한지 여부, 반대의 의사를 표명한 자에게도 그 취업규칙은 적용되는지 여부가 문제된다(근로기준법 제94조 제1항 단서에서는 근로자에 불리하게 변경하는 경우에는 당해 사업장의 근로자의 과반수로 조직된 노동조합이 있는 경우에는 그 노동조합, 그러한 노동조합이 없는 경우에는 근로자의 과반수의 동의를 받아야 한다고 규정하고 있다).

정년제의 설정을 한 취업규칙의 효력에 관해서는 판례가 명확하게 판단을 제시하고 있다(대법 1991.4.9, 90다16245). 그에 의하면 다수의 근로자를 사용하는 기업에서는 다수의 근로계약관계를 집합적 · 통일적으로 처리할 필요가 있으며, 취업규칙은 근로조건을 통일적 · 획일적으로 결정하기 위하여 제정하는 것이므로 그의 개정이 합리적이라면, 설사 일부의 자가 반대하더라도 적용된다는 취지이다.

합리적인 개정인지 여부는 객관적으로 보아 근로자에게 불이익을 주는가에 있다. 새로 설정된 정년이 가령 남녀 모두 50세라고 한다면, 그것은 사회적으로 표준연령인 55~57세의 선을 하회하므로 합리적이라고는 할 수 없다. 또 남성 55세, 여성 50세로 하는 것도 성별에 의한 차별로서 위법이며, 물론 합리적이 아니다. 이 두 가지 사례 모두 개정의 효력은 인정되지 아니한다.

남녀 모두 58세 이상의 정년제를 두었다고 하면 객관적으로 보아 굳이 근로자에게 불이익을 준다고는 할 수 없다. 이것이 판결의 취지이다.

2. 규정작성방법

(1) 정년연령의 표준

정년연령은 종전에는 55세가 대부분이었으나 현재에는 58세로 하는 기업이 전체의 반수를 초과하였다.

정년연령을 정하거나 연장하는데 있어서는 눈앞의 예측에 구애되지 말고 10년, 20년 앞의 장기적인 시점에서 고찰하여야 한다. 기업의 재적자의 연령구성, 고령자의 능력과 업무적응도, 임금체계, 그 밖의 모든 조건을 감안해서 무리가 없는 선에서 정하여야 한다.

(2) 성별에 따른 차등

정년연령을 성별에 따라 격차를 두는 것은 위법이다. 남성 55세, 여성 50세라는 식은 성별 이외의 합리적인 사유가 없는 한 위법이며, 또 실제 객관적으로 보아 납득할 수 있는 합리적인 이유는 별로 발견되지 아니한다(근로기준법 제6조, 남녀고용평등법 제11조제1항).

(3) 결혼정년제

또 여성의 결혼 · 임신 · 출산퇴직제도도 확정기한이 없는 정년제인데 이것 역시 여성에 한하여 퇴직시킬 합리적인 이유는 발견할 수 없으며 성별에 의한 차별대우로서 위법이다(근로기준법 제6조, 남녀고용평등법 제11조제2항).

(4) 정년퇴직의 종료일

정년연령에 도달한 경우의 퇴직종료일에 있어서는, 그 도달한 월을 퇴직일로 하는 형과 1년에 1~2회의 퇴직종료일을 정해서 일괄하여 퇴직시키는 형이 있다.

모델례는 전자에 속하는데, 후자는 1년에 1회의 기일을 3월말일로 하고 그 때까지 정년연령에 도달한 자를 그 시점에서 일제히 퇴직시키는 것이다.

이 기일을 연 2회로 하여 9월과 3월로 나누는 형태도 있다. 이 형에서는 실제로 정년연령에 도달한 달 이후 기일이 도래할 때까지 계속해서 고용되므로 근로자에게는 유리하다.

〈참 고〉 남녀고용평등법상의 정년차별금지(고용노동부예규 제622호 제9조제2항)

다음 각 호의 행위는 법 제11조에 따른 정년에서의 남녀차별적인 행위에 해당한다.

1. 동일 직종에서의 남녀간 정년을 달리 정하는 경우
2. 특정 성이 대다수를 차지하는 직종의 정년을 합리적인 이유없이 다른 성의 직종보다 빠른 경우가 현저하게 많아 특정 성에게 불리한 결과를 초래하는 것에 대하여 사업주가 정당성을 입증하지 못하는 경우
3. 그 밖에 합리적인 이유없이 남녀를 차별하여 정년을 정하는 경우

규 정 례

제○조【정 년】

① 정년은 만 ( )세로 하고, 정년에 도달한 월의 말일로서 퇴직한다(또는 도달한 날 이후의 6월 30일 또는 12월 31일로서 퇴직한다).

② 정년은 만 ( )세로 하고, 정년에 도달한 날이 속하는 연도의 최종일로서 퇴직한다(최종일이란 당해 기업의 연도계산을 말한다. 예 4월 1일부터 익년 3월 31일인 경우에는 3월 31일을 말한다).

③ 정년에 달한 자가 희망하는 경우에는 ( )년 이내의 기간을 정하여 촉탁으로 고용한다(또는 고용할 수 있다).

3. 고령자고용촉진법 개정과 법정정년의 적용시기

(1) 고령자고용촉진법 개정

우리나라는 고령화 진행속도가 세계 유례가 없을 만큼 빠르게 진행되어 2000년 고령화 사회에 진입한 후 2018년에 고령사회(65세 이상 14%)를 지나 2030년에는 전체 인구의 4명 중 1명(24.3%)이 노인인 초고령사회(65세 이상 20%)에 들어설 것으로 전망된다. 특히 2017년이면 생산가능인구(15~64세)가 감소세로 돌아서고, 2030년에는 생산가능인구 중 핵심생산층(25~49세)이 차지하는 비율이 50% 아래로 떨어지는 것으로 예측되어 노동시장에 상당한 충격이 예상된다.

그러나 현행법은 사업주가 근로자의 정년을 정하는 경우에는 그 정년이 60세 이상이 되도록 노력하여야 한다고 규정하고 있어 단일정년제를 운영하는 근로자 300인 이상 사업장의 평균 정년은 57.2세에 그쳐 근로능력이 있는 근로자의 일할 기회를 박탈하고 있다. 2013.5.22. 고령자고용촉진법(법률 제11791호:300인 이상 2016년, 300인 미만 2017년부터 시행)을 개정하여 60세 이상 정년을 정하도록 하고, 정년 연장에 따른 임금체계 개편 등의 조치를 하도록 하되 사업장 규모에 따라 단계적으로 시행하도록 하였다.

(2) 개정내용

개정 고령자고용촉진법 제19조 · 제19조의2 및 부칙 내용은 다음과 같다.

관련조항

법 제19조【정년】

① 사업주는 근로자의 정년을 60세 이상으로 정하여야 한다.

② 사업주가 제1항에도 불구하고 근로자의 정년을 60세 미만으로 정한 경우에는 정년을 60세로 정한 것으로 본다.

법 제19조의2【정년연장에 따른 임금체계 개편 등】

① 제19조제1항에 따라 정년을 연장하는 사업 또는 사업장의 사업주와 근로자의 과반수로 조직된 노동조합(근로자의 과반수로 조직된 노동조합이 없는 경우에는 근로자의

과반수를 대표하는 자를 말한다)은 그 사업 또는 사업장의 여건에 따라 임금체계 개편 등 필요한 조치를 하여야 한다.
② 고용노동부장관은 정년을 60세 이상으로 연장하는 사업 또는 사업장의 사업주 또는 근로자에게 대통령령으로 정하는 바에 따라 고용지원금 등 필요한 지원을 할 수 있다.
③ 고용노동부장관은 정년을 60세 이상으로 연장하는 사업 또는 사업장의 사업주 또는 근로자에게 대통령령으로 정하는 바에 따라 임금체계 개편 등을 위한 컨설팅 등 필요한 지원을 할 수 있다.
부칙 : 이 법은 공포 후 1년이 경과한 날부터 시행한다. 다만, 제19조, 제19조의2제1항 및 제2항의 개정규정은 다음 각 호의 구분에 따른 날부터 시행한다.
1. 상시 300명 이상의 근로자를 사용하는 사업 또는 사업장, 「공공기관의운영에관한법률」 제4조에 따른 공공기관, 「지방공기업법」 제49조에 따른 지방공사 및 같은법 제76조에 따른 지방공단: 2016년 1월 1일
2. 상시 300명 미만의 근로자를 사용하는 사업 또는 사업장, 국가 및 지방자치단체: 2017년 1월 1일

(3) 임금체계 개편 방향

고령자고용촉진법의 개정으로 권고사항 내지 노력규정으로 되어 있던 「정년 60세」가 의무규정으로 변경된 것이다. 이와 함께 주된 쟁점은 임금피크제를 비롯한 임금체계 개편 등 추가적인 방안을 고용현장에서 어떻게 적용할 것인가에 있다. 임금체계를 어떻게 개편할지는 노사 협의에 맡겨져 있다. 이는 사업장마다 여건이 다르기 때문이다. 우리 기업의 임금시스템은 아직도 연공급여의 성격이 강하고 연공서열에 따른 임금상승폭이 선진국에 비해 너무 크다는 문제점이 지적되고 있으므로 연공서열식 임금체계의 수정은 시급한 상황이다. 또한 정년 60세 시대에 대비한 새로운 인사시스템과 조직문화 구축이 필요하다. 직무와 직책, 생산성, 기여도 등에 연동하는 보상제도 운용 뿐 아니라 연령에 관계없이 공정하고 투명한 평가로 승진과 보상이 이뤄지고 또 이를 수용하는 사회적 분위기 조성이 필요하다. 정년연장과 동시에 고용률 제고와 노동시장의 형평성을 달성할 수 있도록 해야 60세 정년의 성공적 정착이 가능해질 것이다.

4. 운용상 주의사항

정년연장이란 정년연령 그 자체를 연장(예, 55세를 60세로)하는 것을 말한다. 이에 대하여 정년연령은 연장하지 않고 실질적으로 고용을 연장하는 형태가 있고 이것에는 두 가지가 있다. 하나는 정년으로 일단 퇴직하고 퇴직금 등이 지급되며, 신분을 촉탁 등으로 바꾸어 수년간 고용하는 이른바 재고용형태이다. 고령자고용촉진법 제21조(정년퇴직자의 재고용)에 의하면「① 사업주는 정년에 도달한 자가 그 사업장에 다시 취업하기를 희망하는 때에는 그 직무수행능력에 적합한 직종에 재고용하도록 노력하여야 한다. ② 사업주는 고령자인 정년퇴직자를 재고용함에 있어 당사자간의 합의에 의하여 근로자퇴직급여보장법 제4조의 규정에 의한 퇴직금과 근로기준법 제60조의 규정에 의한 연차유급휴가일수 계산을 위한 계속 근로기간 산정에 있어 종래의 근로기간을 제외할 수 있으며 임금의 결정을 종전과 달리 할 수 있다」고 규정하고 있으므로 재고용형태의 경우에는 임금, 퇴직금, 연차유급휴가 계산을 위한 계속 근로기간 산정에 있어「촉탁발령일을 기산일로 한다」고 규정하여 퇴직 이후에 새로 기산됨을 명확히 할 필요가 있다. 또 하나는 정년연령에 도달해도 고용을 계속하여 수년 후에 고용을 해제하는 이른바 근무연장의 형태이다.

정년연장, 근무연장 및 재고용에 수반하는 고용조건은 후 2자의 경우에 변경 · 저하되는 정도가 심하다.

2 퇴 직

1. 퇴직요건

퇴직이란 근로관계가 종료되고 근로자로서의 신분을 상실하는 것을 말한다. 해고와 상이한 점은 자기사정 퇴직(제1호)을 제외하고, 미리 정하여진 퇴직요건에 해당된 경우에 원칙적으로 노사 어느 일방의 의사표시가 없이 자동적으로 근로계약 종료의 효력이 발생하는 것이다.

2. 규정작성방법

퇴직은 전기한 바와 같이 원칙적으로 사용자의 의사표시를 필요로 하지 않으나, 제4호의 경우 고용계속의 필요가 예측되고 특히 과거에 그 선례가 있는 경우에는 근로자가 고용계속을 기대하는 것이 인정되므로 근로계약을 종료시킬 의사가 있다는 것을 사전에 통고할 필요가 있다.

규 정 례

제○조 【퇴직요건】 ① 다음 각 호의 1에 해당하는 경우에는 퇴직으로 하고 근로자로서의 신분을 상실한다. 1. 자기사정으로 퇴직원을 제출한 때 2. 사망한 때 3. 정년에 달한 때 4. 기간을 정하여 고용된 자의 고용기간이 만료된 때 5. 휴직기간이 만료되고 복직하지 못할 때 ② 제1항제3호 내지 제5호에 해당할 때에는 30일 전에 예고한다.

3. 운용상 주의사항

자기사정 퇴직에 대하여는 후술한다.

기타의 퇴직(사망을 제외)에 관해서 예고는 되도록 빨리 하는 것이 친절한 방법이다. 규정은 퇴직의 효력이 발생하는 「30일 전」으로 하고 있으나, 이른바 예비적인 의사표시는 가능하면 그보다 이전의 적당한 시기에 하는 것이 좋다. 정년퇴직 예정자가 내심으로 계속고용을 기대하였으나 직전 1개월 전에 그 의사가 없다는 통고를 받아서는 재취직의 준비에 바쁘게 된다고 생각되기 때문이다.

3 자기사정 퇴직의 절차

1. 자기사정 퇴직의 의의

자기사정 퇴직은 언제라도 할 수 있다. 민법 제660조에 의해서 기간의 정함이 없는 계약은 노사 어느 일방의 의사표시로 해제할 수 있다.

근로자가 퇴직을 신청한 때에는 사용자가 이를 승인하지 아니하는 경우에도 1개월이 경과하면 고용관계가 종료된다(민법 제660조). 따라서 퇴직원의 제출은 최장 1개월 전까지 제출을 의무화할 수 있다.

2. 규정작성방법

다만, 예외적으로 사용자가 결원보충 등의 필요에 의하여 퇴직원을 2개월 전까지 제출하게 하려면 이를 규정해도 좋을 것이다. 그러나 강제적으로 의무화하는 것은 1개월 전으로 해야 할 것이다.

규 정 례

제○조【자기사정 퇴직】
자기사정으로 퇴직하고자 하는 자는 퇴직원을 제출하여야 한다. 다만, 부득이한 사유가 있을 때에는 1개월 전에 제출할 수 있다.

제○조【퇴직절차】
① 전조제1호에 의거 퇴직하려고 하는 자는 적어도 그 1개월 전에 퇴직원을 제출하여야 한다.
② 퇴직원을 제출한 자는 퇴직일까지 취업하고 인수인계 등을 성실하게 하여야 한다.

4 명예퇴직제

명예퇴직제란 기업이 정년연령에 도달하기 전에 근속연수나 연령 등 일정한 기준을 충족한 근로자를 그의 자발적 의사에 따라 규정상의 퇴직금이외에 별도의 가산금을 추가로 지급하는 등 우대조치를 하여 퇴직시키는 제도를 말한다. 이 제도는 조기퇴직우대제, 희망퇴직제, 선택정년제 등으로도 불리우고 있다.

1. 규정작성방법

명예퇴직제 규정작성에 있어서는 제도의 적용대상자를 명확히 할 필요가 있다. 적용대상자는 연령, 근속연수 및 퇴직 이유의 3가지로 한정하는 것이 합리적인 방법이다.

(1) 연 령

대상자의 연령을 정하는 방법에는 다음과 같다.

① 일정한 연령 이상의 자를 모두 대상으로 하는 방식(예 : 연령 50세 이상인 자로 한다.)

② 연령이 일정한 범위의 자를 대상으로 하는 방식(예 : '50세 이상 58세 이하인 자' 로 하거나, '45세 이상 55세 미만인 자' 로 하는 것처럼 연령의 범위를 특정한다.)

③ 특정한 연령의 자만을 대상으로 하는 방식(예 : 45, 50, 55세라고 하는 연령을 정하고, 그 연령의 근로자에 한정해서 명예퇴직제의 이용을 인정한다) 등이 있다.

(2) 근속연수

근속연수가 짧고, 회사에 대한 공헌도가 비교적 작은 자와 근속연수가 길고 회사에 대한 공헌도가 상당히 큰 자도 동일하게 퇴직금 우대를 받는 것이 되어 공평치 못하므로 근속연수의 측면에서 일정하게 제한하는 것이 좋다. 근속연수에 관하여 일정한 제한을 정할 때는 '10년 이상' 내지 '15년 이상' 이라고 하는 것이 적절하다.

(3) 퇴직이유

명예퇴직제도는 퇴직금을 우대하는 제도이다. 따라서 '원만한 퇴직' 을 조건으로 붙이는 것은 당연할 것이다.

2. 운용상 주의사항

(1) 퇴직금지급의 우대방법

퇴직금지급의 우대방법을 어떻게 할 것인가를 명확히 한다. 우대방법에는 다음과 같은 방식이 있다.

① 회사 사정으로 퇴직한 경우의 지급률을 사용하여 퇴직금을 산출하는 방식

② 정년까지 근속한 경우에 적용되는 지급률을 사용하여 퇴직금을 산출하는 방식(예 : 50세로 퇴직하는 경우이더라도 그 근로자가 58세까지 근속한 것으로 간주하여 58

세 퇴직에 상당하는 지급률을 이용하여 퇴직금을 산출한다.)

③ 퇴직금의 일정한 퍼센트에 상당하는 금액을 가산지급하는 방식(예 : 퇴직금의 30% 상당액을 가산지급한다.)

④ 퇴직시의 연령 구분에 따라서 퇴직금의 일정한 퍼센트에 상당하는 금액을 가산지급하는 방식(예 : 퇴직시의 연령 50~52세=퇴직금의 30% 상당액, 53~55세=20% 상당액, 56~58세=10% 상당액을 가산지급한다.)

⑤ 일정한 액을 특별가산하는 방식(예 : 대상자 모두에게 5백만원을 특별가산한다.)

⑥ 퇴직시의 연령구분에 따라서 일정한 금액을 특별가산하는 방식(예 : 퇴직시의 연령 50~52세=1,000만원, 53~55세=700만원, 56~58세=500만원을 가산한다.)

(2) 퇴직전환지원유급휴가의 부여

퇴직 후의 준비를 하기 위해서는 상당한 준비기간이 필요하다. 이 때문에 2주 내지 1개월 정도의 퇴직전환지원유급휴가를 본인의 청구에 따라서 부여하는 것이 좋다. 전직지원유급휴가를 부여할 때는

① 그 휴가일수를 며칠로 할 것인가

② 휴가를 유급인지 무급인지 하는 것을 규정에 명확히 규정한다.

(3) 명예퇴직 신청방법

① 1년 중 상시 신청을 받아 그때마다 퇴직명령을 낸다.

② 매년 일정한 기간을 정해서 신청을 받아, 예를 들면 6월 30일자 또는 12월 31일자로 퇴직명령을 낸다.

③ 매년 일정한 기간을 정해서 신청을 받아, 퇴직일은 명예퇴직하는 본인에게 자유롭게 정한다.

실무상 인사제도가 효율적인 운용이라는 관점으로 보아 다양하게 선택할 수 있지만 위에 언급한 ② 의 방법인 매년 일정한 기간을 정해서 희망자를 접수하여, 정기인사발령 시점인 6월 30일 또는 12월 31일자로 고정해 퇴직명령을 내는 것이 좋다.

명예퇴직제규정 모델

제1조【총 칙】

이 규정은 명예퇴직제의 취급기준과 운용방법을 정한다.

제2조【정 의】

이 규정에 있어서 '명예퇴직제'란 근로자가 정년 전에 자기 의사로 퇴직하는 것에 대해 회사가 특별히 취급하는 제도를 말한다.

제3조【목 적】

명예퇴직제는 다음의 목적을 위하여 실시한다.

1. 중고령 근로자의 생활설계를 지원하는 것
2. 인사순환의 원활화를 도모하는 것

제4조【적용대상자】

이 제도의 적용을 받을 수 있는 근로자는 다음 각 호의 요건을 모두 만족하는 사원으로 한다.

1. 근속연수 만 10년 이상
2. 연령 만 50세 이상 58세 이하
3. 퇴직이유가 원만할 것
4. 퇴직 후 다른 직장으로 퇴직전환하는 사람

제5조【퇴직전환지원금】

제4조의 조건을 모두 만족하는 근로자(이하 "퇴직전환퇴직자"라고 말한다)에 대하여 회사는 퇴직금규정에 근거하는 퇴직금에 가산해 퇴직전환지원금을 지급한다. 퇴직전환지원금액은 다음 구분에 의한다.

퇴직시의 만 연령

퇴직시의 만 연령	퇴직전환원조금
50~52세	퇴직금의 30% 상당액
53~55세	퇴직금의 20% 상당액
56~60세	퇴직금의 10% 상당액

제6조【지급일】

퇴직전환지원금은 퇴직금지급일과 같은 날에 지급한다.

제7조【퇴직전환준비휴가】

① 회사는 퇴직전환퇴직자가 청구할 때는 2주간 이내의 범위에 있어 퇴직전환준비를 위한 특별휴가를 부여한다.

② 퇴직전환준비휴가는 유급으로 한다.

③ 퇴직전환준비휴가의 청구는 별지서식에 의한다.

제8조【사우취급】

회사는 퇴직전환퇴직자를 사우명부에 등재하여 사우로서 취급한다.

제9조【신 청】

이 제도의 적용을 받아 퇴직하는 것을 희망하는 근로자는 소정의 신청서를 회사에 제출해야 한다.

제10조【접수기간】

신청서의 접수하는 기간은 매년 8월 1일~9월 30일로 한다.

제11조【퇴직일】

퇴직전환퇴직자는 당해연도 12월 31일자로 퇴직하는 것으로 한다.

제12조【퇴직전환퇴직자의 책무】

퇴직전환퇴직자는 다음 각 호의 사항을 준수하여야 한다.

1. 퇴직일까지 후임자와 사무의 인계를 완전히 할 것
2. 퇴직 후도 회사 출신자인 것을 자각하고 행동할 것
3. 재직 중에 알고 얻은 회사 비밀을 다른 곳에 누설하지 않을 것
4. 동업 타사에 취직하지 않을 것

부 칙

이 규정은 2013년 10월 1일부터 시행한다.

제11장 표창과 제재규정의 작성 · 운용방법

1 표 창

1. 표창의 의의

표창은 근로자가 표창 받을 만한 사유가 있는 경우 회사로서 이를 널리 알리고 사의를 표하는 동시에 타인으로 하여금 의욕을 고취하는 취지에서 행한다.

표창의 종류는 대체로 다음 구분에 의한다.

① 근속표창 : 장기에 걸친 공헌도에 대해 표창한다. 장기근속 등이 대상

② 공적표창 : 기술, 기능 등에서 우수한 성과에 대하여 표창한다. 발명고안, 목표달성 등이 대상

③ 장려표창 : 우수한 근무태도 등을 표창한다. 연간 개근 등이 대상표창은 표창장과 함께 상금 또는 상품을 증정하는 사례가 많다.

2. 규정작성례

근속표창에 대해서는 근속 3년이라든가 5년 등 비교적 단기간의 근속을 표창하는 경향도 없지는 않으나, 표창을 권위 있게 하기 위하여도 너무 단기간에까지 표창범위를 확대하는 것은 바람직하지 않을 것으로 보인다. 최저 근속

기간 10년이 적당할 것이다.

규 정 례

> **제○조【표창사유】**
> ① 다음 각 호의 1에 해당할 때에는 그때마다 심사, 표창한다.
> 1. 기술우수, 근무장려, 품행방정하여 타의 모범이 된다고 인정될 때
> 2. 업무상 유익한 발명 · 고안 또는 개선을 한 때
> 3. 재해를 미연에 방지하거나 또는 재해시에 특히 공로가 있었을 때
> 4. 1년간(1월 1일부터 12월 31일)에 걸쳐 결근, 지각, 조퇴, 사용외출이 없었을 때
> 5. 10년간 무사고로 근무한 때
> 6. 그 밖에 전 각 호에 준할 정도의 선행 또는 공적이 있을 때
> ② 표창은 표창장을 수여하고 부상으로서 상품 또는 상금을 준다.

3. 규정작성방법

사용자가 어떤 경우에 근로자를 표창하는가 또는 어떠한 표창방법을 택하는가에 관해서 규정해 두어야 한다.

표창사유에 관해서는 각 사 모두 유사한 것이 많으나 일반적으로 흔히 행하여지고 있는 것은 장기근속표창이다. 이 경우에는 회사에 근속 중 1회만 행하는가, 근속 5년마다 또는 10년마다 행하는가 등 결정방법은 여러 가지 있다.

다음 표창방법은 상장의 수여, 상금 또는 상품의 수여, 승급, 특별위로 휴가의 부여 등 여러 가지 방법이 있다. 또 그 다음에는 표창에 무게를 부여하기 위하여 노사쌍방의 대표자로 표창위원회를 조직, 그 위원회에서 표창자를 선정하는 방법을 택하는 일도 있다.

4. 운용상 주의사항

근속표창제도를 신규로 실시하는 경우 이미 표창대상연수를 초과한 자에 대한 취급은 동일하게 표창대상으로 하여야 한다. 예컨대, 20년 근속자를 표창대상으로 하는 제도를 신규로 실시하는 경우 이미 25년 근속자가 있는 경우는 이례적인 케이스이지만 표창대상으로 한다. 이 경우 표창장의 연수표시는 실근속연수(25년)로 하는 것이 좋을 것이다. 그 이전의 근속표창(예컨대, 10년 근속)은 할애해도 될 것이다. 부상인 상금 또는 상품은 상품으로 하는 예가 많다.

오랫동안 기념으로 남을 만한 상품(금배, 시계 등)이 적당할 것이다.

표창시기는 회사창립기념일 등의 기념행사 시에 하는 것이 일반적이다.

2 제 재

1. 제재의 의의

제재는 복무규율 등을 포함하여 업무운영, 질서유지, 물적보전 그 밖에 근로자로서 준수하여야 할 사항을 위반한 자에게 가한다.

2. 규정작성방법

(1) 제재사항 분류

제재대상 사항은 통상 다음 4종으로 분류된다.

① 노무제공상의 결함

통상의 취업상태에서 성실하게 근무하여야 할 의무에 위반한 사항, 즉 협의의 복무규율사항 위반이다. 출근불량, 업무명령(지시)위반, 직장이탈, 풍기질서문란 등이다.

② 부정, 불성실행위

근로자로서 준수하여야 할 성실의무에 위반하는 행위이며, 기업의 기밀통보, 경력사칭, 명예나 신용훼손, 이중취직 등

③ 물적 손괴

기업의 설비, 기구자재, 소모품 등의 손괴, 낭비, 절도 등 물적인 손괴행위

④ 부당한 단체적 행동

직장에서의 집회, 연설, 방송 또는 유인물부착, 배포 등 조합관련행위의 규제에 위반하는 행위

(2) 제재의 종목

제재에는 경중의 차이가 있으며, 경미한 것부터 중한 것의 순서대로 기술하면 다음과 같이 구분된다.

① **견책**(훈계)

시말서를 받고 장래를 계고(훈계)한다. 취업규칙에서 사용자가 근로자에게 시말서를 제출하도록 명령할 수 있다고 규정하는 경우 그 시말서가 단순히 사건의 경위를 보고하는 데 그치지 않고 더 나아가 근로관계에서 발생한 사고 등에 관하여 자신의 잘못을 반성하고 사죄한다는 내용이 포함된 사죄문 또는 반성문을 의미한다면 이는 헌법이 보장하는 내심의 윤리적 판단에 대한 강제로서 양심의 자유를 침해한다. 그러한 취업규칙규정은 헌법에 위반되어 근기법 제96조제1항에 따라 효력이 없고, 그에 근거한 사용자의 시말서 제출명령은 업무상 정당한 명령으로 볼 수 없다(대법 2010.1.14, 2009두6605). 판례는 이 사건 시말서 제출 명령은 파견근무 명령 불응에 대한 반성과 사죄의 내용을 포함하는 문서를 작성하여 제출하라는 의미로 보고 이는 일종의 반성문을 제출하라는 것으로 양심의 자유를 침해하는 위법한 업무명령에 해당하므로 시말서 제출 명령에 불응하였음을 독립된 징계 사유로 삼은 것은 위법하다는 것이다.

② **감급**

시말서를 받고 임금을 감액하여 훈계하는데, 감액에는 최고한도가 규정되고 있다(근로기준법 제95조).

왜냐하면, 통상대로의 취업의무를 지면서 임금이 감액되는 것이므로, 감액폭이 크면 생활에 위협을 받게 되므로 이를 방지하기 위해서이다.

감액의 한도는 감급처분된 사안 1건에 대하여 평균임금 1일분의 2분의 1이다. 따라서 「감액처분으로 평균임금 1일분의 반액을 3일간 감액」하면 이 제한에 저촉되어 위법이 된다.

또 1임금지급기에 몇 번이고 감급처분 된 경우-그런 자는 실제로 별로 없겠지만 -에는 각 처분에 대하여 2분의 1 이내에서 감액되게 된다. 다만, 그 총액은 1임금지급기의 임금총액의 10분의 1 이내로 제한된다.

이를 초과할 수는 없으므로 실질적으로는 그 한도에 달한 자를 다시 감액처분은 할 수 없게 된다(이러한 케이스에서는 실제상 감급처분으로는 부족하고, 더욱 무거운 처분을 받게 될 것이다).

또 이른바 "강급"처분, 즉 장래에 향하여 임금을 인하하는 처분(예로서, 「향후 1년간에 걸쳐 기본급을 1할 감한다」)은 만약 종전 그대로의 직무에 종사시키고 있다면, 명칭은 "강급"이라도 실질적으로는 「감액」에 해당하므로 감급제도의 규정을 적용한다. 따라서 직무를 변경하지 않고, 예시한 바와 같은 "강급"처분을 하는 것은 그 제한에 저촉된다.

지각, 조퇴, 사용외출 등의 부분적 불취업에 있어서 실제의 시간 이상의 시간분을 감액하는 것은 제재로서의 감액에 해당된다. 예컨대 30분 절상의 계산방식을 취하는 경우에는 5분간의 지각이라도 30분의 지각으로 취급하여, 30분 상당의 임금을 감액하는데, 이 경우 25분에 해당하는 감액은 제재로서의 감액에 해당하여 감급제한의 규정이 적용되므로 주의하여야 한다.

③ 출근정지

시말서를 받고 일정기간 취업을 금지하며, 그 기간의 임금은 지급치 아니한다. 출근정지의 기간은 법률에서는 특별히 규정한 바 없으나 1개월 이내로 하는 사례가 많다. 너무 길면 그 기간의 임금이 지급되지 아니하므로 생활이 위협을 받게 될 염려가 있기 때문이다.

또 출근정지로 실질적으로는 임금이 감액되지만 처분의 종류가 임금의 감액은 아니며 출근을 정지하는 것이므로 감급제한의 규정은 적용되지 아니한다.

④ 승급정지 또는 제한

시말서를 받고 자기의 승급을 정지 또는 감액한다. 이것은 감급은 아니므로 감급제한에는 해당하지 않는다. 이 사례는 별로 많지 않다.

⑤ 강직 · 강격

시말서를 받고 보직 또는 자격 등을 하위 또는 하급으로 낮춘다. 물론 임금도 그에 상응하는 액으로 변경한다. 다만, 규정사례로서는 별로 많지 않으나 이 경우 종래의 직무가 변경되게 되는데 만약 변경되지 않는다고 하면 전기한

강급사안과 같은 문제가 생길 염려가 있다.

⑥ **권고사직**

퇴직원을 제출하도록 권고하고 이를 제출하지 않는 경우에는 징계해고한다. 형식은 자발적 퇴직이지만 실질적으로는 징계해고와 동일하다.

권고사직의 실시사례는 일반적으로 상당히 많으나 규정사례는 많지 않다. 규정하지 않는 경우에는 통상의 자기사정퇴직 취급을 할 것이다.

⑦ **징계해고**

기업질서 위반에 대하여 과하는 제재로서 가장 중대한 징계의 하나이다. 그 중에서 근로자가 고의로 사업운영에 막대한 지장을 초래하거나 재산상 손해를 끼친 경우에는 근로자의 귀책사유가 있으면(근로기준법시행규칙 별표) 즉시해고할 수 있다.

근로자의 귀책사유에 관하여는 근로기준법시행령 별표에서 규정하고 있다.

제재의 종목은 대량 상기한 바와 같으나 그 중 일반적으로 많은 것은 ① 견책, ② 감급, ③ 출근정지 및 ⑦ 징계해고이다. 모델레도 이에 따랐다.

(3) 포괄적 규정과 분류규정

제재는 위반행위의 질과 양에 따라 경중의 정도가 나누어진다. 거기에는 일반적으로 두 가지 취급방법이 있다. 즉, 하나는 제재사유를 무차별하게 게기하고, 위반사실이 생긴 경우에 구체적으로 경중 어느 것인가의 제재종목을 선택하는 방법이다. 예컨대, 출근불량에 대하여 그 정황을 심사하여 견책에 그치는 경우가 있는가 하면 감급의 제재를 하는 경우도 있다.

이에 대하여 미리 제재사유를 종목별로 분류하고 위반사실이 발생한 경우에 그 종목을 적용한다. 즉, 출근불량에 대해서는 견책의 단독종목 혹은 견책 또는 감급이라는 범위종목에 한정한다. 전자인 포괄적 규정작성방법은 견책에서 징계해고까지 적용범위가 넓으므로 징계권 행사상 남용의 우려가 있으나 후자인 분류적 규정작성방법은 제재종목이 한정되므로 남용의 여지는 적고 근로자 보호에 적합하다고 일반적으로 말할 수 있을 것이다.

다만, 중소기업에서는 근로자 수가 적고 위반건수도 많지 아니하므로 규정을 간소화한다는 취지에 따라 전자의 방식을 택하는 사례가 많다. 여기에서는 모델례에서 전자를 택하였다. 후자에 대하여는 다음 「규정례」를 참고하기 바란다.

(4) 사례별 규정요령

① 일반적인 유형

제재규정 모델

제○조【제재사유】

다음 각 호의 1에 해당할 때에는 다음 조항의 규정에 의하여 제재를 한다.

1. 이 규칙에 자주 위반하였을 때
2. 업무상의 명령, 지시에 위반한 때
3. 소행이 불량하여 회사의 풍기, 질서를 위반한 때
4. 결근이 예사이고 업무에 열성이 없을 때
5. 고의로 업무능률을 저해하고 또는 업무수행을 방해한 때
6. 업무상의 태만 또는 감독불철저로 재해사고를 야기하거나 또는 회사의 설비기구를 손괴한 때
7. 학력 · 경력을 허위로 하고 기타 부정한 수단으로 채용된 때
8. 회사의 허가없이 회사물품을 지출하거나 또는 지출하려고 한 때
9. 회사의 기밀 또는 불이익이 되는 사항을 누설하거나 또는 누설하려고 한 때
10. 회사의 명예를 훼손하고 신용을 손상시킨 때
11. 회사의 허가없이 다른 직종 또는 다른 사업장에 종사한 때
12. 전 각 호에 준할 정도의 부당한 행위를 한 때

제○조【제재의 종류】

제재는 그 정상에 따라 다음 구분에 의하여 행한다.

1. 견 책 : 시말서를 징수하고 장래를 계고한다.
2. 감 급 : 시말서를 징수하고, 1회의 액이 평균임금의 1일분의 2분의 1, 총액이 1임금지급기의 임금총액의 10분의 1의 범위내에서 행한다.
3. 출근정지 : 시말서를 징수하고 3일 이상 3개월 이내의 출근을 정지하고, 그 기간의 임금은 지급하지 아니한다.
4. 징계해고 : 예고기간을 두지 않고 즉시 해고한다. 이 경우 근로기준법시행규칙 별표에 의한 근로자 귀책사유에 해당하는 때에는 예고수당을 지급하지 아니한다.

제○조【출근정지 또는 감급하는 경우

근로자가 다음 각 호의 1에 해당하는 경우에는 출근정지 또는 감급한다. 다만, 정상에 따라 견책에 그칠 수도 있다.

제○조【제재사유】

다음 각 호의 1에 해당할 때에는 다음 조항의 규정에 의하여 제재를 한다.

1. 이 규칙에 자주 위반하였을 때
2. 업무상의 명령, 지시에 위반한 때
3. 소행이 불량하여 회사의 풍기, 질서를 위반한 때
4. 결근이 예사이고 업무에 열성이 없을 때
5. 고의로 업무능률을 저해하고 또는 업무수행을 방해한 때
6. 업무상의 태만 또는 감독불철저로 재해사고를 야기하거나 또는 회사의 설비기구를 손괴한 때
7. 학력 · 경력을 허위로 하고 기타 부정한 수단으로 채용된 때
8. 회사의 허가없이 회사물품을 지출하거나 또는 지출하려고 한 때
9. 회사의 기밀 또는 불이익이 되는 사항을 누설하거나 또는 누설하려고 한 때
10. 회사의 명예를 훼손하고 신용을 손상시킨 때
11. 회사의 허가없이 다른 직종 또는 다른 사업장에 종사한 때
12. 전 각 호에 준할 정도의 부당한 행위를 한 때

제○조【제재의 종류】

제재는 그 정상에 따라 다음 구분에 의하여 행한다.

1. 견 책 : 시말서를 징수하고 장래를 계고한다.
2. 감 급 : 시말서를 징수하고, 1회의 액이 평균임금의 1일분의 2분의 1, 총액이 1임금 지급기의 임금총액의 10분의 1의 범위내에서 행한다.
3. 출근정지 : 시말서를 징수하고 3일 이상 3개월 이내의 출근을 정지하고, 그 기간의 임금은 지급하지 아니한다.
4. 징계해고 : 예고기간을 두지 않고 즉시 해고한다. 이 경우 근로기준법시행규칙 별표에 의한 근로자 귀책사유에 해당하는 때에는 예고수당을 지급하지 아니한다.

제○조【출근정지 또는 감급하는 경우】

근로자가 다음 각 호의 1에 해당하는 경우에는 출근정지 또는 감급한다. 다만, 정상에 따라 견책에 그칠 수도 있다.

1. 근무상태가 태만할 때
2. 정당한 사유없이 무단결근한 때

3. 근무에 관한 절차, 급여계산의 기초가 되는 사항에 관하여 부정한 행위가 있고 그 밖에 근무상의 신고를 허위로 한 때
4. 회사의 허가를 받지 아니하고 사물을 제작수리하거나 또는 타인에 부탁하여 제작 수리시킨 때
5. 소행불량하여 회사의 풍기질서를 문란시킬 때
6. 화기를 소홀히 취급하거나 함부로 불을 땐 때
7. 고의 또는 중대한 과실로 건물, 설비, 기계, 상품 그 밖에 물품을 파괴하거나 분실한 때
8. 안전 및 보건에 관한 규칙 또는 지시에 위반한 때
9. 그 밖에 전 각 호에 준할 정도의 부당한 행위가 있었을 때

제○조【징계해고하는 경우】

근로자가 다음 각 호의 1에 해당할 경우에는 징계해고한다. 다만, 정상에 따라서는 권고 사직, 출근정지 또는 감급에 그칠 수도 있다.

1. 정당한 사유없이 무단결근이 연속 7일 이상에 이른 때
2. 정당한 사유없이 월간 지각, 조퇴, 사용외출이 7회 이상인 때
3. 사내외를 불문하고 동료 근로자에 대하여 폭행 또는 협박을 가하고 또는 그 업무를 방해한 때
4. 직무상의 지시명령에 부당하게 반항하고, 직장질서를 문란케 한 때
5. 부정하게 회사의 금품을 지출한 때
6. 경력을 허위로 위조하거나 그 밖에 부정한 방법으로 채용된 때
7. 회사의 허가없이 회사의 직장능력 또는 직장질서에 악영향을 주는 다른 직업에 취업하였을 때
8. 회사의 중대한 비밀을 사외에 누설하거나 또는 회사의 실정을 왜곡보도한 때
9. 업무에 관하여 부당하게 금품 기타를 수령하거나 또는 직무를 이용하여 부정하게 자기이익을 도모하는 행위를 한 때
10. 업무수행 중 고의로 재해, 질병 기타 사고를 발생시킨 때
11. 고의로 회사 또는 근로자에 대하여 중대한 손해를 준 때
12. 수회의 징계 또는 훈계를 받았음에도 불구하고 아직 개전의 가망이 없는 때
13. 업무상의 과실을 제외하고 형법상의 죄를 범하여 유죄가 확정된 때
14. 그 밖에 전 각 호에 준하는 정도의 부당한 행위가 있었을 때
15. 전 각 호에 해당하는 행위의 미수, 교사 및 방조

3. 운용상 주의사항

제재사유에 해당하는 위반행위에 대해서는 그 질과 양을 정밀심사하여 처분하는가 안하는가, 처분한다면 어느 종목을 적용하는가에 관하여 검토하여야 한다. 이를 태만히 해서 처분을 잘못하면 해고권의 남용이 될 우려가 있다.

(1) 제재하는 경우의 유의사항

다음에 처분상 유의할 점은 다음과 같다.

① 위반 정도가 경미한 경우

위반 정도의 경중 또는 횟수, 확실히 위반하고는 있으나 경미하거나 빈도가 적은 경우 등에는 양형이 무거우면(예컨대, 견책처분이 타당한데 징계해고 처분하는 경우) 징계권의 남용이 될 우려가 있다.

② 처분 이전의 경고 유무

복무규율 위반에 대해서는 국가의 형벌과 상이하므로 본인의 자기반성을 촉구하여 먼저 교정하는 교육태도가 요구된다. 극히 악질, 중대한 위반이라면 모르되 그렇지 않다면 경고를 주고, 그럼에도 불구하고 위반을 거듭하면 징계처분한다. 교정을 요하는 경고없이 처분을 하는 것은 징계권의 남용이 될 수 있다.

③ 유사한 위반행위가 행하여진데 대한 처분과의 균형

과거에 누군가가 유사한 행위를 하여 그에 대한 처분과 비교해서 과중한 경우에는 다른 특별한 의도를 가지고 처분한 것이 아니냐 하는 의심을 갖게 되어 부당한 징계로 간주될 우려가 있다.

④ 변명의 기회부여

당연한 절차이지만 처분을 하기 전에 본인에게 사실의 유무 및 동기 이유와 그에 대한 반성, 앞으로의 태도 등에 관해서 변명의 기회를 주어야 한다. 이를 하지 않고 처분을 결정하여 통고하는 것은 공정한 방법이 아니다.

(2) 위반사실에 대한 사례와 취급방법

판례 등을 참고로 하여 위반사안에 대한 사례별 취급 또는 처분방법 등을 설명한다.

(3) 출근불량

결근방지를 위하여 신고서 제출을 의무화하는 규정에 위반하면 복무규율 위반이 된다. 다만, 전화 등으로 연락하여 상사의 양해를 받고 있는 경우에는 실질적으로 신고한 것으로 간주하여야 하며 소정의 신고서 제출을 태만히 하더라도 이것을 가지고 무단결근 신고서 제출 위반으로 하는 것은 지나치다.

이러한 경우에는 사후에라도 신고서의 제출을 명하고 그렇게 하여도 제출하지 않을 때 징계대상으로 할 수 있다. 이유없이 형식에 구애되는 것은 타당치 않다.

(4) 직장이탈

근무시간 중 정당한 사유없이 직장을 이탈하는 것은 사업장 내에서는 많이 일어나는 것은 아니다. 세일즈업무 등으로 사업장 밖에서 근무하는 경우에, 즉 관리자의 직접적인 관리가 미치지 않는 장소, 시간에 생기는 일이 많다. 외판원이 아침 출근한 후 다방 등에서 아침식사를 하거나 잡담을 한 후에 거래처로 향하는 것은 여기에 해당된다. 어떤 구체적 사안에서는 외판원이 전기와 같은 일을 거듭하여 본인으로서는 동료와 업무의 협의 연락 등을 하였다고 주장하였지만 횟수가 빈번하고 장시간에 이른 점 등으로 보아 복무규율 위반으로서 해고처분하는 것은 타당하다고 하고 있다.

(5) 직장 외의 사적 행위

직장 밖에서의 사적 행위에 대하여도 반드시 취업규칙의 적용에서 제외되는 것은 아니다. 어떤 사안에서는 술집에서 음주 후 언쟁을 하여 상사를 구타함으로써 해고되었으나 이에 대하여는 동기가 고의가 아니고, 일시적 감정의 폭발에 의한 순간적이었다는 것, 상사와 부하라는 입장에서 행하여진 것이 아니었다는 것, 상해 정도가 경미하였다는 것 등의 여러 사정에서 징계해고까지 할 정도는 아니라고 판결하였다.

다만, 그 정황 여하에 따라서는 직장질서 유지 위반으로 문책될 수 있다. 직장 밖에서의 사적인 행위로서 징계대상이 될 가능성이 높은 것은 기업의 명예 · 신용의 실추사안이다. 특히 파렴치한 행위로 신문 등에 보도된 경우에는 직무와 관련되지 않는 사적인 행위라 할지라도 취업규칙의 적용을 받아 해고의 대상으로 될 가능성이 생기게 된다. 신문 등에 보도되지 않더라도 사내 또는 사외의 자에게 널리 공지되기에 이른 경우에도 동일하다. 물론 명예 · 신용의 실추에 해당하는가 어떤가는 구체적인 결과보다도 평가의 방법에 관계되는 일이 많으므로 행위의 양태를 냉정하게 판단하여 객관적으로 판단할 것이 요망된다.

(6) 배치전환명령

임무의 변경, 배치전환 또는 이동에 관해서는 이를 거부할 수 있는 합리적인 사유가 없으면 원칙적으로 기업의 명령에 따를 의무가 있다. 거부할 수 있는 합리적 사유란 다음과 같은 경우이다.

① 채용시의 근로계약에서 특정한 업무에 종사하는 것을 명시 또는 묵시의 조건으로서 고용한 경우 등이다. 예컨대, 승용차의 운전기사라든가 전화교환수 등 특정한 면허 또는 자격을 가진 자가 그 특별한 기능을 제공하는 것을 명시 또는 묵시적으로 합의하고 고용되어 그것과 전혀 관련이 없는 업무를 수행할 것을 명한 경우 등이다.

이것은 반드시 운전기사나 전화교환원 등에 한하지는 않는다. 기계공으로서 고용된 자가 채용시에 기계가공의 작업을 하는 것을 묵시적으로 합의하였다고 간주되는 경우 후에 다른 업무(잡역 및 분뇨수거)로 변경하는 것에 대해서는 본인의 합의를 요한다는 판결이 있다.

② 특정지역의 근무장소에 근무할 것을 명시 또는 묵시의 조건으로서 고용된 경우 지역을 달리하는 장소에 전근을 명하는 것에 대해서는 본인과의 합의가 필요하다. 예컨대, 공장장 명의로 현지 채용된 고교졸업 근로자는 이에 해당한다고 할 가능성이 크다.

또 장래의 간부요원으로서 채용된 대학졸업 근로자는 근무지가 다른 장소로 전근되는 것을 채용시에 묵시적으로 합의하였다고 간주될 가능성이 높다.

③ 근무지의 변경 또는 통근조건의 변화 그 밖에 생활에 중대한 장애를 가져올 배치전환에 대해서는 기업이 본인을 배치전환시키는데 대한 합리적 이유가 없는 한 본인과의 합의가 필요하다.

또 사내결혼의 맞벌이 부부 중 결혼을 계기로 일방을 원격지로 전근시키는 경우에는 성생활의 권리를 침해한다고 할 위험성이 있으므로 유의하여야 한다. 이상 요약하면 담당업무 변경, 배치전환 이동 등에 관해서는 기업명령은 반드시 절대적인 것은 아니며, 기업이 본인을 특정할 업무상의 필요와 본인이 입은 생활상의 불이익과의 균형관계가 판정의 기준이 된다.

판례(대법 2013.2.28, 2010두20447 ; 2009.4.23, 2007두20157 ; 2007.10.11, 2007두11566 ; 2000.4.11, 99두2963)는 「근로자에 대한 전직이나 전보처분은 근로자가 제공하여야 할 근로의 종류 · 내용 · 장소 등에 변경을 가져온다는 점에서 근로자에게 불이익한 처분이 될 수도 있으나, 원칙적으로 인사권자인 사용자의 권한에 속하므로 업무상 필요한 범위 안에서는 상당한 재량을 인정하여야 하고, 그것이 근로자에 대하여 정당한 이유없이 해고 · 휴직 · 정직 · 감봉 기타 징벌을 하지 못하도록 하는 근로기준법 제23조제1항에 위배되거나 권리남용에 해당하는 등 특별한 사정이 없는 한 무효라고 할 수 없다. 전직처분 등이 정당한 인사권의 범위 내에 속하는지의 여부는 당해 전직처분 등의 업무상의 필요성과 전직에 따른 근로자의 생활상의 불이익을 비교 · 교량하고, 근로자가 속하는 노동조합(노동조합이 없으면 근로자 본인)과의 협의 등 그 전직처분을 하는 과정에서 신의칙상 요구되는 절차를 거쳤는지 여부를 종합적으로 고려하여 결정하여야 한다」고 한다.

(7) 조합활동과의 관련

복무규율 그 밖의 준수사항과 조합활동과의 관련성에 있어서는 특히 유의하여야 한다.

조합활동은 헌법, 노동법이 인정하는 권리이며, 합법적인 사유가 없으면 제재할 수 없다는 것은 주지하는 바와 같다. 직장내에서의 조합활동에 관해서는 원칙적으로 기업이 허용한 사람 또는 경우를 제외하고 근무시간내에 행하는 것은 금지할 수 있다. 예컨대, 비전임의 조합임원이 근무시간 중 조합전단을 배포하며 다니는 것은 기업이 허가하지 않는 한 하여서는 안된다. 또는 근무시간 중에 조합원을 집합시켜 교육선전활동을 하는 것도 마찬가지이다. 물론 직장을 이탈해서 조합회의를 개최하는 것도 마찬가지이다.

조합전임자(일정기간 근로의무가 면제되어 조합으로부터 급여를 지급받고 조합업무에 전임하는 자)는 근무시간 중에도 조합활동을 할 수 있는 것은 물론다. 다만, 직장 내에 들어가 근무 중인 조합원에 대하여 연락, 홍보, 전단배포, 교육선전활동을 하면 전임자 본인은 허용되지만 대상이 된 조합원이 근로의무에 위반하게 되므로 실제로 그러한 행위는 하지 못하게 된다. 또 조합임원이라도 전임의 경우는 별도로 하고 비전임이라면 당연히 근로의무가 있다.

그럼에도 불구하고 회사의 허가없이도 근무시간 중의 조합활동을 할 수 있다고 오해하는 경향이 있으나 이는 원칙적으로 회사의 허가가 필요한 것이다.

3 손해배상

1. 의 의

업무에 관련되든 안되든 불문하고 회사에 손해를 끼친 경우에는 손해배상 의무를 가할 수 있다.

2. 규정작성방법

근로자가 업무과정에서 회사에 크고 작은 여러 가지의 손해를 가하는 일이 있을 수 있다. 가한 손해에 대하여 모두를 배상시킨다면 근로자도 안심하고 일을 할 수가 없다. 따라서 손해가 생기게 한 원인이 근로자의 고의나 중과실에 의하는 경우로 한정하여야 한다. 약간의 태만, 주의의무의 흠결로 생긴 손해까지 배상시켜서는 안된다. 따라서 「고의 또는 중대한 과실로」라는 요건을 덧붙어야 한다.

손해배상에 관해서는 「이러이러한 사태가 생기면 얼마의 액을 배상하라」고 미리 배상액을 예정하는 것을 법률로 금지하고 있다(근로기준법 제20조).

이것은 액수를 예정시킴으로써 근로자를 심리적으로 압박하는 외에 현실적으로 손해가 생긴 경우 일일이 실손해액을 산정하지 않고 예정액을 지불시키게(경우에 따라서는 근로자가 득을 볼 때도 있으나) 되기 때문이다. 요컨대 액수를 예정해서는 안되지만 배상의무를 과하는 본조와 같은 규정을 두는 것은 상관없다.

규정례

> **제○조【손해배상】**
> 고의 또는 중대한 과실로 회사에 손해를 가한 경우에는 손해의 일부 또는 전부를 배상시킬 수 있다.

4 통상해고

'해고'란 '퇴직'과는 달리 유효하게 존속하여 왔던 근로계약을 사용자측에서 일방적으로 해약(해지)하는 것을 말한다. 근로기준법상의 해고란 실제 사업장에서 불리우는 명칭이나 그 절차에 관계없이 근로자의 의사에 반하여 사용자의 일방적 의사에 의하여 근로관계가 종료되는 것을 말한다(대법 2009.3.26, 2008다62724). 그것이 통상해고, 징계해고, 직권면직이든 본질적으로는 근로계약의 해지로서 그 법적 성질은 상대방 있는 단독행위라고 할 것이며, 그 의사표시가 상대방에게 도달하는 때에 효력이 발생한다고 할 것이다(대법 1997.9.26, 97누1600).

이 해고는 일반적으로 통상해고(보통해고)와 징계해고의 두 종류로 나눈다.

통상해고는 본인의 귀책사유에 대한 제재로서 해고되는 것이 아니고, 여러 가지의 사유로 근로자로서 부적격이라고 인정된 경우, 때로는 본인에게는 가혹하지만 근로계약을 해제하는 의미의 해고이다.

그리고 징계해고는 근로자가 기업질서를 위반한 정도가 중한 경우에 행하는 처분이며 근로자가 고의로 사업운영에 막대한 지장을 주거나 재산상 손해를 끼친 경우에 제재를 가하는 근로자로서의 신분을 상실케 하는 해고를 즉시해고라고 한다.

1. 통상해고의 사유

어떤 경우가 통상해고의 사유로 되는가 하면 대표적인 사유로서는 다음과 같은 것이 있다.

(1) 시용기간 중 또는 그 만료시의 해고

시용기간 중에 있는 근로자를 해고하거나 시용기간 만료 시 본계약의 체결을 거부하는 것은 사용자에게 유보된 해약권의 행사로서 당해 근로자의 업무능력, 자질, 인품, 성실성 등 업무적격성을 관찰·판단하려는 시용제도의 취지·목적에 비추어 볼 때 보통의 해고보다는 넓게 인정되나, 이 경우에도 객관적으로 합리적인 이유가 존재하여 사회통념상 상당하다고 인정되어야 한다. 「사용자인 은행이 시용기간 중의 근로자를 대상으로 실시한 근무성적평정의 방법 등 제반 사정에 비추어 볼 때, 위 은행이 시용근로계약을 해지한 데에 정당한 이유가 있다고 보기 어렵다」(대법 2006.2.24, 2002다62432)

(2) 심신장해에 의한 노동능력 결여자의 해고

이는 정신 또는 신체장애자로서 더구나 업무를 감당할 수 없는 자를 대상으로 한다. 신체장애자에 대해서는 사회복지의 관점에서 적극적으로 고용하여야 하므로 단순히 신체장애자라는 조건뿐만 아니라 업무를 감당할 수 없을 정도의 노동능력 결여자라는 협의의 한도로 그쳐야 한다. 업무담당 변경, 배치전환을 하더라도 업무수행이 곤란한 자에 한하여야 한다. 업무상 부상에 관한 요양종결 후 근로자에게 상당한 신체장해가 있어 종전의 담당업무를 수행할 수 없거나 부적합하게 되었음을 이유로 한 회사의 근로자에 대한 장해해고는 정당하고, 이러한 경우 해고시기가 근로기준법 제23조제2항 소정의 해고금지기간에 해당하지 않는 한 해고를 하기에 앞서 반드시 장해근로자에 대하여 일정기간 유예기간을 두고 배치전환 등을 하여 근무하도록 하면서 관찰하여야 하는 것은 아니다(대법 1996.11.12, 95누15728).

규 정 례

제○조【통상해고】

다음 각 호에 해당할 때에는 해고할 수 있다.

1. 정신 또는 신체의 허약, 장해 등으로 업무를 감당할 수 없다고 인정한 때
2. 능률 또는 근무상태가 현저히 불량하여 취업에 부적합하다고 인정한 때
3. 그 밖에 업무상 사정으로 부득이한 사유가 있을 때

(3) 근무불량자 또는 능률불량자의 해고

근무태도, 성적이 현저히 불량하고, 제재(징계해고)대상으로 하기까지에는 이르지 아니하나 고용을 계속하는 것이 곤란한 자 등이다. 원칙적으로는 제재(징계해고)처분할 수 있지만, 본인의 장래를 배려하여 경력에 흠이 되는 것을 피하기 위하여 이 해고조항을 적용하는 일이 많다. 그것은 물론 상관없다.

노동능률 불량자는 근무태만 등 본인의 귀책사유에 의하는 경우도 있으나, 적성을 결하거나 또는 기량부족으로 능률이 불량한 자를 대상으로 한다. 대개는 근무불량인 경우가 많으나, 반드시 그렇다고는 할 수 없으며 근무상태는 보통이지만 능률이 심히 낮은 경우도 대상이 된다. 다만, 이 경우에는 담당직무 변경, 배치전환 등 다른 직무로 바꾸어 테스트하는 것이 좋다. 그렇게 하지 않으면 해고권의 남용으로 간주될 우리가 있다.

판례에 의하면「"근무성적이 극히 불량한 때"에 해당하려면 그 평정이 객관적으로 공정하게 이루어져야 하고, 근무평정 결과에 비추어 피평정자가 그 직무를 감당할 자질과 능력이 있을지 의심될 정도로 평소의 근무태도가 지극히 불성실하다는 점이 인정되는 경우라야 하며 따라서 그 평정의 공정성에 의심이 있거나 평소의 직무수행이 성실하였다고 인정되는 경우에는 계속적인 최하위등급평정 2회라는 사유만으로서 위 면직사유의 요건이 충족되는 것은 아니다」(대법 1989.10.10, 89누1605)라고 한다.

규 정 례

> **제○조【통상해고】**
> 회사는 근로자가 다음에 해당할 때에는 해고할 수 있다.
> ① 기능이 현저히 뒤떨어지며, 자주 오작품을 내는 등 발전의 가망이 없다고 인정된 때
> ② 업무수행에 필요한 능력을 현저히 결할 때
> ③ 작업능률이 현저하게 열악하다고 인정된 때
> ④ 근무태만으로 기능능률이 현저하게 불량하다고 인정된 때
> ⑤ 근무성적 또는 업무능률이 현저하게 낮은 자 중 향상의 가망이 없고 배치전환도 할 수 없다고 판단된 때

(4) 본인의 귀책사유에 의한 해고

본인의 귀책사유로 인한 해고는 징계해고 처분으로 행하나, 그 정도가 경미

하거나 또는 이를 감하여 면제해도 될 만한 사유에 대해서는 통상해고하는 경우도 있다.

규정례

제○조【해고사유】 회사는 근로자가 다음 각 호의 1에 해당할 때에는 해고할 수 있다. 1. 사고결근*이 3개월에 달한 때 2. 자기사정으로 계속 2개월 이상 결근한 때 3. 출근상태가 불량한 때 또는 무단결근 7일 이상이거나 6개월 사이에 무단결근 14일 이상에 이른 때 4. 회사의 승인없이 다른 회사에 취직하고 또는 자기업무를 영위하게 된 때**

* 사고결근이란 통상질병 이외의 사적사유로 인한 결근을 말한다. 질병이라면 부득이한 점도 있겠으나, 질병 이외의 사유에 의한 결근이라면 기업의 평가는 엄격하게 이루어져야 한다.

** 이른바 이중취직 등의 경우 일반적으로는 제재의 대상이 되나 이를 통상해고의 대상으로 하는 사례도 있다.

2. 해고조항 운용상 주의사항

(1) 해고사유 해당성

근로자를 해고하려고 할 때에는 해고사유에 해당하는 사실이 존재하여야 한다. 취업규칙에 정해진 해고사유를 한정적인 것으로 해석할 것인가, 예시적인 것으로 해석할 것인가에 대하여는 다툼이 있다.

취업규칙에 해고의 사유를 정하는 것은 거기에 열거된 해고사유가 있는 경우에 근로자를 해고할 수 있다는 것을 명확히 함으로써 기업 내의 질서유지를 도모하는 반면 거기에 열거된 해고사유가 없는 한 근로자를 해고하지 않는다는 것을 명확히 함으로써 근로자의 지위안정을 도모하고 기업의 원활한 운영을 도모하려는데 있다. 해고사유는 제한 · 열거적이며, 또 자기제한적인 것이라고 하여야 할 것이고, 해고사유에 해당하지 않는 해고는 일반적으로 무효라고 생각한다.

또한, 취업규칙에 정하여진 해고사유에 대해서는 법원에 의해 여러 가지로 해석이 이루어지고 있으므로 적용에 있어서 주의할 필요가 있다. 예를 들면, 「성적이 불량하여 향상의 가망이 없다고 인정한 때」에서 의미하는 「성적불량」이란 단순히 직무의 실적이 좋지 않다는 것뿐만 아니라 직무수행에 필요한 능력 또는 출근상태, 근무태도 나아가 협조성, 지도력, 규율 또는 질서유지에 관한 것 등을 판정의 요소로 한다고 해석해야 한다든가 「회사업무의 원활한 수행에 비협조적」이란 직무수행에 매우 태만하다든가 또는 고의로 다른 근로자의 작업 기타 회사질서를 방해하여 회사의 작업능률을 저하시키는 경우 등이라고 해석하고 있다.

또 「그 밖에 경영상 부득이한 사정이 있었을 때」란 취업규칙 중에 근로자측의 괘씸한 행위로 인한 해고사유가 별도로 규정되고 있는 등의 특별한 사정이 없는 한 영업부진에 따른 사업축소 등 기업경영상 근로자를 해고하는 것이 객관적으로 부득이하다고 인정할 만한 경우 뿐이 아니고 근로자의 근무태도가 불량하여 업무수행상 현저한 지체 기타의 지장이 생기며 직장의 규율을 유지하고 업무의 원활한 수행을 도모하는 데 있어 해고하는 것이 진실로 부득이하다고 인정되는 경우를 포함한다고 해석하고 있다.

(2) 법령에 위반되는 해고의 금지

해고사유에 해당하더라도 법령에 위반되는 해고를 하여서는 안된다는 것이다.

① 근로자가 업무상 부상 또는 질병으로 인한 요양개시 후 3년을 경과된 날 이후에 상병보상연금을 받고 있는 근로자는 3년을 경과한 날 이후에 있어서 사용자가 그 근로자에게 일시보상을 지급한 것으로 간주되어 해고할 수 있으며(근로기준법 제23조제2항 단서, 산업재해보상보험법 제80조제4항), 천재사변 그 밖에 부득이한 사유로 사업계속이 불가능하게 된 경우에는 해고할 수 있다(근로기준법 제23조제2항).

② 해고사유의 해당사실이 빈약하고 해고의 결정적 사유가 다음 사유에 해당한다고 판단되는 경우에는 해고는 무효이다.

㈎ 근로자의 국적, 신앙, 사회적 신분, 성별(근로기준법 제6조)에 따른 것

㈏ 사업장에 근로기준법(제104조제2항)에 위반한 사실이 있음을 근로감독기관에 신고한 것

㈐ 노동조합의 결성, 가입 또는 정당한 조합활동을 한 것(노동조합및노동관계조정법 제81조)

(3) 정당한 이유

해고하기 위하여는 합리적으로 보아 수긍하기에 족한 정당한 이유가 존재할 것이 필요하고 그것이 없는 경우에는 일반적으로 허용되지 않는다는 것에 유의할 필요가 있다.

(4) 해고의 예고

해고할 때에는 전술한 바와 같이 근로기준법 제26조에 따른 절차를 이행할 필요가 있으나 30일분 이상의 통상임금을 지급하고 즉시해고하는 경우가 많다.

(5) 통상해고의 요건

근로자에게 통상해고를 하기 위하여는 통상해고의 요건을 충족하고 있으면 되고 징계해고의 요건까지 요구되지는 않는다.

(6) 해고사유와 해고시기의 서면통지

사용자는 근로자를 해고하려면 해고사유와 해고시기를 서면으로 통지하여야 한다. 근로자에 대한 해고는 서면으로 통지하여야 효력이 있다(근로기준법 제27조).

해고사유와 해고시기의 서면통지를 해고의 효력발생요건으로 명시한 것으로서 이에 위반한 해고는 무효이다.

근로기준법 제27조의 해고사유 등의 서면통지제도의 취지는 ① 사용자로 하여금 근로자를 해고하는데 신중을 기하게 함과 아울러, ② 해고의 존부 및 시기와 그 사유를 명확하게 하여 사후에 이를 둘러싼 분쟁이 적정하고 용이하게 해결될 수 있도록 하고, ③ 근로자에게도 해고에 적절히 대응할 수 있게 하기 위한 취지이다. 판례(대법 2011.10.27, 2011다42324)는 「사용자가 해고사유 등을 서면으로 통지할 때는 근로자의 처지에서 해고사유가 무엇인지를 구체적으로 알 수 있어야 하고, 특히 징계해고의 경우에는 해고의 실질적 사유가 되는 구체적 사실 또는 비위내용을 기재하여야 하며 징계대상자가 위반한 단체협약이나 취업규칙의 조문만 나열하는 것으로는 충분하다고 볼 수 없다」고 한다. 이 판례는 사용자가 근로자를 징계해고하면서 인사위원회 출석요구 통보서와 인사위원회 심의결과 통보서, 해고통보서에 근로자의 어떠한 행위가 사규위반에 해당하여 징계사유와 해고사유가 되는지를 전혀 기재하지 않은 사안에서, 위 해고에는 절차상 근로기준법 제27조를 위반한 위법이 있다고 본 원심판단을 정당하다고 한 사례이다. 이 판례는 해고의 서면통지 내용을 근로자의 입장에서 구체적으로 어떤 사실로 인하여 해고가 되는지에 관하여 알 수 있을 정도로 요구함으로써 근로기준법 제27조 본래의 입법취지를 충분히 반영했다는 측면에서 타당하며 특히 해고시 위반이 없도록 각별히 유의할 필요가 있다.

해고의 서면은 사용자의 서명 또는 날인이 있어야 유효하다고 해석된다. 서면통지는 해고의 효력요건이므로 해고자의 진정한 의사가 분명히 드러나야 하기 때문이다. 공인전자서명이 포함된 전자문서도 전자서명법 제3조제1항에 의하여 서면으로서 인정된다. 동법 제3조제1항은 「다른 법령에서 문서 또는 서면에 서명, 서명날인 또는 기명날인을 요하는 경우 전자문서에 공인전자서명이 있는 때에는 이를 충족한 것으로 본다」고 규정하고 있기 때문이다.

5 해고예고

1. 해고예고의 의의

사용자는 근로자를 해고하고자 할 때에는 적어도 30일 전에 그 예고를 하여야 한다. 30일 전에 예고를 하지 아니한 때에는 30일분 이상의 통상임금을 지급하여야 한다(근로기준법 제26조). 근로기준법 제26조에서 규정하는 해고예고제도는 사용자가 근로자를 해고할 경우에 근로자가 다른 직장을 구할 기회를 가질 수 있도록 최소한의 시간적인 여유를 부여하거나, 그렇지 않으면 그 기간 동안의 생계비를 보장하여 근로자의 경제적 어려움을 완화시켜주려는 취지에서 규정된 것이다(대법 2010.4.15, 2009도13833).

2. 규정작성방법

해고에는 두 가지 방법이 있다. 하나는 해고예정일의 30일 전에 그 뜻을 통고하여 다음 취직 그 밖에 앞으로의 생활에 대한 준비를 시킨다. 이 경우에는 근로자는 30일간 통상과 같이 취업하여야 한다(따라서 물론 30일분의 임금이 지급된다). 또 30일 전은 법률상의 최소한도이므로 35일 전 또는 40일 전이라도 무방하다.

또 하나의 방법은 30일 전에 예고하지 않고 「근로관계는 오늘로 끝이다. 내일부터는 취업하지 않아도 된다」라는 이른바 즉시해고이다.

이 경우에는 30일분 이상의 통상임금을 지급하여야 한다. 30일분 이상이므로 40일분은 더욱 좋다.

규정에서는 상기한 두 가지 방법을 병기하는 동시에 해고예고하지 않고 해고할 수 있는 경우를 정한다. 그 방법이란 다음과 같은 규정례에 따라 할 수 있다(근로기준법 제35조).

규 정 례

제○조【해고예고】

전조에 의하여 해고하는 경우에는 다음 각 호의 1에 게기하는 자를 제외하고, 30일 전에 본인에게 예고하거나 또는 30일분의 통상임금을 예고수당으로서 지급한다.

1. 일용근로자로서 3개월을 계속 근무하지 아니한 자
2. 2개월 이내의 기간을 정하여 사용된 자
3. 월급근로자로서 6개월이 되지 아니한 자
4. 계절적 업무에 6개월 이내의 기간을 정하여 사용된 자
5. 수습사용(3개월 이내인 자) 중의 근로자
6. 천재 · 사변 기타 부득이한 사유로 사업계속이 불가능한 경우 또는 근로자가 고의로 사업에 막대한 지장을 초래하거나 재산상 손해를 끼친 경우

사용자는 근로기준법 제26조단서에 따라 근로자의 귀책사유를 이유로 해고할 경우에는 해고예고를 하지 아니한다(근로기준법시행규칙 제4조).

[별 표] 해고 예고의 예외가 되는 근로자의 귀책사유(제4조 관련)

1. 납품업체로부터 금품이나 향응을 제공받고 불량품을 납품받아 생산에 차질을 가져온 경우
2. 영업용 차량을 임의로 타인에게 대리운전하게 하여 교통사로를 일으킨 경우
3. 사업의 기밀이나 그 밖의 정보를 경쟁관계에 있는 다른 사업자 등에게 제공하여 사업에 지장을 가져온 경우

4. 허위사실을 날조하여 유포하거나 불법 집단행동을 주도하여 사업에 막대한 지장을 가져온 경우
5. 영업용 차량 운송 수입금을 부당하게 착복하는 등 직책을 이용하여 공금을 착복, 장기유용, 횡령 또는 배임한 경우
6. 제품 또는 원료 등을 몰래 훔치거나 불법 반출한 경우
7. 인사 · 경리 · 회계담당 직원이 근로자의 근무상황 실적을 조작하거나 허위 서류 등을 작성하여 사업에 손해를 끼친 경우
8. 사업장의 기물을 고의로 파손하여 생산에 막대한 지장을 가져온 경우
9. 그 밖에 사회통념상 고의로 사업에 막대한 지장을 가져오거나 재산상 손해를 끼쳤다고 인정되는 경우

3. 운용상 주의사항

(1) 두 가지 방법에 대한 선택법

두 가지 방법 중 어느 쪽을 택하는가는 해고사안의 내용에 따라 적당하다고 생각되는 방법을 택한다.

제재의 목적으로 해고하는 경우에는 그 자를 30일간 더 근무시키게 되면 직장에 좋지 않은 영향을 줄 염려가 있으므로 즉시해고의 방법을 택하는 일이 많다. 즉시해고는 이미지는 좋지 아니하나 피해고자로서는 30일전의 예고의 경우와 달리 30일분의 통상임금을 받고 근무에서 해방되어 자유롭게 다음 생계의 길을 찾을 수 있으므로 실질적으로는 유리하다.

(2) 비상재해의 경우

천재 · 사변 그 밖의 부득이한 사유로 사업을 계속하는 것이 불가능한 경우에는 해고예고의 의무가 없다. 그러나 경기불황 그 밖의 경영적 사정에 의하는 경우에는 여기에 해당되지 아니한다.

(3) 근로자의 귀책사유에 의하는 경우

근로자가 고의로 사업에 막대한 지장을 초래하거나 재산상의 손해를 끼친 경우에는 해고예고가 불필요하다.

(4) 비상용자의 해고의 경우

일용근로자는 원칙적으로 그 당일에 한하는 고용계약이며, 1개월이나 2개월 등 기간을 정한 계약은 그 기간이 만료되면 고용계약은 자동적으로 해지되므

로, 새삼 해고통고를 하지 아니해도 고용계약은 종료된다. 계절적 업무도 동일하다. 그 외에 기간을 정하여 사용된 자도 역시 동일하다. 그러나 이들 계약을 갱신하게 되면(갱신이란 동일한 고용기간으로 신규로 고용계약을 체결하는 것을 말한다) 언제까지라도 유기의 고용계약으로 고용되게 된다. 갱신을 거듭함으로써 실질적으로 계속적 · 상용적 고용임에도 불구하고 고용을 단절하는 경우에 예고할 필요가 없다고 한다면 문제가 된다.

즉, 근로자 본인으로서는 계약은 명목뿐이고 실질적으로는 언제까지라도 고용되는 "기간의 정함이 없는 계약"과 동일하게 생각되기 때문이다.

따라서 갱신이 계속되고 있다가 고용기간 만료로 이후의 갱신을 거절당하면 "기간의 정함이 없는 계약자"가 해고통고를 받는 것과 동일한 생계상의 곤란에 봉착하게 된다. 이것을 구제하기 위하여는 일용근로자라도 3개월을 초과해서 계속 근무한 때 또는 2개월 이내의 기간을 정하여 사용된 자라도 그 기간을 넘어서(계약갱신으로) 계속 근무하거나 계절적 업무로서 6개월 이내의 기간을 정하여 사용된 자라도 역시 6개월을 초과하여 계속 고용한 경우 등에는 해고예고를 하여야 한다.

(5) 해고예고를 거절당하는 경우

해고통고(예고)를 승낙하지 않고 거부하거나 예고수당을 반송한 경우에는 예고통지를 내용증명우편으로 송부하거나 예고수당을 공탁하면, 그것으로 예고의무는 이행한 것이 된다. 공탁금을 수령히는기 안하는가는 본인의 자유이므로 수령하지 아니해도 해고예고의 법률상 효력은 변하지 않는다(유효하다).

(6) 해고에는 응하지 않으나 예고수당을 수령한 경우

피해고자가 해고에 응하지 않고 해고의 효력을 무효라고 하여 법원에 제소하였으나 예고수당을 수령한 경우 해고를 승인한 것으로 간주되는가, 즉 수령한 날로부터 법률적으로 다툴 수 없는가 하면 그렇지는 않다. 예고수당을 수령해도 이는 생활상의 필요에 의한 것이므로 계속 다툰다는 것을 사용자에 통고하면 수령하더라도 승인한 것으로는 되지 아니한다. 따라서 피해고자는 그 뜻을 통고하고 예고수당을 수령하면 된다.

6 정리해고(인원정리 · 고용조정)

1. 정리해고의 취지

경영부진에 따른 정리해고에 대하여 통상 취업규칙에서는 "통상해고"(보통해고)의 해고조항으로서 「기타 회사의 경영악화에 의할 경우」, 「긴박한 경영상의 필요가 있는 경우」, 「업무상의 필요에 의한 사유」 등으로 극히 추상적 · 포괄적으로 규정하며, 이 조항이 적용된다. 정리해고는 사용자가 일방적으로 근로계약을 해약하는 것으로 근면하게 일해 온 근로자로서는 돌연 그 의사에 반하여 생계유지의 길이 폐쇄되는 것이므로 법률적으로도 신중하게 취급하여야 한다.

이 때 「긴박한 경영상의 필요가 있는 경우」란 기업경영의 위기로 인하여 인원을 감축하지 않을 수 없는 사정이 발생한 경우를 지칭하며 인원정리 또는 고용조정이라고 부른다.

정리해고란 불황 등의 경영악화로 인해 경영의 축소, 특정 사업부문의 폐쇄 등을 하지 않을 수가 없게 되어 고용조정의 필요가 생긴 경우에 행하는 해고를 말한다. 고용조정을 사용자의 자유재량에 맡길 수 없음은 이론이 없다. 한편, 정리해고는 근로자로서 자기의 귀책사유없이 이른바, 사용자측의 일방적인 사정으로 그 생계의 길이 막히는 결과를 초래하는 것이므로 근로자의 생존권을 보호한다는 견지에서 형평의 관념에 의한다면 사용자의 인원정리에도 제약이 있어야 한다고 해석되며, 이를 일탈한 경우에는 해고권의 남용으로서 당해 해고는 무효로 된다고 해석된다.

2. 정리해고 관련 법규정

관련조항

근로기준법 제23조 【해고등의 제한】

① 사용자는 근로자에게 정당한 이유없이 해고, 휴직, 정직, 전직, 감봉 그 밖의 징벌(이하 "부당해고등"이라 한다)을 하지 못한다

근로기준법 제24조(경영상의 이유에 의한 해고의 제한) ① 사용자가 경영상의 이유에 의하여 근로자를 해고하려면 긴박한 경영상의 필요가 있어야 한다. 이 경우 경영악화를 방지하기 위한 사업의 양도, 인수, 합병은 긴박한 경영상의 필요가 있는 것으로 본다.
② 제1항의 경우에 사용자는 해고를 피하기 위한 노력을 다하여야 하며 합리적이고 공정한 해고의 기준을 정하고 이에 따라 그 대상자를 선정하여야 한다. 이 경우 남녀의 성을 이유로 차별하여서는 아니된다.
③ 사용자는 제2항에 따른 해고를 피하기 위한 방법 및 해고의 기준 등에 관하여 그 사업 또는 사업장에 근로자의 과반수로 조직된 노동조합이 있는 경우에는 그 노동조합(근로자의 과반수로 조직된 노동조합이 없는 경우에는 근로자의 과반수를 대표하는 자를 말한다. 이하 "근로자대표"라 한다)에 해고를 하려는 날의 50일 전까지 통보하고 성실하게 협의하여야 한다.
④ 사용자는 제1항에 따라 대통령령으로 정하는 일정한 규모 이상의 인원을 해고하려면 대통령령으로 정하는 바에 따라 고용노동부장관에게 신고하여야 한다.
⑤ 사용자가 제1항부터 제3항까지의 규정에 따른 요건을 갖추어 근로자를 해고한 경우에는 제23조제1항에 따른 정당한 이유가 있는 해고를 한 것으로 본다.
근로기준법 제25조(우선재고용) ① 제24조에 따라 근로자를 해고한 사용자는 해고한 날부터 3년 이내에 근로자가 해고 당시 담당하였던 업무와 같은 업무를 할 근로자를 채용하고자 할 경우 제24조에 따라 해고된 근로자가 원하면 그 근로자를 우선적으로 고용하여야 한다.
② 정부는 제24조에 따라 해고된 근로자에 대하여 생계안정, 재취업, 직업훈련 등 필요한 조치를 우선적으로 취하여야 한다.

근로기준법시행령 제10조【정리해고 계획의 신고】

① 법 제24조제4항에 따라 사용자는 1개월 동안에 다음 각 호의 어느 하나에 해당하는 인원을 해고하려면 최초로 해고하려는 날의 30일 전까지 고용노동부장관에게 신고하여야 한다.

1. 상시 근로자 수가 99명 이하인 사업 또는 사업장 : 10명 이상
2. 상시 근로자 수가 100명 이상 999명 이하인 사업 또는 사업장 : 상시 근로자 수의 10퍼센트 이상
3. 상시 근로자 수가 1,000명 이상 사업 또는 사업장 : 100명 이상

② 제1항에 따른 신고에는 다음 각 호의 사항이 포함되어야 한다.

1. 해고사유
2. 해고예정인원
3. 근로자대표와 협의한 내용
4. 해고의 일정

3. 정리해고의 문제점

경영상 이유에 의한 해고인 정리해고는 근로기준법 제23조의 해고의 정당성과 관련하여 그간 대법원 판례로 인정되어온 경영상 이유에 의한 해고의 정당성의 요건과 절차를 명시적으로 근로기준법 제24조에서 입법화한 것이다.

따라서 향후 사용자가 경영상 이유에 의해 근로자를 해고하려면, ① 긴박한 경영상의 필요, ② 해고를 피하기 위한 노력, ③ 합리적이고 공정한 해고의 기준과 이에 따른 대상자 선정, ④ 근로자 과반수를 대표하는 노동조합 또는 근로자대표와의 성실한 협의 등의 요건을 모두 충족하여야 한다.

이하에서는 정리해고와 관련하여 제기되는 문제점을 설명하기로 한다.

(1) 정리해고를 바로 실시할 수 없는지

정리해고는 동 제도의 명문화에 의해서 비로소 할 수 있게 된 것이 아니며, 동 제도의 명문화 여부와 관계없이 근로기준법 제23조(해고 등의 제한)에 정한 바에 따라 정당성이 부인되지 않는 한 가능하다.

따라서 근로기준법 제24조에 의한 정리해고의 요건과 절차조항이 적용되며, 그 정당성은 최종적으로는 종전과 같이 개별 사안별로 사후에 법원에 의해 판단될 것이다.

(2) 기업의 양도 · 양수 · 합병의 경우에도 정리해고를 할 수 있는지

근로기준법 제24조제1항에서 긴박한 경영상의 사유로 사업의 양도 · 합병 · 인수, 계속되는 경영의 악화, 생산성 향상을 위한 구조조정과 기술혁신 또는 업종의 전환 등에 있어서 개별적으로 판단하되 다만 경영악화를 방지하기 위한 사업의 양도, 인수, 합병은 긴박한 경영상의 필요가 있는 것으로 본다고 특별히 명시하고 있다.

따라서 경영상 이유에 의한 해고를 할 수 있는지 여부는 「사업의 양도 · 인수 · 합병」등은 '긴박한 경영상의 필요' 라는 요건을 충족시키고 있다는 점이 중요한 의의를 갖는다.

4. 정리해고의 요건

첫째 긴박한 경영상 필요성, 둘째 해고회피노력의 선행, 셋째 정리대상자 선정의 합리성, 넷째 노동조합이나 근로자와의 성의 있는 협의 · 설명 등이 필요하게 되는 것이다.

(1) 긴박한 경영상의 필요

근로기준법 제24조제1항에 의하면「사용자가 경영상의 이유에 의하여 근로자를 해고하려면 긴박한 경영상의 필요가 있어야 한다. 이 경우 경영악화를 방지하기 위한 사업의 양도 · 인수 · 합병은 긴박한 경영상의 필요가 있는 것으로 본다」고 규정하고 있다.

기업이 경영상의 사정에 의하여 근로자를 해고하는 정리해고에 있어서는 근로관계의 존속보호라는 관점에서 해고를 하지 않으면 기업경영이 위태로울 정도의 긴박한 경영상의 필요성이 존재하여야 한다. 즉, 인원삭감의 실시가 불황 · 경영부진 등에 따른 기업경영상의 충분한 필요성에 기인하고 있어야 한다는 것이다.

정리해고의 한 요건인 '긴박한 기업경영상의 필요성'이란 기업의 인원소멸조치가 영업성적의 악화라는 기업의 경제적인 이유 뿐만 아니라 생산성 향상, 경쟁력의 회복 내지 증강에 대처하기 위한 작업형태의 변경, 신기술의 도입이라는 기술적인 이유와 그러한 기술혁신에 따라 생기는 산업의 구조적 변화를 이유로 하여 실제 이루어지고 있고 또한 그럴 필요성이 충분히 있다는 점에 비추어 보면 반드시 기업의 도산을 회피하기 위한 것에 한정할 필요는 없고 장래에 올 수도 있는 위기에 미리 대처하기 위하여 인원삭감이 객관적으로 보아 합리성이 있다고 인정될 때에는 '긴박한 경영상의 필요성'이 있는 것으로 넓게 보아야 한다(대법 1991.12.10, 91다8646 ; 2012.2.23, 2010다3629)고 한다.

대법원 판례가 정리해고의 기준을 대폭완화시킴으로써 최근들어 수출경쟁력 약화와 경기침체로 많은 기업들이 휴 · 폐업하는 예가 속출하자 기업의 도산을 막자는 취지에서 감량경영을 뒷받침해 주는 방향으로 입장을 선회한 것으로 보인다.

기업의 전체 경영실적이 흑자를 기록하고 있더라도 일부 사업부문이 경영악화를 겪고 있는 이상, 그러한 경영악화가 구조적인 문제 등에 기인한 것으로 쉽게 개선될 가능성이 없고 해당 사업부문을 그대로 유지한다면 결국 기업 전체의 경영상황이 악화될 우려가 있는 등 장래 위기에 대처할 필요가 있다는 사정을 인정할 수 있다면 해당 사업부문을 축소 또는 폐지하고 이로 인하여 발생하는 잉여인력을 감축하는 것은 객관적으로 보아 불합리한 것으로 볼 수 없다는 것이다(대법 2012.2.23, 2010다3629).

(2) 해고회피노력의 선행

근로기준법 제24조제2항에 의하면 「제1항의 경우에 사용자는 해고를 피하기 위한 노력을 다하여야 하며 합리적이고 공정한 해고의 기준을 정하고 이에 따라 그 대상자를 선정하여야 한다」고 규정하고 있다.

사용자가 인원정리를 하는 데 있어서는 해고를 회피하기 위한 모든 노력을 다하여야 하며, 이를 위하여 자발적 퇴직자의 모집, 여유가 있는 지역에의 근로자의 이동촉진, 배치전환, 작업방식의 과학화 등 그 밖에 경영의 합리화 등의 수단을 다한 후에 이를 하여야 하며, 이러한 수단을 다하지 아니한 때에는 사용자의 성실성이 의심되고, 인원정리가 진실로 기업의 합리화 방침에 의한 것인가 의문을 갖게 된다.

(3) 정리대상자 선정의 합리성

근로기준법 제24조제2항에 의하면 「…합리적이고 공정한 해고의 기준을 정하고 이에 따라 그 대상자를 선정하여야 한다. 이 경우 남녀 성을 이유로 차별하여서는 아니된다」고 규정하고 있다.

기업의 도산으로 전원 해고하는 경우라면 모르되, 전체의 근로자 중에서 그 일부를 선정해서 정리해고할 때에는 왜 그 근로자가 정리대상자가 되었는가에 대해서 합리적인 이유가 필요하며, 이 때문에 「정리해고기준」 등의 선정기준을 작성하는 것이 필요하게 된다.

정리기준이란, 전체근로자 중에서 해고하여도 부득이하다고 생각되는 자를 우선적으로 선정하는 기준이다.

대상자의 선정기준, 즉 정리기준으로서는 다음 세 가지 관점에서 설정하는 것이 합리적이다.

① 경영위기의 타개와 재건을 위하여 상대적으로 공헌도가 낮은 자

예컨대 기능, 근무성적, 근무태도가 불량한 자 또는 신체조건, 건강 등에 장해가 있고, 직무수행에 지장이 있는 자, 소속부문의 폐지, 담당업무가 폐지되고 또한 배치전환이 곤란한 자, 과거에 출근정지 이상의 징계처분을 받은 자

② 장래에 있어서의 고용기간이 짧고 근속기간이 장기인 자

사업주는 퇴직 · 해고에 있어서 합리적인 이유없이 연령을 이유로 근로자를 차별하여서는 아니된다(고령자고용촉진법 제4조의4 제1항). 정리기준의 설정에 있어서 단순히 연령이 아니라 장기근속인 자에게 일정한 배점에 차등을 두더라도 무방할 것이다.

③ 해고되어도 생계상의 곤란도가 상대적으로 낮은 자

예컨대 자가영업, 농업 등으로 타에 생활수단이 있는 자, 독신자 등

또한 정리기준 설정상 유의할 점으로서는 다음에 게기하는 사항에 저촉되어서는 안된다.

㈎ 사상, 신앙에 의한 차별

㈏ 성별에 의한 차별

예컨대, 30세 이상의 기혼여성, 독신여성을 우선대상으로 하는 것은 성별에 의한 차별이다(남녀고용평등법 제11조). 근로기준법 제24조제2항 후단에 「이 경우 남녀 성을 이유로 해고하여서는 아니된다」고 규정하고 있다.

㈐ 조합활동에 따른 차별

조합활동이 활발한 자를 정리기준에 해당되지 아니하는데도 불구하고 무리하게 포함시키면 부당노동행위가 된다.

또한 단체협약에 조합임원의 해고에 대해 협의의무가 있는 경우에 협의하여야 한다.

(4) 근로자대표와의 성실하게 협의

경영상의 이유에 의하여 근로자를 정리해고하는 경우에는 사용자는 근로기

준법 제24조제2항의 규정에 의한 해고를 피하기 위한 방법 및 해고의 기준 등에 관하여 당해 사업장에 근로자의 과반수로 조직된 노동조합이 있는 경우에는 그 노동조합, 근로자의 과반수로 조직된 노동조합이 없는 경우에는 근로자의 과반수를 대표하는 자(근로자대표)에 대하여 해고를 하고자 하는 날의 50일 전까지 통보하고 성실하게 협의하여야 한다(동법 제24조제3항).

규 정 례

제○조【사전통보 및 성실한 협의】 회사는 경영상 부득이한 사유로 인원을 정리하고자 할 때에는 50일 이전에 조합에 통보하며 그 규모와 절차는 조합과 사전에 성실하게 협의한다.

7 해고의 제한

해고를 법률로서 제한하는 경우로서 근로기준법 제23조제2항에 의하여 「근로자가 업무상 부상 또는 질병의 요양을 위하여 휴업한 기간과 그 후 30일간 또는 출산 전후의 여성이 이 법에 따라 휴업한 기간과 그 후 30일간은 해고하지 못한다」고 규정하고 있다.

그 취지는 근로자가 업무상의 재해 또는 출산으로 인하여 노동력을 상실하고 있는 기간과 노동력을 회복하기에 필요한 그 후의 30일간은 근로자를 실직의 위협으로부터 절대적으로 보호하고자 함에 있다(대법 2011.11.10, 2009다63205). 해고가 제한되는 휴업기간의 범위는 근로자가 업무상의 부상 등으로 치료 중이라 하더라도 휴업하지 아니하고 정상적으로 출근하고 있는 경우, 또는 업무상의 부상 등으로 휴업하고 있는 경우라도 그 요양을 위하여 통원치료를 하면서 휴업할 필요가 있다고 인정되지 않는 경우에는 근로기준법 제23조제2항의 해고가 제한되는 휴업기간에 해당하지 아니한다(대법 2011.11.10, 2009다63205). 요양과 휴업 사이에는 상당인과관계가 존재하지 않으면 안 된다.

규 정 례

제○조【해고제한】 회사는 근로자의 업무상의 부상 또는 질병의 요양을 위하여 휴업하는 기간과 그 후 30일간 및 출산 전후의 여성이 휴업하는 기간과 그 후 30일간은 해고하지 아니한다. 다만, 사용자가 근로자의 요양 개시 후 2년이 경과하여도 그 상병이 완치되지 아니하여 일시보상을 한 경우 또는 사업을 계속할 수 없게된 경우에는 예외로 한다.

제12장 퇴직급여제도규정의 작성 · 운용방법

1 퇴직급여제도 설정 및 변경

1. 사용자의 퇴직급여제도 설정의무

퇴직급여제도란 근로자퇴직급여보장법(이하 "근퇴법"이라 한다)상의 퇴직금제 · 확정급여형 퇴직연금제(DB) · 확정기여형 퇴직연금제(DC)를 말한다.

(1) 퇴직급여제도의 의무

사용자는 퇴직하는 근로자에게 급여를 지급하기 위하여 퇴직급여제도 중 하나 이상의 제도를 설정하여야 한다.

개정법이 시행(2012.7.26)되었다고 해서 모든 사업장이 퇴직연금제도를 의무적으로 설정해야 하는 것은 아니며, 퇴직연금제도를 설정하지 아니하는 경우 법 제11조에 따라 퇴직금제도를 설정한 것으로 본다. 다만, 2012.7.26 이후 새로 성립(합병 · 분할된 경우는 제외한다)된 사업의 사용자는 근로자대표의 의견을 들어 사업이 성립 후 1년 이내에 확정급여형퇴직연금제도나 확정기여형퇴직연금제도를 설정하여야 한다.

(2) 2012.7.26 이후 새로 성립된 사업이 퇴직연금제도를 도입하지 아니한 경우

사업의 성립 후 1년 이내에 퇴직연금제도를 설정하여야 함에도 이를 이행하지 아니하는 사용자에 대하여 벌칙 규정을 정하고 있지는 않다. 다만 퇴직연금제도를 도입하면 퇴직연금 부담금(적립금)이 전액 손비인정되고, 근로자 퇴직급여 수급권도 강화되어 노사 모두에게 유익하고, 법 제5조에 따라 근로자대표의 의견을 듣는 것으로 도입절차가 다소 완화되므로 사업의 성립 후 1년 이내에 퇴직연금제도를 도입하는 것이 바람직하다.

기존 퇴직금제도 설정 사업장에서 퇴직연금제도를 도입하려는 경우 사용자는 법 제4조에 따라 제도 설정에 대하여 근로자대표의 동의를 받아야 한다. 만약 사업의 성립 후 1년 이내에 퇴직연금제도를 설정하지 아니한 경우에는 법 제11조에 따라 퇴직금제도를 설정한 것으로 본다.

(3) 한 근로자가 확정급여형퇴직연금제도와 확정기여형퇴직연금제도에 동시에 가입할 수 있는가

개정 법 시행 전에는 확정급여형퇴직연금제도와 확정기여형퇴직연금제도가 모두 설정된 사업이더라도 근로자는 하나의 제도에만 가입이 가능했다. 개정 법 제6조에서는 사용자가 가입자에 대하여 확정급여형퇴직연금제도와 확정기여형퇴직연금제도를 함께 설정할 수 있도록 함에 따라 한 근로자가 두 제도에 동시에 가입하는 것(이하 "혼합형퇴직연금제도"라 함)이 가능해져 제도에 대한 선택의 폭이 넓어졌다. 이 경우 확정급여형퇴직연금제도의 급여는 법 제15조에 따른 급여수준에 퇴직연금규약으로 정하는 설정 비율(ⓐ)을 곱한 금액으로, 확정기여형퇴직연금제도의 부담금은 법 제20조제1항의 부담금의 부담 수준에 퇴직연금규약으로 정하는 설정 비율(ⓑ)을 곱한 금액으로 하되, 각각의 설정 비율의 합(ⓐ+ⓑ)은 1 이상이 되어야 한다.

(4) 혼합형퇴직연금제도의 설정 절차

혼합형퇴직연금제도를 설정하려는 사용자는 근로자대표의 동의를 받아 혼합형퇴직연금규약을 작성하여 관할지방관서에 신고하여야 한다.

과거에 해당 사업에서 확정급여형 또는 확정기여형퇴직연금제도를 설정하면서 이미 각 제도에 대한 퇴직연금규약을 신고하였더라도 새로 혼합형퇴직연금제도를 추가 설정하려면 이에 대한 퇴직연금규약을 별도로 작성 · 신고하여야 한다.

2. 퇴직급여제도의 설정 · 변경과 근로자대표의 동의

퇴직급여제도를 설정 · 변경하기 위해서는 근로자대표의 동의를 얻어야 한다. 근로자대표의 동의를 얻지 못한 경우에는 원칙적으로 퇴직금제도가 적용된다.

동일 사업 내에서 일부 근로자에 대해서는 퇴직금제도를 설정하고 다른 일부에 대해서는 확정급여형을 또 다른 근로자에 대해서는 확정기여형을 설정할 수 있다.

※ 근로자대표란 근로자 과반수로 조직된 노동조합이 있는 경우 그 노동조합, 그러한 노동조합이 없는 경우 근로자의 과반수를 의미한다(근로기준법 제94조의 근로자대표의 개념과 같다).

3. 퇴직급여제도의 차등 설정 금지

하나의 사업안에서는 근로자간에 퇴직급여제도의 급여 및 부담금 수준에 있어서 차등이 허용되지 아니한다. 다만, 근로자 집단별로 퇴직금제도 · 확정기여형 퇴직연금제 · 확정급여형 퇴직연금제 등 제도유형을 다르게 설정하는 것은 차등제도 설정에 해당되지 않는다.

2 퇴직연금규약의 작성 및 신고

1. 퇴직연금규약의 작성

퇴직연금규약은 개별 사업장의 퇴직연금제도의 설계서에 해당하는 것으로 법정 기재사항을 참고하여 노사가 자율적으로 작성하고, 근로자대표의 동의를 얻어 지방고용노동관서의 장에게 신고하여야 한다.

개별 사업장의 퇴직연금제는 노사가 자율적으로 설계하는 것이 바람직하나, 퇴직연금제가 갖는 중요성을 감안하여 제도 설계의 적정성 및 적법성을 확인하기 위하여 지방고용노동관서에 신고하는 것이다.

신고서식은 「근퇴법 시행규칙」 제2조를 참조하고 퇴직연금규약 샘플은 고용노동부 퇴직연금 홈페이지(http : //www.moel.go.kr/pension)/알림마당/공지사항에 게재되어 있다.

퇴직연금규약의 법정 기재사항

<table>
<tr><th rowspan="3">법정기재사항</th><th>확정급여형(제12조)</th><th>확정기여형(제13조)</th></tr>
<tr><td colspan="2">· 퇴직연금사업자 선정(방법 등)
· 가입자(범위 등)
· 가입기간(소급여부 등)
· 급여종류 및 수급요건
· 연금의 종류(10년, 20년 등)
· 연금수급요건(가입기간 10년, 55세 이상)
· 퇴직연금업무 위탁계약의 체결, 해지, 계약이전 등에 관한 사항
· 적립금 운용현황(금액, 수익률) 통지
· 급여지급사유, 급여지급절차
· 퇴직연금 폐지, 중단 등
· 퇴직연금사업자 선정(방법 등)
· 가입자(범위 등)
· 가입기간(소급여부 등)
· 급여종류 및 수급요건
· 연금의 종류(10년, 20년 등)
· 연금수급요건(가입기간 10년, 55세 이상)
· 퇴직연금업무 위탁계약의 체결, 해지, 계약이전 등에 관한 사항
· 적립금 운용현황(금액, 수익률) 통지
· 급여지급사유, 급여지급절차
· 퇴직연금 폐지, 중단 등</td></tr>
<tr><td>· 급여수준 30일분 이상
· 재정건전성 확보(외부적립 60%이상)</td><td>· 부담금(임금총액 1/12, 추가기여)
· 부담금 납부 방법(1회 이상)
· 적립금 운용권한(근로자, 반기 1회 이상 변경 가능)
· 적립금 운용방법 및 정보의 제공
· 중도인출
· 수수료 부담(영 제12조)
· 가입자 교육(영 제12조)</td></tr>
</table>

2. 확정급여형 퇴직연금규약의 기재사항

확정급여형퇴직연금제도를 설정하려는 사용자는 제4조제3항 또는 제5조에 따라 근로자대표의 동의를 얻거나 의견을 들어 다음 각 호의 사항을 포함한 확정급여형퇴직연금규약을 작성하여 고용노동부장관에게 신고하여야 한다(근퇴법 제13조).

1. 퇴직연금사업자 선정에 관한 사항
2. 가입자에 관한 사항
3. 가입기간에 관한 사항
4. 급여수준에 관한 사항
5. 급여 지급능력 확보에 관한 사항
6. 급여의 종류 및 수급요건 등에 관한 사항
7. 제28조에 따른 운용관리업무 및 제29조에 따른 자산관리업무의 수행을 내용으로 하는 계약의 체결 및 해지와 해지에 따른 계약의 이전(移轉)에 관한 사항
8. 운용현황의 통지에 관한 사항
9. 가입자의 퇴직 등 급여 지급사유 발생과 급여의 지급절차에 관한 사항
10. 퇴직연금제도의 폐지 · 중단사유 및 절차 등에 관한 사항
11. 그 밖에 확정급여형퇴직연금제도의 운영을 위하여 대통령령으로 정하는 사항

기타 퇴직연금사업자 선정, 가입자에 관한 사항, 퇴직연금제도의 폐지 및 운영중단에 관한 사항, 퇴직연금사업자와의 계약 체결 및 해지에 관한 사항 등을 규약에서 정하여야 한다.

3. 확정기여형 퇴직연금규약의 기재사항

확정기여형퇴직연금제도를 설정하려는 사용자는 제4조제3항 또는 제5조에 따라 근로자대표의 동의를 얻거나 의견을 들어 다음 각 호의 사항을 포함한 확정기여형퇴직연금규약을 작성하여 고용노동부장관에게 신고하여야 한다(근

퇴법 제19조제1항).

1. 부담금의 부담에 관한 사항
2. 부담금의 납입에 관한 사항
3. 적립금의 운용에 관한 사항
4. 적립금의 운용방법 및 정보의 제공 등에 관한 사항
5. 적립금의 중도인출에 관한 사항
6. 제13조제1호부터 제3호까지 및 제6호부터 제10호까지의 사항
7. 그 밖에 확정기여형퇴직연금제도의 운영에 필요한 사항으로서 대통령령으로 정하는 사항

기타 가입자에 관한 사항, 가입기간에 관한 사항, 퇴직연금사업자 등 일반적인 사항들은 확정급여형 퇴직연금규약의 기재사항과 동일하다.

3 퇴직연금규약 작성 사례

1. 확정급여형 퇴직연금규약 모델

제1장 총 칙

제1조【명칭】

이 규약은 (주)○○○○의 확정급여형퇴직연금제도규약이라 한다.

제2조【목적】

이 규약은 근로자퇴직급여보장법(이하 "법"이라 한다) 제13조에 따라 확정급여형퇴직연금제도의 설정 및 운영에 관한 사항을 정함으로써 가입자의 안정적인 노후생활 보장에 이바지함을 목적으로 한다.

제3조【적용】

이 규약은 아래의 사업 또는 사업장(이하 "사업"이라 한다)에 적용한다.

명칭 (주)○○○○　　　주소 ○○시 ○○구 ○○동

☞ 적용 사업장이 다수인 경우에는 "이 규약의 적용을 받는 사업 또는 사업장의 명칭 및 소재지는 별지0과 같다"로 기재

제4조【성실의무】

사용자 및 근로자는 이 규약과 관련 법령에서 정한 퇴직연금제도의 설정 및 운영에 관한 사항을 성실히 준수하여야 한다.

제5조【사용자 및 근로자대표】

① 이 규약에서 사용자란 법 제2조제2호의 규정에 의한 사용자를 말한다.

② 이 규약에서 근로자 대표란 근로자의 과반수가 가입한 노동조합이 있는 경우에는 그 노동조합, 근로자의 과반수가 가입한 노동조합이 없는 경우에는 근로자 과반수를 말한다.

제2장 퇴직연금사업자의 선정

제6조【운용관리기관의 선정】

① 사용자는 법 제28조에 따른 운용관리업무를 수행할 퇴직연금사업자(이하 "운용관리기관"이라 한다)를 다음과 같이 선정한다.

명칭 ○○○○ 주소 ○○시 ○○구 ○○ 대표 ○○○

☞ 운용관리업무에 관한 계약을 복수의 퇴직연금사업자와 체결하는 경우에는 "제1항에 따라 운용관리업무를 수행할 퇴직연금사업자는 별지0와 같이 정한다"로 기재

② 사용자는 제1항의 운용관리기관을 변경(삭제, 추가를 포함)하고자 하는 경우 근로자대표의 의견을 들어야 한다.

제7조【자산관리기관의 선정】

① 사용자는 법 제29조에 따른 자산관리업무를 수행할 퇴직연금사업자(이하 "자산관리기관"이라 한다)를 다음과 같이 선정한다.

명칭 ○○○○ 주소 ○○시 ○○구 ○○ 대표 ○○○

☞ 자산관리업무에 관한 계약을 다수의 퇴직연금사업자와 체결하는 경우에는 "제1항에 따라 자산관리업무를 수행할 퇴직연금사업자는 별지2와 같이 정한다"로 기재

② 사용자는 제1항의 자산관리기관을 변경(삭제, 추가를 포함)하고자 하는 경우 근로자대표의 의견을 들어야 한다.

제○조(퇴직연금사업자 선정사유) 제6조 및 제7조의 퇴직연금사업자를 운용 · 자산관리기관으로 선정(변경)한 사유는 별지와 같다.(**상시 300명 이상의 근로자를 사용하는 사업만 해당**, 별지 사유서에는 퇴직연금사업자 선정 절차, 평가 기준 및 방법, 선정 결과(해당 사업자를 선정한 사유 포함), 근로자대표의 참여 여부 등의 내용이 명시되어야 할 것임)

제8조【대표 퇴직연금사업자의 선정】

운용관리업무에 관한 계약을 체결한 복수의 퇴직연금사업자 중 "○○○○"을 대표 퇴직연금사업자(이하 "간사기관"이라 한다)로 정한다.

제3장 가입자 및 가입기간

제9조【가입대상】

이 사업에 소속된 모든 근로자를 가입대상으로 한다. 다만 계속근로기간이 1년 미만인 근로자, 4주간을 평균하여 1주간의 소정근로시간이 15시간 미만인 근로자에 대하여는 그러하지 아니하다.

☞ 특정 근로자 집단에 대해서만 적용하는 경우에는 그 대상이 명시되어야 하며, 법 제4조제1항의 규정에 해당하지 아니하는 근로자(계속 근로기간이 1년 미만이거나 4주간을 평균하여 1주간의 소정근로시간이 15시간 미만)도 가입대상에 포함할 수 있음

☞ 퇴직금제도 또는 확정기여형 퇴직연금제도 등 다른 퇴직급여제도와 함께 복수로 제도를 운영하는 경우, 가입대상을 이 퇴직연금제도의 가입을 희망(신청)하는 근로자로 정할 수 있을 것임

제10조【가입자 자격 취득 및 상실시기】

① 이 제도 설정 이후 가입대상이 되는 날에 가입자 자격을 취득한 것으로 본다.

☞ 당연 적용으로 하지 아니하고 가입 희망(신청)자로 대상을 정한 경우 "이 퇴직연금제도의 가입을 신청한 날에 자격을 취득한 것으로 본다"로 기재

② 가입자는 다음 각 호에 해당하게 된 날의 다음날에 가입자 자격을 상실한 것으로 본다.

1. 사망한 때
2. 퇴직, 해고, 그 밖에 취업규칙 또는 별도로 정하는 규정에 의한 사유로 고용관계가 종료된 때
3. 이 제도를 폐지한 때
4. 제9조의 규정에 의한 가입대상의 자격요건 범위에 해당하지 아니하게 된 때

☞ 퇴직금제도 또는 확정기여형 퇴직연금제도 등 다른 퇴직급여제도와 함께 복수로 제도를 운영하면서 제도 간 전환을 허용하는 경우, "다른 퇴직급여제도로 전환(가입)하고자 이 퇴직연금제도에서 탈퇴를 신청한 때"를 추가 기재할 수 있을 것임

③ 사용자는 가입자격의 취득과 상실사유가 발생한 경우 그 사실을 지체없이 운용관리기관(복수인 경우 간사기관)에 전달하여 가입자 등재 및 상실 등의 업무처리가 이루어질 수 있도록 하여야 한다.

제11조【가입기간】

이 제도의 설정일 이후 가입자가 이 사업에서 근로를 제공한 날부터 자격 상실의 사유가 발생한 날까지의 기간을 가입기간으로 한다.

☞ 이 제도 설정 이전에 해당 사업에서 근로한 기간을 가입기간에 포함하고자 하는 경우 퇴직연금제도 설정 전에 제공한 근로기간 전부에 대하여 소급하거나 과거 근로기간 일부에 대하여 소급(특정 시점으로 소급하는 경우)하는 것도 가능

퇴직연금제도 설정 전에 제공한 근로기간 전부에 대하여 소급	이 제도의 설정일 이후 가입자가 이 사업에서 근로를 제공한 날부터 자격 상실의 사유가 발생한 날까지의 기간을 가입기간으로 한다. 다만 이 제도의 설정 이전에 해당 사업에서 근로를 제공한 기간(이하 "과거근로기간"이라 한다)이 있는 가입자에 대하여는 과거근로기간을 가입기간에 포함한다.이 경우 법 제8조제2항에 따라 퇴직금을 미리정산한 기간은 제외한다.
과거근로기간 일부에 대하여 소급(특정 시점으로 소급하는 경우)	이 제도의~중략~. 다만 이 제도의 설정 이전에 해당 사업에서 근로를 제공한 기간(이하 "과거근로기간"이라 한다)이 있는 가입자에 대하여는 ○○○○년 ○○월 ○○일 이후 과거근로기간을 가입기간에 포함한다. 이 경우 법 제8조제2항에 따라 퇴직금을 미리 정산한 기간은 제외한다.

제4장 급 여

제12조【급여수준】

① 이 제도에 따른 급여 수준은 가입자의 퇴직일을 기준으로 산정한 일시금이 계속근로기간 1년에 대하여 30일분의 평균임금에 상당하는 금액이 되도록 한다.

② 제1항의 평균임금은 근로기준법령이 정한 바에 따라 계산한다.

☞ 상시 4인 이하 사업장에 대하여는 법 부칙 제8조제2항에 따라 "③ 제1항에도 불구하고 2010년 12월 1일부터 2012년 12월 31일까지의 기간에 대한 급여는 제1항에 따른 금액의 100분의 50에 상당하는 금액이 되도록 한다"로 기재할 수 있음

제13조【급여의 종류 및 수급요건】

이 제도에 따른 급여의 종류는 연금 또는 일시금으로 하되, 수급요건은 다음 각 호와 같다.

1. 연금은 55세 이상으로서 가입기간이 10년 이상인 가입자에게 지급할 것. 이 경우 연금의 지급기간은 5년 이상이어야 한다.
2. 일시금은 연금수급 요건을 갖추지 못하거나 일시금 수급을 원하는 가입자에게 지급한다.

제14조【급여의 지급사유 발생】

① 급여의 지급사유는 이 제도의 가입자가 제10조제2항제1호부터 제3호까지의 어느 하나에 해당되어 가입자 자격을 상실하게 된 경우 발생한다.

② 제1항에도 불구하고 계속근로기간이 1년 미만인 가입자가 그 자격을 상실한 경우에는 급여의 지급사유에 해당하지 아니한다. 이 경우 그 적립금은 사용자에게 귀속된다.(제9조 가입대상에서 계속근로기간 1년 미만자에 대하여 가입대상 자격 부여한 경우에 한함)

☞ 계속 근로기간이 1년 미만인 가입자에 대하여도 급여를 지급하는 것으로 정할 수 있음

제15조【급여의 지급기한 등】

① 사용자는 급여를 지급할 사유가 발생한 날부터 14일 이내에 퇴직연금사업자로 하여금 적립금의 범위에서 급여지급의무가 있는 급여 전액을 지급하도록 하여야 한다.

② 사용자는 제1항에도 불구하고 퇴직연금제도 적립금으로 투자된 운용자산 매각이 단기간에 이루어지지 아니하는 등 특별한 사정이 있는 경우에는 가입자 및 퇴직연금사업자와 합의하여 지급기일을 연장할 수 있다.

③ 사용자는 제1항에도 불구하고 근로자퇴직급여보장법 시행령(이하 "영"이라 한다) 제8조 각 호의 사유에 해당하는 경우 퇴직연금사업자로 하여금 법 제16조제1항제2호에 따른 금액에 대한 적립금의 비율에 해당하는 금액을 지급하도록 하여야 한다.

④ 사용자는 제3항에 따라 퇴직연금사업자가 지급하는 급여수준이 제12조에 따른 급여수준에 미치지 못할 때에는 급여를 지급할 사유가 발생한 날부터 14일 이내에 그 부족한 금액을 해당 근로자에게 지급하여야 한다. 이 경우 특별한 사정이 있는 경우에는 근로자와 합의하여 지급기일을 연장할 수 있다.

제16조【개인형퇴직연금제도로의 급여 이전】

① 사용자는 제15조제1항 및 제4항에 따른 급여를 지급하는 경우 가입자가 지정한 개인형퇴직연금제도의 계정으로 이전하는 방법으로 한다.

② 사용자는 제14조에 따른 급여의 지급사유 발생이 예정되거나 발생한 경우에는 제1항에 따라 급여가 이전될 수 있도록 급여를 받을 권리를 가진 자(이하 "수급권자"라 한다)에게 개인형퇴직연금제도의 계정을 지정할 것을 신속히 안내하여야 한다.

③ 수급권자는 급여를 이전받기 위한 개인형퇴직연금제도를 설정하고 그 확인 자료(퇴직연금사업자가 발급한 개인형퇴직연금제도 계정 확인서 등. 이하 "IRP 확인서"라 한다)를 사용자에게 제출하는 등의 방법으로 지정의 의사를 표시하여야 한다.

④ 제3항에도 불구하고 급여를 지급할 사유가 발생한 날부터 ( )일 이내에 수급권자가 개인형퇴직연금제도의 계정을 지정하지 아니하는 경우에는 법 제17조제5항에 따라 "해당 퇴직연금사업자"가 운영하는 계정으로 이전한다. 이 경우 수급권자가 해당 퇴직연금사업자에게 개인형퇴직연금제도를 설정한 것으로 본다.

☞ 법정 지급기일(14일) 이내에 급여가 이전되는데 필요한 현실적 업무처리 소요기간 등을 고려하여 "7일" 등으로 작성 가능할 것임

⑤ 제4항에 따른 "해당 퇴직연금사업자"란 하나의 퇴직연금사업자와 자산관리업무에 관한 계약을 체결한 경우에는 그 사업자를 말하고, 복수의 퇴직연금사업자와 자산관리업무에 관한 계약을 체결한 경우에는 사용자가 지정하는 퇴직연금사업자를 말한다.

☞ 사용자가 지정하지 아니하고 특정 퇴직연금사업자로 미리 확정하는 경우에는 "자산관리업무에 관한 계약을 체결한 복수의 퇴직연금사업자 중 ○○○○퇴직연금사업자를 말한다."로 기재

⑥ 제1항에도 불구하고 영 제9조 각 호의 사유에 해당하는 경우(금액)에는 그러하지 아니한다.

⑦ 이 제도의 가입자는 자기의 부담으로 개인형퇴직연금제도를 추가로 설정할 수 있다. 이 경우 가입자는 사용자 또는 퇴직연금사업자에게 이 제도의 가입자임을 확인하여 줄 것을 요청할 수 있다.

⑧ 사용자는 제7항에 따라 가입자로부터 이 제도의 가입자임을 확인하여 줄 것을 요청받은 경우 별지0과 같이 확인서를 발급하여야 한다.

제17조【급여의 지급절차】

① 사용자는 급여를 지급할 사유가 발생한 경우 제16조에 따른 개인형퇴직연금제도의 계정으로 급여를 이전할 것을 운용관리(간사)기관에 지시하여야 한다.

② 사용자는 제1항에 따라 급여의 지급을 지시할 때에는 수급권자가 제출한 IRP 확인서를 첨부하여야 한다. 다만 제16조제4항의 경우에는 그러하지 아니한다.

③ 사용자는 운용관리(간사)기관으로 하여금 급여의 지급사유 발생 사실 등을 자산관리기관에 전달하도록 하여 수급권자의 개인형퇴직연금제도 계정으로 급여가 이전될 수 있도록 한다.

④ 사용자는 운용관리기관이 복수인 경우 간사기관이 다른 운용관리기관에도 급여의 지급사유 발생 사실 등을 전달하도록 하여 필요한 업무 협조가 이루어질 수 있도록 한다.

⑤ 사용자는 수급권자가 자산관리기관에 직접 급여를 청구한 경우에는 자산관리기관이 지체없이 그 내용을 사용자에게 알리도록 하여 제1항에 따른 지급 지시가 이루어질 수 있도록 한다.

⑥ 제1항에도 불구하고 사업의 도산 등으로 사용자를 통한 급여의 지급절차 진행이 곤란한 경우 수급권자는 퇴직연금사업자에게 직접 급여를 청구할 수 있다.

제5장 급여 지급능력의 확보

제18조【부담금의 산정 및 납입】

① 사용자는 이 제도의 가입자에게 제12조에서 정한 급여수준에 따른 급여를 지급하기 위해 매년 1회 이상 정기적으로 부담금을 납입하여야 한다.

② 제1항에 따른 부담금은 자산관리기관에 매년 말일까지 납입한다.

③ 사용자는 재정균형을 장기적으로 유지할 수 있도록 운용관리업무를 수행하는 퇴직연금사업자(복수인 경우 간사기관)에게 관련 법령의 산정방식에 따라 부담금을 적정하게 산출하여 줄 것을 요청하여야 한다. 이 경우 부담금 산정에 사용한 기초율 선택 등 그 근거의 제시도 함께 요청한다.

④ 사용자는 제3항에 따른 부담금을 산출하는데 필요한 단체협약, 취업규칙, 급여명세서, 근로계약서 등의 자료를 퇴직연금사업자(복수인 경우 간사기관)에게 제공하여야 한다.

제19조【급여 지급능력 확보】

① 사용자는 급여 지급능력을 확보하기 위하여 매 사업연도 말 법 제16조제1항 본문에 따른 기준책임준비금에 다음 각 호의 구분에 따른 비율을 곱하여 산출한 금액(이하 "최소적립금"이라 한다) 이상을 적립금으로 적립하여야 한다.

1. 이 제도 설정일부터 2013년 12월 31일까지의 기간: 100분의 60
2. 2014년 1월 1일부터 2015년 12월 31일까지의 기간: 100분의 70
3. 2016년 1월 1일부터 2017년 12월 31일까지의 기간: 100분의 80
4. 2018년 1월 1일 이후 : 고용노동부령에서 정하는 비율

☞ 제11조 가입기간에서 과거 근로기간을 가입기간에 포함한 경우에는 "② 제1항에도 불구하고 과거 근로기간을 가입기간에 포함한 경우에는 법 제16조제1항 단서에 따라 법 제16조제1항 본문에 따른 기준책임준비금에 과거 근로기간의 연수(年數)와 가입 후 연차(年次)의 구분에 따라 고용노동부 고시(제2012-56호)로 정한 비율을 곱하여 산출한 금액 이상을 적립금으로 적립하여야 한다"로 기재할 수 있음

② 사용자는 운용관리업무를 수행하는 퇴직연금사업자(복수인 경우 간사기관)가 매 사업연도 종료 후 6개월 이내에 영 제6조에 따른 재정검증을 실시할 수 있도록 하여야 한다.

③ 사용자는 제2항에 따른 재정검증을 하는데 필요한 단체협약, 취업규칙, 급여명세서, 근로계약서 등의 자료를 퇴직연금사업자(복수인 경우 간사기관)에게 제공하여야 한다.

제20조【적립 부족의 해소】

① 사용자는 영 제6조에 따른 재정검증 결과 적립금이 최소적립금의 95%에 미치지 못하는 것으로 확인된 경우 다음 각 호의 조치를 하여야 한다.

1. 사용자는 적립금 부족을 3년 이내에 균등하게 해소할 수 있도록 자금 조달방안, 납입 계획 등의 내용을 포함한 계획서(이하 "재정안정화계획서"라 한다)를 구체적으로 작성하여 3년간 보존한다.

2. 사용자는 영 제6조에 따라 퇴직연금사업자로부터 재정검증 결과를 통보받은 날부터 60일 이내에 퇴직연금사업자와 근로자의 과반수가 가입한 노동조합이 있는 경우에는 그 노동조합에 서면으로 재정안정화계획서를 통보하고, 근로자의 과반수가 가입한 노동조합이 없는 경우에는 전체 근로자에게 서면, 사내 게시 또는 정보통신망에 의한 방법으로 재정안정화계획서를 통보하여야 한다.
3. 사용자는 적립금 부족분을 충당하기 위한 부담금을 납입하는 등 재정안정화계획서의 내용을 성실하게 이행하여야 한다.

제6장 운용 · 자산관리업무 계약의 체결, 해지 및 이전

제21조【운용관리업무에 관한 계약의 체결】

① 사용자는 법 제28조에 따라 다음 각 호의 업무(이하 "운용관리업무"라 한다)를 하는 것을 내용으로 하는 계약을 제6조에서 선정한 운용관리기관과 체결하여야 한다.
1. 사용자에 대한 적립금 운용방법 및 운용방법별 정보의 제공
2. 연금제도 설계 및 연금 계리
3. 적립금 운용현황의 기록 · 보관 · 통지
4. 사용자가 선정한 운용방법을 자산관리기관에게 전달하는 업무
5. 가입자 교육을 위탁하고자 하는 경우 위탁받은 교육의 실시
6. 그 밖에 운용관리업무의 적절한 수행을 위하여 필요한 업무

② 제1항에도 불구하고 운용관리기관이 복수인 경우에는 다음 각 호의 업무를 수행하는 것을 내용으로 하는 계약을 간사기관과 체결하여야 한다.
1. 법 제16조에 따른 급여 지급능력 확보 여부의 확인 및 그 결과의 통보
2. 영 제4조제1항제1호에 따른 부담금의 산정
3. 퇴직 등 사유가 발생한 경우 급여를 지급할 퇴직연금사업자의 선정에 관한 사항에 대하여 사용자의 지시를 받아 해당 퇴직연금사업자에게 전달하는 업무
4. 그 밖에 신규 가입자의 등재, 적립금액 및 운용현황의 통지 등 제도의 안정적 · 통일적 운용을 위하여 필요한 사항

② 사용자는 운용관리업무에 관한 계약을 체결 또는 변경하는 경우 그 내용을 가입자에게 알려야 한다.

제22조【자산관리업무에 관한 계약의 체결】

① 사용자는 법 제29조에 따라 다음 각 호의 업무(이하 "자산관리업무"라 한다)를 하는 것을 내용으로 하는 계약을 제7조에서 선정한 자산관리기관과 체결하여야 한다.
1. 계좌의 설정 및 관리

2. 부담금의 수령
3. 적립금의 보관 및 관리
4. 운용관리기관이 전달하는 적립금 운용지시의 이행
5. 급여의 지급
6. 그 밖에 자산관리업무의 적절한 수행을 하는데 필요한 업무
② 사용자는 제1항에 따른 계약을 체결하려는 경우에는 가입자를 피보험자 또는 수익자로 하여 영 제24조에서 정하는 요건을 갖춘 보험계약 또는 신탁계약의 방법으로 하여야 한다.
③ 사용자는 자산관리업무에 관한 계약을 체결 또는 변경하는 경우 그 내용을 가입자에게 알려야 한다.

제23조【수수료의 부담】

① 제21조에 따른 운용관리업무의 수행에 대한 수수료는 사용자가 부담한다.
② 제22조에 따른 자산관리업무의 수행에 대한 수수료는 사용자가 부담한다.

제24조【계약해지】

사용자는 다음 각 호의 어느 하나에 해당하는 경우에 제21조 및 제22조에 따른 계약을 해지할 수 있다.
1. 이 제도의 폐지
2. 퇴직연금사업자의 변경
3. 퇴직연금사업자의 계약 위반
4. 퇴직연금사업자의 등록취소 또는 등록말소

제25조【계약이전】

사용자는 제24조제2호부터 제4호까지의 사유에 해당하는 경우 이 제도의 이전에 필요한 조치를 하여야 한다.

제7장 제도의 폐지 · 중단

제26조【제도의 폐지】

① 이 제도는 다음 각 호의 어느 하나에 해당하는 경우에 폐지할 수 있다.
1. 사업의 소멸 · 도산
2. 규약신고의 무효 또는 취소
3. 다른 퇴직급여제도로의 변경
② 사용자는 제1항에 따라 이 제도를 폐지하고자 하는 경우 근로자대표의 동의를 받아야 한다.

③ 사용자는 영 제38조제1호에 따라 폐지한 날부터 1개월 이내에 고용노동부장관에게 폐지신고서를 제출하여야 한다.
④ 사용자는 이 제도 폐지일을 기준으로 산정된 적립금, 가입자별 급여 내역 및 지급절차, 중간정산 대상기간 등을 가입자에게 통지하여야 한다.
⑤ 사용자는 이 제도 폐지일부터 14일 이내에 퇴직연금사업자가 적립금으로 급여를 지급하도록 하는데 필요한 조치하여야 한다.

제27조【제도 폐지 시 급여 처리】

① 제26조에 따라 가입자가 급여를 받은 경우에는 법 제8조제2항에 따라 중간정산되어 받은 것으로 본다.
② 제1항에 따른 가입자별 중간정산금은 이 제도에 따라 적립된 금액을 가입자별 근속기간 · 평균임금과 제12조에 따른 급여수준을 고려하여 안분(按分) · 산정하고, 중간정산 대상기간은 중간정산금을 기준으로 환산한다.
③ 사용자는 이 제도의 폐지로 퇴직연금사업자로 하여금 가입자에게 급여를 지급하도록 하는 경우 제16조 및 제17조의 규정을 따른다.

제28조【제도의 운영중단】

① 사용자가 법 또는 이 규약에 위반되는 행위를 하여 고용노동부장관이 이 제도의 중단을 명한 경우 이 제도의 운용을 중단하기로 한다.
② 이 제도의 운용이 중단된 경우 중단된 기간에 대하여는 법 제8조제1항에 따른 퇴직금제도를 적용한다.
③ 사용자는 이 제도의 중단에도 불구하고 다음 각 호의 기본적인 업무는 유지하여야 한다.

1. 가입자에게 제도 중단사유 및 중단일, 재개시 일정, 미납 부담금이 있는 경우 그 납입계획 등 제도 중단기간의 처리방안 등의 공지
2. 가입자 교육의 실시
3. 급여 지급의 요청, 적립금 운용 등과 관련하여 법령 등에 규정된 업무의 이행을 위해 필요한 조치
4. 그 밖에 이 제도의 연속성 유지 및 가입자 보호를 위하여 필요한 업무

④ 사용자는 이 제도의 중단에도 불구하고 퇴직연금사업자로 하여금 다음 각 호의 기본적인 업무를 유지하도록 하여야 한다.

1. 가입자 퇴직 등에 따른 급여의 지급
2. 가입자 교육을 위탁받은 경우 위탁받은 교육의 실시

3. 급여의 지급, 적립금의 운용, 운용현황의 통지 등과 관련하여 법령 및 운용 · 자산관리업무의 계약에서 정해진 업무
4. 그 밖의 이 제도의 연속성 유지 및 가입자 보호를 위하여 필요한 업무

제8장 운용현황의 통지 및 가입자 교육

제29조【운용현황의 통지】

① 사용자는 운용관리기관으로 하여금 이 제도의 적립금액 및 운용수익률 등의 운용현황을 매년 1회 이상 가입자에게 통지하도록 하여야 한다.

② 제1항에 따른 운용현황의 통지는 다음 각 호의 어느 하나에 해당하는 방법으로 이루어져야 한다.

1. 우편 발송
2. 서면 교부
3. 정보통신망에 의한 전송
4. 그 밖에 이에 준하는 방식으로 사용자와 운용관리기관이 체결한 운용관리업무에 관한 계약에서 정한 방법

제30조【가입자 교육】

① 사용자는 매년 1회 이상 가입자에게 이 제도의 운영상황 등 다음 각 목의 사항에 대하여 교육을 실시하여야 한다.

1. 제도 일반에 관한 교육 사항

가. 급여 종류에 관한 사항, 수급요건, 급여액 등 제도별 특징 및 차이점
나. 담보대출, 중도인출, 지연이자 등 해당 사업의 퇴직연금제도 운영에 관한 사항
다. 급여 또는 부담금 산정의 기준이 되는 임금 등에 관한 사항
라. 퇴직 시 급여 지급절차 및 개인형퇴직연금제도로의 적립금 이전에 관한 사항
마. 연금소득세, 퇴직소득세 등 과세 체계에 관한 사항
바. 해당 사업의 퇴직연금제도를 중단하거나 폐지하는 경우 그 처리방법
사. 가입자의 소득, 자산, 부채, 나이 및 근속연수 등을 고려한 자산 · 부채관리의 일반적 원칙과 노후 설계의 중요성에 관한 사항

2. 이 제도의 설정에 따른 추가 교육 사항

가. 최근 3년간의 부담금 납입현황
나. 급여종류별 표준적인 급여액 수준
다. 직전 사업연도 말 기준 최소적립금 대비 적립금 현황
라. 재정안정화계획서를 작성하는 경우 그 계획서의 내용 및 이행 상황

마. 그 밖에 적립금 운용현황, 운용목표 등에 관한 사항

② 제1항에 따른 교육의 방법 및 절차에 관한 사항은 다음 각 호의 구분에 따른다.

1. 제1항제1호의 제도 일반에 관한 교육사항은 사내 정보통신망 또는 사업장 게시판 게시 등을 가입자가 수시로 열람할 수 있도록 한다. 다만 이 제도 설정 후 최초 교육은 교육자료를 우편으로 발송하거나 직원연수 · 조회 · 회의 · 강의 등 대면하여 전달하는 방식으로 실시한다.
2. 제1항제2호의 이 제도의 설정에 따른 추가 교육 사항은 다음 각 목 중 하나 이상의 방법으로 실시한다.

가. 서면 또는 전자우편 등을 통한 정기적인 교육자료의 발송

나. 직원연수 · 조회 · 회의 · 강의 등의 대면 교육의 실시

다. 정보통신망을 통한 온라인 교육의 실시

라. 해당 사업장 게시판 등에 상시 게시

③ 사용자는 퇴직연금사업자에게 제1항 및 제2항에 따른 교육의 실시를 위탁할 수 있다.

④ 제3항에 따라 퇴직연금사업자에게 가입자 교육의 실시를 위탁하는 경우 사용자는 퇴직연금사업자와 교육시기, 구체적 교육방법 등을 포함한 계약을 체결하여 퇴직연금사업자로 하여금 위탁계약의 내용에 따라 교육을 실시하도록 하여야 한다.

⑤ 사용자는 제3항 및 제4항에 따라 교육의 실시를 위탁한 경우 대면 교육의 실시에 협조하고, 그 실시 결과를 확인하여야 한다.

제9장 기타

제31조【수급권의 보호】

① 가입자는 이 제도의 급여를 받을 권리는 양도하거나 담보로 제공할 수 없다.

② 제1항에도 불구하고 다음 각 호의 어느 하나에 해당하는 사유와 요건을 갖춘 경우에는 이 제도의 급여를 받을 권리를 담보로 제공할 수 있다.

1. 무주택자인 가입자가 본인 명의로 주택을 구입하는 경우
2. 가입자, 가입자의 배우자 또는 「소득세법」 제50조제1항에 따른 가입자 또는 가입자의 배우자와 생계를 같이하는 부양가족이 질병 또는 부상으로 6개월 이상 요양을 하는 경우
3. 담보를 제공하는 날부터 역산하여 5년 이내에 가입자가 「채무자회생및파산에관한법률」에 따라 파산선고를 받은 경우
4. 담보를 제공하는 날부터 역산하여 5년 이내에 가입자가 「채무자회생및파산에관한법률」에 따라 개인회생절차개시 결정을 받은 경우

5. 천재지변 등 피해에 대하여 고용노동부장관이 정하여 고시한 사유와 요건에 해당하는 경우(고시 제2012-55호)

③ 제2항에 따른 담보제공의 한도는 다음 각 호의 구분에 따른다.

1. 제2항제1호부터 제4호까지의 경우: 가입자별 적립금의 100분의 50
2. 제2항제5호의 경우: 고용노동부장관이 정하여 고시하는 한도(고시 제2012-55호)

④ 사용자는 가입자가 대출을 받고자 하는 경우 퇴직연금사업자(자산관리기관)로부터 필요한 서류를 발급받을 수 있도록 하여야 한다.

제32조【사업연도】

이 제도의 사업연도는 이 사업의 회계연도를 기준으로 하며, 회계 결산월은 ○○월로 한다.

제33조【규약의 변경】

① 사용자는 이 규약의 내용을 변경하고자 하는 경우에는 근로자대표의 의견을 들어야 한다. 다만, 근로자에게 불리하게 변경하려는 경우에는 근로자대표의 동의를 받아야 한다.

② 사용자는 제1항에 따른 규약의 변경 시 그 내용을 가입자에게 알려야 한다.

③ 사용자는 규약이 변경된 경우 그 내용을 퇴직연금사업자에게 통지하여야 한다.

제34조【법령의 준용】

① 사용자는 이 규약에서 정하지 아니한 사항은 관련 법령에서 정한 바에 따른다.

② 이 규약에서 정한 사항을 관련 법령에서 변경한 경우에는 그에 따르기로 한다.

부 칙

제1조【시행일】

이 제도는 ○○○○년 ○○월 ○○일부터 시행한다.

[별지 ○] 이 제도 적용 사업 또는 사업장

○명 칭 : ○○주식회사 본사
○주 소 : ××시 ××구 ××로 ×가 ××번지
○명 칭 : ○○○○주식회사 ○○공장
○주 소 : ××시 ××구 ××로 ×가 ××번지
○명 칭 : ○○○○주식회사 □□공장
○주 소 : ××시 ××구 ××로 ×가 ××번지
○명 칭 : ○○○○주식회사 ◇◇공장
○주 소 : ××시 ××구 ××로 ×가 ××번지
※ 각 제도를 실시하는 사업 또는 사업장별로 표시

[별지 ○] 이 제도에 따른 운용관리기관(제○조 관련) 및 자산관리기관 등(제○조 관련)

1. 운용관리업무
가. 운용관리기관1
○상 호 : ○○보험주식회사
○주 소 : ××시 ××구 ××로 ×가 ××번지
나. 운용관리기관2
○상 호 : ○○은행
○주 소 : ××시 ××구 ××로 ×가 ××번지
다. 운용관리기관3
○상 호 : ○○증권
○주 소 : ××시 ××구 ××로 ×가 ××번지

2. 자산관리업무
가. 보험계약을 체결하는 자산관리기관
○상 호 : ○○ 보험주식회사
○주 소 : ××시 ××구 ××로 ×가 ××번지
나. 특정금전신탁계약을 체결하는 자산관리기관
○상 호 : ○○ 은행 · 증권주식회사
○주 소 : ××시 ××구 ××로 ×가 ××번지

[별지 ○] 확정급여형퇴직연금제도 가입 사실 확인서

퇴직연금제도 가입 사실 확인서

1. 가입자 정보

성 명		주민등록번호	

2. 사업(장) 정보

사 업 명		대 표 자	
사 업 장 소 재 지		연 락 처	

2. 퇴직연금제도 가입정보

제도 유형	□ 확정급여형	□ 확정기여형	□ 혼합형
입 사 일		가입자격 취득일	
퇴직연금 사업자			

위 사실이 틀림없음을 확인합니다.

년 월 일

회 사 명 (직인)

확인자 성명	부서명	연락처
(서명)		

※ 담당자 성명(서명), 부서명, 연락처 기재로 회사 직인 생략 가능

■ 근로자퇴직급여보장법 시행규칙 [별지 제1호서식]의 첨부서류

근로자대표 동의 확인서

※ 이 제도를 도입하는데 있어 다음 각 호의 예시 과정 중 해당 사업에서 진행한 내용 및 절차가 있는 경우 모두 체크

구 분	추 진 내 용
● 준비단계	□ 근로자와 제도 도입에 대한 공감대를 형성하기 위해 다양한 채널을 통해 자료를 수집 · 공유하였다. *예시) 근로자 대상 퇴직연금제도 도입 설명회 개최, 설명(교육)자료 배포 등 □ 도입과정상 이슈에 대한 의사결정에 근로자와 회사의 이해를 충분히 조율하기 위해 "노사공동의 협의체"를 구성하였다. □ 도입 절차 및 일정 등이 효율적으로 관리되고 공유될 수 있도록 추진계획이 수립되어 진행되었다.
● 선정단계	□ 제도의 유형, 유형별 특성 및 장 · 단점을 분석하였다. □ 그간의 퇴직급여제도 운영현황, 임금체계, 임금인상률, 재무현황 등 사업장 현황을 분석하였다. □ 근로자들의 니즈(선호)를 파악하기 위해 설문 또는 수요 조사를 하였다.
● 설계단계	□ 주요이슈에 대해 충분히 검토하고 규약을 작성하였다. □ 규약 내용에 대하여 근로자를 대상으로 설명하고, 주요 내용을 이해하는 과정을 거쳤다. * 예시) 근로자 대상 규약 설명회, 회의, 강의, 조회 등을 통한 규약 내용 전달, 규약 사내 게시, 규약 열람(회람) 등 □ 투명하고 공정한 절차를 거쳐 퇴직연금사업자를 선정하였다. * 예시) 공개 경쟁, 심사(평가)기준 마련 및 선정위원회 개최 등 □ 퇴직연금사업자 선정에 근로자의 선호를 반영하였다. * 예시) 근로자 대상 사업자 선호도 조사 실시, 노사공동의 협의체에서 퇴직연금사업자 선정, 근로자대표가 선정 과정에 참여 등

이 제도를 설정함에 있어 위와 같은 절차를 거쳐 규약을 신고합니다.

사업주	회사명 :	대표자 :	(서명 또는 인)

위와 같은 과정을 거쳐 이 제도를 설정하고, 규약을 신고하는데 있어 이 규약의 내용에 동의합니다.

근로자대표	노동조합 명칭 :	대표자 :	(서명 또는 인)

※ 근로자의 과반수가 가입한 노동조합이 없는 경우에는 근로자 과반수의 동의를 받았음을 증빙할 수 있는 자료 별도 붙임

2. 확정기여형 퇴직연금규약 모델

제1장 총 칙

제1조【명칭】

이 규약은 (주)○○○○의 확정기여형퇴직연금제도규약이라 한다.

제2조【목적】

이 규약은 근로자퇴직급여보장법(이하 "법"이라 한다) 제19조에 따라 확정기여형퇴직연금제도의 설정 및 운영에 관한 사항을 정함으로써 가입자의 안정적인 노후생활 보장에 이바지함을 목적으로 한다.

제3조【적용】

이 규약은 아래의 사업 또는 사업장(이하 "사업"이라 한다)에 적용한다.

명칭 (주)○○○○ 주소 ○○시 ○○구 ○○동

☞ 적용 사업장이 다수인 경우에는 "이 규약의 적용을 받는 사업 또는 사업장의 명칭 및 소재지는 별지0과 같다"로 기재

제4조【성실의무】

사용자 및 근로자는 이 규약과 관련 법령에서 정한 퇴직연금제도의 설정 및 운영에 관한 사항을 성실히 준수하여야 한다.

제5조【사용자 및 근로자대표】

① 이 규약에서 사용자란 법 제2조제2호의 규정에 의한 사용자를 말한다.

② 이 규약에서 근로자 대표란 근로자의 과반수가 가입한 노동조합이 있는 경우에는 그 노동조합, 근로자의 과반수가 가입한 노동조합이 없는 경우에는 근로자 과반수를 말한다.

제2장 퇴직연금사업자의 선정

제6조【운용관리기관의 선정】

① 사용자는 법 제28조에 따른 운용관리업무를 수행할 퇴직연금사업자(이하 "운용관리기관"이라 한다)를 다음과 같이 선정한다.

명칭 ○○○○ 주소 ○○시 ○○구 ○○ 대표 ○○○

☞ 운용관리업무에 관한 계약을 복수의 퇴직연금사업자와 체결하는 경우에는 "제1항에 따라 운용관리업무를 수행할 퇴직연금사업자는 별지0와 같이 정한다"로 기재

② 사용자는 운용관리기관을 새로이 추가하고자 하는 경우에는 근로자대표의 의견을 들어야 하고, 운용관리기관을 변경(삭제 포함)하고자 하는 경우에는 근로자대표의 동의를 받아야 한다.

제7조【자산관리기관의 선정】

① 사용자는 법 제29조에 따른 자산관리업무를 수행할 퇴직연금사업자(이하 "자산관리기관"이라 한다)를 다음과 같이 선정한다.

명칭 ○○○○ 주소 ○○시 ○○구 ○○ 대표 ○○○

☞ 자산관리업무에 관한 계약을 다수의 퇴직연금사업자와 체결하는 경우에는 "제1항에 따라 자산관리업무를 수행할 퇴직연금사업자는 별지2와 같이 정한다"로 기재

② 사용자는 자산관리기관을 새로이 추가하고자 하는 경우에는 근로자대표의 의견을 들어야 하고, 자산관리기관을 변경(삭제 포함)하고자 하는 경우에는 근로자대표의 동의를 받아야 한다.

제○조(퇴직연금사업자 선정사유) 제6조 및 제7조의 퇴직연금사업자를 운용 · 자산관리기관으로 선정(변경)한 사유는 별지와 같다.(상시 300명 이상의 근로자를 사용하는 사업만 해당, 별지 사유서에는 퇴직연금사업자 선정 절차, 평가 기준 및 방법, 선정 결과(해당 사업자를 선정한 사유 포함), 근로자대표의 참여 여부 등의 내용이 명시되어야 할 것임) 제○조(퇴직연금사업자 선택) 가입자는 제6조 및 제7조에 따라 선정된 퇴직연금사업자 중 하나의 기관을 선택하여 가입한다.(퇴직연금사업자를 복수로 선정한 사업만 해당)

제3장 가입자 및 가입기간

제8조【가입대상】

이 사업에 소속된 모든 근로자를 가입대상으로 한다. 다만 계속근로기간이 1년 미만인 근로자, 4주간을 평균하여 1주간의 소정근로시간이 15시간 미만인 근로자에 대하여는 그러하지 아니하다.

☞ 특정 근로자 집단에 대해서만 적용하는 경우에는 그 대상이 명시되어야 하며, 법 제4조제1항의 규정에 해당하지 아니하는 근로자(계속근로기간이 1년 미만이거나 4주간을 평균하여 1주간의 소정근로시간이 15시간 미만)도 가입대상에 포함할 수 있음

☞ 퇴직금제도 또는 확정급여형 퇴직연금제도 등 다른 퇴직급여제도와 함께 복수로 제도를 운영하는 경우, 가입대상을 이 퇴직연금제도의 가입을 희망(신청)하는 근로자로 정할 수 있을 것임

제9조【가입자 자격 취득 및 상실시기】

① 이 제도 설정 이후 가입대상이 되는 날에 가입자 자격을 취득한 것으로 본다.

☞ 당연 적용으로 하지 아니하고 가입 희망(신청)자로 대상을 정한 경우 "이 퇴직연금제도의 가입을 신청한 날에 자격을 취득한 것으로 본다"로 기재

② 가입자는 다음 각 호에 해당하게 된 날의 다음날에 가입자 자격을 상실한 것으로 본다.

1. 사망한 때

2. 퇴직, 해고, 그 밖에 취업규칙 또는 별도로 정하는 규정에 의한 사유로 고용관계가 종료된 때
3. 이 제도를 폐지한 때
4. 제9조의 규정에 의한 가입대상의 자격요건 범위에 해당하지 아니하게 된 때

☞ 퇴직금제도 또는 확정급여형 퇴직연금제도 등 다른 퇴직급여제도와 함께 복수로 제도를 운영하면서 제도 간 전환을 허용하는 경우, "다른 퇴직급여제도로 전환(가입)하고자 이 퇴직연금제도에서 탈퇴를 신청한 때"를 추가 기재할 수 있을 것임

③ 사용자는 가입자격의 취득과 상실사유가 발생한 경우 그 사실을 지체없이 운용관리기관에 전달하여 가입자 등재 및 상실 등의 업무처리가 이루어질 수 있도록 하여야 한다.

제10조【가입기간】

이 제도의 설정일 이후 가입자가 이 사업에서 근로를 제공한 날부터 자격 상실의 사유가 발생한 날까지의 기간을 가입기간으로 한다.

☞ 이 제도 설정 이전에 해당 사업에서 근로한 기간을 가입기간에 포함하고자 하는 경우 퇴직연금제도 설정 전에 제공한 근로기간 전부에 대하여 소급하거나 과거 근로기간 일부에 대하여 소급(특정 시점으로 소급하는 경우)하는 것도 가능

퇴직연금제도 설정 전에 제공한 근로기간 전부에 대하여 소급	이 제도의 설정일 이후 가입자가 이 사업에서 근로를 제공한 날부터 자격 상실의 사유가 발생한 날까지의 기간을 가입기간으로 한다. 다만 이 제도의 설정 이전에 해당 사업에서 근로를 제공한 기간(이하 "과거 근로기간"이라 한다)이 있는 가입자에 대하여는 과거 근로기간을 가입기간에 포함한다.이 경우 법 제8조제2항에 따라 퇴직금을 미리정산한 기간은 제외한다.
과거 근로기간 일부에 대하여 소급(특정 시점으로 소급하는 경우)	이 제도의~중략~. 다만 이 제도의 설정 이전에 해당 사업에서 근로를 제공한 기간(이하 "과거 근로기간"이라 한다)이 있는 가입자에 대하여는 ○○○○년 ○○월 ○○일 이후 과거 근로기간을 가입기간에 포함한다. 이 경우 법 제8조제2항에 따라 퇴직금을 미리정산한 기간은 제외한다.

제4장 부담금

제11조【부담금의 부담】

① 사용자는 가입자의 연간 임금총액의 (　　)에 해당하는 금액을 통화로 가입자의 확정기여형퇴직연금제도 계정에 납입하여야 한다.

☞ (　)는 법 제20조제1항에 따라 연간 임금총액의 12분의 1 이상이어야 함

② 가입자는 제1항에 따른 사용자 부담금 외에 스스로 부담하는 추가 부담금을 가입자의 확정기여형퇴직연금제도 계정에 납입할 수 있다.

☞ 상시 4인 이하 사업장에 대하여는 법 부칙 제8조제2항에 따라 "③ 제1항에도 불구하고 2010년 12월 1일부터 2012년 12월 31일까지의 기간에 대한 부담금은 제1항에 따른 금액의 100분의 50에 해당하는 금액으로 한다"로 기재할 수 있음

☞ 과거 근로기간을 가입기간에 포함하는 경우에는 그 결정 시점에서 이전 1년간의 임금총액의 12분의 1 이상에 해당하는 금액이 1년에 대응하는 부담금이 되도록 산출한 후 가입기간에 포함하고자 하는 과거 근로기간에 대응하는 금액 전액을 일시에 부담금으로 납부하여야 할 것임

제12조【부담금의 납입】

① 사용자는 제12조제1항에 따른 부담금을 매년 1회 이상 정기적으로 가입자의 확정기여형퇴직연금제도 계정에 납입하여야 한다.

② 제1항에 따른 부담금은 자산관리기관에 매년 말일까지 납입한다.

☞ 납입 기일을 특정 일자로 정하거나 매월말, 매분기말 등으로 정할 수도 있음. 또는 정기 납입 기일은 연1회(매년 말일)로 하되, 사업의 형편에 따라 월납, 분기납 등으로 분할하여 선납할 수 있다고 정할 수도 있음

③ 제12조제2항에 따른 추가 부담금은 가입자가 자산관리기관에 직접 납부할 수 있다.

제13조【부담금 미납 시 처리】

① 사용자가 제12조제1항에 따른 부담금을 제13조제1항 및 제2항에 따라 정하여진 기일(이하 "정기 납입일"이라 한다)까지 납입하지 아니한 경우 정기 납입일부터 1개월이 되는 날까지(또는 그 다음연도 1월 말일까지) 납부기간을 연장한다.

☞ 납부기간 연장은 지연이자 적용 등을 통해 DC형 제도 가입자의 수급권을 보호하고자 한 이 법의 취지가 훼손되지 않는 범위 내에서 급여의 정산 등에 필요한 사회 통념상의 합리적 기간으로 설정되어야 함에 따라 최대 그 기간이 2개월을 초과하지 않도록 하는 것을 심사지침으로 하고 있음

② 법 제20조제3항 후단에 따라 제1항에 따라 연장된 기일까지 제12조제1항에 따른 부담금을 납입한 경우 지연이자는 적용하지 아니한다.

③ 사용자가 제1항에 따라 연장된 기일까지 제12조제1항에 따른 부담금을 납입하지 아니하는 경우 그 연장된 기일 다음 날부터 부담금을 납입한 날까지 지연 일수에 대하여 다음 각 호의 구분에 따른 지연이자율을 적용하여 납입하여야 한다.

1. 제1항에 따라 연장된 납입 기일 다음 날부터 급여를 지급할 사유가 발생한 날부터 14일(당사자간의 합의에 따라 납입 기일을 연장한 경우 그 연장된 날)까지의 기간: 연 100분의 10
2. 제1호에 따른 기간의 다음 날부터 부담금을 납입하는 날까지의 기간: 연 100분의 20

④ 제3항에도 불구하고 근로자퇴직급여보장법 시행령(이하 "영"이라 한다) 제12조에 따라 지연이자의 적용제외 사유가 있는 경우에는 지연이자를 적용하지 아니한다.

제5장 급여

제14조【급여의 종류 및 수급요건】

이 제도에 따른 급여의 종류는 연금 또는 일시금으로 하되, 수급요건은 다음 각 호와 같다.

1. 연금은 55세 이상으로서 가입기간이 10년 이상인 가입자에게 지급할 것. 이 경우 연금의 지급기간은 5년 이상이어야 한다.
2. 일시금은 연금수급 요건을 갖추지 못하거나 일시금 수급을 원하는 가입자에게 지급한다.

제15조【급여의 지급사유 발생】

① 급여의 지급사유는 이 제도의 가입자가 제10조제2항제1호부터 제3호까지의 어느 하나에 해당되어 가입자 자격을 상실하게 된 경우 발생한다.

② 제1항에도 불구하고 계속근로기간이 1년 미만인 가입자가 그 자격을 상실한 경우에는 급여의 지급사유에 해당하지 아니한다. 이 경우 그 적립금은 사용자에게 귀속된다.(제9조 가입대상에서 계속근로기간 1년 미만자에 대하여 가입대상 자격 부여한 경우에 한함)

☞ 계속근로기간이 1년 미만인 가입자에 대하여도 급여를 지급하는 것으로 정할 수 있음

제16조【급여의 지급】

① 사용자는 급여를 지급할 사유가 발생한 경우 14일 이내에 제12조에 따른 부담금을 가입자의 확정기여형퇴직연금제도 계정에 납입하여야 한다.

② 사용자는 제14조제1항에 따른 미납 부담금이 있는 경우에는 그 미납 부담금과 제14조제3항에 따른 지연이자를 급여를 지급할 사유가 발생한 날부터 14일 이내에 해당 가입자의 확정기여형퇴직연금제도의 계정에 납입하여야 한다.

③ 사용자는 제1항 및 제2항에도 불구하고 특별한 사정이 있는 경우 가입자와의 합의에 따라 납입 기일을 연장할 수 있다.

제17조【개인형퇴직연금제도로의 급여 이전】

① 사용자는 제17조제1항 및 제2항에 따른 급여를 지급하는 경우 가입자가 지정한 개인형퇴직연금제도의 계정으로 이전하는 방법으로 한다.

② 사용자는 제16조에 따른 급여의 지급사유 발생이 예정되거나 발생한 경우에는 제1항에 따라 급여가 이전될 수 있도록 급여를 받을 권리를 가진 자(이하 "수급권자"라 한다)에게 개인형퇴직연금제도의 계정을 지정할 것을 신속히 안내하여야 한다.

③ 수급권자는 급여를 이전받기 위한 개인형퇴직연금제도를 설정하고 그 확인 자료(퇴직연금사업자가 발급한 개인형퇴직연금제도 계정 확인서 등. 이하 "IRP 확인서"라 한다)를 사용자에게 제출하는 등의 방법으로 지정의 의사를 표시하여야 한다.

④ 제3항에도 불구하고 급여를 지급할 사유가 발생한 날부터 ( )일 이내에 수급권자가 개인형퇴직연금제도의 계정을 지정하지 아니하는 경우에는 법 제17조제5항에 따라 "해당 퇴직연금사업자"가 운영하는 계정으로 이전한다. 이 경우 수급권자가 해당 퇴직연금사업자에게 개인형퇴직연금제도를 설정한 것으로 본다.

☞ 법정 지급기일(14일) 이내에 급여가 이전되는데 필요한 현실적 업무처리 소요기간 등을 고려하여 "7일" 등으로 작성 가능할 것임

⑤ 제4항에 따른 "해당 퇴직연금사업자"란 이 제도에 따라 수급권자의 확정기여형퇴직연금제도의 계정이 설정되었던 자산관리기관을 말한다.

⑥ 제1항에도 불구하고 영 제9조 각 호의 사유에 해당하는 경우(금액)에는 그러하지 아니한다.

⑦ 이 제도의 가입자는 자기의 부담으로 개인형퇴직연금제도를 추가로 설정할 수 있다. 이 경우 가입자는 사용자 또는 퇴직연금사업자에게 이 제도의 가입자임을 확인하여 줄 것을 요청할 수 있다.

⑧ 사용자는 제7항에 따라 가입자로부터 이 제도의 가입자임을 확인하여 줄 것을 요청받은 경우 별지0과 같이 확인서를 발급하여야 한다.

제18조【급여의 지급절차】

① 사용자는 급여를 지급할 사유가 발생한 경우 제18조에 따른 개인형퇴직연금제도의 계정으로 급여를 이전할 것을 운용관리기관에 지시하여야 한다.

② 사용자는 제1항에 따라 급여의 지급을 지시할 때에는 가입자가 제출한 IRP 확인서를 첨부하여야 한다. 다만 제18조제4항의 경우에는 그러하지 아니한다.

③ 사용자는 운용관리기관으로 하여금 급여의 지급사유 발생 사실 등을 자산관리기관에 전달하도록 하여 수급권자의 개인형퇴직연금제도 계정으로 급여가 이전될 수 있도록 한다.

④ 사용자는 수급권자가 자산관리기관에 직접 급여를 청구한 경우에는 자산관리기관이 지체없이 그 내용을 사용자에게 알리도록 하여 제1항에 따른 지급 지시가 이루어질 수 있도록 한다.

⑤ 제1항에도 불구하고 사업의 도산 등으로 사용자를 통한 급여의 지급절차 진행이 곤란한 경우 수급권자는 퇴직연금사업자에게 직접 급여를 청구할 수 있다.

⑥ 가입자는 퇴직할 때에 받을 급여를 갈음하여 그 운용 중인 자산을 가입자가 설정한 개인형퇴직연금제도의 계정으로 이전해 줄 것을 해당 퇴직연금사업자에게 요청할 수 있다.

⑦ 제6항에 따른 가입자의 요청이 있는 경우 퇴직연금사업자는 그 운용 중인 자산을 가입자의 개인형퇴직연금제도 계정으로 이전하여야 한다. 이 경우 확정기여형퇴직연금제도 운용에 따른 가입자에 대한 급여는 지급된 것으로 본다.

제6장 적립금의 운용

제19조【적립금 운용방법 선정 및 운용지시】

① 가입자는 운용관리기관이 사용자와 협의하여 제시한 적립금 운용방법 중에서 스스로의 선택으로 운용방법을 정하여 직접 운용지시하여야 한다.

② 가입자가 최초의 운용지시 기간 동안 운용지시를 하지 않는 경우에는 원리금보장 운용방법 중 하나인 (　　) 운용방법을 선정한 것으로 본다.

☞ 1년 만기 원리금보장상품(1년제 정기예금) 등으로 정하거나 사용자가 정한 운용방법 또는 사용자와 근로자대표가 정한 운용방법을 선정한 것으로 본다로 기재

제20조【적립금 운용방법의 변경】

① 가입자는 제20조에 따른 적립금 운용방법을 매반기 1회 이상 변경할 수 있다.

② 가입자는 적립금 운용방법을 변경하고자 하는 경우 운용관리기관이 정하는 절차 및 방법에 따라 운용지시를 하여야 한다.

③ 사용자는 가입자가 적립금 운용방법을 변경하는 경우 중도해지이율 적용 또는 중도해지에 따른 수수료 등의 부담에 관한 구체적 내용을 운용관리기관으로 하여금 가입자에게 안내하도록 하여야 한다.

④ 가입자가 제2회 이후의 운용지시 기간 동안 운용지시를 하지 않는 경우에는 직전 운용지시와 같은 운용방법으로 운용지시한 것으로 본다.

제21조【적립금 운용방법 제시】

① 사용자는 운용관리기관으로 히여금 반기마다 1회 이상 위험과 수익구조가 서로 다른 세 가지 이상의 적립금 운용방법을 가입자에게 제시하도록 하여야 한다.

② 사용자는 운용관리기관이 제1항에 따라 적립금의 운용방법을 제시함에 있어 다음 각 호의 요건을 갖춘 운용방법을 제시하도록 하여야 한다.

1. 운용방법에 관한 정보의 취득과 이해가 쉬울 것
2. 운용방법 간의 변경이 쉬울 것
3. 적립금 운용결과의 평가 방법과 절차가 투명할 것
4. 영 제25조제1항에 따른 원리금보장 운용방법이 하나 이상 포함될 것

제22조【적립금 운용방법의 정보제공】

① 사용자는 운용관리기관으로 하여금 다음 각 호에서 정한 사항을 포함하여 가입자가 적립금 운용방법을 선정하는 데 필요한 정보를 제공하도록 하여야 한다.

1. 운용방법별 이익 및 손실의 가능성
2. 운용방법별 과거 3년간의 이익 또는 손실 관련 실적. 다만 해당 운용방법의 과거 취급기간이 3년에 미치지 못하는 경우에는 그 취급기간에 한한다.
3. 운용방법의 선정 또는 변경에 따라 발생하는 운용수탁보수, 중도해지 또는 환매수수료 등의 비용 및 그 부담 방법에 관한 사항
4. 예금자보호법에 의한 보호대상 등 지급보장의 정도
5. 그 밖에 가입자가 운용지시를 하는 데 필요한 정보

② 사용자는 운용관리기관이 다음 각 호의 어느 하나에 해당하는 방법으로 적립금 운용방법에 관한 정보를 가입자에게 제공하도록 하여야 한다.
1. 우편 발송
2. 서면 교부
3. 정보통신망에 의한 전송

③ 사용자는 운용관리기관으로 하여금 가입자에게 매반기 1회 이상 정기적으로 제23조 및 제1항에 따른 적립금 운용방법의 제시 및 운용방법에 관한 정보의 제공을 하도록 하여야 한다.

제7장 중도인출 및 수급권의 담보제공

제23조【중도인출】

① 가입자는 다음 각 호의 어느 하나에 해당하는 사유가 발생하면 적립금을 중도인출할 수 있다.
1. 무주택자인 가입자가 본인 명의로 주택을 구입하는 경우
2. 가입자, 가입자의 배우자 또는 「소득세법」 제50조제1항에 따른 가입자 또는 가입자의 배우자와 생계를 같이하는 부양가족이 질병 또는 부상으로 6개월 이상 요양을 하는 경우
3. 중도인출을 신청하는 날부터 역산하여 5년 이내에 가입자가 「채무자회생및파산에관한법률」에 따라 파산선고를 받은 경우
4. 중도인출을 신청하는 날부터 역산하여 5년 이내에 가입자가 「채무자회생및파산에관한법률」에 따라 개인회생절차개시 결정을 받은 경우
5. 천재지변 등 피해에 대하여 고용노동부장관이 정하여 고시한 사유와 요건에 해당하는 경우(고시 제2012-55호)

② 가입자는 중도인출을 받고자 하는 경우 제1항의 어느 하나에 해당하는 사유를 갖추었음을 증빙할 수 있는 자료를 첨부하여 퇴직연금사업자에게 중도인출을 신청하여야 한다.

제24조【수급권의 보호】

① 가입자는 이 제도의 급여를 받을 권리는 양도하거나 담보로 제공할 수 없다.

② 제1항에도 불구하고 제24조제1항제1호부터 제5호까지의 어느 하나에 해당하는 사유와 요건을 갖춘 경우에는 이 제도의 급여를 받을 권리를 담보로 제공할 수 있다.

③ 제2항에 따른 담보제공의 한도는 다음 각 호의 구분에 따른다.

1. 제2항제1호부터 제4호까지의 경우: 가입자별 적립금의 100분의 50
2. 제2항제5호의 경우: 고용노동부장관이 정하여 고시하는 한도(고시 제2012-55호)

④ 사용자는 가입자가 대출을 받고자 하는 경우 퇴직연금사업자(자산관리기관)로부터 필요한 서류를 발급받을 수 있도록 하여야 한다.

제8장 운용 · 자산관리업무 계약의 체결, 해지 및 이전

제25조【운용관리업무에 관한 계약의 체결】

① 사용자는 법 제28조에 따라 다음 각 호의 업무(이하 "운용관리업무"라 한다)를 하는 것을 내용으로 하는 계약을 제6조에서 선정한 운용관리기관과 체결하여야 한다.

1. 가입자에 대한 적립금 운용방법 및 운용방법별 정보의 제공
2. 적립금 운용현황의 기록 · 보관 · 통지
3. 가입자가 선정한 운용방법을 자산관리기관에게 전달하는 업무
4. 그 밖에 운용관리업무의 적절한 수행을 위하여 필요한 업무

② 사용자는 운용관리업무에 관한 계약을 체결 또는 변경하는 경우 그 내용을 가입자에게 알려야 한다.

제26조【자산관리업무에 관한 계약의 체결】

① 사용자는 법 제29조에 따라 다음 각 호의 업무(이하 "자산관리업무"라 한다)를 하는 것을 내용으로 하는 계약을 제7조에서 선정한 자산관리기관과 체결하여야 한다.

1. 계좌의 설정 및 관리
2. 부담금의 수령
3. 적립금의 보관 및 관리
4. 운용관리기관이 전달하는 적립금 운용지시의 이행
5. 급여의 지급
6. 그 밖에 자산관리업무의 적절한 수행을 하는데 필요한 업무

② 사용자는 제1항에 따른 계약을 체결하려는 경우에는 가입자를 피보험자 또는 수익자로 하여 영 제24조에서 정하는 요건을 갖춘 보험계약 또는 신탁계약의 방법으로 하여야 한다.

③ 사용자는 자산관리업무에 관한 계약을 체결 또는 변경하는 경우 그 내용을 가입자에게 알려야 한다.

제27조【수수료의 부담】

① 제12조제1항에 따른 사용자 부담금에 대한 운용 · 자산관리업무 수수료는 사용자가 부담한다.

② 제12조제2항에 따른 추가 부담금에 대한 운용관리업무 및 자산관리업무에 대한 수수료는 가입자가 부담한다.

③ 사용자는 제2항에 따른 수수료율 및 부담방법 등 그 구체적 사항을 퇴직연금사업자로 하여금 가입자에게 알리도록 하여야 한다.

제28조【계약해지】

사용자는 다음 각 호의 어느 하나에 해당하는 경우에 제 26조 및 제27조에 따른 계약을 해지할 수 있다.

1. 이 제도의 폐지
2. 퇴직연금사업자의 변경
3. 퇴직연금사업자의 계약위반
4. 퇴직연금사업자의 등록취소 또는 등록말소

제29조【계약이전】

사용자는 제29조제2호부터 제4호까지의 사유에 해당하는 경우 이 제도의 이전에 필요한 조치를 하여야 한다.

제9장 제도의 폐지 · 중단

제30조【제도의 폐지】

① 이 제도는 다음 각 호의 어느 하나에 해당하는 경우에 폐지할 수 있다.

1. 사업의 소멸 · 도산
2. 다른 퇴직급여제도로의 변경

② 사용자는 제1항에 따라 이 제도를 폐지하는 경우 근로자대표의 동의를 받아야 한다.

③ 사용자는 영 제38조제1호에 따라 폐지한 날부터 1개월 이내에 고용노동부장관에게 폐지신고서를 제출하여야 한다.

④ 사용자는 이 제도 폐지일을 기준으로 산정된 가입자별 적립금, 가입자별 급여 내역 및 지급절차, 중간정산 대상기간 등을 가입자에게 통지하여야 한다.

⑤ 사용자는 제4항에 따른 통지를 함에 있어 미납 부담금이 있는 경우에는 그 금액과 지연이자를 포함한 금액, 납입 예정일 및 해소 방안도 함께 제시하여야 한다.

⑥ 사용자는 이 제도 폐지일부터 14일 이내에 미납 부담금 및 지연이자를 퇴직연금사업자에게 납입한 후 퇴직연금사업자로 하여금 급여를 지급하도록 하는데 필요한 조치 하여야 한다.

제31조【제도 폐지 시 급여 처리】

① 제31조에 따라 가입자가 급여를 받은 경우에는 법 제8조제2항에 따라 중간정산되어 받은 것으로 본다.

② 제1항에 따른 가입자별 중간정산 대상기간은 가입자별로 퇴직연금에 가입한 날부터 사용자가 납입한 부담금에 대응하는 기간의 마지막 날까지로 환산한다.

③ 사용자는 이 제도의 폐지로 퇴직연금사업자로 하여금 가입자에게 급여를 지급하도록 하는 경우 제17조부터 19조까지의 규정을 따른다.

제32조【제도의 운영중단】

① 사용자가 법 또는 이 규약에 위반되는 행위를 하여 고용노동부장관이 이 제도의 중단을 명한 경우 이 제도의 운용을 중단하기로 한다.

② 이 제도의 운용이 중단된 경우 중단된 기간에 대하여는 법 제8조제1항에 따른 퇴직금제도를 적용한다.

③ 사용자는 이 제도의 중단에도 불구하고 다음 각 호의 기본적인 업무는 유지하여야 한다.

1. 가입자에게 제도 중단사유 및 중단일, 재개시 일정, 미납 부담금이 있는 경우 그 납입계획 등 제도 중단기간의 처리방안 등의 공지
2. 가입자 교육의 실시
3. 급여 지급의 요청, 적립금 운용 등과 관련하여 법령 등에 규정된 업무의 이행을 위해 필요한 조치
4. 그 밖에 이 제도의 연속성 유지 및 가입자 보호를 위하여 필요한 업무

④ 사용자는 이 제도의 중단에도 불구하고 퇴직연금사업자로 하여금 다음 각 호의 기본적인 업무를 유지하도록 하여야 한다.

1. 가입자 퇴직 등에 따른 급여의 지급
2. 가입자 교육을 위탁받은 경우 위탁받은 교육의 실시
3. 급여의 지금, 적립금의 운용, 운용현황의 통지 등과 관련하여 법령 및 운용 · 자산관리업무의 계약에서 정해진 업무
4. 그 밖의 이 제도의 연속성 유지 및 가입자 보호를 위하여 필요한 업무

제10장 운용현황의 통지 및 가입자 교육

제33조【운용현황의 통지】

① 사용자는 운용관리기관으로 하여금 가입자별 운용현황을 매년 1회 이상 가입자에게 통지하도록 하여야 한다. 이 경우 가입자별 적립금의 운용수익 및 운용방법별 구성비율 등의 내용이 포함되어야 한다.

② 제1항에 따른 운용현황의 통지는 다음 각 호의 어느 하나에 해당하는 방법으로 이루어져야 한다.

1. 우편 발송
2. 서면 교부
3. 정보통신망에 의한 전송
4. 그 밖에 이에 준하는 방식으로 사용자와 운용관리기관이 체결한 운용관리업무에 관한 계약에서 정한 방법

③ 사용자는 제1항에 불구하고 다음 각 호의 어느 하나에 해당하는 사유가 발생한 경우에는 퇴직연금사업자로 하여금 운용현황의 구체적인 내용을 그 사유가 발생한 날부터 7일 이내에 가입자에게 알리도록 하여야 한다.

1. 부담금이 납입 예정일부터 1개월 이상 미납된 경우
2. 적립금 운용수익률이 현저히 변동한 경우로서 고용노동부장관이 정하는 기준에 해당하는 경우

제34조【가입자 교육】

① 사용자는 매년 1회 이상 가입자에게 이 제도의 운영상황 등 다음 각 목의 사항에 대하여 교육을 실시하여야 한다.

1. 제도 일반에 관한 교육 사항

가. 급여 종류에 관한 사항, 수급요건, 급여액 등 제도별 특징 및 차이점
나. 담보대출, 중도인출, 지연이자 등 해당 사업의 퇴직연금제도 운영에 관한 사항
다. 급여 또는 부담금 산정의 기준이 되는 임금 등에 관한 사항
라. 퇴직 시 급여 지급절차 및 개인형퇴직연금제도로의 적립금 이전에 관한 사항
마. 연금소득세, 퇴직소득세 등 과세 체계에 관한 사항
바. 해당 사업의 퇴직연금제도를 중단하거나 폐지하는 경우 그 처리방법
사. 가입자의 소득, 자산, 부채, 나이 및 근속연수 등을 고려한 자산 · 부채관리의 일반적 원칙과 노후 설계의 중요성에 관한 사항

2. 이 제도의 설정에 따른 추가 교육 사항

가. 사용자의 부담금 수준, 납입시기 및 납입 현황
나. 분산투자 등 적립금의 안정적 운용을 위하여 행하는 투자원칙에 관한 사항
다. 퇴직연금사업자가 제시하는 집합투자증권 등 적립금 운용방법별 수익구조, 매도기준가, 투자 위험 치 수수료 등에 관한 사항

② 사용자는 제1항제2호 나목 및 다목의 사항을 교육하는 경우 퇴직연금사업자와 협조하여 실시하여야 한다.

③ 제1항에 따른 교육의 방법 및 절차에 관한 사항은 다음 각 호의 구분에 따른다.
1. 제1항제1호의 제도 일반에 관한 교육사항은 사내 정보통신망 또는 사업장 게시판 게시 등을 가입자가 수시로 열람할 수 있도록 한다. 다만 이 제도 설정 후 최초 교육은 교육자료를 우편으로 발송하거나 직원연수 · 조회 · 회의 · 강의 등 대면하여 전달하는 방식으로 실시한다.
2. 제1항제2호의 이 제도의 설정에 따른 추가 교육 사항은 다음 각 목 중 하나 이상의 방법으로 실시한다.
가. 서면 또는 전자우편 등을 통한 정기적인 교육자료의 발송
나. 직원연수 · 조회 · 회의 · 강의 등의 대면 교육의 실시
다. 정보통신망을 통한 온라인 교육의 실시
③ 사용자는 퇴직연금사업자에게 제1항 및 제2항에 따른 교육의 실시를 위탁할 수 있다.
④ 제3항에 따라 퇴직연금사업자에게 가입자 교육의 실시를 위탁하는 경우 사용자는 퇴직연금사업자와 교육시기, 구체적 교육방법 등을 포함한 계약을 체결하여 퇴직연금사업자로 하여금 위탁계약의 내용에 따라 교육을 실시하도록 하여야 한다.
⑤ 사용자는 제3항 및 제4항에 따라 교육의 실시를 위탁한 경우 대면 교육의 실시에 협조하고, 그 실시 결과를 확인하여야 한다.

제11장 기타

제35조 【사업연도】

이 제도의 사업연도는 이 사업의 회계연도를 기준으로 하며, 회계 결산월은 ○○월로 한다.

제36조 【규약의 변경】

① 사용자는 이 규약의 내용을 변경하고자 하는 경우에는 근로자대표의 의견을 들이야 한다. 다만, 근로자에게 불리하게 변경하려는 경우에는 근로자대표의 동의를 받아야 한다.
② 사용자는 제1항에 따른 규약의 변경 시 그 내용을 가입자에게 알려야 한다.
③ 사용자는 규약이 변경된 경우 그 내용을 퇴직연금사업자에게 통지하여야 한다.

제37조 【법령의 준용】

① 사용자는 이 규약에서 정하지 아니한 사항은 관련 법령에서 정한 바에 따른다.
② 이 규약에서 정한 사항을 관련 법령에서 변경한 경우에는 그에 따르기로 한다.

부 칙

제1조 【시행일】

이 제도는 ○○○○년 ○○월 ○○일부터 시행한다.

[별지○] 이 제도 적용 사업 또는 사업장

○ 명 칭 : ○○주식회사 본사
○ 주 소 : ××시 ××구 ××로 ×가 ××번지
○ 명 칭 : ○○○○주식회사 ○○공장
○ 주 소 : ××시 ××구 ××로 ×가 ××번지
○ 명 칭 : ○○○○주식회사 □□공장
○ 주 소 : ××시 ××구 ××로 ×가 ××번지
○ 명 칭 : ○○○○주식회사 ◇◇공장
○ 주 소 : ××시 ××구 ××로 ×가 ××번지
※ 각 제도를 실시하는 사업 또는 사업장별로 표시

[별지○] 이 제도에 따른 운용관리기관(제0조 관련) 및 자산관리기관 등(제○조 관련)

1. 운용관리업무
가. 운용관리기관1
○ 상 호 : ○○보험주식회사
○ 주 소 : ××시 ××구 ××로 ×가 ××번지
나. 운용관리기관2
○ 상 호 : ○○은행
○ 주 소 : ××시 ××구 ××로 ×가 ××번지
다. 운용관리기관3
○ 상 호 : ○○증권
○ 주 소 : ××시 ××구 ××로 ×가 ××번지

2. 자산관리업무
가. 보험계약을 체결하는 자산관리기관
○상 호 : ○○ 보험주식회사
○주 소 : ××시 ××구 ××로 ×가 ××번지
나. 특정금전신탁계약을 체결하는 자산관리기관
○상 호 : ○○ 은행 · 증권주식회사
○주 소 : ××시 ××구 ××로 ×가 ××번지

[별지○] 확정급여형퇴직연금제도 가입 사실 확인서

퇴직연금제도 가입 사실 확인서

1. 가입자 정보

성 명		주민등록번호	

2. 사업(장) 정보

사 업 명		대 표 자	
사 업 장 소 재 지		연 락 처	

2. 퇴직연금제도 가입정보

제도 유형	□ 확정급여형	□ 확정기여형	□ 혼합형
입 사 일		가입자격 취득일	
퇴직연금 사업자			

위 사실이 틀림없음을 확인합니다.

년 월 일

회 사 명 (직인)

확인자 성명	부서명	연락처
(서명)		

※ 담당자 성명(서명), 부서명, 연락처 기재로 회사 직인 생략 가능

■ 근로자퇴직급여보장법 시행규칙 [별지 제1호서식]의 첨부서류

근로자대표 동의 확인서

※ 이 제도를 도입하는데 있어 다음 각 호의 예시 과정 중 해당 사업에서 진행한 내용 및 절차가 있는 경우 모두 체크

구 분	추 진 내 용
● 준비단계	□ 근로자와 제도 도입에 대한 공감대를 형성하기 위해 다양한 채널을 통해 자료를 수집 · 공유하였다. *예시) 근로자 대상 퇴직연금제도 도입 설명회 개최, 설명(교육)자료 배포 등 □ 도입과정상 이슈에 대한 의사결정에 근로자와 회사의 이해를 충분히 조율하기 위해 "노사공동의 협의체"를 구성하였다. □ 도입 절차 및 일정 등이 효율적으로 관리되고 공유될 수 있도록 추진계획이 수립되어 진행되었다.
● 선정단계	□ 제도의 유형, 유형별 특성 및 장 · 단점을 분석하였다. □ 그간의 퇴직급여제도 운영현황, 임금체계, 임금인상률, 재무현황 등 사업장 현황을 분석하였다. □ 근로자들의 니즈(선호)를 파악하기 위해 설문 또는 수요 조사를 하였다.
● 설계단계	□ 주요이슈에 대해 충분히 검토하고 규약을 작성하였다. □ 규약 내용에 대하여 근로자를 대상으로 설명하고, 주요 내용을 이해하는 과정을 거쳤다. * 예시) 근로자 대상 규약 설명회, 회의, 강의, 조회 등을 통한 규약 내용 전달, 규약 사내 게시, 규약 열람(회람) 등 □ 투명하고 공정한 절차를 거쳐 퇴직연금사업자를 선정하였다. * 예시) 공개 경쟁, 심사(평가)기준 마련 및 선정위원회 개최 등 □ 퇴직연금사업자 선정에 근로자의 선호를 반영하였다. * 예시) 근로자 대상 사업자 선호도 조사 실시, 노사공동의 협의체에서 퇴직연금사업자 선정, 근로자대표가 선정 과정에 참여 등

이 제도를 설정함에 있어 위와 같은 절차를 거쳐 규약을 신고합니다.

사업주	회사명 :	대표자 :	(서명 또는 인)

위와 같은 과정을 거쳐 이 제도를 설정하고, 규약을 신고하는데 있어 이 규약의 내용에 동의합니다.

근로자대표	노동조합 명칭 :	대표자 :	(서명 또는 인)

※ 근로자의 과반수가 가입한 노동조합이 없는 경우에는 근로자 과반수의 동의를 받았음을 증빙할 수 있는 자료 별도 붙임

제13장 안전보건보건규정의 작성 · 운용방법

1 안전보건관리규정

근로자의 안전 및 보건유지에 관해서는 산업안전보건법규 등에 사용자로서의 준수의무사항이 상세히 규정되어 있다. 사업장의 자율적인 재해예방 활동을 촉진시키기 위해 노 · 사가 협의하여 사업장의 특성에 맞는 산업안전보건에 관한 규정을 작성 · 게시 또는 비치하고 이를 노사가 준수토록 하기 위한 것이다.

1. 작성신고

(1) 작성대상

산업안전보건법상 사업주는 사업장의 안전 · 보건을 유지하기 위하여 소정의 사항을 포함한 안전보건관리규정을 작성하여 각 사업장에 게시 또는 비치하고 이를 근로자에게 알려야 한다. 안전보건관리규정을 작성하여야 할 사업은 상시 근로자 100명 이상을 사용하는 사업으로 한다. 사업주는 안전보건관리규정을 작성할 사유가 발생한 날부터 30일 이내에 동법시행규칙 별표 6의2의 내용을 포함한 안전보건관리규정을 작성하여야 한다. 이를 변경하는 때에도 또한 같다(산업안전보건법 제20조제1항, 동법시행령 제26조).

사업주가 안전보건관리규정을 작성할 경우에는 소방 · 가스 · 전기 · 교통분야 등의 다른 법령에서 정하는 안전관리에 관한 규정과 이를 통합하여 작성할 수 있다(동법시행규칙 제26조제3항).

(2) 안전보건관리규정에 포함되어야 할 내용

① 안전 · 보건관리조직과 그 직무에 관한 사항

② 안전 · 보건교육에 관한 사항

③ 작업장 안전관리에 관한 사항

④ 작업장 보건관리에 관한 사항

⑤ 사고조사 및 대책수립에 관한 사항

⑥ 그 밖에 안전 · 보건에 관한 사항

※ 안전보건관리규정에 포함되어야 할 세부적인 내용은 동법시행규칙별표 6의2에서 상세하게 규정하고 있다.

[규칙 별표 6의2] 안전보건관리규정의 세부내용(제26조 관련)

1. 총 칙
   가. 안전보건관리규정 작성의 목적 및 적용범위에 관한 사항
   나. 사업주 및 근로자의 재해예방책임과 의무 등에 관한 사항
   다. 하도급 사업장에 대한 안전보건관리에 관한 사항
2. 안전 · 보건 관리조직과 직무
   가. 안전 · 보건관리 조직의 구성방법, 소속, 업무분장 등에 관한 사항
   나. 안전보건관리책임자(안전보건총괄책임자), 안전 · 보건관리자, 관리감독자(위험작업에서의 안전담당자)의 직무 및 선임에 관한 사항
   다. 산업안전보건위원회의 설치 · 운영에 관한 사항
   라. 명예산업안전감독관의 직무 및 활동에 관한 사항
   마. 작업지휘자 배치 등에 관한 사항
3. 안전 · 보건교육
   가. 근로자 및 관리감독자의 안전 · 보건교육에 관한 사항
   나. 교육계획의 수립 및 기록 등에 관한 사항
4. 작업장 안전관리
   가. 안전 · 보건관리에 관한 계획의 수립 및 시행에 관한 사항
   나. 기계 · 기구 및 설비의 방호조치에 관한 사항
   다. 유해 또는 위험한 기계 · 기구 및 설비의 검사 및 자체검사에 관한 사항
   라. 근로자의 안전수칙 준수에 관한 사항
   마. 위험물질의 보관 및 출입제한에 관한 사항

바. 중대재해 및 중대산업사고 발생, 급박한 산업재해발생의 위험이 있을 경우 작업중지에 관한 사항
사. 안전표지 · 안전수칙의 종류 및 게시 그 밖에 안전관리에 관한 사항
5. 작업장 보건관리
가. 근로자 건강진단, 작업환경 측정의 실시 및 조기절차 등에 관한 사항
나. 유해물질의 취급에 관한 사항
다. 보호구의 지급 등에 관한 사항
라. 질병자의 근로금지 및 취업제한 등에 관한 사항
마. 보건표지 · 보건수칙의 종류 및 게시 그 밖에 보건관리에 관한 사항
6. 사고조사 및 대책수립
가. 산업재해 및 중대산업사고의 발생시 처리절차 및 긴급조치에 관한 사항
나. 산업재해 및 중대산업사고의 발생원인에 대한 조사 및 분석, 대책수립에 관한 사항
다. 산업재해 및 중대산업사고 발생의 기록관리 등에 관한 사항
7. 보 칙
가. 무재해운동 참여, 안전 · 보건관련 제안 및 포상 · 징계 등 산업재해예방을 위하여 필요하다고 판단하는 사항
나. 안전 · 보건관련 문서의 보존에 관한 사항
다. 그 밖의 사항
사업장의 규모 · 업종 등에 적합하게 작성하되, 필요한 사항을 추가하거나 그 사업장에 관련되지 아니하는 사항은 제외할 수 있다.

안전보건관리규정은 해당 사업장에 적용되는 단체협약 및 취업규칙에 반할 수 없다. 이 경우 안전보건관리규정 중 단체협약 또는 취업규칙에 반하는 부분에 관하여는 그 단체협약 또는 취업규칙에 정하는 기준에 따른다(산업안전보건법 제20조제2항).

2. 작성 · 변경절차

사업주가 안전보건관리규정을 작성하거나 변경할 때에는 산업안전보건위원회의 심의 · 의결을 거쳐야 한다. 다만, 산업안전보건위원회가 설치되어 있지 아니한 사업장에 있어서는 근로자대표의 동의를 받아야 한다.

사업주가 안전보건관리규정을 신고할 때에는 산업안전보건위원회 또는 근로자대표의 의견이 기재된 서면을 첨부하여야 한다.

3. 준 수

사업주와 근로자는 안전보건관리규정을 지켜야 한다.

안전보건관리규정에 관하여 산업안전보건법에 규정한 것을 제외하고는 그 성질에 반하지 아니하는 한 근로기준법의 취업규칙에 관한 규정을 준용한다(산업안전보건법 제22조). 안전보건규정의 성질 및 효력은 근로기준법상의 취업규칙과 동일하다.

4. 효 력

안전보건관리규정은 해당 사업장에 적용되는 단체협약 및 취업규칙에 반할 수 없다. 안전보건관리규정 중 단체협약 및 취업규칙에 반하는 부분에 관하여는 그 단체협약 또는 취업규칙으로 정한 기준에 따른다(산업안전보건법 제20조제2항).

2 안전보건

취업규칙에서는 기업의 업종, 업무양태에 따라서 필요로 하는 사항을 기재하면 된다. 일반적으로는 기계설비를 조작하는 제조업에서는 상세한 규정을 하고 있으며 비제조업에서는 간단한 내용에 그치고 있다.

규 정 례

제○조【재해방지】

근로자는 안전관리자의 지시에 따라 항상 재해방지에 힘써야 한다.

제○조【준수의무】

근로자는 안전을 유지하기 위하여 다음 각 호의 사항을 엄수하여야 한다.

1. 담당직원이 아닌 자는 위험한 시설 또는 물건을 취급하지 않을 것
2. 원동기, 동력전도장치, 기계기구, 공구류를 취업 전에 반드시 점검하고 고장 또는 위험한 개소를 발견한 때에는 즉시 관계자에게 보고할 것
3. 정해진 자가 아니면 기계장치의 조작 및 점검수리를 하지 않을 것
4. 허가없이 안전장치 또는 보호구를 제거하거나 또는 제거한 채 사용하지 않을 것
5. 부서를 이탈할 때에는 담당한 기계 · 원동기 등의 운전을 중지할 것
6. 항상 직장을 정리 · 정돈하고 비상구 또는 소화설비가 있는 곳에 물품을 두지 말 것
7. 화기취급에 주의하고 흡연은 소정 장소에서 행할 것
8. 자연발화의 우려가 있는 물품을 소정 장소 이외에는 두지 말 것

9. 화재 그 밖의 재해발생을 발견하거나 또는 그 위험을 예견한 경우에는 임기응변의 조치를 취함과 동시에 즉시 관계자에게 보고하여 그 지시를 받을 것
10. 그 밖의 작업에 관한 주의사항을 지키고 재해예방을 유의할 것

제○조【재해신고】

근로자는 화재 그 밖의 비상재해를 발견하거나 또는 예견한 때에는 즉시 그 관계자 및 그 부근 사람에게 알리는 동시에 스스로도 적절한 조치를 취하여야 한다.

제○조【건강진단】

회사는 1년에 1회 이상 정기적으로 건강진단을 실시한다.

제○조【질병자의 취업금지】

법정 감염병, 정신병 그 밖에 안전보건법규에 정하는 질병에 걸린 자는 취업을 금지한다.

제14장 재해보상규정의 작성 · 운용방법

1 업무상의 사유로 부상 또는 질병 등의 재해를 입은 경우

이른바 "업무상 재해"가 생긴 경우에 기업은 각종의 보상을 할 의무를 지고 있다. 이 의무는 근로기준법(제8장, 재해보상 관계조문)에 의한 것이지만 산업재해보상보험법에 의한 보험가입을 하고 있는 경우에는 국가가 보상의무를 지며 기업은 그 한도에서 보상의무를 면한다.

근로기준법상 그 보상은 이하의 6종류이다.

① 요양보상 : 진찰료, 치료비, 입원비, 간병 · 이송비 등을 보상하며 보상급부의 대상이 되는 질병의 범위 및 급부내용은 법령에 정해져 있다.

② 휴업보상 : 요양을 위해 휴업한 경우 그 기간 중의 임금을 보상하여야 한다. 산업재해보상보험으로는 4일 이상에만 급부되므로 3일 이내인 때에는 기업이 부담한다.

③ 장해보상 : 완치되고도 장해가 남은 경우에 보상한다.

④ 유족보상 : 불행하게도 사망한 경우의 보상이다.

⑤ 장의비 : 사망한 경우의 장의비이다.

⑥ 일시보상 : 업무상 재해는 기업이 충분히 보호하여야 하나 너무 장기에 걸치는 경우에는 요양개시일로부터 2년 경과 후에는 일시보상으로 가름할 수

있다. 이 경우에는 퇴직하는 것이 일반적이다.

2 업무상의 개념

실제로 재해가 발생한 경우 그것이 「업무상 재해」라고 인정되는가 어떤가 하는 판정이 반드시 용이한 것은 아니다.

「업무상」 판정의 포인트는 다음 두 가지이다. 하나는 업무수행성 또 하나는 업무기인성이다.

업무수행성이란 사용자의 지휘 · 명령하에서 업무를 하고 있는 과정에서 발생하는 것을 말한다. 예컨대, 휴게시간 중의 부상은 사업주의 지배관리하에 있다고 볼 수 있는 행위로 발생한 사고는 업무상이라고는 할 수 있다. 종료시간 후 기계에 차여서 골절이 된 경우에도 업무 외이다. 또 취업시간 중일지라도 담배를 구입하기 위해 외출을 해서(그 행위자체가 잘못이라 하더라도) 부상한 경우에는 명백히 업무수행성을 결하고 있다.

휴게시간 중 운동경기에서 부상한 경우에는 사업주의 지배관리하에 있다고 볼 수 있는 행위로 발생한 사고는 업무수행과정이라고는 볼 수 있으므로 업무상의 재해이다.

다음에 업무기인성이란 업무에 기인해서 발생한 것, 즉「만약 업무를 하고 있지 않았다면 일어나지 않았을 것이다」라는 인과관계가 필요하다.

예컨대, 고혈압증의 근로자가 평소와 다름없이 작업 중 뇌장해로 쓰러진 경우에는 작업과 인과관계가 인정되지 않는다면 업무상으로는 되지 않는다.

3 고의, 중과실에 따른 제한

고의로 부상을 한다는 것은 보통 생각할 수 없으나, 가령 있었다고 한다면 근로기준법에서는 업무 외로 취급되고 산업재해보상보험법에서는 보험급여의 대상이 되지 아니한다.

있을 수 있는 것은 중대한 과실의 경우이다.

중대한 과실이란 경한 과실을 포함하지 않으며 객관적으로 보아 상식적으로 생각할 수 없는 중대한 과실이다. 이 경우에는 노동위원회의 인정을 받으면 기업은 휴업보상 및 장해보상의무를 면한다(근로기준법 제81조).

4 규정작성방법

업무상 재해에 관해서 산업재해보상보험의 보험급여와 동일한 보상을 하는 경우에는 산업재해보상보험법에 정하는 급여내용을 규정의 내용으로 한다. 모델례는 휴업보상을 제외하고 산업재해보상보험법에 의한 급여와 동일하게 한 예이다. 휴업보상에 관하여 산업재해보상보험법에 의한 급여는 평균임금의 70%인데 사상병에 의한 휴업과는 달라 업무상의 상병으로 휴업한 것이며 요양 중에는 생계비도 평소보다 많이 소요될 것이므로 통상과 같이 근무한 것과 동일 취급을 하는 것이 바람직하다. 모델례에서는 통근수당 및 정 · 개근수당을 제외한 기준내 임금으로 하였다.

규 정 례

제○조【업무상 재해보상】

업무상 부상 또는 질병에 걸리거나 사망한 때에는 다음 각 호와 같은 보상을 행한다. 다만, 산업재해보상보험급여를 받은 때에는 그 가액의 한도에서 보상하지 아니한다.

1. 요양보상 : 치료에 필요한 의료비(치료비, 통원비, 입원비, 간병료 등의 비용)
2. 휴업보상 : 평균임금의 70%
3. 장해보상 : 부상 · 질병이 치유되었어도 신체 · 정신에 장해가 남은 경우에는 그 정도에 따라서 법정등급에 따라 평균임금의 50일분 이상 1,340일분까지
4. 유족보상 : 사망한 때에 평균임금의 1,300일분
5. 장의비 : 장의를 행한 자에게 평균임금의 120일분
6. 일시보상 : 요양개시 후 2년을 경과하여도 완치되지 아니한 때에는 그 이후의 보상에 가름하여 평균임금의 1,340일분

제15장 표준취업규칙[일반근로자용] 모델

[고용노동부작성 2012.12]

◈ 이 자료는 사업장의 취업규칙 작성에 참고할 수 있도록 자료를 제공하기 위한 것으로 주40시간제가 적용되는 제조업체를 가정하여 작성한 것이므로 동 자료를 참고하여 사업장의 취업규칙을 작성 · 변경할 때에는 근로기준법 등 노동관계법령에 위배되지 않는 범위 내에서 사업장의 규모나 업무의 특성에 맞게 변형하여야 한다.

◈ 또한, 이 자료는 현재까지 개정된 노동관계법령을 반영하였으므로 그 이후의 법령 제 · 개정에 대해서는 각 사업장에서 제 · 개정 내용을 확인하여 취업규칙에 반영하여야 한다.

◈ 아울러 취업규칙을 작성 · 변경할 때에는 반드시 근로자 과반수(과반수 노동조합이 있는 경우는 그 노동조합)의 의견을 반영(청취 또는 동의)하여야 하며 회사의 홈페이지, 게시판, 사무실 등에 게시 · 비치하여 근로자들에게 알려야 한다.

조 문 순 서

제1장 총 칙

제2장 채용 및 근로계약

제3장 복 무

제4장 인 사

제1절 인사위원회

제2절 배치 · 전직 및 승진

제3절 휴직 및 복직

제5장 근로조건

제1절 근로시간

제2절 휴일 · 휴가

제3절 모성보호

제6장 임 금

제7장 퇴직 · 해고 등

제8장 퇴직급여

제9장 표창 및 징계

제10장 교육 및 성희롱의 예방

제11장 안전보건

제12장 재해보상

제13장 취업규칙

부 칙

제1장 총 칙

◈ 총칙은 필수적 기재사항은 아니지만 취업규칙의 체계상 총칙 규정을 두는 것이 일반적이다.

제1조【목 적】

이 규칙은 ○○주식회사(이하 "회사"라 한다) 사원의 채용 · 복무 및 근로조건에 관한 사항을 정함을 목적으로 한다.

유의사항

[선택] 취업규칙을 정하는 목적을 규정한다.

제2조【적용범위】

① 사원의 복무 및 근로조건에 관하여 법령, 근로계약, 기타 회사규정에 별도로 정함이 있는 경우를 제외하고는 이 규칙이 정하는 바에 의한다.

② 제7조의 수습기간, 제17조 및 제18조의 육아휴직과 복직에 관한 사항은 근속기간이 1년 미만인 사원에게는 적용하지 않는다.

유의사항

[선택] 기간제근로자와 무기계약근로자에 따라 달리 대우할 사항이 있는 경우는 해당되는 조항을 명확히 밝히는 것이 바람직하다.

제3조【사원의 정의】

이 규칙에서 "사원"이란 단시간사원을 제외한 무기계약사원과 기간제사원을 의미한다.

유의사항

[선택] 규칙을 적용받는 대상 근로자의 범위를 명확히 규정하는 것이 바람직하다.

☞ (참고)「기간제및단시간근로자보호등에관한법률」제정으로 계약기간을 정한 근로자를 "기간제근로자"로 표기함에 따라 계약기간을 정하지 않은 근로자를 "무기계약근로자"로 표기하는 것이 일반적이다.

제2장 채용 및 근로계약

◈ 채용 관련 사항은 필수적 기재사항은 아니지만 취업규칙의 체계상 관련 규정을 두는 것이 일반적이다.

제4조【채용기회】

회사는 사원의 모집 및 채용에 있어서 합리적인 이유없이 성별, 연령, 신앙, 사회적신분, 출신지역, 출신학교, 혼인 · 임신 · 출산 또는 병력(病歷) 등에 의한 차등을 두지 않는다.

유의사항

[선택] 모집과정에서 합리적 이유없이 차별을 하지 않도록 한 법의 취지를 명확히 할 필요가 있다(남녀고용평등과일·가정양립지원에관한법률(이하, 남녀고용평등법) 제7조, 고용정책기본법 제7조 참조).

제5조【전형 및 채용서류】

회사에 입사를 지원하는 자는 다음 각 호의 서류를 제출하여야 한다.

1. 자필이력서 1통
2. 자기소개서 1통

유의사항

[선택] 모집단계에서의 제출서류는 최소한으로 하고, 기타 필요 서류는 합격자에 한하여 제출토록 할 필요가 있다.

☞ (참고) 모집 · 채용시 사진, 신체조건(키, 몸무게), 결혼 및 출산 여부 등 직무능력과 관련없는 사항은 기재하지 않도록 한다.

제6조【근로계약】

① 회사는 채용이 확정된 자와 서면으로 근로계약을 체결하고, 해당자에게 근로계약서 사본 1부를 내어 준다.

② 회사는 근로계약 체결 시 사원에게 임금, 소정근로시간, 휴일, 연차유급휴가, 취업의 장소와 종사하여야 할 업무에 관한 사항, 근로기준법 제93조제1호부터 제12호까지의 규정(취업규칙의 작성 · 신고사항)에서 정한 사항, 근로기준법 제10장의 기숙사에 관한 사항(기숙사가 있는 경우에 한함)을 명확히 제시한다.

③ 회사는 제2항의 내용 중 임금의 구성항목 · 계산방법 · 지급방법, 소정근로시간, 휴일, 연차유급휴가에 관한 사항, 취업의 장소와 종사하여야 할 업무에 관한 사항을 서면으로 명확히 제시하여 교부한다. 또한 기간제근로자인 경우 근로계약기간도 함께 명시한다.

④ 회사는 근로계약 체결 시 제2항 및 제3항의 사항이 적시된 취업규칙을 제시하거나 교부함으로써 제2항의 명시 및 제3항의 서면명시 및 교부의무를 대신할 수 있다.

유의사항

[선택] 근로기준법 제17조에 따라 사용자는 근로계약을 서면으로 체결하고 사본을 근로자에게 교부하도록 함으로써 근로조건 관련 사항을 명확히 알도록 하고 이와 관련된 논란을 줄이도록 할 필요가 있다(별지 1의 표준근로계약서 참조).

- 무기계약근로자 : 근로기준법 제17조(근로조건의 명시) 및 시행령 제8조 참조
- 기간제근로자, 단시간근로자 : 기간제및단시간근로자보호등에관한법률 제17조(근로조

건의 서면명시) 참조

☞ (참고) 근로계약 체결시 명시 및 서면명시 해야 하는 근로조건이 적시된 취업규칙을 제시하거나 교부함으로써 명시 · 서면명시 및 교부절차를 간소화하고 아울러 취업규칙을 사전에 인식시키는 효과도 있다.

☞ (참고) 임금의 구성항목 · 계산방법에서는 노동관계법령에 의해 금지되는 위약예정, 전차금 상계, 강제저금의 소지가 있는 조항은 포함하지 않는다(근로기준법 제20조, 제21조, 제22조 참조).

제7조【수습기간】

① 신규로 채용된 자는 최초로 근무를 개시한 날부터 0개월간을 수습기간으로 한다.

② 제1항의 수습기간은 근속년수에 포함하며, 평균임금 산정기간에는 포함하지 아니한다.

유의사항

[선택] 수습기간을 반드시 설정하여야 하는 것은 아니지만 수습기간을 설정하는 경우는 그 기간을 명확히 규정하도록 한다.

☞ (참고) 수습기간은 근속기간에 포함되도록 하여야 하며, 직무의 성질 등을 감안하여 사회통념상 인정되는 범위에서 지나치게 장기간이 되지 않도록 한다.

제3장 복 무

◈ 복무 관련 사항은 필수적 기재사항은 아니지만 일반적으로 취업규칙에 규정하는 사항이며 근로기준법 등에 위반되지 않도록 할 필요가 있다.

제8조【복무의무】

사원은 다음 각 호의 사항을 준수하여야 한다.

1. 사원은 맡은바 직무를 충실히 수행하여야 한다.
2. 사원은 직무상 지득한 비밀을 엄수하고 회사기밀을 누설해서는 아니 된다. 단, 공익신고자보호법상의 '공익신고자' 의 경우에는 적용되지 아니한다.
3. 사원은 회사의 제반규정을 준수하고 상사의 정당한 직무상 지시에 따라야 한다.
4. 사원은 사원으로서 품위를 손상하거나 회사의 명예를 실추시키는 행위를 하여서는 아니 된다.
5. 사원은 그 밖에 제1호 내지 제4호에 준하는 행위를 하여서는 아니 된다.

유의사항

[선택] 사업장 질서 유지 차원에서 정하는 사항으로 사업장의 사정에 따라 달리 정할 수 있다.

☞ (참고) 근로자의 기본권 및 그 밖의 법령에 따른 권익을 침해하지 않도록 유의해야 하며, 경영 · 인사 상 최소한의 범위에서 규정해야 한다.

제9조【출근, 결근】

① 사원은 업무시간 시작 전까지 출근하여 업무에 임할 준비를 하여 정상적인 업무수행에 차질이 없도록 하여야 한다.

② 질병이나 그 밖의 부득이한 사유로 결근하고자 하는 경우에는 사전에 소속부서의 장의 승인을 받아야 한다. 다만, 불가피한 사유로 사전에 승인을 받을 수 없는 경우에는 결근 당일에라도 그 사유를 명확히 하여 사후 승인을 받아야 하며 정당한 이유없이 이러한 절차를 이행하지 아니한 경우 무단결근을 한 것으로 본다.

유의사항

[선택] 사업장 질서 유지 차원에서 정하는 사항으로 사업장의 사정에 따라 달리 정할 수 있다.

☞ (참고) 사용자의 지시 및 강요에 의한 조기출근 시간은 근로시간으로 인정될 소지가 있으므로 지나치게 일찍 출근토록 하는 것은 자제해야 한다.

제10조【지각 · 조퇴 및 외출】

① 사원은 질병 그 밖의 부득이한 사유로 지각하게 되는 경우에는 사전에 부서의 장 또는 직근 상급자에게 알려야 하며, 부득이한 사정으로 사전에 알릴 수 없는 경우에는 사후에라도 지체없이 이 사실을 알려야 한다.

② 사원은 근로시간 중에 사적으로 근무 장소를 이탈할 수 없다. 다만, 질병이나 그 밖의 부득이한 사유로 인하여 조퇴 또는 외출 하고자 할 경우에는 소속부서의 장의 승인을 받아야 한다.

③ 사원이 지각 · 조퇴 및 외출한 시간은 무급으로 처리함을 원칙으로 한다.

유의사항

[선택] 사업장 질서 유지 차원에서 정하는 사항으로 사업장의 사정에 따라 달리 정할 수 있다.

☞ (참고) 지각 · 조퇴 및 외출로 인한 누계시간을 결근으로 취급하는 것은 연차유급휴가 산정에 불리하게 영향을 주는 것으로 허용되지 않는다.

- 다만, 노사간 특약으로 지각 · 조퇴 및 외출로 인한 누계시간을 연차유급휴가를 사용한 것으로 하여 연차유급휴가 일수에서 공제하는 것은 가능하다(2000.1.22, 근기 68207-157).

제11조【공민권행사】

① 회사는 사원이 근무시간 중 선거권, 그 밖의 공민권을 행사하거나 공(公)의 직무를 수행하기 위하여 필요한 시간을 청구할 경우 이를 거부할 수 없으며, 그 시간은 유급으로 처리한다.

② 회사는 제1항의 권리행사나 공(公)의 직무를 수행하는데 지장이 없는 범위 내에서 사원이 청구한 시간을 변경할 수 있다.

유의사항

[선택] ☞ (참고) 공직선거법에 따른 4대선거와 향토예비군설치법, 민방위기본법에 따라 소집된 기간은 유급으로 처리해야 한다.

☞ (참고) 사업장 사정에 따라 선거일과 예비군 · 민방위 소집기간을 유급휴일로 정할 수 있다.

제12조【출 장】

① 회사는 업무수행을 위하여 필요한 경우 사원에게 출장을 명할 수 있다.

② 회사는 행선지별 여비, 숙박비, 현지교통비 등 실비에 충당될 수 있는 비용을 지급한다.

유의사항

[선택] 업무를 수행해야할 장소가 유동적인 경우를 대비하여 확인적인 취지로 명시할 수 있다.

제4장 인 사

제1절 인사위원회

◈ 인사위원회 규정은 필수적 기재사항은 아니지만 일반적으로 취업규칙이나 별도 인사규정으로 정한다.

제13조【인사위원회의 구성】

① 인사위원회(이하 "위원회"라 한다.)는 대표이사와 부서장 또는 그에 준하는 직급의 사원 중 대표이사가 임명하는 자로 총 5명 이내로 구성하되 근로자위원을 최소 1명 이상 포함되도록 한다.

② 위원회의 위원장은 대표이사 또는 대표이사가 위임한 자로 한다.

③ 위원회에는 인사(총무)담당자 1명을 간사로 둔다.

유의사항

[선택] ☞ (참고) 인사위원회 구성은 사업장 규모에 따라 위원 수를 달리 할 수 있다.

☞ (참고) 인사위원회 구성 시 근로자위원을 포함하게 하는 것이 형평의 원칙상 바람직하다.

※ "해고" 외 인사운영에 관한 사항은 노사협의회를 통해 운영할 수 있다(근로자참여및협력증진에관한법률 제20조).

제14조【위원회의 기능】

위원회는 다음 각 호의 사항을 의결한다.

1. 사원의 표창에 관한 사항
2. 사원의 징계에 관한 사항
3. 그 밖에 사원의 인사에 관하여 위원회의 의결이 필요한 사항

유의사항

[선택] 사업장의 사정에 따라 달리 정할 수 있다.

제15조【위원회의 소집 및 운영】

① 위원회는 제14조의 의결사항이 있을 경우 위원장이 소집한다.
② 위원장은 회의를 소집하고자 하는 경우 원칙적으로 회의개최 7일전에 회의일시, 장소, 의제 등을 각 위원에게 통보한다.
③ 위원회는 재적위원 과반수의 출석과 출석위원 과반수의 찬성으로 의결한다. 다만, 징계에 관한 사항은 재적위원 3분의 2이상의 찬성으로 의결한다.
④ 위원장은 표결권을 가지며 가부동수일 때에는 결정권을 가진다.
⑤ 위원회의 회의는 공개하지 아니하며 회의내용과 관련된 사항은 누설하여서는 아니 된다. 다만, 위원회의 의결로 공개할 수 있다.
⑥ 위원회의 의결사항이 특정위원에 관한 사항을 의결할 때에는 당해 위원은 그 건의 의결에 참여할 수 없다.
⑦ 위원회의 운영방법 등 기타 필요한 사항에 대하여는 별도의 규정으로 정할 수 있다.

유의사항

[선택] 사업장의 사정에 따라 달리 정할 수 있다.

[선택] 인사위원회의를 둘 경우 운영절차를 투명하게 함으로써 민주적인 운영에 노력할 필요가 있다.

☞ (참고) 의결정족수는 민주적인 운영 원칙에 충실하게 정하되, 특히 징계에 관하여는 보다 강화하는 것이 일반적이다.

제2절 배치 · 전직 및 승진

◈ 인사이동 관련 규정은 필수적 기재사항은 아니지만 내용상 근로기준법 등 관련법률에 위반되지 않도록 할 필요가 있다.

제16조【배치, 전직, 승진】

① 회사는 사원의 능력, 적성, 경력 등을 고려하여 부서의 배치, 전직, 승진 등 인사발령을 하며, 사원은 정당한 사유없이 이를 거부할 수 없다.
② 회사는 제1항의 인사발령을 함에 있어서 합리적인 이유없이 남녀를 차별하지 아니한다.
③ 승진 등 인사발령과 관련하여 필요한 사항에 대하여는 별도의 규정으로 정한다.

유의사항

[선택] 투명한 인사운영을 위해 규정하는 경우가 많으며 사업장 사정에 따라 별도의 인사규정으로 정하는 것도 가능하다.

☞ (참고) 전직, 전근, 승진 등 인사발령을 함에 있어 합리적인 이유없이 특정 성(性)을 불리하게 대우하지 않아야 한다(남녀고용평등법 제10조 참조).

제3절 휴직 및 복직

◈ 휴직 관련 규정 중 육아휴직은 필수적 기재사항이며 그 외의 휴직사유도 병행하여 규정하는 것이 일반적이다.

제17조【휴 직】

① 회사는 다음 각 호의 어느 하나에 해당하는 사유로 사원이 휴직원을 제출하는 경우에는 휴직을 승인할 수 있다. 이 경우 제3호의 휴직 외에는 무급을 원칙으로 한다.

1. 업무외 질병, 부상, 가사 등으로 직무수행이 어렵다고 인정되는 경우 : 필요하다고 인정되는 기간
2. 병역법, 기타 법령에 의해 징집 및 소집되었을 때 : 징집 및 소집기간
3. 연수, 직무 등의 사유로 회사가 휴직이 필요하다고 하는 경우 : 필요하다고 인정되는 기간

② 휴직자는 휴직기간 중 거주지의 변동 등의 사유가 있을 때에는 회사에 즉시 그 사실을 알려야 한다.

유의사항

[선택] 근로자가 장기간 업무수행이 불가능할 경우를 대비하여 규정하는 것이 일반적이다.

- 특히, 휴직 인정 사유와 휴직기간, 유급 또는 무급 여부 등은 사업장 사정에 따라 달리 정할 수 있다.

제18조【육아휴직】

① 회사는 만 6세 이하의 초등학교 취학 전 자녀(입양한 자녀를 포함한다.)를 가진 남녀 사원이 그 영유아의 양육을 위하여 육아휴직을 청구하는 경우에는 이를 허용한다. 단, 계속 근로한 기간이 1년 미만이거나 같은 영유아에 대하여 배우자가 육아휴직 중인 경우에는 허용하지 않을 수 있다.

② 육아휴직기간은 1년 이내로 한다.

③ 회사는 육아휴직을 이유로 해고나 그 밖의 불리한 처우를 하지 않으며 특히 육아휴직기간에는 해고하지 아니한다.

④ 회사는 사원이 육아휴직을 사용할 경우 고용보험법령이 정하는 육아휴직급여를 받을

수 있도록 증빙서류를 제공하는 등 적극 협조한다.

유의사항

[필수] 취업규칙의 필수적인 사항으로 모성보호 및 직장과 가정의 양립 차원에서 법으로 강제되는 제도이다.

☞ (참고) 2008.1.1부터는 만 6세 이하의 초등학교 취학 전 자녀(입양한 자녀를 포함한다.)를 가진 근로자의 청구 시 육아휴직을 부여하여야 한다(남녀고용평등법 제19조 참조).

- 다만, 법령상 육아휴직을 허용하지 않아도 되는 근로자(계속 근로한 기간이 1년 미만, 같은 영유아에 대하여 배우자가 육아휴직 중인 근로자)에 대한 육아휴직 부여할지 여부 등은 사업장 사정에 따라 달리 정할 수 있다.

제19조【가족돌봄휴직 등】

① 회사는 사원이 부모, 배우자, 자녀 또는 배우자의 부모(이하 "가족"이라 한다)의 질병, 사고, 노령으로 인하여 그 가족을 돌보기 위한 휴직(이하 "가족돌봄휴직"이라 한다)을 신청하는 경우 이를 허용하여야 한다. 다만, 대체인력 채용이 불가능한 경우, 정상적인 사업 운영에 중대한 지장을 초래하는 경우 등 남녀고용평등법 시행령으로 정하는 경우에는 그러하지 아니하다.

② 제1항 단서에 따라 가족돌봄휴직을 허용하지 아니하는 경우에는 해당 사원에게 그 사유를 서면으로 통보하고, 다음 각 호의 어느 하나에 해당하는 조치를 하도록 노력하여야 한다.

1. 업무를 시작하고 마치는 시간 조정
2. 연장근로의 제한
3. 근로시간의 단축, 탄력적 운영 등 근로시간의 조정
4. 그 밖에 사업장 사정에 맞는 지원조치

③ 가족돌봄휴직기간은 연간 최장 90일로 하며, 이를 나누어 사용할 수 있다. 이 경우 나누어 사용하는 1회의 기간은 30일 이상이 되어야 한다.

④ 회사는 가족돌봄휴직을 이유로 해당 근로자를 해고하거나 근로조건을 악화시키는 등 불리한 처우를 하여서는 아니 된다.

⑤ 가족돌봄휴직기간은 근속기간에 포함한다. 다만, 근로기준법 제2조제1항제6호에 따른 평균임금 산정기간에서는 제외한다.

⑥ 회사는 소속 근로자가 건전하게 직장과 가정을 유지하는 데에 도움이 될 수 있도록 필요한 심리상담 서비스를 제공하도록 노력하여야 한다.

유의사항

[선택] 남녀고용평등법의 내용으로 2012.8.2.부터(300인 미만 사업장은 2013.2.2.부터)

근로자가 가족돌봄휴직을 신청하는 경우 특별한 사유가 없는 한 이를 허용하여야 한다(남녀고용평등법 제22조의2 참조).

제20조 【복직】

① 사원은 휴직사유가 소멸되었을 때에는 지체없이 복직원을 제출해야 하며, 휴직기간이 만료된 때에는 그 만료일 7일전까지 복직원을 제출하여야 한다.

② 사원은 부득이한 사유가 있는 경우 승인을 얻어 휴직기간을 연장할 수 있다.

③ 회사는 휴직 중인 사원으로부터 복직원을 제출 받은 경우에는 최대한 빠른 시일 내에 휴직 전의 직무에 복직시키도록 노력하되, 부득이한 경우에는 그와 유사한 업무나 동등한 수준의 급여가 지급되는 직무로 복귀시키도록 노력한다.

유의사항

[선택] 복직 절차는 사업장의 사정에 따라 달리 정할 수 있으나, 휴직 및 복직과 관련한 논란을 줄이기 위해 명확히 규정할 필요가 있다.

☞ (참고) 사업장에서 허용한 휴직기간은 근속기간에 산입하는 것이 일반적이다.

* 육아휴직기간은 근속기간에 반드시 포함하여야 한다(남녀고용평등법 제19조제4항).

* 개정된 병역법 제69조제2항 · 제3항에는 현역 또는 실역에 복무하게 되어 휴직된 자는 복무 후 그 직장에 복직을 보장하고, 군복무로 인하여 휴직된 때에는 승진에 있어서 복무기간을 실무의 종사기간으로 보아야 한다고 규정하고 있으므로, 위 개정된 병역법이 시행된 이후에는 위 휴직기간을 승진의 경우 이외에 퇴직금의 지급기간에까지 가산할 수 없을 것이다(대법 1993.1.15, 92다41968)

제21조 【근속기간의 계산】

휴직기간은 근속기간에 산입한다. 다만, 제17조제1항제2호의 병역법에 의한 군복무기간은 퇴직금 산정을 위한 계속 근로년수에서 제외한다.

제5장 근로조건

제1절 근로시간

◈ 근로시간 관련 규정은 필수적 사항이며 근로기준법 등 관련법률에 위반되지 않도록 할 필요가 있다.

제22조 【근무형태】

근무형태는 주간근무를 원칙으로 하며, 필요할 경우 사원의 대표와 합의하여 교대근무제를 시행할 수 있다.

유의사항

[필수] 사업장의 특성을 감안하여 근무형태를 달리 규정할 수 있다.

제23조【근로시간】

① 1주간의 근무일은 0요일부터 0요일까지 0일로 하고 이 경우 매주 토요일은 무급휴무일로 한다.

② 1주간의 근로시간은 휴게시간을 제외하고 40시간으로 한다.

③ 1일의 근로시간은 8시간으로 하되, 제24조의 휴게시간을 제외하고 00:00부터 00:○○시까지로 한다. 단, 18세 미만 사원의 경우 1일의 근로시간은 7시간 이내로 한다.

유의사항

[필수] 근로기준법에 위배되지 않는 범위 내에서는 사업장 사정에 따라 근무요일, 근무시간을 달리 정할 수 있다.

- 근무일을 화요일부터 토요일까지로 하는 경우
- 주당 근로시간을 35시간으로 하는 경우
- 1일 근로시간을 7시간으로 하는 경우 등

☞ (참고) 주40시간제를 주5일제 형태로 실시하는 경우 유급주휴일 외의 나머지 1일을 무급으로 할지 또는 유급으로 할지를 명확히 규정할 필요가 있다.

제24조【휴 게】

휴게시간은 제23조제3항의 근로시간 중 ○○:○○시부터 ○○:○○시까지로 한다. 다만, 업무사정에 따라 휴게시간을 달리 정하여 운영할 수 있다.

유의사항

[필수] 휴게시간은 근로기준법의 취지에 위배되지 않는 범위 내에서 사업장 사정에 따라 달리 정할 수 있다.

☞ (참고) 근로시간이 4시간인 경우에는 30분 이상, 8시간인 경우에는 1시간 이상의 휴게시간을 적정하게 부여하고, 휴게시간은 근로자가 자유롭게 이용할 수 있도록 보장해 줄 필요가 있다(근로기준법 제54조 참조).

제25조【탄력적근로시간제】

① 회사는 ○○월부터 ○○월까지 ○○개월 동안 생산직사원에 대하여 다음 각 호에 정하는 바에 따라 2주단위의 탄력적근로시간제를 시행한다.

1. 주당 근무시간 : 첫 주 ○○시간, 둘째 주 ○○시간
2. 첫 주의 1일 근무시간 : ○요일부터 ○요일까지 ○○시간(○○:○○부터 ○○:○○까지, 휴게시간은 ○○:○○부터 ○○:○○까지)

3. 둘째 주의 1일 근무시간 : ○요일부터 ○요일까지 ○○시간(○○:○○부터 ○○:○○까지, 휴게시간은 ○○:○○부터 ○○:○○까지)

② 회사는 제1항에 따라 사원이 첫 주에 ○○시간을 근무한 경우 8시간을 초과한 시간에 대하여는 가산수당을 지급하지 아니한다.

③ 15세 이상 18세 미만의 사원과 임신 중인 여성사원은 탄력적근로시간제를 적용하지 아니한다.

유의사항

[선택] 사업장의 사정에 따라 2주단위의 탄력적근로시간제를 도입할 필요가 있는 경우에는 취업규칙에 필수적으로 명시하여야 한다(근로기준법 제51조).

- 해당 사원의 범위, 각 주 · 각 일의 근로시간, 실시기간 등을 명확히 하여 논란이 없도록 할 필요가 있다.

☞ (참고) 이 경우 특정 주 또는 특정한 날의 근로시간이 법정근로시간을 초과하더라도 연장근로가산수당을 지급하지 않을 수 있다.

제26조【간주근로시간제】

① 사원이 출장, 파견 등의 이유로 근로시간의 일부 또는 전부를 사업장 밖에서 근로하여 근로시간을 산정하기 어려운 경우에는 1일 8시간을 근로한 것으로 본다.

② 사원이 출장, 파견 등의 업무를 수행하기 위하여 통상적으로 1일 8시간을 초과하여 근로할 필요가 있는 경우에는 1일 10시간을 근로한 것으로 본다. 다만, 사원의 대표와 서면합의를 통하여 이를 달리 정할 수 있다.

유의사항

[선택] 출장, 외부영업 등으로 사업장 밖에서의 근로시간을 계산하기 어려운 경우를 대비하여 규정할 필요가 있다.

- 제2항에 대하여는 근로자대표와 서면합의를 통해 사업장 사정에 따라 달리 정할 수 있다(근로기준법 제58조제1항 및 제2항 참조).

제27조【연장 · 야간 및 휴일근로】

① 연장근로는 1주간 12시간을 한도로 사원의 동의하에 실시할 수 있다. 단, 18세 미만 사원은 1일 1시간, 1주일에 6시간을 한도로 사원의 동의하에 실시할 수 있으며, 출산 후 1년이 지나지 아니한 여성사원에 대하여는 단체협약이 있는 경우라도 1일 2시간, 1주 6시간, 1년 150시간을 한도로 사원의 동의하에 실시할 수 있으며, 임신 중인 여성사원은 연장근로를 실시할 수 없다.

② 연장 · 야간 및 휴일근로에 대하여는 통상임금의 50%를 가산하여 지급한다.

③ 회사는 사원의 대표와 서면합의하여 연장 · 야간 및 휴일근로에 대하여 임금을 지급하는 것을 대신하여 휴가를 줄 수 있다.

유의사항

[선택] 근로기준법에 명시된 사항이며 확인적 차원에서 규정하는 것도 가능하다(근로기준법 제53조, 제56조, 제69조, 제71조, 제74조 참조).

☞ (참고) 주40시간제를 처음 시행하는 사업장의 경우 최초 3년간은 연장근로를 1주16시간까지 할 수 있고 최초 4시간에 대해서는 25%를 할증임금으로 지급할 수 있음(근로기준법 부칙 제6조 참조)다만, 탄력적 · 선택적근로시간제 시행 사업장, 18세미만 연소근로자, 출산 후 1년 미경과자는 부칙 제6조의 적용이 배제되므로 각각 해당법률조항의 규정에 따라 시간이 제한되고 연장근로 수당도 50%를 지급해야 한다.

☞ (참고) 주40시간제 시행 사업장의 경우 근로자대표의 서면합의로 연장 · 야간 및 휴일근로에 대하여 임금을 지급하는 것을 대신하여 휴가를 줄 수 있다(근로기준법 제57조 참조).

제28조【야간 및 휴일근로의 제한】

① 18세 이상의 여성 사원을 오후 10시부터 오전 6시까지 근로하게 하거나 휴일에 근로를 시킬 경우 당해 사원의 동의를 얻어 실시한다.

② 임산부와 18세 미만인 사원에 대하여는 오후 10시부터 오전 6시까지의 시간 및 휴일에 근로를 시키지 않는 것을 원칙으로 한다. 다만, 다음 각 호의 어느 하나에 해당 하는 경우에는 그 시행 여부와 방법 등에 관하여 사원의 대표와 성실히 협의한 후 고용노동부장관의 인가를 받아 야간 및 휴일근로를 실시할 수 있다.

1. 18세 미만자의 동의가 있는 경우
2. 산후 1년이 지나지 아니한 여성의 동의가 있는 경우
3. 임신 중의 여성이 명시적으로 청구하는 경우

유의사항

[선택] 근로기준법 내용으로 반드시 명시할 필요는 없으나 확인적 차원에서 규정할 수 있다.

- 18세 이상 여성 : 휴일, 야간근로를 시키고자할 경우 당해 근로자의 동의가 필요하다(근로기준법 제70조제1항 참조).
- 임산부와 18세미만 사원 : 원칙적으로 야간 및 휴일근로를 제한, 업무상 필요한 경우 해당근로자의 동의 또는 명시적 청구와 더불어 시행 여부와 방법 등에 관하여 근로자대표와 성실히 협의한 후 고용노동부장관의 인가를 받아 실시할 수 있다(근로기준법 제70조 제2항 및 제3항 참조).

제29조 【근로시간 및 휴게 · 휴일의 적용제외】

① 다음 각 호의 하나에 해당하는 사원에 대하여는 1주 40시간, 1일 8시간을 초과하여 연장근로하거나 휴일에 근로하더라도 연장근로 및 휴일근로 가산임금을 지급하지 않는다.

1. 감시 · 단속적 업무로서 고용노동부장관의 승인을 받은 경우
2. 관리 · 감독 업무 또는 기밀취급 업무에 종사하는 경우

② 제1항의 각 호에 해당하는 사원이 야간에 근로한 경우 통상임금의 50%를 가산하여 지급한다.

유의사항

[선택] 근로기준법 제63조의 사항으로 해당자를 명확히 구분할 수 있는 사업장의 경우 확인적 차원에서 규정하는 것도 가능하다(근로기준법 제63조).

☞ (참고) 휴일 및 휴게, 근로시간 제도를 적용제외 하더라도 야간근로에 대한 가산임금은 지급해야 한다.

제2절 휴일 · 휴가

◈ 휴일 · 휴가 관련 규정은 필수적 사항이며 근로기준법 등 관련법률에 위반되지 않도록 할 필요가 있다.

제30조 【유급휴일】

① 1주 동안 소정근로일을 개근한 사원에 대하여는 일요일을 유급주휴일로 부여한다.

② 근로자의 날(5월 1일)은 유급휴일로 한다. 다만, 근로자의 날에 근로를 한 경우 근로기준법 제57조(보상휴가제)에 따라 보상휴가를 줄 수 있다.

③ 관공서의휴일에관한규정에 따른 휴일과 회사의 창립기념일인 00월 00일은 유급휴일로 한다. 다만 공직선거법 제34조에 따른 임기만료에 의한 선거일은 제11조에서 별도로 정하는 바에 따른다.

유의사항

[필수] 유급 주휴일은 특정 일을 지정하여 규정할 필요가 있다(근로기준법 제55조 및 시행령 제30조 참조).

☞ (참고) 유급 주휴일이 반드시 일요일이어야 하는 것은 아니고, 사업장 사정에 따라 근로자 그룹별로 다른 요일을 정할 수 있다.

☞ (참고) 창립기념일, 명절연휴 등을 휴일로 정할 수 있다.

제31조 【연차유급휴가】

① 1년간 80퍼센트 이상 출근한 사원에게는 15일의 유급휴가를 준다. 다만, 1년간 80퍼센트 미만 출근한 사원에게도 개근한 1월에 대하여 1일의 유급휴가를 준다.

② 계속하여 근로한 기간이 1년 미만인 사원에게는 1개월 개근시 1일의 유급휴가를 준다.
③ 최초 1년 간의 근로에 대하여 유급휴가를 주는 경우에는 제2항에 따른 휴가를 포함하여 15일로 하고, 사원이 제2항에 따른 휴가를 이미 사용한 경우에는 그 사용한 휴가 일수를 15일에서 뺀다.
④ 3년 이상 근속한 사원에 대하여는 제1항 규정에 의한 휴가에 최초 1년을 초과하는 계속 근로연수 매 2년에 대하여 1일을 가산한 유급휴가를 주며, 가산휴가를 포함한 총 휴가일수는 25일을 한도로 한다.

유의사항

[필수] 연차유급휴가에 관한 사항(근로기준법 제60조 참조)은 필수적 기재사항이다.

☞ (참고) 근로기준법 제60조 개정(2012.2.1)에 따라 1년간 80퍼센트 미만 출근한 근로자의 경우에도 1개월 개근시 1일의 유급휴가를 주어야한다(시행일 : 2012.8.2)

☞ (참고) 개정법 적용시점 예시

① 입사일이 2010.8.2.인 근로자가 2011.8.2.부터 2012.8.1.까지 80퍼센트미만으로 출근한 경우(월별 개근월이 6개월) 연차유급휴가 발생 일수 : 없음
② 입사일이 2010.8.3.인 근로자가 2011.8.3.부터 2012.8.2.까지 80퍼센트미만으로 출근한 경우(월별 개근월이 6개월) 연차유급휴가 발생 일수 : 6일

제32조【연차유급휴가의 사용】

① 사원의 연차유급휴가는 1년간 행사하지 아니하면 소멸된다. 다만, 사용자의 귀책사유로 사용하지 못한 경우에는 그러하지 아니하다.
② 회사는 근로기준법 제61조에 따라 연차유급휴가 사용을 촉진할 수 있다. 회사의 사용촉진조치에도 불구하고 사원이 사용하지 아니한 연차유급휴가에 대하여는 금전으로 보상하지 아니한다.

유의사항

[필수] 연차유급휴가 사용 방법 및 효과는 근로기준법 제60조에서 정하고 있어 별도 기재할 필요가 없으나, 근로자에게 주지시키는 차원에 기재하는 것이 바람직하다.

- 아울러, 근로기준법 제61조에 따른 사용자의 연차유급휴가사용촉진도 취업규칙에서 명확히 하는 것이 바람직하다.

☞ (참고) 근로기준법 제61조 개정(2012.2.1.)에 따라 미사용 휴가일수 고지 및 사용 예정일 통보 요청 시기가 휴가사용청구권 소멸 3개월 전에서 6개월 전으로 변경되었다(시행일 : 2012.8.2.).

제33조【연차유급휴가의 대체】

회사는 사원의 대표와 서면합의에 의하여 연차유급휴가일에 대신하여 특정한 근로일에 사원을 휴무시킬 수 있다.

유의사항

사업장 사정에 따라 적정하게 보완하여 규정할 수 있다(근로기준법 제62조 참조).

☞ (참고) 근로자가 사전에 이를 충분히 알고 준비할 수 있도록 운영할 필요가 있다.

제34조【하기휴가】

사원은 ㅇㅇ월ㅇㅇ일부터 ㅇㅇ월ㅇㅇ일까지 사이에 하기휴가를 사용할 수 있다. 이 경우 휴가개시일 3일 전에 부서의 장에게 승인을 받아야 한다.

유의사항

사업장 사정에 따라 하기휴가를 특별휴가로 부여할 것인지 연차유급휴가를 사용하는 것으로 할 것인지 정할 수 있다.

☞ (참고) 연차유급휴가는 업무수행에 지장이 적도록 분산하여 사용하는 것이 바람직하지만 하기휴가 때에는 집단적으로 비교적 장기간의 휴가를 사용할 수 있도록 부여하는 경향이 확산되고 있다.

제35조【경조사 휴가】

① 회사는 다음 각 호의 어느 하나에 해당하는 범위에서 사원의 신청에 따라 유급의 경조사휴가를 부여한다.

1. 본인의 결혼 : 5일
2. 배우자의 출산 : 5일
3. 본인 · 배우자의 부모 또는 배우자의 사망 : 5일
4. 본인 · 배우자의 조부모 또는 외조부모의 사망 : 2일
5. 자녀 또는 그 자녀의 배우자의 사망 : 2일

② 제1항에 따른 경조사 휴가기간 중 휴일 또는 휴무일이 포함되어 있는 경우에는 이를 포함하여 휴가기간을 계산한다.

유의사항

[선택] 사업장 사정에 따라 달리 정할 수 있다.

☞ (참고) 반드시 유급으로 규정해야 하는 것은 아니며, 최소한의 기간은 유급으로 부여하고 추가로 필요한 기간은 연차유급휴가를 사용하도록 하는 방안도 가능하다.다만, 배우자 출산휴가는 3~5일의 범위에서 근로자가 신청한 일수만큼 부여하여야 하며, 최초 3일은 유급으로 한다(시행시기 2012.8.2.부터(300인 미만 사업장은 2013.2.2.부터)

☞ (참고) 경조사휴가일이 '근무일'을 의미하는지 여부를 명확히 하는 것이 바람직하다.

제36조【생리휴가】

회사는 여성 사원이 청구하는 경우 월 1일의 무급생리휴가를 부여한다.

유의사항

[필수] 필수적 기재사항으로 모성보호 제도의 정착 차원에서 규정한다(근로기준법 제73조 참조).

제37조【병 가】

① 회사는 사원이 업무외 질병·부상 등으로 병가를 신청하는 경우에는 연간 60일을 초과하지 않는 범위 내에서 병가를 허가할 수 있다. 이 경우 병가기간은 무급으로 한다.

② 상해나 질병 등으로 1주 이상 계속 결근 시에는 검진의사의 진단서를 첨부하여야 한다.

유의사항

[선택] 필수적 사항은 아니지만 취업규칙에 규정하는 것이 일반적이며 사업장 사정에 따라 달리 정할 수 있다.

제3절 모성보호

◈ 모성보호 관련 규정은 필수적 기재사항이며 관련 법률에 위반되지 않도록 할 필요가 있다.

제38조【임산부의 보호】

① 임신 중의 여성 사원에게 출산 전과 출산 후를 통하여 90일의 보호휴가를 준다. 이 경우 반드시 출산 후에 45일 이상 부여한다.

② 임신 중인 여성 사원이 유산의 경험 등 근로기준법시행령이 정하는 사유로 제1항의 휴가를 청구하는 경우 출산 전 어느 때라도 휴가를 나누어 사용할 수 있도록 한다. 이 경우 출산 후의 휴가 기간은 연속하여 45일 이상이 되어야 한다.

③ 임신 중인 여성 사원이 유산 또는 사산한 경우로서 해당 사원이 청구하는 경우에는 다음 각 호에 따른 휴가를 부여 한다. 다만, 모자보건법에서 허용되지 않는 인공중절 수술은 제외한다.

1. 유산 또는 사산한 여성 사원의 임신기간이 11주 이내인 경우 : 유산 또는 사산한 날로부터 5일까지
2. 유산 또는 사산한 여성 사원의 임신기간이 12주 이상 15주 이내인 경우 : 유산 또는 사산한 날로부터 10일까지
3. 유산 또는 사산한 여성 사원의 임신기간이 16주 이상 21주 이내인 경우 : 유산 또는 사

산한 날로부터 30일까지

4. 유산 또는 사산한 여성 사원의 임신기간이 22주 이상 27주 이내인 경우 : 유산 또는 사산한 날로부터 60일까지

5. 임신기간이 28주 이상인 경우 : 유산 또는 사산한 날로부터 90일까지

④ 회사는 사원이 출산전후휴가 급여 등을 신청할 경우 고용보험법에 따라 출산전후휴가 급여 등을 받을 수 있도록 증빙서류를 제공하는 등 적극 협조한다.

⑤ 제1항 및 제2항에 따른 보호휴가기간 중에 사원이 고용보험법에 따라 지급 받은 출산전후휴가 등 급여액이 그 사원의 통상임금보다 적을 경우 회사는 최초 60일분의 급여와 통상임금의 차액을 지급한다.

⑥ 임신 중의 여성 사원에게 연장근로를 시키지 아니하며, 요구가 있는 경우 쉬운 종류의 근로로 전환시킨다.

유의사항

[필수] 필수적 기재사항으로 모성보호 제도의 정착 차원에서 규정할 필요가 있다(근로기준법 제74조 참조).

☞ (참고) 고용보험법 시행령 제12조(우선지원대상기업의 범위)에 따른 우선지원대상기업(예 : 제조업 500인 이하)인 경우에는 산전후휴가기간(유 · 사산휴가 포함) 중 통상임금 90일분을 산전후휴가급여로 해당사원에게 지급한다(한도금액 405만원).

- 이에 따라 사용자는 고용보험에서 지급받은 급여가 그 근로자의 통상임금보다 적을 경우 차액 중 60일 분에 대하여만 지급의무가 있다.

☞ (참고) 우선지원대상기업이 아닌 경우에는 산전후휴가기간 90일 중 최초 60일에 대하여 사용자의 지급의무가 있다(나머지 30일분은 고용보험기금에서 지급한다(135만원 한도)).

☞ (참고) 2012.8.2부터 출산전후휴가 분할 사용이 가능해지고, 16주 전에 유산 · 사산한 경우도 유산 · 사산 휴가가 가능하다

제39조【태아검진 시간의 허용 등】

① 회사는 임신한 여성 사원이 모자보건법 제10조에 따른 임산부 정기건강진단을 받는데 필요한 시간을 청구하는 경우 이를 허용한다.

② 회사는 제1항에 따른 건강진단 시간을 이유로 사원의 임금을 삭감하지 않는다.

유의사항

[선택] 필수적 기재사항으로 모성보호 제도의 정착 차원에서 규정하여야 한다(근로기준법 제74조의2 참조).

☞ (참고)「모자보건법」에 따른 임산부 정기건강진단 실시기준

① 임신 7개월까지 : 2개월마다 1회
② 임신 8개월에서 9개월까지 : 1개월마다 1회
③ 임신 10개월 이후 : 2주마다 1회

제40조【육아기 근로시간 단축】

① 회사는 제18조제1항에 따라 육아휴직을 신청할 수 있는 남녀 사원이 육아휴직 대신 근로시간의 단축(이하 "육아기 근로시간 단축"이라 한다)을 신청하는 경우에는 이를 허용하여야 한다. 다만, 대체인력 채용이 불가능한 경우, 정상적인 사업 운영에 중대한 지장을 초래하는 경우 등 남녀고용평등법 시행령이 정하는 경우에는 그러하지 아니하다.
② 회사가 육아기 근로시간 단축을 허용하지 아니하는 경우에는 해당 사원에게 그 사유를 서면으로 통보하고 육아휴직을 사용하게 하거나 그 밖의 조치를 통하여 지원할 수 있는지를 해당 사원과 협의하여야 한다.
③ 회사가 해당 사원에게 육아기 근로시간 단축을 허용하는 경우 단축 후 근로시간은 주당 15시간 이상이어야 하고 30시간을 넘어서는 아니 된다.
④ 육아기 근로시간 단축의 기간은 1년 이내로 한다.
⑤ 회사는 사원이 육아기 근로시간 단축을 사용할 경우 고용보험법령이 정하는 육아기 근로시간 단축 급여를 받을 수 있도록 증빙서류를 제공하는 등 적극 협조한다.

유의사항

[필수] 2012.8.2부터 육아기 근로시간 단축제도가 의무화되었다.

☞ (참고) 육아기 근로시간 단축 부여 여부는 사업주의 의무사항이며, 대통령령이 정하는 예외적인 경우에 한하여 허용하지 아니할 수 있다(위반시 500만원 이하의 과태료). 허용하지 아니하는 경우 사유를 서면으로 통보하고 사원과 협의하여야 한다(위반 시 500만원 이하의 과태료).

제41조【육아기 근로시간 단축 중 근로조건 등】

① 회사는 제40조에 따라 육아기 근로시간 단축을 하고 있는 사원에 대하여 근로시간에 비례하여 적용하는 경우 외에는 육아기 근로시간 단축을 이유로 그 근로조건을 불리하게 하여서는 아니 된다.
② 제40조에 따라 육아기 근로시간 단축을 한 근로자의 근로조건(육아기근로시간 단축 후 근로시간을 포함한다.)은 회사와 그 사원 간에 서면으로 정한다.
③ 사업주는 제40조에 따라 육아기 근로시간 단축을 하고 있는 사원에게 단축된 근로시간 외에 연장근로를 요구할 수 없다. 다만, 그 사원이 명시적으로 청구하는 경우에는 회사는 주 12시간 이내에서 연장근로를 시킬 수 있다.

④ 육아기 근로시간 단축을 한 사원에 대하여 「근로기준법」 제2조제6호에 따른 평균임금을 산정하는 경우에는 그 사원의 육아기 근로시간 단축 기간을 평균임금 산정기간에서 제외한다.

유의사항

[선택] 남녀고용평등법의 내용으로 취업규칙에 반드시 규정할 필요는 없으나 확인적인 취지로 명시할 수 있다(남녀고용평등법 제19조의3 참조).

제42조 【육아휴직과 육아기 근로시간 단축의 사용형태】

사원은 제18조와 제40조에 따라 육아휴직이나 육아기 근로시간 단축을 하려는 경우에는 다음 각 호의 방법 중 하나를 선택하여 사용할 수 있다. 이 경우 어느 방법을 사용하든지 그 총 기간은 1년을 넘을 수 없다.

1. 육아휴직의 1회 사용
2. 육아기 근로시간 단축의 1회 사용
3. 육아휴직의 분할 사용(1회만 할 수 있다)
4. 육아기 근로시간 단축의 분할 사용(1회만 할 수 있다)
5. 육아휴직의 1회 사용과 육아기 근로시간 단축의 1회 사용

제43조 【육아시간】

생후 1년 미만의 아동이 있는 여성 사원의 청구가 있는 경우 제24조의 휴게시간 외에 1일 2회 각 30분씩 유급 수유시간을 준다.

유의사항

[선택] 남녀고용평등법의 내용으로 취업규칙에 반드시 규정할 필요는 없으나 확인적인 취지로 명시할 수 있다(남녀고용평등법 제19조의4 참조).

제6장 임 금

◈ 임금 관련 규정은 필수적 기재사항이며 근로기준법 등 관련 법률에 위반되지 않도록 할 필요가 있다.

제44조 【임금의 구성항목】

① 사원에 대한 임금은 기본급 및 ㅇㅇ수당과 연장 · 야간 · 휴일근로수당 등 법정수당으로 구성한다.

② 제23조의 근로시간을 초과하여 근로한 경우, 야간에 근로한 경우(22:00~06:00), 휴일에 근로한 경우에는 각각 시간급 통상임금의 50%를 가산하여 지급한다.

③ 제2항의 통상임금에 산입하는 임금의 범위는 기본급 및 ㅇㅇ수당으로 하되, 시간급 통

상임금은 월 통상임금을 209시간으로 나누어 계산한다.

유의사항

[필수] 임금을 구성하고 있는 항목을 명확히 하여 연장근로 수당 등의 계산 시에 논란이 없도록 할 필요가 있다.

☞ (참고) 통상임금은 근로자에게 정기적 · 일률적으로 지급되는 금액(근로기준법시행령 제6조 참조)이며 여러 가지 수당을 신설하여 임금체계를 복잡하게 하는 것은 바람직하지 않다.

☞ (참고) 월급제의 경우 시간급 통상임금 환산을 위해서는 1개월의 통상임금산정기준시간수로 나누어서 계산한다.

① 주당 소정근로시간이 40시간인 경우 : 209시간{(주40시간+유급주휴일 8시간)×365÷7}÷12월

② 주당 소정근로시간이 35시간인 경우 : 183시간{(주35시간+유급주휴일 7시간)×365÷7}÷12월

제45조【임금의 계산 및 지급방법】

① 임금은 매월 초일부터 말일까지를 산정기간으로 하여 해당 월의 00일 사원에게 직접 지급하거나 사원이 지정한 사원 명의의 예금계좌에 입금하여 지급한다. 다만, 지급일이 토요일 또는 공휴일인 경우에는 그 전일에 지급한다.

② 신규채용, 승진, 전보, 퇴직 등의 사유로 임금을 정산하는 경우에는 발령일을 기준으로 그 월액을 일할 계산하여 지급한다.

유의사항

[필수] 임금지급형태 및 임금계산기간을 명확히 규정하고, 임금지급기일 등을 명확히 하여야 하며 사업장 사정에 따라 달리 정할 수 있다.

☞ (참고) 임금지급 주기는 반드시 월 1회 이상이 되도록 설정하여야 한다(근로기준법 제43조 참조).

- 특히 호봉제를 채택하고 있는 경우는 호봉승급 등에 관한 사항도 명확히 하는 것이 바람직하다.

제46조【비상시 지급】

사원이 다음 각 호의 사유로 청구하는 경우에는 지급기일 전이라도 이미 제공한 근로에 대한 임금을 지급한다.

1. 사원 또는 그의 수입에 의하여 생활을 유지하는 자의 출산, 질병 또는 재해의 비용에 충당하는 경우

2. 사원 또는 그의 수입에 의하여 생활하는 자의 혼인 또는 사망 시 그 비용에 충당하는 경우
3. 사원이 부득이한 사정으로 1주일 이상 귀향하는 경우

유의사항

[선택] 근로기준법에 명시된 사항으로 확인적 차원에서 규정할 수 있다(근로기준법 제45조 참조).

제47조【휴업수당】

① 회사의 귀책사유로 휴업하는 경우에는 휴업기간 동안 사원에게 평균임금의 100분 70의 수당을 지급한다. 다만, 평균임금의 100분의 70에 해당하는 금액이 통상임금을 초과하는 경우에는 통상임금으로 지급한다.
② 부득이한 사유로 사업을 계속하는 것이 불가능한 경우에는 노동위원회의 승인을 받아 제1항에 정한 금액에 못 미치는 휴업수당을 지급 할 수 있다.

유의사항

[선택] 근로기준법에 명시된 사항으로 확인적 차원에서 규정할 수 있다(근로기준법 제46조 참조)

제48조【상여금지급】

① 회사는 기본급의 00%를 상여금으로 지급한다. 다만, 단체협약에서 달리 정할 경우 그 기준에 의한다.
② 상여금은 연 0회 각 00%를 지급하고 지급사유가 속한 달의 정기 임금지급일에 지급한다.
③ 퇴직자의 경우 상여금 지급일을 기준으로 일할 계산하여 지급하고 계속근로 3개월 미만인 자는 지급대상에서 제외한다.

유의사항

[선택] 상여금 지급 자체는 의무사항이 아니다. 다만 상여금 규정을 두는 경우에는 취업규칙에 필수적으로 명시하여야 하며 사업장 사정에 따라 상여금의 지급기준, 지급기일, 지급대상, 지급률 등을 달리 정할 수 있다.

☞ (참고) 상여금 지급기준을 합리적으로 설정하여 근로자간 차별 등에 대한 논란이 발생하지 않도록 주의할 필요가 있다.

☞ (참고) 상여금 지급 횟수는 명절 등(구정설날, 추석, 여름휴가, 연말 등)을 고려하여 정한다.

제7장 퇴직 · 해고 등

◈ 퇴직 관련 규정은 필수적 기재사항이며 특히 해고와 연계되어 많은 쟁점이 발생하므로 근로기준법 등 관련 법률에 위반되지 않도록 할 필요가 있다.

제49조【퇴직 및 퇴직일】

① 회사는 사원이 다음 각 호에 해당할 때에는 사원을 퇴직시킬 수 있다.

1. 본인이 퇴직을 원하는 경우
2. 사망하였을 경우
3. 정년에 도달하였을 경우
4. 근로계약기간이 만료된 경우
5. 해고가 결정된 경우

② 제1항에 의한 퇴직의 퇴직일은 다음 각 호와 같다.

1. 사원이 퇴직일자를 명시한 사직원을 제출하여 수리되었을 경우 그 날
2. 사원이 퇴직일자를 명시하지 아니하고 사직원을 제출하였을 경우 이를 수리한 날. 단, 회사는 업무의 인수인계를 위하여 사직원을 제출한 날로부터 30일을 넘지 않는 범위 내에서 퇴직일자를 지정하여 수리할 수 있다.
3. 사망한 날
4. 정년에 도달한 날
5. 근로계약기간이 만료된 날
6. 해고가 결정 · 통보된 경우 해고일

유의사항

[필수] 근로계약 관계의 종료사유를 명확히 하기 위하여 규정하며 사업장 사정에 따라 달리 정할 수 있다.

☞ (참고) 사유별 효력발생(퇴직)시기를 명확히 규정하여 근속기간 산정 등에 다툼이 없도록 유의할 필요가 있다.

제50조【해 고】

사원이 다음 각 호의 경우와 같이 사회통념상 근로관계를 더 이상 존속하기 어렵다고 인정될 정당한 이유가 있는 경우 해고할 수 있다.

1. 신체 또는 정신상 장애로 직무를 감당할 수 없다고 인정되는 경우(의사의 소견이 있는 경우에 한함)
2. 휴직자로서 정당한 사유없이 휴직기간 만료일 후 7일이 경과할 때까지 복직원을 제출하지 않은 경우

3. 징계위원회에서 해고가 결정된 경우
4. 기타 제1호 내지 제3호에 준하는 경우로서 정당한 이유가 있는 경우

유의사항

[선택] 사회통념상 근로관계를 더 이상 존속하기 어렵다고 인정되는 경우 통상해고와 징계해고 등을 정할 수 있으며 사업장 사정에 따라 달리 정할 수 있다.

☞ (참고) 다만, 해고는 근로기준법 제23조에 따라 정당한 이유가 있을 때에만 허용되므로 해고사유는 사회통념상 합리성이 있어야 한다.

제51조【해고의 제한】

① 사원이 업무상 부상 또는 질병의 요양을 위하여 휴업한 기간과 그 후 30일 동안은 해고하지 아니한다. 다만, 근로기준법 제84조에 따라 일시보상을 하였을 경우에는 해고할 수 있다.

② 출산 전후의 여성 사원이 근로기준법에 따라 휴업한 기간과 그 후 30일 동안은 해고 하지 아니한다.

③ 제1항 본문 및 제2항에도 불구하고 사업을 계속할 수 없게 된 경우에는 해당사원을 해고할 수 있다.

유의사항

[선택] 근로기준법의 내용으로 반드시 취업규칙에 규정할 필요는 없으나 확인적인 취지로 규정하는 것도 가능하다(근로기준법 제23조제2항 참조)

☞ (참고)「사업을 계속할 수 없게 된 경우」란 전체적인 사업을 계속 수행하는 것이 상당기간동안 불가능한 경우이다(2004.4.2, 근기 68207-1376).

제52조【해고의 통지】

① 회사는 사원을 해고하는 경우에는 서면으로 그 사유 및 날짜를 기재하여 통지한다.

② 회사는 제1항에 따라 해고를 통지하는 경우 해고일로부터 적어도 30일 전에 해고예고를 하거나, 30일 전에 해고예고를 하지 아니하였을 때에는 30일분의 통상임금을 지급한다.

유의사항

[선택] 근로기준법의 내용으로 반드시 취업규칙에 규정할 필요는 없으나 확인적인 취지로 규정할 수 있다(근로기준법 제27조 참조).

☞ (참고) 정당한 이유가 있어 해고하는 경우라도 30일전에 예고하거나 30일분 이상의 통상임금을 지급하여야 한다.

제53조【해고예고의 예외】

다음 각 호의 사원에게는 해고예고를 하지 아니한다.

1. 일용 사원으로서 3개월을 계속 근무하지 아니한 자
2. 2개월 이내의 기간을 정하여 사용된 자
3. 월급제 사원으로서 6개월이 되지 아니한 자
4. 계절적 업무에 6개월 이내의 기간을 정하여 사용된 자
5. 수습기간 중인 자(3개월 이내)
6. 사원이 고의로 사업에 막대한 지장을 초래하거나 재산상 손해를 끼친 경우로서 고용노동부령이 정하는 사유에 해당하는 자

유의사항

[선택] 근로기준법의 내용으로 반드시 취업규칙에 규정할 필요는 없으나 확인적인 취지로 규정할 수 있다(근로기준법 제35조 참조).

제54조【정 년】

정년은 만00세에 도달한 날로 한다.

유의사항

[선택] 필수적인 사항은 아니지만 정년을 규정하는 경우가 많으며 사업장 사정에 따라 달리 정할 수 있다.

☞ (참고) 고령자고용촉진법은 정년을 60세 이상 정할 것을 노력의무로 규정한다(고령자고용촉진법 제19조 참조).

제55조【차별금지】

퇴직 · 해고 · 정년에서 남녀를 차별하지 않는다.

유의사항

[선택] 필수적인 사항은 아니지만 퇴직, 해고, 정년에서 남녀를 차별하지 않도록 규정한다(남녀고용평등법 제11조 참조).

제8장 퇴직급여

◈ 퇴직급여 관련 규정은 필수적 기재사항이며 금액산정 등을 둘러싸고 많은 쟁점이 발생하므로 근로기준법 등 관련 법률에 위반되지 않도록 할 필요가 있다.

제56조【퇴직급여제도의 설정 등】

① 회사는 1년 이상 근무한 사원이 퇴직할 경우에는 계속근로기간 1년에 대하여 30일분의 평균임금을 퇴직금으로 지급한다.

② 회사는 근로자퇴직급여보장법 제4조에 따라 제1항의 퇴직금을 지급하는 대신 사원의 과반수 동의를 얻어 퇴직연금제도를 도입할 수 있다.

유의사항

[필수] 필수적 사항으로 사업장 사정에 따라 법정기준을 상회하는 수준에서 달리 정할 수 있다(근로자퇴직급여보장법 제8조 참조)

☞ (참고) 퇴직금제도를 설정한 회사에서 퇴직연금제도를 도입하고자 할 때에는 근로자의 과반수가 가입한 노동조합이 있는 경우에는 그 노동조합, 근로자의 과반수가 가입한 노동조합이 없는 경우에는 근로자 과반수의 동의를 얻어 퇴직연금규약을 작성하고 관할 지방고용노동관서에 신고하여야 한다.

제57조【중간정산】

회사는 주택구입 등 근로자퇴직급여보장법 시행령에서 정한 사유로 사원이 요구하는 경우에는 퇴직하기 전에 해당 사원의 계속근로기간에 대한 퇴직금을 미리 정산하여 지급할 수 있다. 이 경우 미리 정산하여 지급한 후의 퇴직금 산정을 위한 계속 근로기간은 정산시점부터 새로이 기산한다.

유의사항

[선택] 퇴직금 중간정산을 하는 경우 그 요건 및 절차를 명확히 할 필요가 있다(근로자퇴직급여보장법 제8조제2항 참조).

☞ (참고) 근로자퇴직급여보장법 제8조 개정(2011.7.25.)에 따라 사유에 따른 제한없이 이루어지던 퇴직금 중간정산이 대통령령에 정한 사유에 해당할 경우에만 가능해졌음에 유의한다(시행일 : 2012.7.26).

제9장 표창 및 징계

◈ 징계(제재) 관련 규정은 필수적 기재사항이며 부당해고 등과 연계되어 많은 쟁점이 발생하므로 근로기준법 등 관련 법률에 위반되지 않도록 할 필요가 있다.

제58조【표 창】

① 회사는 사원이 다음 각 호의 1에 해당하는 경우 표창할 수 있다.

1. 회사의 업무능률 향상에 현저한 공로가 인정된 자
2. 회사의 영업활동에 크게 기여한 자
3. 업무수행 성적이 우수한 자
4. 기타 표창의 필요가 인정되는 자

② 표창 대상자 및 표창의 방법은 위원회를 거쳐 결정한다.

유의사항

[선택] 임의적 사항으로 사업장 사정에 따라 달리 정할 수 있다.

제59조【징 계】

회사는 다음 각 호의 어느 하나에 해당하는 사원에 대하여 징계위원회의 의결을 거쳐 징계할 수 있다(이 경우 징계위원회는 제13조의 인사위원회로 대신한다).

1. 부정 및 허위 등의 방법으로 채용된 자
2. 업무상 비밀 및 기밀을 누설하여 회사에 피해를 입힌 자
3. 회사의 명예 또는 신용에 손상을 입힌 자
4. 회사의 영업을 방해하는 언행을 한 자
5. 회사의 규율과 상사의 정당한 지시를 어겨 질서를 문란하게 한 자
6. 정당한 이유없이 회사의 물품 및 금품을 반출한 자
7. 직무를 이용하여 부당한 이익을 취한 자
8. 회사가 정한 복무규정을 위반한 자
9. 직장내 성희롱 행위를 하는 자
10. 기타 이에 준하는 행위로 직장질서를 문란하게 한 자

유의사항

[필수] 필수적 사항으로 사업장 사정에 따라 달리 정할 수 있다.

☞ (참고) 징계는 노사간 갈등의 요인이 될 수 있으므로 징계사유를 합리적으로 설정하려는 노력이 필요하다.

☞ (참고) 특히 징계위원회는 사업장 사정에 따라 그 구성 및 규모를 달리 정하거나 사업장 규모가 적을 경우 설치하지 않을 수도 있으나 투명한 운영을 위해 가급적이면 설치하는 것이 바람직하다.

제60조【징계의 종류】

사원에 대한 징계의 종류는 다음과 같다.

1. 견책 : 징계사유 발생 자에 대하여 시말서를 받고 문서로 견책한다.
2. 감봉(감급) : 1회에 평균임금 1일분의 2분의 1, 총액은 월 급여금총액의 10분의 1을 초과하지 않는 범위의 금액을 감액한다.
3. 정직 : 중대 징계사유 발생 자에 대하여 3월 이내로 하고, 그 기간 중에 직무에 종사하지 못하며 그 기간동안 임금을 지급하지 아니한다.
4. 해고 : 근로계약을 해지하는 것으로 한다.

유의사항

[필수] 필수적 사항으로 사업장에 따라 달리 정할 수 있다.

☞ (참고) 감급의 제재를 정할 경우에는 그 감액은 1회의 액이 평균임금의 1일분의 2분의 1을, 총액이 1 임금지급기에 있어서의 임금총액의 10분의 1을 초과하지 못한다(근로기

준법 제95조 참조).

※ 1일 평균임금이 5만원이고 월 급여 총액이 250만원인 경우 1회에 25,000원 범위 내, 10달에 걸쳐 10회를 감급할 경우 25만원 범위 내여야 한다.

제61조【징계심의】

① 징계위원회의 위원장은 징계의결을 위한 회의 7일 전까지 징계위원회의 위원들에게는 회의일시, 장소, 의제 등을, 징계대상 사원에게는 서면으로 별지2의 출석통지를 각 통보한다.

② 징계위원회는 징계사유를 조사한 서류와 입증자료 및 당사자의 진술 등 충분한 증거를 확보하여 공정하게 심의한다. 이 경우, 징계대상자가 징계위원회에 출석을 원하지 아니하거나 서면진술을 하였을 때는 별지2 하단의 진술권포기서 또는 별지3의 서면진술서를 징구하여 기록에 첨부하고 서면심사만으로 징계의결을 할 수 있다.

③ 징계위원회의 위원이 징계대상자와 친족관계에 있거나 그 징계사유와 관계가 있을 때에는 그 위원은 그 징계의결에 관여하지 못한다.

④ 징계위원회는 의결 전에 해당사원에게 소명할 기회를 부여한다.

⑤ 징계위원회는 징계 대상자가 2회에 걸쳐 출석요구에 불응하거나 소명을 거부하는 경우 또는 소명을 포기 하는 의사를 표시하는 경우에는 소명없이 징계의결 할 수 있다.

⑥ 간사는 징계의결을 위한 회의에 참석하여 회의록을 작성하고 이를 보관한다.

유의사항

[필수] 근로기준법에 정한 필수적 사항으로 사업장에 따라 달리 정할 수 있다.

☞ (참고) 징계의 양정과 징계절차와 관련하여 노동위원회에 부당해고 등의 구제신청을 제기하는 등 논란이 발생할 수 있으므로 합리적인 수준의 징계와 공정한 절차 운영이 필요하다.

제62조【징계결과 통보】

징계결과통보는 해당 사원에게 별지5의 징계처분사유 설명서에 의하여 통보한다.

유의사항

[필수] 징계결과를 서면으로 통보하도록 하는 것이 바람직하다(징계처분사유설명서(별지5) 참조)

제63조【재심절차】

① 징계처분을 받은 사원은 징계결정이 부당하다고 인정될 때 징계통보를 받은 날로부터 7일 이내에 서면으로 재심신청을 할 수 있다.

② 재심을 요청받은 경우 징계위원회는 10일 이내에 재심을 위한 회의를 개최하여야 하며

그 절차는 제61조 및 제62조를 준용한다.

유의사항

[선택] 사업장 사정에 따라 달리 정할 수 있으나 투명하고 공정한 운영을 위해 가급적이면 재심절차를 두는 것이 바람직하다.

제10장 교육 및 성희롱의 예방

◈ 교육 및 성희롱 예방 관련 규정은 필수적 기재사항은 아니지만 근로자의 사기 및 직장 분위기 개선차원에서 규정하는 것이 일반적이다.

제64조【직무교육】

① 회사는 사원의 직무능력 향상을 위하여 필요한 경우 직무교육을 시킬 수 있으며 사원은 교육과정에 성실히 임하여야 한다.

② 제1항에 의한 직무교육과 제65조에 의한 직장내 성희롱 예방교육은 근무시간 중에 실시하는 것을 원칙으로 하고 교육을 받는 시간은 근로를 제공한 것으로 본다. 다만, 사원과 합의로 근무시간 외에 직무교육을 받도록 할 수 있으며 이 경우의 처우에 관하여는 교육의 장소 · 일정 등을 고려하여 따로 정한다.

③ 회사는 교육에 있어 남녀를 차별하지 않는다.

유의사항

[선택] 사업장 사정에 따라 달리 정할 수 있다. 다만 교육시설을 운영하는 경우는 필수사항이다.

☞ (참고) 특히 교육시설의 운영 등과 관련하여 근로자간 공평한 기회가 부여될 수 있도록 합리적인 운영기준을 설정할 필요가 있다.

☞ (참고) 소정근로시간 내에 사용자의 지시로 이루어지는 직무교육의 경우 당사자 간 특약이 없는 한 그 시간은 근로를 제공한 것으로 보아야 하고, 교육에서의 합리적 이유없이 남녀를 차별하지 않도록 한 법의 취지를 명확히 할 필요가 있다(남녀고용평등법 제10조 참조).

제65조【성희롱의 예방】

① 회사는 직장내 성희롱을 예방하고 사원이 안전한 근로환경에서 일할 수 있는 여건 조성을 위해 1년에 1회 이상 성희롱 관련 법령의 요지, 성희롱 예방을 위한 사업주의 방침, 성희롱 피해자의 권리구제 방법과 가해자의 조치 등을 내용으로 성희롱 예방교육을 한다.

② 회사의 모든 임원 및 사원은 남녀고용평등법에서 금지한 직장내 성희롱에 해당하는 행위를 하여서는 안된다.

③ 직장내 성희롱을 하여 물의를 일으킨 임 · 직원에 대하여는 해고 등의 징계 조치를 취하여야 하며, 성희롱 피해자와 같은 장소에 근무하지 않도록 인사이동을 병행하여 실시한다.
④ 회사는 직장내 성희롱 피해자의 고충을 해결을 위하여 별도의 고충처리위원회를 둘 수 있으며, 이 경우 고충처리위원은 남녀 동수로 구성하고 피해자의 요청이 있는 경우를 제외하고는 직장내 성희롱에 대해서는 비공개를 원칙으로 한다.

유의사항

[선택] 직장내 성희롱 예방 분위기 조성을 위해 규정할 필요가 있다.

☞ (참고) 특히 사업장에서 성희롱 피해자의 구제를 위한 절차가 있을 경우 이러한 사항을 보완하여 구체적으로 규정할 필요가 있다.

☞ (참고) 제1항의 가해자 조치 및 피해자의 권리구제 방안을 구체적으로 규정할 필요가 있다.

제11장 안전보건

◈ 안전보건 관련 규정은 필수적 기재사항이며 산업안전보건법 등 관련 법률에 위반되지 않도록 할 필요가 있다.

第66조【안전보건관리규정】

① 회사는 사업장의 안전 · 보건을 유지하기 위하여 다음 각 호의 사항이 포함된 안전보건관리규정을 작성하여 각 사업장에 게시하거나 갖춰 두고, 이를 근로자에게 알려야 한다.
1. 안전 · 보건 관리조직과 그 직무에 관한 사항
2. 안전 · 보건교육에 관한 사항
3. 작업장 안전관리에 관한 사항
4. 작업장 보건관리에 관한 사항
5. 사고 조사 및 대책 수립에 관한 사항
6. 그 밖에 안전 · 보건에 관한 사항

② 각 부서는 회사의 안전보건관리규정에 따라 각 작업장의 안전보건관리를 실시하여야 한다.
③ 사원은 안전보건관리계획의 효과적인 운용을 위하여 적극적으로 협력하여야 한다.

유의사항

[필수] 필수적 사항이며 사업장 사정에 따라 달리 정할 수 있다.

☞ (참고) 산업안전보건법령에 정한 취지를 명확히 이행하는 동시에 근로자의 안전의식을 고취할 수 있도록 규정할 필요가 있다(산업안전보건법 제33조 및 시행규칙 제48조 참조).

제67조【안전보건 교육】

회사는 사원의 산업재해예방을 위하여 안전 및 보건에 관한 정기교육, 채용 시의 교육, 작업내용 변경 시의 교육, 유해위험 작업에 사용 시 특별안전 교육 등 산업안전보건법령에 따른 제반 교육을 실시하며 사원은 이 교육에 성실하게 참여하여야 한다.

유의사항

필수적 사항이며 사업장 사정에 따라 달리 정할 수 있다.

☞ (참고) 산업안전보건법령에 정한 취지를 명확히 이행하는 동시에 근로자의 안전의식을 고취할 수 있도록 규정할 필요가 있다(산업안전보건법 제31조 및 시행규칙 제33조 참조).

제68조【위험기계, 기구의 방호조치】

회사는 유해하거나 위험한 작업을 필요로 하거나 동력을 작동하는 기계 · 기구에 대하여 유해 · 위험 방지를 위한 방호조치를 하여야 하며 사원은 다음 각 호의 위험기계 · 기구의 방호조치 사항을 준수하여야 한다.

1. 방호조치를 해체하고자 할 경우 소속부서의 장의 허가를 받아 해체할 것
2. 방호조치를 해체한 후 그 사유가 소멸한 때에는 지체없이 원상으로 회복시킬 것
3. 방호장치의 기능이 상실된 것을 발견한 때에는 지체없이 소속부서의 장에게 신고할 것

유의사항

필수적 사항이며 사업장 사정에 따라 달리 정할 수 있다.

☞ (참고) 산업안전보건법령에 정한 취지를 명확히 이행하는 동시에 근로자의 안전의식을 고취할 수 있도록 규정할 필요가 있다(산업안전보건법 제33조 및 시행규칙 제46조, 제47조 및 제48조 참조).

제69조【작업환경 측정】

회사는 사원이 유해 · 위험작업으로부터 보호 받을 수 있도록 보호구를 지급하여야 하며 사원은 작업시 회사에서 지급하는 보호구를 착용하여야 한다.

유의사항

[필수] 필수적 사항이며 사업장 사정에 따라 달리 정할 수 있다.

☞ (참고) 산업안전보건법령에 정한 취지를 명확히 이행하는 동시에 근로자의 안전의식을 고취할 수 있도록 규정할 필요가 있다.

제70조【물질안전보건자료의 작성 · 비치】

회사는 사업장에서 사용하는 고용노동부령이 정하는 화학물질 및 화학물질을 함유한 제제에 대하여는 물질안전보건자료를 취급근로자가 쉽게 볼 수 있는 장소에 게시하거나 갖추어야 한다.

유의사항

[필수] 필수적 사항이며 사업장 사정에 따라 달리 정할 수 있다.

☞ (참고) 화학물질 취급 사업장의 사업주 및 근로자의 안전의식을 고취할 필요가 있다(산업안전보건법 제41조 참조).

제71조【작업환경 측정】

① 회사는 산업안전보건법에 의한 작업환경 측정을 실시하되, 원칙적으로 매 6개월에 1회 이상 정기적으로 실시한다.

② 제1항의 작업환경 측정 시 사원 대표의 요구가 있을 때에는 사원 대표를 입회시킨다.

③ 회사는 작업환경 측정의 결과를 사원에게 알려주며 그 결과에 따라 당해 시설 및 설비의 설치 또는 개선, 건강진단 등 적절한 조치를 한다.

유의사항

[필수] 필수적 사항이며 산업안전보건법령에 정한 취지를 명확히 이행할 수 있도록 규정할 필요가 있다(산업안전보건법 제42조 참조).

☞ (참고) 작업장 또는 작업 공정이 신규로 가동되거나 변경되는 등으로 작업환경 측정대상 작업장이 된 경우에는 그 날로부터 30일 이내에 작업환경 측정을 실시하고, 그 후 6개월 마다 1회 이상 정기적으로 작업환경 측정을 실시하여야 한다(산업안전보건법 시행규칙 제93조의4 참조). 그러나 ① 화학적 인자 측정치가 노출기준을 초과한 경우는 작업환경 측정 주기를 단축해야 한다. ② 최근 1년간 작업 공정에서 공정 설비의 변경, 작업방법의 변경, 설비의 이전 등 작업환경 측정 결과에 영향을 주는 변화가 없고, 작업환경 측정 결과가 최근 2회 연속 노출기준 미만일 경우에는 1년에 1회 이상 작업환경을 측정할 수 있다(산업안전보건법 시행규칙 제93조의 4 참조)

제72조【건강진단】

① 회사는 사원의 건강보호 · 유지를 위하여 산업안전보건법이 정하는 바에 따라 매년 1회 일반건강진단을 실시한다. 단, 사무직은 매 2년에 1회 실시한다.

② 회사는 산업안전보건법이 정하는 바에 따라 필요한 경우 특수 · 배치전 · 수시 · 임시건강진단 등을 실시한다.

③ 사원은 회사가 실시하는 건강진단을 성실히 받아야 한다.

유의사항

[필수] 필수적 사항이며 산업안전보건법령에 정한 취지를 명확히 이행할 수 있도록 규정할 필요가 있다(산업안전보건법 제43조 참조).

☞ (참고) 특히 노출기준 이상인 작업공정 및 특수 · 수시 · 임시건강진단 실시결과 직업유

소견자가 발견된 작업공정에서 노출된 모든 사원에 대하여는 다음 회에 한하여 특수건강진단의 실시주기를 1/2로 단축하여야 한다(산업안전보건법시행규칙 제99조의2).

제73조【산업안전보건법 준수】

① 회사는 이 규칙에서 정하지 아니한 사항에 대하여는 산업안전보건법에 따라 산업재해 예방을 위한 기준을 지켜 사원의 신체적 피로와 정신적 스트레스 등에 의한 건강장해를 예방하고 안전 및 보건을 유지 · 증진시킨다.

② 사원은 산업안전보건법에서 정하는 사항과 그 외에 업무에 관련되는 안전보건에 관하여 상사로부터 지시받은 사항을 정확하게 이행하여야 한다.

유의사항

[필수] 필수적 사항이며 산업안전보건법에 정한 사업주와 근로자의 의무를 이해하도록 규정할 필요가 있다.

☞ (참고) 산업안전보건법 제5조 및 제6조

제12장 재해보상

◈ 재해보상 관련 규정은 필수적 기재사항이며 근로기준법 등 관련 법률에 위반되지 않도록 할 필요가 있다.

제74조【재해보상】

① 사원이 업무상 부상 또는 질병에 걸린 경우와 사망하였을 때의 보상은 산업재해보상보험법에 의한다.

② 산업재해보상보험법의 적용을 받지 않는 업무상 부상 또는 질병에 대하여는 근로기준법이 정하는 바에 따라 회사가 보상한다.

유의사항

[필수] 필수적 사항이며 사업장 사정에 따라 업무외의 재해에 대한 부조 등을 반영하여 달리 정할 수 있다.

☞ (참고) 산업재해보상보험법 제52조제1항에 따라 보험급여를 받았거나 받을 수 있으면 동일한 사유에 대한 근로기준법에 의한 재해보상책임이 면제된다.

☞ (참고) 부상 또는 질병이 3일 이내의 요양으로 치유될 수 있는 산업재해(산업재해보상보험법 제37조 참조)로서 산업재해보상보험법 적용이 제외되는 경우 근로기준법에 따라 사업주가 보상해야한다.

제13장 취업규칙

제75조【취업규칙의 비치】

회사는 본 규칙을 사업장 내의 사무실 · 휴게실 등에 비치하여 사원들이 자유롭게 열람할 수 있도록 한다.

유의사항

[선택] 취업규칙 필수적 기재사항은 아니나, 근로기준법에서는 법령의 요지 및 취업규칙 비치의무를 규정하고 있으므로, 이를 근로자들에게 주지시킬 필요가 있다(근로기준법 제14조 참조).

제76조【취업규칙의 변경】

이 규칙을 변경할 때에는 사원의 과반수로 조직된 노동조합이 있는 경우 그 노동조합, 근로자의 과반수로 조직된 노동조합이 없는 경우 근로자의 과반수 의견을 청취하도록 한다. 다만, 취업규칙을 불리하게 변경하는 경우에는 그 동의를 받아야 한다.

유의사항

[선택] 취업규칙 변경절차는 근로기준법 제94조에서 정하고 있으므로 이를 확인적 차원에서 취업규칙에 기재 하는 것이 바람직하다.

☞ (참고) 사용자는 취업규칙의 작성 또는 변경에 관하여 해당 사업 또는 사업장에 근로자의 과반수로 조직된 노동조합이 있는 경우에는 그 노동조합, 근로자의 과반수로 조직된 노동조합이 없는 경우에는 근로자의 과반수의 의견을 들어야 한다. 다만, 취업규칙을 근로자에게 불리하게 변경하는 경우에는 그 동의를 받아야 한다(근로기준법 제94조).

부 칙

제1조【시행일】

본 규칙은 20　년　월　일부터 시행한다.

표준이력서(입사지원서) 양식

<table>
<tr><td>지원분야</td><td colspan="4"></td><td>접수번호</td><td></td></tr>
<tr><td>성 명</td><td colspan="6"></td></tr>
<tr><td>주민등록번호*</td><td colspan="6">XOOOOO-XOOOOO</td></tr>
<tr><td>현주소</td><td colspan="6"></td></tr>
<tr><td rowspan="2">연락처</td><td colspan="4">전 화</td><td rowspan="2">이메일</td><td></td></tr>
<tr><td colspan="4">휴대폰</td><td></td></tr>
<tr><td>원하는 근무지</td><td colspan="6"></td></tr>
<tr><td>취업가능연령</td><td colspan="6">법정 취업가능연령 이상입니까? (해당되는 곳에 v 하시오.)
□ 예 □ 아니오</td></tr>
<tr><td rowspan="3">직무관련
학교교육**</td><td colspan="6">초등학교부터 학교교육을 받은 총년수? 년</td></tr>
<tr><td colspan="6">최종학력 □고졸이하 □고졸 □대졸 □대학원수료 □대학원졸</td></tr>
<tr><td>전 공</td><td colspan="3"></td><td>부전공</td><td></td></tr>
<tr><td>직무관련 직업교육</td><td colspan="6"></td></tr>
<tr><td>직무관련 기술
(자격증, 언어능력
기계사용능력 등)</td><td colspan="6"></td></tr>
<tr><td rowspan="4">직무관련 총 경력
(년 개월)</td><td>근무
기간</td><td>기관명</td><td>직위</td><td>담당
업무</td><td>사용한 기계/
설비 등</td><td>본인 관리하에 있던 직원수와 직위
(해당하는 경우만)</td></tr>
<tr><td></td><td></td><td></td><td></td><td></td><td></td></tr>
<tr><td></td><td></td><td></td><td></td><td></td><td></td></tr>
<tr><td></td><td></td><td></td><td></td><td></td><td></td></tr>
<tr><td>직무관련 기타 경험
(웍샵/세미나참석
및 자원활동 포함)</td><td colspan="6"></td></tr>
<tr><td>병력관련</td><td colspan="6">병력의무에 대하여 해당되는 곳에 하시오.
□ 병력필(기간 :) □ 병력미필 또는 면제</td></tr>
<tr><td colspan="7">위 사항은 사실과 틀림없음을 확인합니다.
지원날짜 :
지원자 : (인)</td></tr>
</table>

■ 표준이력서(입사지원서) 양식 각 항목별 적용원칙

① 사진은 삭제원칙
 - 필기시험이 있는 공개채용의 경우 이력서가 응시원서 또는 수험표의 기능을 하여 본인 확인이 필요하다면 부착 요구 가능

② 주민등록번호는 나이나 성별을 파악할 수 있는 앞자리번호 2개는 삭제원칙
 - 법령상 요구되는 응시연령 상한 확인, 양성채용목표제 등 국가정책 목표달성을 위해 필요한 경우 요구 가능
 - 채용하고자 하는 직무의 성격상 특정성이 불가피하게 요구되어 특정성만 채용하는 경우와 남녀고용평등법상 적극적 고용개선조치의 이행을 위하여 여성을 우대하기 위하여 필요한 경우 요구 가능
   ※ 직무성격상 특정성이 불가피하게 요구되는 경우 : 남성역할을 위한 남자배우, 남성목욕탕의 남성목욕관리사, 남성 환자/장애인을 위한 도우미, 여성기숙사의 여성사감, 산후조리도우미, 여성피난처의 여성상담원 등

③ 학교명 · 재학기관 삭제, 학력 및 전공표기는 가능
 - 지방대 채용목표제 운영을 위해 필요한 경우 출신학교명, 소재지역 등 요구가능

④ 병력필 여부나 병력기간은 기재 가능
 - 법령상 응시연령 제한과 관련하여 응시연령이 연장되는 경우 응시연령 상한 확인을 위해 군복무기간 요구 가능

표준이력서(입사 지원서) 요구항목 구성시 유의사항

구 분	유의사항	적용관련 참고사항
성 별	• 입사지원서는 성별로 양식을 달리해서는 안된다. • 동일한 입사지원서 양식 내에서도 성별을 식별할 수 있는 사항은 남녀고용평등법상 모집 · 채용시 차별을 야기할 수 있으므로 직무성격상 특정성이 불가피하게 요구되거나 적극적 고용개선조치 이행을 위해 필요한 경우를 제외하고는 원칙적으로 요구하지 않도록 한다.	• 성별을 인식할 수 있는 사진이나 주민등록번호 뒷자리는 삭제하되 이력서가 공개채용시험의 수험표 기능을 할 경우 사진부착이 가능하다. 주민등록번호중 성별을 표시하는 맨 앞자리는 삭제하되, 본인 신분확인을 위해 뒷자리 숫자는 표시 가능하다. • 신원확인을 위해 주민등록번호 전체가 필요한 경우 개인정보 보호문제 등을 고려하여 서류전형 단계보다는 채용후보자를 정한 단계에서 하도록 한다.
혼 인 가족안에서의 지위 임신 또는 출산	• 혼인 여부, 혼인계획 유무 및 시기 · 이혼 여부 등에 관한 사항을 요구하는 것은 민법상 프라이버시권 침해로 남녀고용평등법상 금지되는 혼인 등을 사유로 한 불이익한 조치에 해당될 수 있으므로 요구하지 않도록 한다. • 자녀유무, 자녀의 수, 자녀의 나이, 자녀 양육 책임을 누가 부담하는지 여부 등에 관한 사항도 혼인과 마찬가지 사유로 요구하지 않도록 한다. • 자녀 출산을 계획하는 시기, 임신 유무, 낙태 유무, 출산 경험 유무 등에 관한 사항도 혼인과 마찬가지 사유로 요구하지 않도록 한다.	• 특정 근무시간/요일 근무가 직무특성상 필요한 경우에 한해 근무 가능시간과 근무 가능요일을 질문하는 항목이 가능하다. • 출장 및 시간외 근무가 직무특성상 반드시 필요한 직무에 한해 출장 및 시간외근무, 교대근무가 가능한지 질문하는 항목이 가능하다. • 부양가족수는 필요시 채용 이후에 정보를 요청할 수 있다. • 비상시 연락할 가족의 이름, 주소, 연락처는 채용 후에 요청하도록 한다.
용모 · 키 · 체중 등 (신체적 조건)	• 여성에게만 직무수행에 필요로 하지 아니하는 용모 · 키 · 체중 등의 신체적 조건, 미혼조건을 제시하거나 요구할 경우는 남녀고용평등법상 모집 · 채용시 차별에 해당되므로 금지된다. • 남성의 경우도 용모, 키/체중 등에 관한 질문은 인격권 침해에 해당하는 사항으로 기재 요구하는 것을 삼가해야 한다.	• 무거운 것을 들어야 한다거나 일을 하는데 다른 신체적 요건이 필요할 경우 그 사유를 명시하고 요구하도록 한다.
연 령	• 직무능력은 연령과 무관할 수 있으므로 지원자의 나이, 생년월일, 학교입학/졸업년도를 구체적으로 묻는 것은 공정한 기회를 제공한다는 점에서 가급적 요구하지 않도록 한다.	• 지원자가 취업가능 법정연령에 달한 사람인지를 질문하는 것은 가능하다. ※ 예를 들면 근로기준법상 취직 최저연령인 만 15세 이상인지, 혹은 연소근로자인 18세 미만인지 확인가능
종교 (신앙)	• 종교에 관한 사항은 법률상 명시적으로 요구를 금지하지는 않으나 공정한 채용기회를 보장한다는 점에서 가급적 요구하지 않도록 한다.	• 휴일근무가 필수적으로 발생되는 직무에 한하여 휴일근무가 가능한지 여부를 묻는 항목은 가능하다.

구 분	유의사항	적용관련 참고사항
학 력 (출신 학교)	• 학력을 기재하는 항목에서 여자학교임이 명백히 나타나는 학교명이 있으므로 가급적 요구하지 않도록 하고 학력의 진위 여부 확인은 채용후보자에 대해서만 하는 것이 바람직하므로 채용자 확정 직전단계에서 학교명과 여타 필요한 사항을 요구하도록 한다.	• 학력에 대한 질문은 직무와 관련이 있는 경우 질문 가능하다. • 직무와 관련 있는 전문기술교육, 직업교육에 관한 사항, 특정언어를 구사할 수 있는 능력에 대한 질문 가능하다.

[별지 2]

출 석 통 지 서

<table>
<tr><td rowspan="3">인
적
사
항</td><td rowspan="2">① 성명</td><td>한 글</td><td></td><td>② 소 속</td><td></td></tr>
<tr><td>한 자</td><td></td><td>③ 직위(급)</td><td></td></tr>
<tr><td>④ 주소</td><td colspan="4"></td></tr>
<tr><td colspan="2">⑤ 출석이유</td><td colspan="4"></td></tr>
<tr><td colspan="2">⑥ 출석일시</td><td colspan="4">년 월 일 시 분</td></tr>
<tr><td colspan="2">⑦ 출석장소</td><td colspan="4"></td></tr>
<tr><td colspan="2">유의사항</td><td colspan="4">1. 진술을 위한 출석을 원하지 아니할 때에는 아래의 진술권 포기서를 즉시 제출할 것.
2. 사정에 의하여 서면진술을 하고자 할 때에는 징계위원회 개최일 전일까지 도착하도록 진술서를 제출할 것.
3. 정당한 사유서를 제출하지 아니하고 지정된 일시에 출석하지 아니하고, 서면진술서를 제출하지 아니하는 경우에는 진술할 의사가 없는 것으로 인정 · 처리 한다.</td></tr>
<tr><td colspan="6">제51조의 규정에 의하여 위와 같이 귀하의 출석을 통지합니다.

년 월 일

인사위원회위원장 (직인)

귀 하</td></tr>
</table>

.... 절 취 선 ....

진 술 권 포 기 서

<table>
<tr><td rowspan="3">인
적
사
항</td><td rowspan="2">① 성명</td><td>한 글</td><td></td><td>② 소속</td><td></td></tr>
<tr><td>한 자</td><td></td><td>③ 직위(급)</td><td></td></tr>
<tr><td>④ 주소</td><td colspan="4"></td></tr>
<tr><td colspan="6">본인은 귀 인사위원회에 출석하여 진술하는 것을 포기합니다.

년 월 일

성 명 (인)

인사위원회위원장 귀하</td></tr>
</table>

[별지 3]

서 면 진 술 서

소 속		직 위(급)	
성 명		제출기일	년 월 일
사 건 명			
불 참 사유			

진 술 내 용

제51조의 규정에 의거 위와 같이 서면으로 진술하오며 만약 위 진술내용이 사실과 상이한 경우에는 여하한 처벌도 감수하겠습니다.

년 월 일

성 명 (인)

인사위원회위원장 귀하

[별지 4]

징 계 의 결 서

인적사항	소 속	소 속	소 속
의결주문			
이 유			

년 월 일

인사위원회

위원장 (인)
위 원 (인)
위 원 (인)
위 원 (인)
위 원 (인)
위 원 (인)
간 사 (인)

※ 징계이유에는 징계의 원인이 된 사실, 증거의 판단과 관계규정을 기재한다.

[별지 5]

징 계 처 분 사 유 설 명 서

<table>
<tr><td>① 소 속</td><td>② 직 위(급)</td><td>③ 성 명</td></tr>
<tr><td></td><td></td><td></td></tr>
<tr><td>④ 주 문</td><td colspan="2"></td></tr>
<tr><td>⑤ 이 유</td><td colspan="2">별첨 징계의결서 사본과 같음</td></tr>
<tr><td colspan="3">위와 같이 처분하였음을 통지합니다.

년 월 일

처분권자 (처분제청권자) (직인)

귀 하</td></tr>
<tr><td colspan="3">참 고 : 이 처분에 대한 불복이 있을 때에는 제52조에 의하여 이 설명서를 받은 날로부터 7일 이내에 인사위원회에 재심을 청구할 수 있습니다.</td></tr>
</table>

[별지 6]

퇴직금 중간정산 신청서(예시)

□ 신청인(근로자)

이 름		주민등록번호 (외국인등록번호)	
입사년도		중간정산대상기간	
소속부서		담당업무	

□ 중간정산 사유

① 무주택자의 주택구입, ② 무주택자의 전세금 또는 임차보증금 부담, ③ 본인, 배우자, 부양가족의 6개월 이상의 요양, ④ 최근 5년 이내의 파산선고, ⑤ 최근 5년 이내의 회생절차개시결정, ⑥ 임금피크제 실시, ⑦ 천재지변 등으로 인해 피해를 입은 경우

상기 본인은 주식회사 △△△△에 근무하는 자로서 상기 중간정산 사유 중_______________의 사유로___________부터___________까지의 퇴직금을 중간정산하여 지급받고자 동 중간정산 신청서와 관련 증빙서류 일체를 제출하오니 지급하여 주시기 바랍니다.

첨부 : 중간정산사유 증빙서류 일체 1부

신청일 년 월 일

신청인 (서명)

주식회사 △△△△ 대표이사 ○○○○ 귀중

제3편

노사협정(서면합의)과 유연한 근로시간제 도입의 작성 · 운용방법

제1장 노사협정(서면합의)의 작성 · 운용방법

1 노사협정의 의의와 법적 성질

근로기준법은 3개월 이내의 탄력적근로시간제(동법 제51조제2항) 등 7개 사항을 실시하기 위해서는 사용자가 근로자대표와 그에 관한 서면합의를 해야 한다고 규정하고 있다. 이 서면합의는 특히 근로기준법상의 근로시간의 규제(동법 제50조의 법정근로시간)를 완화하거나 연차유급휴가제도의 탄력적인 운용을 위하여 부과된 요건이라는 점에서 노동조합에 의하여 체결되는 단체협약과는 구별되는 개념이다. 이러한 의미에서 이 서면합의의 법적 성질은 사업장 내의 종업원대표제에 의한 합의로서 사용자와 근로자대표 사이에 체결되는 이른바 「노사협정」으로 볼 수도 있다(김형배, 「노동법」, 22판, p.435). 근로기준법은 근로자를 보호하기 위해 강행적으로 근로관계를 규제하고 있으나 일정한 사항에 있어서는 사업장의 노사간의 서면합의로서 강행적인 규제를 해제(면벌적 효과)한다. 이것을 「노사의 서면합의」 또는 「노사협정」이라고 부르고 있다. 우리 노동법에서는 노사협정이라는 제도가 인정되고 있지 않기 때문에 그 개념이나 성격이 다소 불분명하다는 문제가 있다. 다만, 위의 서면합의는 조합원에 대하여 적용되는 단체협약이나 사용자가 일방적으로 작성하는 취업규칙과는 명백히 구별된다는 점에서 그 독자적인 성격을 지니고 있다고 볼 수 있다.

1. 근로자대표와의 서면합의 사항

관련조문	서면합의사항
근로기준법 제51조제2항	3월단위로 탄력적근로시간제의 도입과 관련사항
근로기준법 제52조	선택적근로시간제의 도입과 관련한 사항
근로기준법 제57조	보상휴가제
근로기준법 제58조제2항	사업장 밖 근로에 있어 통상적으로 소정근로시간을 초과하여 근로가 필요한 경우의 근로에 통상 필요한 시간
근로기준법 제58조제3항	재량근로에 있어 근로시간으로 간주하는 시간
근로기준법 제59조	운수업 등 특수업종에 있어 연장근로 및 휴게시간의 특례에 관한 사항
근로기준법 제62조	연차유급휴가의 대체에 관한 사항

2. 법률이 부여하는 일정한 법적 효과

노사협정은 협정에서 정하는 내용에 한해서는 적법하다는 효과(면벌적 효과)가 있으므로 단체협약과는 명확히 구별할 필요가 있다. 단체협약은 그 규범적 효력(노조법 제33조)에 의하여 근로계약을 직접 규율하는 효력이 있으나 노사협정은 사법상의 효력은 없다. 그러므로 근로계약상의 권리의무를 설정하기 위해서는 노사협정에 더하여 단체협약, 취업규칙 또는 근로계약의 근거가 필요하다.

3. 노사협정의 조건

이 노사협정은 사업장 내의 전체 근로자를 대표하여 체결되는 것이므로 근로자대표는 원칙적으로 사업장 내의 모든 근로자를 대표하는 자이어야 한다. 사업 또는 사업장 단위에서의 사용자와 근로자대표간의 서면합의가 있어야 한다. 노사협정의 요건은 별도로 설명한다.

4. 서면협정(서면합의서)의 효력

(1) 단체협약의 별도(부속)협약의 형식으로 체결하는 경우

노동조합의 대표자 또는 노동조합으로부터 위임을 받은 자와 단체협약의 별도(부속)협약의 형식으로 체결하는 경우에는 단체협약의 효력을 개폐하는 효력이 발생한다. 노동조합으로부터 위임을 받은 자가 단체협약의 별도(부속)협약이 아닌 단순한 서면합의 형식으로 체결하는 경우에는 기존 단체협약의 개정 효력을 인정할 수 없다.

(2) 노사협의회 근로자 위원과의 서면합의 형식으로 체결하는 경우

단체협약을 개폐하는 효력은 발생하지 않으므로, 단체협약에 배치되는 경우 단체협약의 적용을 받는 근로자에게도 적용하려면 별도로 단체협약의 개정 절차를 밟아야 한다. 단체협약의 적용을 받지 않는 근로자에게는 서면합의만으로도 적용 가능하다.

(3) 새로이 선출된 근로자대표와 서면합의하는 경우

노사협의회 근로자위원과의 서면합의하는 경우 노사협의회 근로자위원과의 서면합의 효력에 준하여 판단한다.

(4) 기타 노사협의회에서 근로시간과 관련하여 의결하는 경우

근참법은 노사협의회에서 '작업 및 휴게시간의 운용'에 관한 사항을 협의하거나 의결할 수 있도록 하고 있다(근참법 제19조제1항제8호). 이 경우 노사협의회의 의결만으로 탄력적근로시간제를 도입할 수 있는지의 여부와 의결된 사항에 대한 법적 효력이 문제가 된다.

탄력적근로시간제의 도입과 관련한 사항 등 근로기준법상 사용자가 근로자대표와의 서면합의를 하도록 한 규정은 동 제도의 도입을 위한 기본적은 법적 요건이므로 노사협의회의 의결만으로는 도입이 불가하다. 따라서 탄력적근로시간제 도입 등에 관한 사항을 노사협의회에서 의결하더라도 별도로 서면합의서를 작성하거나 취업규칙을 변경하여야 한다.

5. 요건을 충족하지 못한 경우의 노사협정

위 3의 요건을 충족하지 못한 노사협정은 무효이다. 법적 효과(면벌적 효과)가 없다. 그러므로 기업은 그 요건을 충족시키지 못한 노사협정에 따라 협정사항을 실시하여도 위법한 것이다.

2 노사협정의 요건과 근로자대표의 선출 방법

1. 사업 또는 사업장 단위이어야 한다

근로기준법은 그 적용단위가 사업 또는 사업장이어야 한다. 그러나 통상 현실적으로는 사업장 단위에서 체결되는 경우가 대부분이다. 사업장의 노사대표간에 해당 사업장의 실정에 따라 협정을 체결할 것이 요구된다. 그러므로 복수 사업장이 있는 기업도 사업장별로 체결해야 한다. 다만 복수 사업장에 공통으로 정하는 사항도 많을 것이므로 예컨대 본사와 노조 본부간의 협정으로 각 사업장의 협정을 작성하는 것은 아무런 문제는 없다.

2. 근로자 측 당사자(근로자대표)의 선출방법

(1) 근로자 측 당사자(근로자대표)의 선출

① 근로자 측 당사자(근로자대표)는 근로기준법 제24조제3항에서 정리해고의 요건으로서 근로자대표와 해고기준 및 해고대상자선정기준에 대한 사전협의를 규정하고 있으며 이 때 「당해 사업 또는 사업장에 근로자의 과반수로 조직된 노동조합이 있는 경우에는 그 노동조합, 근로자의 과반수로 조직된 노동조합이 없는 경우에는 근로자의 과반수를 대표하는 자」를 근로자대표라고 명시적으로 규정하고 있다. 이와 같이 근로기준법은 근로자의 대표에 관하여 전 근로자의 과반수를 대표하는 자 이외에 근로자의 과반수로 조직된 노동조합에 대해서도 사업장 내의 전 근로자에 대한 대표성을 인정하고 있는 태도를 취하

고 있으므로 근로자 과반수로 조직된 노동조합도 당해 노사협정의 근로자측 대표로서의 지위를 인정하는 것이 현행법의 해석에 합치한다고 생각된다(김형배, 「노동법」, 22판, p.435).

예컨대 근참법상의 노사협의회의 근로자측위원도 근로자 과반수로 조직된 노동조합이 있는 경우에는 그 노동조합이 전 근로자의 대표성을 갖는다고 규정하고 있다(제6조제2항). 그러나 근로기준법에서 근로자대표에 대한 정의규정을 두지 않은 것은 입법상의 불비라고 보여진다. 입법기술적으로는 근로자대표의 정의규정을 근로기준법 제2조에 두거나, 또는 해당 규정에서 구체적으로 규정하는 방법이 있을 수 있다(김형배, 「노동법」, 22판, p.435). 물론 이 경우에 근로자 과반수로 조직된 노동조합은 사업장 내의 전 근로자를 대표하는 노사협정의 당사자로 이해되며, 따라서 당해 노동조합과 사용자가 체결하는 서면합의도 노사협정으로서 단체협약과는 구별되어야 한다. 그러나 동 규정만으로 근로자대표를 선출하는 근로자의 범위, 근로자대표의 선정단위 및 선정방법, 근로자대표의 대표권 행사방법, 서면합의서의 효력 등이 명확하지 않다. 따라서 이에 관련한 문제에 대한 명확한 해석 기준을 제시하여 법 해석과 운영을 둘러싼 혼선을 예방하고자 행정지침(2007.11.29, 근로기준팀-8048 「근로기준법상의 근로자대표의 개념과 서면합의의 효력 등에 관한 해석 기준」)을 마련하여 시행하고 있다.

(2) 근로자의 범위 및 근로자대표의 선정단위

① 근로자대표를 선출하는 근로자의 범위

근로자대표를 선출하는 근로자의 범위 즉, 노동조합이 근로자의 과반수를 조직하고 있는지 여부를 판단함에 있어 근로자의 범위와 근로자대표를 선출함에 있어 투표에 참여하는 근로자 범위는 다음과 같이 산정한다.

근로자대표를 선출하는 근로자의 범위	=	근로기준법상의 근로자 (법 제14조)	-	근로기준법상의 사용자 (법 제15조)

따라서 근로자와 사용자의 이중적 지위를 갖는 자는 제외되는 바, 이는 설사 이들이 근로자로서 향후 합의 내용의 적용을 받더라도 노사서면 합의과정에서는 사용자를 위하여 행위하는 자로 볼 수 있기 때문이다.

② 근로자대표의 선정단위

근로자대표는 당해 사업 또는 사업장 단위로 선정되어야 한다. 따라서 하나의 사업이 수개의 사업장으로 구성되어 있는 경우, 근로시간제도를 사업단위로 도입하고자 하면 근로자대표는 사업단위로 선정하고, 또는 일부 사업장에만 도입하고자 하면 사업장단위로 선정해야 한다.

동일사업 또는 사업장 내의 일부 부서에만 적용하고자 하더라도 근로자대표는 반드시 사업 또는 사업장 단위로 선정하여야 한다. 근로자대표를 선정하는 범위는 반드시 노동조합의 조직범위, 노사협의회의 구성단위와 일치할 필요는 없다.

③ 근로자대표의 선정방법

㈎ 근로자 과반수로 조직된 노동조합이 있는 경우

노동조합이 근로자의 과반수를 조직하고 있는지 여부는 사업단위로 도입하는 경우는 사업단위에서, 사업장단위로 도입하는 경우는 사업장단위에서 판단해야 한다.

노동조합이 근로자 과반수를 조직하고 있으며 근로자대표는 당연히 노동조합의 대표자 또는 노동조합으로부터 대표권을 위임받은 자(예 : 노동조합지부장)가 된다.

㈏ 노동조합이 근로자 과반수를 조직하지 못하고 있는 경우

노동조합이 근로자의 과반수를 조직하지 못하고 있는 경우에는 근로자의 과반수를 대표하는 자를 선정하여야 한다. 이 경우 선정방법에는 특별한 제한이 없으며, 근로시간제도에 대한 대표권을 행사한다는 것을 근로자에게 주지시킨 상태에서 근로자의 의사를 모으는 적당한 방법이면 된다. 따라서 반드시 직접투표에 의하지 않아도 되며, 1인의 대표는 물론 복수의 근로자대표를 선정하는 것도 가능함. 근로시간제도를 도입하고자 하는 사업 또는 사업장단위에 근참법에 의한 노사협의회가 설치되어 있으면 그 근로자위원을 근로자대표로 볼 수 있다. 다만, 구법에 의해 근로자 과반수를 조직하고 있지 못한 노동조합이 근로자위원을 위촉한 경우는 근로자대표로 볼 수 없다.

(3) 근로자대표의 대표권 행사방법

① 노동조합이 대표권을 행사하는 경우

노동조합의 대표자 또는 노동조합으로부터 대표권을 위임받은 자가 대표권을 행사한다. 단체협약의 부수(별도)협약으로 체결하거나, 단체협약과는 별개의 서면합의서로 작성할 수 있다.

② 노사협의회 근로자위원이 대표권을 행사하는 경우

서면합의의 방식은 노사협의회의 근로자위원들이 정한 대표권 행사방법에 따른다. 즉 정하는 바에 따라 1인의 대표자를 선출하거나 당해 사안에 한하여 1인의 근로자위원에 대표권을 위임하거나 별도의 의사결정방법을 설정하거나 (예를 들어 과반수 이사의 찬성,2/3 이상의 찬성 등) 근로자위원 전원이 서면합의에 참여하는 등의 모든 방법이 가능하다. 따라서 사용자가 일방적으로 일부 근로자위원과만 서면합의하는 경우 법적 효력이 발생하지 않는다.

③ 새로이 근로자대표를 선정하는 경우

1인의 근로자대표가 선정된 경우는 선정된 대표가 대표권을 행사한다. 복수의 근로자대표가 선정되는 경우는 노사협의회 근로자위원이 대표권을 행사하는 방법에 준하여 대표권을 행사한다.

(4) 기업측 당사자

노사협정이 단체협약의 형식으로 체결되는 경우라면 기업측 당사자는 단체협약의 당사자인 사업주(법인기업이라면 법인 그 자체)라고 해석된다. 여기에서 통상 각 규정의 「사용자」(근로기준법 제2조제2항제2호)에 해당하는 자가 사업주를 대표하여 노사협정을 체결한다.

(5) 협정되어야 할 사항, 유효기간 등

노사협정은 서면으로 협정을 체결하므로 협정되어야 할 사항은 노사협정에 따라 다르다. 또한 유효기간을 정할 필요가 있는지 여부 등도 다르다.

3 노사협정과 유연한 근로시간제 도입배경

① '유연근로시간제'란 근로시간의 결정 및 배치 등에 있어서 탄력적으로 운영할 수 있도록 하는 제도를 말한다.

구체적으로는 일정기간 근로시간을 평균하여 법정근로시간을 초과하지 않는다면 현행 근로기준법상 1일 8시간, 1주 40시간이라는 기준근로시간을 완화하여 적용하게 된다.

② 유연근로시간제는 여러 면에서 장점이 많은 제도로 업무량의 많고 적음에 따라 근로시간을 효율적으로 배분하기 때문에 근로자 입장에서는 실근로시간을 단축하거나 휴일을 증가시키는 등 일과 생활의 조화(Work-Life balance)를 꾀할 수 있고, 사용자 입장에서는 생산물량의 변동에 따라 근로시간을 조정하여 탄력적으로 대응할 수 있어 경영이 활성화될 수 있다.

③ '근로시간'은 임금과 더불어 가장 중요한 근로조건의 하나로서, 본래 근로기준법은 공장제근로를 염두에 두고 법정근로시간을 엄격히 규정하고 예외적으로 연장근로를 인정하는 등 근로자의 근로조건 보호를 꾀하였으나 서비스업 확대 등 산업구조의 변화, 기술혁신으로 인한 직종과 근로형태 다양화에 따라 제정 당초 근로기준법의 근로시간제도는 꾸준히 유연화의 요구를 받게 된다.

현행 근로시간법제는 이를 반영하여 근로시간을 현장의 실정에 맞게 운영할 수 있도록 탄력성을 부여한 유연근로시간제가 도입되어 시행 중이다.

현재 근로기준법상 활용 가능한 유연근로제는 탄력적근로시간제, 선택적근로시간제, 사업장밖근로시간제, 재량근로시간제, 근로시간 및 휴게의 특례 등으로 사업장의 업무특성에 부합하는 경우 도입하여 실시하고 있다.

④ 최근 기업에서는 경제 · 노동 환경변화에 적응하기 위하여 근로시간 관리에 많은 관심을 기울이고 있으며, 유연한 근로시간제도에 대한 관심이 높아지고 있다. 그러나, 아직 산업현장에서는 유연근로시간제도에 대한 이해 및 운영방법 등에 대한 정보가 부족하여 활용도가 낮은 것이 사실이다.

제2장 유연한 근로시간제 도입의 작성 · 운용방법

1 탄력적근로시간제

1. 탄력적근로시간제의 의의

(1) 탄력적근로시간제의 개념과 유형

'탄력적근로시간제' (averaging work system)란 어떤 근로일의 근로시간을 연장시키는 대신에 다른 근로일의 근로시간을 단축시킴으로써, 일정기간의 평균 근로시간을 법정기준근로시간 내로 맞추는 근로시간제를 말한다. 운영이 가능한 '단위기간' 은 취업규칙으로 정하여 실시할 수 있는 '2주 이내' 와 노사 서면합의가 필요한 '3개월 이내' 가 있다.

(2) 탄력적근로시간제의 장점

근로자 입장에서는 실근로시간 단축, 출 · 퇴근일수의 감소 및 휴일증가로 여가활용이 손쉬워지고 사용자 입장에서는 수주량 변화 및 계절적 업무 등 경영여건에 따라 근로시간의 탄력적 운용이 가능하며 연장근로수당의 지급감소에 따른 인건비 절감이 가능하다.

(3) 탄력적근로시간제를 활용할 수 있는 경우

- 근로시간을 연속하여 근로하는 것이 효율적이거나 고객의 편리를 도모할 수 있는 업종(예 : 운수, 통신, 의료서비스업 등)
- 업무량이 주기적으로 많은 업종(예 : 음식서비스, 접객업 등)
- 토요격주 휴무제를 실시하는 사업장(예 : 상시 20명 미만 사업장) 또는 계절적 업종(예 : 빙과류제조업 등)
- 기계를 쉬지 않고 가동시키기 위하여 근로가 연속하여 필요한 업종(예 : 철강, 석유화학 등)

2. 탄력적근로시간제 유형별 도입요건

(1) 2주단위 탄력적근로시간제

① 상시 10명 이상의 근로자를 사용하는 사용자의 경우

상시 10명 이상의 근로자를 사용하는 사용자(근로기준법 제93조에 따른 취업규칙의 작성의무자)는 취업규칙의 작성 및 변경을 통하여 2주 이내 탄력적근로시간제를 도입할 수 있다. '취업규칙' 또는 '이에 준하는 것'에 정하여야 한다. 따라서 취업규칙을 통해 제도를 도입하고자 할 때에는 근로자의 과반수를 대표하는 노동조합 또는 근로자 과반수의 의견을 들어야 하며, 동 제도 도입으로 근로자에게 불이익하게 변경하는 경우에 해당한다면 그 동의를 얻어야 한다.

취업규칙으로 정하여 동 제도를 도입하는 경우 고용노동부장관에게 신고하여야 하며, 이를 근로자에게 주지시켜야 한다.

② 상시 9명 이하의 근로자를 사용하는 사용자의 경우

취업규칙의 작성의무가 없는 상시 9명 이하의 근로자를 사용하는 사용자는 취업규칙이 없는 경우 '취업규칙에 준하는 것'으로 규정하여야 한다. '취업규칙에 준하는 것'은 특별한 형식을 요하지는 않으나, 최소한 서면으로 작성하여 동 제도의 도입을 해당 근로자에게 주지시켜야 한다.

③ 구체적 사례

2주단위 탄력적근로시간제를 시행하는 사업장에서 첫째 주에 44시간을 근로하고 둘째 주에 36시간을 근로할 경우 연장근로수당을 지급해야 하는지 여부이다.

2주단위 탄력적근로시간제를 도입하여 주당 평균근로시간이 40시간[80시간(44시간+36시간)÷2주] 되므로 이 경우에는 연장근로가산수당이 발생하지 않는다.

(2) 3월 단위 탄력적근로시간제

노사 서면합의로 정하여야 한다. 사용자가 서면합의하여야 할 대상은 근로자의 과반수로 조직된 노동조합이 있는 경우에는 그 노동조합, 그렇지 않은 경우에는 근로자 과반수를 대표하는 자가 이에 해당한다. 해당 사업 또는 사업장 단위에 노사협의회가 설치되어 있으면 노사협의회의 근로자위원을 근로자 과반수를 대표하는 자로 볼 수 있다.

서면합의 내용에 포함되어야 할 사항은 ㈎ 대상근로자의 범위, ㈏ 단위기간, ㈐ 단위기간에 있어서의 근로일 및 그 근로일별 근로시간, ㈑ 서면합의의 유효기간 등이다.

① 대상근로자의 범위

반드시 전체 근로자를 대상으로 하여야 하는 것은 아니다. 일정 사업부문, 업종, 직종 등에 따라서 그에 종사하는 일부 근로자에 한하여만 적용할 수 있다. 다만, 연소근로자(15세 이상 18세 미만) 및 임신 중인 여성근로자에게는 적용할 수 없다.

② 단위기간

단위기간은 3개월 이내의 기간이므로 3개월 단위, 2개월 단위, 1개월 단위, 3주 단위 등 다양한 단위기간으로 실시할 수 있다.

③ 근로일 및 그 근로일별 근로시간

교대제 등 근무일정표에 의해 1일 근무시간이 달라지는 경우에는 서면합의서에 각 근무형태별 1일 근무시간 및 근무일정표의 작성절차 및 주지방법 등을 정해 두고 구체적인 근무일정은 단위기간 개시 전까지 근로자에게 고지하면 된다.

특정 주의 근로시간이 52시간, 특정 일의 근로시간이 12시간을 각각 초과할 수 없으며, 초과할 경우 연장근로에 해당한다.

④ 서면합의의 유효기간

㈎ 노사가 합의하는 서면합의의 유효기간의 길이에 대해서는 특별한 제한이 없다. 또한 유효기간이 경과할 경우를 대비하여 자동갱신조항을 두거나 자동연장조항을 둘 수도 있다.

㈏ 관련 행정해석

사용자는 근로자대표와의 서면합의가 있을 경우 취업규칙의 규정이 없더라도 2주를 단위기간으로 하여 탄력적근로시간제를 실시할 수 있다.

근로기준법 제51조제1항에 의한 '2주단위 탄력적근로시간제'와 제2항에 따른 '3월단위 탄력적근로시간제'는 각각 별개의 제도로 보아야 한다. 따라서 '3월단위 탄력적근로시간제'는 단위기간의 상한을 3월로 제한하고 있을 뿐 반드시 2주를 초과하는 단위기간을 정하도록 하고 있지는 않으므로 사용자는 근로자대표와의 서면합의가 있을 경우 취업규칙의 규정이 없더라도 2주를 단위기간으로 하는 탄력적근로시간제를 실시할 수 있다(2003.12.9, 근기 68207-1584).

3. 유형별 탄력적근로시간제 정리

구 분	2주단위 탄력적근로시간제	3월단위 탄력적근로시간제
의의	① 2주 이내의 단위기간을 평균하여 1주의 근로시간이 40시간을 초과하지 아니하는 범위에서 특정 주에 40시간, 특정 일에 8시간을 초과하여 근로할 수 있는 제도 ② 2주단위 탄력적근로시간제는 특히 토요격주휴무제를 실시할 경우 유용하게 활용할 수 있다.	① 3월 이내의 단위기간을 평균하여 1주의 근로시간이 40시간을 초과하지 아니하는 범위에서 특정 주에 40시간, 특정 일에 8시간을 초과하여 근로할 수 있는 제도 ② 이 제도는 2주단위 탄력적근로시간제보다 탄력성의 범위를 넓힌 것으로서 주로 계절적 사업, 건설업, 수출산업 등에서 유용하게 활용할 수 있다.
실시요건	① 취업규칙(10인 이상 사업) 또는 이에 준하는 것(10인 미만 사업)에 규정해야 한다. ② 특정 주, 특정 일을 명확히 지정하여야 한다. ③ 특정 주에 48시간을 초과하지 못한다.	① 근로자대표와 서면합의(대상근로자범위, 단위기간, 근로일 및 근로일별 근로시간, 서면합의유효기간) ② 3월 이내 ③ 1주 52시간 · 1일 12시간을 초과 못한다.
유효기간	기간 제한없음	기간 제한있음(노사 서면합의)

구 분	2주단위 탄력적근로시간제	3월단위 탄력적근로시간제
실시효과	① 가산임금적용제외 : 특정 주 또는 특정 일에 법정근로시간(1주 40시간, 1일 8시간)을 초과하여 근로하더라도 연장근로가 아니므로 가산임금을 지급할 의무가 없다. ② 임금보전방안강구 사용자는 탄력적근로시간제를 도입할 경우 기존의 임금수준이 저하되지 않도록 임금보전방안을 강구해야한다. 고용노동부장관은 필요한 경우 임금보전방안을 제출하게 하거나 이를 직접 확인할 수 있음 위의 조항은 벌칙규정이 없는 훈시규정으로서 행정지도의 대상일 뿐이다.	
연장근로가 되는 경우 (가산임금 지급)	① 법정근로시간을 초과하여 근로하기로 정한 주 · 일에 그 근로시간을 초과하여 근로하는 경우[예:1일 9시간, 1주 48시간을 정한 주는 각각 9시간, 48시간을 초과하는 시간이 연장근로] ② 법정근로시간 미만을 근로하기로 정한 주 · 일에 그 근로시간을 초과하여 근로하는 경우 [예:2주단위의 경우 첫째 주의 근로시간이 48시간이면 둘째 주가 32시간을 초과하는 시간이 연장근로]	
1주간 연장근로 법정최고 한도	60시간(48+12시간)	64시간(52시간+12시간)
적용제외	① 연소자(15세 이상 18세미만자) ② 임신 중인 여성근로자	

4. 탄력적근로시간제(3월단위) 노사합의서 모델

주식회사○○ 대표이사 와○○ 노동조합위원장 는 3월단위 탄력적근로시간제에 관하여 다음과 같이 합의한다.

제1조【목 적】

이 합의서는 근로기준법 제51조제2항에 따라 3월단위 탄력적근로시간제를 실시하는 데 필요한 사항을 정하는 것을 목적으로 한다.

제2조【적용대상자】

이 합의서의 내용은 전체 생산직 근로자에 적용한다.

제3조【단위기간】

이 합의서의 단위기간은 매분기 초일부터 매분기 말일까지로 한다.

제4조【근로시간】

3월단위 탄력적근로시간제 단위기간에 있어서 1일의 근로시간, 시업시간, 종업시간 및 휴게시간은 다음과 같다.

구 분		1일 근로시간	시업시간	종업시간	휴게시간
○월	1일~말일	7시간(월~금)	09 : 00	17 : 00	12 : 00~13 : 00
○월	1일~말일	8시간(월~금)	09 : 00	18 : 00	12 : 00~13 : 00
○월	1일~말일	9시간(월~금)	09 : 00	19 : 00	12 : 00~13 : 00

제5조 【휴일】

단위기간 중 주2일(토 · 일요일)은 휴무하되, 휴일은 일요일로 한다.

제6조 【적용제외】

연소근로자(15세 이상 18세 미만자)와 임산부(임신 중인 여성근로자)에게는 본 합의를 적용하지 아니한다.

제7조 【가산임금】

3월을 평균하여 1일 8시간, 1주 40시간을 초과한 경우 통상임금의 50%를 가산임금으로 지급한다. 다만, 회사 사정으로 인하여 근로시간 편성에 변동사항이 발생할 경우, 회사는 사전에 통보하여 근무시간을 변경할 수 있으며, 그에 따라 연장근로 수당을 계산하여 지급한다.

제8조 【유효기간】

이 합의서의 유효기간은 20○○년 ○월 ○일부터 1년간으로 하되, 유효기간만료 1개월 전까지 개정 관련 별도 의견이 없는 경우에는 그 후 1년간 자동갱신되는 것으로 하며, 그 이후에도 또한 같다.

년 월 일

주식회사○○대표이사 (인) 노동조합위원장 (인)

5. 4주 단위 탄력적근로시간제의 설계와 연장근로시간 계산

(1) 탄력적근로시간제의 설계

구 분	월	화	수	목	금	토	일	총시간
1주	8	8	8	4	휴무	휴무	주휴	28
2주	8	8	8	4	휴무	휴무	주휴	28
3주	12	8	10	10	6	6	주휴	52
4주	8	12	10	10	12	휴무	주휴	52

1 · 2주는 일이 많지 않아서 주당 28시간으로 정했고, 3 · 4주는 일이 많아서 주당 52시간으로 정했다(특정 일의 근로시간은 12시간, 특정 주의 근로시간은 52시간

을 초과하지 않도록 설계)

4주 단위 탄력적근로시간제를 기본으로 하여 3개월 이내 단위 탄력적근로시간제를 설계해 볼 수 있다.

4주간 총 근로시간은 160시간이므로 평균 40시간이 되며, 특정 일에 12시간, 특정 주에 52시간, 단위기간 1주 평균 40시간이라는 탄력적근로시간제의 기본요건을 충족한다.

1일 8시간이 넘는 3주째 월요일 12시간은 이미 정한 특정 일의 근로시간으로 연장근로가 아니며, 마찬가지로 3주째 52시간도 이미 정한 특정 주의 근로시간으로 연장근로가 아니다.

(2) 근로자와 합의에 의한 연장근로

구 분	월	화	수	목	금	토	일	총시간
1주	8(10)	8	8	4(6)	휴무	휴무	주휴	28(32)
2주	8	8(12)	8	4(12)	휴무	휴무	주휴	28(40)
3주	12	8(10)	10	10	6(8)	6(8)	주휴	52(58)
4주	8(20)	12	10	10	12	휴무	주휴	52(64)

특정 일 · 특정 주의 근로시간을 정했다고 하더라도 당사자 간 합의에 의해 1주 12시간 한도에서 연장근로가 가능하다(1일의 제한은 없으므로 12시간을 하루에 연장하는 것도 허용)

괄호 속에 있는 시간은 실제로 근무한 시간을 표시한 것이며, 연장근로에 대한 가산수당 계산을 보여주기 위한 예시임으로 의도적으로 장시간근로로 하였지만 사업장에서는 가능한 한 신체적, 정신적 건강을 해치지 않을 정도의 균형적인 설계가 필요하다.

(3) 연장근로 가산수당을 위한 연장근로시간의 계산

구 분	월	화	수	목	금	토	일	총시간
1주	8(10)	8	8	4(6)	휴무	휴무	주휴	28(32)
2주	8	8(12)	8	4(12)	휴무	휴무	주휴	28(40)
3주	12	8(10)	10	10	6(8)	6(8)	주휴	52(58)
4주	8(20)	12	10	10	12	휴무	주휴	52(64)

특정 일, 특정 주, 단위기간의 순서대로 연장근로시간을 계산하면서 이미 산입한 연장근로시간은 제외한다(총연장근로시간 : 34시간).

① '특정 일' 을 기준으로 보면 24시간이 연장근로시간이 된다.

㈎ 1주 월요일은 법정 기준근로시간을 넘는 2시간이 연장근로시간이며, 목요일은 법정 기준근로시간 범위 내이므로 연장근로시간이 아니다.

㈏ 2주 화요일은 4시간이 연장근로시간이고 목요일은 4시간만 연장근로시간이 된다.

㈐ 3주 화요일은 2시간이 연장근로시간이고 금요일과 토요일은 법정 기준근로시간 범위 내이므로 연장근로시간이 아니다.

㈑ 4주 월요일은 12시간이 전부 연장근로시간이다.

② '특정 주' 를 기준으로 보면 4시간이 연장근로시간이 된다.

㈎ 1주와 2주는 법정 기준근로시간 범위 내이므로 연장근로시간이 아니다.

㈏ 3주는 6시간을 연장했는데 특정 일에서 2시간을 이미 계산했으므로 4시간이 실제 연장근로시간이다.

4주는 12시간을 연장했는데 특정 일에서 12시간을 이미 계산했으므로 연장근로시간이 없다.

③ '단위기간' 을 기준으로 보면 6시간이 연장근로시간이 된다.

총 160시간을 정했는데 실제로는 194시간을 근로했으므로 34시간을 연장한것이다. 그 중 특정 일에 24시간, 특정 주에 4시간을 이미 계산했으므로 6시간이 단위기간의 연장근로시간이 된다.

(4) 특정 일, 특정 주에 연장근로를 했지만 단위기간 소정근로시간 이내인 경우

구분	월	화	수	목	금	토	일	총시간
1주	8	8	8	4(8)	휴무	휴무	주휴	28(32)
2주	8	8	8	4(8)	휴무	휴무	주휴	28(32)
3주	12(4)	8	10	10	6(8)	6	주휴	52(50)
4주	8	12(14)	10	10	12(4)	휴무	주휴	52(46)

특정 일, 특정 주에 연장근로를 했지만 다른 날이나 다른 주에 근로시간을 줄임으로써 전체 단위기간의 총 근로시간이 1주 평균 40시간 이내인 경우에

는 별도로 연장근로시간을 계산하지 않아도 된다.

3개월 이내 단위에서는 특정 주에 52시간을 넘는 시간이나 특정 일에 12시간을 넘는 것은 연장근로시간이 된다(2주 이내 단위에서는 특정 주에 48시간을 넘는 시간)

① '특정 일' 의 연장은 많지만 4주 화요일 12시간을 넘은 2시간이 연장근로시간이 된다.

'특정 주' 는 법정 기준근로시간과 주당 소정근로시간 범위 이내로서 연장근로시간을 계산하지 않아도 되며, '단위기간' 의 총 근로시간은 160시간이 되므로 단위기간을 기준으로 하더라도 연장근로시간은 발생하지 않는다.

② 형식적으로는 1주 목요일 4시간, 2주 목요일 4시간, 3주 금요일 2시간, 4주 화요일 2시간 등 총 12시간의 연장이 있었지만 실제 연장근로 가산수당이 계산되는 것은 4주 화요일 2시간만 연장근로시간이 되고 이에 대하여 가산수당을 지급하면 된다.

6. 탄력적근로시간제 운용상 주의사항

(1) 개별근로자의 동의가 없어도 시행이 가능한지 여부

① 탄력적근로시간제는 개인의 업무특성이나 희망과 관계없이 집단적으로 근로시간의 형태를 변경하는 것이다. 또한 법 규정에서도 동 제도의 도입은 취업규칙이나 이에 준하는 것에 정하거나(2주단위) 사용자와 근로자대표와의 서면합의(3월단위)에 의해 실시할 수 있도록 하고 있다. 따라서 탄력적근로시간제는 개별근로자의 동의가 없어도 실시할 수 있다. 반면 3월단위의 경우에는 해당 근로자의 동의가 있더라도 근로자대표와의 서면합의가 없다면 실시할 수 없다.

② 관련 행정해석

㈎ 탄력적근로시간제를 도입하면서 근로자대표와의 서면합의가 아닌 대상근로자 과반수의 개별적 서면동의를 받는 경우에는 법적 요건을 충족하지 못한 것이다.

3월단위 탄력적근로시간제를 도입하려면 근로자대표(과반수 노조 또는 근로자 과반수 대표자)와 서면합의가 있어야 하므로 근로자대표와의 서면합의가 아닌 대상 근로자 과반수의 개별적 서면동의를 받은 경우에는 법적 요건을 충족하지 못한 것으로 보아야 하고, 만약 단체협약상 탄력적근로시간제에 대한 명문 규정이 없고 과반수가 되지 않는 노조의 반대가 있다 하더라도 근로자의 과반수를 대표하는 근로자대표의 동의가 있으면 3월단위 탄력적근로시간제를 적용할 수 있다(2008.4.29, 근로조건지도과-1167).

(나) 사용자가 통상근무제를 정당하게 탄력적근로시간제를 실시하는 부서로 일시적으로 사용근무지시하였다면 탄력적근로시간제의 적용대상에 포함된다.

특정 직종이나 근로형태에 속하는 근로자를 탄력적근로시간제 실시대상으로 정하였다면 달리 볼 사정이 없는 한 해당 직종 또는 근로형태에 속하는 근로자는 본인의 동의 여부에 관계없이 탄력적근로시간제의 적용 대상자이며 아울러 배치전환이나 근무명령으로 같은 직종 또는 근로형태에 속하게 된 근로자도 함께 적용된다고 보아야 할 것이다.

특정 근로자에 대한 근무지시 등은 사용자의 고유한 인사권에 속하는 사항으로서 사용자의 권리남용 등 특별한 사정이 없는 한 정당하다 할 것이므로 사용자가 통상근무자(오전 출근, 오후 퇴근을 반복하는 근로자)를 정당하게 탄력적근로시간제를 실시하는 부서(교대제 또는 교번근무)로 일시적으로 근무지시(근무지정)하였다면 취업규칙 등에 근무지정자의 근로조건 등에 대하여 별도의 규정이 없는 한, 해당 근로자는 본인의 동의 여부와 관계없이 탄력적근로시간제의 적용 대상에 포함된 것으로 본다(2006.3.29, 근로기준팀-1418).

(2) 탄력적근로시간제를 실시하려면 그때마다 근로자의 동의를 받아야 하는지 여부

탄력적근로시간제의 유효기간을 어떻게 정할 것인가는 전적으로 노사가 협의하여 결정할 사항이다(예 : 1년간 또는 2년간 등). 따라서 2주단위의 취업규칙 또는 노사협의를 통해 별도로 유효기간을 정하지 않았다면 그 기간에 제한없이 실시할 수 있다. 다만, 3월단위의 경우 서면합의의 유효기간은 노사의 서면합의사항이므로 서면합의의 유효기간이 만료된 이후에도 동 제도를 계속하여 실시하려면 다시 노사간에 서면합의를 하여야 한다.

(3) 회사가 일방적으로 취업규칙을 변경 신고하고 실시할 수 있는지 여부

① 취업규칙을 변경하려면 근로자 과반수로 조직된 노동조합이 있는 경우 그 노동조합, 근로자의 과반수로 조직된 노동조합이 없는 경우에는 근로자의 과반수의 의견을 들어야 하되, 불이익하게 변경되는 경우에는 동의를 얻어야 한다.

따라서 근로자 과반수로 조직된 노동조합이 있는 경우 2주단위 탄력적근로시간제에 대한 의견이 일치하지 않더라도 의견서를 첨부하여 신고하고 실시할 수 있다. 그러나 동 제도 도입으로 근로자에게 불이익하게 변경하는 경우에 해당한다면 이들의 동의를 얻지 않는 한 취업규칙 변경은 무효가 된다.

② 관련 판례

취업규칙이 근로자에게 불이익하게 변경되어도 사회통념상 합리성이 있다고 인정되는 경우에는 그 적용을 부정할 수 없다.

취업규칙의 불이익변경시 근로자 과반수의 집단적 동의를 받도록 한 것은 사용자의 일방적인 변경을 방지하고 근로자의 기득권을 보호하려는 것이다. 그러나 취업규칙의 불이익변경에 해당하더라도 그 변경에 사회통념상 합리성이 인정되는 경우에는 근로자 과반수의 동의가 없다고 하더라도 취업규칙 변경의 효력이 인정된다.

사회통념상 합리성이 인정되는지 여부는 ㈎ 취업규칙의 변경에 의하여 근로자가 입게 되는 불이익의 정도, ㈏ 사용자측의 변경 필요성의 내용과 정도, ㈐ 변경 후의 취업규칙 내용의 상당성, ㈑ 대상조치 등을 포함한 다른 근로조건의 개선상황, ㈒ 노동조합 등과의 교섭경위 및 노동조합이나 다른 근로자의 대응, ㈓ 동종 사항에 관한 국내의 일반적인 상황 등을 종합적으로 고려하여 판단해야 한다(대법 2010.1.28, 2009다32522).

(4) 탄력적근로시간제를 실시하기로 한 후 작업량에 따라 임의로 전일, 반일근무 등을 변경하여 실시할 수 있는지 여부

① 탄력적근로시간제를 실시하려면 반드시 각 일 · 각 주의 근로시간을 사전에 미리 정하여야 한다.

② 관련 행정해석

취업규칙 등에 2주단위 탄력적근로시간제를 명시적으로 도입하지 않은 상태에서 토요격주휴무제를 시행하고 있다면 탄력적근로시간제를 도입하였다고 볼 수 없다.

따라서 그날 그날 작업량에 따라 근로시간을 변경하여 근로시킬 수 없으며, 근로시간을 변경할 경우 연장근로를 위한 사전 동의와 가산수당 지급 문제가 따를 수 있다. 취업규칙 또는 이에 준하는 것에서 2주단위 탄력적근로시간제를 명시적으로 도입하지 않은 상태에서 토요격주휴무제(1주는 32시간, 1주는 48시간)를 시행하고 있다면 이는 근로기준법상 탄력적근로시간제를 도입하였다고 볼 수 없다. 따라서 근로기준법의 탄력적근로시간제를 도입하지 않은 상태에서 근로자가 특정 주에 48시간을 근무하였다면 주40시간을 초과한 8시간분에 대한 연장근로수당을 지급해야 한다(2000.9.29, 근기 68207-2997).

(5) 탄력적근로시간제를 분기 · 반기 · 계절별로 다르게 실시할 수 있는지 여부

① 탄력적근로시간제는 단위기간을 평균하여 1주간 근로시간이 일정한 요건(2주단위 : 1주 48시간, 3월단위 : 1주 52시간, 1일 12시간)을 충족하면서 40시간이내에 있으면 된다.

따라서 이러한 조건을 충족하는 범위내에서 각 주 · 각 일별 근로시간이 미리 결정되어 있는 한 월별 · 분기별 · 계절별로 상이한 근로시간 형태로 운영할 수 있다.

② 관련 행정해석에 의하면 복격일제 근무합의를 일정한 단위기간을 정하여 탄력적근로시간제를 실시키로 합의한 것으로 보기는 어렵다.

사용자가 탄력적근로시간제를 실시하고자 하는 경우에는 그 단위기간을 미리 정하여야 하므로, 사용자와 근로자대표가 복격일제 근무(2근무일+1휴무일이 반복되는 근로형태)를 실시하기로 임금협정서상 합의하였다면, 이는 일정한 단위기간을 정하여 탄력적근로시간제를 실시하기로 합의한 것으로 보기는 어렵다고 한다(2004.4.6, 근로기준과-1662).

(6) 3월단위 탄력적근로시간제의 도입시 근로자 과반수로 조직된 노동조합이 없는 경우 노사협의회의 근로자위원이 서면합의의 근로자대표가 될 수 있는지 여부

근참법 제6조제2항 및 같은법 시행령 제3조제1항에 따르면 근로자 과반수로 조직된 노동조합만이 노사협의회 근로자위원의 위촉권을 가지며, 이러한 노동조합이 없는 경우 근로자의 직접 · 비밀 · 무기명 투표로 근로자위원을 선출하여야 한다. 따라서 근로자 과반수로 조직된 노동조합이 없는 경우의 근로자위원은 탄력적근로시간제의 도입시 근로자 과반수를 대표하는 자가 될 수 있다.

(7) 탄력적근로시간제하에서 연장근로가 되는 시간

① 탄력적근로시간제를 실시하면 특정 주, 특정 일에 각각 40시간, 8시간을 초과하더라도 미리 정하여진 시간까지는 연장근로가 되지 않는다. 그러나 단위기간을 평균하여 1주간 근로시간이 40시간을 초과하면 연장근로가 된다. 따라서 탄력적근로시간제를 도입하는 경우에 있어 연장근로가 되는 시간은 다음의 시간을 초과하는 경우이다.

㈎ 법정근로시간(1주 40시간, 1일 8시간)을 초과하여 근로하기로 정한 날이나 주는 그 정한 시간

예 : 1일 9시간, 1주 48시간을 정한 주는 각각 9시간, 48시간 초과시 연장근로

㈏ 단위기간을 평균한 1주긴의 근로시간이 40시간 즉, 단위기간내 총 법정 허용시간

예 : 2주단위 경우 첫째 주의 소정근로시간이 48시간이면 둘째 주는 32시간을 넘는 시간이 연장근로

결국 단위기간을 평균한 1주간의 근로시간을 40시간으로 정했다면 어느 날의 근로시간을 8시간보다 적게 정했다 하더라도 그 시간을 넘으면 연장근로가 된다.

② 관련 행정해석에 의하면 「2주단위의 탄력적근로시간제를 도입한 경우 소정근로시간이 40시간인 주에는 32시간을, 48시간인 주에는 48시간을 초과한 근로에 대하여 연장근로수당을 지급하면 된다」고 한다(2003.11.26, 근기 68207-

1542).

근로기준법 제51조제1항에 따라 당해 사업장의 취업규칙으로 '2주단위의 탄력적근로시간제'를 도입하는 경우, 2주단위로 그 중 특정 주에 32시간, 다른 주에 48시간씩 근로시간 편성이 가능할 것이다. 2주단위의 탄력적근로시간제를 도입한 경우에 연장근로시간의 산정은 1주간의 평균근로시간이 40시간 이내에서 정한 근로시간(A주 32시간, B주 48시간)을 초과한 근로시간이 될 것이므로 근로시간이 32시간인 주에는 32시간을, 48시간인 주에는 48시간을 초과한 근로에 대하여 연장근로수당을 지급하면 될 것이라고 한다.

(8) 탄력적근로시간제하에서 연장근로의 법정한도

① 연장근로는 탄력적근로시간제를 도입하였는지 여부와 관계없이 당사자간의 합의가 있는 경우 1주에 12시간까지 가능하다. 따라서 탄력적근로시간제를 도입한 경우 1주 40시간을 초과하여 근로시간을 정한 주는 「근로시간+12시간」이 연장근로의 한도가 된다.

예 : 2주단위는 최대 60시간(48시간+12시간)까지 가능하고, 3월단위는 최대 64시간(52시간+12시간)까지 가능하다.

② 탄력적근로시간제를 도입하더라도 연소자(15세 이상 18세 미만)와 임산부(임신 중인 여성근로자)에게는 적용할 수 없으며, 임산부(출산 후 1년 이내 여성근로자)에 대하여는 1일에 2시간, 1주에 6시간, 1년에 150시간을 초과하는 시간외근로를 시킬 수 없다.

(9) 탄력적근로시간제하에서도 야간수당을 받을 수 있는지 여부

야간근로는 오후 10시부터 오전 6시까지 사이의 근로를 말하는 것으로 야간근로에 대하여는 통상임금의 50%를 가산수당으로 지급하여야 한다. 이는 탄력적근로시간제의 도입 여부와 관계없이 야간에 근로하는 것에 대한 보상으로 이루어진 것이므로 이 시간대에 근로하는 경우에는 당연히 가산수당이 지급되어야 한다.

(10) 토요 격주휴무제의 경우, 주휴일 아닌 토요일에 해당하는 날에 근로하면 휴일근로수당을 지급해야 하는지 여부

토요 격주휴무제의 실시에 따라 추가로 발생되는 토요일은, 이 날을 '휴일'로 정할 것인지 아니면 단순히 근로의무가 면제된 '무급휴무일'로 정할 것인지에 대해 노사가 정하는 바에 따른다. 다만 노사가 별도로 정하지 않은 경우에는 무급휴무일로 본다. 따라서 토요일에 근무가 이루어지는 경우에 반드시 휴일근로수당을 지급할 법적 의무가 발생되는 것은 아니며, 처리방식(무급휴무일, 무급휴일, 유급휴일)에 따라 임금 산정이 달라진다.

토요일 근무에 대한 임금 산정

구 분	근로미제공시	근로제공시
무급휴무일	0%	임금 100% + 연장근로 할증 50%
무급휴일	0%	임금 100% + 휴일근로 할증 50%
유급휴일	유급 100%	유급 100% + 임금 100% + 휴일근로 할증 50%

(11) 근로자대표를 선출하는 근로자의 범위

① 노동조합이 근로자의 과반수로 조직되어 있는지 여부를 판단함에 있어 '근로자의 범위'와 근로자대표를 선출함에 있어 투표에 참여하는 '근로자의 범위'는 '근로기준법상 근로자'에 한정된다.

예 : 근로자의 범위=근로기준법상 근로자-근로기준법상 사용자

따라서 근로자와 사용자의 이중적 지위를 갖는 자는 제외되는바, 이는 이들이 근로자로서 향후 합의내용의 적용을 받더라도 노사 서면합의 과정에서는 사용자를 위해 행위하는 자로 볼 수 있기 때문이다.

② 관련 행정해석

탄력적근로시간제 도입과 관련하여 근로기준법상의 근로자대표를 선출함에 있어서 사용자가 지명하는 자를 서면 회람지에 서명받는 방식으로 과반수 근로자의 동의를 얻은 것은 부당하다.

근로자대표의 선출방법은 근로자들이 스스로 결정하여야 할 사항이므로 사용자가 일정한 자를 지명하고 그에 대한 근로자의 동의를 얻는 방법은 근로기

준법에 의한 선출방법이라고 할 수 없다. 근로자의 과반수를 대표하는 자를 선출함에 있어 모집단이 되는 '근로자의 범위' 에서 근로기준법 제2조제1항제2호의 규정에 따라 근로자에 관한 사항에 대하여 사업주를 위하여 행위하는 자는 제외된다(1997.5.13, 근기 68207-630). 향후 이들이 탄력적근로시간제 등의 도입 후 적용을 받는다 할지라도, 그 도입 여부를 결정하는 과정에서 사업주 또는 사업경영담당자를 위하여 행위하는 자로 판단되기 때문이다.

(12) 근로자대표의 대표권 행사방법

① 과반수 노동조합이 있는 경우

노동조합의 대표자 또는 노동조합으로부터 위임받은 자가 대표권을 행사한다. 단체협약의 부속(별도)협약으로 체결하거나 단체협약과는 별도의 서면합의서로 작성할 수 있다.

② 과반수 노동조합이 없는 경우

㈎ 노사협의회가 설치되어 있는 경우

「근로자참여및협력증진에관한법률」에 의한 노사협의회가 설치되어 있으면 그 근로자위원을 근로자대표로 볼 수 있다. 1명의 대표자를 선출하거나 노사협의회의 별도의 의사결정방법으로 결정할 수 있다. 단체협약의 적용을 받는 조합원에게 적용하려면 별도의 단체협약의 개정 절차를 거쳐야 한다.

취업규칙과 관련해서는 기존 취업규칙의 변경이 없어도 적용이 가능하나, 근로조건 규정의 통일성을 기하기 위해 기존 취업규칙을 변경하는 것이 바람직하다.

㈏ 새로이 근로자대표를 선정하는 경우

선정방법에는 특별한 제한이 없으며, 대표의 수에 대하여는 1명의 대표는 물론 복수의 근로자대표도 가능하다. 후보출마 등에 사용자의 간섭이 배제되어야 하고, 근로자들에게 자유로운 의사표현이 보장되어야 하며, 근로시간제도에 대한 대표권을 행사한다는 것을 근로자에게 주지시킨 상태에서 근로자 과반수의 의사를 모으는 적당한 방법이면 된다.

(13) 임금보전방안 및 위반시 조치방안

① 탄력적근로시간제를 도입하려면 노사 서면합의 또는 취업규칙의 변경(근로자에게 불이익하게 변경되는 경우는 근로자 과반수의 동의)을 통해서만 가능하다. 상시적으로 연장근로가 이루어지지는 경우는 동 제도를 도입하더라도 임금수준이 저하되지 않으며, 임금수준이 저하되는 경우에는 사용자가 임금보전 방안을 강구하도록 의무화하고 있다.

현재 소정근로시간이 40시간 이내이고 특정 일에 연장근로가 이루어지는 경우 등은 극히 예외적으로 임금수준의 저하가 수반될 수 있다.

② 동 제도의 도입에 따른 임금보전의 형태는 기본급 또는 수당의 조정, 여타 복지혜택의 확충 등 근로자가 수용할 수 있는 적정한 방법이면 된다.

근로기준법에서는 임금보전의 시기, 방법, 절차 등에 대해 특별한 제한을 두고 있지 않다.

③ 정부가 임금보전 문제에 개입하는 경우는 취업규칙 변경과정 또는 노사 서면합의 과정에서 갈등이 유발되거나 근로자 불만 등이 신고되는 경우로서 법령에 의해 임금보전의 내용을 제출하도록 명령하거나 이를 직접 확인하는 방법을 통해 지도할 수 있다.

2 선택적근로시간제

1. 선택적근로시간제 개념

(1) 선택적근로시간제의 개념

1월 이내의 정산기간의 총 근로시간만 정하고 각 일, 각 주의 근로시간과 각 일의 시작 및 종료시각을 근로자의 자유에 맡기는 제도이다. 따라서 근로자는 1주 40시간, 1일 8시간의 근로시간 제한없이 자신의 선택에 따라 자유롭게 근무에 종사할 수 있다. 다만, 의무적 시간대(core time)나 선택적 시간대를 정한 경우에는 이에 따라야 한다.

선택적근로시간제의 예시

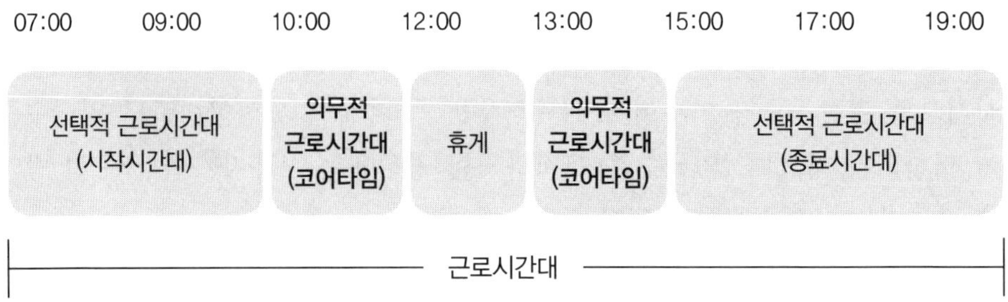

(2) '완전선택적근로시간제'와 '부분선택적근로시간제' 비교

'완전선택적근로시간제'는 정산시간 중 업무의 시작시각과 종료시각이 근로자의 자유로운 결정에 맡겨져 있고 사용자가 관여하지 않는 것을 말한다. 즉, 의무적 근로시간대는 없고 선택적 근로시간대만 있는 경우이다. 이에 비하여 '부분선택적근로시간제'는 일정한 시간대를 정하여 그 시간(의무근로시간대, Core Time)에는 근로자가 사용자로부터 시간적 구속과 구체적인 업무지시를 받고 나머지 시간(선택적 근로시간대)은 근로자가 자유롭게 결정하는 것을 말한다.

선택적근로시간제와 비슷하지만 7 · 4제(7시에 출근하고 4시에 퇴근), 8 · 5제(8시에 출근하고 5시에 퇴근) 등은 업무시작시간이 정해지면 종료시간이 자동적으로 정해지므로 법에서 의미하는 선택적근로시간제가 아니다.

2. 선택적근로시간제의 의의

선택적근로시간제(flexible time system)란 노사합의로 일정한 기간 동안 근로해야 할 총 근로시간만 정하고 각 근로일에 있어서의 근로시간과 그 시작 및 종료시각을 근로자의 자유에 맡김으로써, 효율적인 시간 활용을 통해 업무 효율을 증대시키고자 하는 제도이다.

선택적근로시간제는 근로자 스스로 가장 효율적으로 업무를 수행하고 성과를 높일 수 있는 업무시간을 선택하여 생산성을 높임으로써 노사 모두에게 유익한 제도로 이와 유사한 제도로 사업장에서는 자율출퇴근제, 시차출퇴근제 등이 활용되고 있다.

3. 선택적근로시간제의 도입요건

(1) 취업규칙에 업무의 시작 및 종료시각을 근로자 결정에 맡긴다는 내용을 기재하여야 한다.

취업규칙의 작성 의무가 있는 상시 10명 이상의 근로자를 사용하는 사용자는 취업규칙의 작성 및 변경을 통해 도입하여야 한다.

따라서 도입시 근로자의 과반수를 대표하는 노동조합 또는 근로자 과반수의 의견을 들어야 한다.

취업규칙의 작성 의무가 없는 상시 9명 이하의 근로자를 사용하는 사용자는 취업규칙이 없는 경우 '취업규칙에 준하는 것' 으로 규정하여야 한다. 취업규칙에 준하는 것은 특별한 형식을 요하지는 않으나, 최소한 서면으로 작성하여 동 제도의 도입을 해당 근로자에 주지시켜야 한다.

(2) 구체적인 시행방법에 대해 근로자대표와 서면합의로 정해야 한다.

선택적근로시간제를 도입하려면 근로자의 과반수를 대표하는 노동조합 또는 근로자대표와 서면합의하여야 한다. 해당 사업 또는 사업장 단위에 노사협의회가 설치되어 있으면 노사협의회의 근로자위원을 근로자 과반수를 대표하는 자로 볼 수 있다.

서면합의 내용에 포함되어야 할 사항은 ㈎ 대상근로자의 범위, ㈏ 정산기간(1월 이내) 및 그 기간에 있어 총 근로시간, ㈐ 반드시 근로하여야 할 시간대(core time)를 정한 경우에는 그 시작 및 종료시각, ㈑ 근로자가 그의 결정에 따라 근로할 수 있는 시간대(flexible time)를 정하는 경우에는 그 시작 및 종료시각, ㈒ 유급휴가 부여 등의 기준이 되는 표준근로시간 등이다.

① 대상 근로자의 범위

일반적으로 출퇴근 등에 엄격한 제한을 받지 않는 관리 · 감독업무 종사자, 근로의 양보다는 질이 중시되는 전문직, 연구직, 사무직 종사자 등에 제도 적용이 용이하나, 사업장 여건이 허락되는 경우 대부분 사업장에서 도입 가능하다. 다만, 연소근로자(15세 이상 18세미만) 에게는 적용할 수 없다.

② 정산기간, 총 근로시간

근로자가 스스로 선택하여 근로를 제공할 정산기간을 1개월 이내에서 2주, 4주 등으로 설정할 수 있다. 총 근로시간은 일반적으로 제도 도입 전을 기준으로 정산기간 상당의 소정근로시간 수 합계로 계산한다.

예 : 40시간×30일÷7일= 171.4시간

총 근로시간을 정하게 되면 정산기간의 총 근로시간 범위 내에서 일, 주단위 법정근로시간을 초과하여 근무하더라도 연장근로가 되지 않는다.

③ 의무적 근로시간대 및 선택적 근로시간대

의무적 근로시간대(Core Time)는 근로자가 반드시 근로하여야 할 시간대이며, 선택적근로시간대는 근로자가 스스로의 결정에 의하여 근로 제공 여부를 결정할 수 있는 시간대를 말한다.

④ 표준근로시간

표준근로시간은 선택적 근로시간제 하에서 노사가 유급휴가 등의 계산 기준으로 정한 1일의 근로시간을 말한다. 유급휴가 사용시 1일의 표준근로시간을 사용 한 것으로 취급한다. 표준근로시간을 정하도록 규정한 취지는 선택적근로시간제를 실시할 경우 각 근로일별 근로시간이나 각 주별 근로시간이 근로자별로 달라질 수 있으므로 표준이 되는 1일 근로시간을 정하여 유급휴일수당이나 연차유급휴가수당 계산의 기준을 삼기 위한 것이다. 그러므로 사전에 근로자가 근로하기로 신청한 시간이 아니라 대상근로자 전체에 일률적으로 적용되는 특정의 근로시간을 표준근로시간으로 정하는 것이 타당하다(2011.4.8, 근로개선정책과-703).

4. 선택적근로시간제와 다른 제도와의 차이

(1) 선택적근로시간제와 자유출 · 퇴근제의 차이

선택적근로시간제는 근로일, 근로일별 근로시간의 배분과 업무의 시작 및 종료시각을 근로자의 자유에 맡기는 제도이다.

즉, 1일의 근로시간과 1주의 근로시간에 대한 제한없이 근로가 가능하다. 반면, 자유출 · 퇴근제는 출근시간이 일단 설정되면 그날의 근로시간에 따라 퇴근시간이 자동적으로 결정되므로 시작시간만 근로자의 재량에 맡기는 것이다.

설사 퇴근시간도 근로자의 자유에 맡기더라도 근로시간의 선택 폭이 지나치게 좁아 선택적근로시간제와는 상당한 차이가 있다. 또한 자유출퇴근제는 1일 8시간, 1주 40시간의 근로시간이 적용되므로 이 시간을 초과하는 경우는 반드시 연장근로수당을 지급하여야 한다.

선택적근로시간제와 자유출 · 퇴근제 비교

구 분	선택적근로시간제	자유출 · 퇴근제
출근시간	근로자가 결정	근로자가 결정
퇴근시간	근로자가 결정	소정근로시간에 따라 자동 결정
연장근로수당	미리 정한 총 근로시간을 넘는 시간에 지급	1일 8시간, 1주 40시간을 넘는 시간에 지급

(2) 선택적근로시간제와 시차출 · 퇴근제(시차근무제)와의 차이

시차출퇴근제는 선택적근로시간제와는 달리 회사에서 정한 시간에 근무해야 하는 제도로, 대고객민원업무 등에 도입되고 있다. 기존에 09:00~18:00까지 근무했던 사업장에서 1일 소정근로시간은 8시간으로 유지하되, 전체 근무시간을 1시간 늘릴 경우 다음과 같이 운영할 수 있다.

기존 근무시간	변경 근무시간	
	A그룹	B그룹
시작시간 09 : 00	시삭시간 08 : 30	시작시간 09 : 30
종료시간 18 : 00	종료시간 17 : 30	종료시간 18 : 30

5. 선택적근로시간제 노사합의서 모델(고용노동부작성)

주식회사○○ 대표이사 와○○ 노동조합위원장 는 선택적근로시간제에 관하여 다음과 같이 합의한다.

제1조【목적】

이 합의서는 근로기준법 제52조와 취업규칙 제○조에 의해 선택적근로시간제에 필요한 사항을 정하는 것을 목적으로 한다.

제2조【적용범위】

선택적근로시간제는 과장급 이상의 기획 및 관리·감독 업무에 종사하는 자를 대상으로 한다.

제3조【정산기간】

근로시간의 정산기간은 매월 초일부터 말일까지로 한다.

제4조【총 근로시간】

40시간×해당 월의 역일수/7로 계산한다.

제5조【표준근로시간】

1일의 표준근로시간은 8시간으로 한다.

제6조【의무시간대】

의무시간대는 오전 10시부터 오후 4시까지로 한다. 다만, 정오부터 오후 1시까지는 휴게시간으로 한다.

제7조【선택시간대】

선택시간대는 시작시각대 오전 8시부터 10시, 종료시각대 오후 4시부터 7시로 하되, 시작시각을 1일 전까지 근무일지에 기록하여 상사에게 보고한다.

제8조【가산수당】

업무상 부득이한 경우에 상사의 승인을 받고 제4조의 근무시간을 초과하여 근무한 시간에 대해 가산수당을 지급한다.

제9조【임금공제】

의무시간대에 근무하지 않은 경우 근무하지 않은 시간만큼 임금을 공제하며, 의무시간 시작시간을 지나 출근하거나, 의무시간 종료 전에 퇴근한 경우에는 조퇴, 지각으로 처리한다.

제10조【유효기간】

이 합의서의 유효기간은 20○○년 ○월 ○일부터 1년간으로 하되, 유효기간 만료 1개월 전까지 개정 관련 별도 의견이 없는 경우에는 그 후 1년간 자동갱신되는 것으로 하며, 그 이후에도 또한 같다.

년 월 일

주식회사○○ 대표이사 (인) 근로자대표 (인)

6. 선택적근로시간제 운용상 주의사항

(1) 근로자대표 선임 및 서면합의 효력

① 과반수 노동조합이 있는 경우

노동조합의 대표자 또는 노동조합으로부터 위임받은 자가 대표권을 행사한다. 단체협약의 부속(별도)협약으로 체결하거나 단체협약과는 별도의 서면합의서로 작성할 수 있다.

② 과반수 노동조합이 없는 경우

㈎ 노사협의회가 설치되어 있는 경우

근참법에 의한 노사협의회가 설치되어 있으면 그 근로자위원을 근로자대표로 볼 수 있다. 1명의 대표자를 선출하거나 노사협의회의 별도의 의사결정 방법으로 결정할 수 있다. 단체협약의 적용을 받는 조합원에게 적용하려면 별도의 단체협약의 개정절차를 거쳐야 한다.

새로 근로자대표를 선정하는 경우 선정 방법에는 특별한 제한이 없으며, 대표의 수에 대하여는 1명의 대표는 물론 복수의 근로자대표도 가능하다.

후보출마 등에 사용자의 간섭이 배제되어야 하고, 근로자들에게 자유로운 의사표현이 보장되어야 하며, 근로시간제도에 대한 대표권을 행사한다는 것을 근로자에게 주지시킨 상태에서 근로자 과반수의 의사를 모으는 적당한 방법이면 된다.

(2) 선택적 근로시간대와 코어타임을 반드시 설정해야 하는가 여부

선택적 근로시간대와 코어타임은 노사가 서면합의로 자율적으로 결정할 사항이나, 다음과 같은 사유로 설정하는 것이 바람직하다.

① 우선 선택적 근로시간대를 설정하지 않을 경우 1일 24시간 사업장을 개방하여야 하고 이 경우 관리, 경비 등 경제적 부담이 발생한다.

② 또한 코어타임은 근로자 간의 회의, 지시사항 등이 필요한 경우에 활용될 수 있어 유용하다.

(3) 선택적근로시간제에 있어서도 야간근로수당을 지급하여야 하는지 여부

① 선택적 근로시간대에 야간근로시간(오후 10시부터 오전 6시까지 사이의 근로)이 포함되어 있는 경우에는 통상임금의 50%를 야간근로수당으로 지급하여야 한다.

② 선택적 근로시간대에 야간근로시간이 포함되어 있지 않은 경우에는 ① 사용자가 사전에 요청하였거나 근로자가 사전에 이를 통지하고 사용자의 승인을 받은 경우에는 야간근로수당을 지급해야 하고, ② 근로자가 사용자에 대한 통지나 사전승인 또는 묵시적 동의없이 자발적으로 근로한 경우에는 야간근로수당에 대한 지급의무가 없다.

(4) 선택적근로시간제에 있어 근태관리는 어떻게 하여야 하나

선택적근로시간제의 경우 선택적 근로시간대와 코어타임이 설정되어 있지 않다면 근태를 관리할 수 있는 범위가 크게 줄어든다. 그러나 코어타임이 설정되어 있는 경우 코어타임까지 출근하지 않거나 코어타임 이전에 퇴근하면 징계사유가 될 수 있을 것이다.

(5) 선택적근로시간제하에서의 연장근로의 계산 방법

① 선택적근로시간제하에서는 정산기간에 있어 총 근로시간만 정해지므로 각 일, 각 주에 있어 연장근로는 계산될 수 없다. 연장근로가 필요한 경우에는 정산기간 전 또는 정산기간 도중 해당근로자와 별도로 합의하여야 한다.

② 따라서 실제 연장근로를 하였는지 여부는 정산기간 이후에 알 수 있으며, 연장근로로 계산되는 시간은 정산기간에 있어 미리 정한 총 근로시간을 넘는 시간이다. 이 경우 가산수당이 지급되어야 하는 시간은 정산기간에 있어 총 법정근로시간을 초과하는 시간이다.

예 : 9월을 정산기간으로 정한 경우, 그 월이 30일이라면 총 법정근로시간은 171.4시간(40×30/7)이므로 이 시간을 넘는 시간이 법상 가산수당이 지급되는 연장근로가 된다.

③ 연장근로의 한도는 정산기간을 평균하여 1주에 12시간을 초과해서는 아니 된다.

(6) 선택적근로시간제에 있어 연장근로수당 지급 방법

① 선택적근로시간제는 정산기간의 근로시간만 정하면 되고 각 일, 각 주에 대한 근로시간은 근로자가 스스로 배정하므로 각 일, 각 주에 있어서는 연장근로에 대한 의미가 없다.

② 대신 정산결과 약정한 시간을 넘어서 근로한 경우는 연장근로의 문제가 발생할 수 있다. 즉 법정근로시간(정산기간을 평균한 1주 간의 근로시간이 40시간)을 넘어서면 가산임금을 지급하여야 한다. 다만, 사용자가 연장근로를 요청하였거나 근로자의 연장근로 통지에 대해 사용자가 승인한 경우에만 연장근로수당에 대한 지급의무가 있으므로 이에 대해서는 취업규칙 또는 서면합의서에 포괄적으로 규정해 놓으면 된다.

(7) 휴일 · 휴가의 부여 방법

선택적근로시간제를 도입하더라도 출근율에 따라 주휴일, 연차유급휴가를 주어야 하며 휴일 · 휴가수당은 표준근로시간에 해당하는 임금을 기초로 계산한다. 주휴일에 선택적 근로시간대가 설정되어 있다면 그 시간대의 근로는 휴일근로가 되어 가산수당을 지급해야 한다. 만약, 주휴일에 선택적 근로시간대가 설정되어 있지 않다면 주휴일에 근로하였더라도 사용자의 지시나 동의가 있어야 휴일근로가 되며 휴일근로의 합의는 합의서 또는 취업규칙에 규정하면 된다.

(8) 정산기간에 근로시간의 과부족이 있는 경우의 임금 계산 방법

정산기간이 지나 그간의 실제 근로한 시간을 계산하였을 때 당초 약정된 근로시간을 초과한 경우에는 다음 정산기간에 근로시간을 줄이는 형태로 상계할 수 없다. 즉 임금 전액불의 원칙에 따라 초과근로시간에 대한 임금도 해당 정산기간 임금에 포함하여 지급해야한다. 반면 실제 근로한 시간이 약정된 시간에 미달된 경우에는 미달시간분에 해당하는 임금을 감액지급할 수도 있을 것이다.

3 사업장밖근로시간제

1. 사업장밖근로시간간주제

(1) 사업장밖근로시간제의 개념

근로자가 출장 그 밖의 사유로 근로시간의 전부 또는 일부를 사업장 밖에서 근로하여 근로시간을 실제적으로 산정하기 어려운 경우에 있어서 근로시간을 인정하는 제도이다. 따라서 사업장 밖에서 근로하더라도 근로시간의 산정이 가능하면 제외한다.

이 경우에 원칙적으로 소정근로시간을 근로한 것으로 보나, 당해 업무의 수행을 위해 통상적으로 소정근로시간을 초과한 근로가 필요한 경우에는 통상 필요한 시간을 근로시간으로 인정하며, 통상 필요한 시간을 노사가 따로 서면 합의한 경우에는 그 시간을 근로시간으로 인정한다.

(2) 탄력적근로시간제 및 선택적근로시간제와 차이

탄력적 · 선택적근로시간제는 근로시간 조정 및 배분 등을 통한 근로시간 형태의 변화가 있으나, 사업장밖근로시간제는 현재 근로시간 형태의 변경없이 근로시간을 계산하는 방법만 편리하게 정하는 것이다.

탄력적 · 선택적근로시간제와 비교

	탄력적 · 선택적 근로시간제	사업장밖근로시간제
근로시간 형태 변경 여부	변경 있음	변경 없음
근로시간 산정	실제 근로시간으로 산정	근로시간 산정이 어려워 '근로한 것으로 인정하는 시간' 으로 산정

2. 사업장밖근로시간간주제의 의의

① 사업장밖근로시간제는 인정근로제 또는 간주근로제로 표현하기도 하는데 서비스 산업의 발달과 자동화의 진전 등으로 사업장 밖에서 근로하는 사례가 증가하고 있는 현실을 반영하여 근로시간을 보다 합리적으로 정하기 위한 것이다.

근로시간의 산정이 어려운 업무로 영업직, A/S업무, 출장업무, 택시운송업,

재택근무 등을 들 수 있다.

② 이 제도 아래서는 근로자가 실제 근로한 시간과 관계없이 '소정근로시간', '업무수행에 통상적으로 필요한 시간', '노사가 서면으로 합의한 시간' 중 어느 하나를 근로시간으로 본다. 사업장밖근로시간제를 도입시 특례가 적용되는 범위는 '근로시간 계산'에 관한 부분에 한하므로, 휴일 및 휴가 등은 그대로 적용되며, 휴일근로 및 야간근로가 발생한 경우 가산수당을 지급하여야 한다.

3. 사업장밖근로시간간주제의 도입요건

(1) 사업장 밖의 근로일 것

사업장 밖의 근로는 '근로의 장소적 측면'과 '근로수행의 형태적 측면'을 종합적으로 고려하여 판단해야 한다.

① '근로의 장소적 측면'에서는 소속 사업장에서의 장소적 이탈을 전제로 하여 근로자가 자신의 본래 소속 사업장의 근로시간 관리로부터 벗어나 있는 상황을 말한다. 따라서 근로시간을 전부 사업장 밖에서 근로하는 경우는 물론 일부만 사업장 밖에서 근로하는 경우도 포함한다.

② '근로수행의 형태적 측면'에서는 사용자의 근로시간 관리조직으로부터의 구체적인 지휘감독을 받지 않고 근로를 수행하는 것을 말한다.

(2) 근로시간을 산정하기 어려울 것

① 근로시간 산정이 어려운 경우는 사업장 밖 근로의 시업시각과 종업시각이 해당 근로자의 자유에 맡겨져 있고, 근로자의 조건이나 업무 상태에 따라 근로시간의 장단이 결정되는 경우를 말한다.

② 따라서 사업장 밖의 근로라 하더라도 사용자의 구체적인 지휘 · 감독이 미치는 경우에는 근로시간의 산정이 가능하므로 그 적용대상에서 제외된다. 예를 들어 사업장 밖 근로에 종사할 때 그 구성원 중에 근로시간의 관리를 하는 자가 있는 경우, 휴대폰 등에 의하여 수시로 사용자의 지시를 받으면서 근로를 하는 경우, 미리 회사로부터 방문처와 돌아오는 시간 등 당일 업무를 구체적으로 지시받아 근무를 하고 사업장에 돌아오는 경우 등이다.

(3) 취업규칙 또는 근로자대표와 서면합의로 근로한 것으로 인정하는 시간을 규정

사업장밖근로시간제를 채택하기 위해서는 취업규칙이나 근로자대표와 서면합의로 사업장 밖 근로에 관한 근로시간의 산정방법에 대하여 정해야 한다. 근로시간을 산정하는 방법은 '소정근로시간으로 보는 경우', '통상 필요한 시간으로 보는 경우', '노사가 서면합의한 시간으로 보는 경우'로 나누어 볼 수 있다.

① 소정근로시간으로 보는 경우

사업장 밖에서 근무하기 때문에 근로시간을 산정하기 어려운 경우에는 소정근로시간을 근로한 것으로 인정한다.

소정근로시간이란 법정근로시간(1주 40시간, 1일 8시간)의 범위 내에서 노사에 근무하기로 정한 근로시간을 말한다.

② 통상 필요한 시간으로 보는 경우

해당 업무를 수행하기 위하여 통상적으로 소정근로시간을 초과하여 근로할 필요가 있는 경우에는 그 업무의 수행에 통상 필요한 시간을 근로한 것으로 인정한다. 통상 필요한 시간은 통상적 상태에서 그 업무를 수행하기 위해 객관적으로 필요한 시간을 말한다.

③ 노사가 서면합의한 시간으로 보는 경우

사용자와 근로자대표가 서면합의를 한 경우에는 그 합의에서 정한 시간을 그 업무수행에 통상 필요한 시간으로 인정한다. 합의는 서면으로 작성하여 권한있는 노사 당사자가 서명, 날인해야 한다.

4. 사업장밖근로시간제 노사합의서 모델(고용노동부작성)

주식회사○○대표이사 와 ○○ 노동조합위원장 는 취업규칙 제○○조에 기초하여 근로자에 대하여 사업장 밖 근로를 시키는 경우의 근로시간 산정에 관하여 다음과 같이 합의한다.

제1조【대상의 범위】

이 합의서는 영업부, 판매부 등에 소속하는 사업으로 주로 사업장 밖의 업무에 종사하는 자에게 적용한다.

제2조【인정근로시간】
제1조에 정한 직원이 통상 근로시간의 전부 또는 일부를 사업장 밖에 있어서의 업무에 종사하고, 근로시간을 산정하기 어려운 경우에는 휴게시간을 제외하고 9시간을 근로한 것으로 본다.
제3조【휴게시간】
제1조에 정한 직원에 대해 취업규칙 제○○조에 정한 휴게시간을 적용한다. 다만, 업무에 따라서는 정해진 휴게시간에 휴게할 수 없는 경우는 별도의 시간대에 소정의 휴게를 부여하는 것으로 한다.
제4조【휴일근로】
제1조에 정한 직원이 특별한 지시에 따라 취업규칙 제○○조에 정한 휴일에 근무한 경우에는 회사는 취업규칙 제○조에 기초하여 휴일근로 가산수당을 지급한다. 다만, 출장 중인 경우에는 그러하지 아니하다.
제5조【야간근로】
제1조에 정한 직원이 특별한 지시에 따라 야간(22:00~06:00)에 근무한 경우에는 취업규칙 제○조에 기초하여 야간근로 가산수당을 지급한다.
제6조【연장근로】
제2조에 따라 근무로 인정된 시간 중 소정근로시간을 넘는 시간에 대해서는 취업규칙 제○조에서 정한 연장근로 가산수당을 지급한다.
제7조【시행일】
이 합의서의 유효기간은 20 년 월 일부터 1년간으로 하되, 유효기간 만료 1개월 전까지 개정관련 별도 의견이 없는 경우에는 그후 1년간 자동갱신되는 것으로 하며, 그 이후에도 또한 같다.

년 월 일

주식회사○○대표이사 (인) 근로자대표 (인)

5. 사업장밖근로시간간주제 운용상 주의사항

(1) 통상 필요한 시간을 노사가 서면합의할 경우 그 방법

① 과반수 노동조합이 있는 경우

노동조합의 대표자 또는 노동조합으로부터 위임받은 자가 대표권을 행사한다. 단체협약의 부속(별도)협약으로 체결하거나 단체협약과는 별도의 서면합의서로 작성할 수 있다.

② **과반수 노동조합이 없는 경우**

㈎ **노사협의회가 설치되어 있는 경우**

「근로자참여및협력증진에관한법률」에 의한 노사협의회가 설치되어 있으면 그 근로자위원을 근로자대표로 볼 수 있다. 1명의 대표자를 선출하거나 노사협의회의 별도의 의사결정방법으로 결정할 수 있다. 단체협약의 적용을 받는 조합원에게 적용하려면 별도의 단체협약의 개정절차를 거쳐야 한다.

㈏ **새로이 근로자대표를 선정하는 경우**

선정방법에는 특별한 제한이 없으며, 대표의 수에 대하여는 1명의 대표는 물론 복수의 근로자대표도 가능하다. 후보출마 등에 사용자의 간섭이 배제되어야 하고, 근로자들에게 자유로운 의사표현이 보장되어야 하며, 근로시간제도에 대한 대표권을 행사한다는 것을 근로자에게 주지시킨 상태에서 근로자 과반수의 의사를 모으는 적당한 방법이면 된다.

(2) 통상적으로 필요한 시간의 의미

사업장 밖 근로는 ① 소정근로시간, ② 당해 업무수행에 통상 필요한 시간, ③ 노사가 서면합의한 시간 중 어느 하나를 근로시간으로 인정하고 있다. 이 경우 업무수행에 통상적으로 필요한 시간이란 개인별로는 각각 필요한 시간이 다르더라도 평균적인 사람이 통상적으로 필요한 시간이 된다.

(3) 사업장 밖에서 근로하면 어느 경우에나 사업장밖근로시간제에 해당하는지 여부

사업장 밖에서의 근로시간 계산에 대한 특례는 근로가 사업장 밖에서 이루어질 뿐만 아니라 실제 근로시간을 계산하기 어려운 경우에 한정된다. 다음과 같이 사업장 밖에서 근로하더라도 근로시간의 산정이 가능한 경우에는 근로시간의 간주규정이 적용되지 않는다.

① 여러 명이 그룹으로 사업장 밖 근로에 종사하는 경우로서 그 멤버 중에 근로시간의 관리를 하는 자가 있는 경우

② 사업장 밖에서 업무에 종사하는 사람이 휴대폰이나 무선 등에 의하여 수시로 사용자의 지시를 받으면서 근로하는 경우

③ 사업장에서 방문처, 귀사시간 등 당일업무의 구체적인 지시를 받은 다음, 사업장 밖에서 회사 지시대로 업무를 수행하고 그 후 사업장에 돌아오는 경우

(4) 사업장 밖 근로와 사업장 내 근로가 혼재하는 경우의 계산방법

오전에는 사업장 내에서 근무하고 오후에는 사업장 밖에서 근무하는 경우는 그 시간을 합산하여 그날의 근로시간으로 본다. 즉, 사업장 내에서 4시간 근무하고 나머지는 사업장 밖에서 근로한 경우, 사업장 밖에서 근로한 시간이 5시간으로 인정되었다면 그날의 근로시간은 사업장 내 근로시간 4시간과 사업장 밖 근로시간 5시간을 합하여 총 9시간이 된다.

<table>
<tr><th>사업장 내 근로</th><th colspan="2">사업장 밖 근로</th></tr>
<tr><td>4시간</td><td colspan="2">5시간</td></tr>
<tr><td colspan="2">8시간(소정근로시간)</td><td>1시간(연장근로)</td></tr>
<tr><td colspan="3">총 근로시간 : 9시간</td></tr>
</table>

(5) 사업장밖근로시간제에서도 연장근로수당을 지급해야 하는지 여부

사업장밖근로시간제에서도 연장근로수당의 지급이 배제되는 것은 아니다. 따라서 해당 근로자가 소속한 부서가 정상적인 근로시간 형태를 채택하고 있다면 각 일에 대해 8시간을 넘어서는 부분은 연장근로수당을 지급하여야 한다.

그러나 탄력적근로시간제를 도입하여 각 일에 대한 근로시간이 다르다면 그날그날의 근로시간에 비추어 연장근로시간을 산정하여야 할 것이다. 즉 1일 9시간을 근무하기로 한 날에 9.5시간을 근로한 것으로 인정된다면 0.5시간 분에 대하여 가산수당을 지급하여야 한다.

(6) 휴일 · 휴가 · 야간근로는 별도 부여해야 하는지 여부

① 특례를 인정하는 것은 근로시간의 산정에 관한 부분이므로 유급주휴일, 연차유급휴가, 야간근로수당 등은 별도로 부여해야 한다.

② 관련 행정해석

(가) 소정근로일과 소정근로시간 등을 정하지 아니한 외근업무 종사자의 경우 특별한 사정이 없는 한 출근율 계산시 개근한 것으로 보아야 한다(2003.3.13, 근기68207-287).

외근 업무의 특성상 소정근로일, 시업 및 종업시각, 소정근로시간 등에 관하여 노사가 사전에 특정하지 않은 경우 특별한 사정이 없는 한 연차유급휴가 산정을 위한 출근율 계산시 개근한 것으로 보아야 한다.

(나) 출장근무 등 사업장 밖에서 근로하는 경우 근로시간 산정(2002.8.9, 근기68207-2675)

출장근무 등 사업장 밖에서 근로하는 경우에 있어서의 근로시간 산정에 관하여는 근로기준법 제58조에서 특례를 규정하고 있다. 동 규정에 따라 특별한 사정이 없으면 소정근로시간을 근로한 것으로 보며, 소정근로시간을 초과하여 근로할 필요가 있는 경우에는 그 업무수행에 통상 필요한 시간(노사 서면합의에서 정하는 경우 그 정한 시간)을 근로한 것으로 보게 된다. 사업장 및 출장지가 소재하는 지역 간 이동에 통상 소요되는 시간을 포함하여 출장근무수행에 통상적으로 필요한 시간이 소정근로시간을 초과한 경우라면 그 필요한 시간을 근로한 것으로 보게 되므로 그 시간에 대하여 임금을 지급해야 한다. 한편, 사용자의 지시에 의해 휴일에 출장업무를 수행한 것이 명백한 경우에는 이를 휴일근로로 볼 수 있으나, 단순히 휴일에 이동하는 경우라면 휴일근로를 한 것으로 보기는 어렵다.

4 재량근로시간간주제

1. 재량근로시간간주제의 의의

재량근로시간제란 업무의 성질에 비추어 업무수행 방법을 근로자의 재량에 위임할 필요가 있는 업무로서 사용자가 근로자대표와 서면합의로 정한 근로시간을 소정근로시간으로 인정하는 제도이다.

산업 전반에서 기술혁신, 정보화, 서비스업 비중 증가, 지식노동 증가 등에 따라 일하는 방식에 있어서 근로자의 재량 여지가 많고, 그 보수도 근로시간의 양보다 근로의 질(성과)에따라 결정되는 것이 적합한 전문적 업무가 증가하고 있다.

연구개발업무, 정보처리 시스템 분석, 설계업무, 기사의 취재, 편집업무 등 창의성 발휘가 필요한 전문적 업무에 대해서는 일반근로자와 같이 근로시간의 양(量)으로 동일하게 규제하는 것이 부적절하므로 사용자의 구체적 지시에 따라 업무를 수행케 하는 것보다 근로자의 재량에 맡기는 것이 노사 쌍방을 위하여 바람직하다.

2. 재량근로시간간주제의 도입요건

(1) 재량근로의 대상업무에 해당할 것

재량근로의 대상으로 할 수 있는 업무는 근로기준법시행령 제31조에서 규정한 업무에 한정된다.

① 신상품, 신기술의 연구개발이나 인문사회과학 및 자연과학에 관한 연구업무

이 업무는 상품재료, 제품, 생산, 제조공정 등의 개발 또는 기술적 개선 등 기타 폭넓은 범위의 연구, 개발 및 이와 관련된 시험 등을 말하나, 단순한 보조적 업무는 포함되지 않는다.

② 정보처리시스템의 설계 또는 분석업무

'정보처리시스템' 이란 정보의 정리, 가공, 축적, 검색 등의 처리를 목적으로 컴퓨터 하드웨어, 소프트웨어, 통신망, 데이터를 처리하는 프로그램 등이 구성요소로서 편성된 체계를 말한다. 시스템의 선정 및 설계, 결정, 평가, 문제점 발견, 개선 등의 업무가 포함될 수 있다.

③ 신문 · 방송 또는 출판사업에서 기사의 취재 · 편성 · 편집업무

신문 · 방송, 정기간행물에 기사 취재 또는 기사내용에 관한 기획 및 입안,

원고작성, 편집배정, 내용점검 등의 업무를 말하는 것으로 단순한 교정업무는 포함되지 않는다.

④ 의복 · 실내장식 · 공업제품 · 광고 등의 디자인 · 고안업무

전문성 · 창의성이 필요한 디자인업무 등을 말하며 단지 제품제작에 종사하는 근로자는 포함되지 않는다.

⑤ 방송프로 · 영화 등의 제작사업에서 프로듀서 · 감독업무

프로듀서는 제작 전반에 대하여 책임을 지고, 기획의 결정, 대외 섭외, 스태프의 선정, 예산 관리 등을 총괄하는 자를 말하며, 감독 업무는 스태프를 통솔, 지휘하여 현장 제작작업을 총괄하는 업무를 말한다.

⑥ 그 밖에 고용노동부장관이 정하는 업무

근로기준법시행령 제31조제6호에서 '그 밖에 고용노동부장관이 정하는 업무'란 회계 · 법률사건 · 납세 · 법무 · 노무관리 · 특허 · 감정평가 등의 사무에 있어 타인의 위임 · 위촉을 받아 상담 · 조언 · 감정 또는 대행을 하는 업무를 말한다(2011.9.2, 고용노동부고시 제2011-212호).

(2) 노사간 서면합의로 구체적인 내용을 정할 것

재량근로제를 도입하기 위해서는 사용자가 근로자대표와 서면합의를 통하여 대상업무 등을 구체적으로 명시하여야 한다.

① 대상업무

합의대상은 시행령에서 지정한 업무에 종사하는 근로자로 한정된다.

② 업무의 수행방법을 근로자의 재량에 맡긴다는 내용

회사측이 그 업무의 수행수단이나 시간배분의 결정 등에 대하여 구체적인 지시를 하지 않는다는 것을 합의해야 한다.

③ 노사 서면합의로 인정한 근로시간

'재량근로자의 근로시간 산정은 서면합의로 정한 내용에 따른다는 취지를 합의해야 한다. 이때 산정방법은 대상 근로자 중 일부를 표본추출하여 그간의 실근로시간을 집계, 분석하고 분석한 결과에 따라 근로시간을 일별 또는 월별 또는 요일별로 결정하는 방법이 있을 수 있다.

3. 재량근로시간간주제와 다른 제도와의 차이

(1) 선택적근로시간제와의 차이

① 재량근로는 근로시간의 배분 뿐만 아니라 업무수행 방법까지 근로자의 재량에 맡기고, 실제 근로한 시간과 관계없이 노사가 서면합의한 시간을 근로시간으로 간주하는 제도이다.

② 반면, 선택적근로시간제는 업무수행방법 등에 대해서는 사용자의 구체적 지시를 받으면서 시업과 종업시각(즉 근로시간의 배분)만을 근로자가 자유롭게 결정하고 근로시간도 실제 근로한 시간이 정확히 계산된다. 또한 제도를 도입할 수 있는 대상업무에 있어서 재량근로는 대통령령으로 정한 일정한 업무에 한정되는 반면, 선택적근로시간제는 노사 서면합의가 있는 경우 어떠한 업종(업무)에서나 실시할 수 있다.

구 분	선택적근로시간제	재량근로시간제
개 념	근로시간 배분과 관련된 개념	근로시간 결정이 곤란한 경우에 있어서 근로시간 결정에 관련된 개념
대 상	특정 업종의 제한없이 다양한 업무에서 활용 가능	법에서 정한 업무에 한정
사용자의 지시 여부	출근한 시간 동안에는 사용자의 지시에 따라 업무수행	업무수행방법 자체가 근로자의 재량에 맡겨짐
근로시간	근로시간 자체의 변경을 통하여 선택적으로 운용	별도의 근로시간 산정이 필요없으며, 미리 정한 바에 따름

(2) 재량근로시간간주제와 재택근무와의 차이

① 재량근로는 업무수행 방법과 근로시간 배분을 근로자의 재량에 맡기는 반면, 재택근무는 업무수행 방법에 대한 재량여지와 관계없이 근무장소가 사업장 밖의 주택인 경우를 말한다. 또한 재량근로는 근로장소에 대한 법적 제한은 없지만 대부분 실제 사업장에 나와서 근로하거나 출장 등의 형태를 취한다는 점에서 재택근로와 차이가 있다.

② 다만, 근로시간의 배분이나 휴게시간의 설정 등에 있어서 상당 부분은 양자 모두 근로자의 자유에 맡겨져 있다 할 것이다.

4. 재량근로시간제 노사합의서 모델(1)

주식회사ㅇㅇ대표이사 와 ㅇㅇ노동조합위원장 는 재량근로의 산정에 관하여 다음과 같이 합의한다.

제1조【적용대상업무】

재량근로에 해당하는 업무 및 재량근로에 종사하는 직원은 다음과 같다.

1. 연구소에서 연구개발의 업무에 종사하는 자
2. 정보처리시스템의 분석 또는 설계의 업무에 종사하는 자

제2조【업무의 수행방법】

제1조에서 정한 근로자에 대해서는 원칙적으로 그 업무수행의 방법 및 시간배분의 결정을 본인에 위임하고 회사 측은 구체적 지시를 하지 않는다. 다만, 연구과제의 선택 등 종사할 업무의 결정 및 내용 등에 관한 지시, 직장질서 및 시설관리상의 지시는 이에 해당하지 않는다.

제3조【근로시간의 산정】

제1조에서 정한 직원의 근로시간은 1일 9시간으로 본다.

제4조【휴일 및 야간근로】

① 재량근로 종사자가 휴일 또는 야간(22 : 00~06 : 00)에 업무를 행하는 경우에는 미리 소속 부서장의 허가를 받아야 한다.

② 제1항에 따른 허가를 받고서 휴일 또는 야간에 업무를 행한 경우는 회사는 취업규칙이 정한 바에 따라 가산수당을 지급한다.

제5조【근태관리】

① 재량근로업무 종사자는 출근 및 퇴근시 소정의 타임카드를 이용하여야 한다.

② 휴가 · 결근에 관한 절차는 취업규칙이 정한 바에 따른다.

제6조【시행일】

이 합의서의 유효기간은 20 년 월 일부터 1년간으로 하되, 유효기간 만료 1개월 전까지 개정관련 별도 의견이 없는 경우에는 그 후 1년간 자동갱신되는 것으로 하며, 그 이후에도 또한 같다.

년 월 일

주식회사ㅇㅇ 대표이사 (인) 근로자대표 (인)

재량근로시간제 노사합의서 모델(2)

(주)○○의 재량근로 도입에 관하여 근로자대표 와 사용자 (주)○○은 다음과 같은 사항에 대하여 합의한다.

– 다 음 –

1. 재량근로 대상 업무는 다음과 같다.
가) 프로그램 담당 PD
나) 프로그램 편집자
2. 재량근로자의 근로시간은 다음과 같다.
가) 1주 50시간을 근로한 것으로 간주한다.
나) 10시간의 연장근로에 대하여는 연장근로수당을 지급한다.
3. 재량근로 운영과 관련하여 사용자의 의무는 다음과 같다.
가) 사용자는 업무의 수행수단 및 시간배분 등에 관하여 근로자에게 구체적인 지시를 하지 아니한다.
나) 사용자는 간주근로시간에 대하여 현저히 잘못 산정되었다고 근로자가 주장하는 경우, 합리적인 방법으로 검토하여 이에 성실히 응해야 한다.
다) 사용자는 재량근로 대상 업무에 새로이 근로하게 된 자에게, 근로시간의 계산 등에 대하여 주지시켜야 한다.
4. 근로자의 의무는 다음과 같다.
가) 근로시간 산정은 실제 근로시간과 상관없이 본 서면합의로 정한 바에 따른다.
나) 근로자는 효과적인 업무수행을 위해 노력해야 한다.
5. 본 합의서의 유효기간은 2014년 1월 1일~2014년 12월 31일까지로 한다.

2013. 12. 25.

사용자	근로자 대표

5. 재량근로시간간주제 운용상 주의사항

(1) 근로자대표 선임 및 서면합의 효력

① 과반수 노동조합이 있는 경우

노동조합의 대표자 또는 노동조합으로부터 위임받은 자가 대표권을 행사한다. 단체협약의 부속(별도)협약으로 체결하거나 단체협약과는 별도의 서면합의서로 작성할 수 있다.

② 과반수 노동조합이없는 경우

㈎ 노사협의회가 설치되어 있는 경우

「근로자참여및협력증진에관한법률」에 의한 노사협의회가 설치되어 있으면 그 근로자위원을 근로자대표로 볼 수 있다. 1명의 대표자를 선출하거나 노사협의회의 별도의 의사결정방법으로 결정할 수 있다. 단체협약의 적용을 받는 조합원에게 적용하려면 별도의 단체협약의 개정절차를 거쳐야 한다.

㈏ 새로이 근로자대표를 선정하는 경우

선정방법에는 특별한 제한이 없으며, 대표의 수에 대하여는 1명의 대표는 물론 복수의 근로자대표도 가능하다.

후보출마 등에 사용자의 간섭이 배제되어야 하고, 근로자들에게 자유로운 의사표현이 보장되어야 하며, 근로시간제도에 대한 대표권을 행사한다는 것을 근로자에게 주지시킨 상태에서 근로자 과반수의 의사를 모으는 적당한 방법이면 된다.

구 분	탄력적근로시간제	선택적근로시간제	재량근로시간제
적용대상	대상근로자의 범위 (임산부 · 연소자 제외)	대상근로자의 범위 (연소자 제외)	대상업무 (시행령 제31조)
운영	단위기간(3월 이내)	정산기간(1월 이내)	업무수행수단, 시간배분에 구체적 지시를 하지 않음
근로시간 제한 · 산정	근로일과 근로일별 근로시간	총근로시간	서면합의에서 정한 근로시간
서면합의의 주요내용	– 대상근로자 범위 – 단위기간(3월 이내) – 근로일 · 근로일별 근로시간 – 서면합의 유효기간	– 대상근로자 범위 – 정산기간, 총근로시간 – 의무근로시간대 – 선택근로시간대 – 표준근로시간	– 무수행방법은 근로자 재량에 맡김 – 근로시간 산정은 정한 바에 따름

(2) 재량근로시간으로 정한 시간이 법정근로시간을 초과하는 겨우 연장근로가 되는지 여부

서면합의에서 정한 재량근로시간이 법정근로시간을 초과하는 경우에는 연장근로에 대한 가산수당을 지급해야 한다.

(3) 재량근로시간으로 정한 시간이 야간근로에 해당할 경우 가산임금을 지급해야 하는지 여부

사용자는 서면합의에서 정한 재량근로시간 중에 야간근로(22 : 00~06 : 00)가 포함되어 있는 경우에는 가산수당을 지급해야 하나 서면합의 내용에는 야간근로가 포함되어 있지 않고, 근로자 개인이 야간근로를 선호하여 근로를 실시하는 경우에는 야간근로에 해당하지 않아 야간근로수당을 지급할 필요는 없다.

(4) 재량근로자에게도 휴일, 휴가를 부여해야 하는지 여부

재량근로시간제를 도입하였더라도 유급휴일, 유급연차유급휴가는 별도로 부여해야 한다.

(5) 요건을 충족하지 못한 재량근로의 효력이 있는지 여부

근로기준법상 재량근로의 요건을 갖추지 못하면 근로시간 간주의 효과가 없고 실근로시간을 산정하여야 한다.

재량근로의 경우 근로자 개인의 재량으로 선택한 업무수행수단 및 시간배분방법으로 인해 서면합의로 정한 근로시간을 초과한 경우에는 법정근로수당을 청구할 수 없다. 다만, 서면합의했음에도 사용자가 업무수행방법에 대해 구체적인 지시를 하고 출 · 퇴근시간을 통제한다면 이는 재량근로로 볼 수 없으므로 실근로시간에 따라 근로시간을 산정해야 하고, 법정근로시간을 초과한 경우에는 법정근로수당을 지급해야 한다(2012.11.28, 근로개선정책과-6390).

5 보상휴가제

1. 보상휴가제의 의의

'보상휴가제' 란 연장근로 · 야간근로 및 휴일근로를 함으로써 발생한 임금을 지급하는 대신 유급으로 휴가를 부여하는 제도로 이때 '유급' 처리해야 할

부분은 연장 · 야간 · 휴일근로에 대한 임금과 50%의 가산수당까지 포함한 부분이다. 예컨대 연장근로를 2시간 한 경우 가산수당(50%)을 포함하면 총 3시간분 임금이 지급되어야 하므로 3시간의 휴가가 발생한다. 보상휴가제는 임금과 휴가에 대한 선택의 폭을 넓혀 근로시간 운영의 탄력성을 높일 수 있다.

2. 보상휴가제의 도입요건

보상휴가제를 실시하기 위해서는 '근로자대표와의 서면합의'가 있어야 하며, 이 요건을 갖추지 못하면 보상휴가제를 실시할 수 없다.

근로자대표는 근로자 과반수로 조직된 노동조합이 있으면 그 노동조합, 근로자 과반수로 조직된 노동조합이 없으면 근로자 과반수를 대표하는 자이다.

서면합의는 노사 당사자가 서명한 문서의 형태로 작성되어야 한다.

3. 보상휴가제의 서면합의 내용

노사당사자는 서면합의를 통해 보상휴가를 구체적으로 어떤 방식으로 실시할 것인지에 대해 자율적으로 결정하여 시행하여야 한다.

노사 서면합의에 포함되어야 할 사항은 다음과 같다.

(1) 휴가부여방식

① 근로자의 청구에 의할 것인지 사용자가 일방적으로 지정할 것인지,

② 전체 근로자에게 일률적으로 적용할 것인지 희망하는 근로자에 한하여 적용할 것인지 등 – 임금청구권만 인정할 것인지 휴가청구권과 임금청구권의 선택권을 인정할 것인지 휴가청구권만 인정할 것인지 등

(2) 보상휴가부여기준

어느 정도의 기간 동안 연장 · 야간 · 휴일근로시간을 적치하여 언제까지 휴가로 사용할 수 있는지 등

노사 서면합의에 포함되어야 할 사항

휴가 부여방식	근로자의 청구에 의할 것인지, 사용자가 지정할 것인지 여부 전체 근로자 대상 또는 희망하는 근로자에 한하여 적용할 것인지 여부 등
임금청구권	휴가청구권과 임금 청구권의 선택을 인정할 것인지 여부 임금을 지급받는 대신 휴가만 인정할 것인지 여부 휴가를 사용할 수 있는 기간을 정한 경우 그 기한
보상휴가 부여기준	시간 단위로 휴가를 부여할지, 일 단위로 부여할 지 여부 가산임금만 적용할지, 모든 연장 · 야간 · 휴일근로분에 대해 적용할지 여부 등

4. 보상휴가제 노사합의서 모델(고용노동부작성)

보상휴가제 합의서

(주)○○○○○ 대표이사 ○○○(이하 "갑"이라 함)와 근로자대표(이하 "을"이라 함)은 근로기준법 제57조에 의거한 보상휴가에 대하여 다음과 같이 합의한다.

- 다 음 -

1. 보상휴가의 기준이 되는 연장 · 야간 · 휴일근로의 기준일은 매월 1일부터 말일까지로 하고 보상휴가는 익월에 실시함을 원칙으로 하되, 그 시기는 근로자의 자유의사에 따른다. 다만, 근로자가 지정한 시기가 사업운영에 막대한 지장을 줄 경우 사용자는 그 시기를 변경할 수 있다.
2. 보상휴가는 일(日) 단위로 부여하며, 가산수당 외에 모든 연장 · 야간 · 휴일근로분에 대해서도 적용함을 원칙으로 하고, 개별근로자가 명시적으로 청구하는 경우 휴가 대신 임금으로 지급할 수 있다.
3. 만약 근로자가 익월에 보상휴가를 일부라도 사용치 않을 경우에는 미사용분에 대해 금전보상을 실시해야 한다.

이상과 같이 "갑"과 "을"이 자유로이 합의하였기에 이를 확인하기 위하여 쌍방이 서명날인한다.

년 월 일

"갑" 주식회사 ○○○○	"을" 주소 :
서울시○○○○○○○○○○	소 속 :
대표이사○○○(인)	성 명 : (인)

5. 보상휴가제 운용상 주의사항

(1) 근로자대표 선임 및 서면합의 효력

① 과반수 노동조합이 있는 경우

노동조합의 대표자 또는 노동조합으로부터 위임받은 자가 대표권을 행사한다. 단체협약의 부속(별도)협약으로 체결하거나 단체협약과는 별도의 서면합의서로 작성할 수 있다.

② 과반수 노동조합이 없는 경우

㈎ 노사협의회가 설치되어 있는 경우

근참법에 의한 노사협의회가 설치되어 있으면 그 근로자위원을 근로자대표로 볼 수 있다. 1명의 대표자를 선출하거나 노사협의회의 별도의 의사결정 방법으로 결정할 수 있다. 단체협약의 적용을 받는 조합원에게 적용하려면 별도의 단체협약의 개정 절차를 거쳐야 한다.

㈏ 새로이 근로자대표를 선정하는 경우

선정 방법에는 특별한 제한이 없으며, 대표의 수에 대하여는 1명의 대표는 물론 복수의 근로자대표도 가능하다. 후보출마 등에 사용자의 간섭이 배제되어야 하고, 근로자들에게 자유로운 의사표현이 보장되어야 하며, 근로시간제도에 대한 대표권을 행사한다는 것을 근로자에게 주지시킨 상태에서 근로자 과반수의 의사를 모으는 적당한 방법이면 된다.

(2) 보상휴가의 부여기준

① 연장 · 야간 · 휴일근로에 대한 임금과 이를 대신하여 부여하는 휴가 사이에는 동등한 가치가 있어야 하므로 근로기준법 제56조에 의한 가산수당까지 감안되어야 한다. 예컨대 연장 · 휴일 · 야간근로가 중복된 경우에는 각각의 가산수당을 포함하여 산정된 임금에 해당하는 만큼의 휴가가 발생한다. 보상휴가제의 적용 부분을 연장근로 등에 대한 가산수당을 포함한 전체 임금으로 할지, 가산수당 부분만 할지는 노사 서면합의로 정한 바에 따른다.

② 보상휴가제 예시

보상휴가를 실시하는 사업장에서 휴일근로를 2시간 한 경우 보상휴가 방법

사업장의 보상휴가제 시행방식이 모든 연장 · 야간 · 휴일근로에 따른 임금지급 대신에 휴가를 부여하기로 하였다면, 휴일근로를 2시간 한 경우 가산임금(50%)까지 포함하여 총 3시간분(2시간 분 임금+ 1시간 분 가산임금)의 임금분에 대한 보상휴가가 실시되어야 한다.

(3) 보상휴가의 부여방법

① 보상휴가는 소정근로시간 중에 부여되어야 한다. 휴가를 시간 단위로 부여할지 또는 이를 적치하여 일(日) 단위로 부여할지는 노사 서면합의로 정하는 바에 따른다. 부여되는 휴가는 유급으로 처리되어야 한다.

② 관련 행정해석

1년간의 연장 · 야간 · 휴일근로시간을 계산하여 다음 연도에 보상휴가를 부여하고 미사용분에 대하여 그 다음연도에 금전보상하는 내용의 노사합의는 유효하다(2005.2.14, 근로기준과-779).

보상휴가의 대상이 되는 연장 · 야간근로 및 휴일근로의 범위와 보상휴가를 부여하는 기간 등에 대하여도 노사가 서면합의로 정할 수 있다고 보아야 할 것이므로 사용자가 근로자대표와의 서면합의에 의하여 1년간의 연장근로 · 야간근로 및 휴일근로시간을 계산하여 다음 연도에 1년간 휴가를 사용하게 하고, 미사용한 휴가에 대하여 그 다음연도 첫 번째 달의 임금정기지급일에 금전으로 보상하기로 합의한다 하더라도 이는 법에 위배되는 것은 아니다.

(4) 휴가를 사용하지 않을 경우 임금지급

① 보상휴가제는 임금지급 대신에 휴가를 부여하는 제도이므로 근로자가 휴가를 사용하지 않은 경우에는 그에 대한 임금이 지급되어야 한다.

보상휴가는 연차유급휴가와는 달리 사용자가 휴가사용 촉진조치를 통해 임금지급의무를 면제받을 수 없다. 근로자가 임금을 청구할 수 있는 시점은 휴가를 사용할 수 없게 된 날이 확정된 날의 다음날부터이며, 사용자는 다음 임금지급일까지 해당 임금을 지급하여야 하고, 보상휴가를 전부 사용하지 못하

고 퇴직한 경우에는 퇴직 후 14일 이내에 잔여휴가분에 대한 임금을 지급하여야 한다.

② 관련 행정해석

노사가 "보상휴가 사용기간 내에 사용자의 귀책사유없이 근로자가 사용하지 않은 보상휴가에 대해 사용자는 임금지급의무가 없다"고 합의한 것은 효력이 없다(2004.12.10, 근로기준과-6641).

근로기준법 제57조에 의한 보상휴가는 사용자가 동법 제56조의 규정에 따른 연장근로 · 야간근로 및 휴일근로에 대한 임금지급 대신에 부여해야 하는 휴가로서, 근로자가 휴가를 사용하지 않은 경우 사용자는 미사용휴가에 해당하는 임금을 지급해야 한다.

이는 노사가 "보상휴가 사용기간 내에 사용자의 귀책사유없이 근로자가 사용하지 않은 보상휴가에 대해 사용자는 임금지급의무가 없다"고 합의하더라도 그러한 합의는 효력이 없다고 보아야 할 것이다.

(5) 보상휴가 적용범위가 연장근로 전체인 경우 또는 가산부분만 해당되는 경우 보상휴가 산정방법

구 분	보상휴가제 미실시		보상휴가제 1 (연장근로 전체)		보상휴가제 2 (가산부분만 적용)	
	근로시간	임금	근로시간	임금	근로시간	임금
1일 (연장근로 없는 날)	8시간	8시간분	8시간	8시간분	8시간	8시간분
2일 (연장근로 있는 날)	10시간	11시간분 (연장 2시간분 +가산1시간분)	10시간	8시간분 (연장임금 전체 3시간분미지급)	10시간	10시간분 (할증 1시간분 미지급)
3일 (보상휴가 사용일)	8시간	8시간분	5시간	8시간분 (3시간분 보상 휴가[유급])	7시간	8시간분 (1시간분 보상 휴가[유급])
계	26시간	27시간분	23시간	24시간분	25시간	26시간분

6 특수 업종의 연장근로 · 휴게 등 특례와 노사협정

1. 근로시간 및 휴게 특례의 취지

근로기준법상 연장근로는 주 12시간으로 제한되는 것이나, 사업의 성격 내지 업무의 특성을 감안할 때 연장근로시간 및 휴게시간을 엄격하게 적용할 경우 공중생활의 불편을 초래할 수 있거나 사업 목적 달성이 어려운 사업에 대하여사용자는 근로자대표와 서면합의를 할 때 근로기준법에 의한 주 12시간을 초과하여 연장근로를 하게 하거나 휴게시간을 변경할 수 있도록 하고 있다(2011.8.1, 근로개선정책과-2548).

2. 근로시간 및 휴게특례의 요건

(1) 특례적용 사업

연장근로에 대한 특례가 적용되는 사업은 다음과 같다.

① 운수업, 물품판매 및 보관업, 금융보험업

② 영화제작 및 흥행업, 통신업, 교육연구 및 조사사업, 광고업

③ 의료 및 위생사업, 접객업, 소각 및 청소업, 이용업

④ 그밖에 공중의 편의 또는 업무의 특성상 필요한 경우로서 대통령령으로 정하는 사업 등에 해당되어야 한다. 이 경우 "대통령령으로 정하는 사업"이란 사업복지사업을 말한다(근로기준법시행령 제32조).

근로기준법 제59조는 그 적용 대상을 동조에 해당하는 '사업' 으로 하고 있으며 동조에 의한 사업에 해당하는지 여부는 당해 사업의 목적과 주된 생산활동이 무엇인지에 따라 판단하되 주요 생산품 · 매출액, 근로자의 직종별 분포 등을 종합적으로 고려해 동조에 의한 사업에 해당된다면 직종에 관계없이 전 근로자에 대하여 적용된다. 사업장의 업종이 소매업이고 주된 목적과 생산 활동이 전자 제품 판매라면 근로기준법 제59조제1호의 '물품 판매 및 보관업' 에 해당된다 볼 수 있다(2008.9.8, 근로조건지도과-3641).

이러한 연장근로에 대한 특례규정은 어떠한 근로시간제도를 채택하고 있는

지와는 관계없이 적용될 수 있다.

(2) 근로자대표와의 서면합의

특례가 적용되는 사업에 있어서 연장근로를 확대하거나, 휴게시간을 변경하기 위해서 사용자는 근로자대표와 서면합의를 하여야 한다.

이 경우 서면합의는 연장근로시간 및 휴게시간의 특례가 실시될 수 있는 충분요건으로 근로자대표와의 합의가 있는 한 해당근로자는 이에 따라야 한다.

다만, 근로자의 과반수를 대표하는 자의 선임절차에 관해서는 현행 근로기준법에 특별히 정하거나 제한하는 규정은 없다. 근로자대표 선출시 재적근로자의 범위에 대해서는 근로기준법 제2조제1항제1호에 의한 근로자로 보면 될 것이나 동법 제2조제1항제2호에 의한 사용자의 지위에 있는 자는 제외되어야 할 것이다. 또한 근로자 과반수를 대표하는 자의 선임방법 및 의결정족수 등에 대해서는 전체 근로자들이 스스로 정하는 바에 따라야 할 것이다.

3. 근로시간 및 휴게특례규정 모델

주식회사 ○○ 대표이사 와 ○○노동조합위원장 은 취업규칙 제00조에 기초하여 근로자에 대하여 근로시간 및 휴게의 특례에 관하여 다음과 같이 합의한다.

제1조【대상의 범위】

이 합의서는 전기통신업(전기통신사업부)에 종사하는 근로자에게 적용한다.

제2조【연장근로시간의 산정】

제1조에서 정한 근로자의 연장근로시간은 취업규칙 제00조에 불구하고 1일 ○시간으로 한다.

제3조【휴게시간 변경】

특례적용 근로자의 휴게시간은 취업규칙 제○○조에 불구하고 해당 노사간의 협의로 변경할 수 있다.

제4조【연장 · 휴일 및 야간근로】

① 특례적용 근로자가 연장 · 휴일 또는 야간(22:00~06:00)에 업무를 행하는 경우에는 미리 소속 부서장의 승인을 받아야 한다.

② 제1항에 따른 승인을 받고 연장 · 휴일 또는 야간에 업무를 행한 경우는 회사는 취업규칙이 정한 바에 따라 가산수당을 지급한다.

제5조 【근태관리】

① 특례적용근로자는 출근 및 퇴근시 소정의 타임카드를 이용하여야 한다.

② 휴가 · 결근에 관한 절차는 취업규칙이 정한 바에 따른다.

제6조 【시행일】

이 합의서의 유효기간은 2014년 1월 1일부터 1년간으로 하되 유효기간 만료 1개월 전까지 개정관련 별도 의견이 없는 경우 그 후 1년간 자동갱신되는 것으로 하며, 그 이후에도 또한 같다.

2014년 1월 1일

대표이사 (인) 근로자대표 (인)

4. 운용상 주의사항

(1) 노사간 서면합의는 특례적용 사업에 한하여 허용된다. 근로기준법 제59조에 명시된 사업에 한정하여 허용된다.

(2) 특례 적용대상 사업장에 대한 판단기준

① 원칙 : 근로기준법 제59조는 그 적용 대상을 동조에 해당되는 '사업'으로 하고 있으며, 사업에 해당하는지 여부는 당해 사업의 목적과 주된 생산 활동이 무엇인지에 따라 판단하되 주요 생산품 · 매출액, 근로자의 직종별 분포 등을 종합적으로 고려해 동조에 의한 사업에 해당된다면 개별근로자의 수행업무와 관계없이 전 근로자에게 적용된다(2012.6.5, 근로개선정책-2961).

② 예외 : 하나의 사업에 수 개의 사업장이 있는 경우 각 사업의 조직 · 인사 · 회계 · 노무 관리 등이 완전히 분리돼 독자적으로 사업 경영이 이뤄진다면 각 사업장별로 적용하되 그러한 독립성이 없으면 사업 전체를 적용단위로 보아야 한다(2011.1.27, 근로기준과-481).

(3) 근로자대표와의 서면합의와 개별근로자의 동의 여부

상기한 사업에 해당되어야 할 뿐만 아니라 연장근로를 확대하거나, 휴게시간을 변경하기 위해서는 사용자는 근로자대표와 서면합의를 하여야 한다. 이때 서면합의는 연장근로시간 및 휴게시간의 특례가 인정되기 위한 필요요건이지만 그 자체로서 해당 근로자의 근로의무가 당연히 발생하는 것은 아니므로 동조에 의한 연장근로를 실시하거나 휴게시간을 변경하기 위해서는 다시 해당 근로자의 동의를 얻어야 한다는 견해가 있으나 이에 찬성할 수 없다(김형배, 「노동법」, 22판, p.460). 근로자대표와 서면합의에 의하여 실시할 수 있고 개별근로자의 동의까지 요하지 않는다고 해석된다. 예컨대 임금협정서 등의 형식으로 노사합의에 의하여 택시운전기사의 휴게시간을 포함하여 7시 30분부터 23시 30분까지 2일 근무 1일 휴무의 형태로 근무하기로 약정하고, 이와 더불어 근로시간 · 연장근로시간 · 야간근로시간을 명확히 정하였다면, 달리 볼 특별한 사정이 없는 한 근로기준법 제59조에 따라 노사간 서면합의에 의하여 근로시간 및 휴게시간 등을 정하였다고 볼 수 있을 것이다(2005.4.14, 근로기준과-2130).

(4) 노사협정의 효과

① 근로시간 및 휴게시간의 특례로 법정근로시간인 1주 12시간을 초과하여 연장근로하게 하거나, 제54조의 규정에 의한 휴게시간을 변경할 수 있다. '휴게시간의 변경' 이란 휴게시간을 부여하되 업무형편에 따라 그 시각을 변경하는 것을 의미하며, 휴게시간을 단축하거나 부여하지 아니하는 것으로 해석되어서는 아니된다.

② 이 규정에 따라 1일의 법정근로시간을 초과하는 연장근로시간에 대해서는 당연히 근로기준법 제56조가 적용되므로 가산임금이 지급되어야 한다.

③ 근로기준법 제59조의 요건을 갖추지 못한 상태에서 휴게시간을 줄이거나 주 12시간을 초과하는 연장근로를 약속하는 것은 효력이 없고 휴게에 관한 근로기준법 제54조를 위반하거나 연장근로 제한에 관한 근로기준법 제53조를 위반하면 소정의 벌칙에 처한다.

7 연차유급휴가의 대체

1. 제도적 취지

연차유급휴가는 근로자가 청구하는 시기에 주는 것이 원칙이다. 그러나 근로기준법 제62조는 '사용자는 근로자대표와의 서면합의에 의하여 제60조의 규정에 의한 연차유급휴가일에 갈음하여 특정 근로일에 근로자를 휴무시킬 수 있다' 라고 규정하고 있다.

이 제도는 징검다리 휴일이 있는 경우나, 명절 전후, 정부가 정한 공휴일에 연차를 사용하여 집단적으로 휴가를 사용할 수 있는 제도로서 사용자와 근로자대표의 서면합의만으로 다수 근로자에게 휴가를 부여할 수 있다. 개정 근로기준법에서는 월차휴가가 폐지됨에 따라 연차유급휴가에 한해 휴가대체가 인정되고 있다.

노사합의를 함에 있어서 취업규칙 변경절차를 거쳐 유급휴가의 대체를 취업규칙에 규정하였다면 사용자와 근로자의 별도 서면합의가 없어도 취업규칙상 유급휴가 대체제도 규정은 유효하다.

근로자대표는 노동조합이 근로자 과반수를 조직하고 있으면 그 노동조합의 대표자 또는 노동조합으로부터 대표권을 위임받은 자가 되며, 노동조합이 없는 경우에는 근로자들이 설명회 등을 통해 자율적으로 과반수를 대표하는 자를 선정히면 된다.

따라서 과거와 달리 노사합의에 의해서 연차유급휴가를 계획적으로 부여할 수 있게 되었다.

근로기준법 제62조에 의하여 규정된 「연차유급휴가의 대체제도」는 근로자대표와의 서면합의에 의하여 그 기업 또는 사업장 전체에 걸쳐 유급휴가일을 특정근로일에 배정함으로써 근로자들을 휴무할 수 있도록 하는 일종의 집단적 성질을 가진 휴가실시제도이다. 이 제도는 해당 기업 또는 사업장의 운영계획과 관련하여 노동력의 수요 · 공급을 시기적으로 적절하게 조절하기 위한 경영합리화를 그 기본취지로 하여 도입된 것으로 판단된다. 다시 말하면 휴가사용과 관련하여 그 기업 또는 사업장 내에서 노동력의 효율적 활용을 촉진하고, 다른 한편 노동력의 낭비를 방지함으로써 기업이익에 이바지하면서 동시에 기업성과를 기할 수 있도록 하기 위한 제도로 이해된다.

2. 연차유급휴가의 대체제도의 도입요건과 서면합의

연차유급휴가의 대체제도는 다수의 근로자들을 특정근로일에 휴무시킬 수 있는 제도이므로 집단적 성질을 가지고 있다. 따라서 이 제도를 시행하기 위해서는 그 요건으로서 근로자대표와의 서면합의가 충족되지 않으면 안된다.

근로자와의 서면합의에 있어서는 노동력의 수급에 관한 기업경영상의 제반 여건과 특정근로일을 휴가일로 정하는 이유, 그 시기, 부서 및 인원 등에 관한 사항이 그 내용이 되어야 할 것이다.

예를 들면, 일정기간을 일제 휴가기간으로 정하고 근로자대표와 서면합의(노사협정)를 하면 근로자는 그 시기에 연차유급휴가를 사용하여야 한다.

이러한 경우 근로자는 일제히 사용한 휴가일수를 뺀 나머지 일수를 본인이 희망하는 시기에 신청하여 사용할 수 있다.

이와 같이 특정 근로일을 연차유급휴가로 대체하려면 우선 근로자대표와의 합의가 있어야 하며, 취업규칙에 그렇게 할 수 있다는 근거규정을 설정해 두어야 한다. 이 때 계획적으로 부여하는 휴가일수와 시기, 잔여휴가일수에 대한 처리 등에 관하여 합의한 사항을 합의서로 작성하여 비치해 두면 된다.

연차유급휴가의 계획적 부여의 구제적인 방법으로는 사업장 전부 또는 일부를 휴업하고 일제 부여하는 방식이 있고, 반별로 교체해서 부여하는 방법 또는 휴가 계획표에 의한 개인별 부여방식 등을 생각해 볼 수 있다.

이 중에서 어떠한 방식으로 하느냐, 그 일수는 몇일로 하느냐에 대해서는 노사합의에 의해 정하면 된다.

3. 연차유급휴가의 대체규정

사용자는 근로자대표와의 서면합의에 따라 또는 제60조에 따른 연차유급휴가일을 갈음하여 특정한 근로일에 근로자를 휴무시킬 수 있다(근로기준법 제62조).

연차유급휴가 대체규정 모델(1)

○○주식회사와 ○○노동조합과는 연차유급휴가의 대체에 관하여 다음과 같이 협정을 체결한다.

제1조【연차유급휴가기간 중 대체휴가일수】

근로자가 가지는 각 년도의 연차유급휴가 중 5일에 관하여는 근로자는 본 협정에 정하는 날에 대체 사용한다.

제2조【대체취득일수】

연차유급휴가의 대체취득의 기간 일수는 다음과 같다.

1기 ; 4월 1일부터 9월 30일까지 3일간

2기 ; 10월 1일부터 3월 31일까지 2일간

제3조【대상근로자】

본 협정의 대상이 되는 근로자는 각기의 '연차유급휴가 취득계획희망서'를 각기의 휴가대상기간이 시작되는 2개월 전까지 소속과장에게 제출해야 한다.

제4조【소속 과장 및 총무부장의 업무처리】

① 각 소속과장은 제3조에 의해 제출된 희망서를 참조하여 조정한 후에 각 개인별의 연차유급휴가 부여계획표를 작성하여 각기의 휴가대상기간이 시작되는 2주 전까지 총무부장에게 제출한다.

② 총무부장은 될 수 있는 대로 빠르게 제1항의 계획표를 노동조합 및 각 개인에게 배포한다.

제5조【소속 과장의 조정】

각 소속과장은 제3조제1항을 조정함에 있어서 특정한 날에 휴가희망자가 집중될 때는 원칙적으로 근속연수가 장기간인 근로자에게 우선적으로 부여하는 방향으로 조정한다.

제6조【적용제외】

본 협정은 매년 기준일(4월 1일) 현재까지는 연차유급휴가가 15일이 되지 아니하는 자에게 적용하지 아니한다.

제7조【휴가계획표의 변경】

회사는 업무수행상 부득이한 사유가 생길 때는 노동조합 또는 근로자 과반수 대표자의 동의를 얻은 후 발표한 휴가계획표를 변경할 수 있다.

연차유급휴가의 대체에 관한 노사합의(노사협정) 모델(2)

G주식회사와 근로자대표는 취업규칙 제○조에서 정한 연차유급휴가의 대체에 관하여 다음과 같이 협정한다.

제1조【대상】

이 협정의 대상이 되는 유급휴가는 매년 회계연도 초에 발생한 연차유급휴가 중 6일간으로 한다.

제2조【대체시기】

이 협정에 따라 유급휴가를 부여할 시기는 다음과 같다.

1. 전사일제부여일 : 8월 ○일~○일(3일간)
2. 추석 · 설날 휴가기간 전후 2일간(각 부서에서 업무조정한 계획표에 따라 취득)
3. 개인별 부여 : 교대유급으로서 1일

제3조【적용제외】

다음 각호의 어느 하나에 해당하는 자는 이 규정을 적용하지 아니한다.

1. 장기상병결근, 휴직 및 휴업 중인 자
2. 출산전후휴가 중인 자
3. 육아휴직 · 가족돌봄휴직 중인 자
4. 임시 · 파트타임 종사자
5. 그 밖에 적용제외하는 것이 적당하다고 인정된 자

제4조【유효기간】

이 협정의 유효기간은 2014년 1월 1일부터 2014년 12월 31일까지로 한다. 다만 유효기간 만료일의 1개월 전까지 회사 또는 근로자대표로부터 신고가 없다면 향후 1년간 유효기간을 자동 연장하기로 한다.

제4편

임금규정의 작성 · 운용방법

제1장 총칙의 작성 · 운용방법

1 적용범위

임금규정의 총칙에서는 규정의 적용범위(적용되는 근로자의 범위), 임금체계, 개괄적인 임금지급형태, 지급 및 계산방법 등의 기본원칙 등을 내용으로 한다.

1. 규정례

제○조 【적용범위】 ① 이 규정은 취업규칙 제○장의 규정에 의하여 근로자의 임금에 관해서 규정한다. ② 촉탁, 임시근로자, 단시간근로자(파트타이머)의 임금에 대하여는 별도로 정한다.

2. 적용범위

먼저, 규정을 누구에게 적용하는가 하는 적용대상 근로자를 특정하여야 한다. 근로자에는 취업규칙 소정의 절차에 따라 채용된 근로자, 이른바 "정규근로자"외에 촉탁, 임시, 계절적 근로자, 단시간(파트타임) 근로자가 있으므로 대상범위를 "정규근로자"에 한정한다는 것을 명기한다.

그러나 촉탁, 임시근로자, 단시간근로자 등은 적용을 제외한다는 뜻을 명기하면 문제의 발생 여지는 없다.

2 임금체계

1. 규정례

> **제○조【적용범위】**
> ① 이 규정은 취업규칙 제○장의 규정에 의하여 근로자의 임금에 관해서 규정한다.
> ② 촉탁, 임시근로자, 단시간근로자(파트타이머)의 임금에 대하여는 별도로 정한다.

2. 임금체계

임금체계는 크게 분류하면 기준내임금(모델례에서는 기준임금)과 기준외 임금으로 나누어진다.

기준내임금은 소정근로시간의 근로에 대하여 정하여진 수급자격, 요건 등에 근거하여 고정적 또는 준고정적으로 지급되며 근로자의 생계를 유지하기 위한 기간적 임금이다.

기준내임금이라는 용어는 법률용어가 아니라 노동계에서 관행적으로 사용되는 용어이며 그 내역은 기본급 외에 기준외임금에 해당하는 수당을 제외한 제수당을 포함한다. 다만, 통근수당은 제외되며, 기준내임금에 통근수당을 합산한 것이 이른바 "소정내임금"이다([그림1] 참조).

기준외임금은 소정근로시간을 초과하는 근로에 대하여 지급되며, 근로자의 수입으로서는 예외적, 가변적인 임금이다.

조출, 잔업, 휴일근무수당 등 시간외임금이 그 대부분이다. "소정내임금"에 대한 "소정외임금"은 기준외임금의 내용에 합치한다. 기준내임금, 소정내임금과 기준외(소정외)임금과의 평균적인 비율은 약 4대 1이다.

[그림 1] 기준내임금의 내용

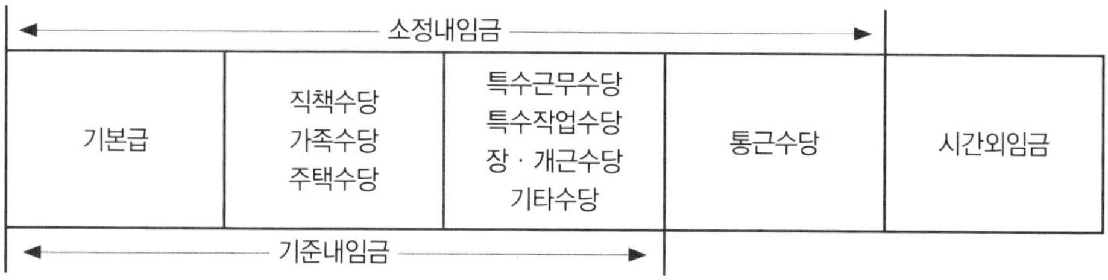

3. 규정작성방법

기준내임금을 시간외수당의 산정기초임금으로 오해하는 경향이 있으며 가족수당을 기준외임금으로 하는 사례를 볼 수 있다. 물론 위법은 아니나 통례적인 내용 · 개념에 맞지 아니하므로 가족수당은 기준내임금에 포함시킨 것이다.

또 기준내임금을 고정적 임금으로 오해하고, 정 · 개근수당을 기준외임금으로 하는 사례도 볼 수 있으나 이것 역시 동일한 이유로 기준내임금에 포함시킨 것이다.

4. 운용상 주의사항

임금수준(임금총액의 레벨)은 통상 기준내임금을 말하며 이른바 "사회일반의 임금수준"으로서 지표로 되고 있는 임금은 기준내임금을 지칭한다. 예컨대, 봄철의 임금인상시에 임금인싱률과 임금인상액이 「9.2% 인상」이라고 표시되는데 이것은 「기준내임금 1,200,000원」을 기준으로 하는 표시이다. 이것을 잘 모르고 「기본급」을 기준으로 한 것이라고 오해하고 자기 회사의 기본급에 전기한 9.2%를 곱하는 사례를 중소기업에서 흔히 볼 수 있는데 이것은 잘못이다.

따라서 가령 자기 회사의 임금규정에서 가족수당, 정 · 개근수당 등을 기준외임금으로 하는 기업에서는 계산상으로 이를 기준내임금에 가산할 액을 기준으로 하여 인상률 등을 산정하도록 하기 바란다.

3 지급형태와 계산

1. 규정례

> **제○조【지급형태와 계산】**
> ① 임금은 월액으로 정하고, 월급제 또는 일급월급제로 한다.
> ② 월급제는 사무 · 기술직에, 일급월급제는 기능직, 특무직에 적용한다.
> ③ 월급제는 별도로 정하는 경우 외에는 결근, 지각, 조퇴, 사용외출 등의 불취업에 대하여 공제하지 아니한다. 다만 무단결근시에는 일할 공제한다.
> ④ 일급월급제는 결근, 지각, 조퇴 및 사용외출 등의 불취업에 대하여 공제한다.

2. 임금지급형태

임금지급형태는 월급제, 일급월급제, 일급제 및 시간급제 등으로 분류된다.

(1) 월급제

월급제는 임금이 월액으로 정하여지며, 특별한 경우 무단결근을 제외하고 결근, 조퇴 및 사용외출 등의 불취업일 또는 시간이 있어도 임금을 공제하지 않는 제도이다.

(2) 일급월급제

임금이 월액으로 정하여지며, 전기한 불취업일 및 불취업시간의 임금을 공제하는 제도이다.

공제의 대상은 일반적으로 기본급으로 하며 수당에 대해서는 대상에서 제외(즉, 전액보장)하거나 특정한 제외한도를 두어 그 한도를 초과한 경우에 공제의 대상으로 하든가(즉, 부분보장) 어느 쪽이다.

(3) 일급제

일급제는 임금이 일액으로 정하여지고 출근일수에 따라서 산정되며, 이른바 "일당계산"을 한다.

일급제의 일급액의 결정은 수당을 포함한 액을 가지고 일급액으로 하는 방법과 수당은 월급제 및 일급월급제와 동일하게 월액계산하고 기본급만을 가지고 일급액을 정하는 방법이 있으나 동일기업 내에 월급제, 일급월급제의 근로가 있고 수당제가 있는 경우에는 일급자에 대하여도 기본급만을 가지고 일급액을 정하고 수당은 동일 취급하는 경우가 많다. 다만, 이른바 "정규채용자"가 아닌 임시적 · 계절적 근로자에 대하여는 수당상당액도 포함시켜 일급액을 정하고, 수당으로서는 지급치 아니하는 유형이 많다.

(4) 시간급제

임금을 시간당으로 정하며, 취업시간수에 따라 계산한다. 주로 파트타이머, 아르바이트 등 시간제근무자에게 적용되고 수당명목의 임금은 없는 것이 일반적이다.

(5) 적용대상

상기한 지급제도는 근로자에게 일률적으로 적용되는 사례도 있으나 다수는 직무구분, 직무 · 직능등급 구분 등에 의하여 적용대상을 달리하는 것이 일반적이다.

① 직무구분

사무, 기술직(관리, 사무, 영업, 기술 각 직무과 기능직(제조업의 현장 작업원)) 또는 특무직(수위, 경비원, 급식원 등)으로 구분한다. 단, 기능직에 대해서도 감독자 이상이 되면 월급제를 적용하는 사례도 있다.

② 직무 · 직능등급 구분

직무급 또는 직능급제도를 택하고 있는 기업에서 상위등급에 월급제를 적용하는 방법이다. 대체로 그 기준은 사무, 기술, 기능의 직무를 불문하고 판단, 응용을 별로 필요로 하지 않는 정형직 클라스(등급편성 방법에 따라 상이하나 대체로 하위 2계급 정도)가 일급월급제 또는 일급제를 적용한다.

③ 관리감독직 구분

관리자 이상 또는 감독자 이상과 기타(일반)로 구분한다. 다만, 이 사례는 별로 많지는 않다.

④ **본채용(정식채용) · 시용구분**

신규채용자에 대하여 시용기간 중일 때에만 일급월급제 또는 일급제로 하고, 기간 경과 후에는 월급제로 한다.

⑤ **근속구분**

근로연수에 따라 구분한다. 근속이라고는 하지만 그에 따라서 숙련정도가 일단 반영되므로 생각하는 방식은 ②와 유사하고 별로 바람직하지 못하다.

3. 규정작성방법

적용대상을 상이하게 하는 경우의 고려할 점은 일반적으로 노동의 생산성이 근로시간과 밀접하게 관련되어 비례관계에 있는가 없는가 하는 점에 있다. 즉, 불취업일 또는 그 시간분의 임금을 공제한다는 생각은 근로시간의 양이 직접적으로 업무의 질 · 양과 관련되는 직무에 있어서 그 합리성이 인정된다. 제조공장에 있어서 기계조작 등의 생산업무에 종사하는 자라든가 사무계통의 일에서 정형적 사무처리에 종사하는 자 등이 이에 해당된다. 이에 비하여 근로시간의 양이 반드시 업무의 질 · 양과 비례하지 않는 경우에는 임금공제를 할 합리성이 적다. 예컨대, 기획 또는 영업업무에서는 시간이 많이 걸리면 훌륭한 계획을 세울 수 있다거나 매출액을 올린다고는 할 수 없다. 주로 판단 응용을 요하는 업무는 비교적 시간의 양과의 관련성이 적다고 본다. 물론 그러한 업무라도 성과와 시간의 장단과의 관련성이 전혀 없다는 것은 아니다. 영업직 근로자의 근무태도에 관하여 대체로 근무성적이 양호한 자는 업적도 올리는 경향을 볼 수 있으므로 굳이 지급형태를 구분할 필요가 있는가에 대해서는 의문이 있다.

각각의 기업이 업무실태에 따라서 구분하는 합리성과 실익에 관해서 판단하였으면 하지만 구분한다고 하면, 그 기준은 상기한 바와 같이 시간량과 성과와의 관련성 여하에 있다.

4 임금의 계산과 지급

1. 규정례

제○조【임금계산기간】
임금의 계산기간은 전월 21일부터 당월 20일까지로 한다.
제○조【임금지급일】
임금은 매월 25일에 통화로 전액을 지급한다. 다만, 당일이 휴일인 때에는 그 전일에 지급한다.

2. 임금계산의 기간 및 지급방법

임금계산의 기간 및 지급방법은 반드시 정하지 않으면 안된다. 민간기업에서는「20일 마감, 25일 지급」이 대부분인데 어떻게 정해도 상관없다. 종래에는 통화지급이 원칙이며, 근로기준법에서도 그렇게 규정하고 있으나(제43조) 최근에는 사무합리화를 위하여 은행불입에 의한 지급이 증가하고 있으며, 불입에 의한 지급도 인정되고 있다. 다만, 지급방법 여하에 불구하고 전액을 지급하여야 한다.

5 임금공제

1. 규정례

제○조【임금공제】
전조의 규정에 불구하고 다음 각 호에 게기하는 것은 공제한다.
1. 법령에서 정하는 것
2. ~5. 생 략
6. 기타 조합과 협정하여 정한 것

2. 규정작성방법

전액지급의 원칙의 예외적 취급으로서 원천적으로 공제해서 지급하는 것이 인정되고 있다. 다만, 사용자가 자기 임의로 공제하는 것을 금하고 다음 두 가지 경우에 인정하게 되어 있다.

① 법령에서 공제를 허용하고 있는 경우

소득세 · 지방세 등의 각 세금, 국민연금기여금, 건강보험의 보험료 등 법령이 공제해도 된다고 인정하고 있는 경우

② 노동조합과의 단체협약으로 정한 경우

세금, 보험료 외에 각 기업에서 노동조합과의 단체협약으로 정하여 적립 기타의 용도에 제공되는 금전이 있다. 예컨대 조합비, 복리 등의 회비, 적립금 등이다.

6 비상시지급

1. 규정례

제○조【비상시지급】 출산, 결혼, 질병 그 밖에 회사가 특히 필요하다고 인정한 비상시에는 근로자의 신청으로 이미 제공한 근로에 대한 임금을 지급한다.

2. 비상시지급

비상시 또는 긴급시의 비용에 충당할 필요가 있을 때에는 회사가 소정의 임금지급일이 되기 전에 지급한다는 규정이다. 다만, 지급액은 지급사유가 발생한 날까지의 이미 제공한 근로에 대한 임금을 한도로 한다. 이를 초과하는 액은 전차금이 된다. 기왕의 임금분은 근로자가 청구하면 법률상 지급이 의무화되고 있으므로 은혜적으로 지급하는 것이 아닌 점에 유의하여야 한다(근로기준법 제45조). 기업 실정은 가불에 의하여 처리되는 경우가 많다.

7 일당 및 시간당 계산

1. 규정례

> **제○조【일당 및 시간당 계산】**
> 이 규정에서의 일당 및 시간당 계산은 다음 산식에 의한다.
>
> · 일당계산 = $\frac{\text{대상임금 월액}}{\text{월간평균취업일수}}$
>
> · 월간평균일수 = 연간소정취업일수(365일－연간소정휴일)×1/12
>
> · 시간당계산 = $\frac{\text{일당계산액}}{\text{1일의 평균소정취업시간}}$

2. 일당 및 시간당 계산방법이 필요한 경우

임금의 1일당, 1시간당의 금액을 산정할 필요가 있는 경우의 일당 계산 및 시간당 계산을 정하여 두는 것은 실무상 불가결하다.

그 필요가 생기는 경우란

① 결근, 지각, 조퇴, 사용외출 등의 불취업에 따른 임금공제

② 임금계산기간 중도의 채용, 퇴직, 휴직, 복직시의 임금공제

③ 가산임금 산정

3. 규정작성방법

일당계산(일액계산)의 방법으로서는 모델례의 경우와 같이 월간평균취업일수로 나눈 액으로 하는 외에 당해 월의 취업일수로 나눈 액으로 하는 예도 볼 수 있다.

$$\text{일 액} = \frac{\text{대상임금 월액}}{\text{당해 월의 소정취업일수}}$$

월간평균방식, 당해 월 방식에는 다같이 일장일단이 있다.

① 월간평균방식의 장단

월간평균방식은 연간을 통하여 일액이 일정하게 되므로 계산사무가 간소화

되는 장점이 있는 반면, 월간전부결근(월의 출근일수 0)의 임금공제 산정상 약간 모순이 생긴다. 그것은 예컨대 월간 평균일수가 23일인 경우, 특정월의 취급일수가 그보다 하회하는 경우(22일)에는 월간전부결근자라도 하회하는 일수(1일)분의 임금을 지급하게 된다. 역으로 상회하는 경우(24일)에는 전결일 경우에 상회하는 일수(1일)분 밖에 공제하지 못하게 된다. 이러한 사례는 실제적으로 드물게 발생하며 이 경우에는 당해 월의 취업일수를 가령 월간평균일수와 동일하게 간주하여 처리하고 있으나 이론적으로는 상기한 모순이 생긴다.

② 「당해 월」 방식의 장단

이 모순은 당해 월방식에 의하면 해소된다. 당해 월의 취업일수로 나누어 일액을 계산하기 때문이다. 그러나 이 방식에 의하면 월별로 일액이 상이하여 계산사무가 번잡하게 된다. 특히 가산임금의 단가가 월별로 틀리는 것이 단점이다(다만, 이 경우에 대하여는 근로기준법시행령 제6조 "통상임금의 정의" 참조).

이상의 여러 자기 점을 감안하면 다소의 모순은 있으나 월간평균 방식이 실무상 이점이 많다고 생각된다.

③ 월의 취업일수의 계산

어느 방식을 취하든 소정취업일수의 계산에 관해서는 연 또는 월의 총 일수에서 소정휴일을 공제해서 계산한다. 이 계산에 있어서 기업이 지정 또는 부여한 휴가는 공제, 비공제 어느 쪽이라도 좋으나 실질적으로는 가동하지 않는 것이므로 휴일에 준해서 공제하는 것이 올바른 생각이 아닌가 본다. 예컨대, 하기휴가(휴일명칭은 아니다)로서, 특별히 하기휴가용으로 회사가 부여한 일수 등이다. 단지, 본래 취업일인 날을 근로자의 위로여행으로 충당한 경우에는 취업일로서 간주할 것이다. 그러나 그 날이 휴일로 정하여지고 있는 경우에는 당연히 휴일로서 취급하여야 한다.

④ 시간당계산

시간당임금의 계산은 일당계산액을 1일의 취업시간수로 나누어 산출한다. 날에 따라 시간수가 상이한 경우에는 1주당의 1일 평균시간수로 한다. 격주의 주휴2일제 등으로 1주의 시간수가 상이한 경우에는 4주 평균의 1일 평균시간수로 한다.

4. 운용상 주의사항

주휴2일제의 추진에서 볼 수 있는 바와 같이 휴일, 휴가 증가의 방향으로 나갈 것은 필연적인데 소정취업일수, 시간수가 감소된 경우에는 그대마다 일액, 시간액을 다시 계산하도록 하여야 한다. 즉, 휴일증가, 시간단축은 곧바로 임금률(일 또는 시간임금단가)의 인상을 의미한다. 이 경우에는 근로자로서는 불취업에 따른 공제액이 증대하여 불리하게 되나, 가산임금 단가가 증대하므로 유리하다. 플러스, 마이너스의 현상이 생기는 것은 부득이하다. 따라서 이 경우에는 근로자와 협의해서 종래 그대로 하든가 또는 다시 계산하든가를 결정하는 것이 좋을 것이다.

8 평균임금

1. 규정례

제○조【평균임금】
① 평균임금은 다음 산식으로 계산한 액으로 한다.

$$\text{평균임금} = \frac{\text{사유발생일 이전 3개월간의 임금총액}}{\text{3개월간의 총일수}}$$

② 제1항의 계산에 있어서 임금총액에는 임시로 지급된 임금수당과 통화 이외의 것으로 지급된 임금으로서 고용노동부장관이 정한 이외의 것은 산입하지 아니한다.
③ 취업 후 3개월 미만인 자에 대해서는 고용 후의 기간으로 한다.

2. 평균임금의 산정

평균임금이란 근로자가 휴업하는 경우 등에 지급되는 임금 산정의 계산단위이며 그 금액은 변동하는 것이 그 특색이다.

평균임금은 다음과 같은 사유가 있는 경우에 지급한다.

① 퇴직금(근로기준법 제34조)

② 사용자의 귀책사유로 휴업하는 경우에 지급하는 휴업수당(동법 제46조)

③ 업무상의 상병에 따른 재해보상-휴업보상, 장해보상, 유족보상, 장의비, 일시보상(동법 제79조~제84조)

④ 연차유급휴가수당(동법 제60조)

단, 취업규칙 기타로 정하는 바에 따라 평균임금 또는 통상임금으로 지급한다.

⑤ 감급제한(동법 제95조)

평균임금의 계산은 이를 산정하여야 할 사유가 발생한 날 이전 3개월 간에 지급된 임금총액을 그 기간의 총일수로 나누어 산정한다.

임금총액이란 문자 그대로 총액으로서 기본급, 제수당(통근수당 포함)은 물론 성과급과 법정 시간외 · 야간 및 휴일근로수당도 포함한다. 단, 결혼수당이나 조의금 등과 같이 지급조건은 정해져 있으나 언제 지급하는가가 불확정하며, 또 드물게 발생하는 수당은 제외된다(대법 1973.3.27, 72다2425). 따라서 잔업 등이 많은 자의 평균임금은 그것이 적은 자보다 고액이 된다.

총일수란 주휴일, 경축일 등의 휴일을 포함하므로 과거 3개월간의 역일수가 된다. 다만, 그 기간 중에 다음에 해당하는 기간이 있을 경우에는 그 일수와 그 기간 중에 지급된 임금은 당해 기간과 임금총액에서 공제한다.

3. 평균임금의 산정기간에서 제외되는 기간

근로기준법시행령 제2조에는 평균임금 산정기간 중에 다음에 해당하는 기간 및 그 기간 중에 지급된 임금은 평균임금 산정기준이 되는 기간과 임금의 총액에서 각각 공제하여 평균임금을 산출한다고 규정하고 있으며 공제되는 경우는 다음과 같다.

(1) 수습사용 중의 기간

수습사용 중의 기간은 정식으로 채용되기 앞서 당해 사업장의 근로자로서의 적격성을 갖도록 하기 위하여 훈련에 사용하는 기간이다. 그러므로 수습사용기간 중의 임금은 본채용 후의 임금보다도 훨씬 저액이므로 평균임금의 산정에서 이 기간과 이 기간에 지급된 임금을 공제하는 것이다.

(2) 사용자의 귀책사유로 인한 휴업기간

사용자의 귀책사유로 인하여 휴업하는 경우에는 사용자는 원칙적으로 휴업기간 중 당해 근로자에 대하여 평균임금의 100분의 70 이상의 휴업수당을 지급하여야 한다. 회사가 휴업한 경우의 「휴업이란 개개의 근로자가 근로계약에 따라 근로를 제공할 의사가 있음에도 불구하고 그 의사에 반하여 취업이 거부되거나 또는 불가능하게 된 경우도 포함된다」(대법 1991.6.28, 90다카25277)고 할 것이다. 이 휴업수당은 평균임금이 100분의 70이므로 이를 평균임금에 산입한다면 근로자에게 불리하므로 이 기간과 기간 중에 지급된 임금을 평균임금의 산정에서 제외한 것이다.

이 경우 「일부휴업, 즉 소정근로시간의 일부를 휴업하는 경우에는 그 날의 근로에 대하여 지급된 임금이 평균임금의 100분의 70을 상회하는 경우에도 그 날과 그 날의 임금은 공제된다」(1980.2.8, 법무 811-7963). 그러나 「근로자의 귀책사유로 인한 휴업기간은 평균임금 산정시간에 포함하여야 한다」(2003.2.27, 임금 68207-132).

(3) 출산전후휴가기간

사용자는 임신 중의 여성에 대하여는 출산 전후를 통하여 60일의 유급보호휴가를 주어야 한다. 다만, 유급보호휴가는 30일 이상 확보되도록 한다(근로기준법 제74조). 출산전후휴가의 산정기초는 특별한 약정이 없으면 통상임금이므로 이 휴가기간을 평균임금 산정 대상기간에 포함하면 불리하게 되므로 이를 공제한 것이다.

(4) 업무상 상병의 요양을 위한 휴업기간

근로자가 업무상의 부상 또는 질병의 요양을 위하여 휴업하는 기간 중에는 사용자는 임금지급의 의무가 없으므로 이 기간을 공제하도록 한 것이다. 요양기간 중에 당해 근로자에 대하여 평균임금의 100분의 60의 휴업보상(산재보험법상 휴업급여는 100분의 70)을 하여야 하는데(근로기준법 제79조), 휴업보상을 받을 기간에 그 보상을 받을 자가 임금의 일부를 지급받은 경우에는 사용자는 평균임금에서 그 지급받은 금액을 뺀 금액의 100분의 60의 휴업보상을 하여야 한다. 이것은 임금이 아니고 보상이다. 그러나 업무외의 부상 또는 질병으로 인하여 휴업하는 기간은 사용자의 승인을 얻지 아니하면 공제되지 않는다.

(5) 남녀고용평등과법 제19조의 규정에 의한 육아휴직기간

사업주는 근로자가 만6세 이하의 초등학교 취학 전 자녀(입양한 자녀를 포함한다)를 양육하기 위하여 육아휴직을 신청하는 경우에 이를 허용하여야 한다(남녀고용평등법 제19조제1항 본문). 육아휴직기간은 특별한 약정이 없으면 무급이므로 이를 포함하면 불리하게 되므로 이를 공제한 것이다.

(6) 쟁의행위기간

적법한 쟁의행위기간은 평균임금의 산정대상기간에서 제외한다.

(7) 병역법, 향토예비군설치법 또는 민방위기본법에 의한 의무이행을 위하여 휴직하거나 근로하지 못한 기간

이 경우에는 당해 기간 중 임금을 지급받은 경우에는 그러하지 아니한다.

(8) 업무외 부상 또는 질병으로 인하여 사용자의 승인을 얻어 휴업한 기간

특별한 약정이 없으면 무급이므로 이를 포함하면 불리하기 때문에 이를 공제한 것이다.

4. 일용근로자의 평균임금 산정방법

「일용근로자의 평균임금은 고용노동부장관이 사업이나 직업에 따라 정하는 금액으로 한다」(근로기준법시행령 제3조)고 규정하고 있으며, 「법 제2조제1항제6호 및 제3조에 따라 평균임금을 산정할 수 없는 경우에는 고용노동부장관이 정하는 바에 따른다」(근로기준법시행령 제4조)고 규정하고 있다.

제2장 기본급의 작성 · 운용방법

기본급은 임금의 핵심적 부분이며 기본급에 관한 규정으로서는 그 결정원칙, 성격, 방법 등을 정한다.

1 규정례

> **제○조【기본급】**
> 기본급은 월액으로 정하며 연령, 근속, 직무능력 및 근무성적 등을 고려하여 결정한다.

기본급을 결정하는 요소로서는 연령, 근속, 직무능력, 근무성적(실적), 근무태도 등을 들 수 있다.

학력에 대해서는 직무능력에 포함되므로 이는 굳이 별도의 요소로 할 필요가 없으며, 그렇게 하는 것 자체가 부적당하다. 연령은 임금의 생계비적 요청에 대응하는 요소이다. 근속은 숙련도를 상당정도 반영하는 것으로 직무능력을 형성하는 요소이기도 하며, 과거의 공헌도에 대한 보장도 의미한다.

직무능력은 일을 수행하는 능력의 종류, 정도 등에 관한 요소이며, 기본급을 결정하는 요소 중에서 가장 비중을 많이 차지한다.

근무성적은 과거에 나타났던 근무실적이며, 신규채용자의 기본급 결정에는 무관하고 채용 후에 있어서의 기본급 결정의 요소이다.

2 종합급

이들 제요소를 종합적으로 감안해서 결정하는 방식이다. 즉, 각 요소마다 결정기준이 마련되어 있지 않은 방식으로 정하는 것으로 소위 종합급제도이다. 종합급제도는 각 요소에 대해 종합적으로 고려하는 것이므로 실제적으로는 소정기준이 없는 것과 같고, 임금의 근대화가 뒤진 중소기업에서 많이 볼 수 있다.

3 직무급, 직능급

이에 비해서 직무 또는 직무수행능력을 결정기준으로 하는 것이 직무급제도 또는 직능급제도이다.

우선 직무급은 직무의 질 · 량에 의한 직무가치로 상하의 구분을 하는 것으로 가령 최상위를 1등급으로 한다면 이하는 2등급, 3등급… 하위로 등급 구분을 하여, 어느쪽이든가 직무등급에 속하는 직무를 담당하는 자는 기본급에 대해 그 등급의 취급을 받는다.

직무급제도는 담당하는 직무의 가치에 따라 임금이 정해져서, 그 직무를 담당하는 자의 학력, 근속 기타의 요소와 관계없이 결정된다. 따라서 다른 직무로 이동하든가 새로운 직무가 다른 등급에 속하는 경우에는 새로운 등급의 임금취급을 받는다. 직무급제도는 직무의 가치를 식별할 수 있어서 등급 구분이 설득력을 가질 정도로 명확한 직종에 적합하다. 제조관계 직종이 비교적 이에 해당한다. 이에 비하여 사무, 기술관계 직종은 직무의 가치를 명확하게 구분할 수 없으므로 직무급에는 부적합하다.

한편, 직능급제도는 직무급에서의 직무에 대응하는 직능(직무수행능력)의 가치에 따라 임금이 정해진다. 이것은 담당하는 직무가 아니고, 담당하는 사람의 직무수행 능력의 가치를 기준으로 한다. 따라서 담당하는 직무가 변해도, 임금취급은 변하지 않는다. 직무수행능력이 상승하여 상위등급의 능력이 있다고 인정되어 승격하면, 그 등급의 임금취급을 받게 된다.

다음으로, 직무급 또는 직능급제도는 모두 생활급으로서 연령요소를 결정기준으로 하는 연령급 또는 근속연수를 결정기준으로 하는 근속급을 직무급이나 직능급과 병존해서 설치하는 일이 있다.

이것이 병존형 직무급 또는 병존형 직능급이다. 이 취지는 직능이 가령 저급에 있는 자에게도 연령 또는 근속 등 속인적 요소를 바탕으로 일정범위의 임금을 보장하고 생계유지를 도모하게 하기 위해서이다. 병존형 직능급의 모델례는 다음과 같다.

규 정 례

제○조【기본급의 구성】 ① 기본급은 연령급 · 근속급 및 직능급으로서 구성한다. ② 연령급은 연령에 따라 정하는 액으로 하고 ○○세를 한도로 한다. 단, 연령은 1월 1일을 기준으로 만 연령으로 한다. ③ 근속급은 1년에 대해 ( )원으로 한다. 단, 근속은 1월 1일 기준으로 근속연수로 하되, 6개월 이상 1년 미만은 1년으로 절상하며 6개월 미만은 버린다. ④ 직능급은 지식, 기능 그 밖의 요소에 의해 설정한 직능등급을 기초로 해서 정하는 액으로 한다.

4 규정작성방법

연령급에서의 연령계산 또는 근속급에서의 근속계산방법을 명확히 정한다.

연령급은 매년 1월 1일을 기준으로 만 연령으로 한다. 1월 1일 이후 채용하는 중도채용자에 대해서도 채용한 연(年)의 1월 1일 현재의 만 연령으로 계산한다(채용일 현재의 만 연령이 아니다).

근속급에 대해서도 1월 1일을 기준으로 근속연수로 한다.

제3장 수당의 작성 · 운용방법

1 수당의 종류와 구성

수당을 크게 분류하면 생활보조수당, 직무 또는 직능수당, 근속수당, 장려수당의 4종류로 분류되지만 일부 수당 중에는 어느 쪽에도 속하지 않는 것이 있다.

1. 생활보조수당

임금은 근로대가적 요소와 생활급적 요소로 구분되며 후자의 요소는 기본급에도 포함되어 있으나 그렇게 하여도 아직 충족될 수 없는 부분을 보완하기 위해, 특정의 생활요건에 적합한 자를 대상으로 한정적으로 지급하는 수당이다.

이것도 세밀히 분류하면, 부양가족 요건에 의한 가족수당 · 세대수당, 의식주 요건에 의한 주택수당 · 식사수당 · 피복수당, 근무지 요건에 의한 지역수당, 단신부임자의 별거수당 기타 종합적인 생활요건으로서의 물가수당, 통근비용에 충당하는 통근수당 등이 있다.

2. 직무 · 직능수당

담당하는 직무 또는 보유한 능력 등을 지급요건으로 하는 수당이며 기본급에 유사한 성격을 띠고 있다.

관리직 요건에 의한 직책수당, 종합적인 직무능력 구분에 의한 직능수당, 이와 유사한 신분자격(주임, 서기 등)에 의한 자격수당, 특정업무에 따르는 지출비용을 지급하기 위한 영업수당 등이다.

또 어떠한 면에서 전기한 각 수당과 유사하며 공적, 준공적인 면허를 취득하여 일반과는 다른 특정의 기술이나 기능을 보유한 자 또는 면허에는 이르지 못했으나 특수한 업무능력을 보유한 자를 대상으로 하는 기술 · 기능수당이 있다.

3. 근무수당

주로 직종 또는 근무양태 즉, 근무시간 또는 근무개소 등이 통상과 다른 양태인 자를 대상으로 하는 수당이다.

일반 사람과 근무시간 및 근무양태가 다른 회사용 자동차운전기사, 전화교환수, 의사, 간호사 등 또는 복지시설에 종사하는 관리인, 급식담당자, 수위 등을 대상으로 하는 수당이며 통상 "특수근무수당"이라고 부른다.

이 중에서 특수한 기술 · 기능(면허) 보유자인 의사, 간호사, 전화교환수, 자동차운전기사 등에 대해서는 앞서 든 "기술", "기능수당"으로서 취급할 수 있으나 어느 쪽 성격으로 규율하는 것이 적절한가는 실태에 따라서 판단, 결정하는 것이 좋을 것이다.

다음으로 근무장소가 일반인과 다른 직장환경, 예를 들면 고열 · 소음 · 분진 등의 부서에서 취업하는 자, 혹은 중량물 운반, 유해위험작업 등 특별하게 피로, 재해에 관련된 노동에 종사하는 자를 대상으로 하는 수당은 "특수작업수당"이라고 부른다.

또한 제조업, 건설업계에 있어서 현장 작업자의 부족을 보충하기 위하여 사무실에서 취업하는 자보다 우대하기 위해 "현장수당"을 지급하는 사례를 볼 수 있으나 이것들도 환경요건에 의한 수당이라고 볼 수 있다. 근무양태에 따른 수당으로서는 이외에 교대제 근무자를 대상으로 하는 교대근무수당 또는 예외적으로 근무를 명령받은 자를 대상으로 하는 호출수당 등이 있다.

4. 장려수당

업적을 기준으로 해서 근로자극을 주기 위한 업적급(또는 업적수당), 생산장려급(또는 수당), 판매장려금(또는 수당), 출근장려를 도모하기 위한 정 · 개근수당 등 자극적 요소를 갖는 수당이다.

여기에서는 생활보조수당, 직무 · 직능수당, 근무수당, 장려수당 중에서 일반적으로 실시율이 높은 수당을 압축해서 규정례 및 해설을 소개한다.

2 수당을 정하는 기본원칙

1. 기본급의 보완적 역할

수당은 통일적 방식에 의해서 결정하는 기본급으로서는 처리하기 어려운 근로요건 또는 생활요건에 대응하는 임금이며, 기본급의 보완적 역할을 수행하는 것이다. 따라서 그 금액이 기본급의 보완성을 초과할 정도의 고액으로 하는 것은 바람직하지 못하다. 예를 들면, 물가수당으로서 일률적으로 50만원이라는 고액의 수당을 지급하는 것은 예측할 수 없는 예외적인 생계비상의 필요에 대응하기 위해서라고 하더라도 본래는 기본급에서 그 대부분을 메워나가야 할 성질의 것으로 바람직하지 않다고 생각한다.

2. 기본급과의 균형

수당이 기본급의 보완적 기능을 다하는 것으로 생각한다면 매월 임금 중에서 차지하는 기본급과 수당과의 비율은 스스로 균형을 유지해야 하며, 수당비율이 너무 높으면 임금의 근간을 이루는 기본급의 성격이 왜곡되고 또한 저수준이 되는 폐해가 생긴다. 따라서 상호비율에 끊임없이 유의해서 수당관리를 행할 필요가 있다.

실태에 의한 일반적인 비율로는 매월 임금에서 점유하고 있는 기본급 비율은 85~90%인데, 연령별로는 수당이 적은 청년층보다도 중년 및 고령층이 낮은 율을 점하고 있다.

3. 일반수당 수준과의 비교

수당의 절대액에 대해서는 사회일반의 수당 수준에 유의하여 그것과 너무 동떨어지지 않도록 하는 것이 바람직하다.

일반수당의 수준에 관해서는 각각 다음의 수당의 항에서 설명한다.

3 직책수당

규 정 례

제○조【직책수당】
관리감독자에게 다음 구분에 의하여 직책수당을 지급한다.
① 부장, 공장장　　○○○○○원
② 과　장　　○○○○○원
③ 계　장　　○○○○○원

직책수당은 책임성, 초과근로임금, 교제비상당액 등의 요소를 고려해서 결정해야 한다.

이러한 요소에 알맞은 금액을 기본급의 비율로 나타낸다.

4 가족수당

규 정 례

제○조【가족수당】
부양가족이 있는 자에 대하여 다음 구분에 의해서 가족수당을 지급한다. 다만, 부양가족이란 동일세대에 속하고 근로자의 수입에 의해서 생계를 유지하는 자를 말한다.
① 배우자　○○○○원
② 만 18세 미만의 자 및 만 60세 이상의 부모 1인당 ○○○○원
(인원수 제한을 할 경우에는「단, ○명까지로 한다」또는「○자녀까지로 한다」)

1. 적정한 수당액의 산정

가족수당을 정함에 있어서 먼저 전체 임금총액 중에서 어느 정도가 적정한가를 전기한 월정임금 중 차지하는 비율에서 산출해 보면, 가령 소정내임금(통근수당 포함)이 근로자 평균 200만원인 경우 이에 대한 수당 비율은 3%가 일반적 수준인데 가령 그 비율에 따른다고 하면, 근로자 평균 60,000원이 된다. 부양가족이 1인이라도 있는 세대주(가종수당 수급권자)가 40%를 차지한다고 하면, 세대주 평균의 수당은 (820,000원×3%)÷40%=150,000원

이 액수는 세대주 평균이므로 가족 수에 따른 수당제도를 취한다면 가족수별 수당은 더욱 하향한다.

또한 소정내 임금에서 차지하는 수당의 비율은 성별구성 또는 독신 · 세대구성에 따라서 상이하다. 여성과 독신자가 많은 기업은 당연히 비율은 3%를 하회하는 점에 유의할 필요가 있다.

2. 가족수당의 유형

가족수당의 결정방법은 일반적으로 다음과 같은 세 가지 패턴이 있다.

① 배우자, 제1자녀, 제2자녀 …와 같이 가족별로 각각 금액을 정하는 형이 가장 일반적이다.

② 가족별을 불문하고 제1번째, 제2번째 …와 같이 각각 그 순위에 응해서 금액을 정하는 형

예컨대, 배우자가 없는 경우(이혼, 사망 등)에는 제1자녀가 제1번째, 제2자녀가 제2번째가 된다. 이 형에서는 제1번째의 금액은 통상의 경우, 배우자를 산정해서 고액으로 한다.

③ 가족별 인원수를 불문하고 동액으로 하는 형, 이것은 이른바 세대수당에 유사하다.

최근의 가족수당의 일반적 수준에 의하면 배우자와 그 외의 자와의 격차가 가장 크다. 배우자를 제외한 수당은 상호 격차를 둘 만한 사유는 발견되지 아니한다. 제1자녀와 제2자녀와는 연령에 차이가 있으나 반드시 연장인 자가 금액이 높아야 된다고는 할 수 없다.

자세한 취급을 하고 있는 사례에서는 취학 전, 초등, 중등, 고등학교 등 재학별로 금액을 다르게 하는 것도 있으나 유치원생이 초등학생보다도 금액이 많이 소요된다고 하여 구분을 하더라도 별로 의미는 없는 것 같다. 결론으로서 배우자를 제외한 가족에 대해서는 동액으로 하여도 된다고 생각한다.

3. 수급대상과 앞으로의 전망

가족수당이 수급대상을 통상 배우자 및 자녀 외에 부양하는 부모로 하는 예도 많다.

자녀에 대해서는 만 18세 미만으로 연령 제한을 하는 것이 일반적이다. 이는 고등학교를 졸업하는 것이 만 18세이며 졸업하면 취직해서 수입을 얻게 되므로 금전적인 부양의무대상에서 제외될 수 있다는 가정에 근거한다.

최근 대학진학률이 높아져서 졸업(만 22세)전까지는 금전적인 부담이 필요한 실정이 되고 있는데, 그렇다고는 하지만 대학(전문대 포함)진학자는 동일연령자의 2분의 1정도이므로 수급대상을 만 21세까지 연장하는 것은 현재 단계에서는 고려하지 않아도 될 것이다.

5 주택수당

규 정 례 1

제○조【주택수당】
전세거주자에게 다음 구분에 의해 주택수당을 지급한다.
① 부양가족이 있는 세대주　　　　　○○○○○원
② 독신자　　　　　○○○○○원

규 정 례 2

제○조【주택수당】
다음 구분에 의해 주택수당을 지급한다. 다만, 회사시설 임주자는 제외한다.
① 부양가족이 있는 자　　　　　○○○○○원
② 독신자　　　　　○○○○○원

1. 지급대상

주택수당은 가족수당 · 통근수당과 함께 생활보조수당의 세 가지 주요수당 중 하나이다.

다른 두 가지 수당에 비해 주택수당은 가장 실시율이 낮지만, 최근 점차 확산되고 있는 실정에 있다.

주택수당제도는 본래 주택 · 기숙사 등 기업의 복지시설에 입주하지 못한 자에 대해 입주자와의 균형을 도모하기 위한 소위 "균형수당"적 성격을 가졌다. 그 지급대상은 사택, 기숙사 입주자와 정반대로 높은 집세, 방세를 부담하는 전세거주자로 하였다.

그런데 주택사정은 자기소유자 등에도 반드시 필요한 것은 아니나 세금 그 밖에 주택유지비용이 과중하고 또 부모집에서 통근하는 독신자도 간접적으로 부모에게 부담을 준다는 사유도 있어서 수당액에 격차는 있으나 지급대상자를 확대하는 기업이 증대하고 있다.

또한, 지급대상은 사택, 기숙사 입주자에게도 확대하는 기업이 생긴다든지 전세거주자와 자택소유자, 부모집에서 통근하는 자와의 수당격차를 폐지하고 이들을 주거 종별에 관계없이 세대주와 독신자의 구분으로 취급하는 기업도 생겼다.

이상을 요약하면 주택수당의 지급대상 범위 및 수당액에는 질적인 변화가 나타나고 있다.

주택수당의 금액에 비해 일반적으로 부양가족이 있는 세대주는 독신자보다 많다.

2. 지급기준

(1) 사택료 기준

우선 사택 · 기숙사 입주자와의 균형을 도모하기 위해 전셋집, 전세방 거주자를 대상으로 해서 지급하는 경우는 사택료 · 기숙사비를 기준으로 해서 수당액을 정하는 것이 이치에 합당하다.

무엇보다도 문제가 있는 것은 전셋집 거주자에게 집세와 사택비와의 차액을 지급하는 것인데 높은 전세값 시대인 상황에서는 자금의 부담이 무겁게 된다. 따라서 균형을 도모한다고 해도 문자 그대로 균형을 도모하는 것이 아니고, 다소라도 격차를 줄이는 것으로 하여, 예를 들면 「최고주택비에 100,000원을 합산한 금액」보다도 전세값이 비싼 경우는 100,000원을 주택수당으로서 지급하는 방식이다. 따라서 집세의 금액 그 자체는 기준이 되지 않는다.

(2) 집세기준

사택료와 관계없이 집세 그 자체를 기준으로 하는 결정방식이 있다. 즉, 정액을 정해서 그 초과액에 일정률을 곱해서 산정하는 사례가 있다.

(3) 집세와 임금의 복합기준

임금에 비례해서 자기부담액을 정하고, 집세가 그것을 초과하는 경우에 초과액의 일정률을 기업이 부담하는 방식으로 임금격차를 수당액에 반영시켜(임금이 높은 자는 자기부담액이 상대적으로 많다) 형평을 유지하는 발상이다.

(예) (집세−본봉×10%)×75% 단, 최고 300,000원~100,000원

이것은 본봉의 10% 상당액을 자기 부담금으로 공제하고 또한 초과분의 25%를 자기 부담으로 하게 된다.

(4) 가족요건 기준

가족원수 또는 가족수당을 기준으로 하는 방식이다.

(예) 가족수당×40%~60%

이것은 소위 세대수당적인 수당이어서 실질적으로는 가족수당과 다름없다. 이렇다면 굳이 주택수당이라고 칭할 것도 없다(단, 초과근무수당의 할증계산상에서는 산정에서 제외할 수 있다).

(예) 독신자 : 30,000원 독신독립생계자 : 36,000원 부양가족 1~2인 : 48,000원
부양가족 3인 이상 : 54,000원

부양가족수에 따라 금액구분을 한 점이 특징이다. 이상의 방식 외에 단순히 기본급에 일정률(10~20%)을 곱하는 링크방식, 연령구분 또는 자격 직능구분에 의해서 산정하는 방식 등을 볼 수 있다.

(5) 가족요건에 관계없는 수당

자택소유자, 전세거주자, 부모집 통근자 등 입주가옥 요건 여하에 관계없이 전원을 대상으로 하여 지급액에 대해서는 부양가족 유무에 의해서 구분 취급하는 경우의 수당산정 기준은 특별히 존재하지 않는다. 이 경우는 일반적인 수당의 수준이 근거가 될 것이다.

6 통근수당

규 정 례

> **제○조【통근수당】**
> 통근자에 대해 다음 구분에 의해 통근수당을 지급한다.
> ① 기차, 지하철, 버스 등의 교통기관을 이용해서 통근하는 자에게는 회사가 인정하는 최단노선으로 계산한 정기권비, 다만, 과세한도액을 지급한도로 한다.
> ② 자가용 자동차로 통근하는 자
> 회사까지의 거리
> 2km 이상 20km 미만 ○○○○원
> 20km 이상 ○○○○원
> ③ 자전거로 통근하는 자 ○○○○원

그런데 통근수당 결정방식에 대해서는 이를 두 가지로 나누어 생각한다. 하나는 지하철, 버스 등 교통기관을 이용하는 케이스, 또 하나는 자동차 · 자전거 · 오토바이 등 자가의 차량 등으로 통근하는 케이스이다. 수당을 정하는 금액의 기준이 전자는 정기권 대금으로 할 수 있는데 비해 후자는 확실하게 명확하지 않은 점에 차이가 있다.

1. 지하철 · 버스통근의 경우

먼저 지하철, 버스 이용자의 통근수당 결정방법에 대해 살펴본다.

(1) 수급자격

수급자격으로서는 통근거리가 10km, 15km 또는 20km 이상 여러 가지이지만

20㎞이상으로 하는 사례가 많다. 버스의 경우는 최단거리라도 20㎞이상으로 하는 것이 일반적이다.

(2) 전액형

수당 결정방법을 크게 나누면 통근실비 전액으로 하는 형과 어떤 제한을 두는 형이 있다. 실비 전액제를 취하는 기업이 과반수를 차지한다.

(3) 제한형

수당에 어떤 제한을 두는 기업에 있어서 가장 많은 제한방식은 비과세 한도액까지로 하는 사례이다.

이 한도액은 현행의 운임수준으로 봐도 상당한 고액이며, 다른 노선으로 갈아타더라도 일단 족할 금액이다. 극소수의 자를 빼고 대부분은 이 범위 내에 그치기 때문에 실질적으로는 제한이 없는 것과 다름없다.

또한, 이 제한을 초과하는 경우라도 초과분 전액을 자기부담시키는 형과 그 일부만을 부담시키는 형이 있다. 일부부담형으로는 정액 또는 정률제를 취할 수 있다. 정률제란 예를 들면, 초과액의 50%를 자기부담으로 하고 나머지(50%)를 기업이 부담하는 방식이다.

2. 자동차 · 자전거통근의 경우

다음으로 자동차 · 자전거 통근의 수당 결정방식에 대해 살펴본다. 지하철 · 버스 등의 교통기관에 의하지 않고 자기소유의 자동차 · 자전거 · 오토바이 등에 의한 통근에 따른 수당결정방식에 대해서는 지하철통근과 같이 통근실비가 명확히 파악되지 않으므로 복잡하다.

(1) 수당지급의 유무

자동차 · 자전거 통근에 대해 수당을 지급하는 기업은 많지 않다. 그러나 도보로 통근할 수 있을 정도의 단거리를 자동차 · 자전거를 이용한다면 지급하지 않아도 되지만, 그를 초과하는 거리를 통근하는 자에게 수당을 지급하지 않는 것은 형평의 원칙에 어긋나므로 적절치 않다.

(2) 수당결정방식

자동차 · 자전거 통근수당의 결정방법에는 다음과 같은 방식이 있다.

① 일률정액

수급자격거리 이상에 대해서는 원근을 불문하고 일률적으로 정액을 지급하는 것. 이 방식은 자동차 통근에 대해서는 적지만 비교적 주행거리가 짧은 자전거 통근에는 실시율이 높다.

② 거리별 정액

주행거리에 따라서 수당액을 달리하는 것, 자동차 · 자전거 통근시 이 방식을 취하는 사례가 많다. 약간이나마 자동차 쪽이 자전거보다 고액인 것이 일반적이다. 이것은 기름값 기타 경비가 들기 때문일 것이다.

7 정 · 개근수당

규정례

제○조【정 · 개근수당】
1개월간의 출근성적에 따라 다음 구분에 따라 정 · 개근수당을 지급한다.
① 결근, 지각, 조퇴, 사용외출을 하지 않은 자　　○○○○원
② 지각, 조퇴, 사용외출 2회 이내의 자　　○○○○원

정 · 개근수당은 정근 또는 개근 등 출근을 장려하기 위해 지급하는 수당이며 그 실시율은 매우 높다.

1. 정 · 개근수당의 비율

정 · 개근수당이 소정내 임금에서 차지하는 비율은 해마다 증대하고 특히 주목되는 것은 대기업이 고임금인 점에서 인력부족에 시달리는 중소기업으로서는 출근율을 중시하지 않을 수 없을 것이다.

물론 수당이 높으면 신규채용에서 유리하기도 하나, 학교에 보내는 구인표에는 정 · 개근수당은 고정적 급여란에서 제외되며 취업상담교사도 그와 같은

시각으로 본다. 따라서 고정적 초임금의 수준이 그만큼 저액으로 평가될 위험이 있기도 하다.

2. 일률정액과 임금링크(link)의 2방식

정 · 개근수당의 결정방법으로는 일률정액방식과 기본급연결방식의 두가지가 있다. 일률정액방식은 기본급 여하에 관계없이 정액이기 때문에 고임금근로자에게는 매력이 없지만 저임금 근로자에게는 비교적 고액의 수입이 되므로 결근하면 받지 못해 아깝다고 느껴질 정도의 금액이 되어야 장려하는 취지에 맞을 것이다.

다음으로 기본급 연결방식은 개근의 경우 기본급의 1일분, 정근이면 반일분이라든가로 기본급과 연관하여 정한다. 이것이라면 저액수령자, 고액수령자 모두 비율적으로 동일하고, 고액수령자에게도 매력 있는 금액이 될 것이다. 가령 기본급이 150만원인 자는 50,000원 정도의 금액이 되기 때문이다. 단, 이 방식은 승급 · 임금인상에 따른 기본급 상승에 따라서 수당액도 상승하는 점이 문제로서 임금의 자동적인 증가로 연결된다.

3. 지각, 조퇴, 휴가 등의 취급방법

정 · 개근수당의 수급요건으로서 개근수당은 무지각, 무결근에 한하는 것이 일반적이므로 그리 문제될 것은 없다.

또 정근수당은 결근 1일의 경우 또는 지각, 조퇴, 사용외출 등의 월 3회를 1일로 보고 반액으로 하는 사례는 약간 너그러운 취급이며, 엄격한 사례로는 결근은 1일이라도 안되며 지각, 조퇴, 사용외출만 2회까지의 경우 정근수당의 수급자격을 인정한다.

또한, 지각 · 조퇴 등 부분적 불취업에 대해서는 시간의 길이에 따라 구분하는 사례도 볼 수 있다. 예를 들면, 1시간 미만의 시간이라면 0.3일, 1시간 이상은 0.6일로 하고 합계해서 1일을 초과하면 결근 1일로 취급한다. 또 5분 이내의 지각은 유예하여 정 · 개근수당의 지급시에는 지각취급을 하지 않는(단, 상여계산시에는 지각취급으로 한다) 사례도 볼 수 있다.

다음으로 휴가 특히, 연차유급휴가를 정 · 개근수당상의 출근취급으로 하는 것이 일반적인데 법률상 출근취급으로 해야 하는지에 대해서는 견해가 나누어진다. 이것을 결근취급하고 수당을 지불하지 않는 것은 위법이라고 하는 견해와 그 반대의 견해가 있다.

그러나 이를 결근 취급하면 법률이 이를 유급으로 쉬게 하려는 취지가 실질적으로 보장되기 어렵다고 할 것이다.

아무리 좋은 의미에서의 수당이라 해도 결국 손해를 본다는 느낌을 주어 그 때문에 연차유급휴가를 실제로 취하기 어렵다고 하지 않을 수 없게 된다. 따라서 연차유급휴가(생리휴가 및 기타의 휴가)는 출근취급하는 것이 타당하다고 생각된다.

그 취지를 규정화한다면 다음의 단서를 규정례에 포함시킬 수 있다.

규 정 례

「…다만, 연차유급휴가, 생리휴가 및 경조휴가는 출근한 것으로 취급한다.」

8 시간외수당

규 정 례

제○조【시간외수당】

① 소정근로시간외, 휴일 또는 야간에 근무한 경우에는 근무한 시간수에 따라 시간외근무수당, 휴일근무수당 또는 야간근무수당을 지급한다.

② 제1항의 수당은 1시간에 다음 금액의 5할로 한다.

[기본급+직책수당+직무수당+물가수당+조정수당+……]÷1개월 평균 소정근로시간수(연간 총소정근로시간수×1/12)

소정취업일 또는 취업시간 외에 근무한 경우에는 5할의 가산임금을 지급하지 않으면 안된다. 이는 최저로서 8시간 근로제 또는 주 1회 휴일제의 원칙을 초과하는 예외적 취업에 대한 부가급부를 의무적으로 규정한 것이다.

1. 규정작성방법

가산임금의 계산방식을 명확히 할 필요가 있다. 가산임금은 「법정기준 근로시간 또는 근로일의 임금」에 대하여 5할 이상 할증한 임금으로 월급제 또는 일급월급제와 같이 월액으로 정하고 있는 경우는 그 금액을 월소정근로시간수로 제한 금액을 시간단가로 하고 그에 대하여 5할 증액한다.

2. 산정기초에 산입하는 수당

가산임금 산정의 기초가 되는 통상임금이란 기본급을 물론 수당을 포함한다. 단, 가족수당, 별거수당, 자녀교육수당, 통근수당 등 근로자의 생활보조적, 복리후생적으로 지급하는 수당은 제외해도 된다(2012.9.25. 고용노동부예규 제47호「통상임금 산정지침」). 그러나 직책수당, 지역수당, 한냉지수당, 특수작업수당 등은 기초임금에 산입하지 않으면 안된다.

3. 가족수당으로 간주되는 수당

문제가 되는 것은 가족수당과 구별하기 어려운 수당이다. 예를 들면, 주택수당을 부양가족 수에 따라 지급한다든가, 가족수당 지급액에 비례해서(가족수당 지급액의 50% 등) 지급하는 경우에는 명칭은「주택수당」이라도 실질적으로는 가족수당과 동일하다고 보아서 기초임금에 산입하지 않아도 된다.

「물가수당」,「생활수당」도 부양가족 수에 따라 차등지급되어 실질적으로 가족수당이라고 보게 되는 경우에는 마찬가지로 산입하지 않아도 된다.

또한 가족수당으로써 정기적 · 일률적으로 전 근로자에게 지급하는 경우에는 평균임금에는 포함하지만 통상임금에는 포함하지 아니한다(고용노동부예규(2012.9.25) 제47호 통상임금 산정지침별표 임금 산정범위에 포함되는 금품예시).

4. 월의 시간수 산정

가산임금의 산정기초액의 1시간당 임금은 월급금액을 월의 통상임금 산정기준시간 수로 나눈다. 월의 통상임금 산정기준시간 수는 주의 통상임금 산정기준시간(주(週)의 소정근로시간과 소정근로시간외의 유급처리되는 시간을 합산한 시간)에 1년간의 평균주수를 곱한 시간을 12로 나눈 시간을 말한다. 월의 소정근로시간수는 1월마다의 근로일수, 시간 수에 따라서 다르므로 일일이 달마다 시간 수를 산정하는 것은 계산사무가 번잡하기 때문에 이를 피하기 위하여 연간 총 근로시간의 월평균시간수로 나누어도 된다.

5. 할증률

법률에서 정한 5할이 최저선이기 때문에 그것을 상회하는 비율로 하는 것은 상관없다. 최근 시간외 · 휴일근무에 대한 거부 반응이 고조되어 상회하는 비율로 하는 경향이 생기고 있다.

또한 야간근무의 할증률은 조기출근, 잔업 또는 휴일근무와 다름없이 법정으로는 5할 이상이다. 이것을 「야간근무 10할증」이라고 착각하는 경향이 있으므로 유의하여야 한다. 10할증이란 소정취업시간을 초과해서 잔업하고 계속근로하여 야간시간대(하오 10시~익일 상오 6시)에 걸친 경우의 합산 할증률을 지칭한다. 따라서 교대제에 있어 야간당번의 정시간근무에 대해서는 잔업할증은 있을 수 없기 때문에 야간할증(5할증) 뿐이다.

제4장 승급의 작성 · 운용방법

1 승급제도의 의의

우리나라에서는 연 2회 내지 4회(중소기업에 비교적 많다) 임금을 정기적으로 증액하는 관습을 정립하고 있다. 이것을 정기승급제도라고 한다.

승급의 취지는 임금을 연령, 근속 및 직무능력 상승에 대비해서 증액하고 노동가치에 걸맞게 또한 생계를 유지하는데 족한 수준으로 지급하기 위해서이다.

임금인상은 승급과 달리 연령, 근속, 직무능력 등 임금결정요소의 변화와 직접적인 관계는 없고 수준 그 자체를 끌어올리는 것이다. 임금인상의 요인으로는 물가상승이 가장 크지만 기타는 생산성 향상에 따른 업적의 증대분을 근로자에게 환원하는 경우에도 행해진다. 물론 물가상승, 생산성 향상이 없는 경우에도 임금수준을 향상(상승)시키기 위해 행해지는 것은 말할 나위도 없다.

임금규정에서는 정기적으로 실시되는 승급에 관한 규정을 마련한데 그치고 임금인상에 대해서는 규정하지 않는 것이 일반적인데 예를 들면 다음과 같다.

2 규정례

> **제○조【승급】**
> ① 승급은 매년 4월에 행한다. 다만, 다음 각 호에 해당하는 자를 제외한다.
> 1. 전년 9월 21일 이후에 채용된 자
> 2. 제○조에 정하는 기간의 출근일수가 소정취업일수의 반수 미만인 자. 단, 9월 20일 이전에 채용되어 근속 1년 미만인 자에 대해서는 채용일 이후의 소정취업일수를 기준으로 한다.
> 3. 제○조에 정하는 기간 중에 출근정지 이상의 징계처분을 받은 자
> 4. 승급시기에 휴직 중인 자
>
> ② 제1항의 규정에 관계없이 회사가 특별히 승급시키는 것이 적당하다고 인정한 자에 대해서는 특별히 승급을 행한다.
>
> 제○조【승급】의 산정기간은 전년 3월 21일부터 당년 3월 20일까지로 한다.
>
> 제○조【승급】은 전조의 산정기간에 직무능력의 신장, 발휘도 및 근무성적, 태도를 심사해서 결정한다.

승급에 관해서는 승급의 횟수 · 시기 · 대상자 · 산정기간 · 심사기준 등의 사항에 대해서 규정한다.

3 규정작성방법

1. 승급의 시기

승급시기는 연 1회의 경우는 4월로 하는 것이 일반적이다. 중소기업에서는 1월로 하는 사례도 볼 수 있으나 임금교섭시기의 임금인상 동향 여하에 따라서는 여름에서 가을에 걸쳐 조정적으로 임시승급을 필요로 하는 경우도 생기므로 그리 바람직하지 않다.

중소기업에서는 연 2회, 4월과 10월에 실시하는 사례도 있으나 10월 승급은 조정적으로 소폭에 머무르는 일이 많다. 그러나 연 2회 인상은 고도성장기에 있어서와 같이 노동력의 수급관계가 원활하지 못하고 혹은 인플레, 물가고 등의 사유로 중간에 임금수준을 올릴 필요가 생긴 경우와 같은 상황에서는 어느정도 합리성이 있겠으나, 저성장시기가 되면 심리적 또는 사무적으로 귀찮고 번거롭기 때문에 바람직하다고 생각되지 않는다. 요약하면 승급의 횟수는

연 1회, 시기는 4월이 타당하다고 생각된다.

2. 승급대상자의 범위

회사는 승급대상자를 명확히 해 둘 필요가 있다. 승급대상자는 승급시기 이전 1년간 근무하면 문제가 없으나 중도에 채용한 자도 대상으로 하여야 하는가에 대해서는 명확치 않은 사례가 많은 바, 그 때마다 또는 사람에 따라서 승급하고 혹은 승급액을 가감하는 등 일정한 룰을 확립하지 않고 즉흥적으로 행하는 사례가 적지 않다.

그래서 승급대상에 대해서는 다음과 같이 처리하는 것이 바람직하다. 승급대상으로서 제1은 고용관행에 비추어서 근속기간이 1년 미만인 자를 제외하는 것은 적당치 않다. 왜냐하면 소위 “정기채용”으로 신규졸업생을 채용하는 것만으로 그치는 기업이 없고 대부분의 기업이 고용수요에 따라 소위 “중도채용”을 하는 것이 보통이기 때문에 “중도채용자”에게 채용된 다음 연도에 승급시키지 못하는 것은 실제로 무리이며 또 임금수준을 저위로 방치하게 되어 불합리하기도 하다.

따라서 1년 미만인 자도 승급대상으로 해야 하지만 그렇다고 해서 가령 1개월 정도의 단기간의 근속자도 대상으로 할 필요는 없는 것인 바, 원칙적으로는 적어도 6개월간 근속하면 대상으로 하는 것이 바람직하다고 생각한다.

단, 채용시 초급수준 기타 사유에 의해 예외적으로 승급시킬 필요가 있는 경우도 있으므로 예외규정을 덧붙여 탄력적인 운영의 여지를 남기는 것도 좋을 것이다.

승급대상으로서 제2는 취업일수를 요건으로 한다. 규정례로서는 1년간 무슨 사유인가로 인해 반 이상을 취업을 하지 아니한 자는 제외하기로 한다든가 “중도채용”의 경우도 마찬가지로 취급하여 근속기간의 반 이상 취업을 요건으로 한다.

제3으로는 출근정지 이상의 징계처분을 받은 자를 제외한다. 징계처분 중 「견책」 및 「감급」정도의 비교적 가벼운 처분에 대해서는 승급액 자체의 사정에는 영향이 있으나 승급대상으로 해야한다.

제4로는 승급시기에 휴직 중인 자를 제외한다. 단, 승급시기 직전에 휴직이 된 자를 제외하는 것은 적당하지 않기 때문에 승급시키는 것이 바람직하다.

3. 승급산정기간

승급대상 및 승급액 결정을 위한 고과와 관련하여 승급산정기간을 명확하게 하여야 한다. 원칙적으로 그 기간은 1년으로 하고 임금계산기간을 기준으로 하는데 규정례로서는 「20일 마감」의 경우를 들 수 있다. 4월을 승급시기라고 하면 일반적으로 당년 3월 20일 이전 1년간을 그 기간으로 한다.

4 운용상 주의사항

1. 승급규정의 작성

승급에 관하여 결정방법 · 금액 등에 대해 규정화하는 것이 바람직하나 베이스업과의 관련성도 있어 임금규정에 구체적으로 명문화하지 않는 사례가 비교적 많다. 별도로 「인사고과규정」 내지 내규적인 제도의 기본요령을 정한다거나 또는 관행적인 실시방법을 비공식적으로 정하여 운용에 위임하는 양태가 일반적이다.

2. 베이스업과의 관련

다음에 베이스업과의 관련성에 관해서인데, 베이스업은 그 당시의 경제, 노동정황에 대응해서 그 금액이 그때마다 결정되므로 규정에서 표현하기에 부적당하고 또 불가능하기도 하다.

조합이 있는 기업에서는 노사간의 교섭, 협의에 의해서 금액이 정하여지며, 또는 배분방식도 협의해서 결정할 때가 있다.

중도채용자의 승급에 관해서는 전술하였으나 그것은 어디까지나 승급을 말하는 것이며, 베이스업에 대해서는 일반근로자와 동일한 기준으로 취급하여야 한다. 채용시의 초임급은 그 시점에 있어서의 동종업종의 임금수준을 고려하여 재적자 임금과의 균형을 고려해서 결정하는 것이므로, 그 시점에서는 몇 달 후 정도로 예정되는 베이스업까지 반영하여 결정하는 것은 바람직하지 않다. 따라서 베이스업에 대해서는 재적자와 동일한 조건에 있으므로 당연히 베이스업을 실시하여야 한다(다만, 승급시기의 직전 또는 수개월 전에 채용하고 그 시점에서 앞으로의 베이스업 상정액을 감안해서 초임급을 정하며 또 그 상정액에 큰 격차가 없는 경우에는 제외하여도 될 것이다). 문제는 정기승급과 베이스업을 구분하지 않고 양자를 묶어서 임금을 인상하는(중소기업에 특히 많다) 경우이다.

이 경우 임금인상 총액 중 정당한 범위에서 베이스업액을 상정하여 실시해야 한다. 일반적으로 정기승급은 기준내임금의 2~4% 정도이므로 가령 함께 묶은 임금인상비율(기준내 임금대비)이 10%라고 하면 6~8%가 베이스업에 해당한다고 가정해도 되고 또는 물가상승률을 가지고 베이스업 비율이라고 가정하여 고려하는 것도 상관없을 것이다.

제5장 상여규정의 작성 · 운용방법

1 상여규정제도

1. 상여규정의 의의

상여(일시금이라고도 한다)에 대해서는 승급과 거의 유사한 사항이 규정된다. 규정사항은 통상 상여의 지급횟수, 시기, 대상자(수급자격), 산정기간, 심사기준 등이 최소한 필요하다.

2. 규정례

제○조【상여금】

① 상여는 연 2회, 지급시기에 재적하는 자에 대하여 하계 및 연말에 지급한다. 다만, 다음 각 호에 게기하는 자를 제외한다.

1. 하계상여는 1월 21일 이후에, 연말상여는 7월 21일 이후에 채용된 자
2. 다음 조항에 정하는 기간의 출근일수가 소정근로일수의 3분의 2에 미달하는 자. 단, 하계상여는 1월 21일 이전에, 연말상여는 7월 21일 이전에 채용되었으나, 근속 6개월에 미달하는 자는 고용 이후의 소정근로일수를 기준으로 한다.
3. 다음 조항에 정하는 기간에 출근정지 이상의 징계처분을 받은 자

② 제1항의 규정에 불구하고 회사가 특별히 지급하는 것이 적당하다고 인정한 자에 대하여는 별도로 지급한다.

제○조【상여금의 지급일】
상여의 지급일은 다음과 같다. 다만, 그날이 휴일인 경우에는 그 전일로 한다.
1. 하계상여 : 6월 30일
2. 연말상여 : 12월 10일
제○조【상여금의 산정기간】
상여의 산정기간은 다음 구분에 의한다.
1. 하계상여 : 전년도 11월 21일부터 익년도 5월 20일까지
2. 연말상여 : 5월 21일부터 11월 20일까지
제○조【상여금의 결정방법】
상여는 영업실적에 따라 근무실적 및 근무태도 등을 심사해서 결정한다.

2 규정작성방법

1. 지급횟수 · 시기

상여는 하계 및 연말에 2회 지급하는데 지급일에 대해서는 규정례에서 하계상여는 6월 30일, 연말상여는 12월 10일로 하였다.

2. 지급대상

상여는 연 2회 지급하는 경우 상여산정기간이 6개월 이상의 근속자에게 지급하여야 한다는 점은 문제가 없을 것이다.

승급에 있어서는 2분의 1 이상 출근을 수급자격으로 하나 상여에 있어서는 3분의 2 이상으로 하여 엄격한 제약을 가하는 것은 상여의 업적보상적 성격을 중시하기 때문이다.

출근정지 이상의 징계처분을 받은 자는 그 해당기간 만큼 지급대상에서 제외한다. 또한 상여지급시기에 휴직 중인 자는 제○조제○호에 정하는 출근요건에 의해서 규율하여 수급자격이 인정되는 경우에만 지급대상으로 한다. 이것이 승급의 취급과 상이한 점이다.

3. 산정기간

상여지급일과 관련하여 산정의 시기와 종료시기를 정한다. 최근 대법원판례(2012.2.29, 2010다91046)는 「해당 단체협약에서 상여금 지급은 분기별로 지급하며 '매 분기 말까지 재직한 자로 하고' 라고 규정하면서도, '퇴직자에 대해서는 월별로 계산 지급한다'」는 사실관계에 대하여 통상임금의 판단기준들 중 하나인 '고정성' 을 인정함으로써 정기상여금을 통상임금의 범위에 포함시켰다. 상여금이 통상임금에 포함하느냐의 여부를 둘러싸고 노사간에 첨예한 대립이 있는바 기업의 입장에서 상여금을 통상임금 산정시 포함시키지 않으려면 취업규칙 등에 "상여금은 지급일 현재 재직 중에 있는 자에 한한다"는 등의 명문규정이 있다면 이에 따라야 하며, 이 경우 근로기준법 위반문제는 발생하지 않는다(인천지법 2013.5.9, 2012가합4912 ; 2000.5.31, 근기 68207-1667).

4. 심사기준

상여는 고과 및 출근성적에 따라서 지급액을 결정한다. 그 구체적 방법, 방식에 대해서는 규정에 명기하지 않고 별도로 정하는 고과규정에 명시하거나 또는 관행적 취급으로 조치하는 사례가 많다.

3 운용상 주의사항

1. 상여의 지급방식

그 지급방식은 일반적으로 산정기초임금×지급계수×고과사정을 기본형으로 하고 여기에 각종의 요소가 가미된다.

산정기초임금은 기본급으로 하는 예가 많고 제수당을 모두 포함하는 기준내임금으로 하는 사례는 극히 적다. 기초임금에 포함되는 수당으로서 많은 것은 직책수당, 가족수당 등인데 직책수당을 지급하는 기업이 다소 많다. 이를 식으로 나타내면[(기본급+직책수당)×지급계수+가족수당]×고과사정 또는 (기

본급×지급계수)]×고과사정+가족수당 1개월분

지급계수는 지급월수에 상당하게 상여재원 또는 경제사정 등을 고려하여 결정한다. 고과사정에 있어서는 고과성적 등에 따라 기본급을 가감한다. 예시하면 A.B.C.D.E의 5개 등급으로 구분하여 C를 표준으로하여 상하로 승율격차를 조정할 수 있다.

기초임금×지급계수×고과사정률(A 1.2, B 1.1, C 1.0, D 0.9, E 0.8)

2. 결근공제의 방법

출근성적을 지급액에 반영시키는 방식으로서는 전기한 기본형에 출근율을 곱하는 형이 일반적이다.

기초임금×지급계수×고과사정×출근일수

출근율을 산정하는 방식으로서는,

$$출근율 = \frac{소정근로일수-결근일수}{소정근로일수}$$

이것은 결근 1일에 대하여 1/소정근로일수분을 기본액으로 공제하는 것을 의미한다.

결근공제의 비중을 무겁게 하는 경우는 결근 1일을 1.5일이나 2일로 한다. 가령 1.5일로 하는 경우의 출근율은,

$$출근율 = \frac{소정근로일수-(결근일수\times 1.5)}{소정근로일수}$$

결근공제의 방법으로서는 전기한 출근율방식 외에 결근일수에 응한 공제율을 설정하는 방법도 있다.

결 근 일 수	출 근 율
0~1일	100%
2~4일	98%
5~7일	94%
8~10일	90%
11~15일	80%

제6장 불취업과 임금취급의 작성 · 운용방법

본장에서는 각종 불취업시에 있어서의 임금취급을 정한다. 본장에서 취급하는 불취업이란 다음과 같다.

① 결근 및 지각, 조퇴, 사용외출 등에 따른 불취업

② 임금계산기간 중도에 채용 · 퇴직한 경우의 불취업

③ 대휴에 의한 불취업

④ 회사의 귀책사유에 의한 불취업

⑤ 휴직 및 업무상 상병에 의한 불취업

1 결근 · 지각 등의 공제

규정례 1

제○조【결근지각 등의 공제】

회사는 근로자가 결근, 지각, 조퇴 및 사용외출을 한 경우에는 다음 구분에 의해 임금을 공제한다.

① 결근하였을 때

1. 월급자에게는 무단결근자를 제외하고는 임금을 공제하지 않는다. 다만, 결근이 5일을 초과한 경우에는 결근한 기간에 대해 수당(통근수당, 정 · 개근수당을 제외함)에 대해서만 일할계산으로 공제한다.
2. 일급월급자에 대해서는 기본급 및 수당(통근수당, 정 · 개근 수당을 제외함)을 결근일수에 따라 일할계산으로 공제한다. 단, 사상병으로 인해 5일을 초과하는 경우에는 결근한 기간에 대해 전기의 일할계산액의 30%를 공제한다.

② 지각, 조퇴, 사용 외출하였을 때
1. 월급자는 임금을 공제하지 않는다.
2. 일급월급자에게는 1일에 15분 단위로하여 15분 미만은 15분으로 절상, 15분이상 30분 미만은 15분으로 잘라버리는 시간계산으로 기본급을 공제한다. 공제하는 시간임금은 제8조에 정하는 시간당 계산방법에 따른다.

결근에 의한 불취업일 또는 지각, 조퇴, 사용외출 등에 의한 불취업시간에 대해 임금공제하는 경우의 사유, 방법 등에 관해 정한다.

이에 대해서는 실제로 임금계산을 하지 않으면 안 되므로 공제대상자의 범위, 공제대상임금, 공제사유, 산정방식 등을 명확히 정한다.

1. 공제대상자

공제대상자는 통상 월급자를 제외한 자, 즉 일급월급자, 일급자, 시간급자로 한다. 다만, 월급자에 대해서도 장기간에 걸쳐 결근한 경우에는 수당의 전부 또는 일부에 대해서만 공제하는 사례도 볼 수 있다.

2. 공제방법

공제의 대상이 되는 임금 및 공제방법은 크게 분류하면 다음 두 가지 양태를 볼 수 있다.

(1) 기준내 임금

기본급뿐만 아니라 모든 수당을 일할계산으로 결근일수에 따라 공제한다(모델레는 이에 속한다).

(2) 기본급과 생활보조수당을 제외한 수당

기본급외 생활보조수당(가족수당, 주택수당, 물가수당, 지역수당 등)을 제외하는 수당(직책수당, 직무수당, 특수작업수당 등)을 일할계산으로 결근일수에 따라 공제한다. 생활보조수당을 제외하는 취지는 취업 유무에 관계없이 생활비는 필요하므로 그것을 보장하기 위해서이다.

(3) 원칙적으로 기본급(단 수당을 포함하는 취급도 있다)

원칙적으로 기본급을 대상으로(일할계산) 하지만 결근이 장기간에 이르는 경우에는 수당의 전부 또는 일부(생활보조수당을 제외한 수당)에 대해 일할계산이나 일정비율로써 공제한다. 예를 들면, 결근이 반달 이상 장기간에 걸친 경우에만 공제하는 것으로 일정비율이란, 가령 「수당의 반액(혹은 30%)을 공제한다」는 종류의 공제방법이다.

(4) 원칙적으로 수당

기본급은 보장하고 수당의 전부 또는 일부(생활보조수당을 제외한 수당)만을 대상으로 하여 공제한다.

더욱이 규정상 유의해야 할 점은 일수의 표시를 「취업일수」로 하는가 「역일수」로 하는가를 명확히 하는 것이다. 예를 들면, 「15일」이 「취업일수」를 가리킨다면 그 중도에 휴일이 2일 끼어 있는 경우에는 통상 17일이상이 되고, 「달력일수」를 말한다면 15일이기 때문에 도중의 휴일을 포함하게 되며 실제의 결근일수는 그보다 적게 된다. 장기요양자의 취급과도 관련이 있으므로 「달력일수」로 하는 것이 적당하다고 생각된다.

3. 결근사유별 공제율

결근에 대해 사유별로 공제율을 설정하는 사례도 볼 수 있다. 사유구분으로는 ① 신고결근인가, 무단결근인가, ② 상병결근인가, 사고결근인가 등이다. 신고, 상병결근을 우대하는 취지이다. 다음 모델례에서는 일정기간 이상의 상병결근에 대해서는 결근기간의 임금을 3할 공제하고 7할을 보장하는 취급이다.

규 정 례

제○조【결근사유별 공제율】
사전계출이 없는 결근 및 악질의 결근 1일에 대해 기준내 임금의 25분의 1(1일분)의 공제를 한다. 다만, 불가항력 기타 부득이한 사정에 의해 사전에 신고하지 못한 경우에는 사후의 신고를 사전에 신고한 결근과 마찬가지로 취급한다.

제○조【신고결근시의 공제율】
사전신고한 결근 1일에 대해 기본급과 지역수당(주 : 이 사례에서의 수당은 가족수당과 지역수당뿐)과의 합계액의 25분의 1(1일분)의 50% 공제를 한다. 단, 사상병으로서 계속 4일 이상 결근하여 의사의 진단서를 제출하였을 때에는 3일을 초과하는 1일에 대해 전기의 50%를 30%로 한다.

4. 지각 등의 시간계산

지각, 조퇴, 사용외출 등 불취업시간의 공제에 대해서는 1일 단위로 공제하는 방식과 1월단위로 공제하는 방식이 있다.

1일 단위방식 …날마다 공제금액을 산정하는 방식으로 누계가 월간공제액이 된다. 날마다 공제금액을 산정하는 경우에 몇분 몇초까지 정밀하게 계산하기는 곤란하므로 ① 절상, ② 저하, ③ 절상, 저하 병용의 세가지 방법이 있다.

(1) 절상방식

10분이나 15분의 단위를 두어 그 미만은 거기까지 절상한다. 예를 들면, 10분단위로 하는 경우 8분 지각하면 10분, 12분이면 20분으로 절상한다. 이것은 근로자에게 있어 가장 불리한 방식이다. "노워크(No work)"시간 이상의 공제이기 때문에 제재감급의 규정(근로기준법 제95조)이 적용되므로 그 한도를 넘지 않도록 배려하지 않으면 안된다. 즉, 10분단위로 하는 경우 8분 지각하면 10분으로 절상되는데, 그중 2분에 대해서는 제재감급분에 상당하여 이 정도로는 대체적인 경우 법정한도를 초과하는 일은 없다.

(2) 저하방식

절상방식과 정반대이어서 단위시간 미만의 단수는 저하한다. 예를 들면, 15분씩의 시간을 단위로 하면 12분의 지각은 제로(0), 21분은 15분, 32분은 30분으로 저하한다. 근로자에게 유리한 계산방법이다.

(3) 절상 · 저하 병용방식

절상 · 저하 양방식의 한쪽으로 편향된 결함을 보충하기 위해 단위시간 미만은 절상, 초과하면 저하하는 계산방식은 양방식의 모순을 절충하는 것으로 보다 형평성이 인정된다. 예를 들면, 모델례와 같이 15분씩의 단위시간을 마련하여 15분 미만의 지각은 15분으로 절상, 15분을 넘어 30분 미만의 지각은 저하해서 15분으로 한다. 또한 지각 35분은 45분으로 절상하고 지각 53분은 저하하여 45분으로 한다.

5. 지각 등의 월간총계처리

지각 등의 불취업시간을 1일 단위로 처리하지 않고 월간 총계시간을 산정해서 처리하는 방법도 있다. 이것은 월간의 불취업시간을 그대로 합계하여 총계시간에 대해 단위시간을 마련해서 위 (1), (2), (3) 어느쪽이든 단수 처리한다.

예시하면 상기의 자에 대해 30분 미만의 절상방식을 취하는 경우에 불취업시간은 3시간이 된다.

(1) 규정례

제○조【지각 등에 대한 시간공제】
지각, 조퇴, 사용외출 등의 시간은 월간총계시간에 대해 30분 단위로 절상 계산한 시간으로 하고, 시간수에 따라 공제한다. 공제하는 시간임금은 제○조에 정하는 시간급계산방법에 따른다.

(2) 운용상 주의사항

상병결근인가 아닌가로 공제액을 경감하는 경우에는 그 사실을 분명히 하기 위해서는 의사의 진단서 제출을 의무로 할 필요가 있다.

지각, 조퇴, 사용외출 등의 불취업시간을 시간외근로시간과 상계하는 것이 인정되고 있다. 다만, 이 사례는 비교적 적은 것으로 보인다. 이에 대한 취급을 하는 경우에는 상계계산은 일단위, 월단위(총계) 어느쪽이든 상관없다.

규 정 례

제○조【지각 등에 대한 시간외근로시간 상계】
지각, 조퇴, 사용외출의 시간은 시간외근로시간과 상계해서 계산한다.

2 중도채용, 중도퇴직시 등의 임금

1. 규정작성방법

규 정 례

> **제○조【중도채용, 중도퇴직시 등의 임금】**
> 월급자 및 일급월급자에 대해 임금계산기간 중도에서 채용, 퇴직, 휴직 또는 복직했을 때에는 기본급 및 수당(단, 통근수당을 제외함)에 대해서는 일할계산에 의해 출근일수에 따라 지급한다. 단, 정 · 개근수당은 지급하지 않는다.

임금계산기간 중도에서 채용, 퇴직 등의 신분의 변동, 휴직, 복직 등 취업상의 변경이 있어서 불취업일이 생긴 경우에는 일할계산에 의해 취업일수에 따라 임금을 지급한다.

월급자에 대해서는 각 사유에 따라 전액을 보장하는 취급도 있고 혹은 휴직 · 복직사유에 대해 특별히 전액을 보장하는 취급도 볼 수 있으나, 모델례는 사유를 불문하고 일률적으로 실제 취업일수분을 지급하는 규정례를 게기했다. 또한 전기한 바와 같이 중도에 휴 · 복직한 경우의 취급을 달리하는 규정례는 다음과 같다.

규 정 례

> **제○조【중도채용 · 퇴직시 등의 임금】**
> 임금계산기간 중도에서 채용, 퇴직, 휴직 또는 복직했을 때에는 기본급 및 수당(통근수당 제외함)에 대해서는 다음 구분에 의해 지급한다.
> ① 채용, 퇴직의 경우
> 월급자 및 일급월급자는 취업일수분을 일할계산으로 지급한다. 단 정 · 개근수당은 지급하지 않는다.
> ② 휴직, 복직의 경우
> 월급자에 대해서는 통상의 월에 준해서 취급한다. 단, 정 · 개근수당은 지급하지 않는다.
> 일급월급자에 대해서도 전항과 동일하게 취급한다.

2. 운용상 주의사항

임금계산기간 중도에서 채용, 퇴직 등의 사유가 발생하면 임금계산사무가 복잡하게 되므로 가능한 한 계산기간의 시기(始期 : 채용, 휴직, 복직의 경우) 또는 종기(終期 : 퇴직의 경우)에 부합하도록 관리해야 한다.

3 대휴와 임금

규 정 례

> **제○조【대휴와 임금】**
> 대휴를 취한 경우, 일급월급자에게 대휴일의 임금은 부지급으로 하고 월급자에게는 휴일근무의 시간에 대해 할증분만을 지급한다.

대휴는 본인의 청구에 의해 주지만 대휴를 취한 경우, 대휴일의 임금에 대해서는 통상의 임금을 지급하는 것이 바람직하다. 즉, 휴일근무를 한 자는 휴일근무수당이 지급되고 또한 대휴일에는 통상의 임금이 지급되며 쉬게 된다(월급자도 일급월급자와 동일하다). 이와 같은 취급을 하는 경우에는 임금규정에 특별히 이 취지를 정하지 않아도 된다.

그러나 이렇게 취급하면 대휴를 취한 자와 취하지 아니한 자와의 임금 취급은 다르지 않게 되므로, 형평을 결한다는 불만이 생길 수 있다. 이러한 경우에 형평을 유지하는 방법으로서는 두 가지 취급을 생각할 수 있다.

하나는 대휴를 취한 자에게는 대휴일의 임금을 부지급하는 방법이다. 그렇게 되면 휴일근무에 대해서는 5할증의 임금계산을 하게 되므로 5할분의 가산분만 남게된다. 월급자에 대하여도 휴일근무한 시간에 대하여 가산분(50%)만을 지급한다([그림] 참조).

모델례는 그것이다.

[그 림] 대휴를 취한 경우의 임금

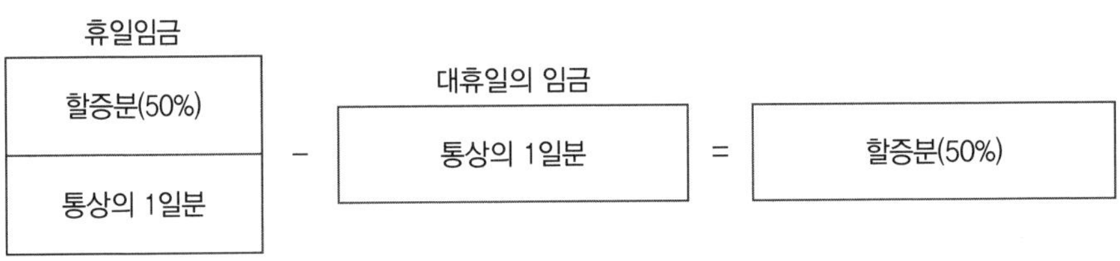

또 하나의 방법은 휴일근무에 5할증의 임금계산을 하고 대휴를 해도 대휴일의 임금은 통상대로 지급하며, 또 대휴를 주어도 휴식을 취하지 아니한 경우에는 대휴일인 휴일에 근무한 것으로 간주하여, 5할증의 임금 또는 할증분

(50%)을 지급하는 방법이다. 이 방법이 근로자에게 유리하다.

4 휴직기간 중의 임금

규정례

제○조【휴직기간 중의 임금】

휴직기간 중에는 취업규칙 제○조제○호에 정하는 휴직의 경우를 제외하고 임금을 지급하지 아니한다. 취업규칙 제○조제○호에 정하는 휴직의 경우에는 다음 구분에 의해 기본급 및 수당(통근수당, 정·개근수당을 제외)의 70%를 지급한다.

근속기간	지급기간
근속 6개월 미만	4개월
근속 6개월 이상 1년 미만	6개월
근속 1년 이상 3년 미만	9개월
근속 3년 이상	1년

제○조【휴직기간 중의 임금】

휴직기간 중에는 임금을 지급하지 아니한다.

휴직기간 중의 임금은 휴직사유별 및 근속기간별 등의 구분으로 지급액 또는 지급기간을 달리하는 취급이 일반적이다. 휴직사유 구분에 대해서는 사상병 사유에 의한 경우를 높게 지급하고 다른 사유에 대하여는 그보다 낮게 대우를 한다.

먼저, 휴직에 있어 장기결근기간 중 모델례에서는 월급자는 기준내 임금의 대부분(수당은 일할공제), 일급월급자는 그 7할에 해당하는 액이 지급되므로 일단 생계는 보장된다.

• 임금을 지급하는 경우

휴직기간 중의 임금은 근속기간 구분에 따라 지급액 또는 지급기간이 상이한 취급을 받는다. 모델례는 월급자 및 일급월급자는 모두 기준내임금의 7할을 근속구분에 따라서 최단 3개월에서 최장 1년까지 지급하도록 한 것이다. 물론 임금을 전액보장하고 기간은 더욱 장기간이라도 된다. 기업의 자금사정에 따라서 적절히 정해도 된다.

5 업무상 상병에 의한 휴업기간 중의 임금

규 정 례

> **제○조 【업무상 상병에 의한 휴업기간 중의 임금】**
> ① 업무상 상병으로 인한 휴업기간에 대하여는 평균임금의 70%에 상당하는 금액을 보상금으로 지급한다. 단, 일시보상을 받은 경우에는 예외로 한다.
> ② 제1항의 휴업기간 중 산업재해보상보험법에 의한 휴업급여를 받은 기간에 대하여는 임금을 지급하지 않고 제○조의 규정에 의한다.

업무상 상병으로 휴업하는 기간에 대하여는 평균임금의 70%에 상당하는 금액을 휴업보상금으로 보장하는 것이 바람직하다. 다만, 산업재해보상보험급여를 받은 경우에는 그 급여기간에 대하여 임금을 지급하지 않고, 보험급여와의 차액을 상병위문금으로 지급하는 것으로 한다.

제7장 경조위문금의 작성 · 운용방법

경조위문금은 근로자의 경조사에 축의 또는 조의를 표하기 위하여 지급하는 급부이며 임금은 아니다. 따라서 이를 임금규정과 별도로 독립해서 규정하는 사례도 적지 않다.

경조위문금의 종류는 본인 또는 가족의 결혼 · 사망 등을 대상으로 하나, 그 외에 화재 · 풍수해 등의 재해를 대상으로 하는 재해위문금, 근로자의 상병에 의한 휴업을 대상으로 한 상병위문금 등을 지급하는 사례도 많다(모델례에서는 재해위문금을 제외하였다).

1 경조위문금

규 정 례

제○조【경조위문금】

다음을 축의금, 위로금으로 한다.

명 칭	지 급 사 유	금 액
결혼축의금		○○○○원
본인의 결혼		○○○○원

명 칭	지 급 사 유	금 액
조위금	본인의 사망	
	· 업무상 사망	○○○○○원
	· 업무외 사망	○○○○○원
	친족의 사망	
	· 배우자인 경우	○○○○○원
	· 자녀의 경우	○○○○○원
	· 부모의 경우 – 상주 일때	○○○○○원
	– 비상주 일때	
	· 부모, 형제자매의 경우 – 상주 일때	○○○○○원
	– 비상주 일때	○○○○○원

규정을 작성할 때에는 지급사유를 명기하고 지급액은 물가사정, 사회적 관습의 변화에 대응하여 적시 개정을 할 필요가 있다. 최근의 지급액 상황을 참고할 필요가 있다.

또 회사와는 별개로 공제회 조직을 두어 독립적으로 또는 회사급부와 병행하여 그 사업의 일환으로 경조급부를 하는 사례도 많다. 일반적으로 공제회 조직의 급부액은 회사의 그것보다 적다.

2 상병위문금

규정례

제○조【상병위문금】
제○조에 의하여 산업재해보상보험에 의한 휴업급여를 받는 경우에는 지급하여야 할 임금과의 차액을 위문금으로서 지급한다.

업무상 상병으로 휴업하는 기간에 대하여는 일정한 액의 임금보장을 하는 것이 일반적이나, 법적 급부인 휴업급여가 지급되는 경우에는 임금을 지급하지 아니하고 지급할 임금액과 전기 휴업급여와의 차액을 지급하여 지급 받아야 할 임금액을 실질적으로 보장한다.

제8장 연봉제의 작성 · 운용방법

1 연봉제의 의의와 유형

1. 연봉제의 의의

연봉제는 당사자간의 합의를 기초로 연간 단위로 근로자의 임금을 산정하여 지급하게 된다는 것을 의미한다.

연봉제란 '근로자에 대한 임금의 전부 또는 상당 부분을 당해 근로자의 업적 등에 관한 목표의 달성도를 평가하여 연 단위로 설정하는 제도'라고 정의된다. 연봉제는 개인의 능력, 실적 및 공헌도의 평가와 개별계약에 따라 연간 임금액이 결정되는 임금지급 형태이다. 이는 연봉제를 취업규칙 또는 단체협약으로 도입하든지 간에 별도의 개별합의를 매년 체결함을 의미한다. 왜냐하면 취업규칙이나 단체협약에서 연봉제 도입을 규정하고 있더라도 여기에는 통상 연봉제의 운영방법 내지 평가기준을 두게 되고, 연봉액은 이에 따라 사후에 구체화되기 때문이다.

연봉제는 임금지급을 ① 1년을 기준으로(연단위의 임금결정) ② 근로자의 성과 · 능력에 따라(비근로시간관리) 지불하는 제도로서 성과주의 인사를 철저히 구현하기 위한 제도이다. 우리나라에서는 「기본연봉」과 「업적연봉」(상여)으로 편성되는 유형(업적상여병용형 확정연봉제)이 많다. 이 경우 기본연봉액은 전년도의 성적을 중심으로 근로자의 역할이나 차년도에의 기대감을 고려하여 결정되고 업적연봉액은 당해 연도의 성적을 평가하여 결정한다. 현재 근로시간 규제가 없는 관리감독자(근로기준법시행령 제34조)나 재량근로제(근로기준법 제58조제3항)의 적용자를 중심으로 도입되는 사례가 증가하고 있다(이 외의 일반근로자에 있어서는 연봉제 하에서도 시간외근로에 따라 가산 임금을 지급한다).

연봉제는 성과와 실적을 중심으로 하여 임금을 결정하는 체계이므로 근로기준법이 당초 예정하고 있던 근로시간을 기준으로 한 임금지급형태와는 거리가 멀다. 근로기준법은 그 규율대상을 전형적인 시간급을 기준으로 하고 있다. 즉, 근로자가 제공한 노동력제공을 기초로 근로자의 성과나 능력과는 관계없이 근로시간의 장단에 따라 임금액을 산정하는 형태를 기준으로 삼고 있기 때문이다. 연봉제는 본질상 근로기준법의 체계에 적합하지 않은 부분이 적지 않기 때문에 연봉제의 도입과 운용은 일정한 범위 내에서 상당한 제약을 받고 있다. 연봉도 임금인 이상 매월 1회 이상 · 정기지급원칙(근로기준법 제43조제2항)이 적용된다. 여기에 연봉제에 있어서도 실제로 연봉액은 분할되어 매월 월급으로 지급된다(예컨대, 연봉액을 16분하여 그 중 16분의 1을 매월 지급하고 나머지는 16분의 4를 업적연봉으로 지급한다). 또한 연봉제는 법적으로 임금의 지불기간을 연단위로 하는 것을 의미하므로 연봉제 채용이 바로 고용기간(고용기간)을 1년으로 하는 것(계약사원)으로 되는 것은 아니다. 통상 기간이 정함이 없는 근로계약을 체결하여 연봉제 하에서 근로하고 있다.

2. 연봉제의 유형

연봉제에 대한 정의는 학자에 따라 다양하나, 대략「임금의 전부 또는 상당부분을 근로자의 능력 · 실적 및 공헌도 등을 평가하여 연단위로 결정하는 제도」로 정의할 수 있다.

이러한 연봉제는 기본연봉과 업적연봉의 배분비율, 기본연봉의 결정기준에 따라 다시 다양한 유형으로 구분이 가능하다. 그러나 현실적으로 노동관계법을 적용함에 있어서는 그 유형과 관계없이 도입대상, 도입절차, 임금의 지급형태 등 판단하고자 하는 법률관계와 근로계약, 취업규칙, 단체협약 등 연봉제 관련 규정을 종합적으로 검토하여 판단하여야 한다.

연봉제의 유형은 다음과 같다.

① 단일연봉액(업적연봉) : 기본급과 모든 수당을 포함한 총액을 연봉액에 포함.

② 기본연봉(종합급)+업적연봉 : 근무연수 · 자격 · 직무내용 및 각종 수당을 포함한 금액을 기본연봉으로 하고, 업무성과에 따라 업적연봉 지급

③ 기본연봉(직능급)+업적연봉 : 개인의 직무수행능력 정도를 고려하여 기본연봉을 정하고 업무성과에 따라 업적연봉 지급

④ 기본연봉(직능급+직무급)+업적연봉 : 개인의 직무수행능력 정도와 직무의 중요도 · 난이도를 고려하여 기본연봉을 정하고, 업무성과에 따라 업적연봉 지급

⑤ 기본연봉(직능급+기초급)+업적연봉 : 개인의 직무수행능력 정도와 급여기본급(종래의 기본급과 제수당 포함)을 고려하여 기본연봉을 정하고 업무성과에 따라 업적연봉 적용

2 연봉제도입과 근로조건의 명시

사용자와 근로자는 동등한 지위에서 근로조건을 자유의사에 의하여 결정하도록 되어 있다(근로기준법 제4조). 연봉제를 개별근로자와 근로계약을 체결해서 적용하는 경우에는 근로기준법 제17조가 규정하고 있는 근로조건('임금의 구성항목 · 계산방법 · 지급방법', 소정근로시간 · 휴일 · 휴가 그밖의 근로조건)에 해당하므로 이를 명시하여야 한다.

연봉제를 실시할 경우에는 근로기준법 제17조 및 동법시행령 제8조의 규정에 따라 연 단위로 결정되는 연봉의 구성 및 지급 방법이 서면으로 명시되어야 한다는 요건을 지켜야 하기 때문에 매년 연봉계약서가 별도로 작성되어야 한다. 그러나 현행 근로기준법상 임금의 결정단위 또는 형태로서 시간급 · 일급 · 주급 · 월급 및 도급제만을 규정하고 있을 뿐 연단위로 결정되는 연봉제는 상정하고 있지 아니하다. 또한, 연봉제의 도입대상이나 도입절차에 대한

노동관계법의 적용과 관련해서도 해석상 다소간 혼선이 있다. 이에 연봉제의 도입 및 운용과 관련된 노동관계법의 통일된 적용기준을 마련할 필요가 있다.

3 연봉제의 결정

1. 연봉액의 확정과 임금청구권의 발생시기

연봉제 하에서 연봉액은 어떤 시점에서 확정되고 또는 임금청구권은 어떤 시점에서 발생하는가가 문제된다. 예컨대, 근로자 갑은 업적상여병용형연봉제 하에서 근로하고 있는 바, 갑의 2013년 연봉이 5,000만원으로 설정된 경우 갑이 연도 도중에 퇴직하거나 해고되어 고용관계가 종료되어도 연봉액을 전액 청구할 수 있는가이다. 그렇지 않다는 것이다. 또한 결근분을 삭감할 수 있는가의 문제이다. 확실히 연봉액은 전년도의 업적평가에 의하여 확정된 것이고 연봉도 임금인 이상 구체적인 연봉청구권은 현실의 취업을 전제로 발생한 것으로(노워크 · 노페이의 원칙) 퇴직 · 해고 · 결근에 의하여 생기는 미취업부분에 대하여는 청구권은 발생되지 아니한다. 만일 근로자 갑이 2013년도의 연봉은 5,000만원 상승하였으나 당해 연도의 근무성적이 악화된 경우 회사로서는 결정된 기본 연봉액을 연도 도중에 감액할 수 있는가. 물론 감액할 수 없다. 기본 연봉액이 확정된 이상 사용자는 이것을 연도 도중에 일방적으로 감액할 수 없으며 당해 연도의 성적부진은 익년도의 연봉액에 반영되어야 할 것이다. 업적연봉부분도 마찬가지이며, 이것은 당해 연도의 성적에 의하여 조정을 예정하는 취지이므로 연도 도중에 인하하는 것은 가능하다. 연봉제에 있어서는 연도 초에 본인과 상사가 목표를 설정하여 연도 말에 성적을 상호 평가하기로 합의하여 연봉액을 결정하는 것이 많다. 최종적으로는 사용자가 결정권을 가지고 있으나 이 경우 인사고과의 공정이 필수요건이 되고 있다. 자의적인 연봉액은 인사권의 남용이 된다. 연봉제는 성과주의 인사를 철저하게 실현하려는 제도이므로 인사고과도 이것을 공정하게 행하여야 한다.

2. 연봉평가 및 연봉조정기준

연봉제를 실시하면서 그 평가 및 연봉조정에 관한 기준을 마련하지 않아 연봉 재계약시 회사가 당해 근로자에게 그 이전 연봉보다 훨씬 저하된 연봉을 제시하여 연봉재계약이 되지 않는 경우도 있는데, 이러한 경우에도 회사가 일방적으로 근로계약을 종료시킬 수는 없을 것이며 원칙적으로 합리적 이유없이 근로자의 이전 연봉수준보다 저하된 연봉을 지급할 수도 없을 것이다.

근로자가 연봉협상 과정에서 다소 지나친 금액을 요구한 바 있다 하더라도 사용자가 이를 받아들이지 못함으로 인하여 근로자가 자발적인 의사에 기해 사직을 함은 별론으로 하고, 사용자측이 적정하다고 생각하는 연봉의 액수를 제시하고 협상을 시도하는 등 회사 설립 과정에서 이미 면접 등을 거쳐 채용한 근로자에 대한 최소한의 노력도 기울이지 않고 단지 지나친 금액을 요구한다는 것만으로 근로자를 해고하는 것은 정당하고 할 수 없다(서울행법 2002.6.25, 2001구16469).

따라서 회사가 연봉제를 실시하고자 할 경우에는 평가의 기준 및 평가에 따른 연봉인상 또는 인하에 대한 구체적 기준을 마련하여 분쟁요인을 해소한 후 실시하여야 한다.

4 연봉제와 근로계약기간

외형상 연봉제의 시행은 매년마다 새로운 근로계약을 체결하는 것(계약갱신)과 유사하게 된다. 연봉계약기간은 근로계약기간과는 달리 원칙적으로는 임금수준과 지급에 대한 기간을 정하는 것이다. 따라서 계약기간의 정함이 없이 상당기간을 근로하여 오다가 연봉제를 실시하게 되는 경우에는 동 연봉계약기간은 근로계약과는 구분되는 것으로서 연봉계약기간의 종료가 근로계약기간의 당연종료사유가 되는 것은 아니다.

그러므로 연봉계약의 체결을 근로계약의 갱신과 동일시하여서는 안된다.

즉, 연봉제의 시행이 근로계약 기간마저 연단위로 설정하는 계약직 근로계약 체결의 의미로 되는 것이 아니라, 근로계약은 예컨대 기간의 정함이 없는 상태에서 단지 지급되는 임금액의 산정이 연단위로 결정된다는 것을 노사가 합의한 것에 불과한 것으로 보아야 하기 때문이다. 즉, 당해 연봉계약기간은 기간의 정함이 없는 근로계약 하에서 임금지급형태를 월급제에서 연봉제로 변경하는 것으로 이해하여야 할 것이며, 따라서 회사가 근로계약을 종료하고자 하는 경우에는 근로기준법 제23조의 해고의 정당한 사유가 있어야 할 것이다 (2000.8.3, 근기 68207-2328).

그러므로 연봉제를 계속 실시하기 위해서는 매년마다 개별근로자의 연봉제 계약이 체결되어야 함을 의미한다. 이 경우 연봉제 계약을 매년 체결한다는 것이 곧 근로관계가 매년 체결되는 계약직으로 전환된다는 것을 의미하는 것이 되어서는 곤란하다. 즉, 연봉제 계약을 체결하더라도 그 의미는 단지 임금액에 대해서만 매년 계약으로 근로관계 당사자가 새로운 합의를 한다는 것을 의미할 뿐이며, 이로써 근로관계의 존속 자체에는 아무런 영향을 미치지 않는다고 해야 할 것이다. 왜냐하면 연봉제란 임금산출 및 지급 방식의 한 형태일 뿐 근로관계의 존속 자체를 정하는 제도는 아니기 때문이다. 즉, 연봉제는 임금에 관한 제도이므로 원칙적으로 근로계약기간과는 아무 관계가 없다. 따라서 기간의 정함이 없는 근로계약을 체결한 근로자에 대하여 연봉제를 시행한다고 해서 기존의 근로관계가 기간의 정함이 있는 근로관계로 전환되는 것은 아니다.

그리고 연봉제 근로자에게는 이러한 문제 이외에도 남녀고용평등법, 최저임금법, 산업재해보상보험법 등 모든 법률이 차별없이 적용된다.

5 연봉계약기간 중 근로자가 일방적으로 사직한 경우 근로계약 종료시기

근로계약기간은 기간의 정함이 없는 것으로 하고 임금결정만 연봉제로 하는 경우라면 이는 기간의 정함이 없는 근로계약이므로 민법 제660조에 따라 근로자는 언제든지 근로계약 해지를 통고할 수 있으며, 사용자가 수리하지 아니하더라도 임금을 월급제 등 기간급으로 정한 경우 당기 후의 1임금지급기가 경과하면 근로관계는 해지된다(민법제660조제3항). 그러나 근로계약기간을 1년으로 하고 임금결정도 근로계약기간에 따라 연봉제로 하는 경우라면 이는 1년의 기간을 정한 근로계약이므로 근로자는 근로계약기간을 준수해야 한다. 다만, 민법 제661조에서 「고용기간의 약정이 있는 경우에도 부득이한 사유가 있는 때에는 각 당사자는 계약을 해지할 수 있다. 그러나 그 사유가 당사자 일방의 과실로 인하여 생긴 때에는 상대방에 대하여 손해를 배상하여야 함」이라고 규정하고 있다. 그러므로 만일, 1년을 초과하는 기간을 정하여 근로계약을 체결한 경우라면 근로자는 1년이 경과한 후에는 언제든지 근로계약을 해지할 수 있다(2002.8.9, 근기68207-2674).

6 연봉제 도입방법

연봉제를 도입할 수 있는 방안으로는 근로계약을 통한 방법, 취업규칙을 통한 방법, 단체협약을 통한 방법, 그리고 노사협정을 통한 방법 등이 있을 수 있다. 그러나 이들은 상호간에 일정한 법적 효력이 있어 효력상의 순위가 있기 때문에 어느 한 형태로 도입된다 하더라도 그것만으로 언제나 유효한 것이 아니며, 나머지 다른 부분과의 관계를 함께 고려하여 필요한 절차 및 요건을 모두 갖춘 경우에만 비로소 효력을 지니게 된다.

근로계약을 기초로 한 연봉제 계약은 상위규범인 취업규칙이나 단체협약에 반해서는 안 될 것이다(근로기준법 제96조, 제97조). 먼저 취업규칙상의 임금체계의 내용과 비교해 근로계약상의 연봉제의 내용이 근로자에게 유리한 때에는 연봉제의 계약이 유효하지만, 반대로 불리한 때에는 취업규칙의 내용을 변경하지 않는 한 연봉제 계약은 유효하다고 볼 수 없을 것이다(근로기준법 제97조).

마찬가지로 단체협약과의 관계에서도 이미 연봉제를 기본으로 한 임금협약이 체결되어 효력이 발생한 상태에서는 개별근로자와 연봉제를 합의한다고 하여도 불리한 합의의 효력은 인정되지 않을 것이다(노동조합및노동관계조정법 제33조).

연봉근로계약서 모델(고용노동부작성)

사용자(甲)	성　명		사업의 종류	
	사업체명			
	소 재 지			
근로자(乙)	성　명		주민등록번호	
	주　소			

제1조【고용계약】

근로자 (乙)은 사용자(甲)의 ○○ 업무에 관하여 노무를 제공할 것을 약속하고 사용자(甲)는 이에 보수를 지급할 것을 약속한다.

제2조【근로자의 성실의무】

근로자는 사용자의 명령 · 지시에 따라 성실히 ○○업무에 종사한다.

제3조【임 금】

총 계약 연봉금액: 원(이하 단위 생략)

① 기본급(년간):

② 제수당(년간):

(제 수당에는 기본급외 연간 452시간분의 연장, 휴일, 야간 근로수당(기준연봉의 15% 금액)이 포함되어 있다)

제4조【제수당 및 통상임금】

① 연차수당 및 퇴직금 중간정산은 1년 이상 근무한자로서 법 소정의 요건을 갖춘 자에 한하여 지급한다.

② 제수당에는 법정수당(연장, 휴일, 야간근무수당 등)과 기타 회사 임의 수당으로써 모든 항목을 포함한 것으로 간주하여 지급한다.

③ 통상임금은 제3조제1항에 의한 연간 기본금액을 12등분하여 12분의 1에 해당하는 금액으로 한다. 단, 매달 지급되는 기본 월 연봉을 통상임금의 산정기초로 되는 임금으로 하고 기본 월 연봉, 각종 상여금 및 법정수당을 합산한 금액을 평균임금 산정기초가 되는 임금으로 한다.

제5조【지급방법 및 시기】

총 계약연봉 금액을 12등분하여 매월 취업규칙상 정하여진 날에 지급한다.

제6조 【기밀유지】

급여명세서는 절대 기밀을 유지하며 이를 위반시는 이로 인한 모든 불이익을 감수한다.

제7조 【근로시간】

① 평일 근무시간은 : 부터 : 까지로 하고 토요일은 : 부터 : 까지로 한다.

② 제1항의 근로시간을 초과하는 452시간 범위 내의 연장근로 및 휴일근로에 대한 수당은 제3조제2항의 "제 수당"에 포함된 것으로 한다.

제8조 【휴게시간 및 유급휴일】

① 휴게시간의 경우 1일 60분으로 한다.

② 유급휴일과 관련된 사항은 별도의 세부 규정에서 정한 바에 의한다.

제9조 【근태사항】 다음 각 호의 사유가 있는 경우에는 취업규칙 상 관련 규정을 적용하여 연봉을 지급한다.

1. 휴직
2. 결근
3. 감급, 정직

제10조 【계약기간】

① 20 년 월 일 ~ 20 년 월 일 (개월 간)

② "갑"과 "을"은 계약만료 1개월 전에 재계약을 하는 것으로 한다. 단, 1개월전에 상대방에게 통지가 없을 때에는 본 근로계약은 1년 간 자동연장 된 것으로 간주한다. 이 때 차기 연봉계약은 인사위원회가 평정한 인사고과에 의하여 계약을 갱신하는 것으로 한다.

제11조 【준 용】

본 계약서에 명시되지 않은 사항은 취업규칙 및 근로기준법의 관련 조항을 준용하도록 한다.

위와 같이 연봉 근로계약을 체결한다.

년 월 일

사용자(갑):

근로자(을):

7 성과배분제 및 연봉제도입이 불리한 변경인지 여부

1. 성과배분제 도입과 불이익변경

성과배분제가 비조합원인 부장대우 이상 직원에게만 적용되는 내용으로 취업규칙을 변경할 경우 근로자 과반수 또는 노동조합의 동의를 받아야 하는지가 문제되고 있다.

행정해석(1999.9.22, 근기 68207-108)에 의하면 「성과배분제가 비조합원인 부장대우 이상 직원에게만 적용되는 내용으로 취업규칙 변경시 그 내용이 불이익한 변경이 아니라고 판단되는 경우에는, 회사에 근로자의 과반수로 조직된 노동조합이 있는 경우에는 그 노동조합, 근로자의 과반수로 조직된 노동조합이 없는 경우에는 근로자의 과반수의 의견을 청취하면 된다. 다만, 상기 내용으로 취업규칙 변경시 그 내용이 불이익한 변경이라고 판단되는 경우에는 이의 적용을 받는 부장대우 이상 직원의 과반수 이상으로부터 동의를 받는 외에, 회사에 근로자의 과반수로 조직된 노동조합이 있는 경우에는 그 노동조합, 근로자의 과반수로 조직된 노동조합이 없는 경우에는 근로자의 과반수의 의견을 청취하면 될 것이다」라고 한다.

2. 연봉제 도입과 불이익변경

연봉제 도입과 관련한 취업규칙 변경이 유 · 불리한지 여부의 판단 방법 및 불리한 경우의 취업규칙 변경 방법은 다음과 같은 기준에 의하여야 한다(2000.3.31, 근기 68207-988).

(1) 제로섬방식 연봉제의 경우

연봉제 대상 근로자집단에게 지급될 총 임금재원은 연봉제 도입 이전과 동일하게 유지하지만 그 재원중 일부는 인사고과에 따른 변동급여로 정하여 지급하는 방식의 연봉제(제로섬방식 연봉제)를 도입하는 경우

① 연봉제 대상 근로자집단 전체로 볼 때는 동일한 임금수준일 수 있으나 개별근로자의 입장에서는 기존보다 더 많은 임금을 받게 되는 근로자와 기존보

다 더 적은 임금을 받게 되는 근로자가 병존하게 된다.

② 따라서 '제로섬방식 연봉제' 도입을 규정한 취업규칙의 불리한 변경 여부는 근로자들에게 유 · 불리의 충돌이 존재하는 것으로 보아 일반적으로 불리한 변경에 해당하는 것이다.

③ 또한 취업규칙 변경으로 '제로섬방식 연봉제'를 도입할 경우의 취업규칙 변경절차는 다음의 방식에 의하여야 한다.

㈎ 전체 근로자를 대상으로 '제로섬방식 연봉제'를 도입할 경우에는 '전체 근로자 과반수(근로자 과반수로 조직된 노동조합이 있는 경우에는 그 노동조합)의 동의'를 받아야 하며, ㈏ 노동조합 조직대상에 포함되지 않는 직원(예 : 부장급 이상)에 대하여만 '제로섬방식 연봉제'를 도입할 경우에는 '연봉제도입근로자집단(예 : 부장급 이상)의 과반수의 동의를 받음과 동시에 전체근로자 과반수(근로자 과반수로 조직된 노동조합이 있는 경우에는 그 노동조합)의 의견을 청취'하면 될 것이다.

(2) 추가재원방식 연봉제의 경우

연봉제 대상 근로자집단에게 지급될 총 임금재원을 기존의 임금재원에 추가분을 더하여 구성하고, 당해 추가분을 가지고 인사고과에 따라 변동 급여를 지급하는 방식의 연봉제(추가재원방식 연봉제)에 대해서는 다음 ①, ②의 경우로 나누어 볼 수 있다.

① 기존의 임금수준을 최저한도로 하면서 인사고과에 따라 추가로 지급하는 방식의 경우에는 근로자의 기득이익을 침해하지 않으면서 근로자 모두에게 기존보다 유리한 결과를 가져오는 제도이므로 불이익변경에 해당하지 않을 것이다.

② 다만, '추가재원방식 연봉제'라 하더라도 인사고과에 따른 변동급여 체제를 도입함으로써 ㈎ 불특정 일부 근로자들이 기존의 임금보다 더 적은 임금을 받게 되어 기득의 이익을 침해받을 수 있는 개연성이 있다면 이는 근로자의 유 · 불 리가 상충하는 경우로서, 기존의 임금보다 더 많은 임금을 받을 수 있는 근로자 수가 기존의 임금보다 더 적은 임금을 받는 근로자 수보다 많다고 하더라도 전체적으로는 불이익변경에 해당한다. ㈏ 따라서 이 경우에는 취

업규칙 변경시 위 '(1)의 ③(나)' 의 방식에 따른 변경절차를 취해야 할 것이다.

8 연봉과 통상임금 · 평균임금 · 가산임금의 산정

1. 연봉과 통상임금과 평균임금

통상임금은 연장근로수당 등 각종 법정수당의 산정기준으로 사용되며, 여기에는 1임금 산정기간내에 정기적 · 일률적으로 지급하기로 정한 기본급과 고정적 수당 등이 포함된다. 반면, 평균임금은 퇴직금 등의 산정기초로 사용되며, 이를 산정하여야 할 사유가 발생한 날 이전 3개월간에 지급된 임금의 총액을 그 기간의 총일수로 나누어 산정한다. 따라서 기존에 지급되던 상여금과 각종 수당들이 통폐합되어 연봉액이 책정 된 경우 통상임금이 증가하는 효과가 발생할 수 있다.

그러나 연봉제 실시이후 개별적 임금항목이 통상임금 또는 평균임금에 해당되는지 여부는 새로운 임금체계하에서 각 개별 임금 항목이 갖는 성격에 따라 판단되어야 한다(2005.12.23, 퇴직급여보장팀-1276).

다만, 신규근로자가 아닌 기존근로자의 임금체계를 연봉제로 바꾸면서 기존 임금항목에서 연봉제로 전항된 부분을 감안하여 연봉액 중 일부만을 통상임금, 또는 평균임금으로 한다고 당사자가 합의한 경우 연봉제에 포함되지 않는 제수당이나 퇴직금 등의 산정에 있어 근로자에게 불이익하지 않다면 이를 반드시 위법으로 보기는 어렵다.

법정기준근로시간을 소정근로시간으로 정할 경우 시간급통상임금 산정을 위한 「년(年)의 통상임금 산정기준시간 수」는 다음과 같다(하갑래 근로기준법, 제20판, p.457).

〈년의 통상임금 산정기준 시간수 계산례〉

주40시간근로제사업 = (40시간 + 8시간) × 365일/7일 = 2,503시간

(2) 연봉과 가산임금

근로기준법 제56조는 연장 · 야간 · 휴일근로에 대하여 통상임금의 100분의 50이상을 가산하여 지급하여야 한다고 규정하고 있는바, 연봉제 근로자라고 하여 동 규정의 적용이 배제되는 것은 아니다. 그러므로 연봉제 근로자가 연장 · 야간 · 휴일 근로 등을 하였을 경우 사용자는 연봉 외에 추가로 가산임금을 지급하여야 하는 것이 원칙이다. 그러나 회사의 임원, 관리 · 감독직 근로자, 기밀취급근로자, 감시적 · 단속적 근로자, 외근근로자 및 재량 근로자들에게 연봉제가 시행되는 경우에 법정수당의 지급 문제는 일반근로자들에 대한 연봉제 시행의 경우와는 구별하여 판단하여야 한다.

다만, 연봉액에 연장 · 야간 · 휴일근로에 대한 법정수당이 포함되어 있다고 명시하는(포괄산정 임금제도에 있어서는) 이러한 명시가 반드시 위법이라고 할 수는 없지만 법정수당의 지급 문제와 관련하여 통상임금 부분과 가산임금 부분을 명확히 구분할 필요가 있으며 정해진 가산임금 부분을 초과하여 연장근로 등을 하였을 경우에는 추가분을 지급하여야 한다.

9 연봉제 실시와 임금지급방법상의 문제

근로기준법은 제43조제2항 본문에서 임금은 매월 1회 이상 일정한 날짜를 정하여 지급하여야 한다고 하여 매월 1회 이상 정기지급의 원칙을 규정하고 있다. 따라서 연봉액 자체는 연단위로 결정하더라도 매월 정기적으로 지급하는 금액을 결정하여야 하므로 최소한 12로 나눈 금액으로 분할하여 월 1회 이상 지급해야 한다. 실무상으로는 연봉을 1/12 또는 1/16, 1/18, 1/20 등으로 매월 정기 지급하는 경우에는 법 위반의 문제는 발생하지 아니하나, 1개월 이상의 기간을 정하여 지급하는 경우에는 근로기준법 위반의 문제가 발생한다.

10 연봉액과 법정수당의 지급

연봉제에 있어서「연봉액은 전년도의 업적을 평가하여 결정한다. 연봉액에는 할증임금 기타 일체의 수당이 포함되어 있다」는 규정은 적법한가의 문제이다. 연봉제는 임금·수당을 1년 단위로 지급하는 제도이므로 이러한 규정을 설정하는 예가 많다. 그리고 할증임금규제를 적용하는 근로자에 관한 한 할증임금 상당부분을 판별하지 아니한 제도는 위법하므로 사용자는 실제의 시간외·휴일근로·야간근로에 따른 할증임금을 지급할 의무가 있다.

근로기준법 제56조은 연장·야간·휴일근로에 대하여 통상임금의 100분의 50 이상을 가산하여 지급하여야 한다라고 규정하고 있는 바, 연봉제 근로자라고 하여 동 규정의 적용이 배제되는 것은 아니다. 따라서 연봉제 근로자가 연장근로·야간근로 등을 하였을 경우 사용자는 연봉 외에 추가로 할증임금을 지급하여야 한다.

다만, 연봉액에 연장·야간·휴일근로에 대한 법정수당이 포함되어 있다고 명시하는 경우가 있는데(포괄산정 임금제도) 이러한 명시가 반드시 위법이라고 할 수는 없다. 그러나 법정 수당의 지급 문제와 관련하여 통상임금 부분과 할증임금 부분을 명확히 구분할 필요가 있으며 정해진 할증임금 부분을 초과하여 연장근로·야간근로 등을 하였을 경우에는 사용자는 그 연봉제 근로자에게 추가분을 지급하여야 한다.

11 연봉액과 연차유급휴가수당의 포함

연봉제 계약서에 연차유급휴가를 사용하지 못한 경우 지급되는 연차유급휴가근로수당을 연봉액에 포함할 수 있는지가 문제된다.

연차유급휴가제도의 취지는 휴가로 사용하는 것이 원칙이며 수당으로 금액을 예정하는 것은 근로자의 휴가사용권을 침해하는 것이다(김형배「노동법」, 22

판, P.418). 그리고 연차유급휴가수당은 근로기준법 제60조에 의해 반드시 지급되어야 하기 때문에 연봉액에 포함시키는 것은 부당하다는 견해이다. 다만, 연차유급휴가수당을 사전에 임금에 포괄산정하더라도 사용자가 이를 근로자의 휴가사용을 부인하는 근거로 사용하지 않는 한, 이와 같은 약정을 무효라고 할 수 없다. 판례도 포괄임금제에 의한 방법을 인정하고 있다(대법 2011.5.26, 2009도2357 ; 2011.7.4, 근로개선정책과-2022).

12 연봉제 규정작성방법

최근의 기업에서는 연공(근속연수)을 중시한 종래의 임금제도를 수정하고, 직무의 내용이나 성과를 중시하여 임금액을 결정하는 움직임이 확대되고 있다. 연령급의 폐지와 직능급으로의 일원화, 연공급화한 직능급의 직무급으로의 교체, 업적평가에 따른 상여의 설치 등이다. 이와 같은 움직임이 가정 현저한 것이 관리직층을 중심으로 도입되고 있는 「연봉제」이다.

최근의 연봉제는 「근로자에 대한 임금의 전부 또는 상당부분을 당해 근로자의 업적 등에 관해 목표의 달성도를 평가하여 연단위로 설정된 제도」라고 파악할 수 있다. 연봉제에도 월례임금 뿐 아니라 상여도 연봉으로 고쳐지는가, 제수당은 어느 정도 남는가 등에서 여러 가지가 있다. 또한 연봉의 지급방법은 근로기준법의 매월 1회 이상 지급원칙(제43조제2항)에 의해 12분하여 매월 지급되는 것이 통상이지만, 사회보험료의 부담과의 관계에 있어서 상여부분을 설정하는 경우도 많다.

법적으로 연봉제의 가장 큰 문제점은 연봉제 근로자의 가산임금규정(근로기준법 제56조)이다. 연봉제의 대상자가 근로기준법의 관리감독자(제61조제4호)라면 시간외 · 휴일규제가 제외되기 때문에, 시간외 · 휴일근로를 관리하여 가산임금을 지급할 필요는 없다. 그리고 이 관리감독자의 범위에 관해서는 라인관리자와 동등하게 격을 부여하고 있는 스태프관리직도 포함하여 운영되고 있다.

연봉제가 관리감독자층을 대상으로 제도화한 경우가 많은 것은 이와 같이 이 계층에 관해서도 제도의 취지대로, 근로시간의 양(가산임금)을 문제로 하는 것 없이 직무의 성과에 의해 임금액을 설정할 수 있기 때문일 것이다.

이에 대해 관리직에 해당하지 않는 근로자(기술직이나 영업직 등)에 관해서 연봉제를 실시하는 경우에는 원칙적으로 시간외 휴일근로의 관리를 하고, 가산임금을 지급할 필요가 있다. 연봉제 속에는 이 규제를 의식하여 일정액의 초과근로금지수당을 지급하는 것도 있지만, 법적으로는 이 수당액이 당해 월에 있어서 실제의 시간외근로시간수에 따른 가산임금액을 채우지 않은 경우에는 부족액을 지급할 필요가 있다. 근로의 양에 따라서가 아니라 질이나 성과에 따라서 보수를 정하는 연봉제에 적합한 근로시간제도는 「재량노동제」이지만, 현행법상은 대상업무나 법적 효과가 한정되어 있다.

13 연봉제 운용상 주의사항

① 연봉계약은 근로자의 임금을 정함에 있어 연간임금총액을 정하는 것에 불과하고, 그 기간을 근로계약기간으로 설정하는 것은 곤란하다.

② 퇴직금을 연간임금총액에 포함하기로 당사자간 합의하고 발생할 퇴직금을 미리 매월 분할 지급하는 경우 당사자간 합의에도 불구하고 법 소정의 요건에 해당하지 않을 경우 중간정산퇴직금으로 인정받을 수 없다.

③ 연봉액을 정하는 방법은 당사자간 협의를 통하여 정하고, 시간외근로 등 법정수당 즉 가변수당은 연봉액과는 별도로 지급하는 것이 바람직하다.

연봉액에 가변수당 등을 포함하는 형태로 근로계약이 이루어진 경우에도 역산한 금액이 실 근로시간 임금보다 적게 지급된 경우 추가 지급문제가 발생한다.

④ 다만, 부득이 가변수당 등을 연봉액에 포함하는 형태의 근로계약시에는

㈎ 먼저, 연간기본급을 당사자간 협의를 통하여 정하고

㈏ 예상되는 연간 시간외근로시간수, 야간근로시간수, 휴일근로일수 등을 구체적으로 산출하여 연봉계약서상에 명시되는 것이 바람직하고, 어떠한 경우에도 근로자에게 불이익이 없어야 할 것이다.

㈐ 휴가권과 연계되어 있는 연차유급휴가 미사용수당을 매월 지급되는 연봉액에 포함시키는 것은 휴가권 박탈 등으로 근로기준법 취지에 어긋나는 계약이다.

⑤ 통상적으로 구체적인 가변수당 계산없이 임금총액만을 정하고 여기에 모든 급여가 포함된 것으로 주장하는 연봉제는 완벽한 근로계약으로 보기 어렵고, 현실적으로 교대 및 야간근무가 많은 경우 모든 급여항목을 연봉에 포함되는 것으로 볼 수 있는 연봉제 근로계약은 체결하기 곤란하다.

제9장 임금피크제

1 임금피크제의 의의

임금피크제란 근로자의 계속고용을 위해 노사간 합의를 통해 일정연령을 기준으로 임금을 조정하고 소정의 기간동안 고용을 보장하는 제도이다.

근로자는 해고를 피할수 있고(사실상 또는 사규상) 정년 이후에도 계속 일할 수 있다.

사용자는 해고를 둘러싼 노사갈등을 피할 수 있고, 보다 저렴한 비용으로 훈련된 인력을 유지 · 확보하는 한편, 경감된 비용을 재원으로 신규인력을 채용할 수 있다.

정부는 인구고령화에 따른 생산인력 부족문제를 해결하고, 비경제활동 노령인구에 대한 사회보장비용 부담을 완화할 수 있다.

2 임금피크제의 도입의 필요성

첫째, 세계화로 기업간, 국가간 경쟁이 심화되고 있다.

지식정보화사회의 도래 및 세계화의 급진전에 따른 무한경쟁으로 기업은 생존을 위한 경영혁신과 인적자원개발의 압력을 받고 있다.

둘째, 금속한 고령화로 인해 기업의 인건비 부담이 증가하고 있다.

출산율이 급격히 떨어지고 평균수명이 높아지면서 '인구 고령화' 가 급진전되고 있다. 65세 이상의 비중이 2000년 7월에 7.2%에 달하여 이미 '고령화사회' 에 진입하였고, 2019년에는 전체 인구의 14.4%가 고령인구인 '고령사회' 로 접어들게 된다.

이와 같은 사회의 고령화는 기업 인력구성의 고령화로 이어져, 연공급이 지배적인 기업들의 인건비 부담이 가중되고 있다.

셋째, 일자리가 늘지않는 성장(Jobless Growth), 저성장 시대에 돌입하고 있다.

경제성장률 둔화, 지식집약적 산업 확대에 따른 고용흡수력 저하로 '일자리 증가 없는 성장' 이 지속되고 있다.

넷째, 경직된 임금체계가 근로자의 고용불안 요인으로 작용하고 있다.

생산성이 아닌 근무경력만을 기준으로 하는 연공급적 임금체계는 기업으로 하여금 근로자의 고령화에 유연하게 대응하지 못하게 하고 인건비 부담을 가중시키고 있다.

연공급적 임금체계는 근속기간이 길어질수록 퇴직금도 자동적으로 증가함에 따라, 중년근로자의 조기퇴출요인이 되어 근로자 고용불안 및 구조조정을 둘러싼 노사갈등요인으로 작용하고 있다.

다섯째, 전반적인 임금수준의 상승으로 단기적인 임금인상보다는 고용연장을 선호하는 현상이 나타나고 있다.

여섯째, 고령 근로자의 계속적인 경제활동 방안 마련이 시급한 과제가 되고 있다. 수명연장 시대에서는 정년 이후에도 충분한 근로 의욕이나 능력이 있어, 일(Job)이 최선의 복지가 되었다. 그러나 고령자의 재취업은 매우 어려운 실정이다.

일곱째, 2013년 고령자고용촉진법 개정(법률 제11791호, 2013.5.22:300인 이상 사업장 2016년, 200인 미만 사업장 2017년부터 시행)에 따라 2016년부터 법정 정년 60세가 의무화되었으므로 정년연장에 따른 임금피크제 등 임금개편작업이 뒤따라야 한다.

3 임금피크제의 도입방법

1. 사전준비

① 임금피크제 도입을 위한 명확한 목표 설정

㈎ 임금피크제를 도입하기 전에 목표가 설정되어야 한다. 목표가 명확하게 정하여 있지 않은 상태에서 단순히 고령근로자의 인건비 부담을 줄이기 위하여 성급하게 도입하는 경우에는 오히려 노사간 불필요한 마찰만 일으킬 소지가 있다.

㈏ 임금피크제를 도입하기 위한 목표는 임금조정을 통해 고령근로자의 계속 고용을 보장하고, 신규인력 채용을 확대하고자 하는 데 있다.

② 경영정보 공개와 공감대 형성

㈎ 임금피크제의 기본전제는 고령근로자의 임금조정에 있으므로, 근로자 측에서 볼 때는 계속 고용이 보장되는 반면, 소득이 감소하게 된다. 따라서 제도 도입과정에서 노사간에 충분한 협의를 통해 도입의 필요성에 대한 공감대 형성이 이루어져야 한다.

㈏ 공감대 형성과정에서 가장 중요한 두 가지 요소는 명확한 목표설정과 투명한 경영 정보의 공개이다.

㈐ 특히 기업은 근로자에게 회사의 경영상태를 공개하고, 경영여건 개선을 위해 노사가 함께 고통을 분담할 필요가 있음을 알려야 한다.

㈑ 또한 임금피크제를 통해 달성하고자 하는 비전을 공유하여 근로자의 불안감을 덜어주는 것이 필요하다.

2. 임금피크제 도입 프로세스

기업이 임금피크제를 도입하려면 근로자의 저항이 예상된다는 점, 근로자의 동의 없이는 시행하기 어렵다는 점, 제도를 합리적이고 정치하게 설계해야 한다는 점, 제도를 설계할 때 근로자의 참여가 필요하다는 점, 제도 실행을 위해서는 취업규칙의 변경이 필요하고 근로기준법 제94조가 정한 절차를 반드시 거쳐야 한다는 점, 제도 시행 후에도 계속적인 유지 · 보완이 필요하다는 점이다.

① 도입 목적 명확화 → ② 기존 임금체계의 타당성 검토 → ③ 종업원 의견 수렴 → ④ 임금피크제 적용 대상자 결정 → ⑤ 임금피크제 설계 → ⑥ 취업 규칙 개정 → ⑦ 임금피크제 시행 → ⑧ 임금피크제 수정 · 보완

3. 임금피크제 설계 방법

(1) 적용대상 근로자 범위 설정

임금피크제 적용대상을 전체 근로자로 할 것인지, 일정 직업 근로자 또는 일정 조건을 충족하는 일부 근로자로 할 것인지를 정한다. 이때 기업 내 인력구조와 인건비 부담, 생산직 · 사무직 등 근로자 특성별 요구사항 등을 고려해야 할 것이다.

(2) 임금조정기준연령(임금피크연령) 설정

기업의 규정상 정년(예:60세) 또는 실제 정년을 기준으로 일정기간 전(예:3년)을 임금피크 연령(예:57세)으로 정한다. 피크연령은 해당 기업 근로자의 실제퇴직 연령과 기업의 인건비 부담이 생산성을 상회하는 연령 등을 종합적으로 고려하여 노사가 합리적인 선에서 결정한다.

(3) 임금조정방법의 결정

임금피크연령이 결정되면, 그 연령부터 정상적인 임금선 대신 적정하게 조정된 임금선을 임금피크제 적용대상 근로자의 임금선으로 결정한다. 임금조정을 위해 임금 인상율 둔화, 임금 단순삭감, 변동급 삭감, 호봉승급 중단, 임금체계 변경 등 다양한 방법을 활용할 수 있다.

- 상승형 : 임금수준을 임금피크제의 도입여부와 관계없이 상승시키는 유형
- 상승둔화형 : 임금인상폭을 둔화시켜 운영하는 유형(정기승급분의 상승폭 축소, 베이스업을 낮은 비율로 조정)
- 수평형 : 임금피크제를 도입하는 특정연령부터 정년연령까지 임금조건을 그대로 유지하는 유형
- 점감형 : 임금피크제가 도입되는 연령에서 정년에 이를때까지 서서히 임금을 감소시키는 유형

• 하강후상승형 : 정년 전 특정연령에서 정액 또는 정률로 일단 감액시킨 다음 정년까지 임금을 점진적으로 상승시키는 유형

▎임금곡선의 유형

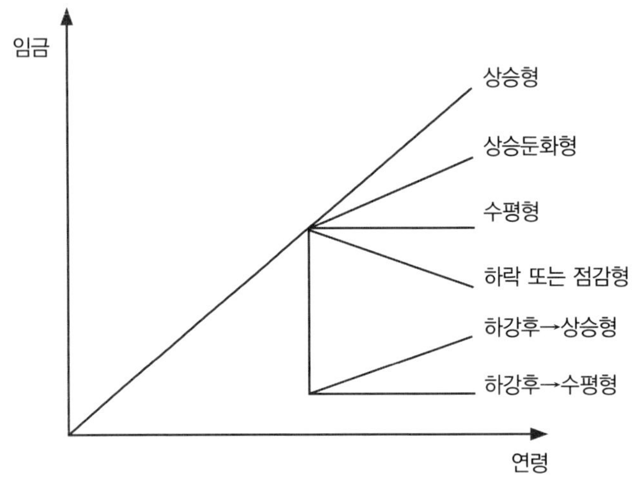

(4) 직무조정 방법의 결정

임금피크 연령 및 임금조정방법이 결정되면, 임금피크연령 이후 직무방법 등을 재설계한다. 직무 · 직급은 그대로 유지하면서 임금만 조정하는 경우도 있을 수 있으나, 임금조정의 일환으로 직무를 재설계할 수도 있다. 예를 들자면 직급(호칭)은 그대로 유지하면서 그 직무만 변경하는 경우도 있을 수 있으며, 직무를 변경함과 동시에 경력을 별도 관리(예:승진없이 전문업무 종사)하는 방법도 있다.

(5)고용보장기간의 결정

㈎ 임금피크 연령 이후 정년까지 고용을 보장할 것인지, 정년이후까지 고용을 연장할 것인지 등 고용보장기간에 대한 결정이 필요하다. 대부분 우리나라 기업의 경우 근로자의 실제 퇴직연령이 정년보다 훨씬 낮아진 것을 감안하여 정년까지 고용을 보장하는 '정년보장형' 식 임금피크제를 도입하고 있다.

㈏ 그러나 일본의 경우 정년이후까지 고용을 보장하는 '고용연장형' 임금피크제가 연금개시연령의 상향조정 등 사회적 분위기에 힘입어 확대되고 있

다. 따라서 고용보장기간의 결정은 고령근로자에 대한 사회적 보장 정도, 기업의 경영환경, 근로자들의 선호도 등을 종합적으로 고려하여 결정될 수 있을 것이다.

4 규정작성방법

1. 임금피크제합의서 모델

<table><tr><td>

합 의 서

회사와 노동조합은 날로 심각해지는 경제여건과 치열한 무한경쟁 속에서 기업의 생존과 관련하여 경쟁력을 확보하고 고용안정을 도모하기 위하여 아래와 같이 임금피크제를 시행키로 합의한다.

– 아 래 –

1. 임금피크대상자는 임금○○천원/日 이상인 사원으로 한다.
2. 임금피크대상자는 2013년 10월 31일부로 퇴직금을 중간정산하고 회사는 퇴직금을 지급한다.
3. 임금피크대상자는 임금을 재조정한다.
4. 조정되는 임금상한선은 ○○천원/日을 초과하지 아니한다.
5. 만 55세 이상인 사원으로서 임금피크제 적용을 받고 임금을 재조정한 자는 퇴직시까지 임금을 동결한다.
6. 만 55세 미만인 사원으로서 임금피크제 적용을 받고 임금을 재조정한 자의 임금이 ○○천원/日 미만인 경우 이후 임금 인상시 ○○천원/日 까지 인상할 수 있다(단, 55세가 되는 날 임금을 동결한다).
7. 시행일은 2013.11.1부로 한다.

2013년 9월 30일

대한○○ 주식회사　　대한○○ 노동조합
대표이사 ○ ○ ○　　위원장 ○ ○ ○

</td></tr></table>

2. 취업규칙의 규정작성방법

제○장 임 금

제49조【임금의 종류】

종업원의 임금은 월급제와 시급제로 하고 별도로 정한 임금표와 임금규정에 따라 지급하여 특정 성을 이유로 차별하지 아니한다. 단, 2013년 ○월 이후 입사한 시급제종업원은 별도로 정한 임금표에 따라 지급한다. (신 설)

제50조【임금피크제】

제49조의 조항에도 불구하고 임금피크제의 적용을 받는 종업원은 별도로 노사간 합의한 내용에 따른 임금규정의 적용을 받는다.

3. 임금피크제규정 모델

제1장 총 칙

제1조【목 적】

이 규정은 임금피크제 적용을 받는 직원의 인사, 보수, 퇴직금 등에 관한 제반 사항을 정함을 목적으로 한다.

제2조【용어의 정의】

이 규정에서 사용되는 용어의 정의는 다음과 같다.

1. '임금피크제' 란 일정 연령의 도달 또는 생산성 등을 고려하여 피크임금의 수준을 결정하고 이를 기준으로 임금을 줄여가는 임금체계를 말한다.
2. '기준 급여' 란 임금피크제 적용 직전 1월간 총 급여를 말한다.
3. '총 급여' 란 기본급+제 수당을 말한다.
4. '지급 급여' 란 기준급여에 임금피크제 적용 기간별로 적용할 지급률을 곱한 금액을 말한다.

제3조【대 상】

임금피크제 적용은 만 55세 이상의 근로자를 대상으로 한다.

제4조【선정 및 적용기준일】

① 대상자 선정은 매년 1회 실시한다.

② 적용기준일은 만 55세에 도달하는 날이 속하는 해의 다음해부터 적용한다. 다만, 임금피크제 최초시행일 당시 만 55세를 초과한 경우에는 임금피크제 시행일부터 적용한다.

제5조【준 용】

이 규정에서 정하지 아니한 취업, 인사, 보수, 복지후생, 상벌, 휴가 및 휴직 등에 관한 사항은 일반직원에 적용되는 사규를 준용한다.

제2장 인사관리

제6조【적용방법】

임금피크제 대상 직원은 별도의 「근로조건 변경 동의서」를 징구하여 적용한다.

제7조【목 적】

임금피크제 대상 직원의 직급은 임금피크제 적용 직전의 직급을 유지함을 원칙으로 한다.

제3장 보 수

제8조【임금의 산정】

임금피크 지급급여 산정을 위한 지급률 및 적용기간은 다음과 같다.

1. 지급률 : 1년차 기준급여의 80%
   2년차 기준급여의 70%
   3년차 이후 기준급여의 60%
2. 적용기간 : 만 55세 도달일이 속하는 해의 다음해부터 만 60세가 속하는 해의 말일까지

제9조【복리후생】

임금피크제 대상자에 대한 복리후생은 적용 전 직급을 기준으로 일반직원과 동일하게 적용한다.

제4장 퇴직금

제10조【퇴직금 중간정산】

임금피크제 직원은 임금피크제 적용 직전에 퇴직금 중간정산을 실시한다. 이 경우 근속기간의 계산은 근로기준법 및 근로자퇴직급여보장법에 따른다.

제11조【기타】

이 규정에서 정하지 아니한 임금피크제 시행과 관련된 세부사항은 대표이사가 따로 정하는 바에 의한다.

부 칙

제1조【시행일】

이 규정은 2014년 1월 1일부터 시행한다.

5 임금피크제 운용상 주의사항

임금피크제를 운용하기 위해서는 단체협약 또는 취업규칙 등 임금관련 규정의 변경이 필요하다.

노동조합이 있는 사업장의 경우 단체협약을 변경하여야 하며, 비조합원인 근로자나 비조직대상인 관리직에게 임금피크제를 적용하기 위해서는 단체협약과는 별도로 취업규칙을 변경해야 한다. 노동조합이 없는 사업장의 경우 취업규칙만 변경하면 된다.

1. 취업규칙 변경방법

① 취업규칙을 통해 임금피크제가 도입되기 위해서는 적법한 취업규칙의 변경절차가 충족되어야 한다. 다만, 취업규칙이 적법하게 변경되었다 할지라도 단체협약보다 불리한 내용이 포함된 경우에는 단체협약의 적용을 받는 근로자에 대하여는 그 효력을 상실한다(노동조합및노동관계조정법 제33조).

② 취업규칙의 변경절차는 변경 내용이 근로자에게 불리한지 여부에 따라 차이가 있다. 따라서 도입하고자 하는 임금피크제가 근로자의 근로조건을 불이익하게 변경하는지 여부에 대한 판단이 전제되어야 한다.

③ 임금피크제가 당초의 정년을 연장하여 보장하면서 임금을 조정하는 형태로 도입하는 경우 변경되는 내용에는 근로조건의 「저하」와 「개선」이 섞여 있으므로 변경 내용의 유 · 불리 판단은 변경의 취지와 경위, 임금피크제의 적용 대상 및 범위, 해당 사업체의 업무의 성질, 취업규칙 각 규정의 전체적인 체제 등 제반 사항을 종합하여 사회통념상 합리성이 있는지 여부로 판단할 수 있다.

정년을 55세에서 60세로 연장하되, 연장된 기간 중 임금을 정년 당시의 70% 수준으로 지급하는 것을 노동조합과 단체협약을 통해 합의하고, 이에 따라 취업규칙을 변경한 것은 정년이 연장되는 기간에 한하여 임금수준을 종전보다 저하시키는 경우로써 종전에 비해 근로자에게 불이익하다고 볼 수 없다

(2002.6.8, 근기 66207-2163).

정년연장형 임금피크제의 경우는 정년 이후 연장된 기간의 임금총액이 임금피크제 도입 이후 감소된 임금보다 많다면 근로조건의 불이익한 변경으로 보기 어려울 수 있다. 그러나 2013년도 고령자고용촉진법 개정으로 2016년부터 정년이 60세로 의무화되었음을 감안하면 불이익한 변경으로 보는 것이 타당하다 할 것이다. 임금피크제의 세부 내용은 기존 취업규칙에 그 내용을 반영할 수 있으나 예시와 같이 별도의 '임금피크제 운영규정'을 신설하는 것이 더 바람직하다. 다만 회사에 노동조합이 있다면 먼저 단체협약을 개정한 후에 취업규칙을 개정해야 할 것이다.

임금피크제 도입 후에는 개별 근로자들의 근로계약서에도 "임금피크제를 적용한다"는 조항을 반드시 반영하도록 해야 한다. 임금피크제 시행 후 임금피크제에 의해 임금이 연차별로 감액되는 것은 취업규칙(임금피크제 운영규정)애 의한 것이므로 매번 근로계약서를 다시 작성해 교부할 필요는 없고 근로자의 요구가 있는 경우에 한해 그 근로자에게 교부해주는 것으로 족할 것이다(근로기준법 제17조, 동법시행령 제8조의2).

2. 퇴직급여의 처리

퇴직금 제도를 실시하는 기업으로서는 임금피크제 도입으로 퇴직금이 감액되지 않도록 퇴직금 중간정산을 실시할 필요가 있다. 개정 근로자퇴직급여보장법시행령 제9조제1항제6호는 임금피크제의 유형 중 정년연장형, 정년후재고용형, 근로시간단축형임금피크제에 한해 퇴직금 중간정산이 가능하도록 규정하고 있다.

퇴직연금제를 적용하는 기업의 경우에는 ① 확정기여형의 경우라면 문제가 될 것이 없으나 ② 확정급여형의 경우에는 근로자가 임금피크제 대상자가 되기 전에 확정기여형으로 전환해야 할 것이다.

제5편

임시근로자 · 촉탁 단시간근로자 취업규칙의 작성 · 운용방법

제1장 임시근로자 · 촉탁 취업규칙의 작성 · 운용방법

1 규정작성방법

정규채용자가 아닌 임시근로자 또는 정년퇴직자로서 촉탁 등의 신분으로 재고용된 자는 단시간근로자와는 달리 일반적으로 고용기간이 길다. 그러나 취업조건은 일반근로자와 다르지 않는 경우가 많으므로 일반근로자의 취업규칙에 준거한다는 준용하는 것으로 해도 상관없다. 다음의 모델은 이러한 생각으로 작성하였다.

임시근로자 또는 정년퇴직한 촉탁자(이하 촉탁이라 함)의 취업규칙은 각각 별개의 독립적인 규칙으로 제정하는 것이 바람직하지만, 양자의 취급이 별로 틀리지 아니한 경우에는 모델례와 같이 하나로 제정해도 된다. 취업규칙에 관해서 일반근로자와 상이한 취급을 하는 주요한 사항에 관해서 다음과 같이 살펴본다.

1. 고용기간

고용기간은 임시근로자 · 촉탁 모두 일반근로자의 「기간의 정함이 없는 계약」과는 달라서 다같이 유기로 하는 사례가 많으며 그 점이 기본적으로 틀리는 점이다.

다만, 계약의 갱신은 무방한 것으로 한다. 촉탁에 있어서 특히 종전 고용기간과 촉탁기간의 통산에 한계를 설정할 필요가 있는 경우에는 그 뜻을 명기한다(모델례 제3조).

촉탁으로의 재고용에 관해서는 재고용희망자를 무조건으로 고용하는 취급과 회사가 선택권을 유보하는 취급이 있다. 모델례는 후자의 규정례(제2조)이다.

우리 사회가 급격히 고령화 사회로 진입되고 사업주가 근로자의 정년을 정하는 경우에는 그 정년이 60세 이상이 되도록 노력하여야 한다(고용상연령차별금지 및 고령자고용촉진에관한법률 제19조)는 법 규정에 따라 60세까지 정년연한의 연장이 촉진되는 추세에 이르렀으므로 상당한 하자가 없는 한 희망자는 원칙적으로 고용하도록 운용하는 것이 바람직하다. 최근 근로자의 정년을 60세 이상으로 정하도록 하고 근로자의 정년을 60세 미만으로 정한 경우에는 60세로 정한 것으로 본다는 개정고령자고용촉진법이 2013년 5월 공포되어 2016년부터 시행됨에 따라 정년연장에 따른 임금체계개편 등에 대한 논의가 진행 중에 있다.

2. 임 금

임금에 관해서 임시근로자 및 촉탁 모두 월급제에 의하지 않고 임시근로자는 일급제, 촉탁은 일급월급제로 한 것이 모델례이다(제6조).

물론 월급제라도 무방하다. 또한, 정년퇴직자를 촉탁으로 재고용할 시의 임금은 퇴직시의 임금보다 저하시키는 기업이 비교적 많은데 저하시키는 비율은 중소기업보다도 대기업 쪽이 높다.

승급에 관해서는 원칙적으로 승급하지 아니하나 물가사정 등에 대응하여 생계유지를 위해 이른바 임금인상을 하는 것은 필요하다. 이때 일반근로자의 임금인상률(승급, 임금인상의 합산율)을 기준으로 하여 일단의 임금인상기준을 설정하는 사례를 볼 수 있다.

정년퇴직자 촉탁은 일반근로자의 임금인상률의 70% 이상으로 하는 것이 대기업에서 볼 수 있는 경향이다.

2 임시근로자 · 촉탁 취업규칙 모델

제1조【총 칙】

① 이 규정은 임시근로자 및 촉탁의 고용, 근무 및 임금 등의 취급에 관해서 규정한다.

② 이 규정에 정함이 없는 사항은 근로기준법에 의한다.

제2조【고 용】

① 임시근로자란 1일 또는 1년 이내의 기간을 정해서 고용되고 임시적 또는 보조적 업무에 조사하는 자를 말한다.

② 촉탁이란 정년퇴직자로서 1년 이내의 기간을 정해서 고용되는 자를 말한다. 다만, 고용에 관해서는 다음 각 호의 기준에 의해서 그 적부를 심사한 후 결정한다.

1. 건강상태가 양호하고 업무를 감당할 수 있는 자
2. 재직 중의 근무태도, 성적 및 성격 등에 큰 난점이 없는 자
3. 재직 중 종사하고 있던 업무에 계속 필요한 자

제3조【갱 신】

임시근로자 및 촉탁에 있어서는 고용을 갱신할 수 있다. 단, 촉탁에 있어서는 회사가 필요하다고 인정하는 경우를 제외하고 원칙적으로 고용기간의 통산이 2년을 초과하지 않는 것으로 한다.

제4조【복 무】

복무에 관해서는 일반근로자 취업규칙에 의한다.

제5조【근무시간 등】

근무시간, 휴일, 휴가, 시간외근무 및 가산임금에 관해서는 일반근로자 취업규칙에 의한다. 다만, 촉탁의 고용기간에 대해서는 정년전의 기간을 통산 취급한다.

제6조【임금의 구성 및 지급형태】

① 임금은 기본급 및 정 · 개근수당으로 하고, 정 · 개근수당은 일반근로자취업규칙에 의한다.

② 임시근로자의 기본급은 일액으로 정하고 출근일수에 따라서 지급한다(일급제).

③ 촉탁의 기본급은 월액으로 정하고 결근일수에 따라 감액해서 지급한다(일급월급제). 기본급의 액은 정년퇴직시의 기본급 및 제 수당(정 · 개근수당, 중역수당을 제외)의 합계액의 80%를 하회하지 않는 액으로 정한다.

제7조【임금의 계산기간】

임금의 계산기간 및 지급방법은 일반근로자의 취업규칙에 의한다.

제8조【승 급】

승급은 원칙적으로 행하지 아니한다. 단, 물가사정 기타의 사유로 수준을 개정할 필요가 있다고 인정되는 경우에는 일반근로자의 임금인상률의 70%를 하회하지 않는 기준으로 하고, 근무태도 및 근무성적 등을 감안해서 결정한다.

제9조【상 여】

상여의 지급대상, 산정기간, 지급기일 및 산정방법은 일반근로자 취업규칙에 의한다. 단, 지급률(지급계수)은 일반근로자의 지급률의 70%를 하회하지 않는 것으로 한다.

제10조【퇴직금】

퇴직금은 계속 근로연수가 1년을 초과하지 않은 경우에는 지급하지 않는다.

제11조【퇴직 및 해고】

다음 각 호의 1에 해당하는 경우에는 퇴직 또는 해고한다.

1. 고용기간이 만료된 때
2. 사망한 때
3. 퇴직을 원한 때
4. 정신 또는 신체의 고장으로 업무를 감당할 수 없다고 인정된 때
5. 업무능률이 낮고, 근무성적이 불량하다고 인정된 때
6. 경영상의 사유로 고용의 계속이 곤란하게 된 때
7. 기타 업무상의 사정으로 해고된 때

제12조【징계해고】

징계해고에 관해서는 일반근로자 취업규칙에 의한다.

부 칙

이 규정은 년 월 일부터 시행한다.

제2장 단시간근로자 취업규칙의 작성 · 운용방법

1 규정작성방법

1. 단시간근로자의 의의

> **법 제18조【단시간근로자의 근로조건】**
> ① 단시간근로자의 근로조건은 그 사업장의 같은 종류의 업무에 종사하는 통상근로자의 근로시간을 기준으로 산정한 비율에 따라 결정되어야 한다.
> ② 제1항에 따라 근로조건을 결정할 때에 기준이 되는 사항이나 그 밖에 필요한 사항은 대통령령으로 정한다.
> ③ 4주 동안(4주 미만으로 근무하는 경우에는 그 기간)을 평균하여 1주 동안의 소정근로시간이 15시간 미만인 근로자에 대하여는 제55조와 제60조를 적용하지 아니한다.
> **영 제9조【단시간근로자의 근로조건 기준 등】**
> ① 법 제18조제2항에 따른 단시간근로자의 근로조건을 결정할 때에 기준이 되는 사항이나 그 밖에 필요한 사항은 별표 2와 같다.

단시간근로자란 1주 동안의 소정근로시간이 그 사업장에서 같은 종류의 업무에 종사하는 통상근로자의 1주 동안의 소정근로시간에 비하여 짧은 근로자를 말한다(근로기준법 제2조제1항제8호 ; 기간제법 제2조제2호). 단시간근로자의 정의를 함으로써 그 보호의 범위를 명확히 하기 위한 것이다.

통상근로자의 근로시간이 1주 40시간 기준이라면 40시간 미만인 근로자를 의미한다. 통상근로자의 소정근로시간보다 1시간 짧다고 하여 반드시 동법 동조의 단시간근로자인 것은 아니며, 그 사업장의 '같은 종류 업무' 에 종사하는 '통상근로자' 에 비하여 1주 동안의 소정근로시간이 짧은 자라야 할 것이다(2004.7.23, 근로기준과-3789).

2. 단시간근로자에 대한 근로조건의 보호

(1) 근로조건 결정의 원칙

① 비례적 보호원칙

단시간근로자의 근로조건은 그 사업장에서 같은 종류의 업무에 종사하는 통상근로자의 근로시간을 기준으로 산정하는 비율에 따라 결정되어야 한다(근로기준법 제18조제1항). 단시간근로자의 보호원칙은 근로기준법상의 개별보호조항의 특례적용없이 통상근로자와 구별하지 않고 소정근로시간에 따라 비례적으로 보호한다. 예컨대 복지제도의 경우 분할 가능한 근로조건을 시간비례에 따라 적용하는 것은 합리적 이유를 인정할 수 있다(2007.7.23, 비정규직대책팀-2966).

근로시간에 비례하여 단시간근로자를 보호할 경우(비례적 보호원칙) 정규근로자와 단시간근로자의 차별은 근로시간의 장 · 단에 따른 합리적 차별이므로 헌법상 평등의 원칙에도 부합된다. ILO를 비롯하여 대부분의 국가의 입법례가 단시간근로자에 대하여 비례적 보호를(제175호 조약인 파트타임 근로협약) 하고 있다.

② 단시간근로자의 근로조건 결정기준

그러나 이와 같은 추상적인 원칙만으로는 단시간근로자에 대하여 적정한 근로조건을 확보하기가 어렵기 때문에 제18조제2항은 비례적 보호원칙에 따라 근로조건을 결정함에 있어서 기준이 되는 사항 그 밖에 필요한 사항은 대통령령으로 정한다(근로기준법 제18조제2항). 근로기준법 제18조제2항의 규정에 따라 단시간근로자의 근로조건을 결정함에 있어 기준이 되는 사항 그 밖에 필요한 사항은 〈별표 2〉와 같다(동법시행령 제9조제1항). 단시간근로자가 근로조건에 대하여 부당하게 차별을 받지 않도록 강구하고 있다. 다른 한편 4주간을 평균하여(4주간 미만으로 근로하는 경우에는 실제 근무한 기간) 1주간의 소정근로시간이 15시간 미만인 근로자에 대해서는 근로기준법 중 제55조의 주휴일과 제60조의 연차유급휴가는 적용되지 아니한다(제18조제3항).

(2) 일부규정 적용배제

4주 동안(4주 미만으로 근로하는 경우에는 그 기간)을 평균하여 1주 동안의 소정근로시간이 15시간 미만인 근로자에 대하여는 퇴직금제도, 주휴일(근로기준법 제55조), 연차유급휴가(근로기준법 제60조)를 적용하지 아니한다(근퇴법 제4조제1항 단서. 근로기준법 제18조제3항). 종전에는 소정근로시간이 뚜렷하게 짧은 단시간근로자 판단기준 및 적용제외 기준을 대통령령으로 위임하였으나 현행 근로기준법은 이를 법률로 규정하고 위임근거를 명시했다. 이 경우에도 이들 규정을 제외한 다른 근로기준법상의 보호규정은 다른 단시간근로자와 마찬가지로 비율적 원칙에 따라 결정된 기준이 적용되어야 한다. 이와 같이 현행 근로기준법은 단시간근로자의 근로조건에 대해서는 비율적 결정원칙에 의하여 근로기준법이 적용되어야 함을 명백히 하면서도 다른 한편으로는 근로기준법의 일부규정의 적용이 배제되는 단시간근로자의 범위를 정함으로써 사용자측의 과도한 부담을 경감하고 있다.

(3) 근로조건의 서면명시와 근로계약서의 교부

① 근로조건의 서면명시

기간제법 제17조의 규정에 의하면 근로시간과 휴게에 관한 사항, 임금의 구성항목 · 계산방법 · 지급방법에 관한 사항, 휴일 · 휴가에 관한 사항, 취업의 장소와 종사해야 할 업무에 관한 사항 그리고 근로일 및 근로일별 근로시간에 대하여는 서면으로 명시하여야 하며, 단시간근로자이면서 기간제근로자인 경우에는 근로계약기간에 관한 사항도 명시하여야 한다(근로기준법시행령 별표 2). 그런데 「단시간근로자의 근로조건 결정기준 등에 관한 사항」에 의하면 근로계약 체결과 관련하여 「사용자가 단시간근로자를 고용할 때에는 임금, 근로시간 그 밖의 근로조건을 명확히 적은 근로계약서를 작성하여 근로자에게 내주어야 한다」고 하고, 「단시간근로자의 계약서에는 계약기간, 근로일, 근로시간의 시작과 종료시각, 시간급임금 그 밖에 노동부장관이 정하는 사항이 명시되어야 한다」(제1호)고 규정함으로써 명시되어야 할 근로조건과 명시방법을 구체적으로 적시하여 단시간근로자의 권리가 보장되도록 대비하고 있다. 이 규정이 갖는 의미는 기간제법 제17조와 근로기준법 제17조가 서면명시 의무만을 원칙으로 규정하고 있으며(근로기준법 제17조는 근로자의 요구가 있으면 교부하도록 하고 있다) 근로기준법시행령 〈별표 2〉 규정은 그와 같은 근로조건을 포함한 근로계약서의 작성과 교부의무를 적극적으로 규정하고 있다는 점이다.

② 근로계약서 작성 · 교부의 법적 성격

근로계약의 체결은 원칙적으로 서면과 같은 특별한 방식을 요건으로 하지 않는다. 그런데 「단시간근로자의 근로조건 결정기준(근로기준법시행령 별표 제1호 가목)」에서 단시간근로계약의 체결시에 사용자에게 구체적인 근로조건이 명시된 근로계약서의 작성 · 교부의무를 부과한 것의 법적 성격이 문제된다.

동조항의 법적 성격은 효력규정이 아닌 단속규정으로 보는 것이 타당하다고 판단된다.

(4) 단시간근로자에 대한 초과근로 규제

① 근로기준법시행령 별표 2 제3호의 규정내용

단시간근로자로 고용하여 과다한 초과근로를 시키는 남용사례가 문제되고 있다. 현행법상 연장근로의 할증임금 지급은 법정근로시간을 초과한 연장근로에 대해서만 규정되어 있다(1주 12시간, 50% 할증임금 지급). 근로기준법시행령 〈별표 2〉 제3호에 의하면 「가. 사용자는 단시간근로자를 소정 근로일이 아닌 날에 근로시키거나 소정근로시간을 초과하여 근로시키고자 할 경우에는 근로계약서나 취업규칙 등에 그 내용 및 정도를 명시하여야 하며, 초과근로에 대하여 가산임금을 지급하기로 한 경우에는 그 지급률을 명시하여야 한다. 나. 사용자는 근로자와 합의한 경우에만 초과근로를 시킬 수 있다」고 규정하고 있다. 이러한 규정에도 불구하고 단시간근로자에 대하여 소정근로 시간을 초과하는 초과근로시간을 제한하는 규정이 없기 때문에 법정근로시간의 범위 내에서 초과근로를 요구할 수 있다.

② 기간제법 제6조의 규정내용

기간제법 제6조는 상시적으로 소정근로시간을 초과하여 근로함으로써 당해 사업장의 통상근로자의 소정근로시간 이상을 근로하는 경우도 있으며 이와 같은 과도한 초과근로시간의 남용을 막고 단시간근로를 선택한 근로자의 근로조건 보호를 위하여 단시간근로자의 경우 법정근로시간 이내라도 초과근로를 1주에 12시간으로 제한하였다. 이는 절대적 기준으로 당사자의 합의로도 초과근로를 1주에 12시간 이상 할 수 없도록 제한하였다. 사용자의 부당한 초과근로 지시에 대한 거부권을 명시하였다.

기간제법 제6조에 의하면 「① 사용자는 단시간근로자에 대하여 「근로기준법」 제2조의 소정근로시간을 초과하여 근로하게 하는 경우에는 당해 근로자의 동의를 얻어야 한다. 이 경우 1주간에 12시간을 초과하여 근로시킬 수 없다. ② 단시간근로자는 사용자가 제1항의 규정에 따른 동의를 얻지 아니하고 초과근로를 하게하는 경우에는 이를 거부할 수 있다」고 규정하고 있다.

③ 부당한 초과 근로요구 거부

이 때 부당한 초과 근로요구의 거부를 이유로 해고 그 밖의 불리한 처우를 하는 경우 벌칙이 부과(2년 이하 징역, 1천만원 이하 벌금)되고 있다(기간제법 제21조). 또한 당해 근로자의 동의를 얻지 아니하고 단시간근로자에게 초과근로를 시킨 자는 1천만원 이하의 벌금에 처한다(기간제법 제22조). 또한 명목상 단시간근로자(초과근로를 통해 통상근로자와 같이 근로시키는 경우)에 대해서는 통상근로자와 동일하게 근로기준법을 적용하도록 하였다.

(5) 통상근로자로의 전환의무

① 제도의 취지

단시간근로는 기간제근로와는 달리 기간의 정함이 없는 통상근로자 중에도 가사나 학업 등의 이유로 일시적으로 단시간근로로 전환하고 그와 같은 사유가 소멸하면 다시 통상근로자로 복귀하여 노무를 제공하고자 하는 경우에 활용될 수 있는 고용형태이다. 따라서 가정과 직장의 병존 및 조화를 위하여 앞으로 그 활용가능성이 점점 더 확대되어 간다고 할 수 있다. 이러한 전환에 따라 단시간근로자의 능력발휘와 캐리어 형성을 지원하고 인재의 활용을 꾀할 수 있을 것이다. 이를 위하여 단시간근로자와 통상근로자 상호간의 전환 가능성을 촉진하는 제도의 마련이 요청된다고 하겠다.

② **제도내용**

기간제법 제7조에서는 사용자는 통상근로자를 채용하고자 하는 경우에는 그 사업 또는 사업장의 동종 또는 유사한 업무에 종사하는 단시간근로자를 우선적으로 고용하도록 노력하여야 하며(제1항), 사용자는 가사나 학업 그 밖의 이유로 통상근로자가 단시간근로자로의 전환을 신청하는 때에는 그 근로자를 단시간근로자로 전환하도록 노력하여야 한다(제2항)고 규정함으로써 그와 같은 방향으로 규율하고 있다. 다만 근로자에게 적극적인 사법상의 청구권을 인정하지 아니하고 사용자에게 단지 노력의무만을 규정하고 있다.

(6) 차별적 처우의 금지

사용자는 단시간근로자임을 이유로 당해 사업 또는 사업장의 동종 또는 유사한 업무에 종사하는 통상근로자에 비하여 차별적 처우를 하지 못한다(기간제법 제8조제2항). 단시간근로자에 대한 차별적 처우의 금지와 그 시정절차 그리고 그에 따른 불리한 처우의 금지는 기간제근로자에 대한 것과 동일하다.

2 운용상 주의사항

정규직근로자의 취업규칙과 별도로 단시간근로자의 취업규칙을 작성하여 운용하는 것이 바람직하다.

단시간근로자의 취업규칙 작성에 있어서는 법령편제방식에 따라서 제1조(목적), 제2조(적용범위)라는 식으로 규정하여 운용하는 것이 기본방식일 것이다.

단시간근로자의 취업규칙을 다음 모범안과 같이 작성하였으므로 각 기업에서는 자기 기업실정에 맞게 취사선택하거나 이를 보완하여 운용할 수 있을 것이다.

제3장 단시간근로자용 취업규칙 모델

[고용노동부작성 2012.12]

◈ 이 자료는 사업장의 취업규칙 작성에 참고할 수 있도록 자료를 제공하기 위한 것으로 주40시간제가 적용되는 제조업체를 가정하여 작성한 것이므로 동 자료를 참고하여 사업장의 취업규칙을 작성 · 변경할 때에는 근로기준법 등 노동관계법령에 위배되지 않는 범위 내에서 사업장의 규모나 업무의 특성에 맞게 변형하여야 한다.

◈ 또한, 이 자료는 현재까지 개정된 노동관계법령을 반영하였으므로 그 이후의 법령 제 · 개정에 대해서는 각 사업장에서 제 · 개정 내용을 확인하여 취업규칙에 반영하여야 한다.

◈ 아울러 취업규칙을 작성 · 변경할 때에는 반드시 근로자 과반수(과반수 노동조합이 있는 경우는 그 노동조합)의 의견을 반영(청취 또는 동의)하여야 하며 회사의 홈페이지, 게시판, 사무실 등에 게시 · 비치하여 근로자들에게 알려야 한다.

조 문 순 서

제1장 총 칙

제2장 채용 및 근로계약

제3장 복 무

제4장 인 사

제1절 인사위원회

제2절 배치 · 전직

제3절 육아휴직

제5장 근로조건

제1절 근로시간

제2절 휴일 · 휴가

제3절 모성보호

제6장 임 금

제7장 퇴직 · 해고 등

제8장 퇴직급여

제9장 표창 및 징계

제10장 교육 및 성희롱의 예방

제11장 안전보건

제12장 재해보상

제13장 취업규칙

부 칙

제1장 총 칙

◈ 총칙은 필수적 기재사항은 아니지만 취업규칙의 체계상 총칙 규정을 두는 것이 일반적이다.

제1조【목 적】

이 규칙은 ○○주식회사(이하 "회사"라 한다) 사원의 채용 · 복무 및 근로조건에 관한 사항을 정함을 목적으로 한다.

유의사항

[선택] 취업규칙을 정하는 목적을 규정한다.

제2조【적용범위】

① 이 규칙은 회사의 사업장에 근무하는 단시간사원에게 적용한다.

② 사원의 복무 및 근로조건에 관하여 법령, 단체협약, 그 밖에 회사규정에 별도로 정함이 있는 경우를 제외하고는 이 규칙이 정하는 바에 의한다.

유의사항

[선택] 취업규칙을 적용받는 근로자집단의 범위를 명확히 규정할 필요가 있다.

제3조【사원의 정의】

이 규칙에서 "사원"이란 소정 근로시간이 통상근로자의 주당 소정근로시간 보다 짧은 사원을 말한다.

유의사항

[선택] 규칙을 적용받는 대상 근로자의 정의를 명확히 규정하는 것이 바람직하다.

☞ (참고) 단시간근로자는 근로계약 상의 소정근로시간이 통상근로자보다 짧은 자를 의미하므로 주40시간제가 적용되는 사업장의 경우는 주당 소정근로시간이 40시간보다 짧은 자를 단시간근로자로 규정할 수 있다.

제2장 채용 및 근로계약

◈ 채용 관련 사항은 필수적 기재사항은 아니지만 취업규칙의 체계상 관련 규정을 두는 것이 일반적이다.

제4조【채용기회】

회사는 사원의 모집 및 채용에 있어서 합리적인 이유없이 성별, 연령, 신체조건, 신앙, 사회적신분, 출신지역, 출신학교, 혼인 · 임신 또는 병력(病歷) 등에 의한 차등을 두지 않는다.

유의사항

[선택] 모집과정에서 합리적 이유없이 차별을 하지 않도록 한 법의 취지를 명확히 할 필요(남녀고용평등법 제7조, 고용정책기본법 제7조 참조)

제5조【전형 및 채용서류】

회사에 입사를 지원하는 자는 다음 각 호의 서류를 제출하여야 한다.

1. 자필이력서 1통
2. 자기소개서 1통

유의사항

[선택] 모집단계에서의 채용서류를 최소한으로 하고, 기타 필요한 서류는 합격자에 한하여 제출토록 할 필요가 있다.

☞ (참고) 모집 · 채용시 사진, 신체조건(키, 몸무게) 및 결혼 여부 등 직무능력과 관련없는 사항을 기재하지 않도록 하여야 한다.

제6조【근로계약】

① 회사는 채용이 확정된 자에 대하여 서면으로 근로계약을 체결하고, 해당 사원에게 근로계약서 사본 1부를 내어 준다.

② 회사는 근로계약 체결시 임금, 소정근로시간, 휴일, 연차유급휴가, 취업의 장소와 종사하여야 할 업무에 관한 사항, 근로기준법 제93조제1호부터 제12호까지의 규정(취업규칙의 작성 · 신고사항)에서 정한 사항, 근로기준법 제10장의 기숙사에 관한 사항(기숙사가 있는 경우에 한함)을 명확히 제시한다.

③ 회사는 제2항의 내용 중 근로계약기간에 관한 사항, 근로시간 · 휴게에 관한 사항, 임금의 구성항목 · 계산방법 및 지급방법에 관한 사항, 휴일 · 휴가에 관한 사항, 취업의 장소와 종사하여야 할 업무에 관한 사항, 근로일 및 근로일별 근로시간에 관한 사항 등은 서면으로 명시한다.

④ 회사는 근로계약 체결시 제2항 및 제3항의 사항이 적시된 취업규칙을 사원에게 제시하거나 교부함으로서 제2항의 명시 및 제3항의 서면명시를 대신할 수 있다.

유의사항

[선택] 근로계약을 서면으로 체결하고 사본을 근로자에게 교부하도록 함으로써 근로조건 관련사항을 명확히 알도록 하고 이와 관련된 논란을 줄이도록 할 필요가 있다(별지 1의 표준근로계약서).

- 근로기준법 제17조(근로조건의 명시) 및 시행령 제8조 참조
- 단시간근로자 :「기간제법」제17조(근로조건의 서면명시) 참조

☞ (참고) 근로계약 체결시 명시 및 서면명시해야 하는 근로조건이 적시된 취업규칙을 제시하거나 교부함으로서 명시 · 서면명시 및 교부 절차를 간소화하고 아울러 취업규칙을 사전에 인식시키는 효과도 있다.

☞ (참고) 노동관계법령에 의해 금지되는 위약예정, 전차금 상계, 강제저금의 소지가 있는 조항은 포함하지 않도록 하여야 한다(근로기준법 제20조, 제21조, 제22조 참조).

제7조【수습기간】

① 신규로 채용된 자는 최초로 근무를 개시한 날부터 3개월간을 수습기간으로 한다.

② 제1항의 수습기간은 근속년수에 포함하며, 평균임금산정기간에는 포함하지 아니한다.

유의사항

[선택] 수습기간을 반드시 설정하여야 하는 것은 아니지만 수습기간을 설정하는 경우는 그 기간을 명확히 함으로써 근로기준법 적용에 관한 논란을 방지할 수 있다.

☞ (참고) 수습 사용 중인 근로자는 예고해고의 적용 제외 대상자이다(근로기준법 제35조 및 동법시행령 제16조 참조)

- 예고해고의 적용을 받지 않기 위해서는 수습기간이 3개월을 넘지 않도록 하여야 한다(근로기준법시행령 제16조 참조).

☞ (참고) 수습기간은 근속기간에 포함되도록 하여야 하며 직무의 성질 등을 감안하여 사회통념상 인정되는 범위에서 지나치게 장기간이 되지 않도록 한다.

제3장 복 무

◈ 복무 관련 사항은 필수적 기재사항은 아니지만 일반적으로 취업규칙에 규정하는 사항이며 근로기준법 등에 위반되지 않도록 할 필요가 있다.

제8조【복무의무】

사원은 다음 각 호의 사항을 준수하여야 한다.

1. 사원은 맡은바 직무를 충실히 수행하여야 한다.
2. 사원은 직무상 지득한 비밀을 엄수하고 회사기밀을 누설해서는 아니 된다. 다만 공익신고자보호법상의 "공익신고자"의 경우에는 적용되지 아니한다.
3. 사원은 회사의 제반규정을 준수하고 상사의 정당한 직무상 지시에 따라야 한다.
4. 사원은 사원으로서 품위를 손상하거나 회사의 명예를 실추시키는 행위를 하여서는 아니된다.
5. 사원은 그 밖에 위의 각 호에 준하는 행위를 하여서는 아니된다.

유의사항

[선택] 사업장 질서 유지 차원에서 정하는 사항으로 사업장의 사정에 따라 달리 정할 수 있다.

☞ (참고) 근로자의 기본권 및 그 밖의 법령에 따른 권익을 침해하지 않도록 유의해야 하며 경영 · 인사상 최소한의 범위에서 규정하여야 한다.

제9조【출근, 결근】

① 사원은 업무시간 시작 전까지 출근하여 업무에 임할 준비를 하여 정상적인 업무수행에 차질이 없도록 하여야 한다.

② 질병이나 그 밖의 부득이한 사유로 결근하고자 하는 경우에는 사전에 소속부서의 장의 승인을 받아야 한다. 다만, 불가피한 사유로 사전에 승인을 받을 수 없는 경우에는 결근 당일에라도 그 사유를 명확히 하여 사후 승인을 받아야 하며 정당한 이유없이 이러한 절차를 이행하지 아니한 경우 무단결근을 한 것으로 본다.

유의사항

[선택] 사업장 질서 유지 차원에서 정하는 사항으로 사업장의 사정에 따라 달리 정할 수 있다.

☞ (참고) 사용자의 지시 및 강요에 의한 조기출근 시간은 근로시간으로 인정될 소지가 있으므로 지나치게 일찍 출근토록 하는 것은 자제해야 한다.

제10조【지각 · 조퇴 및 외출】

① 사원은 질병이나 그 밖의 부득이한 사유로 지각하게 되는 경우에는 사전에 소속부서의 장 또는 직근 상급자에게 알려야 하며, 부득이한 사정으로 사전에 알릴 수 없는 경우에는 사후에라도 지체없이 이 사실을 알려야 한다.

② 사원은 근로시간 중에 사적으로 근무 장소를 이탈할 수 없다. 다만, 질병이나 그 밖의 부득이한 사유로 인하여 조퇴 또는 외출 하고자 할 경우에는 소속부서의 장의 승인을 받아야 한다.

③ 사원이 지각 · 조퇴 및 외출한 시간은 무급으로 처리함을 원칙으로 하며, 사원이 동의하는 경우 그 시간만큼을 연차유급휴가 부여시간에서 공제할 수 있다.

유의사항

[선택] 사업장 질서 유지 차원에서 정하는 사항으로 사업장의 사정에 따라 달리 정할 수 있다.

☞ (참고) 지각 · 조퇴 및 외출로 인한 누계시간을 결근으로 취급하는 것은 연차유급휴가 산정에 불리하게 영향을 주는 것으로 허용되지 않는다.

- 다만, 노사간 특약으로 지각 · 조퇴 및 외출로 인한 누계시간을 연차유급휴가를 사용한 것으로 하여 연차유급휴가 일수에서 공제하는 것은 가능하다(2000.1.22, 근기 68207-157).

제11조【공민권행사】

① 회사는 사원이 근무시간 중 선거권 그 밖의 공민권을 행사하거나 공(公)의 직무를 수행하기 위하여 청구할 경우에는 필요한 시간을 부여한다.

② 회사는 제1항의 권리행사나 공(公)의 직무를 수행하는데 지장이 없는 범위 내에서 사원이 청구한 시간을 변경할 수 있다.

유의사항

[선택] ☞ (참고) 공직선거법에 따른 4대선거와 향토예비군설치법, 민방위기본법에 따라 소집된 기간은 유급으로 처리해야 한다.

☞ (참고) 선거일과 예비군 · 민방위 소집기간을 유급휴일로 할 것인지 필요한 시간만을 유급으로 부여할 것인지는 사업장의 사정에 따라 달리 정할 수 있다.

제12조【출 장】

① 회사는 업무수행을 위하여 필요한 경우 사원에게 출장을 명할 수 있다.

② 회사는 행선지별 여비, 숙박비, 현지교통비 등 실비에 충당될 수 있는 비용을 지급한다.

유의사항

[선택] 업무를 수행해야할 장소가 유동적인 경우를 대비하여 확인적인 취지로 명시할 수 있다.

제4장 인 사

제1절 인사위원회

◈ 인사위원회 규정은 필수적 기재사항은 아니지만 일반적으로 취업규칙이나 별도 인사규정으로 정한다.

제13조【인사위원회의 구성】

① 인사위원회(이하 "위원회"라 한다.)는 대표이사와 부서장 또는 그에 준하는 직급의 사원 중 대표이사가 임명하는 자로 총 5명 이내로 구성하되 근로자위원을 최소 1명이상 포함되도록 한다.

② 위원회의 위원장은 대표이사 또는 대표이사가 위임한 자로 한다.

③ 위원회에는 인사(총무)담당자 1명을 간사로 둔다.

유의사항

[선택] 투명한 인사운영을 위해 규정하는 경우가 많으며 별도의 인사규정으로 정하는 것도 가능하다.

☞ (참고) 인사위원회 구성은 사업장 규모에 따라 위원수를 달리 할 수 있으며, 근로자 수가 적은 영세사업장의 경우 반드시 인사위원회를 설치운영 해야 하는 것은 아니다.

※ "해고" 외 인사운영에 관한 사항은 노사협의회를 통해 운영할 수 있다(근로자참여및협력증진에관한법률 제20조).

제14조【위원회의 기능】

위원회는 다음 각 호의 사항을 의결한다.

1. 사원의 표창에 관한 사항
2. 사원의 징계에 관한 사항
3. 그 밖에 사원의 인사에 관하여 위원회의 의결이 필요한 사항

유의사항

[선택] 사업장의 사정에 따라 달리 정할 수 있다.

제15조【위원회의 소집 및 운영】

① 위원회는 제14조의 의결사항이 있을 경우 위원장이 소집한다.

② 위원장은 회의를 소집하고자 하는 경우 원칙적으로 회의개최 7일 전에 회의일시, 장소, 의제 등을 각 위원에게 통보한다.

③ 위원회는 재적위원 과반수의 출석과 출석위원 과반수의 찬성으로 의결한다. 다만, 징계에 관한 사항은 재적위원 3분의 2이상의 찬성으로 의결한다.

④ 위원장은 표결권을 가지며 가부동수일 때에는 결정권을 가진다.

⑤ 위원회의 회의는 공개하지 아니하며 회의내용과 관련된 사항은 누설하여서는 아니 된다. 다만, 위원회의 의결로 공개할 수 있다.

⑥ 위원회의 의결사항이 특정위원에 관한 사항을 의결할 때에는 해당 위원은 그 건의 의결에 참여할 수 없다.

⑦ 위원회의 운영방법 등 기타 필요한 사항에 대하여는 별도의 규정으로 정할 수 있다.

유의사항

[선택] 인사위원회의를 둘 경우 운영절차를 투명하게 함으로써 민주적인 운영에 노력할 필요가 있다.

☞ (참고) 의결정족수는 민주적인 운영 원칙에 충실하게 정하되, 특히 징계에 관하여는 보다 강화하는 것이 일반적이다.

제2절 배치 · 전직

◈ 인사이동 관련 규정은 필수적 기재사항은 아니지만 내용상 근로기준법 등 관련법률에 위반되지 않도록 할 필요가 있다.

제16조【배치, 전직】

① 회사는 사원의 능력, 적성, 경력 등을 고려하여 부서의 배치, 전직, 승진 등 인사발령을 하며, 직원은 정당한 사유없이 이를 거부할 수 없다.

② 회사는 제1항의 인사발령을 함에 있어서 합리적인 이유없이 남녀를 차별하지 아니한다.

유의사항

[선택] 투명한 인사운영을 위해 규정하는 경우가 많으며 사업장 사정에 따라 별도의 인사규정으로 정하는 것도 가능하다.

☞ (참고) 전직, 전근, 승진 등 인사발령을 함에 있어 합리적인 이유없이 특정 성(性)을 불리하게 대우하지 않아야 한다(남녀고용평등법 제10조 참조).

제3절 육아휴직

◈ 휴직 관련 규정 중 육아휴직은 필수적 기재사항이며 그 외의 휴직사유도 병행하여 규정하는 것이 일반적이다.

제17조【휴 직】

① 회사는 다음 각 호의 어느 하나에 해당하는 사유로 사원이 휴직원을 제출하는 경우에는 휴직을 승인할 수 있다. 이 경우 제3호의 휴직 외에는 무급을 원칙으로 한다.

1. 업무외 질병, 부상, 가사 등으로 직무수행이 어렵다고 인정되는 경우 : 필요하다고 인정되는 기간
2. 병역법, 기타 법령에 의해 징집 및 소집되었을 때 : 징집 및 소집기간
3. 연수, 직무 등의 사유로 회사가 휴직이 필요하다고 하는 경우 : 필요하다고 인정되는 기간

② 휴직자는 휴직기간 중 거주지의 변동 등의 사유가 있을 때에는 회사에 즉시 그 사실을 알려야 한다.

유의사항

[선택] 근로자가 장기간 업무수행이 불가능할 경우를 대비하여 규정하는 것이 일반적이다. 특히 휴직 인정 사유와 휴직기간, 유급 또는 무급 여부 등은 사업장 사정에 따라 달리 정할 수 있다.

제18조【육아휴직】

① 회사는 만 6세 이하의 초등학교 취학 전 자녀(입양한 자녀를 포함한다)를 가진 남녀 사

원이 그 영유아의 양육을 위하여 육아휴직을 청구하는 경우에는 이를 허용한다. 단, 계속 근로한 기간이 1년 미만이거나 같은 영유아에 대하여 배우자가 육아휴직 중인 경우에는 허용하지 않을 수 있다.

② 육아휴직 기간은 1년 이내로 한다.

③ 회사는 육아휴직을 이유로 해고나 그 밖의 불리한 처우를 하지 않으며 특히 육아휴직기간에는 해고하지 아니한다.

④ 회사는 사원이 육아휴직을 사용할 경우 고용보험법령이 정하는 육아휴직급여를 받을 수 있도록 증빙서류를 제공하는 등 적극 협조한다.

유의사항

[필수] 취업규칙의 필수적인 사항으로 모성보호 및 직장과 가정의 양립 차원에서 법으로 강제되는 제도이다.

☞ (참고) 2008.1.1부터는 만 6세 이하의 초등학교 취학 전 자녀(입양한 자녀를 포함한다)를 가진 근로자의 청구 시 육아휴직을 부여하여야 한다(남녀고용평등법 제19조 참조). 다만, 법령상 육아휴직을 허용하지 않아도 되는 근로자(계속 근로한 기간이 1년 미만, 같은 영유아에 대하여 배우자가 육아휴직 중인 근로자)에 대한 육아휴직 부여할지 여부 등은 사업장 사정에 따라 달리 정할 수 있다.

제19조【가족돌봄휴직 등】

① 회사는 사원이 부모, 배우자, 자녀 또는 배우자의 부모(이하 "가족"이라 한다)의 질병, 사고, 노령으로 인하여 그 가족을 돌보기 위한 휴직(이하 "가족돌봄휴직"이라 한다)을 신청하는 경우 이를 허용하여야 한다. 다만, 대체인력 채용이 불가능한 경우, 정상적인 사업 운영에 중대한 지장을 초래하는 경우 등 남녀고용평등법 시행령으로 정하는 경우에는 그러하지 아니하다.

② 제1항 단서에 따라 가족돌봄휴직을 허용하지 아니하는 경우에는 해당 사원에게 그 사유를 서면으로 통보하고, 다음 각 호의 어느 하나에 해당하는 조치를 하도록 노력하여야 한다.

1. 업무를 시작하고 마치는 시간 조정
2. 연장근로의 제한
3. 근로시간의 단축, 탄력적 운영 등 근로시간의 조정
4. 그 밖에 사업장 사정에 맞는 지원조치

③ 가족돌봄휴직 기간은 연간 최장 90일로 하며, 이를 나누어 사용할 수 있다. 이 경우 나누어 사용하는 1회의 기간은 30일 이상이 되어야 한다.

④ 회사는 가족돌봄휴직을 이유로 해당 근로자를 해고하거나 근로조건을 악화시키는 등

불리한 처우를 하여서는 아니 된다.
⑤ 가족돌봄휴직 기간은 근속기간에 포함한다. 다만, 근로기준법 제2조제1항제6호에 따른 평균임금 산정기간에서는 제외한다.
⑥ 회사는 소속 근로자가 건전하게 직장과 가정을 유지하는 데에 도움이 될 수 있도록 필요한 심리상담 서비스를 제공하도록 노력하여야 한다.

유의사항

[선택] 남녀고용평등법의 내용으로 취업규칙에 반드시 규정할 필요는 없으나 확인적인 취지로 명시할 수 있다.

☞ (참고) 2012.8.2.부터(300인 미만 사업장은 2013.2.2.부터)는 근로자가 가족돌봄휴직을 신청하는 경우 특별한 사유가 없는 한 이를 허용하여야 한다(남녀고용평등법 제22조의2 참조).

제20조【복 직】

① 사원은 휴직사유가 소멸되었을 때에는 지체없이, 휴직기간이 만료된 때에는 그 만료일 7일 전까지 복직원을 제출하여야 한다.
② 사원은 부득이한 사유가 있는 경우 승인을 얻어 휴직기간을 연장할 수 있다.
③ 회사는 휴직 중인 사원으로부터 복직원을 제출 받은 경우에는 최대한 빠른 시일 내에 휴직 전의 직무에 복직시키도록 노력하되, 부득이한 경우에는 그와 유사한 업무나 동등한 수준의 급여가 지급되는 직무로 복귀시키도록 노력한다.

유의사항

[필수] 복직 절차는 사업장의 사정에 따라 달리 정할 수 있으나, 휴직 및 복직과 관련한 논란을 줄이기 위해 명확히 규정할 필요가 있다.

☞ (참고) 사업장에서 허용한 휴직기간은 근속기간에 산입하는 것이 일반적이다.
※ 육아휴직기간은 근속기간에 반드시 포함한다(남녀고용평등법 제19조제4항 참조).
※ 개정된 병역법 제69조제2항 및 제3항에는 현역 또는 실역에 복무하게 되어 휴직된 자는 복무 후 그 직장에 복직을 보장하고, 군복무로 인하여 휴직된 때에는 승진에 있어서 복무기간을 실무의 종사기간으로 보아야 한다고 규정하고 있으므로, 위 개정된 병역법이 시행된 이후에는 위 휴직기간을 승진의 경우 이외에 퇴직금의 지급기간에까지 가산할 수 없을 것이다(대법 1993.1.15., 92다41968).

제21조【근속기간의 계산】

휴직기간은 근속기간에 산입한다. 다만, 제17조제1항제2호의 병역법에 의한 군복무기간은 퇴직금 산정을 위한 계속근로년수에서 제외한다.

제5장 근로조건

제1절 근로시간

◈ 근로시간 관련 규정은 필수적 사항이며 근로기준법 등 관련법률에 위반되지 않도록 할 필요가 있다.

제22조【근무형태】

사원의 근로형태는 주간근무를 원칙으로 하되, 근로자대표와 합의하여 교대근무제를 시행할 수 있다.

유의사항

[필수] 사업장의 특성을 감안하여 근무형태를 달리 규정할 수 있다.

제23조【근로시간】

1주간의 근무일은 월, 수, 금요일로 하고, 1일의 근로시간은 제24조의 휴게시간을 제외하고 ㅇㅇ:ㅇㅇ~ㅇㅇ:ㅇㅇ까지(ㅇㅇ시간)로 하며, 1주 근로시간은 ㅇㅇ시간으로 한다.

유의사항

[필수] 근로기준법에 위배되지 않는 범위 내에서는 사업장 사정에 따라 1주간의 근무일, 근무시간을 달리 정할 수 있다(예 : 업무특성에 따라 09:00~16:00 또는 16:00~23:00까지 등으로 정할 수 있다).

☞ (참고) 단시간근로자의 1일 소정근로시간 수는 4주 동안의 소정근로시간을 그 기간의 통상근로자의 총 소정근로일 수(5일×4주, 20일)로 나눈 시간이다
(예시 : 3일×6시간×4주/20일=3.6시간)

제24조【휴 게】

휴게시간은 제23조의 근로시간 중 ㅇㅇ:ㅇㅇ시부터 ㅇㅇ:ㅇㅇ시까지로 한다. 다만, 업무사정을 감안하여 휴게시간을 달리 정하여 운영할 수 있다.

유의사항

[필수] 휴게시간은 근로기준법의 취지에 위배되지 않는 범위 내에서 사업장 사정에 따라 달리 정할 수 있다.

- 50분마다 10분을 부여하는 경우
- 2시간마다 15분을 부여하는 경우
- 3시간마다 30분을 부여하는 경우 등

☞ (참고) 근로시간이 4시간인 경우에는 30분 이상, 8시간인 경우에는 1시간 이상의 휴게시간을 적정하게 부여한다(근로기준법 제54조 참조).

☞ (참고) 휴게시간은 사용자의 지배를 받지 않고 자유롭게 이용할 수 있도록 보장되어야 한다(근로기준법 제54조 참조).

제25조【간주근로시간제】

① 사원이 출장, 파견 등의 이유로 근로시간의 일부 또는 전부를 사업장 밖에서 근로하여 근로시간을 산정하기 어려운 경우에는 소정근로시간을 근로한 것으로 본다.

② 사원의 출장, 파견 등의 업무를 수행하기 위하여 통상적으로 소정근로시간을 초과하여 근로할 필요가 있는 경우에는 ㅇㅇ시간을 근로한 것으로 본다. 다만, 사원의 대표와 서면합의를 통하여 이를 달리 정할 수 있다.

유의사항

[선택] 출장, 외부영업 등으로 사업장 밖에서의 근로시간을 계산하기 어려운 경우를 대비하여 규정할 필요가 있다.

- 제2항에 대하여는 근로자대표와 서면합의를 통해 사업장 사정에 따라 달리 정할 수 있다(근로기준법 제58조제1항 및 제2항 참조).

제26조【초과근로】

① 회사는 사원의 동의를 얻어 소정 근로일이 아닌 날에 근로시키거나 소정근로시간을 초과하여 근로시킬 수 있다. 이 경우 초과근로시간은 1주간 12시간 범위내로 한다.

② 법정근로시간(1일 8시간, 1주 40시간)이내의 초과근로에 대하여는 가산임금을 지급하지 않는다.

③ 법정근로시간을 초과하는 연장 · 야간 · 휴일근로에 대하여는 통상임금의 50%를 가산하여 지급한다.

④ 회사는 사원의 대표와 서면합의하여 연장근로 · 야간근로 및 휴일근로에 대하여 임금을 지급하는 것을 대신하여 휴가를 줄 수 있다.

유의사항

[필수] 단시간사원에 대하여 소정근로일이 아닌 날에 근로시키거나 소정근로시간을 초과하여 근로시키고자 할 경우 그 내용 및 정도를 명시해야 한다.

☞ (참고) 법정근로시간 제한범위(주40시간, 또는 1일 8시간) 내에서 초과근로를 시킬 경우는 반드시 초과근무 수당을 지급해야 하는 것은 아니지만 지급하기로 합의한 경우(예 : 25%)에는 이를 명시하여야 한다(근로기준법시행령 제9조 별표2).

☞ (참고) 다만, 법정근로시간을 초과한 경우(소정근로시간이 35시간인 단시간근로자가 12시간을 초과 근로할 경우 47시간 중 7시간분) 통상임금의 50% 이상을 가산하여 지급하여야 한다.

제27조【야간 및 휴일근로의 제한】

① 18세 이상의 여성 사원을 오후 10시부터 오전 6시까지 근로하게 하거나 휴일에 근로를 시킬 경우 당해 사원의 동의를 얻어 실시한다.

② 임산부와 18세 미만인 사원에 대하여는 오후 10시부터 오전 6시까지의 시간 및 휴일에 근로를 시키지 않는 것을 원칙으로 한다. 다만, 다음 각 호의 어느 하나에 해당 하는 경우에는 그 시행 여부와 방법 등에 관하여 사원의 대표와 성실히 협의한 후 고용노동부장관의 인가를 받아 야간 및 휴일근로를 실시할 수 있다.

1. 18세 미만자의 동의가 있는 경우
2. 산후 1년이 지나지 아니한 여성의 동의가 있는 경우
3. 임신 중의 여성이 명시적으로 청구하는 경우

유의사항

[선택] 근로기준법 내용으로 반드시 명시할 필요는 없으나 확인적 차원에서 규정할 수 있다.

☞ (참고) 18세 이상 여성 : 휴일, 야간근로를 시키고자할 경우 당해 근로자의 동의가 필요하다(근로기준법 제70조제1항 참조).

☞ (참고) 임산부와 18세 미만 사원 : 원칙적으로 야간 및 휴일근로를 제한하고 있으나, 업무상 필요한 경우 해당근로자의 동의 또는 명시적 청구와 더불어 시행 여부와 방법 등에 관하여 근로자대표와 성실히 협의한 후 고용노동부장관의 인가를 받아 실시할 수 있다(근로기준법 제70조제2항 및 제3항 참조).

제28조【근로시간 및 휴게 · 휴일의 적용제외】

① 다음 각 호의 하나에 해당하는 사원에 대하여는 1주 40시간, 1일 8시간을 초과하여 연장근로하거나 휴일에 근로하더라도 연장근로 및 휴일근로 가산임금을 지급하지 않는다.

1. 감시 · 단속직 업무로시 고용노동부장관의 승인을 받은 경우
2. 관리 · 감독 업무 또는 기밀취급 업무에 종사하는 경우

② 제1항의 각 호에 해당하는 사원이 야간에 근로한 경우 통상임금의 50%를 가산하여 지급한다.

유의사항 : 근로기준법 제63조의 사항으로 해당자를 명확히 구분할 수 있는 사업장의 경우 확인적 차원에서 규정하는 것도 가능하다(근로기준법 제63조 참조).

☞ (참고) 휴일 및 휴게, 근로시간 제도를 적용제외 하더라도 야간근로에 대한 가산임금은 지급해야 한다.

제2절 휴일 · 휴가

◈ 휴일 · 휴가 관련 규정은 필수적 사항이며 근로기준법 등 관련 법률에 위반되지 않도록

할 필요가 있다.

제29조【유급휴일】

① 1주 동안 소정근로일을 개근한 사원에 대하여는 일요일을 유급주휴일로 부여한다.

② 근로자의 날(5월 1일)은 유급휴일로 한다. 다만, 근로자의 날에 근로를 한 경우 근로기준법 제57조(보상휴가제)에 따라 보상휴가를 줄 수 있다.

③ 관공서의 휴일에 관한 규정에 따른 휴일과 회사의 창립기념일인 ○○월 ○○일은 유급휴일로 한다. 다만 공직선거법 제34조에 따른 임기만료에 의한 선거일은 제11조에서 별도로 정하는 바에 따른다.

유의사항

[필수] 유급 주휴일은 특정 일을 지정하여 규정할 필요가 있다(근로기준법 제55조 및 시행령 제30조 참조).

☞ (참고) 유급 주휴일이 반드시 일요일이어야 하는 것은 아니고, 사업장 사정에 따라 근로자 그룹별로 다른 요일을 정할 수 있다.

☞ (참고) 창립기념일, 명절연휴 등을 휴일로 정할 수도 있다.

☞ (참고) 이 경우 유급휴일로 부여하는 방안, 유급휴일로 하되 주휴일과 중복될 경우 별도의 주휴일만 부여하는 방안, 무급으로 하되 연차휴가를 사용하게 하는 방안 등을 명확히 규정할 필요가 있다.

제30조【연차유급휴가】

① 사원에게 근로기준법 제60조에 의한 연차유급휴가를 통상근로사원의 근로시간에 비례하여 부여한다.

② 제1항에 의한 연차유급휴가를 부여할 때에는 다음 방식으로 계산한 시간단위로 하며, 1시간 미만은 1시간으로 간주한다.

$$\text{통상근로자의 연차 유급휴가일수} \times \frac{\text{단시간근로자의 소정근로시간}}{\text{통상근로자의 소정근로시간}} \times 8\text{시간}$$

유의사항

[필수] 연차유급휴가는 근로기준법에 정한 조건을 충족하도록 규정할 필요가 있다(근로기준법 제60조 참조).

☞ (참고) 단시간근로사원의 연차유급휴가는 통상근로자의 근로시간에 비례하여 시간단위로 산정한다(근로기준법 제18조 및 시행령 제9조 참조)

※ 주40시간제 사업장으로 1주 소정근로시간이 18시간인 단시간근로사원인 경우
15일×18시간/40시간×8시간=54시간.

- 3년 이상 계속 근로할 경우 최초 1년을 초과하는 매 2년 당 1일 가산
- 3년차 경우 1일=3.6시간(단시간근로자 소정근로시간 수)
- 54시간+3.6시간=57.6시간(1시간 미만은 1시간으로 간주하여 58시간)을 휴가사용기간(1년)중의 소정 근로일에 시간단위로 부여토록 한다.

제31조【연차유급휴가의 사용】

① 사원이 연차유급휴가를 사용 하고자 할 경우에는 부득이한 사유가 없는 한 적어도 3일 전에 소속부서의 장에게 승인을 얻어야 한다.
② 회사는 사원의 연차유급휴가 사용으로 업무에 차질이 예상되는 경우 그 시기를 변경할 수 있다.
③ 사원의 연차유급휴가 청구권은 회사의 귀책사유로 휴가를 사용하지 못한 경우를 제외하고는 발생한 날로부터 1년간 행사하지 아니할 경우에는 소멸한다.
④ 회사는 근로기준법 제61조에 따라 연차유급휴가 사용을 촉진할 수 있다. 회사의 사용 촉진조치에도 불구하고 사원이 사용하지 아니한 연차유급휴가에 대하여는 금전으로 보상하지 아니한다.

유의사항

[필수] 휴가 청구 방법과 절차 등을 명시하되, 근로자의 휴가청구권과 사용자의 시기변경 권한도 명확히 하는 것이 바람직하다(근로기준법 제61조 참조).

☞ (참고) 근로기준법 제61조 개정(2012.2.1.)에 따라 미사용 휴가일수 고지 및 사용 예정일 통보 요청 시기가 휴가사용청구권 소멸 3개월전에서 6개월전으로 변경됨에 유의하여야 한다(시행일 : 2012.8.2.).

제32조【연차유급휴가의 대체】

회사는 근로자대표와의 서면합의에 의하여 연차유급휴가일에 대신하여 특정한 근로일에 사원을 휴무시킬 수 있다.

유의사항

[선택] 사업장 사정에 따라 적정하게 보완하여 규정할 수 있다(근로기준법 제62조 참조)

☞ (참고) 근로자가 사전에 이를 충분히 알고 준비할 수 있도록 운영할 필요가 있다.

제33조【하기휴가】

사원은 ○○월○○일부터 ○○월○○일까지 사이에 하기휴가를 사용할 수 있다. 이 경우 휴가개시일 3일 전에 부서의 장에게 승인을 받아야 한다.

유의사항

[선택] 사업장 사정에 따라 하기휴가를 특별휴가로 부여할 것인지 연차유급휴가를 사용하

는 것으로 할 것인지 정할 수 있다.
☞ (참고) 연차유급휴가는 업무수행에 지장이 적도록 분산하여 사용하는 것이 바람직하지만 하기휴가 때에는 집단적으로 비교적 장기간의 휴가를 사용할 수 있도록 부여하는 경향이 확산되고 있다.

제34조【경조사 휴가】

① 회사는 다음 각 호의 어느 하나에 해당하는 범위에서 사원 본인의 신청에 따라 유급의 경조사휴가를 부여한다.

1. 본인의 결혼 : 5일
2. 배우자의 출산 : 5일
3. 본인 · 배우자의 부모 또는 배우자의 사망 : 5일
4. 본인 · 배우자의 조부모 또는 외조부모의 사망 : 2일
5. 자녀 또는 그 자녀의 배우자의 사망 : 2일

② 제1항에 따른 경조사 휴가기간 중 휴일 또는 휴무일이 포함되어 있는 경우에는 이를 포함하여 휴가기간을 계산한다.

유의사항

[선택] 사업장 사정에 따라 달리 정할 수 있다.
☞ 반드시 유급으로 규정해야 하는 것은 아니며, 최소한의 기간은 유급으로 부여하고 추가로 필요한 기간은 연차유급휴가를 사용하도록 하는 방안도 가능하다.
다만, 배우자 출산휴가는 3~5일의 범위에서 근로자가 신청한 일수만큼 부여하여야 하며, 최초 3일은 유급으로 한다(시행시기 2012.8.2.부터(300인 미만 사업장은 2013.2.2.부터).

제35조【생리휴가】

회사는 여성 사원이 청구하는 경우 월 1일의 무급생리휴가를 부여한다.

유의사항

[필수] 필수적 기재사항으로 모성보호제도의 정착 차원에서 규정한다(근로기준법 제73조 참조).

제36조【병 가】

① 회사는 사원이 업무외 질병 · 부상 등으로 병가를 신청하는 경우에는 연간 60일을 초과하지 않는 범위 내에서 병가를 허가할 수 있다. 이 경우 병가기간은 무급으로 한다.

② 상해나 질병 등으로 1주 이상 계속 결근 시에는 검진의사의 진단서를 첨부하여야 한다.

유의사항

[선택] 필수적 사항은 아니지만 취업규칙에 규정하는 것이 일반적이며 사업장 사정에 따라

달리 정할 수 있다.

제3절 모성보호

◈ 모성보호 관련 규정은 필수적 사항이며 근로기준법 등 관련 법률에 위반되지 않도록 할 필요가 있다.

제37조【임산부의 보호】

① 임신 중의 여성 사원에게 출산 전과 출산 후를 통하여 90일의 보호휴가를 준다. 이 경우 반드시 출산 후에 45일 이상 부여한다.

② 임신 중인 여성 사원이 유산의 경험 등 근로기준법시행령이 정하는 사유로 제1항의 휴가를 청구하는 경우 출산 전 어느 때라도 휴가를 나누어 사용할 수 있도록 한다. 이 경우 출산 후의 휴가 기간은 연속하여 45일 이상이 되어야 한다.

③ 임신 중인 여성 사원이 유산 또는 사산한 경우로서 해당 사원이 청구하는 경우에는 다음 각 호에 따른 휴가를 부여 한다. 다만, 모자보건법에서 허용되지 않는 인공중절 수술은 제외한다.

1. 유산 또는 사산한 여성 사원의 임신기간이 11주 이내인 경우 : 유산 또는 사산한 날로부터 5일까지
2. 유산 또는 사산한 여성 사원의 임신기간이 12주 이상 15주 이내인 경우 : 유산 또는 사산한 날로부터 10일까지
3. 유산 또는 사산한 여성 사원의 임신기간이 16주 이상 21주 이내인 경우 : 유산 또는 사산한 날로부터 30일까지
4. 유산 또는 사산한 여성 사원의 임신기간이 22주 이상 27주 이내인 경우 : 유산 또는 사산한 날로부터 60일까지
5. 임신기간이 28주 이상인 경우 : 유산 또는 사산한 날로부터 90일까지

④ 회사는 사원이 출산전후휴가 급여 등을 신청할 경우 고용보험법에 따라 출산전후휴가 급여 등을 받을 수 있도록 증빙서류를 제공하는 등 적극 협조한다.

⑤ 제1항 및 제2항에 따른 보호휴가 기간 중에 사원이 고용보험법에 따라 지급 받은 출산전후휴가 등 급여액이 그 사원의 통상임금보다 적을 경우 회사는 최초 60일분의 급여와 통상임금의 차액을 지급한다.

⑥ 임신 중의 여성 사원에게 연장근로를 시키지 아니하며, 요구가 있는 경우 쉬운 종류의 근로로 전환시킨다.

유의사항

[필수] 필수적 기재사항으로 모성보호 제도의 정착 차원에서 규정한다(근로기준법 제74조

참조).

☞ (참고) 고용보험법시행령 제12조(우선지원대상기업의 범위)에 따른 우선지원대상기업(예 : 제조업 500인 이하)인 경우에는 출산전후휴가기간(유 · 사산휴가 포함) 중 통상임금 90일분을 출산전후휴가급여를 해당 사원에게 지급한다(한도금액 405만원).

- 이에 따라 사용자는 고용보험에서 지급받은 급여가 그 근로자의 통상임금보다 적을 경우 차액 중 60일 분에 대하여만 지급의무가 있다.

☞ (참고) 우선지원대상기업이 아닌 경우에는 출산전후휴가기간 90일중 최초 60일에 대하여 사용자의 지급의무가 있다(나머지 30일분은 고용보험기금에서 지급한다(135만원 한도).

☞ (참고) 2012.8.2부터 출산전후휴가 분할 사용이 가능해지고, 16주 전이라도 유산 · 사산한 경우도 유산 · 사산 휴가가 가능하다.

제38조 【태아검진시간의 허용 등】

① 회사는 임신한 여성 사원이 모자보건법 제10조에 따른 임산부 정기건강진단을 받는데 필요한 시간을 청구하는 경우 이를 허용한다.

② 회사는 제1항에 따른 건강진단 시간을 이유로 사원의 임금을 삭감하지 않는다.

유의사항

[필수] 필수적 기재사항으로 모성보호 제도의 정착 차원에서 규정한다(근로기준법 제74조의2 참조).

☞ (참고) 모자보건법에 따른 임산부 정기건강진단 실시기준

① 임신 7개월까지 : 2개월마다 1회

② 임신 8개월에서 9개월까지 : 1개월마다 1회

③ 임신 10개월 이후 : 2주마다 1회

제39조 【육아기 근로시간 단축】

① 회사는 제18조제1항에 따라 육아휴직을 신청할 수 있는 남녀 사원이 육아휴직 대신 근로시간의 단축(이하 "육아기 근로시간 단축"이라 한다)을 신청하는 경우에는 이를 허용하여야 한다. 다만, 대체인력 채용이 불가능한 경우, 정상적인 사업 운영에 중대한 지장을 초래하는 경우 등 남녀고용평등법 시행령이 정하는 경우에는 그러하지 아니하다.

② 회사가 육아기 근로시간 단축을 허용하지 아니하는 경우에는 해당 사원에게 그 사유를 서면으로 통보하고 육아휴직을 사용하게 하거나 그 밖의 조치를 통하여 지원할 수 있는지를 해당 사원과 협의하여야 한다.

③ 회사가 해당 사원에게 육아기 근로시간 단축을 허용하는 경우 단축 후 근로시간은 주당

15시간 이상이어야 하고 30시간을 넘어서는 아니 된다.

④ 육아기 근로시간 단축의 기간은 1년 이내로 한다.

⑤ 회사는 사원이 육아기 근로시간 단축을 사용할 경우 고용보험법령이 정하는 육아기 근로시간 단축 급여를 받을 수 있도록 증빙서류를 제공하는 등 적극 협조한다.

유의사항

[필수] 취업규칙의 필수적인 사항으로 모성보호 및 직장과 가정의 양립 차원에서 권장되는 제도이다.

☞ (참고) 육아기 근로시간 단축 부여 여부는 사업주의 의무사항이며, 대통령령이 정하는 예외적인 경우에 한하여 허용하지 아니할 수 있다(위반 시 500만원 이하의 과태료). 허용하지 아니하는 경우 사유를 서면으로 통보하고 사원과 협의하여야 한다(위반 시 500만원 이하의 과태료).

☞ (참고) 12.8.2부터 육아기 근로시간 단축제도가 의무화된다.

제40조【육아기 근로시간 단축 중 근로조건 등】

① 회사는 제38조에 따라 육아기 근로시간 단축을 하고 있는 사원에 대하여 근로시간에 비례하여 적용하는 경우 외에는 육아기 근로시간 단축을 이유로 그 근로조건을 불리하게 하여서는 아니 된다.

② 제38조에 따라 육아기 근로시간 단축을 한 근로자의 근로조건(육아기근로시간 단축 후 근로시간을 포함한다)은 회사와 그 사원 간에 서면으로 정한다.

③ 사업주는 제38조에 따라 육아기 근로시간 단축을 하고 있는 사원에게 단축된 근로시간 외에 연장근로를 요구할 수 없다. 다만, 그 사원이 명시적으로 청구하는 경우에는 회사는 주 12시간 이내에서 연장근로를 시킬 수 있다.

④ 육아기 근로시간 단축을 한 사원에 대하여 「근로기준법」 제2조제1항제6호에 따른 평균임금을 산정하는 경우에는 그 사원의 육아기 근로시간 단축 기간을 평균임금 산정기간에서 제외한다.

유의사항

[선택] 남녀고용평등법의 내용으로 취업규칙에 반드시 규정할 필요는 없으나 확인적인 취지로 명시할 수 있다(남녀고용평등법 제19조의3 참조).

제41조【육아기 근로시간 단축의 사용형태】

사원은 제18조와 제38조에 따라 육아휴직이나 육아기 근로시간 단축을 하려는 경우에는 다음 각 호의 방법 중 하나를 선택하여 사용할 수 있다. 이 경우 어느 방법을 사용하든지 그 총 기간은 1년을 넘을 수 없다.

1. 육아휴직의 1회 사용
2. 육아기 근로시간 단축의 1회 사용
3. 육아휴직의 분할 사용(1회만 할 수 있다)
4. 육아기 근로시간 단축의 분할 사용(1회만 할 수 있다)
5. 육아휴직의 1회 사용과 육아기 근로시간 단축의 1회 사용

유의사항

[선택] 남녀고용평등법의 내용으로 취업규칙에 반드시 규정할 필요는 없으나 확인적인 취지로 명시할 수 있다(남녀고용평등법 제19조의4 참조).

제42조【육아시간】

생후 1년 미만의 아동이 있는 여성 사원의 청구가 있는 경우 제23조의 휴게시간 외에 1일 2회 각 30분씩 유급 수유시간을 준다.

유의사항

[선택] 근로기준법에 명시된 사항으로 확인적인 취지로 취업규칙에 명시하는 것도 가능하다(근로기준법 제75조 참조).

제6장 임 금

◈ 임금 관련 규정은 필수적 기재사항이며 근로기준법 등 관련 법률에 위반되지 않도록 할 필요가 있다.

제43조【임금의 구성항목】

① 사원에 대한 임금은 기본급 및 ○○수당과 연장·야간·휴일근로수당 등 법정수당으로 구성한다.

② 법정근로시간을 초과하여 근로한 경우, 야간에 근로한 경우(22:00~06:00), 휴일에 근로한 경우에는 각각 시간급 통상임금의 50%를 가산하여 지급한다.

유의사항

[필수] 임금을 구성하고 있는 항목을 명확히하여 연장근로 수당 등의 계산 시에 논란이 없도록 할 필요가 있다.

☞ (참고) 통상임금은 근로자에게 정기적·일률적으로 지급되는 금액(근로기준법시행령 제6조 참조)이며 연장근로수당 계산 시 기초가 되므로 불필요하게 여러 가지 수당을 신설하여 임금체계를 복잡하게 하는 것은 바람직하지 않다.

제44조【임금의 계산 및 지급방법】

① 임금은 시간급제를 원칙으로 한다.

② 임금은 매월 초일부터 말일까지를 산정기간으로 하여 해당 월의 00일에 사원에게 직접 지급하거나 사원이 지정한 사원명의의 예금계좌에 입금하여 지급한다. 다만, 지급일이 토요일 또는 공휴일인 경우에는 그 전일에 지급한다.

유의사항

[필수] 임금지급형태 및 임금계산기간을 명확히 규정하고, 임금지급기일 등을 명확히 하여야 하며 사업장 사정에 따라 달리 정할 수 있다.

☞ (참고) 임금지급 주기는 반드시 월 1회 이상이 되도록 설정하여야 한다(근로기준법 제43조 참조)

- 2012.1.1. 입사자

  산정기간 : 매월 초일부터 말일까지

  임금지급일 : 익월 10일(2012.2.10.)

  입사 후 1개월 이내에 임금을 지급하지 아니하였으므로 입사 첫 달은 근로기준법 제43조 위반에 해당한다(취업규칙을 개정하여야 한다).

제45조【비상시 지급】

사원이 다음 각 호의 사유로 청구하는 경우에는 지급기일 전이라도 이미 제공한 근로에 대한 임금을 지급한다.

1. 사원 또는 그의 수입에 의하여 생활을 유지하는 자의 출산, 질병 또는 재해의 비용에 충당하는 경우
2. 사원 또는 그의 수입에 의하여 생활하는 자의 혼인 또는 사망 시 그 비용에 충당하는 경우
3. 사원이 부득이한 사정으로 1주일 이상 귀향하는 경우

유의사항

[선택] 근로기준법에 명시된 사항으로 확인적 차원에서 규정할 수 있다(근로기준법 제45조 참조).

제46조【휴업수당】

① 회사의 귀책사유로 휴업하는 경우에는 휴업기간 동안 사원에게 평균임금의 100분 70의 수당을 지급한다. 다만, 평균임금의 100분의 70에 해당하는 금액이 통상임금을 초과하는 경우에는 통상임금으로 지급한다.

② 부득이한 사유로 사업을 계속하는 것이 불가능한 경우에는 노동위원회의 승인을 받아 제1항에 정한 금액에 못 미치는 휴업수당을 지급 할 수 있다.

유의사항

[선택] 근로기준법에 명시된 사항으로 확인적 차원에서 규정할 수 있다(근로기준법 제46조 참조)

제47조【상여금지급】

① 회사는 기본급의 ○○%를 상여금으로 지급한다. 다만, 단체협약에서 달리 정할 경우 그 기준에 의한다.

② 상여금은 연 ○회 각 ○○%를 지급하고 지급사유로 속한 달의 정기 임금지급일에 지급한다.

③ 퇴직자의 경우 상여금 지급일을 기준으로 일할 계산하여 지급하고 계속근로 3개월 미만인 자는 지급대상에서 제외한다.

유의사항

[선택] 상여금 지급 자체는 의무사항이 아니다. 다만 상여금 규정을 두는 경우에는 취업규칙에 필수적으로 명시하여야 하며 사업장 사정에 따라 상여금의 지급기준, 지급기일, 지급대상, 지급률 등을 달리 정할 수 있다.

☞ (참고) 일률적으로 지급하는 상여금의 경우 평균임금에 포함되므로 지급기준을 합리적으로 설정하여 근로자간 차별 등에 대한 논란이 발생하지 않도록 주의할 필요가 있다.

☞ (참고) 상여금 지급 횟수는 명절 등(구정설날, 추석, 여름휴가, 연말 등)을 고려하여 정한다.

제7장 퇴직 · 해고 등

◈ 퇴직 관련 규정은 필수적 기재사항이며 특히 해고와 연계되어 많은 쟁점이 발생하므로 근로기준법 등 관련법률에 위반되지 않도록 할 필요가 있다.

제48조【퇴직 및 퇴직일】

① 회사는 사원이 다음 각 호에 해당할 때에는 사원을 퇴직시킬 수 있다.

1. 본인이 퇴직을 원하는 경우
2. 사망하였을 경우
3. 정년에 도달하였을 경우
4. 근로계약기간이 만료된 경우
5. 해고가 결정된 경우

② 제1항에 의한 퇴직의 퇴직일은 다음 각 호와 같다.

1. 사원이 퇴직일자를 명시한 사직원을 제출하여 수리되었을 경우 그 날
2. 사원이 퇴직일자를 명시하지 아니하고 사직원을 제출하였을 경우 이를 수리한 날. 단, 회사는 업무의 인수인계를 위하여 사직원을 제출한 날로부터 30일을 넘지 않는 범위 내에서 퇴직일자를 지정하여 수리할 수 있다.
3. 사망한 날

4. 정년에 도달한 날
5. 근로계약기간이 만료된 날
6. 해고가 결정·통보된 경우 해고일

유의사항

[필수] 근로계약 관계의 종료사유를 명확히 하기 위하여 규정하며 사업장 사정에 따라 달리 정할 수 있다.

☞ (참고) 사유별 효력발생(퇴직)시기를 명확히 규정하여 근속기간 산정 등에 다툼이 없도록 유의할 필요가 있다.

제49조【해 고】

사원이 다음 각 호의 경우와 같이 사회통념상 근로관계를 더 이상 존속하기 어렵다고 인정될 정당한 이유가 있는 경우 해고할 수 있다.

1. 신체 또는 정신상 장애로 직무를 감당할 수 없다고 인정되는 경우(의사의 소견이 있는 경우에 한함)
2. 휴직자로서 정당한 사유없이 휴직기간 만료일 후 7일이 경과할 때까지 복직원을 제출하지 않은 경우
3. 징계위원회에서 해고가 결정된 경우
4. 기타 제1호 내지 제3호에 준하는 경우로서 정당한 이유가 있는 경우

유의사항

[선택] 사회통념상 근로관계를 더 이상 존속하기 어렵다고 인정되는 경우를 예정한 통상해고와 징계해고 등을 정할 수 있으며 사업장 사정에 따라 달리 정할 수 있다.

☞ (참고) 다만, 해고는 근로기준법 제23조에 따라 정당한 이유가 있을 때에만 허용되므로 해고사유는 사회통념상 합리성이 있어야 한다.
  - 예를 들어 무단결근 3회, 근무성적이 좋지 않은 자 등을 곧바로 해고할 수 있는 것처럼 정하는 것은 과도하다고 볼 수 있다.

제50조【해고의 제한】

① 사원이 업무상 부상 또는 질병의 요양을 위하여 휴업한 기간과 그 후 30일 동안은 해고하지 아니한다. 다만, 근로기준법 제84조에 따라 일시보상을 하였을 경우에는 해고할 수 있다.

② 출산전후의 여성 사원이 근로기준법에 따라 휴업한 기간과 그 후 30일 동안은 해고 하지 아니한다.

③ 제1항 본문 및 제2항에도 불구하고 사업을 계속할 수 없게 된 경우에는 해당사원을 해

고할 수 있다.

유의사항 : 근로기준법의 내용으로 반드시 취업규칙에 규정할 필요는 없으나 확인적인 취지로 규정하는 것도 가능하다(근로기준법 제23조제2항 참조).

☞ (참고) 「사업을 계속할 수 없게 된 경우」라 함은 전체적인 사업을 계속 수행하는 것이 상당기간 동안 불가능한 경우이다(2010.7.27, 근로기준과-272).

제51조【해고의 통지】

① 회사는 사원을 해고하는 경우에는 서면으로 그 사유 및 날짜를 기재하여 통지한다.

② 회사는 제1항에 따라 해고를 통지하는 경우 해고일로부터 적어도 30일 전에 해고예고를 하거나, 30일 전에 해고예고를 하지 아니하였을 때에는 30일분의 통상임금을 지급한다.

유의사항

[선택] 근로기준법의 내용으로 반드시 취업규칙에 규정할 필요는 없으나 확인적인 취지로 규정할 수 있다(근로기준법 제27조 참조).

☞ (참고) 정당한 이유가 있어 해고하는 경우라도 30일전에 예고하거나 30일분 이상의 통상임금을 지급하여야 한다.

제52조【해고예고의 예외】

다음 각 호의 사원에게는 해고예고를 하지 아니한다.

1. 일용 사원으로서 3개월을 계속 근무하지 아니한 자
2. 2개월 이내의 기간을 정하여 사용된 자
3. 월급제 사원으로서 6개월이 되지 아니한 자
4. 계절적 업무에 6개월 이내의 기간을 정하여 사용된 자
5. 수습기간 중인 자(3개월 이내)
6. 사원이 고의로 사업에 막대한 지장을 초래하거나 재산상 손해를 끼친 경우로서 노동부령이 정하는 사유에 해당하는 자

유의사항

[선택] 근로기준법의 내용으로 반드시 취업규칙에 규정할 필요는 없으나 확인적인 취지로 규정할 수 있다(근로기준법 제35조 참조).

제53조【정 년】

정년은 만00세가 도달한 날로 한다.

유의사항

[선택] 필수적인 사항은 아니지만 정년을 규정하는 경우가 많으며 사업장 사정에 따라 달리 정할 수 있음

☞ (참고) 고령자고용촉진법은 정년을 60세 이상 정할 것을 노력의무로 규정하고 있다(고령자고용촉진법 제19조 참조).

제54조【차별금지】

퇴직 · 해고 · 정년에서 남녀를 차별하지 않는다.

유의사항

[선택] 필수적인 사항은 아니지만 퇴직, 해고, 정년에서 남녀를 차별하지 않도록 규정한다(남녀고용평등법 제11조 참조).

제8장 퇴직급여

◈ 퇴직급여 관련 규정은 필수적 기재사항이며 금액산정 등을 둘러싸고 많은 쟁점이 발생하므로 근로기준법 등 관련법률에 위반되지 않도록 할 필요가 있다.

제55조【퇴직급여제도의 설정 등】

① 회사는 1년 이상 근무한 사원이 퇴직할 경우에는 계속근로기간 1년에 대하여 30일분의 평균임금을 퇴직금으로 지급한다.

② 회사는 근로자퇴직급여보장법 제4조에 따라 제1항의 퇴직금을 지급하는 대신 사원의 과반수 동의를 얻어 퇴직연금제도를 도입할 수 있다.

유의사항

[필수] 필수적 사항으로 사업장 사정에 따라 법정기준을 상회하는 수준에서 달리 정할 수 있다(근로자퇴직급여보장법 제8조 참조).

제56조【중간정산】

회사는 주택구입 등 근로자퇴직급여보장법 시행령에서 정한 사유로 사원이 요구하는 경우에는 퇴직하기 전에 해당 사원의 계속근로기간에 대한 퇴직금을 미리 정산하여 지급할 수 있다. 이 경우 미리 정산하여 지급한 후의 퇴직금 산정을 위한 계속 근로기간은 정산시점부터 새로이 기산한다.

유의사항

[선택] 퇴직금 중간정산을 하는 경우 그 요건 및 절차를 명확히 할 필요가 있다(근로자퇴직급여보장법 제8조제2항 참조).

☞ (참고) 근로자퇴직급여보장법 제8조 개정(2011.7.25.)에 따라 과거 사유에 따른 제한 없이 이루어지던 퇴직금 중간정산이 대통령령에 정한 사유에 해당할 경우에만 가능해졌음에 유의한다(시행일 : 2012.7.26.).

제9장 표창 및 징계

◈ 징계(제재) 관련 규정은 필수적 기재사항이며 부당해고 등과 연계되어 많은 쟁점이 발생하므로 근로기준법 등 관련법률에 위반되지 않도록 할 필요가 있다.

제57조【표 창】

① 회사는 다음 각 호의 1에 해당하는 경우 표창할 수 있다.

1. 회사의 업무능률 향상에 현저한 공로가 인정된 자
2. 회사의 영업활동에 크게 기여한 자
3. 업무수행 성적이 우수한 자
4. 기타 표창의 필요가 인정되는 자

② 표창 대상자 및 표창의 방법은 위원회를 거쳐 결정한다.

유의사항

[선택] 임의적 사항으로 사업장 사정에 따라 달리 정할 수 있다.

제58조【징 계】

회사는 다음 각 호에 해당하는 사원에 대하여 징계 할 수 있다.

1. 부정 및 허위 등의 방법으로 채용된 자(이 경우 제11조의 징계위원회는 인사위원회로 대신한다).
2. 업무상 비밀 및 기밀을 누설하여 회사에 피해를 입힌 자
3. 회사의 명예 또는 신용에 손상을 입힌 자
4. 회사의 영업을 방해하는 언행을 한 자
5. 회사의 규율과 상사의 정당한 지시를 어겨 질서를 문란하게 한 자
6. 정당한 이유없이 회사의 물품 및 금품을 반출한 자
7. 직무를 이용하여 부당한 이익을 취한 자
8. 회사가 정한 복무규정을 위반한 자
9. 직장내 성희롱 행위를 하는 자
10. 기타 이에 준하는 행위로 직장질서를 문란하게 한 자

유의사항

[필수] 필수적 사항으로 사업장 사정에 따라 달리 정할 수 있다.

☞ (참고) 징계는 노사간 갈등의 요인이 될 수 있으므로 징계사유를 합리적으로 설정하려는 노력이 필요하다.

☞ (참고) 특히 징계위원회는 사업장 사정에 따라 그 구성 및 규모를 달리 정하거나 사업장 규모가 적을 경우 설치하지 않을 수도 있으나 투명한 운영을 위해 가급적이면 설치하는

것이 바람직하다.

제59조【징계의 종류】

사원에 대한 징계의 종류는 다음과 같다.

1. 견책 : 징계사유 발생 자에 대하여 시말서를 받고 문서로 견책한다.
2. 감봉(감급) : 1회에 평균임금 1일분의 2분의 1, 총액은 월급여금총액의 10분의 1을 초과하지 않는 범위의 금액을 감액한다.
3. 정직 : 중대 징계사유 발생 자에 대하여 3월 이내로 하고, 그 기간 중에 직무에 종사하지 못하며 그 기간 동안 임금을 지급하지 아니한다.
4. 해고 : 근로계약을 해지하는 것으로 한다.

유의사항 : 필수적 사항으로 사업장에 따라 달리 정할 수 있다.

☞ (참고) 감급의 제재를 정할 경우에는 그 감액은 1회의 액이 평균임금의 1일분의 2분의 1을, 총액이 1 임금지급기에 있어서의 임금총액의 10분의 1을 초과하지 못한다(근로기준법 제95조 참조).

※ 1일 평균임금이 5만원이고 월급여 총액이 250만원인 경우 1회에 25,000원 범위내, 10달에 걸쳐 10회를 감급할 경우 25만원 범위 내에서 감액할 수 있다.

제60조【징계심의】

① 징계위원회의 위원장은 징계의결을 위한 회의 7일 전까지 징계위원회의 위원들에게는 회의일시, 장소, 의제 등을, 징계대상 사원에게는 서면으로 별지2의 출석통지를 각 통보한다.

② 징계위원회는 징계사유를 조사한 서류와 입증자료 및 당사자의 진술 등 충분한 증거를 확보하여 공정하게 심의한다. 다만, 징계대상자가 징계위원회에 출석을 원하지 아니하거나 서면진술을 하였을 때는 별지2의 진술권포기서 또는 별지3의 서면진술서를 징구하여 기록에 첨부하고 서면심사만으로 징계의결을 할 수 있다.

③ 징계위원회의 위원이 징계심의 대상자와 친족관계에 있거나 그 징계사유와 관계가 있을 때에는 그 위원은 그 징계의결에 관여하지 못한다.

④ 징계위원회는 의결 전에 해당사원에게 소명할 기회를 부여한다.

⑤ 징계위원회는 징계 대상자가 2회에 걸쳐 출석요구에 불응하거나 소명을 거부하는 경우 또는 소명을 포기 하는 의사를 표시하는 경우에는 소명없이 징계의결 할 수 있다.

⑥ 간사는 징계의결을 위한 회의에 참석하여 회의록을 작성하고 이를 보관한다.

유의사항

[필수] 필수적 사항으로 사업장에 따라 달리 정할 수 있다.

☞ (참고) 징계의 양정과 징계절차와 관련하여 노동위원회에 부당해고 등의 구제신청을 제기하는 등 논란이 발생할 수 있으므로 합리적인 수준의 징계와 공정한 절차 운영이 필요하다.

제61조【징계결과 통보】

징계결과통보는 해당 사원에게 별지5의 징계처분사유 설명서에 의하여 통보한다.

유의사항

[필수] 징계결과를 서면으로 통보하도록 하는 것이 바람직하다(징계처분사유설명서(별지5) 참조)

제62조【재심절차】

① 징계처분을 받은 사원은 징계결정이 부당하다고 인정될 때 징계통보를 받은 날로부터 7일 이내에 서면으로 재심신청을 할 수 있다.

② 재심을 요청받은 경우 징계위원회는 10일 이내에 재심을 위한 회의를 개최하여야 하며 그 절차는 제60조 및 제61조를 준용한다.

유의사항

[선택] 사업장 사정에 따라 달리 정할 수 있으나 투명하고 공정한 운영을 위해 가급적이면 재심절차를 두는 것이 바람직하다.

제10장 교육 및 성희롱의 예방

◈ 교육 및 성희롱 예방 관련 규정은 필수적 기재사항은 아니지만 근로자의 사기 및 직장 분위기 개선차원에서 규정하는 것이 일반적이다.

제63조【직무교육】

① 회사는 사원의 직무능력 향상을 위하여 필요한 경우 직무교육을 시킬 수 있으며 사원은 교육과정에 성실히 임하여야 한다.

② 제1항에 의한 직무교육과 제64조에 의한 직장내 성희롱 예방교육은 근무시간 중에 실시하는 것을 원칙으로 하고 교육을 받는 시간은 근로를 제공한 것으로 본다. 다만, 사원과 합의로 근무시간 외에 직무교육을 받도록 할 수 있으며 이 경우의 처우에 관하여는 교육의 장소 · 일정 등을 고려하여 따로 정한다.

③ 회사는 교육에 있어 남녀를 차별하지 않는다.

유의사항

[선택] 사업장 사정에 따라 달리 정할 수 있음 다만 교육시설을 운영하는 경우는 필수사항이다.

☞ (참고) 특히 교육시설의 운영 등과 관련하여 근로자간 공평한 기회가 부여될 수 있도록 합리적인 운영기준을 설정할 필요가 있다.

☞ (참고) 소정근로시간 내에 사용자의 지시로 이루어지는 직무교육의 경우 당사자 간 특약이 없는 한 그 시간은 근로를 제공한 것으로 보아야 한다.

☞ (참고) 교육에서의 합리적 이유없이 남녀를 차별하지 않도록 한 법의 취지를 명확히 할 필요가 있다(남녀고용평등법 제10조 참조).

제64조【성희롱의 예방】

① 회사는 직장내 성희롱을 예방하고 사원이 안전한 근로환경에서 일할 수 있는 여건 조성을 위해 1년에 1회 이상 성희롱 관련 법령의 요지, 성희롱 예방을 위한 사업주의 방침, 성희롱 피해자의 권리구제 방법과 가해자의 조치 등을 내용으로 성희롱 예방교육을 한다.

② 회사의 모든 임원 및 사원은 남녀고용평등법에서 금지한 직장내 성희롱에 해당하는 행위를 하여서는 안된다.

③ 직장내 성희롱을 하여 물의를 일으킨 임 · 직원에 대하여는 해고 등의 징계 조치를 취하여야 하며, 성희롱 피해자와 같은 장소에 근무하지 않도록 인사이동을 병행하여 실시한다.

④ 회사는 직장내 성희롱 피해자의 고충을 해결을 위하여 별도의 고충처리위원회를 둘 수 있으며, 이 경우 고충처리위원은 남녀 동수로 구성하고 피해자의 요청이 있는 경우를 제외하고는 직장내 성희롱에 대해서는 비공개를 원칙으로 한다.

유의사항

[선택] 필수적 사항은 아니지만 직장내 성희롱 예방 분위기 조성을 위한 확인적 취지에서 규정하는 것이 일반적이다.

☞ (참고) 특히 사업장에서 성희롱 피해자의 구제를 위한 절차가 있을 경우 이러한 사항을 보완하여 구체적으로 규정할 필요가 있다.

☞ (참고) 제1항의 가해자 조치 및 피해자의 권리구제 방안을 구체적으로 규정할 필요가 있다.

제11장 안전보건

◈ 안전보건 관련 규정은 필수적 기재사항이며 산업안전보건법 등 관련 법률에 위반되지 않도록 할 필요가 있다.

제65조【안전교육】

회사는 산업재해예방을 위하여 안전 및 보건에 관한 정기교육, 채용 시의 교육, 작업내용 변경 시의 교육, 유해위험 작업 사용시의 특별안전 교육 등 산업안전보건법령에 따른 제반

교육을 실시하며 사원은 이 교육에 성실하게 참여하여야 한다.

유의사항

[필수] 필수적 사항이며 사업장 사정에 따라 달리 정할 수 있다.

☞ (참고) 산업안전보건법령에 정한 취지를 명확히 이행하는 동시에 근로자의 안전의식을 고취할 수 있도록 규정할 필요가 있다(산업안전보건법 제31조 및 시행규칙 제33조 참조).

제66조【위험기계 · 기구의 방호조치】

사원은 다음 각 호의 위험기계 · 기구의 방호조치 사항을 준수하여야 한다.

1. 방호조치를 해체하고자 할 경우 소속부서의 장의 허가를 받아 해체할 것
2. 방호조치를 해체한 후 그 사유가 소멸한 때에는 지체없이 원상으로 회복시킬 것
3. 방호장치의 기능이 상실된 것을 발견한 때에는 지체없이 소속부서의 장에게 신고할 것

유의사항

[필수] 필수적 사항이며 사업장 사정에 따라 달리 정할 수 있다.

☞ (참고) 산업안전보건법령에 정한 취지를 명확히 이행하는 동시에 근로자의 안전의식을 고취할 수 있도록 규정할 필요가 있다(산업안전보건법 제33조 및 시행규칙 제46조 및 제48조 참조).

제67조【안전보호장구의 착용】

사원은 작업 시에 사업 또는 사업장에서 지급하는 안전보호 장구를 착용하여야 한다.

유의사항

[필수] 필수적 사항이며 사업장 사정에 따라 달리 정할 수 있다.

☞ (참고) 산업안전보건법령에 정한 취지를 명확히 이행하는 동시에 근로자의 안전의식을 고취할 수 있도록 규정할 필요가 있다.

제68조【작업환경 측정】

① 회사는 산업안전보건법에 의한 작업환경 측정을 실시하되, 원칙적으로 매 6월에 1회 이상 정기적으로 실시한다.

② 제1항의 작업환경 측정시 사원의 대표의 요구가 있을 때에는 사원의 대표를 입회시킨다.

③ 회사는 작업환경 측정의 결과를 당해 작업장 사원에게 알려주며 그 결과에 따라 당해 시설 및 설비의 설치 또는 개선, 건강진단 등 적절한 조치를 한다.

유의사항

[필수] 필수적 사항이며 산업안전보건법령에 정한 취지를 명확히 이행할 수 있도록 규정할 필요가 있다(산업안전보건법 제42조 참조).

☞ (참고) 작업장 또는 작업 공정이 신규로 가동되거나 변경되는 등으로 작업환경 측정대

상 작업장이 된 경우에는 그 날로부터 30일 이내에 작업환경 측정을 실시하고, 그 후 6개월 마다 1회 이상 정기적으로 작업환경 측정을 실시하여야 한다(산업안전보건법 시행규칙 제93조의4 참조).

- 그러나 ① 화학적 인자 측정치가 노출기준을 초과한 경우는 작업환경 측정 주기를 단축해야 한다.
- ② 최근 1년간 작업 공정에서 공정 설비의 변경 작업방법의 변경, 설비의 이전 등 작업환경 측정 결과에 영향을 주는 변화가 없고, 작업환경 측정 결과가 최근 2회 연속 노출기준 미만일 경우에는 1년에 1회 이상 작업환경을 측정할 수 있다(산업안전보건법 시행규칙 제93조의4 참조).

제69조【건강진단】

① 회사는 사원의 건강보호 · 유지를 위하여 산업안전보건법이 정하는 바에 따라 매년 1회 일반건강진단을 실시한다. 단, 사무직은 매2년에 1회 실시한다.

② 회사는 산업안전보건법이 정하는 바에 따라 필요한 경우 특수 · 수시 · 임시건강진단 등을 실시한다.

유의사항

[필수] 필수적 사항이며 산업안전보건법령에 정한 취지를 명확히 이행할 수 있도록 규정할 필요가 있다(산업안전보건법 제43조 참조).

☞ (참고) 특히 노출기준 이상인 작업공정 및 특수 · 수시 · 임시건강진단 실시결과 직업유소견자가 발견된 작업공정에서 노출된 모든 사원에 대하여는 다음 회에 한하여 특수건강진단의 실시주기를 1/2로 단축하여야 한다(산업안전보건법 시행규칙 제99조의2).

제12장 재해보상

◈ 재해보상 관련 규정은 필수적 기재사항이며 근로기준법 등 관련법률에 위반되지 않도록 할 필요가 있다.

제70조【재해보상】

① 사원이 업무상 부상 또는 질병에 걸린 경우와 사망하였을 때의 보상은 산업재해보상보험법에 의한다.

② 산업재해보상보험법의 적용을 받지 않는 업무상 부상 또는 질병에 대하여는 근로기준법이 정하는 바에 따라 회사가 보상한다.

유의사항

[필수] 필수적 사항이며 사업장 사정에 따라 업무외의 재해에 대한 부조 등을 반영하여 달

리 정할 수 있다.

☞ (참고) 산업재해보상보험법 제80조제1항에 따라 보험급여를 받았거나 받을 수 있으면 동일한 사유에 대한 근로기준법에 의한 재해보상책임이 면제된다.

☞ (참고) 부상 또는 질병이 3일 이내의 요양으로 치유될 수 있는 산업재해(산업재해보상보험법 제52조 참조) 등 산업재해보상보험법 적용이 제외되는 업무상부상 또는 질병은 근로기준법에 정하는 바에 따라 사업주가 보상해야 한다.

제13장 취업규칙

제71조【취업규칙의 비치】

회사는 본 규칙을 사업장 내의 사무실 · 휴게실 등에 비치하여 사원들이 자유롭게 열람할 수 있도록 한다.

유의사항

[선택] 취업규칙의 필수적 기재사항은 아니나, 근로기준법에서는 법령의 요지 및 취업규칙 비치의무를 규정하고 있으므로, 이를 근로자들에게 주지시킬 필요가 있다(근로기준법 제14조 참조).

제72조【취업규칙의 변경】

이 규칙을 변경할 때에는 사원의 과반수로 조직된 노동조합이 있는 경우 그 노동조합, 근로자의 과반수로 조직된 노동조합이 없는 경우 근로자의 과반수 의견을 청취하도록 한다. 다만, 취업규칙을 불리하게 변경하는 경우에는 그 동의를 받아야 한다.

유의사항

[선택] 취업규칙 변경절차는 근로기준법 제94조에서 정하고 있으므로 이를 확인적 차원에서 취업규칙에 기재 하는 것이 바람직하다.

☞ (참고) 사용자는 취업규칙의 작성 또는 변경에 관하여 해당 사업 또는 사업장에 근로자의 과반수로 조직된 노동조합이 있는 경우에는 그 노동조합, 근로자의 과반수로 조직된 노동조합이 없는 경우에는 근로자의 과반수의 의견을 들어야 한다. 다만, 취업규칙을 근로자에게 불리하게 변경하는 경우에는 그 동의를 받아야 한다(근로기준법 제94조).

부 칙

제1조【시행일】

본 규칙은 20 년 월 일부터 시행한다.

※ 일반근로자용 표준취업규칙(고용노동부모델) 중

- 표준이력서(입사지원서)양식-p.399
- 출석통지서-p.403
- 진술권포기서-p.403
- 서면진술서-p.404
- 징계의결서-p.405

단시간근로자취업규칙(고용노동부모델)에도 동일하게 사용할 수 있으므로 그 서식을 생략하였다.

제6편

근로계약서의 작성 · 운용방법

제1장 근로계약의 의의와 법적 성질

1 근로계약의 의의

1. 근로계약의 정의

근로계약이란 근로자가 사용자에게 근로를 제공하고 사용자는 이에 대하여 그 임금을 지급하는 것을 목적으로 체결된 계약이다(근로기준법 제2조제1항제4호). 이와 같이 근로계약은 근로자와 사용자간의 근로관계를 형성시키는 계약으로 노무제공과 임금지급이라는 채권적 교환관계인 동시에 근로자와 사용자의 지위를 형성하는 계약의 성질을 가지고 있다. 근로기준법 제2조제1항제4호의 근로계약의 정의는 근로기준법상 사용하는 근로계약 예컨대, 본법 위반의「근로계약」(동법 제15조),「근로계약」불이행에 대한 위약예정의 금지(동법 제20조),「근로계약」체결시의 근로조건의 명시(동법 제17조),「근로계약」에 따르는 강제저금의 금지(동법 제22조), 미성년자의「근로계약」(동법 제67조) 등의 정의 내지 개념을 명확히 하기 위하여 마련된 정의규정이라고 하고 있다.

근로기준법에서 민법상의 고용계약이라는 용어와 별도로 근로계약이라는 용어를 사용한 것은 근로계약은 근로조건의 최저기준을 강행적으로 정하고 있는 근로기준법 등에 의해 영향을 받을 뿐 아니라 실제로 그 주요내용이 노사당사자간의 자주적인 근로계약에 기초를 두고 집단적 통일적 규율에 따르는 경우도 많기 때문이다.

2. 근로계약과 노무공급계약

사람의 노동력의 공급 내지 이용을 목적으로 하는 계약으로서 민법이 규정하는 전형계약은 고용, 도급, 위임이 있다. 이들을 통틀어서 「노무공급계약」이라고 일컫는다. 「고용」은 어디까지나 노무자 자신에 의한 노무(노동)의 공급 그 자체를 목적으로 하는 계약이며, 도급은 제공되는 노무에 의한 어떤 「일의 완성」을 목적으로 하는 계약이고, 위임은 어떤 통일적인 「사무의 처리」를 목적으로 하는 계약이다.

3. 근로계약과 고용계약과의 구별

고용계약과 근로계약의 차이는 특히 구분할 실익은 없으나 명백한 합의에 중점을 두는가 실태에 중점을 두는가의 차이이다. 근로계약은 근로기준법의 적용대상인 근로자와 사용자간의 노무제공과 임금지급을 약정하는 계약이고 민법상의 고용계약은 근로기준법의 적용을 받지 아니하는 근로자 예컨대 가사사용인 등의 계약인가에 있다.

일반적으로 고용이란 노무를 제공하는 노무자에 대하여 사용자가 보수를 지급하기로 하는 계약을 의미하므로, 보수는 고용계약의 본질적 부분을 구성하고, 따라서 보수 지급을 전제로 하지 않는 고용계약은 존재할 수 없으며, '고용' 에는 보수에 관한 약정은 반드시 필요하다고 해석된다(대법 2002.2.26, 2000다39063).

2 근로계약의 법적 성격과 특징

1. 근로계약의 법적 성격

근로계약이란 근로자가 일정한 근로조건 하에서 사용자의 지휘 · 명령에 따라 근로를 제공하고 사용자가 그 대가로 임금을 지급하는 계약이다.

근로계약은 근로자와 사용자간에 채권, 채무를 발생케 하는 근로관계의 모태로서의 법률행위이다. 따라서 특별법의 규정이 없는 한 법률행위에 관한 민법상의 규정이 적용된다.

근로관계는 법적으로는 근로자와 사용자의 계약관계로서 파악되고 있으며, 계약 당사자간에 교섭력의 격차가 있고 또한 조직적 · 집단적으로 운영되고 있다. 이러한 특색으로부터 근로관계는 법률에 의하여 최저기준이 설정되고, 단체협약, 취업규칙 등에 의하여 집단적으로 규율된다.

근로관계가 계약관계라는 법적의미와 이것을 규율하는 여러 가지 법적 규범의 형태 및 상호관계를 이해하여야 한다.

(1) 낙성 · 불요식 · 쌍무 · 유상의 채권계약

근로계약은 낙성 · 불요식 계약으로서 그 성립에 특별한 형식을 요하지 아니한다(대법 1994.5.13, 93다47790). 근로계약은 채권계약으로서 당사자의 합의에 의해서만 성립하는 낙성계약이며, 근로자는 노동력을 제공하고 이에 대해 사용자가 임금을 지급하는 상호 당사자가 의무를 지는 근로계약이다. 동시에 그 의무가 유상성을 갖는다는 의미에서 유상계약으로서의 성격을 갖고 있으며, 근로계약은 근로기준법을 중심으로 하는 사회입법의 규제와 감독을 아울러 받는 사회법상의 계약이다.

(2) 채권 · 채무관계

근로계약은 물건이나 권리의 변동 자체를 목적으로 하여 물권적 합의와 공시를 통해 성립하는 것이 아니라, 근로자는 노동력의 제공을 약정하고 사용자는 이에 대한 임금지급을 약정함으로써 양 당사자에게 각각 채권 · 채무를 발생케 하는 낙성계약이다. 근로계약은 근로제공과 임금지급이라는 채권적 교환관계인 동시에 근로자와 사용자의 지위를 형성하는 계약의 성질도 가진다는 계약의 이중적 성격이 있다.

그러나 실제로 대부분의 근로자 보호의 문제는 근로자가 계약의 이행단계에 들어간 후부터 발생된다는 점을 유의하여야 한다.

(3) 대가적 견련관계

근로자는 임금을 목적으로 근로를 제공하고 사용자는 노동력을 이용하기 위해서 임금을 지급하는 것이므로 임금지급과 근로제공은 서로 대가적 견련관계에 있다.

(4) 계속적 · 인격적 결합관계

근로계약은 근로제공과 임금 지급을 약정하는 채권계약으로서의 성격과 함께 근로자라는 사회적 지위의 설정을 목적으로 하는 근로자와 사용자간에 체결된 일종의 지위설정계약 즉 인격적 결합계약으로서의 성격도 함께 가진다. 또한 이에 부수하는 여러 가지 권리 · 의무가 있고 중요한 것으로는 기업질서 준수의 의무, 비밀유지의무, 경업금지의무 등과 사용자가 지는 노무수령의무, 임금지급의무, 안전배려의무 등이 있다.

2. 근로계약과 취업규칙 · 단체협약과의 관계

(1) 근로계약과 취업규칙과의 관계

근로계약은 근로자가 일정한 근로조건하에 사용자의 지휘 · 명령에 따라 근로를 제공하고 그 대상으로서 임금을 지불받는 계약이다.

근로계약은 낙성계약으로 청약에 따른 승낙으로 성립하므로 그 계약의 내용은 사용자와 근로자가 개별적인 교섭에 의하여 확정하는 것이 원칙이다. 오늘날 다수의 근로자를 고용하고 있는 기업은 개개의 근로자들과 일일이 계약 내용을 약정하기 보다는 근로계약의 내용이 되는 근로조건 등을 단체협약, 취업규칙에 정하여 근로관계를 정형화하고 집단적으로 규율하는 것이 보통이다. 근로계약 체결시 계약의 내용을 취업규칙의 내용과 달리 약정하는 등 특별한 사정이 없는 한 근로계약을 체결한 근로자와 사용자 사이에는 취업규칙에 정하는 바에 따라 근로관계가 성립한다(대법 1999.1.26, 97다53496). 근대적인 근로계약은 소정의 근로조건 및 복무규율하에 집단적, 조직적 근로관계에 편입할 것을 내용으로 하는 계약이다.

(2) 근로계약과 단체협약과의 관계

노동조합및노동관계조정법 제33조는 ① 단체협약에 정한 근로조건 기타 근로자의 대우에 관한 기준에 위반하는 취업규칙 또는 근로계약의 부문은 무효로 한다. ② 근로계약에 규정되지 아니한 사항 또는 제1항의 규정에 의하여 무효로 된 부분은 단체협약에 정한 기준에 의한다」고 규정하고 있는바 단체협약은 근로계약의 내용에 대하여 법령과 마찬가지로 직접규율하는 효력이 있다. 그 효력을 단체협약의 규범적 효력이라고 한다.

단체협약은 노동조합과 사용자가 단체교섭을 행한 결과 근로조건 기타에 있어서 합의한 결과를 서면으로 작성하여 당사자 쌍방이 서명 또는 날인하여야 한다(동법 제31조제1항). 이러한 단체협약은 그 성질상 개개근로자(조합원)가 사용자와 체결한 근로계약에 우선한다.

3. 근로계약과 도급계약 및 위임계약과의 관계

(1) 근로계약과 도급계약

근로기준법상의 근로자에 해당하는 지 여부를 판단함에 있어서는 그 계약의 형식이 민법상의 고용계약인지 또는 도급계약인지에 관계없이 그 실질에 있어 근로자가 사업 또는 사업장에 임금을 목적으로 종속적인 관계에서 사용자에게 근로를 제공하였는지 여부에 따라 판단하여야 한다(대법 2012.12.13, 2012다77006 ; 2010.4.15, 2009다99396).

도급계약은 당사자 일방이 어느 일을 완성할 것을 약정하고 상대방이 그 일의 결과에 대하여 보수를 지급할 것을 약정함으로써 그 효력이 생기는 계약이다(민법 제664조). 고용계약이나 근로계약과 달리 도급계약은 노무제공 그 자체를 계약의 목적으로 하지 않는다. 약정된 '일의 완성' 이라는 결과가 발생하여야 계약의 목적이 달성된다. 따라서 어떠한 방법으로 일을 완성할 것인가 하는 점은 전적으로 수급인의 권한과 재량에 속하는 사항이다. 그리고 일의 완성 이전에 발생하는 위험도 전적으로 수급인 스스로 부담한다. 수급인이 노무를 제공하였다고 하더라도 일의 완성이라는 결과가 발생하지 않으면 수급인은 도급인에게 보수를 청구할 수 없다.

도급계약에 의해 근로기준법상의 근로자로 볼 수 없는 경우는 ① 어떤 일을 완성 할 것을 약정하고 그 일의 결과에 대하여 보수를 지급하는 형태로 계약을 체결하고, ② 일정기간 동안 일정량의 물량에 대하여 사용자의 지휘 · 감독 없이 작업자의 재량에 따라 작업을 완료함을 목적으로 하며, ③ 작업시한 이전에 작업을 완료한 경우에도 동일한 보수를 지급하여 작업수행시 독립성과 자주성이 보장되는 등의 요건을 갖추어야 한다(2000.2.25, 근기 68207-585).

(2) 근로계약과 위임계약

위임계약은 당사자 일방이 상대방에 대하여 사무의 처리를 위탁하고 상대방이 이를 승낙함으로써 그 효력이 생기는 계약이다(민법 제680조). 위임계약은 위임인이 위탁하는 일정한 사무의 처리(예컨대, 소송사건의 해결, 질병의 치료 등)를 그 목적으로 한다. 그러나 위임은 사무가 처리되어 일정한 결과를 얻는 것(소송에서의 승소, 질병의 치유 등) 자체를 목적으로 하지 않는다는 점에서 '일의 완성'을 목적으로 하는 도급과 구별된다. 그리고 도중에 위임이 종료되더라도 수임인은 이미 수행한 부분에 상응하는 보수를 받을 수 있다. 한편, 위임은 노무의 제공 그 자체를 목적으로 하는 것도 아니라는 점에서 고용계약이나 근로계약과 차이가 있다. 위임은 위탁된 목적을 위하여 사무를 처리하는 것이고, 그 목적의 범위 내에서 수임인은 재량권을 갖는다.

4. 근로계약 내용규제의 효력순위

근로기준법 등 근로조건을 정한 법령(강행법규의 경우)이 제일 우선하여 적용되고 다음으로 단체협약, 취업규칙, 근로계약의 순서로 적용된다. 그 근거는 근로기준법 제15조에서 「① 이 법에서 정하는 기준에 미치지 못하는 근로조건을 정한 근로계약은 그 부분에 한하여 무효로 한다. ② 제1항에 따라 무효로 된 부분은 이 법에서 정한 기준에 따른다」고 규정하고 있다. 동법 제96조에서 「① 취업규칙은 법령이나 해당 사업 또는 사업장에 대하여 적용되는 단체협약에 어긋나서는 아니된다. ② 고용노동부장관은 법령이나 단체협약에 어긋나는 취업규칙의 변경을 명할 수 있다」고 규정하고 있으며 노동조합및노동관계조정법 제33조에서 「① 단체협약에 정한 근로조건 기타 근로자의 대우에 관한 기준에 위반하는 취업규칙 또는 근로계약의 부분은 무효로 한다. ② 근로계약에 규정되지 아니한 사항 또는 제1항의 규정에 의하여 무효로 된 부분은 단체협약에 정한 기준에 의한다」고 규정하고 있다. 나아가 민법 제103조에서 「선량한 풍속 기타 사회질서에 위반한 사항을 내용으로 하는 법률행위는 무효로 한다」고 규정하여 강행법규의 최우선적 효력을 정하고 있으므로 위의 효력순서에 따라 개별근로계약에 대하여는 효력순서의 상위인 취업규칙 등에 정하고 있는 기준에 반할 수 없다.

제1위	법 령	민법 제103조
제2위	단체협약	노동조합및노동관계조정법 제33조
제3위	취업규칙	근로기준법 제96조
제4위	근로계약	근로기준법 제97조

5. 근로계약의 성립과 효력발생 시기

근로계약은 ① 불요식(등기나 신고 등 어떠한 요식절차가 없다), ② 낙성계약('근로하고 싶다. 좋습니다' 라는 합의로 성립하며 물건의 인도 등 어떠한 외형행위가 없다) 이므로 구두약속에 의하여도 성립하며 전화통화로서 성립하는 계약이다. 또한 계약의 성립에 있어서 조건이나 기한이 있더라도 사회질서에 위반되지 아니하는 한 유효하다. 그리고 근로계약의 성립과 효력발생일에 간격이 있는 경우가 발생하여 그 대부분은 신규학교졸업생을 채용한 경우가 그 사례이다.

이 경우에는 졸업을 효력발생 조건으로 하고 입사일의 도래를 효력발생일로 하는 것으로 ① 졸업하면 채용한다고 하는 것은 정지조건부 계약(민법 제147조 제1항)으로서 졸업이라는 조건성취를 효력발생요건으로 하지만 아직까지 계약은 성립되었으나 효력은 발생하지 아니한 것으로 한다든가 ② 졸업할 때까지는 채용하지 않는다는 것은 해제조건(동조제2항)이며 ③ 입사일인 3월 1일부터 채용한다는 것은 시기부 계약으로서 3월 1일의 도래까지 효력을 발생하지 아니한다(다만, 입사일이 정해진 취로의무발생일로 해석해도 좋을 것이다). [그림1 참조]

또한 입사 후에도 시용기간은 대폭적으로 해약권이 유보되어 있는 기간(근로자로서의 적격성 판정기능과 교육기능으로서의 기간)으로 그 후 이른바 정규근로자가 되는 것이 우리나라에서 통상 신규학교 졸업생의 근로계약 패턴이다. 그 채용절차 등의 관계와 법적효력의 강약에 있어서 정리한 것이 [그림2]와 같다.

[그림 1] 조건 · 기한부계약의 경우

[그림 2] 근로계약 절차의 단계와 법적구속력의 강약

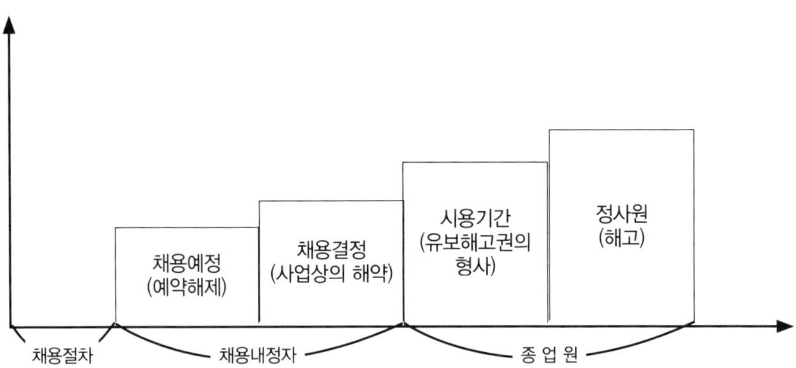

제2장 근로계약서 작성 · 운용방법

1 근로계약은 왜 작성하는가

중소기업에 있어서는 일반적으로 경영자는 격무에 시달리고, 근로자도 소수 인원이어서 일에 쫓기고 있을 뿐만 아니라 가족주의적인 색채가 농후해서 사장이라 해도 작업복을 입고 같이 일하는 경우가 많다. 일상 얼굴을 맞대고 일하고 있어 성격도 서로 잘 알고 있기 때문에 법적인 의미의 인사관리, 노무관리라는 것은 행하여지지 않고 있는 실정이다.

그리고 무엇보다도 직장생활의 법적기초인 근로계약서가 직장의 실정과 합치되지 않아서 거기에 정하는 근로조건이 근로계약서대로 정확히 행하여지지 않는다. 따라서 근로계약은 그저 하나의 장식품으로만 쓰이고 있는 것이 많은 중소기업의 실태라고 생각된다.

계약이란 서로 대립하는 두 개 이상의 이해관계가 협의를 통하여 합치되었을 경우 성립되는 볍률관계를 말한다. 우리 법제하에서는 특별한 법령상 규제가 없는 한 원칙적으로 계약 성립을 위해서 계약서 기타 어떤 형식을 요구하지 않는다(불요식 · 낙성계약의 원칙). 그러나 구두계약은 시간이 지나면 서로 생각이 달라질 경우가 많고, 그 진정성을 증명할 방법이 없는 경우가 많다. 이것을 악용하여 그러한 약속을 한 기억이 없다고 하면서 계약을 지키지 아니하는 경우를 많이 볼 수 있다. 따라서 근로계약서의 작성은 향후 상대방이 근로계약의 체결 및 내용을 부인하는 경우에 발생할 수 있는 위험을 방지하기 위한 수단이다. 이런 점에서 볼 때 근로계약서의 작성은 상대방과 합의한 내용이 정확하게 근로계약서에 반영되었는지 꼼꼼히 확인을 거칠 필요가 있으며, 향후 분쟁의 소지가 있을 수 있는 사항에 대하여 명확하게 정리할 수 있도록 하여야 할 것이다.

2 근로계약서의 점검 · 개정의 필요성

근로계약서는 근로자를 위하여서는

① 자신의 근로조건이 명확하게 되며 안심하고 일할 수가 있다.

② 직장에서 지켜야 할 「룰」이 명확하게 된다.

③ 사용자에게 요구할 수 있는 권리가 명백하게 되고, 생활설계를 수립할 수가 있다.

④ 자의적 인사처분 등 부당한 처분을 받는 일이 없이 업무명령 등에 관한 보호가 분명하게 되고, 근로자의 입장이 명백하게 되어 보장이 강화된다.

근로계약서는 사용자를 위하여는

① 근로자의 권리의무가 명확히 되어 직장질서를 확립하며, 당해 근로자가 지켜야 할 룰이 제시되어 있으므로 원활한 기업운영을 할 수가 있다.

② 대상근로자의 근로조건을 획일적으로 처리할 수가 있고, 근로조건의 안정과 경영전망에 대하여도 계획성을 가질 수가 있다.

③ 노사당사자간의 권리와 의무의 불명확성에 기인하는 분쟁을 방지하고 원활 · 원만한 직장과 업무의 운영을 기할 수가 있다.

④ 근로자의 교육지도적 기능을 수행함으로써 근로자는 무엇을 할 것인가 등이 명백하게 되어 행동규범을 확립할 수 있으며 자기개발 등 능력개발에도 도움이 된다는 등의 기능과 역할을 수행하고 있다.

그런데 중소기업의 경우에는 노 · 사 모두 이 점에 대한 인식이 매우 희박해서 오히려 이와 같은 권리의무관계의 명확화를 싫어하는 낡은 체질이 아직도 잔존하고 있는 것 같다. 그러나 이러한 것은 앞으로는 통용될 수 없을 것이며, 중 · 고령자와 젊은 근로자 사이의 「세대의 차이」도 문제가 되고 있다.

따라서 오늘날 근로계약은 노사 쌍방을 위하여 극히 중요한 의미가 있다. 최근 젊은 근로자의 의식은 현저히 변해가고 있으며, 가치관에 관하여도 오래된 사원과 젊은 사원과는 공통의 의식 · 판단기준이나 공감기반이 사라져 가고 있다. 이와 같이 가치관의 차이가 크면 클수록 직장의 규범이며, 공통의 행동기준이 확립되어야 하는데 그 근거가 되는 근로계약서의 기능발휘가 무엇보다도 급선무가 되는 것이다.

예를 들면, 납기가 절박한 일을 서둘러 전원이 땀을 흘리고 있을 때에 잔업을 명령받았을 경우, 젊은 사원이 「여자 친구와 데이트가 있어서」라는 이유로 서둘러 돌아가 버리면 어떻게 될까. 거래처의 일보다도 데이트쪽이 중요하다는 가치관의 차이를 극복하고, 근로의무나 성실근무나 직장의 협동일치가 몸에 배이도록 교육시키기 위해서는 일정한 법적인 근거가 있어야 한다.

따라서 가령, 근로계약서에 「乙(당해 근로자)은 업무상의 필요가 있어 시간외근로를 명령 받았을 때에는 이에 따르지 않으면 안된다」고 규정되어 있으면 근로자에게 잔업의무가 생기는 것이지만 이와 같은 잔업근무의 근거가 근로계약서의 「불비」「부재」로 없든가, 근로계약서대로 정확하게 시간외근로에 관한 단체협약이 체결되어 있지 않는 경우에는 업무의 원활한 운영을 기할 수 없는 위험이 있다.

이와 같이 근로계약서가 작성되어 있지 아니한 관계로 노사관계가 만약에 어긋나면 분쟁이 된다는 위험을 내포하면서 현실의 노무관리가 행하여지는 것이 중소기업의 실태라고 해야 할 것이다. 아무리 중소기업이라 할지라도 적어도 직장생활의 법적기초라고 할 근로계약서에 근거를 두는 노무관리가 되어 있지 않으면 안 된다는 것은 오늘날 경영의 A.B.C인 것이다.

이와 같은 가치관의 다양화를 극복하기 위해서도 직장실태에 맞게 근로계약서를 재검토하고 점검하여야 할 필요가 있다.

3 근로계약서의 형식

근로계약서란 근로자의 청약과 사용자의 승낙에 의하여 쌍방 당사자에게 법적 효과가 발생하는 약속으로서 이것을 문서로 작성한 것을 말한다. 합의된 근로계약내용을 문서로 작성한 것이 근로계약서이다. 근로계약서를 작성하면 근로계약 당사자가 누구라도 그 내용을 동일하게 해석할 수 있다. 근로계약내용이 서면에 표시되므로 근로계약 당사자가 각각 서명 날인한다. 통상 노사쌍방 당사자간의 계약이므로 두 통을 작성하여 각각 한 통씩을 보관한다. 근로계약 당사자의 권리 · 의무가 명확하게 기재되므로 근로관계의 룰을 정한 도구로 사용된다. 근로계약서는 사용자와 근로자의 권리의무의 기준이라고 한다. 따라서 근로계약서는 일정한 체제를 갖추어 표현해야 한다. 근로계약서 표현이 당사자의 의사와 입장을 정확하게 표현하지 않은 것이 있다면 의도했던 내용과는 다른 뜻으로 해석될 위험이 있고 근로계약서의 내용을 둘러싸고 분쟁이 야기될 우려가 있다.

근로계약서의 작성을 위하여 갖추기 위한 요건을 열거한다.

① 근로계약서 조문의 표현을 가로쓰기로 통일하는 것

② 근로계약서 각 조문의 배열을 통일하는 것

③ 개개 조문은 필요에 따라서 항목(대항목 · 중항목 · 소항목)으로 나누어 이 항목번호를 붙여서 열람을 편하게 하는 것

④ 항목의 번호를 붙이는 것을 통일하는 것

⑤ 제목 · 항목 등의 배치방법을 통일하는 것

⑥ 규정 중에 다른 규정(規程) 내지 규정(規定)을 인용하는 경우, 이해하기 쉬운 표현을 쓰는 것

⑦ 표 · 그림의 번호를 붙이는 방법과 그 배치장소

⑧ 기존 규정을 개정하는 방법 등을 들 수가 있다.

4 근로계약서를 성문화 할 때의 주의사항

일정한 내용을 규정하는 근로계약서의 경우에는 그 규정의 목적에 따라서 다음의 요령으로 성문화한다.

(1) 각 조문(條文)

규정문의 배열은 먼저 장 · 절 · 조 · 항 · 호 · 목으로 근로계약서 체계를 갖추고 내용별로는 각 조문별로 한다.

(2) 빠짐없이 규정할 것

근로계약서 작성시 필요한 내용은 누락되지 않게 규정하여야 한다. 근로계약서 모델(고용노동부작성)을 참고하여 적용해 봄으로써 실제로 갖추어야 할 내용이 누락되지 않도록 규정하는 것이 필요하다. 이 경우 근로계약서에 사용하는 용어는 추상적이 아니라 간단명료하고 이해하기 쉬워야 한다.

(3) 내용의 통일을 고려할 것

근로계약서의 문장 · 내용이 전후 모순되지 않아야 하며, 규정 전체가 통일성을 갖추어 근로계약서를 읽고 서명 또는 날인하여야 하는 해당근로자가 전체 내용을 쉽게 이해할 수 있도록 규정을 배열해야 한다.

(4) 표현을 통일할 것

근로계약서에서 사용하는 글자의 순서, 용어와 문체는 통일해서 사용할 필요가 있다. 어떤 용어의 자구 내지 용어가 항상 동일한 의미와 비중을 가지지 않는다면 1개의 언어가 여러 가지로 해석되어 근로계약서 작성과 실제운용에 있어 커다란 혼란이 야기되기 때문이다.

(5) 용어의 사용방법

근로계약서는 노사당사자의 권리의무를 성문화한 것이기 때문에 문체는 평이하고 간결하게 작성해야 한다. 또한 다음 몇가지 사항에 유의할 필요가 있다.

① 근로계약서 작성은 한글 사용을 원칙으로 하고, 맞춤법과 띄어쓰기에 주

의한다.

② 근로계약서 규정내용을 조문 나열만이 아니라 시각적인 효과를 높이기 위하여 활자의 사용은 명조체 · 고딕체 · 그래픽체 등 다양한 글씨체를 활용한다.

③ 한글로 표기하면 규정의 의미가 애매모호할 경우에는 한자를 사용한다.

④ 어려운 표현은 쉬운 문장으로 쓰고, 전문용어나 관용어를 사용할 경우 해설 · 주를 넣는 등 충분한 배려를 한다.

⑤ 숫자는 아라비아 숫자를 사용함을 원칙으로 한다.

⑥ 마침표(.) · 쉼표(,) 등을 적당히 사용해서 읽고 이해하기 쉽게 한다.

5 연소근로자 근로계약서 작성시 주의사항

1. 사용금지 직종

만 18세 미만자를 도덕상 · 보건상 유해 · 위험한 사업에 사용하지 못한다(근로기준법 제65조).

① 연소자가 일할 수 없는 곳(근로기준법시행령 제40조 별표4)

- 유흥주점, 단란주점, 비디오방, 노래방, 전화방, 숙박업, 안마실을 설치한 목욕장업, 만화대여업, 술을 판매하는 소주방 · 호프 · 카페, 무도장업, 사행행위영업 등(청소년보호법 시행령 제3조 관련)
- 고압작업 및 잠수작업, 유류(주유업무제외) · 양조의 업무, 소각 · 도살업무, 교도소 · 정신병원에서의 업무 등(근로기준법시행령 제40조 별표4)

② 연소자가 일할 수 있는 곳 : 제조업체, 패스트푸드점, 술을 판매하지 않는 일반음식점, 편의점, 주유소 등

2. 근로시간

① 만 18세 미만자의 근로시간은 1일 7시간, 1주 40시간이다.

- 5명 이상 사업장 : 1일 7시간, 1주 40시간(2011.7.1부터는 5명 이상 사업장으

로 확대됨)

– 5명 미만 사업장 : 근로시간의 적용이 없다.

② 당사자간에 합의하면 1일 1시간, 1주 6시간 이내의 연장근로가 가능하다.

③ 야간근로(22 : 00~익일 06 : 00까지) 및 휴일근로를 시키고자 하는 경우에는 연소근로자의 동의와 고용노동부장관의 인가를 받아야 한다.

3. 임 금

① 연소근로자에게도 최저임금법이 적용된다.

2013.1.1~12.31까지 적용되는 최저임금은 시급 4,860원이다.

② 상시근로자 5명 이상의 사업장은 연장 · 야간 · 휴일근로를 할 경우 통상임금의 50% 이상을 가산하여 지급하여야 한다.

③ 사업주는 근로자의 무단결근, 손해발생 등 귀책사유가 있어도 기왕에 근로를 제공한 부분은 근로일수를 계산하여 임금을 지급하여야 한다.

④ 월급에 연차유급휴가근로수당을 포함하여 미리 지급하는 것으로 약정하는 것은 근로자의 휴가청구를 제약할 수 있으므로 허용되지 않는다.

4. 휴게시간

근로시간이 4시간 이상인 경우에는 30분 이상, 8시간 이상인 경우에는 1시간 이상의 휴게시간을 근로시간 도중에 주어야 한다.

5. 휴 일

사용자는 1주간의 소정근로일을 개근한 근로자에 대하여 1주일에 평균 1회 이상의 유급휴일을 주어야 한다. 유급휴일은 근로자를 쉬게 하면서 1일분의 통상임금을 지급하여야 한다.

6. 휴 가

① 상시근로자 5명 이상 사업장

- 계속근로연수 1년 미만 근로자 : 1월간 개근시 1일의 유급휴가 부여
- 계속근로연수 1년 이상 근로자 : 1년간 80퍼센트 이상 출근시 15일의 유급휴가 부여

② 상시근로자 5명 이상 사업장

상시근로자 5명 미만 사업장 : 연차유급휴가는 적용되지 아니한다.

7. 근로계약 체결시 비치서류

근로계약 체결시 연소자증명서(가족관계증명서 · 주민등록등본 등)와 친권자(후견인) 동의서를 반드시 확인하고 비치하여야 한다.

연소근로자 표준근로계약서 모델(고용노동부작성)

_________(이하 "갑"이라 함)과(와)_________(이하 "을"이라 함)은 다음과 같이 근로계약을 체결한다.

1. 근로계약기간 :____년____월____일부터____년____월____일까지
   ※ 근로계약기간을 정하지 않거나 정할 필요가 없는 경우에는 "근로개시일"만 기재
2. 근 무 장 소 :
3. 업무의 내용 :
4. 소정근로시간 :___시___분부터___시___분까지(휴게시간 :___시___분~___시___분)
5. 근무일/휴일 : 매주____일(또는 매일단위)근무, 주휴일 매주____요일
6. 휴 가 : 1개월 개근시 다음 달에 1일의 연차유급휴가를 사용할 수 있다.
7. 임 금
   - 시간(일, 월)급 : ______________원
   - 상여금 : 없음 ( ), 있음 ( )
   - 기타급여(제수당 등) : 없음 ( ), 있음 ( )
     · __________________원, __________________원
     · __________________원, __________________원
   - 임금지급일 : 매월(매주 또는 매일) 일(휴일의 경우는 전일 지급)
   - 지급방법 : 을에게 직접 지급( ), 예금통장에 입금(○)
8. 기 타
   - 친권자 또는 후견인의 동의서 구비 여부 :
   - 가족관계증명서와 친권자(후견인)의 동의서 확인 여부 :
9. 근로계약서 교부
   - "갑"은 근로계약을 체결함과 동시에 본 계약서를 사본하여 "을"의 교부요구와 관계없이 "을"에게 교부한다.
   - 이 계약에 정함이 없는 사항은 근로기준법에 의한다.

년 월 일

(갑) 사업체명 : (전화 :)
주 소 :
대 표 자 : (서명)
(을) 주 소 :
연 락 처 :
성 명 : (서명)

친권자(후견인) 동의서 모델(고용노동부작성)

○친권자(후견인) 인적사항

성　　명 :

생년월일 :

주　　소 :

연 락 처 :

연소근로자와의 관계 :

○연소근로자 인적사항

성　　명 :　　　　　　(만　　세)

생년월일 :

주　　소 :

연 락 처 :

○사업장 개요

회 사 명 :

회사주소 :

대 표 자 :

회사전화 :

본인은 위 연소근로자______가 위 사업장에서 근로를 하는 것에 대하여 동의합니다.

년　월　일

친권자(후견인)　　　　　(인)

첨 부 : 연령을 증명하는 가족관계기록사항에 관한 증명서 1부

[작성예시Ⅰ : 상시근로자 5명 이상의 사업장]

연소근로자 표준근로계약서 모델(고용노동부작성)

김갑동 (이하 "갑"이라 함)과(와) 홍길동 (이하 "을"이라 함)은 다음과 같이 근로계약을 체결한다.

1. 근로계약기간 : 2013년 7월 1일부터 2013년 12월 31일까지
2. 근 무 장 소 : ○○ 패스트 푸드 內
3. 업무의 내용 : 피자, 햄버거 등 판매와 청소 및 정리
4. 근로시간 : 10시 ○○분부터 19시 ○○분까지(휴게시간 : 14시 ○○분~15시 ○○분)
   ※ 매일(월~금) 1시간씩 연장근로 하는 것에 합의한다.
5. 근무일/휴일 : 월요일~금요일 근무, 주휴일은 일요일(토요일은 무급 휴무일)
6. 휴 가 : 1개월 개근시 다음 달에 1일의 연차유급휴가를 사용할 수 있다.
7. 임 금
   - 시간(일, 월)급 : 1200,000원
   - 상여금 : 없음 (○), 있음 (○)
   - 기타급여(제수당 등) : 없음 (　), 있음 (○)
     · 교통비 출근1일 당 3,000원, ________________원
     · ________________원, ________________원
   - 임금지급일 : 매월(매주 또는 매일) 말 일(휴일의 경우는 전일 지급)
   - 지급방법 : 을에게 직접 지급(　), 예금통장에 입금(○)
8. 기 타
   - 가족관계증명서와 친권자(후견인)의 동의서 확인 여부 : 제출했음
   - 이 계약에 정함이 없는 사항은 근로기준법에 의한다.

년　월　일

(갑) 사업체명 : ○○ 패스트푸드　　(전화 : ○○○-○○○○)
　　주　　소 : 경기도 과천시 중앙동 1
　　대 표 자 : 김 갑 동　　(서명) 김 갑 동
(을) 주　　소 : 경기도 안양시 만안구 안양1동 ○○○번지
　　연 락 처 : 031-○○○-○○○○, (h.p) ○○○-○○○○-○○○○
　　성　　명 : 홍 길 동　　(서명) 홍 길 동

[작성예시 II : 상시근로자 5명 이상 20명 미만의 사업장]

연소근로자 표준근로계약서 모델(고용노동부작성)

김갑동 (이하 "갑"이라 함)과(와) 홍길동 (이하 "을"이라 함)은 다음과 같이 근로계약을 체결한다.

1. 근로계약기간 : 2013년 7월 1일부터 2013년 12월 31일까지
2. 근 무 장 소 : ○○ 패스트 푸드 內
3. 업무의 내용 : 피자, 햄버거 등 판매와 청소 및 정리
4. 근로시간 : 10시 ○○분부터 19시 ○○분까지(휴게시간 : 14시 ○○분~15시 ○○분)

※ 매일(월~금) 1시간씩 연장근로 하는 것에 합의한다.

5. 근무일/휴일 : 월요일~금요일 근무, 주휴일은 일요일(토요일은 무급 휴무일)
6. 휴 가 : 1개월 개근시 다음 달에 1일의 연차유급휴가를 사용할 수 있다.
7. 임 금
   - 시간(일, 월)급 : 1,200,000 원
   - 상여금 : 없음 (○), 있음 (○)
   - 기타급여(제수당 등) : 없음 ( ), 있음 (○)
     - · 교통비 출근1일 당 3,000 원,_______________ 원
     - · _______________________ 원, _______________ 원
   - 임금지급일 : 매월(매주 또는 매일) 말 일(휴일의 경우는 전일 지급)
   - 지급방법 : 을에게 직접 지급( ), 예금통장에 입금(○)
8. 기 타
   - 가족관계증명서와 친권자(후견인)의 동의서 확인 여부 : 제출했음
   - 이 계약에 정함이 없는 사항은 근로기준법에 의한다.

년 월 일

(갑) 사업체명 : ○○ 패스트푸드 (전화 : ○○○-○○○○)
주 소 : 경기도 과천시 중앙동 1
대 표 자 : 김 갑 동 (서명) 김 갑 동

(을) 주 소 : 경기도 안양시 만안구 안양1동 ○○○번지
연 락 처 : 031-○○○-○○○○, (h.p) ○○○-○○○○-○○○○
성 명 : 홍 길 동 (서명) 홍 길 동

6 무기계약근로자용 표준근로계약서 모델(고용노동부작성)

○○주식회사(이하 "갑"이라 함)과 ○○○(이하 "을"이라 함)은 다음과 같이 근로계약을 체결하고 이를 성실히 이행할 것을 약정한다.

1. 근로계약기간 : 년 월 일부터 기한의 정함이 없는 근로계약을 체결한 것으로 한다.
2. 근무장소 및 업무내용
   - ○ 근무장소(부서) :
   - ○ 업무내용 :
   - ○ 갑은 필요하다고 인정할 경우에는 을의 의견을 들어 근무장소 또는 업무를 변경할 수 있다.
3. 근로시간 및 휴게
   - ○ 근로시간 : 09시 ○○분부터 18시 ○○분까지
   - ○ 휴게시간 : 12시 ○○분부터 13시 ○○분까지
   - ○ 갑은 필요한 경우에는 을과 합의하여 1주 12시간을 한도로 근로시간을 연장할 수 있다.
4. 근로일 및 휴일
   - ○ 근로일 : 매주 월요일부터 금요일까지로 한다. 다만 토요일(무급휴무일)과 휴일은 근로일에서 제외한다.
   - ○ 휴일 : 주휴일은 매주(일)요일로 하고, 「근로자의 날 제정에 관한 법률」에 따른 근로자의 날(5월 1일)은 유급휴일로 한다.
5. 휴 가
   - ○ 연차유급휴가 및 생리휴가는 근로기준법에서 정하는 바에 따른다.
6. 임 금
   - ○ 임금은 기본급, 법정수당(연장근로수당, 야간근로수당, 휴일근로수당 등) 등으로 구성하며, 그 구체적인 내역은 취업규칙에 따른다.
   - ○ 임금은 매월 ○○일(초일부터 말일까지 산정) 을에게 직접 지급(현금 또는 을 명의의 예금계좌) 한다.
7. 이 계약서에서 정하지 아니한 사항은 근로기준법 등 노동관계법령, 취업규칙에서 정하는 바에 따른다.

년 월 일

(갑) 주　소 :　　　　　　　　(전화 :　　　　)
회 사 명 :
대 표 자 :　　　　　　　　(서명 또는 인)
(을) 주　소 :　　　　　　　　(전화 :　　　　)
주민등록번호 :
성　명 :　　　　　　　　(서명 또는 인)

7 근로계약과 근로관계

1. 근로계약의 체결과 근로관계의 성립

근로계약 및 계약외적인 요소 등에 의하여 형성되는 권리 · 의무의 총체 내지 법률관계를 근로계약과는 별개의 법개념으로 하여 파악한 것이 '근로관계'이다. 판례(대법 1972.11.14, 72다895 ; 1980.4.22, 79다1566) 에서는 「사용자와 근로자 관계가 성립하기 위하여는 양자간에 명시적 또는 묵시적으로 체결된 계약이 있거나 기타 법적 근거가 있어야 한다」고 하여 근로관계의 성립에는 근로계약의 체결이 그 요건임을 밝히고 있다.

2. 근로계약 체결방법

근로계약은 특별한 형식을 요구하지 않으며 사용자는 근로기준법 제17조 후단의 규정에 의하여 임금의 구성항목 · 계산방법 · 지급방법, 소정근로시간, 제55조에 따른 휴일, 제60조에 따른 연차유급휴가, 그 밖에 대통령령으로 정하는 근로조건에 관한 사항을 서면으로 명시하여야 한다. 이 경우 임금의 구성항목 · 계산방법 · 지급방법, 소정근로시간, 제55조에 따른 휴일 및 제60조에 따른 연차유급휴가에 관한 사항은 서면으로 명시하고 그 근로자에게 교부하여야 한다(동법 제17조 및 동법시행령 제8조).

8 근로계약을 체결할 때의 주의사항

1. 통상 계약서 작성시 주의사항

① 당사자의 확인

㈎ 개인 : 성명, 주소, 성호, 주민등록번호, 사업자등록번호를 확인하고 계약체결능력 여부를 확인한다.

㈏ 법인 : 법인명, 소재지, 대표자 성명, 주소(법인등기부등본 확인), 대리인일 경우 대리권 유무 확인, 법적인 제약 여부 확인

② 정확하고 간결, 명료한 문구를 사용한다.

③ 용어가 통일되고 계약내용이 특정되어야 한다.

④ 장래 분쟁의 소지가 될 사항에 대해서는 상대방과 충분히 논의하여 문제가 생기지 않도록 한다.

⑤ 정정은 가입, 삭제한 자수(字數)를 그 행의 난 외에 기재하고, 당사자가 날인을 해 두어야 한다.

⑥ 주요조항이 누락되어 있지 않은지 체크한다.

⑦ 계약서는 계약당사자의 수대로 만들어서 각자 한 통씩 갖게 한다.

⑧ 공증할 수 있으면 한다.

2. 근로계약 체결시의 주의사항

① 근로계약서 중에 근로자가 가지고 있는 구체적 전문능력을 특정한다. 예컨대 시스템 엔지니어 등으로 고용한다는 것을 명확히 하여야 한다.

② 사업 또는 사업장에서의 담당업무를 될 수 있는 한 상세히 기재하고 최후에 「상기에 준하는 직무」라는 일반조항도 기재한다.

③ 직무의 구체적 목표 등을 설정하고 완성을 위한 기간을 명시하고 그 실적에 따른 임금지급 기준을 명확히 한다. 여기에 중도해지사유나 갱신거부사유와의 관계가 있다는 취지를 명확히 기재한다.

④ 임금은 그 전문능력에 따라 적정한 액을 설정한다. 시간외 · 휴일 · 야간

근로에 대하여 고정지급 할 때는 그 취지를 명확히 기재한다.

⑤ 재량근로제의 채용에 따른 근로시간과 주제가 가능한 업무에는 그 제도의 채용 유무 및 임금과의 관계를 명확히 한다.

⑥ 계약기간을 정할 때는 그 시기와 종료시기를 정한다. 그리고 중도해지사유 및 갱신거부사유를 명확히 한다.

⑦ 취업청구권, 전근, 전출, 전적의 유무 등에 있어서는 그 내용을 명확하게 합의한다.

⑧ 영업비밀 및 기업비밀에 접촉하는 경우가 많이 있을 때에는 재직 중에는 물론 계약 종료 후의 비밀유지의무도 규정한다.

⑨ 전문능력자로부터 중도 퇴직하는 경우의 계약 잔존기간에 있어서의 경업피지의무를 합의한다.

⑩ 근로계약을 체결한 때에 그 내용을 근로자에게 충분히 설명하여 합리적 내용인가를 확인하고 근로계약서를 작성 교부한다.

제3장 기간제근로자의 근로조건과 근로계약서의 작성 · 운용방법

1 근로계약기간

근로계약기간이란 근로계약의 존속 기간을 말한다. 근로기준법상 근로계약기간을 설정할지의 여부는 계약당사자의 의사에 맡겨져 있다. 기간의 정함이 없으면 근로자는 언제든지 사직의 의사표시를 할 수 있지만, 사용자는 근로기준법 제23조에 의하여 정당한 이유가 있을 때에만 해고를 할 수 있다. 기간제법에서는 근로계약기간을 정할 경우 원칙적으로 2년을 초과하지 못한다(동법 제4조).

우리나라의 고용형태를 계약기간을 기준으로 분류하면 정년고용세와 기간고용제로 나눌 수 있다. 정년고용제에 입각한 고용은 정규직근로자에 있어서는 모집, 채용, 선발에서 정년(정년 후의 재고용등도 포함한다)에 이르기까지 일괄하여 커리어 형성을 위한 고용구조로 되어 있어 우리나라 기업사회의 기본을 이루는 고용형태로서 기간의 정함이 없는 근로계약형태라 할 수 있다.

2 기간제근로자의 의의

기간제법상의 기간제근로자는 “기간의 정함이 있는 근로계약을 체결한 근로자”를 말한다(동법 제2조제1호). 기간제법 시행이후 근로계약기간을 정하는 방법은

① 기간의 정함이 없는 근로계약(무기계약 또는 정년제 계약)

② 사업의 완료 또는 특정한 업무의 완성에 필요한 기간을 정한 경우 등 기간제법 제4조제1항 단서 각 호의 특례에 해당하는 계약

③ 2년 이내의 기간을 정한 근로계약 등이 가능하다. 이 경우 ② , ③ 번 형태의 근로계약을 체결한 근로자가 기간제근로자에 해당된다.

기간을 정한 사유 · 기간의 장단 · 명칭(계약직, 촉탁직, 일용공, 임시공, 계절근로자, 계약사원, 아르바이트, 촉탁사원, 파트타임사원 등) 등에 관계없이 기간을 정한 근로계약을 체결하여 고용된 근로자를 말한다.

다만, 근로계약 기간이 정해져 있더라도 동 기간의 만료가 근로계약 종료의 의미가 아닌, 동일한 임금결정단위를 연간으로 설정한 기간(연봉계약기간 등)과 같은 의미로 해석되는 경우에는 기간제근로계약으로 볼 수 없을 것이다.

“시용 · 수습근로자”의 경우 기간을 정한 목적이 근로계약의 종료인지 시용 · 수습을 목적으로 정한 것인지 여부에 따라 판단한다.

원칙적으로 시용과 수습은 근로계약의 체결 이후 일정기간 동안 당해 근로자의 업무적격성 · 품성 등을 판단하거나 또는 직업능력의 향상 및 오리엔테이션 등을 목적으로 설정된다. 이러한 시용 · 수습기간은 ‘근로계약의 존속기간(시작과 종료)’를 정한 것이 아니므로 시용 · 수습기간만을 별도의 기간제근로계약으로 볼 수 없을 것이다.

따라서, 무기근로계약을 체결하면서 일정기간을 시용 내지 수습기간으로 설정했다면 이를 별도의 기간제근로계약이 체결된 것으로는 볼 수 없으므로 이 경우 시용 · 수습중인 근로자에 대한 불리한 처우는 차별시정의 대상에 포함되지 않은 것이다.

3 2년을 초과하는 계약기간의 금지

1. 기간제법 제4조의 의의

관련조항

기간제법 제4조【기간제근로자의 사용】

① 사용자는 2년을 초과하지 아니하는 범위 안에서(기간제근로계약의 반복 갱신 등의 경우에는 그 계속근로한 총기간이 2년을 초과하지 아니하는 범위 안에서)기간제근로자로 사용할 수 있다. 다음 각 호의 어느 하나에 해당하는 경우에는 2년을 초과하여 기간제근로자로 사용할 수 있다.

1. 사업의 완료 또는 특정한 업무의 완성에 필요한 기간을 정한 경우
2. 휴직 · 파견 등으로 결원이 발생하여 당해 근로자가 복귀할 때까지 그 업무를 대신할 필요가 있는 경우
3. 근로자가 학업, 직업훈련 등을 이수함에 따라 그 이수에 필요한 기간을 정한 경우
4. 고령자고용촉진법 제2조제1호의 고령자와 근로계약을 체결하는 경우
5. 전문적 지식 · 기술의 활용이 필요한 경우와 정부의 복지정책 · 실업대책 등에 따라 일자리를 제공하는 경우로서 대통령령이 정하는 경우
6. 그 밖에 제1호 내지 제5호에 준하는 합리적인 사유가 있는 경우로서 대통령령이 정하는 경우

② 사용자가 제1항 단서의 사유가 없거나 소멸되었음에도 불구하고 2년을 초과하여 기간제근로자로 사용하는 경우에는 그 기간제근로자는 기간의 정함이 없는 근로계약을 체결한 것으로 본다.

근로계약에는 기간을 정하여 체결하는 유기(기간제)근로계약과 기간의 정함이 없는 무기근로계약이 있다. 근로계약기간에는 ① 정당한 이유없이 근로자를 해고할 수 없으므로 그 기간 중 고용이 보장되는 기능(고용보장기능)과 ② 근로계약기간 중 부득이한 사유가 없는 한 근로자도 자유로 해약사직할 수 없는 기능(인신구속기능)이 있고 ③ 기간만료에 따라 해고규제의 대상이 아니므로 근로계약이 종료된다는 기능(자동종료기능)이 있다. 근로계약기간을 둘러싸고 이

세 가지 기능이 적절히 발휘될 수 있는 법규제가 요구된다.

근로계약기간에 관한 기간제법 제4조는 강행규정으로서 기간만료시까지는 근로자와 함께 사용자도 구속되므로 계약기간을 2년으로 규정하면 그 도중에 근로자의 채무불이행이 없는데도 불구하고 사용자가 계약을 해제하면 나머지 부분의 임금을 지급하거나 잔여의 근무를 하지 아니함으로써 발생하는 손해를 배상하여야 한다.

이와 같이 근로계약기간을 정한 경우에는 계약의 갱신체결 등의 특별한 사정이 없는 한 그 기간이 만료함에 따라 별도의 조치를 기다릴 것 없이 근로계약 당사자 사이의 근로관계는 당연히 종료되는 것이므로 계약갱신 거절의사의 통지는 해고라고 할 수 없다(대법 1998.5.29, 98두625).

2. 근로계약기간의 정함이 형식에 불과한 경우의 갱신계약 거절의 효력

근로계약기간을 정한 근로계약서를 작성한 경우 처분문서인 근로계약서의 문언에 따라 특별한 사정이 없는 한 근로자와 사용자 사이에는 기간의 정함이 있는 근로계약을 맺었다고 보아야 하고, 이 경우 근로계약기간이 끝나면 그 근로관계는 사용자의 해고 등 별도의 조치를 기다릴 것 없이 당연히 종료함이 원칙이다. 다만 기간을 정한 근로계약서를 작성한 경우에도 예컨대 단기의 근로계약이 장기간에 걸쳐서 반복하여 갱신됨으로써 그 정한 기간이 단지 형식에 불과하게 된 경우 등 계약서의 내용과 근로계약이 이루어지게 된 동기 및 경위, 기간을 정한 목적과 채용 당시 계속근로의사 등 당사자의 진정한 의사, 근무기간의 장단 및 갱신 횟수, 동종의 근로계약 체결방식에 관한 관행 그리고 근로자보호법규 등을 종합적으로 고려하여 그 기간의 정함이 단지 형식에 불과하다는 사정이 인정되는 경우에는 계약서의 문언에도 불구하고 사실상 기간의 정함이 없는 근로계약을 맺었다고 볼 것이며 이 경우 사용자가 정당한 사유없이 갱신 계약 체결을 거절하는 것은 해고와 마찬가지로 무효이다(대법 2010.6.24, 2007다31471).

3. 기간제근로자의 사용기간 위반의 법적 효력

기간제법은 동일한 근로자와 기간제근로계약을 체결할 수 있는 총기간을 2년으로 제한하면서 다만, 법 소정의 객관적 사유가 있는 경우에만 해당 사유가 소멸할 때까지 2년을 초과하여 기간제근로계약을 체결할 수 있다고 규정하고 있다. 기간제법 제4조제2항에 의하면「사용자는 제1항 단서의 사유가 없거나 소멸되었음에도 불구하고 2년을 초과하여 기간제근로자로 사용하는 경우에는 그 기간제근로자는 기간의 정함이 없는 근로계약을 체결한 근로자로 본다」고 규정하고 있다. 기간제근로자를 2년을 초과하여 사용하는 경우에는 기간의 정함이 없는 근로계약을 체결한 근로자로 본다는 것은 무기계약으로 간주한다는 것으로 이는 동법의 핵심내용이다. 무기계약으로 간주한다는 의미는 사용자와 기간제근로자사이에 계약관계가 존속하는 만큼 사용자가 기간제근로자를 고용하지 않을 경우 부당해고에 대한 권리구제가 가능하다는 의미이다.

4. 2년을 초과하여 기간제근로자를 사용할 수 있는 경우

사용자는 근로자를 사용함에 있어서 2년을 초과하지 아니하는 범위 안에서(기간제근로계약의 반복갱신 등의 경우에는 그 계속근로한 총기간이 2년을 초과하지 아니하는 범위 안에서) 기간제근로자로 사용할 수 있다. 다만, 다음 각 호의 어느 하나에 해당하는 경우에는 2년을 초과하여 기간제근로자로 사용할 수 있다(기간제법 제4조제1항).

① 사업의 완료 또는 특정한 업무의 완성에 필요한 기간을 정한 경우

② 휴직 · 파견 등으로 결원이 발생하여 당해 근로자가 복귀할 때까지 그 업무를 대신할 필요가 있는 경우

③ 근로자가 학업, 직업훈련 등을 이수함에 따라 그 이수에 필요한 기간을 정한 경우

④「고령자고용촉진법」제2조제1호의 고령자와 근로계약을 체결하는 경우

⑤ 전문적 지식 · 기술의 활용이 필요한 경우와 정부의 복지정책 · 실업 대책 등에 의하여 일자리를 제공하는 경우로서 대통령령이 정하는 경우

㈎ 동법 제4조제1항제5호에서 "전문적 지식 · 기술의 활용이 필요한 경우로서 대통령령이 정하는 경우"란 다음 어느 하나에 해당하는 경우를 말한다.

㉠ 박사학위(외국에서 수여받은 박사학위를 포함한다)를 소지하고 해당 분야에 종

사하는 경우

㉡ 「국가기술자격법」 제9조제1항제1호에 따른 기술사 등급의 국가기술자격을 소지하고 해당 분야에 종사하는 경우

㉢ 별표 2에서 정한 전문자격을 소지하고 해당 분야에 종사하는 경우

○ 감정평가사	○ 건축사	○ 경영지도사	○ 공인노무사
○ 공인회계사	○ 관세사	○ 기술지도사	○ 변리사
○ 변호사	○ 보험계리사	○ 세무사	○ 사업용 조종사
○ 손해사정사	○ 수의사	○ 약사	○ 운용조종사
○ 의사	○ 치과의사	○ 한약사	○ 한약업사
○ 한약조제사	○ 항공교통관제사	○ 항공기관사	○ 항공사

㈏ 동법 제4조제1항제5호에서 "정부의 복지정책 · 실업대책 등에 의하여 일자리를 제공하는 경우로서 대통령령이 정하는 경우"란 다음 어느 하나에 해당하는 경우를 말한다.

㉠ 「고용정책기본법」, 「고용보험법」 등 다른 법령에 따라 국민의 직업능력개발, 취업 촉진 및 사회적으로 필요한 서비스 제공 등을 위하여 일자리를 제공하는 경우

㉡ 「제대군인 지원에 관한 법률」 제3조에 따라 제대군인의 고용증진 및 생활안정을 위하여 일자리를 제공하는 경우

㉢ 「국가보훈기본법」 제19조제2항에 따라 국가보훈대상자에 대한 복지증진 및 생활안정을 위하여 보훈도우미 등 복지지원 인력을 운영하는 경우

⑥ 그 밖에 제1호 내지 제5호에 준하는 합리적인 사유가 있는 경우로서 대통령령이 정하는 경우

동법 제4조제1항제6호에서 "그 밖에 제1호 내지 제5호에 준하는 합리적인 사유가 있는 경우로서 대통령령이 정하는 경우"란 다음 어느 하나에 해당하는 경우를 말한다.

㈎ 다른 법령에서 기간제근로자의 사용기간을 법 제4조제1항과 달리 정하거나 별도의 기간을 정하여 근로계약을 체결할 수 있도록 한 경우

㈏ 국방부장관이 인정하는 군사적 전문적 지식 · 기술을 가지고 관련 직업에 종사하거나「고등교육법」 제2조제1호에 따른 대학에서 안보 및 군사학 과

목을 강의하는 경우

㈐ 특수한 경력을 갖추고 국가안전보장, 국방 · 외교 또는 통일과 관련된 업무에 종사하는 경우

㈑ 「고등교육법」 제2조에 따른 학교(같은법 제30조의 대학원대학을 포함한다)에서 다음 각 목의 업무에 종사하는 경우

㉠ 「고등교육법」 제14조에 따른 조교의㉢ 업무

㉡ 「고등교육법시행령」 제7조에 따른 겸임교원, 명예교수, 시간강사, 초빙교원 등의 업무

㈒ 「통계법」 제22조에 따라 고시한 한국표준직업분류의 대분류 1과 대분류 2 작업에 종사하는 자의 「소득세법」 제20조제1항에 따른 근로소득(최근 2년간의 연평균근로소득을 말한다)이 고용노동부장관이 최근 조사한 임금구조기본통계의 한국표준직업분류 대분류 2직업에 종사하는 자의 근로소득 상위 100분의 25에 해당하는 경우

㈓ 근로기준법 제18조제3항에 따른 1주 동안의 소정근로시간이 뚜렷하게 짧은 단시간근로자를 사용하는 경우

㈔ 「국민체육진흥법」 제2조제4호에 따른 선수와 같은 조제5호에 따른 체육지도자 업무에 종사하는 경우

㈕ 다음 각 목의 연구기관에서 연구 업무에 종사하는 경우 또는 실험 · 조사 등을 수행하는 등 연구업무에 직접 관여하여 지원하는 업무에 종사하는 경우

㉠ 국공립연구기관

㉡ 「정부출연연구기관등의설립 · 운영및육성에관한법률」 또는 「과학기술분야정부출연연구기관등의설립 · 운영및육성에관한법률」에 따라 설립된 정부출연연구기관

㉢ 「특정연구기관육성법」에 따른 특정연구기관

㉣ 「지방자치단체출연연구원의설립및운영에관한법률」에 따라 설립된 연구기관

㉤ 「공공기관의운영에관한법률」에 따른 공공기관의 부설 연구기관

ⓑ 기업 또는 대학의 부설 연구기관
ⓢ 「민법」 또는 다른 법률에 따라 설립된 법인인 연구기관

4 기간제근로자 해고시의 법적효력 및 동일인에 대한 「2년 미만의 계약」을 반복시 법적 효력

1. 2년 내에는 정당한 사유가 없어도 해고할 수 있는지 여부

사용자는 기간제근로자의 2년간의 근로계약기간 중에는 근로기준법 제23조의 규정에 따라 정당한 사유가 없으면 근로자를 해고할 수 없으며 만약 정당한 이유없이 해고할 경우 사용자는 노동위원회의 부당해고구제명령을 이행하여야 한다. 따라서 기간제근로자의 사용기간 상한이 2년 이내이더라도 사용자는 근로자와 맺은 근로계약에 따라 근로계약기간 중에는 정당한 이유없이는 기간제근로자를 해고할 수 없다.

2. 2년 이상 근로한 기간제근로자 해고시의 법적효력

사용자가 기간제근로자를 2년을 초과하여 사용한 경우 「기간의 정함이 없는 계약」을 체결한 근로자로 간주하게 되므로 근로기준법 제23조의 규정에 따른 "정당한 이유"가 없을 경우 사용자는 기간제근로자를 해고할 수 없다. 2년 초과 사용시 사용자가 종전에 체결한 근로계약기간의 만료를 이유로 고용을 종료하면 '해고'에 해당되므로 근로기준법 제23조의 정당한 이유가 있어야 한다. 기간제법에서는 사용기간 2년 초과 자체에 대한 벌칙 등 제재는 없으나, 2년 초과 사용시 정당한 이유가 없는 고용종료는 부당해고에 해당된다. 만약 사용자가 정당한 사유가 없는데도 해고할 경우 근로자는 노동위원회에 부당해고 구제신청을 하거나 지방고용노동관서에 민원을 제기하여 권리를 구제받을 수 있다. 부당해고를 한 경우의 구제신청은 부당해고 등이 있었던 날부터 3개월 이내에 하여야 한다(근로기준법 제28조제2항).

5 근로조건의 서면명시

기간제법은 기간제근로자의 특수성을 감안해 기간제근로형태의 남용을 막되 노동시장의 유연성 요청과의 조화를 꾀하고 그의 권리보호를 강화하기 위하여 근로계약기간, 근로시간과 휴게시간, 임금의 구성항목과 계산방법 및 지급방법에 관한 사항, 휴일 · 휴가에 관한 사항 그리고 취업의 장소와 종사하여야 할 업무에 관한 사항에 대하여는 서면으로 명시하도록 규정하였다(동법 제17조). 기간제법 제17조는 기간제근로자를 적용대상으로 하는 근로기준법 제17조의 특칙이라고 할 수 있다. 그러한 한에서 기간제근로자에 대해서는 근로기준법 제17조의 적용은 배제된다. 근로조건의 서면명시의 방법은 근로계약서에 명시하거나 주요근로조건이 취업규칙에 이미 명시되어 있을 경우 근로계약서는 개별근로자에 해당하는 것만 기재하고 그 외의 사항은 취업규칙의 내용을 주지 또는 교부하는 방법 등이 고려될 수 있을 것이다.

6 차별적 처우 금지

1. 규정내용

기간제법 제8조제1항은 "사용자는 기간제근로자임을 이유로 당해 사업 또는 사업장에서 동종 또는 유사한 업무에 종사하는 기간의 정함이 없는 근로계약을 체결한 근로자에 비하여 차별적 처우를 하여서는 아니된다"고 한다.

2. 비교대상 근로자의 선정

기간제근로자에 대하여 차별적 처우가 있었는지를 판단하기 위한 비교대상 근로자로 '당해 사업 또는 사업장에서 동종 또는 유사한 업무에 종사하는 기간의 정함이 없는 근로계약을 체결한 근로자'를 들고 있다. 비교대상 근로자로 선정된 근로자의 업무가 기간제근로자의 업무와 동종 또는 유사한 업무에 해당하는지는 취업규칙이나 근로계약 등에 명시된 업무내용이 아니라 근로자가 실제 수행하여 온 업무를 기준으로 판단하되, 이들이 수행하는 업무가 서로 완전히 일치하지 않고 업무의 범위 또는 책임과 권한 등에서 다소 차이가 있다고 하더라도 주된 업무의 내용에 본질적인 차이가 없다면, 특별한 사정이 없는 이상 이들은 동종 또는 유사한 업무에 종사한다고 보아야 한다(대법 2012.10.25, 2011두7045).

3. 불리한 처우와 합리적 이유가 없는 경우의 판단

기간제법 제2조제3호는「차별적 처우란 다음 각 목의 사항에 있어서 합리적인 이유없이 불리하게 처우하는 것을 말한다. 가. 임금, 나. 정기상여금, 명절상여금 등 정기적으로 지급되는 상여금, 다. 경영성과에 따른 인센티브성 경영성과금 등, 라. 그 밖의 근로조건 및 복리후생」으로 정의하고 있다. 여기서 '불리한 처우'란 사용자가 임금 그 밖의 근로조건 등에서 기간제근로자와 비교 대상근로자를 다르게 처우함으로써 기간제근로자에게 발생하는 불이익 전반을 의미하고, '합리적인 이유가 없는 경우'란 기간제근로자를 달리 처우할 필요성이 인정되지 않거나, 달리 처우할 필요성이 인정되는 경우에도 그 방법 · 정도 등이 적정하지 않은 경우를 의미한다. 그리고 합리적인 이유가 있는지는 개별 사안에서 문제가 된 불리한 처우의 내용 및 사용자가 불리한 처우의 사유로 삼은 사정을 기준으로 기간제근로자의 고용형태, 업무내용과 범위 · 권한 · 책임, 임금 그 밖의 근로조건 등의 결정요소 등을 종합적으로 고려하여 판단하여야 한다(대법 2012.10.25, 2011두7045).

7 기간제근로자용 표준근로계약서 모델(고용노동부작성)

○○주식회사(이하 "갑"이라 함)과 ○○○(이하 "을"이라 함)은 다음과 같이 근로계약을 체결하고 이를 성실히 이행할 것을 약정한다.

1. 근로계약기간 : 년 월 일부터 년 월 일까지로 한다.

2. 근무장소 및 업무내용
   ○ 근무장소(부서) :
   ○ 업무내용 :
   ○ 갑은 필요하다고 인정할 경우에는 을의 의견을 들어 근무장소 또는 업무를 변경할 수 있다.
3. 근로시간 및 휴게
   ○ 근로시간 : 09시 ○○분부터 18시 ○○분까지
   ○ 휴게시간 : 12시 ○○분부터 13시 ○○분까지
   ○ 갑은 필요한 경우에는 을과 합의하여 1주 12시간을 한도로 근로시간을 연장할 수 있다.
4. 근로일 및 휴일
   ○ 근로일 : 매주 월요일부터 금요일까지로 한다. 다만 토요일(무급휴무일)과 휴일은 근로일에서 제외한다.
   ○ 휴일 : 주휴일은 매주(일)요일로 하고, 「근로자의 날 제정에 관한 법률」에 따른 근로자의 날(5월 1일)은 유급휴일로 한다.
5. 휴 가
   ○ 연차유급휴가 및 생리휴가는 근로기준법에서 정하는 바에 따른다.
6. 임 금
   ○ 임금은 기본급, 법정수당(연장근로수당, 야간근로수당, 휴일근로수당 등) 등으로 구성하며, 그 구체적인 내역은 취업규칙에 따른다.
   ○ 임금은 매월 ○○일(초일부터 말일까지 산정) 을에게 직접 지급(현금 또는 을 명의의 예금계좌) 한다.
7. 이 계약서에서 정하지 아니한 사항은 근로기준법 등 노동관계법령, 취업규칙에서 정하는 바에 따른다.

년 월 일

(갑) 주 소 : (전화 :)
회 사 명 :
대 표 자 : (서명 또는 인)
(을) 주 소 : (전화 :)
주민등록번호 :
성 명 : (서명 또는 인)

제4장 단시간근로자의 근로조건과 근로계약서의 작성 · 운용방법

관련조항

제18조 【단시간근로자의 근로조건】

① 단시간근로자의 근로조건은 그 사업장의 같은 종류의 업무에 종사하는 통상근로자의 근로시간을 기준으로 산정한 비율에 따라 결정되어야 한다.

② 제1항에 따라 근로조건을 결정할 때에 기준이 되는 사항이나 그 밖에 필요한 사항은 대통령령으로 정한다.

③ 4주 동안(4주 미만으로 근무하는 경우에는 그 기간)의 소정근로시간을 평균하여 1주 동안의 소정근로시간이 15시간 미만인 자에 대하여는 법 제55조 및 제60조를 적용하지 아니한다.

시행령 제9조 【단시간근로자의 근로조건 기준 등】

① 법 제18조제2항의 규정에 따른 단시간근로자의 근로조건을 결정할 때에 기준이 되는 사항 그 밖에 필요한 사항은 별표 2와 같다.

② 삭제(2008.6.25)

③ 삭제(2008.6.25)

1 단시간근로자의 의의

단시간근로자란 1주 동안의 소정근로시간이 그 사업장에서 같은 종류의 업무에 종사하는 통상근로자의 1주 동안의 소정근로시간에 비하여 짧은 근로자를 말한다(근로기준법 제2조제1항제8호 ; 기간제법 제2조제2호). 단시간근로자의 정의를 함으로써 그 보호 범위를 명확히 하기 위한 것이다. 통상근로자의 근로시간이 1주 40시간 미만인 근로자를 의미한다. 통상근로자의 소정근로시간보다 1시간 짧다고 하여 반드시 동법 동조의 단시간근로자인 것은 아니며, 그 사업장의 '같은 종류 업무' 에 종사하는 '통상근로자' 에 비하여 1주간의 소정근로시간이 짧은 자라야 할 것이다(2004.7.23. 근로기준과-3789). 다만, 근로시간이 뚜렷하게 짧은 단시간근로자(4주간을 평균하여 1주 소정근로시간이 15시간 미만)는 근로자퇴직급여보장법의 퇴직금제도(동법 제8조), 주휴일(근로기준법 제55조), 연차유급휴가(근로기준법 제60조)등 3개 조항은 적용되지 않는다(근로기준법 제18조제3항).

한편 소정근로시간만 단시간근로자로 해놓고 실제로는 통상근로자와 동일하게 사용하는 소위 "명목상 단시간근로자"는 단시간근로자로 볼 수 없도록 하였다. 또한 1주간에 12시간을 초과하여 근로시킬 수 없도록 하였다(기간제법 제6조제1항 단서). 이는 해석을 통해서도 규율이 가능하나 입법적으로 명확히 규율하는 것이 바람직하므로 이를 명문화 한 것이다. 관련 행정해석에 의하면 1주간의 소정근로시간이 15시간 미만인 단시간근로자인지 여부에 대하여 소정근로시간은 원칙적으로 근로계약서에 의해 판단해야 하지만 근로계약서상에 일정하게 초과근로를 하도록 하거나 관행적으로 초과근로를 함으로써 사실상 당사자가 소정근로시간을 15시간 이상으로 정한 것으로 인정되는 경우에는 위 조항들이(주휴일, 연월차휴가, 퇴직금) 적용될 것이다(2001.5.30. 근기 68207-1756).

2 규정작성방법

1. 비례적 보호원칙

단시간근로자의 근로조건은 그 사업장에서 같은 종류의 업무에 종사하는 통상근로자의 근로시간에 비례하여 결정되어야 한다(근로기준법 제18조제1항). 단시간근로자의 보호원칙은 근로기준법상의 개별보호조항의 특례적용없이 통상근로자와 구별하지 않고 소정근로시간에 따라 비례적으로 보호한다. 예컨대 복지제도의 경우 분할 가능한 근로조건을 시간비례에 따라 적용하는 것은 합리적 이유를 인정할 수 있다(2007.7.23, 비정규직대책팀-2966).

비례적 보호원칙은 근로시간에 비례하여 단시간근로자를 보호할 경우 정규근로자와 단시간근로자의 차별은 근로시간의 장 · 단에 따른 합리적 차별이므로 헌법상 평등의 원칙에도 부합된다. ILO를 비롯하여 대부분의 국가의 입법례가 비례적 보호를(제175호 조약인 파트타임 근로협약)하고 있다.

그러나 이와 같은 추상적인 원칙만으로는 단시간근로자에 대하여 적정한 근로조건을 확보하기가 어렵기 때문에 근로기준법 제18조제2항은 비례적 보호원칙에 따라 근로조건을 결정함에 있어서 기준이 되는 사항 그 밖에 필요한 사항은 대통령령으로 정한다(근로기준법 제18조제2항). 근로기준법 제18조제2항의 규정에 따라 단시간근로자의 근로조건을 결정함에 있어 기준이 되는 사항 그 밖에 필요한 사항은 [별표 2]와 같다(동법시행령 제9조제1항). 단시간근로자가 근로조건에 대하여 부당하게 차별을 받지 않도록 강구하고 있다. 다른 한편 4주간을 평균하여(4주간 미만으로 근로하는 경우에는 실제 근무한 그 주간) 1주간의 소정근로시간이 15시간 미만인 근로자(이른바 극단 시간근로자)에 대해서는 근로기준법의 일부규정이 적용되지 아니할 수 있다(제18조제3항, 제19조제2항).

2. 단시간근로계약의 체결

(1) 근로조건의 서면명시

단시간근로계약을 체결할 경우에도 임금, 소정근로시간 및 그 밖의 근로조건이 서면으로 명시되어야 한다는 것은 통상근로자의 경우와 다를 바가 없다(근로기준법 제17조). 기간제근로자와 마찬가지로 단시간근로자에 대해서도 기간제법 제17조가 특칙으로서 근로기준법 제17조에 우선하여 적용된다. 동 규정에 의하면 근로시간과 휴게에 관한 사항, 임금의 구성항목 · 계산방버 · 지급방법에 관한 사항, 휴일 · 휴가에 관한 사항, 취업의 장소와 종사해야 할 업무에 관한 사항 그리고 근로일 및 근로일별 근로시간에 대하여는 서면으로 명시하여야 하며, 단시간근로자이면서 기간제근로자인 경우에는 근로계약기간에 관한 사항도 명시하여야 한다.

(2) 근로기준법시행령 별표 2 제1호의 근로계약서의 작성과 교부의무

「단시간근로자의 근로조건 결정기준(근로기준법시행령 별표 2)」에 의하면 근로계약의 체결과 관련하여 "사용자가 단시간근로자를 고용할 경우에 임금 · 근로시간 그 밖의 근로조건을 명확히 적은 근로계약서를 작성하여 근로자에게 내주어야 한다"고 하고, "단시간근로자의 계약서에는 계약기간, 근로일, 근로시간의 시작과 종료시각, 시간급임금 그 밖에 고용노동부장관이 정하는 사항이 명시되어야 한다"(제1호나목)고 규정함으로써, 명시되어야 할 근로조건과 명시방법을 구체적으로 적시하여 단시간근로자의 권리가 보장되도록 하고 있다. 이 규정이 갖는 의미는 기간제법 제17조와 근로기준법 제17조가 서면명시의무만을 원칙으로 규정하고 있는 데 비하여 위의 규정은 그와 같은 근로조건을 포함한 근로계약서의 작성과 교부의무를 적극적으로 규정하고 있다는 점이다.

(3) 근로계약서의 서면교부의 법적 성격

근로계약의 체결은 원칙적으로 서면과 같은 특별한 방식을 요건으로 하지 않는다. 그런데 「단시간근로자의 근로조건 결정기준(근로기준법시행령 별표 2)」에서 단시간근로계약의 체결시에 사용자에게 구체적인 근로조건이 명시된 근로계약서의 작성 · 교부의무를 부과하도록 규정하고 있다. 만약 이를 단시간근로계약의 체결에 대하여 서면방식주의를 규정한 것으로 본다면 근로계약의 유효요건이 되므로 이를 준수하지 않는다면 해당 근로계약은 무효가 될 것이다. 그러나 위의 근로계약서 작성 및 교부의무는 그와 같은 의미의 서면방식주의를 규정한 것으로 보기는 어렵다. 오히려 근로조건의 명확화와 근로관계의 내용에 관한 입증가능성을 확대하고 이를 통해서 법적 안정성을 제고하기 위하여 근로자에게 중요한 근로조건이 명시된 근로계약서의 작성 및 교부청구권을 부여한 것으로 보는 것이 타당하다(김형배, 「노동법」 22판, p.1231).

3. 차별적 처우의 금지

사용자는 단시간근로자임을 이유로 당해 사업 또는 사업장의 동종 또는 유사한 업무에 종사하는 통상근로자에 비하여 차별적 처우를 하여서는 아니 된다(기간제법 제8조제2항). 단시간근로자에 대한 차별적 처우 금지와 그 시정절차 그리고 그에 따른 불리한 처우의 금지는 기간제근로자에 대한 것과 동일하다.

3 단시간근로자용 표준근로계약서 모델(고용노동부작성)

ㅇㅇ주식회사(이하 "갑"이라 함)과 ㅇㅇㅇ(이하 "을"이라 함)은 다음과 같이 근로계약을 체결하고 이를 성실히 이행할 것을 약정한다.

1. 근로계약기간 : ____년____월____일부터____년____월____일까지로 한다.
2. 근무장소 및 업무내용
   - ㅇ 근무장소(부서) :
   - ㅇ 업무내용 :
   - ㅇ 갑은 필요하다고 인정할 경우에는 을의 의견을 들어 근무장소 또는 업무를 변경할 수 있다.
3. 근로시간 및 휴게
   - ㅇ 근로시간 : ㅇㅇ시 ㅇㅇ분부터 ㅇㅇ시 ㅇㅇ분까지
   - ㅇ 휴게시간 : ㅇㅇ시 ㅇㅇ분부터 ㅇㅇ시 ㅇㅇ분까지
   - ※ 다만 근로시간이 4시간 미만인 경우에는 휴게시간 미부여
   - ㅇ 필요한 경우에는 갑과 을이 합의하여 1주 12시간의 범위 안에서 초과근로를 할 수 있다.

4. 근로일 및 휴일

○ 근로일 : 매주 ○, ○일(또는 매일단위) 근무한다.

○ 휴일 : 주휴일은 매주(일)요일로 하고, 「근로자의 날 제정에 관한 법률」에 따른 근로자의 날(5월 1일)은 유급휴일로 한다.

5. 휴 가

○ 연차유급휴가 및 생리휴가는 근로기준법에서 정하는 바에 따른다.

※ 통상근로자의 근로시간에 비례하여 연차유급휴가를 산정하되, 연차유급휴가를 부여할 때에는 다음 방식으로 계산한 시간단위로 하며, 1시간미만은 1시간으로 간주한다.

$$\text{통상근로자의 연차유급휴가일수} \times \frac{\text{단시간근로자의 소정근로시간}}{\text{통상근로자의 소정근로시간}} \times 8\text{시간}$$

※ 1주 평균 소정근로시간이 15시간 미만인 자인 경우에는 연차유급휴가를 부여하지 아니한다.

6. 임 금

○ 임금은 시간급(일급, 월)______원, 법정수당(연장근로수당, 야간근로수당, 휴일근로수당 등) 등으로 구성하며, 그 구체적인 사항은 관련규정 및 취업규칙에 따른다.

○ 임금은 매월 ○○일(○○일부터 ○○까지 산정) 을에게 직접 지급(현금 또는 을 명의의 예금계좌) 한다.

7. 이 계약서에서 정하지 아니한 사항은 근로기준법 등 노동관계법령, 취업규칙에서 정하는 바에 따른다.

년 월 일

(갑) 주 소 : (전화 :)
회 사 명 :
대 표 자 : (서명 또는 인)
(을) 주 소 : (전화 :)
주민등록번호 :
성 명 : (서명 또는 인)

김 수 복

金 洙 福 (☎ 02-556-9912)

저자 약력	저서 및 논문
• 고려대학교 경제학과 졸업	• 고용조정과 정리해고(중앙경제)
• 동국대학교 대학원 졸업(경제학박사)	• 근로기준법-인사 · 노무실무사례(중앙경제)
• 행정고등고시합격(제3회)	• 근로시간 · 휴일 · 휴가의 법률실무(중앙경제)
• 고용노동부 총무과장 · 재해보상과장 · 법무담당관	• 근로자참여및협력증진에관한법률(중앙경제)
• 중앙노동위원회 사무국장	• 노동법(중앙경제)
• ILO(국제노동기구)노동정책과정이수	• 노동조합및노동관계조정법(중앙경제)
• 중앙노동위원회 알선위원	• 단체협약의 체결과 운영(중앙경제)
• 동국대 법과대학 강사	• 비정규직근로자의고용및노무관리(중앙경제)
• 서경대학교 겸임교수	• 산업재해보상보험법(중앙경제)
• 광주여자대학교 겸임교수	• 산재보험법개론(매일경제신문사)
• 공인노무사시험위원	• 업무상 재해의 이론과 실제(중앙경제)
• 노사관계개혁위원회 자문위원	• 인사이동의 법률문제(중앙경제)
• 사단법인 한국노동연구소장(현)	• 임금 · 퇴직금을 둘러싼 법률문제(중앙경제)
• 국제공인노무사사무소대표 공인노무사(현)	• 취업규칙의 작성과 운영(중앙경제) 외 다수
• 숭실대노사관계대학원겸임교수	• 비정규직노동법(중앙경제)
• 서울지방노동위원원회 공익위원	• 근로자파견 · 도급 · 업무위탁 · 전출실무 (중앙경제)
• 고용노동부규제심사위원회공동위원장	• 근로기준법-판례 · 해석통람(중앙경제)
• 서울중앙지방법원 조정위원	• 채용에서 퇴직까지 법률문제(중앙경제)
• 한국사회법학회 회장	